謹以此書紀念

林彪元帥誕辰一百周年

《真相》系列(四十二)

百年林彪

丁凱文　主編

明鏡出版社
www.mirrorbooks.com

The Centennial OF: Lin Biao

Complied by Kevin Ding

Published in 2007 by Mirror Books

International Standard Book No 1-932138-54-4

Publisher: Pin Ho
Cover by Yi Hua
Compiled by Kevin Ding

P. O. Box 366, Carle Place, NY11514-0366, U .S. A.
TEL:(516)338-6976 FAX: (516)338-6982

Web: **http://www.mirrorbooks.com/**
E-mail: mirrorpublishing@yahoo.com

目　錄

下篇 “林彪事件”與林彪罪名之再考釋

附錄

林彪——最經得住研究的人

王年一

欣聞丁凱文先生主編出版新書《百年林彪》，我爲此十分高興，因爲我萬分敬重林彪。今年是林彪誕辰一百周年，中國人民應該紀念他。

三人成虎，眾口鑠金，林彪被妖魔化了三十幾年，而且由社會主義國家用國家的力量來妖魔化，其結果就可想而知了。中國人民最優秀的兒子，成了不恥於人類的狗屎堆！真善美與假惡醜完全被顛倒了。對此，我的心中又充滿了悲憤。

香港的學者馮治軍著有《林彪與毛澤東》一書(這是“二十一世紀中國求真系列”叢書中的一本)，馮先生在《序篇》中說：“林彪是毛澤東和毛澤東時代終結的掘墓人。中國現代史的進程，也是從1971年‘九一三’開始轉彎。”

有人說得好：“‘文革’本身就是一個巨大的謊言。”(1)毛澤東在“文革”期間曾自我評價，肯定自己是“馬克思加秦始皇”。(2)毛澤東研究權威李銳在“馬克思”後加注：“實爲斯大林”。毛澤東又對斯諾說過，他是和尚打傘，無法(髮)無天。毛澤東一生迷戀烏托邦，長久在空想的道路上徘徊。

林彪在“文革”中是“副統帥”，至今爲人所詬病。其實，林彪被強推上“副統帥”寶座，十分不願意。他多次向毛澤東辭職，均未獲准。不要林管政府工作(政府工作由周恩來管，政府工作也非林彪所長)，不要林管“文革”，(“文革”由江青管，他人不得幹預)，軍隊工作由“軍委辦事組”管，林彪身體又不好，樂得什麼也不管。林彪自己總結了經驗："毛主席畫圈我畫圈"。有時連圈也懶得畫，叫秘書代畫。紀登奎之子紀坡民在2003年11月6日《南方周末》上發表了《聽父親紀登奎談往事》，寫出了一些難得的史料，雖然長一些，卻很有意思，很能說明問題，敬請讀者諸君耐心一讀："在軍隊任職，自然會和林彪打交道。當我問父親對林彪印象時，他說了這樣一段話：'在政治局會議上，我參加過討論工業、農業、財貿、整黨、外交等各種問題，一個國家，頭緒很多的。過了一段時間，我發現：中央無論討論什麼問題，都聽不到這位副統帥的意見。中央討論工業，沒有他的意見，討論農業，沒有他的意見，討論財貿，還是沒有他的意見，討論政治問題比如整黨，也沒有他的意見，後來我到軍隊工作以後，發現還是這樣：中央和軍委無論討論戰備、訓練、科研、軍工，還是討論軍隊的政治工作，都沒有這位副統帥的指示，聽不到他的任何意見。這我就奇怪了。這位副統帥，究竟在幹什麼呢？'"

"父親還講過他向林彪匯報工作的情況，也很有意思。1971年夏天，周總理帶著黃永勝、張春橋和我父親一起到北戴河向林彪匯報工作。父親說，他向林彪匯報的問題是：'軍隊現在冗員太多，一個司令，七八個副司令，一個政委，七八個副政委，軍、師、營，一直到基層，也都是一個正職，好多個副職。'他請示林彪：'林總，你是打過仗的人，軍隊現在這個樣子，真的有了戰爭，還能打仗嗎？'林彪聽了以後說：'就是啊，那怎麼辦呢？'我問父親：'那林彪說怎麼辦呢？'父親說：'情況給他談了，可他也不說個辦法。就這麼一句，沒有下文了。'"

謝謝紀坡民，寫下了這些珍貴史料。我和幾位朋友合作，發表過《林彪是"文化大革命"中特殊的觀潮派、逍遙派》的文章。毛、林交惡，出於毛的主動。多疑的毛篤信"有軍則有權"，對掌握軍權的林不放心。毛怕軍隊坐大而尾大不掉。毛在1967年武漢蒙難時，就感到軍分區的75%支持右派，從而遷怒於林，並決定武裝100萬左派(這是“第二武裝”的由來)，林彪對此當然不會無動於衷。此後，毛對林、陳的“九大”政治報告以發展生產力爲中心極爲不滿，加深了對林的“二心”的懷疑。中共九屆中央委員會及其政治局，其中有不少軍人：全國“三支兩軍”的軍人更多；各地的“革委會”，其核心都是軍人；中央各部委，其領導人不少也是軍人；“軍委辦事組”的成員，都是林彪的老部下。如此方方面面，加起來就是一個可觀的數字。其實這一切都是毛造成的。“三支兩軍”是毛的要求，“革委會”的“三結合”是毛的指示，“軍委辦事組”的組成經過毛的批准，“九大”中央委員會及政治局成員的確定更經過毛的首肯。毛自己造成的結果，卻由此懷疑林的不忠——翻雲覆雨已是毛的故伎。

毛澤東在“九大”會議上說過，蘇修說我們是軍閥官僚體制。毛反駁了這個說法，可見他對“軍閥”頗爲介意。毛恣意妄爲，一無所恐，怕只怕林彪不聽話。毛、林互派“臥底”，瞭解對方的動態。“文革”倒行逆施，命運多舛，毛的憂慮日益加深，對林的疑心越來越重。毛說過“不怕黃永勝造反”，黃永勝從來沒有造反，這句話不過反映了毛怕軍隊造反。毛多次表示他要自己管軍隊，也反映了他對軍隊不放心。這成了毛的一個心結，“九一三事件”由此而起。在九屆二中全會上，毛十分悖理，但他的意願不容拂逆，認定廬山上發生了“八月逆流”，毛決定與幾十年的老部下分道揚鑣。毛個人決定中共中央成立組織宣傳組，把中共中央的組織宣傳大權交給江青一夥，無情也無理地打擊和羞辱林彪一夥。老人家極度專橫，下手很重，“勉從虎穴暫栖身”的林彪不可能不作自己的打算。

林彪有病。毛澤東也有病。病夫治國，成了中國的特色。不烽作者寫過林彪的“病”。《南方周末》發表過建國初期林彪的老司機的長文，談了林彪的“病”。張雲生在其作品中講了林彪的“病”，馮治軍先生在《林彪與毛澤東》中用一章的篇幅講了林的“病”，林的眾多的秘書們無一人否認林有“病”。林彪怕水、怕風、怕冷、怕熱。林從不住在水邊，怕水怕到了不能看到山水畫的地步。林辦工作人員王淑媛老人對我講過：林彪怕水，半年中只洗過一次腳，而且只洗了一隻腳。林怕風怕到了不能容忍秘書在他面前翻動文件的程度。林彪不吃魚，不吃肉，不吃海鮮，不吃水果，這能算正常嗎？他有什麼必要裝給工作人員看呢？眾所周知，林還有不少獨特的習慣，如準備講話的“拉條子”，代替散步的“轉車”，沒有辦公室，室內沒有電話，等等。有一件事證明林彪有“病”：他在建國以後就與葉群不同房，葉群在家鄉寫過一篇日記，痛罵林彪毀了她的青春，林則始終覺得對不起葉群。一個人，從40幾歲起就沒有性生活，這能沒有病嗎？

毛、林的個性都極強，有自由的意志和獨立的人格，他們二人在“文革”中漸行漸遠。張雲生爲林彪“講文件”，講各地的武鬥，林彪聽了哈哈大笑，說：“文化大革命，變成武化大革命嘍！”(3)這是對毛澤東和“文化大革命”的無情嘲諷和鄙夷。馮志軍說：“實際上，在‘文化大革命’中，每一個重大的戰略部署，每一個重大的方針決策，幾乎都是毛澤東一個人決定的，毛澤東不願意，也不需要與副統帥研究、商量。”(4)在中共九屆二中全會後，林多次要求與毛交換意見，得不到毛的批准。“飛鳥盡，良弓藏；狡兔死，走狗烹。”林的內心必有無限的酸楚。林彪又漸漸地看清了“文革”的醜惡。林多年潛心研究過毛澤東，被拋棄的林此時如同“棄婦”，決心同毛決裂。毛去南方巡視，作了殲林的部署，又有意無意地泄露消息，以敲山震虎。毛打算在1971年9月底、10月初召開中共九屆三中全會清算林彪，林彪則決定破釜沉舟，先發制人。非常之人必有非常之舉。“九一三事件”有太多的不清楚，有太多的不正常，我們現在還無法判明這一事件是林彪有心栽花還是無心插柳，但我們可以作些許分析。林彪可以不走，但他走了。

他可以到廣州和香港，但他沒有去。專機飛到了蒙俄邊界，但又折回了。不妨說，足智多謀的林彪元帥要以一死粉碎該詛咒的“文化大革命”，結束那使數千萬鮮活的中國人的生命非正常死亡的毛澤東時代。以一死而拯萬民，林彪堪稱“偉大”，彼時彼地，林面對強大的毛澤東，作了最好的選擇。他認爲唯有如此才可以摧毀“文革”。“慶父不死，魯難不已”，林要從根本上解決問題。林在極其被動的情勢下，與毛作殊死的爭鬥。萬世罵名不足懼，但求蒼生得太平。古往今來，林彪是中華第一大英雄。果然，“九一三事件”令不可一世的目空一切的毛澤東陷入了一生中最巨大最嚴重的政治危機之中。“林彪事件”成了毛澤東的“滑鐵盧”，是毛澤東不可言說的無法彌補的致命的創傷。毛澤東那神聖的、至高無上的聲譽、威望與尊嚴，都受到了嚴重的、無可挽回的損害。9月13日在溫都爾汗的那一聲爆炸，將毛澤東的精神支柱摧毀了，毛的自信、自負消失了，毛一下老了許多，很快就大病了一場，毛的精神基本上垮了，而且從此一蹶不振，苟延殘喘，一步步走向人生的終點。林彪死了，毛盡可以把林當作替死鬼，但毛的健康不再，“文化大革命”無可挽回地走向沒落，如果一切如我們所說，林彪對中國人民的貢獻可大了！

“九一三事件”極大地喚起了中國人民的覺醒。

因爲有了“九一三”，毛才那麼快地那麼多地解放幹部。

“五七一工程紀要”不是林彪的作品，但無疑受到過林的影響。這個材料，打響了反對“文化大革命”的第一槍。

人們在破口大罵林彪的時候，要想一想我們今天的好日子是怎麼來的。

網上文章《傾聽歷史的聲音——千秋評林彪事件》說：“中顧委常委某人對鄧小平說，趁我們這些老人還在，把歷史弄清楚，給林彪平反。”鄧小平答：“這是要毛澤東還是要林彪的問題，沒的說。”(以上均爲大意)鄧小平這話似乎不對，歪曲歷史對人民不利，對共產黨不利，任何冤假錯案都應該平反。是非不分，只能爲害中國共產黨。

毛澤東作爲歷史人物，總要任人評價，國際學術界幾乎一致認爲毛是20世紀國際三個大獨裁者之一(希特勒、斯大林、毛澤東)。毛在中國當皇帝27年，中國非正常死亡幾千萬人，這就爲毛的執政作了鑒定。毛有很多優長，學識淵博，雄才大略，但品質惡劣，自信、自負，自以爲是，口是心非，翻雲覆雨，怙惡不悛，嫁禍於人，絕不認錯，形成了許多壞的傳統。中國完全有條件成爲世界大國，世界強國，但要下決心清理毛的傳統，要懂得認錯和檢討。願我們趁林彪誕辰一百周年之機，共同努力，還原一個真實的林彪。

2006年1月寫於北京

編者按：就在本書準備付梓之時，傳來了王年一教授於今年9月13日不幸去世的消息。王老生前惦念本書的出版，卻最終未能看到本書的面世，殊為遺憾。在此，我們對王年一教授的辭世致以沉痛的哀悼。王老雖去，但其史家之風范永世長存。

註：

(1)李靖炎《老一輩左翼知識分子的心路歷程》，《炎黃春秋》2006年第4期。

(2)中共中央黨校教授陳登才主編：《毛澤東的領導藝術》，軍事科學出版社，1989年，28頁。

(3)張雲生，《毛家灣紀實》。春秋出版社，1988年7月出版，108頁。

(4)馮志軍，《林彪與毛澤東》，香港皇福國際有限公司，1998年12月第4版，513頁。

前言

評價一位歷史人物不是一件很容易的事情，特別是一位在歷史上帶有爭議的人物更是如此。中國人喜歡用“蓋棺論定”一詞，這大抵是說，當一位政治人物走入歷史後，他的所作所爲也被定格，不會再有新的言行表現，那麼後人就可根據其人以往的表現給予一份較爲客觀、中肯的評價。然而，事實卻並非如此簡單，歷史人物的定論在很大程度上取決於執政者的好惡，並被他們所操縱，當權者們根據自己的政治利益和需要隨意褒貶歷史人物，甚至歪曲歷史事實與真相，以達到維護、鞏固當權者的地位的目的。正因爲此，歷史人物的形象往往會被人爲地拔高或貶低。由此我們也常常看到一些被當權者“論定”了的人物，日後卻被重新評論。一些被當權者定性爲“正面”的人物，時過境遷後卻被打倒，而一些被當權者定性爲“反面”的人物，也不意味著永遠翻身無望。歷史上頗有一些被當權者定罪甚至殺害的重要人物，若干時日後被平反昭雪，得到了較爲公正的評價，這種例子不勝枚舉。本書的主人公－－林彪，恰恰就是這樣一位雖然被現在中共當權者“蓋棺”但卻未被史家“論定”的歷史人物。

林彪在中國歷史上的是非功過並非可用幾句簡單的話即可“論定”，我們不妨再簡單回顧一下林彪的一生。

早年的林彪生於內憂外患的中國，其時國內軍閥混戰，國外列強環伺，政治黑暗，民不聊生。中國的出路在哪裡？中國還有沒有光明和前途？這是那一代國人所面臨的嚴峻問題，救亡圖存成爲那個時代的主旋律。梁啓超先生就曾撰寫《中國不亡論》，大聲疾呼中國決不會亡國的。多少中國的仁人志士將目光投向西方，投向蘇俄，認爲只有向西方、蘇俄等先進國家學習先進的思想和經驗，才能變法圖強，才能抵禦外辱，救國家於危難之間。於是，就有了各種思潮包括馬列主義在中國的傳播，就有了孫中山先生的“三民主義”以及“以俄爲師”。在這種大環境下林彪於1925年隻身來到廣州，投筆從戎，考入黃埔軍校，這時的林彪僅僅18歲。

1926年北伐軍起，在“打倒列強除軍閥”的口號聲中，林彪加入國民革命軍第四軍獨立團第三連任見習排長，參加了著名的北伐戰爭。隨著國共分裂，1927年8月1日共產黨發動了南昌起義，林彪遂與起義部隊上了井岡山，開始了自己嶄新的人生經歷。國共內戰鍛煉了林彪，給了這個鄉間青年充分展示其軍事才華的巨大空間。1929年春，年僅22歲的林彪出任紅四軍主力第一縱隊司令，1930年出任紅四軍軍長，1932年出任紅一軍團軍團長。林彪在中央蘇區，歷經了五次反圍剿，取得了一個又一個輝煌的戰績，也爲自己贏得了常勝將軍的美名。由於第五次反圍剿的失敗，紅軍不得不開始了“長征”，長征途中林彪率軍過關斬將，歷經血戰湘江、攻克遵義、強渡大渡河、飛奪瀘定橋、爬雪山過草地、攻克臘子口等一系列的浴血奮戰，最終抵達陝北，林彪爲中共的生存立下了汗馬功勞。

自1931年日本入侵中國東三省以後，日本對中國的侵略步步加深，中華民族陷入生死存亡的關鍵時刻，中國掀起了全面抗戰的熱潮。林彪率領的八路軍115師在平型關殲敵一千餘人。首戰平型關，威名天下揚！此次戰鬥的勝利不僅打破了日軍不可戰勝的神話，而且極大的鼓舞了全國軍民抗日的信心，林彪更成爲抗日名將，抗日英雄。後來林彪雖被友軍閻錫山部誤傷，赴蘇聯療養，未能再參與日後的對日作戰，但林彪從蘇聯養傷回國後依然積極參與了抗日民族統一戰線的工作，作爲毛澤東的代表和中共代表團的成員，林彪在重慶與蔣介石爲首的國民政府要員們進行了深入和廣泛的會談。不僅如此，林彪還與美國駐中國的外交官進行了接觸，向美國友人介紹了中共的抗戰主張，傳達了中共方面要求國民黨放鬆對中共的封鎖以及美國在一定程度上承認共產黨領導的抗日武裝，使共產黨也能得到一定比例的美國對華援助等等，並促成了美軍觀察組對延安的訪問。可以說，林彪對抗日民族統一戰線的建立和發展作出了積極的貢獻。

1945年在美蘇兩大盟國的沉重打擊下，日本帝國主義不得不宣告無條件投降，中國人民的抗日戰爭取得了全面勝利。然而繼之而來的卻是國共兩黨的全面內戰。作爲中共方面的戰將，林彪親赴東北戰場，帶出了一支能征善戰的部隊，並充分發揮了他的軍事天才，從東北的白山黑水到京津要地，從渡江戰役到攻克海南島，林彪率領的中共第四野戰軍，橫掃了大半個中國，爲中共的建國立下了不朽的功勛。在艱苦卓絕的戰爭中，林彪建立了自己的軍事思想和理論，總結出一套行之有效的戰略戰術原則。可以說，林彪傳承了中國自古以來的優秀的軍事家的素質，以自己的實踐豐富和發展了中華民族的軍事理論，對解放軍的發展壯大作出了傑出的貢獻。作爲一個職業軍人，林彪的戰績無人可出其右。

中共建國之後，林彪深受傷病之苦，很長一段時間處於修養的狀態，並遠離政治核心，這一狀況一直持續到1956年的八大前後。1955年4月，在中共七屆五中全會上，林彪被補選爲中央政治局委員，1958年5月，在中共八屆五中全會上被增選爲中央政治局常委和中共中央副主席，排名在總書記鄧小平之前，位居第六。這是毛澤東首次確立了林彪在中共黨內舉足輕重的領導地位，儘管這並非是林彪自己爭取得來的。1959年在毛澤東的主導下，林彪接替彭德懷出任國防部長和軍委第一副主席，主管人民解放軍的工作。眾所周知，由於毛澤東於建國之後在建設社會主義方面的烏托邦空想和專制皇權的泛濫，中國的發展歷經了巨大的曲折，一系列的政治運動更造成中國政治生活的扭曲，從反右到大躍進，從廬山會議的打倒彭德懷“軍事俱樂部”到引發全國性的大饑荒，毛澤東的神話逐漸開始褪色。而林彪領導下的解放軍則喊出了突出政治的口號，全軍上下掀起了學毛著的熱潮，“四好連隊”、“五好戰士”等應運而生，及時地修補了毛澤東神像上出現的裂痕。在1962年的“七千人大會”上，林彪發表了一篇支持毛澤東的講話。林彪雖然看到了毛澤東的失誤，但是在毛澤東與劉少奇關係緊張和中央上層出現裂痕之際，林彪在“忠君”和“黨內大局”的面前選邊站在了毛澤東的一側。事實上，從1959年的廬山會議之後，林彪作爲政治家開始一步步捲入風雲變幻、波詭雲譎的政治鬥爭漩渦。

林彪一生最大的爭議點在於捲入文革的漩渦，雖然林彪被動地被毛澤東拉上了文革的戰車，但是正是由於林彪的騰飛伴隨著文革的興起，以及文革爆發前後林彪對毛澤東的吹捧和支持，致使文革運動如燎原之火燒遍全國。這場“史無前例”的浩劫給中國社會和人民帶來了沉重的災難，造成了深遠的影響，林彪參與其中當然要負相當的責任。然而林彪的責任是否如官方所言，林彪成立了反革命集團要篡黨奪權呢？事實顯然並非如此。文革當中一切重大的方針決策，每一項戰略部署都是毛澤東一人決定，毛澤東從未找過林彪這個“副統帥”協商、討論或徵求意見，毛澤東只是在作了決定後通知一下林彪，有時甚至連通知都免了。毛澤東對林彪的唯一要求就是替毛掌管好軍隊，爲毛澤東的文革大業保駕護航。林彪相對於周恩來在文革中所起的實際作用要小得多。因此，林彪與文革開始時眾多的中共元老是一樣的，他們在毛澤東的威權下，都不得不積極表態參與支持這場運動，所不同的是林彪被毛澤東硬拉上了“副統帥”的寶座，林彪以毛澤東接班人的身分發表的講話和指示對文革運動起了推波助瀾的作用，其風光程度遠非其他中共元老所能比擬，因而也更多地爲後人所詬病。

考察林彪的一生，林彪當年也是一個熱血青年，懷著一腔救國救民的激情和願望投身軍旅，希望找到一條使中國擺脫貧窮和積弱的道路，使中國走向繁榮和富強。林彪與當年共產黨中很多先賢一樣，爲了理想甘願拋頭顱灑熱血，不計個人安危，爲了革命事業置生死於度外。在長年的軍旅生涯中，林彪曾身先士卒，衝鋒陷陣，身上亦曾多處負傷，這在中共軍隊高階層指揮官裡也是不多的。雖然中共後來的發展從根本上背離了自己當初的理想，但是我們卻不能否認當初的中共，上上下下充滿了理想和朝氣，中共也的確網羅了一大批優秀的人才，林彪當然是這群人之中的佼佼者。1949年中共建國後中國人民望治心切，對毛澤東與中共寄予厚望，毛澤東在政治協商會議上一聲"中國人從此站起來了"振奮了多少華夏炎黃子孫的心。然勝利之後的毛澤東卻迅速地走向了自己的反面。一次次政治運動由小到大，整人由少到多，鬥爭由黨外到黨內，再由下層到高層，從打倒"高饒反黨聯盟"到"反右運動"，從打倒"彭德懷反黨集團"到"無產階級文化大革命"，毛澤東與中共徹底背離了當初向國民黨爭取民主、爭取自由的崇高理想，其專制獨裁的程度有過之而無不及，乃至文革運動登峰造極，讓天下生靈塗炭。林彪作爲中共的主要領導人難道可以以身幸免嗎？

林彪事實上所表現出來的更多的乃是一個軍事家，而非政治家。攪入文革渾水畢竟只佔了林彪一生當中短短的五年時間，林彪的影響力基本上也只在軍隊內部，並未進入政府部門，也未進入黨務部門。林彪以軍人的身分躋身最高領導層，實非林彪個人能力所能承擔，以毛澤東翻雲覆雨的性格和不擇手段，林彪騎虎難下，也種下了林彪後來倒臺的種子。作爲軍事家的林彪以其軍事方面的奇才可彪炳千古，但是作爲政治家的林彪卻是一失足成千古恨。以中國傳統史學觀點來看待林彪，林彪的命運實際上並未跳出中國傳統的政治格局。這其中最主要的原因就在於中共這一政權的本質特性。中共政權雖有現代國家的共和、民主之名，但實質上仍是中國傳統皇權專制體制。在這種專制體制下，毛澤東居於絕對主導地位，是中國皇權政治體系在現代社會的翻版，毛之晚年尤甚，一任外戚、內侍擅權，江青及其黨羽猶如漢初及唐初之呂氏、武氏一族，康生、汪東興等猶如漢末之十常侍及明末之魏忠賢。而林彪之於毛澤東則與中國傳統皇權體制下的君臣關係毫無二致。

如果我們以中國歷史上君臣關係加以比較的話，毛澤東對林彪與漢高祖劉邦對韓信之關係多有彷彿。在楚漢相爭的歷史中，韓信襄助劉邦發揮了舉足輕重的作用，對漢朝江山的建立居功厥偉，以致劉邦自己在與群臣探討楚漢勝敗之原因時說"連百萬之軍，戰必勝，功必取，吾不如韓信。"(見《史記》之《高祖本紀》)劉邦區區一句話即點明了韓信在楚漢天下之爭中所起的決定性作用。然韓信之結局卻異常慘烈。漢初時韓信被封爲楚王，但劉邦對這些異姓王並不放心，這時有人不失時機地向劉邦打小報告，《史記》之《淮陰侯列傳》記載說，"漢六年，人有上書告楚王信反"，劉邦則借機"天子巡狩會諸侯"而僞"游雲夢"，從而一舉擒拿韓信，劉邦對韓信宣布的罪名是"人告公反"。這其實就是典型的欲加之罪而無需確鑿的證據。二千年後的毛澤東對林彪採取了幾乎與劉邦一模一樣的手段，在1971年8月的"南巡"途中，毛澤東指責林彪"想當國家主席"，性質屬"篡黨奪權"，乃"謀反"是也。毛澤東與劉邦唯一不同之處在於，劉邦當時還是"有人"上書舉報韓信謀反，而毛澤東乾脆以黨和國家最高領導人身分來了個"毛告林反"，正統帥"舉報" 副統帥要"謀反"。毛澤東的"舉報"當然無需什麼證據，只要"金口玉言"即可，所謂林彪"謀反"的證據可以在日後羅織出來，爲時未晚也。顯然，以手段的狠辣方面而言，毛澤東比劉邦還要更勝一籌。林彪爲了共產黨的天下立下了不世之功，較之韓信對漢家天下的確立有過之而無不及，但是其結局竟然與韓信何其相似乃爾。

如果我們再細審毛澤東所建立的“新中國”和林彪所起的作用，林彪之功績也只是對毛澤東和中國共產黨的“新朝”有實際的意義，對於中國人民而言，毛澤東建立的不過就是歷朝歷代以降又一個“朝廷”而已，其實際上的進步意義甚至還不如孫中山之推翻滿清王朝，這一“新朝”並未將中共政權體制轉化成現代意義上的民主政體，其專制獨裁的程度令當年被推翻的國民黨也瞠乎其後。換句話說，林彪爲中共政權所立下的豐功偉績也許並不完全爲歷史所認可。歷史無可置疑地證明，毛澤東和中共的勝利卻是中國人民苦難的又一次輪回的開始，及至中共建國近四十年後才開始有所醒悟，不寧晚乎？因此，林彪個人的悲劇亦源於此也。

國人對歷史人物的評價，以傳統的觀點來看，端視其人對人民是否有所“德政”，即“恩澤萬民”。歷史上倍受人民尊崇的人物，在中國的小說、戲劇中常有出現者如狄仁傑、包拯、況鐘、海瑞等，皆屬清官，他們的身後也頗得人民的懷念。文革結束後，大陸在貶毛的同時，掀起了揚周的熱潮，全國上下對周恩來的評價甚高。但是以周恩來在文革當中的所作所爲，周恩來之助紂爲虐實比林彪發揮了更大、更重要的作用，但對二者之評價何以有此天壤之別？撇開官方的大力宣傳和輿論導向的作用，周恩來確有關心民間疾苦的一面，在緊跟毛澤東“抓革命”的同時，還不忘“促生產”這個事涉國計民生之要事，並在自己有生之年提出中國實現“四個現代化”的宏偉大業。即使現在很多人對周恩來其人有更多、更深刻的認識，但是仍然不妨礙人們對周恩來的懷念，而這點恰恰是林彪較爲缺乏的。然而這並不意味著林彪對國計民生漠不關心，如果我們細審林彪早年發表的言論和文革中的一些講話，林彪是極爲重視經濟建設的。即使在文革期間，林彪在號召緊跟毛澤東的戰略部署時，亦每每強調不可忽視生產建設。那個被毛澤東否定的陳伯達起草的九大政治報告就有林彪的影子，它提出了要發展生產力將中國建成現代化的社會主義強國。周恩來的四屆人大報告所提出的實現"四個現代化"其實也是林彪這一思想的延續。只不過林彪並未主導政府機構和國家建設，林彪的思想不爲廣大世人所知罷了。

國內對現代歷史人物的研究，以目前的情勢來看，依然無法跳出黨文化的藩籬和束縛。正面人物依舊都是"高大全"，而反面人物則一無是處，國內史家敢於越雷池者少而又少，這實在是中國史學界的悲哀。然而這種情形也並非一成不變，以對毛澤東的研究爲例，一方面中共政權要維護自己的統治，不得不繼續高舉毛澤東的旗幟，但另一方面卻將毛氏思想改頭換面，同時也不諱言毛澤東晚年的某些錯誤，然則對毛氏錯誤的批判卻嚴格限制在黨中央允許的範疇之內，不僅在許多重大歷史事件上仍然爲毛澤東強加掩飾，而且將這些罪惡分攤到林彪與"四人幫"的頭上。儘管如此，我們還是能夠看到這樣一種客觀趨勢，即對毛澤東的批判日益增多，毛氏的面目也越來越清晰，毛澤東的形象不僅搖搖欲墜，毛澤東在國人心目中的地位更是每況愈下，隨著越來越多的史料的披露，我們有理由相信這一趨勢還會繼續發展下去。史學界對林彪的評論也逐漸有所變化，對林彪早年革命經歷的描述已經不太忌諱，當然在正面評價林彪功績時依然不忘留個尾巴。事實上，林彪最富爭議之點還在文革一事。筆者認爲，對林彪的評論離不開對毛澤東的評論，惟有將毛澤東在文革當中的責任說清楚，將歷史的史實一一澄清，才能還原一個真實的林彪，而非一個被臉譜化、妖魔化的林彪。

最後還想就林彪的出走說幾句。不少論者對於林彪的出走頗不以爲然，謂之曰：不顧"革命氣節"和"民族大義"，乃至"叛國投敵"云云，因此，林彪的的出走當屬"賣國"。如此論點大可值得商榷。所謂"革命氣節"是針對中共自己而言，而"民族大義"則是針對人民利益和國家利益而言。毛澤東的文革運動到了彼時彼地早已天怒人怨、眾叛親離，如此“氣節”有何保存之價值和意義？放弃了如此的“氣節”又有何可惜以致值得大張撻伐呢？至於什麼是人民的利益和國家利益，這些深受黨化教育的人恐怕至今也還是沒有搞清楚。就文革浩劫而言，打擊文革中的極左派勢力，終結這一動亂就符合人民和國家的根本利益，這已經爲歷史所證明。林彪敢於在廬山會議上，在毛澤東在世時出手打擊文革極左派張春橋，堪稱壯舉，林彪雖然未能成功，但是林彪所表現出的英雄氣概令人敬佩。“913事件”從表面上看，林彪的確身死蒙古大漠，但是林彪在自己最不利的情況下，在毛澤東意想不到之處打亂了毛澤東的整人部署，使毛澤東的神話破滅，使毛氏文革走入窮途末路。“913事件”後毛澤東不得不檢討文革策略，解放一大批老幹部，重新起用鄧小平等人，由此埋下了文革徹底翻盤的種子。怎麼能說林彪對此沒有貢獻呢？這正是林彪大智大勇之表現，難道林彪像劉少奇、彭德懷一樣被整死在黑屋子裡就符合“民族大義”？就符合人民利益和國家利益嗎？這些人還可強辯說，林彪出走到了外國就是“叛國投敵”。殊不知在現代社會的政治理念裡，當人們面對無可抗拒的政治迫害時，上至國家領導人，下至黎民百姓，人人都有逃亡的權力，這種例子不勝枚舉，逃亡不等於“叛國”，這是完全不同的兩個概念。林彪的出走即屬逃亡避禍，只不過，林彪的出走在中共自己看來實屬大逆不道。時至今日，人們的思維是否也該與時俱進，有所醒悟呢？

百年林彪，林彪百年，林彪這一研究課題還會繼續深入下去，願本書的出版爲世人打開一扇重新認識林彪的窗口，還原一個真實、可信的林彪。

丁凱文

2007年3月1日於美國紐約

新世紀林彪研究述略

余汝信

今年，適逢林彪冥辰一百周年。這位曾經是毛澤東一人之下的中共第二號人物，在震驚中外的"九一三事件"中突然離奇隕落，距今亦已整整三分之一個世紀。這意味著林彪已並非一個嚴格意義上的"當代"人物，不期然間，已進入了"現代"歷史的範疇。人類的天性是健忘的，更何況當今中國，是一個正處在社會迅速轉型期內、步履匆匆的國度，林彪，以及圍繞著林彪身邊發生過的一切，早已淡出了絕大多數國人的視野。

然而，在海內外的現代史學界，在那些曾經被文革狂潮所猛烈衝擊而改變了人生軌跡的人們心目中，林彪及"林彪事件"，依然是他們關注的熱點所在。究其原因，不外有二，其一，相當一部分親歷者、研究者對三十多年來一成不變的官方說詞的強烈質疑；其二，對執著的研究者甚至親歷者而言，林彪本人及"林彪事件"仍舊是未曾徹底解開的謎團，這一謎團有足夠強的吸引力，磁石般吸引著他們對"林彪密碼"孜孜不倦的求解。

本文旨在客觀地回顧剛剛過去了的二十一世紀頭幾年，即2000年至2006年這七年間海內外林彪研究的進展。對研究現狀的說明力求全面，既包括了親歷者的陳述，亦包括了研究者的探索，自然，亦就涵蓋了不同的、甚至相互對立的觀點。惟目力所限，滄海遺珠，挂一漏萬，在所難免。誠然，在這一時期，研究所需要的資料依然匱乏，但仍取得了某些重大的、階段性的成果，與此同時，不少問題、疑點尚待解決，意見分歧仍然存在，討論還在繼續。

一、研究成果概說

(一)專著、專集

本節所列書目，全部在中國大陸境外出版。

1、赤男、明曉等：《林彪元帥叛逃事件最新報告》(香港：香港中華兒女出版社，2000年2月第一版)赤男，即蕭思科，時爲現役的軍隊紀實文學作家，《中華兒女》編輯部副主任(特邀)。明曉，即高德明，參加過空軍“兩案”審理工作、已退役的空軍政治部保衛部原部長。本書代表了官方的主要觀點。

2、明曉、赤男：《謀殺毛澤東的黑色“太子”》(香港：香港中華兒女出版社，2000年2月第一版)。原擬書名爲《短命“太子”林立果》，雛形爲1980年代初高德明參與對空軍“小艦隊”成員審理過程中，個人趁機搜集的大量內部材料整理加工而成。書稿初始由於“種種原因”未能問世，輾轉到了《中華兒女》手上後，經蕭思科參與文字修訂，再經有關官方部門審查批准，在境外成書。與《林彪元帥叛逃事件最新報告》爲“中華兒女秘史系列”的姊妹篇，同樣以境外出版物的面目維護了官方對“林彪事件”的定性。

3、辛子陵：《林彪正傳》(香港：利文出版社，2002年第一版)。所謂“正傳”，實爲章回小說體野史，一些中央文件的摘錄和作者自己編造的人物對話的東拼西湊的混合物。此類野史本不應列入學術研究成果之列，惟因個別大陸學者引用了該書沒有出處的文字作爲學術性論文的材料來源，故存目。

4、張雲生、張叢堃：《“文革”期間，我給林彪當秘書》(香港：香港中華兒女出版社，2003年7月第一版)。該書實爲內容不同的上下篇兩冊書。上篇爲經再整理的張雲生回憶錄，篇名與書名同；下篇爲張雲生女兒張叢堃所著《林彪秘書走出毛家灣之後》。

張雲生1981年4月離職休養後著有《毛家灣紀實——林彪秘書回憶錄》，1988年7月由北京春秋出版社出版。《“文革”期間，我給林彪當秘書》是《毛家灣紀實》的擴充修改版。據作者稱，新版回憶錄之新，在於把“文革”中的一系列鬧劇都歸因於“病”，林彪行爲舉止上的一系列“怪”，是嚴重病態的表現，(1)至於內容方面的擴充修改是否成功，見仁見智。《林彪秘書走出毛家灣之後》則通過大量的第一手素材，記述了林辦眾秘書在“九一三事件”後近四年的審查經過，以及日後的生活際遇。

5、丁凱文主編：《重審林彪罪案》(紐約：明鏡出版社，2004年7月第一版)。集結於本書的海內外專家、學者有關林彪及林彪事件有異於官方立場的文章，大部分原散見於互聯網上的各電子媒體、網站，閱讀起來頗爲不便。本書主編丁凱文是海外文革史研究者，有意將這一類文章搜集起來，系統地分門別類，成爲一本海內外首次以學術研究面貌出現的研究林彪事件的專集。丁凱文在回答多維記者所問決定選入文章是根據什麼樣的考慮時答稱：“完全是從學術上著眼，這些文章最大的特點就是立論嚴謹，分析詳實，實事求是。”“我本人在選擇這些文章時也是極爲謹慎，凡涉及野史、演義者一律不予考慮。盡可能嚴謹，畢竟是我們這本書的生命線啊。”(2)

6、吳潤生：《林彪與文化大革命》(紐約：明鏡出版社，2006年4月第一版)。吳潤生，自由撰稿人。本書的編排不以時間爲序，而是圍繞幾個專題集中加以討論，即：“林彪與毛澤東的‘文革’戰略部署”、

"林彪與江青"、"林彪與張春橋"、"林彪與'九一三'事件"、"林彪的人生悲劇"。本書與嚴謹的學術著作的標準，應還相差頗大一段距離。

7、舒雲：《林彪事件完整調查》(紐約：明鏡出版社，2006年8月第一版)。這是明鏡出版社兩年之內出版的第三本有關林彪事件的書籍。

本書上下兩冊，共五大部三十一章：即第一部誰識廬山真面目；第二部五七一工程；第三部人民大會堂；第四部北戴河之夜；第五部溫都爾汗。全書描述了1970年8月廬山會議(九屆二中全會)至1971年9月13日"九一三事件"一年間中共高層政治鬥爭的全過程。從體例的角度而言，本書並非嚴格意義上的史學著述，更多地應視爲一部紀實文學作品。作者似乎是將史學論著與紀實文學作一揉合性的嘗試，使本書既有史學論著方面的某些表徵(如全書加有注釋以盡量使其言之有據)，但行文筆觸又多具有文學描寫的感性色彩。圍繞林彪事件，作者在本書前言中提出了三十二個問題，並根據自己的調查和思考角度去加以回答，細讀本書，無論我們對她的答案同意與否，無疑都會受到不少的啓發。

(二)涉及林彪問題的其他著述、回憶錄

本節所列書目，部分出版於中國大陸境內，部分出版於境外。

1、王海：《我的戰鬥生涯》(北京：中央文獻出版社，2000年2月第一版)。王海在1980年代曾任軍委空軍司令員。1971年，他是空軍司令部軍訓部第二部長。在該回憶錄中，他述說了"九一三事件"數天後，根據周恩來指示，由他本人牽頭組織一個專家班子，對飛機失事原因進行研究的經過。(3)

2、孫一先：《在大漠那邊：親歷林彪墜機事件和中蒙關係波折》(北京：中國青年出版社，2001年1月第一版)。王海在其回憶錄中稱孫一先是中國駐蒙大使館武官，(4)而據孫自己說，他在1971年是駐蒙使館二等秘書。孫自稱未到蒙古之前長期在對外文委工作，但奇怪的是，1980年代他卻以軍人身份出任中國常駐聯合國軍事參謀團團長，(5)此外，本書作者對於駐蒙蘇軍、蒙軍的情況相當熟悉，能在書中一一道來，這就令人覺得他的真實背景並非那麼簡單。本書有迄今爲止關於墜機現場勘察的最詳盡的第一手材料，並附有墜機現場示意圖。雖然墜機原因的分析根據的還是空軍專家組的研究報告，但比王海的回憶具體詳盡得多。

3、丁盛口述、金光整理：《丁盛回憶錄》(自印本，2001年2月)。金光將丁盛關於其生平歷史的錄音全部變成文字稿，之後，由丁盛親自校改增刪，自印成書。丁盛生前對本書的署名和分發均作了安排。丁盛在本書中回憶了到廣州軍區以後幾年間與林彪接觸過的情況，否認廣州南湖的工程是爲林彪修的，否認廣州軍區知道"林彪南逃"。

4、王力：《王力反思錄》(香港：北星出版社，2001年10月第一版)。前中央文革小組成員王力，是在文革前及文革初期都列席中共中央政治局常委會和中央書記處會議的中共意識形態思想庫主要筆桿子，自稱掌握著不少別人不知道的第一手材料。書中的"未完成的文化大革命回憶錄"寫於1991年，主要記載了作者在文革第一年的經歷，內中有不少處是對林彪的批評，對鄧小平的吹捧，而批林又大多是將林彪與江青捆綁在一起批，客觀性成疑。(6)

5、譚雲鶴：《見證歷史》(北京：中國工人出版社，2002年5月第一版)。譚雲鶴1948年春由東北局調到時任東北局書記、東北軍區司令員兼政委、東北野戰軍司令員的林彪處當政務秘書，1949年初調回地方工作。本回憶錄第二十五章標題即爲“給林彪當秘書”，分1、我不願意去當秘書；2、那時的林彪；3、遼沈決戰內情；4、平津戰役；5、回東北局五節，記述了作者在林彪身邊十個月的所見所聞，尚爲客觀。

6、高文謙：《晚年周恩來》(紐約：明鏡出版社，2003年4月第一版)。

本書作者曾爲中共中央文獻研究室室務委員、周恩來生平研究小組組長，在大陸曾參與編寫《周恩來年譜》、《周恩來傳》和《毛澤東傳》等。本書涉及林彪的主要有兩章，即第五章周旋在文革營壘的內鬥之中，第六章林彪之死的致命一擊。高文謙對林彪的評價負面。(7)

關於《“571工程”紀要》，高文謙認爲，是林彪授意林立果搞的，以“准備在迫不得已的情況下，採取非常手段來捍衛他本人的接班人地位”。雖然“到目前爲止，還沒有第一手材料可以證實林彪是否看過這份東西，不過，文中的主要思想顯然是出自林彪”。關於謀殺毛澤東的企圖，高也認爲，“這個主意即便是林立果首先提出來的，但最後的決心還是只有林彪才能下”。上述關於林彪的論斷，高文謙並沒有拿出真憑實據，更多的，只是一種臆測。而且，日後高文謙對“林彪事件”的觀點也有所改變，他在《當代中國研究》雜誌(程曉農主編，美國，普林斯頓)2004年第4期上發表的《把歷史的知情權還給民眾——駁複“司馬公”先生》中說到：“1971年9月13日的‘林彪事件’是‘文革’中最大的疑案，至今懸而未決。這一方面是因爲事件本身撲朔迷離，事出突然，堂堂的‘副統帥’竟然在一夜之間倉皇出走，成爲死在異國他鄉的‘賣國賊’；另一方面，則是中國官方給事件的定性至今還維持當年的說法，出於政治需要，讓林彪和江青兩人爲毛澤東發動的‘文革’背黑鍋。其中加給林彪的罪名，無論是'搶班奪權'，還是謀反叛逃，都有很多不實之處，或缺少證據，存在許多漏洞和疑點，主要結論難以成立。"

7、廖漢生：《廖漢生回憶錄》(北京：解放軍出版社，2003年9月第一版)。本書涉及林彪的是第六章"內亂爆發"，第七章"囹圄歲月"，內中提及文革初期因與軍區司令員楊勇在工作上有過爭吵，受到毛澤東、林彪的批評。林彪批評楊、廖不向他反映北京軍區的情況，對他搞封鎖。廖稱："對毛主席、林彪的批評，大家在討論時都表示又感激、又震動。" "對於林彪關於'搞封鎖'的批評，軍區黨委實在檢查不出有什麼疏漏。我們仍然表示，應當誠懇接受，做出書面檢查，今後改正錯誤，及時上報情況。"(8)廖還提及1966年9月後林彪借王尙榮問題削去賀龍的"羽翼"。其實，對王停職一事，目前尙未有任何材料證明林彪牽涉其中，而林彪是否真的說過對賀"要削其羽翼"？他在什麼場合、什麼時候、對誰說過這句話，廖沒有說明，亦無從考證。

8、中共中央文獻研究室《毛澤東傳(1949-1976)》(北京：中央文獻出版社，2003年12月第一版)。本書爲中共官修的毛澤東傳記之建國後部分，由中央文獻研究室負責人逄先知、金沖及任主編。據編者聲稱，本書主要依據中央檔案館保存的毛澤東建國後的文稿、講話和談話記錄，中共中央文件和有關會議記錄，同毛有過直接接觸者的回憶錄和對他們訪問的記錄。本書第三十八章爲"林彪事件"。雖然"九一三事件"過去了三十年，本書仍然全面地沿襲了1971年以來官方的立場和觀點而未有絲毫改變。立場使然，編者雖有佔據研究材料的便利條件，但公佈的是這些材料的全貌抑或僅是對其有利的某些部分，値得懷疑。

9、吳德口述：《十年風雨紀事——我在北京工作的一些經歷》(北京：當代中國出版社，2004年1月第一版)。吳德的口述，由朱元石等訪談、整理，這項工作始於1993年，兩年之後，吳德病逝。本書關於林彪事件的一節“廬山會議和林彪事件”，吳德在世時曾以單篇文章形式在《當代中國史研究》雜誌刊登過。

該書類似口述史，一方面有著豐富生動的別人無可替代的個人經歷的描述，另一方面卻也有口述者個體視角上的局限性。以本書來說，整理者進行訪談時，吳德已是年屆八十的老者，且吳時時處處均以毛澤東的是非爲是非，失實的成份恐怕難以避免，需要用其他旁證材料核對，才能判斷其真確性。

10、李晨：《世紀風鈴——當代中國重大事件解密》(臺北：天箭資訊股份有限公司，2004年3月第一版)。據本書的作者簡介稱：李晨，1950年代生於北京一個高級幹部家庭，曾出國留學，現回國經商。本書關於整個文革歷史進程的敘述與其他文革史籍相較未有多少特別之處，唯一出彩的地方，是刊載了林立衡(林豆豆)當年關於9月12日晚至9月13日淩晨北戴河林彪住處發生的事情經過給中共中央的一封信。該信著重講述了林立衡向駐北戴河的中央警衛團人員報告“葉群、林立果要帶著首長逃走，先到廣州，然後再去香港”的詳細過程。這封信，當事人證實是真實的，(9)但流傳出來的渠道不得而知。此後，這一極重要的第一手材料經電子媒體廣泛傳播。

11、徐景賢：《十年一夢——前上海市委書記徐景賢文革回憶錄》(香港：時代國際出版有限公司，2004年6月第一版)。徐景賢，文革前爲中共上海市委寫作班黨支部書記，據稱，從1992年至2002年，作者用了十年時間寫成這部由多篇獨立文章組成的回憶錄，又自詡“我所寫下的都是我的親身經歷，或是親見、親聞……”，惟徐的文革思維根深蒂固，實不必對該回憶錄的史料真實性抱什麼希望。本書涉及林彪的有多篇，泰半以獵奇手法嘩眾取寵：“葉群林立果上海‘選美’內幕”、“林立果的‘上海夫人’是誰？”等等。

以“毛澤東與林彪決裂的關鍵”爲例，徐聲稱：“從葉群的話來分析，林彪有一個盤算：只有設國家主席，他自己才是擔任這一國家元首職務的最爲適當的人選。因爲毛澤東既然早已辭去此職，肯定不會再重新複任。如果林彪出面提議由毛澤東當國家主席，大家當然贊成，而毛澤東定然會謙讓；這一謙讓，國家主席的頭銜就會順理成章地落到林彪頭上”，(10)由此觀之，這位曾經是上海市第三把手的論政水平，實在貽笑大方。

12、陳曉農：《陳伯達最後口述回憶》(香港：陽光環球出版香港有限公司，2005年3月第一版)。

陳伯達長期跟隨毛澤東，卻在1970年廬山九屆二中全會上突然被毛拋棄，後被指爲與林彪沆瀣一氣的同一“集團”中人。陳晚年常與兒子對談，陳曉農仔細回憶了父親的談話，並搜集了相關的史料文獻作爲佐證，編纂了這部書。(11)

本書涉及林彪問題的主要是第六章“文化大革命的歲月”中的第13節九大前後，第15節九屆二中全會之謎和第19節“林陳聯盟”之說駁議。陳伯達的談話雖然有時只是涉及一些事件的片斷，但因他畢竟曾是當時的中央核心成員，所以，他的談話對於瞭解某些事情的真相仍不可或缺。如陳曉農問：既然毛澤東說過六次不設國家主席，那你們爲什麼還要提出設國家主席呢？陳伯達說：“哪裡有這回事？什麼說過六次不設國家主席，我不知道。我只知道毛主席說過，中國農民多，要設國家主席，可以讓陳永貴當。”(12)

13、吳法憲：《吳法憲回憶錄》(香港：北星出版社，2006年9月第一版)。

吳法憲是林彪的老部下，亦是文化大革命、尤其是林彪事件的重要當事人和見證人。他逝世後兩年在香港出版的這部回憶錄，資料頗爲豐富，應可視爲近年來關於林彪事件的最重要著述。涉及建國後林彪問題的主要是下卷其中五章：第十章“文革”的前奏、第十一章風風雨雨鬧“文革”、第十二章九大前後、第十三章九屆二中全會和第十四章“廬山會議沒有完”。

本書推翻了“九一三事件”後作者本人在專案組的高壓威逼之下所作的假證詞，這些假證詞一直以來被官方反復引用作爲指證林彪的材料，如關於葉群設國家主席一事的談話。吳法憲如今在本書中澄清道：“這裡我要特別聲明一下，過去很多文件及文章都說，這句話是葉群親自對我講的，這根本不是事實。實際上，這句話是我從程世清那裡聽到的，是汪東興傳來的話。葉群從來沒有對我說過這句話。這是一個多年的冤案，我要在這裡更正一下。這裡當然我有一定的責任，但歷史就是歷史。”(13)吳的類似回憶當引起研究者的重視。

(三)平面媒體上的單篇回憶錄、論文

本節所指平面媒體，除極個別外，主要爲中國大陸境內的報刊雜誌。在此等媒體上所發表的文章，爲中共官方意識形態主管部門所審核認可，觀點不免受到一定範圍的限制和約束，大多爲老生常談，有新意者當屬鳳毛麟角。此類首發於平面媒體上的文章，而後又多被境內外電子媒體所轉載。

狹義的“林彪事件”，特指“九一三事件”。中國大陸報刊雜誌近年所發表有關該事件的回憶錄性質文章，以康庭梓數量爲最。康是空34師的飛行員，林彪乘坐的256號專機第二副駕駛。9月13日當晚與其他4名機組成員被有意拉下未上飛機。他的文章以256號專機起飛前後的事件經過爲主要內容，多首發於《中華兒女》、《文史精華》兩雜誌，也有見於《航空知識》及《縱橫》雜誌。2000年第8期《文史精華》發表了康的《林彪座機副駕駛談三叉戟256號黑匣子》，此前，《中華兒女》1999年第4期發表了他的《林彪座機強行起飛之前》。此後，《文史精華》2000年至2006年還發表過他的多篇文章：《“林彪座機”機組人員的定性》、《林彪座機是被“禁空令”逼走的嗎？》、《林彪座機副駕駛細說九一三墜機》、《“九一三”事件中林彪專機機組人員的走與留》。《中華兒女》在2001年後發表過他的《林彪座機強行起飛之後》、《“九一三”之夜的空軍指揮所》，《航空知識》2002年第2、3、4期連載了他的《林彪墜機過程的思考》，這些文章的內容部分有重複。此外，《縱橫》於2003年第4期發表了他的(筆名木辛)《9·13事件中的專機師指揮所》。據悉，康手頭上現還有一部38萬字的書稿《親歷“9·13”事件——“林彪座機”副駕駛自述》，未及出版。

《中華兒女》2000年除在境外爲高德明、蕭思科出版了《林彪元帥叛逃事件最新報告》、《謀殺毛澤東的黑色“太子”》兩書外，在大陸境內《中華兒女》分多期刊載了高德明的文章：《將林立果“天才化”的造型內幕》、《從絕望走向瘋狂的林立果》、《林立果在“9·13”前的六個晝夜》，高厚良口述、高德明整理的《“9·13”之後的林立衡暨說給豆豆的知心話》。

《中華兒女》2003年除在境外出版了張叢堃的《林彪秘書走出毛家灣之後》一書外，2002年至2003年間還在境內《中華兒女》分多期連載了她的《父親張雲生在“9·13”後的日子裡》。

2000年以後在中國大陸境內發表的涉及林彪問題的回憶錄類文章還有：

- 宋德金：《我在林彪辦公室的前前後後》(北京：《百年潮》2000年第9期)。
- 閻銘：《我的父親與“一號號令”》(濟南：《老照片》2002年8月第24輯)。

● 譚雲鶴：《遼沈、平津戰役時我給林彪當秘書》(上)(下)(北京：《軍事歷史》2003年第3、4期)。

● 張金明：《陳毅元帥生前的最後回憶——談井岡山時期的林彪》(鄭州：《黨史博覽》2003年第10期)。

● 田炳信：《王中遠：他把林彪父子埋葬在溫都爾汗》(廣州：《新快報》2004年9月15日)。

● 呂學文：《我所親歷的林彪出逃》(石家莊：《文史精華》2005年第4期)。

● 呂學文、王松山：《隨衛林彪重上井崗山》(貴陽：《文史天地》第2005年9期)。

● 呂學文、王松山：《親歷林彪出逃的前前後後》(上海：《檔案春秋》2005年第10期)。

● 羅舜初：《我所接觸和認識的林彪》(北京：《百年潮》2005年第3期)。2000年以後涉及林彪問題的論文類文章：

● 周敬青：《解開林彪是否被挾持之謎：兼評〈劍橋中華人民共和國史〉中的有關記述》(北京：《黨的文獻》2000年第4期)。

● 鐘兆雲、蘇釗：《林彪在古田會議前後》(鄭州：《黨史博覽》2000年第7期)。

● 彭紅英、余世誠：《民主革命時期毛澤東與林彪的幾次分歧》(鄭州：《黨史博覽》2000年第9期)。

● 林源：《"文革"中的"林彪現象"論析》(南京：《南京社會科學》2000年第9期)。

● 鐘兆雲：《開國三將帥之間的一樁公案》(鄭州：《黨史博覽》2001年第2期)。

● 郝俊卿：《關於"林彪一號令"及其他》(北京：《炎黃春秋》2001年第3期)。

● 劉志男：《關於建國後至中共九大期間“接班人”問題的歷史考察》(北京：《當代中國史研究》2001年11月第8卷第6期)。

● 彭紅英、余世誠：《關於林彪研究的幾個問題》(北京：《北京科技大學學報》社科版2002年第1期)。

● 黃瑤：《對遼沈戰役中兩個有爭議問題的看法》(北京：《軍事歷史》2003年第2期)。

● 楊林生：《論羅榮桓關於學習毛澤東著作與林彪的分歧與鬥爭》(衡陽：《南華大學學報》社科版2003年第4期)。

● 朱建堂：《毛澤東對東北解放戰爭初期的作戰指導——兼論毛澤東、林彪關於東北解放戰爭初期決戰問題的分歧》(武漢：《湖北大學學報》哲學社會科學版2003年第6期)。

● 彭厚文：《“文革”初期毛澤東爲何選擇林彪爲接班人》(武漢：《武漢理工大學學報》社科版2003年第6期)。

● 周敬青：《毛澤東對林彪接班人地位的確立和廢黜》(上)(中)(下)(合肥：《黨史縱覽》2003年第11期，2004年第1、2期)。

● 汪幸福：《林彪代表毛澤東到重慶談判的前前後後》(鄭州：《黨史博覽》2004年第3期)。

● 張聿溫：《“文革”中毛澤東和林彪的分歧與裂痕》(鄭州：《黨史博覽》2004年第4期)。

● 何雲峰：《眾說紛紜解玄奧——毛澤東致江青的信研究評析》(長沙：《湖南科技大學學報》社科版2004年第5期)。

● 厚而實：《林彪爲何逃》(沈陽：《黨史縱橫》2004年第9期)。

● 李曙新：《“文革”時期黨內正義力量與林彪、江青反革命集團的三次思想交鋒述評》(南昌：《黨史文苑》學術版2005年第2期)。

- 劉明鋼：《林彪何以堅持設國家主席》(武漢：《黨史天地》2005年第3期)。
- 孫煥英：《歷史將揭開林彪案件的更深層面》(北京：《民主與法制》2005年第3期)。
- 汪幸福：《林彪進軍東北第一仗》(鄭州：《黨史博覽》2005年第9期)。
- 彭紅英、余世誠：《毛澤東與林彪的九次矛盾和衝突》(北京：《海事大觀》2006年第2期)。
- 蔣健：《抗戰期間林彪從蘇聯回國之後》(石家莊：《文史精華》2006年第6期)。
- 何雲峰：《"文革"發動階段毛澤東對林彪的態度辨析》(長沙：《湖南科技大學學報》社科版2006年第9期)。

海外中文平面媒體近年關於林彪問題的論文類文章，首推《當代中國研究》雜誌(程曉農主編，普林斯頓)2001年第1期首發的王年一、何蜀《1970年的廬山會議及毛澤東、林彪衝突之起源——在"設國家主席"之爭的背後》。該文稱："1970年的廬山會議(即中共九屆二中全會)是'文化大革命'的一個重大轉折點，在這次會議上發生了令人震驚的事件，即1969年才在'文化革命偉大勝利'的基礎上建立的中共中央新的領導核心出現了分裂。林彪及其追隨者在會議上的一些活動後來被毛澤東定性爲'反革命政變'，有關'設國家主席'和'稱毛澤東爲天才'的兩個意見被毛澤東定性爲反革命政變的政治和理論綱領。毛澤東爲什麼要反對設國家主席？'設國家主席'的意見怎麼會成了'反革命政治綱領'？本文根據中國大陸已公開的有關材料剖析這一事件，提出了不同於以往既定結論的看法"。這些看法包括：廬山會議上的爭論與"設國家主席”無關；“林彪想當國家主席”之說十分可疑。大陸學者類似這樣有份量的爭鳴性文章，在境內平面媒體根本沒有發表的機會。

《當代中國研究》2004年第2期再首發了王年一、何蜀、陳昭的《毛澤東逼出來的“九一三林彪出逃事件”》。該文認爲，九屆二中全會以後，是毛澤東主動地想方設法引蛇出洞，轟蛇出洞，展開了一系列“把林彪副上絕路”的部署。另有高華的《革命政治的變異和退化：“林彪事件”的再考察》(香港：《二十一世紀》雙月刊2006年10月號)，該文對林彪評價負面，在立論與史料應用的客觀性方面甚有值得商榷之處。

(四)電子媒體上有關林彪問題的文章與討論

在中國大陸境內電子媒體(這裡主要指互聯網)上發表言論的自由度比平面媒體要高得多。境外電子媒體更沒有思想、言論的束縛。故而，近年在電子媒體上有關林彪問題的文章及因此引發的討論，往往呈現百家爭鳴的熱烈景象，與大陸境內平面媒體上的近乎輿論一律大有雲泥之別。

本世紀頭幾年互聯網上有關林彪問題的討論，本節僅舉較有影響的數例。

《楓華園》(www.fhy.net)是由一批海外學子在1993年創辦的中文電子雜誌。2001年10月以後，該雜誌首發了幾篇討論“九一三事件”的文章，在海內外引起注意。2001年10月2日出版的《楓華園》特刊第32期，發表了陳曉寧的《質疑林彪“913”事件》，文章認爲：256號飛機在外蒙溫都爾汗著陸前，在空中就已經發生爆炸起火；空中爆炸起火原因是在溫都爾汗附近上空被駐蒙蘇軍導彈擊中所致；飛機受傷後，進行帶火迫降時又發生事故，最後迫降失敗，機毀人亡。

《當代中國研究》的電子版(www.chinayj.net)於2001年第1期與紙質雜誌同時首發了王年一、何蜀《1970年的廬山會議及毛澤東、林彪衝突之起源——在"設國家主席"之爭的背後》。該電子版2004年第2期再首發了王年一、何蜀、陳昭的《毛澤東逼出來的"九一三林彪出逃事件"》。同年，王年一、何蜀、陳昭於2004年2月29日在《觀察》網站上又發表了《林彪是"文化大革命"中特殊的觀潮派、逍遙派》，指出：綜觀林彪在"文化大革命"中的真實表現，我們認爲他是一個特殊的觀潮派、逍遙派。

近年，眾多網站的政治、歷史、軍事、人物專欄，都不同程度地收集了有關林彪的專題材料，開展過有關林彪問題的專題討論。其中資料歸集數量比較多、質量比較高的，當推《華夏文摘》的"網上文革博物館"(museums.cnd.org)、《浴火鳳凰》(www.yhfh.net)(2005年已關閉)及《林彪·軍隊·文革》(www.linbiao.org)，而吸引了眾多網友參與、互動性討論最爲熱烈的，當爲《強國軍事縱橫》(www.jsqg.cn)。

網上文革博物館1996年春由《華夏文摘》編輯部建立，收集有數百萬字的文字資料，以《華夏文摘》增刊的形式分期在網上發表。其中自2000年有關文革中林彪問題的文章有五十多篇，除轉載了上述王年一、何蜀、陳昭及陳曉寧的文章外，還有如王年一、何蜀合著的《汪東興回憶錄讀後感》，王年一的《全景式的大曝光——林彪事件完整調查序》，何蜀的《對林彪幾次天安門講話的一點考證》、丁凱文的《也談林彪九一三事件——評蕭思科〈粉碎五大謠言——知情人證明林彪真正死因〉》、《林彪事件幾點問題的再辯析》、《〈林彪與文化大革命〉得失談》、《"林彪事件"研究的再思考－－與高華先生商榷》，千秋的《傾聽歷史的聲音——千秋評林彪事件》，閻長貴的《"締造"和"指揮"的風波》，華飛的《"軍事林彪"和"政治林彪"》，陳小雅的《清理歷史的垃圾桶——重審林彪罪案的幾個問題》、《林彪的罪名及其變遷》，舒雲的《黃吳李邱在九一三事件前一天》、《我沒有參加政變會議——原南空副司令周建平訪談錄》、《廣州軍區不知道“林彪另立中央”》、《我不是“資敵罪”——空軍副參謀長胡萃訪談錄》，史學的《誰掌握了破解林案的鑰匙》、《客觀、歷史、正確地看待林彪事件——兼論林彪事件的歷史地位》、《林彪當年最多只是“政治流亡”》、《孫一先代辦沒有說出的秘密》，陳倫和的《也談〈林彪‘小艦隊’成員近況〉——當事人陳倫和自述》，康庭梓的《林彪墜機過程的思考》、劉曉波的《林彪對毛澤東的背叛》，陳益南的《從歷史軌跡思考林彪問題》，心遠的《推倒加在林彪頭上的不實罪名——林彪研究專家丁凱文答問》，黃琨《歷史不是案——專訪吳法憲女兒金秋教授》，朱學淵的《一堆糊塗蟲說林彪》，雲衡的《難得糊塗，呼喚清醒——評朱學淵先生〈一堆糊塗蟲說林彪〉》，余汝信的《林彪“南逃廣州，另立中央”罪名考釋》、《“913”前後的空34師》、《1969：對蘇戰備中的軍委辦事組、林彪與毛澤東》、《未可忽略的“一家之言”——〈吳法憲回憶錄〉述評》。

以研究林彪問題爲己任的《林彪·軍隊·文革》網站，建立於2005年。版主射天狼在開壇辭中稱：“林彪早已成爲了歷史人物，文革也成爲歷史學家們研究討論的重要課題，而且有關圍繞這一課題的研究將會歷久而不衰，其中的原因不言自明。本壇的開辦，就是希望將林彪、軍隊與文革的關係作爲一個集中討論的題目，使重點得到突出。歷史的經驗值得總結，以史爲鑒方能知興衰，亦能認清歷史的潮流。”該網站設立了崢嶸歲月、913親歷者言、林彪事件、軍隊與文革等數個專欄及部分作者文集，已成爲目前海外研究林彪、軍隊與文革歷史的重要陣地。

《強國軍事縱橫》網站建立於2004年。至2006年12月止，擁有注冊會員五千多名，主題總數七千多個，回帖總數二十六萬多個。未可否認，個別討論延伸開來多少有些跑題，惟論爭熱烈程度於此還是可見一斑。

電視是電子媒體重要的一種。帶中資背景、在香港注冊、節目可在中國大陸落地的《鳳凰衛視》，近年做過三期有關林彪事件的節目，一爲2004年7月間分兩次播出的魯豫訪問吳法憲夫人陳綏圻；二爲2004年12月魯豫主持的《林彪墜機之謎》；三爲2005年7月請康庭梓講述“九一三事件”當晚的經歷——《那一夜驚心動魄》，節目播出後，在海內外引起頗大反響。

二、研究專題概說

新世紀以來，林彪研究在其廣度和深度上均取得了長足的進展，其中以下專題的討論較爲集中、熱烈，有一些新的見解及新的突破：

(一)戰爭年代的林彪

新世紀以來有關戰爭年代林彪的著述雖然不多，惟著述者在立論上大多已較客觀公允。研究者方面，彭紅英、餘世誠列舉了林彪與毛澤東自1928年在井岡山相識後，在民主革命時期的幾次分歧，較爲客觀地指出：“民主革命時期，毛澤東與林彪的幾次分歧，我們認爲可作如下評說：林彪並非‘一貫緊跟’毛澤東，也不是‘一貫反對’毛澤東。其分歧多是革命隊伍內部的意見分歧。這些分歧不僅沒有傷害毛澤東與林彪之間的關係，反使他們愈加契合，應該說這是正常的。”(14)黃瑤對廣爲流傳的遼沈戰役中林彪背著羅榮桓發出回師長春電報一事，根據當時林彪秘書譚雲鶴的回憶及《陣中日記》的記載作了辯析，否定了這一說法。(15)

譚雲鶴回憶了1948年中軍委令東野南下攻擊錦州和北寧線時，林彪打錦州決心一度動搖，是因爲"准備了一桌菜，卻來了兩桌客人"，後在羅榮桓提議下，給中央重發電報主張仍攻錦州，與中央意見再度一致的詳細過程。譚還述及林彪口授電報的一般程式，以及對林彪近身的觀察："林彪的生活和警衛不歸我管，但我從王本口裡和我日常接觸到的，覺得那時林彪的生活是很簡樸的，很少聽說他要穿什麼，吃什麼，房子冷了、熱了。那時他的廚師是一位冀東人，政治上當然可靠，是個共產黨員，技術上卻不太高明，但林彪從來不說什麼。"(16)

羅舜初自1940年代歷任東北民主聯軍、東北野戰軍三縱政委，四野四十軍政委、軍長，軍委海軍參謀長、副司令員，國防科委副主任，沈陽軍區副司令員，1955年授中將軍銜。他的《我所接觸和認識的林彪》是經後人整理、於他逝世二十四年後發表的。該文對林彪有褒有貶，褒多於貶，由於羅舜初不被視爲"林彪集團"中人，他的"褒"就顯得有點兒令人注目。(17)

《吳法憲回憶錄》對東北戰場林彪功績的肯定，尚不及李建國的《遼沈戰役研究》。如東北易帥、林彪出任東北局第一把手，吳回憶錄僅一筆帶過，而《遼沈戰役研究》則對此有多處精闢、獨到的評價和分析。(18)

可惜的是，類似《遼沈戰役研究》這樣對戰爭年代的林彪有一定深度的理性分析和評價的著述，在本世紀頭幾年再未出現過。

(二)林彪與"羅瑞卿事件"

近年，由官方編纂的著述仍堅持認爲，文革前夕發生的羅瑞卿事件，是林彪誣陷的結果，指1965年11月30日"林彪派葉群帶著他的信和十一份材料坐飛機趕到杭州，單獨向毛澤東作了幾個小時的匯報。……林彪誣陷的內容至少包括：羅瑞卿要奪取軍權；羅一貫反對突出政治、反對毛澤東思想、存在單純軍事技術觀點等等。”(19)

有論者不同意以上說法。該匿名論者認爲：“在解釋1965年12月中央政治局會議打倒羅瑞卿原因時，均將其歸爲林、羅工作上的衝突，林彪擔心羅瑞卿取而代之。而毛澤東似乎是無辜的，被迫接受了這個結局，因爲他需要林彪在未來的鬥爭中支持毛，而不是劉，權衡利弊，只有保林舍羅。此爲大謬也。盡管，林彪沒能在打倒羅瑞卿一事上持公正立場(如同在打倒彭德懷時一樣)，但林彪絕非要打倒羅瑞卿，而是在得悉毛的態度後，對毛表示支持，並同意毛的安排，由葉群以林辦主任身份代表林在會上做相關發言。”(20)

以上署名“佚名”的論者所言，較官方說法更符合邏輯，更言之有理，並非一般不瞭解內情者所能編造。“佚名”者想必有其可靠的消息來源，可能因某種原因未願透露。惟要令研究者及後來人更心服口服，公佈其資料來源應爲上著。

(三)林彪“五一八講話”

對林彪“五一八講話”，官方言論調子依舊。如《毛澤東傳(1949-1976)》聲稱：“十八日，林彪在會上講話，駭人聽聞地講了一篇‘政變經’。 ……林彪的這篇講話，使黨內和國內的政治空氣陡然緊張起來，使本已存在的個人崇拜狂熱更加泛濫起來。”(21)

王力的回憶則較爲客觀：“十八日林彪講話，講政變經，這已經有全文，就不多說了。我們事先知道葉群到科學院等單位搜集中國歷史上關於政變的資料。林彪爲什麼講這個呢？是因爲毛主席多次講要防止在我國發生反革命政變。……毛主席也同意了，劃了圈，但毛主席背後說他不那麼贊成。是跟江青說的。”(22)

余汝信著文詳細羅列了林彪"五一八講話"前後大半年時間(即從1965年11月至1966年8月八屆十一中全會)，毛澤東"沒有睡好覺"而在"上層"採取了"防止反革命政變"措施，包括：一、更換中辦領導人；二、整肅軍事系統高層；三、加強廣播事業局安全警衛；四、成立首都工作組，擴編北京衛戍區；五、撤銷公安部隊番號。余汝信認爲，以上措施給我們的啓示至少是："其一，'防止反革命政變'是在毛澤東本人督導下所做的一篇'文章'。是毛澤東'中央出了修正主義，你們怎麼辦？很可能出，這是最危險的'防修反修思維的具體實踐。其二，'防止反革命政變'的總決策者，是毛澤東本人。無可否認，林彪因其自身的利害關係，對此決策是積極響應的，但更不可否認的是，周恩來、鄧小平，尤其是周恩來，也是積極響應，堅決貫徹的。……說林彪一個人在念'政變經'，完全不符合歷史事實。"(23)

戚本禹2003年12月與余汝信談及林彪"五一八講話"時稱：林彪"五一八講話"，是周恩來要他講的，林彪說："常委的其他同志要我先講"指的就是周。講話記錄稿先由中辦的工作人員梁川作了初步整理，再交戚作進一步整理，因爲林講了很多歷史上宮廷政變的例子，這些剛好是戚熟悉不過的東西，可得心應手地加以史料上的核對和文字上的加工。戚基本是按記錄稿整理，沒有作任何大的增刪。林彪看過整理稿後十分滿意，說戚是高水準的整理。(24)

(四)文革發動階段的毛、林關係

目前，官方言論仍稱，"九一三事件"後次年才公佈的毛澤東給江青的信，表明了在文革發動階段毛對林彪的疑慮，所以，信中將林彪稱爲"我的朋友"，而且，信中毛稱他一生中第一次在重大問題上，違心地同意別人，這個"別人"指的也是林彪。(25)

大陸學者何雲峰則指出："'文革'發動階段毛澤東對林彪的基本態度是信任支持還是懷疑，大多數人長期以來一直傾向於前者。自從上世紀九十年代以來，隨著一些文獻材料的正式公佈，這一看法遭到了不少研究者的質疑。一時間，'文革'發動階段毛澤東對林彪的態度再度變得模糊不清。"(26)

何雲峰認爲，這主要是由於對這些文獻材料的誤讀而造成的。關於毛致江青的信，何雲峰認爲：毛對林講政變問題並沒有不安，爲毛所不安的，是林關於毛是天才的提法(不僅是跟馬、列並列的天才，而且是超過馬、列的天才)，爲此，毛專門委託周恩來到大連，向林彪講了信中的內容，借此提醒林在宣傳上不要搞得太過頭，這本身就說明毛對林是信任的，另信中一句"我猜他們的本意，爲了打鬼，借助鐘馗"，不僅不足以說明毛對林的懷疑，反而說明了毛對林的信任，認爲林這樣做雖然有點過頭，但心是好心，只是出於"打鬼"的需要而採用的權宜之計罷了。何雲峰稱：根據這兩個文獻材料斷言毛澤東在文革發動階段對林彪已有懷疑，其實是一種誤讀。

關於毛致江青的信真僞問題，陳小雅認爲，這封信存在重大"破綻"，在指出可置疑之處後，陳小雅稱："我們基本可以得出一條結論，毛澤東在1966年7月8日，確曾有過'給江青的一封信'，但這封信不是1972年發表的《給江青的一封信》。前者是一封私人信件，後者是一封'公開信'。毛澤東之所以選擇了給江青的信作爲'宿主'，一是因爲他們有'一榮俱榮，一損俱損'的共同利益，尤其是在林彪問題上，他們都受到同樣沉重的打擊。"(27)

戚本禹在答余汝信有關外間對該信真實性的質疑時則稱："可以肯定地回答你，有這封信，你可以看看這封信的字裡行間，完全是毛的風格，而毛的風格，是任何人都難以模仿得神似的。江青收到這封信

後，覺得應該在黨內最高層部分人中傳閱，得毛同意。傳閱過程中，周恩來抄了一份，陶鑄亦抄了一份。"(28)

其實，何雲峰未有講清問題的實質，這可能是囿於大陸的現實條件所致。通觀毛致江信全文的風格，可以相信它是真的。官方1972年內部公佈它的目的，是用以表明毛早就對林有非凡的洞察力，但適得其反的是，它給明白人看出了毛對林既暫時利用又加以防範的陰暗心態，是毛出於政治需要一定要利用林，而絕非林要利用毛。

(五)林彪被確立為接班人的過程

有關林彪被確立爲接班人的歷史過程，大陸學者彭厚文認爲："眾所周知，'文革'前毛澤東對外宣佈的接班人是劉少奇。但實際上，毛澤東在對接班人的考慮上，並不像對外宣佈的那樣簡單。'文革'前，毛澤東除了一個很短的時期外，大部分的時間裡都沒有把劉少奇看成惟一的固定的接班人；進入毛澤東選擇接班人視野的，除了劉少奇，還有鄧小平、林彪。而且，到了'文革'發生前一二年，劉少奇甚至還被毛澤東摒除在接班人的范圍之外，接班人人選只剩下鄧小平和林彪。而在鄧和林之間，毛澤東又更傾向於選擇林彪。"(28)

高文謙則描述了1966年8月林彪被確立爲接班人時的一些具體情節："八月五日，毛澤東在下決定換馬以後，首先把周恩來找去，把他剛剛寫好的《炮打司令部——我的一張大字報》底稿拿出來交給周看，說：看來劉少奇是不行了，對他觀察了二十一年，完全失望了；對鄧小平觀察了七年，也失望了。然後話鋒一轉，問周的意見。……在這種情況下，周恩來自然順勢表示：那就只好叫林彪回來吧。這一提議，正中毛澤東的下懷。毛很高興，當即拍板，並吩咐周按此進行部署。隨後，周恩來馬上安排飛機把林彪從大連接回北京，並召集會

議，分別向中央黨、政、軍各部門負責人打了招呼。這就是林彪成爲接班人的大體經過。”(29)

(六)林彪在“文革”中的真實表現

王年一、何蜀、陳昭著文認爲：綜觀林彪在“文革”中的真實表現，林其實是一個特殊的觀潮派、逍遙派。(30)

王年一等認爲：在毛澤東發動“文革”之初，林彪同劉少奇、周恩來、鄧小平一樣，也是沒有一點思想准備的，對“文革”究竟如何搞法，也是完全不清楚的。高文謙在《晚年周恩來》中指毛對林、周、鄧、劉四人的策略是“聯林、拉周、整鄧、倒劉”，林彪不過是被毛澤東“聯”過去當了被借助的“鐘馗”而已。

至於林彪成爲觀潮派、逍遙派的原因，王年一等認爲有兩個，一個是林彪的病，憑林的聰明和敏感，他不會不明白，毛選他這樣的病人來做“接班人”，決不會像宣傳上說的那樣是因爲他“高舉”、“緊跟”，而只不過是便於一時的利用；另一個原因，或許是更重要的原因，是他對“接班人”地位的恐懼，明哲保身，既可免毛的猜忌，又可落得超脫，在政治上不負責任。

(七)林彪與“九大”政治報告

林彪事件發生兩年以後，中共“十大”的政治報告說：“九大以前，林彪夥同陳伯達起草了一政治報告”，陳伯達起草的稿子，後來被指責爲“鼓吹唯生產力論”。

林彪與陳伯達在起草“九大”政治報告過程中的關係，陳曉農在《陳伯達最後口述回憶》中作了比較詳細的敘述。(31)

有關在起草“九大”政治報告時，陳伯達被指爲“鼓吹唯生產力論”，與康生、江青、張春橋、姚文元被陳反擊爲“像伯恩斯坦說的運動就是一切，而目的是沒有的”的激烈爭論、衝突過程，陳曉農引用了王文耀、王保春在2003年3月出版的《中共黨史研究》第2期上發表的《關於陳伯達起草九大報告的前前後後》一文，該文稱：毛對陳“不能按期交出報告稿”，可能延誤九大的召開表示不滿，說，不行就重新搞嘛，請康生主持重搞。根據王文耀、王保春的文章，陳伯達的報告起草完後，沒有給任何一個領導人看過就被否定了。陳曉農說，陳伯達在同張春橋爭論時，沒有援引過任何“林副主席指示”來支持自己的觀點，也說明林彪對起草九大報告沒有表示過具體意見。

關於林彪同“九大”政治報告的關係，張雲生稱，葉群對他說：“老夫子的稿子，‘中央文革’不想再討論。因爲主席對張、姚的稿子已經親自作了修改，說明主席對它已經基本認可了。但是老夫子還是不甘心，他堅持將它印出，托我勸首長好好看一看。說是首長看，實際上還得靠你們去講，我是同情老夫子的，只能說首長已經看過他的稿子，這是給他的一點安慰。但是，你們給首長講的時候，不能講得太細，以防止首長的腦子一熱，又對老夫子的東西發生了興趣。”(32)

張雲生說，林彪最初想搞個“平行作業”，准備一個“九大”上用的“條子”，但在毛澤東親自過問政治報告的起草後，林最後決定不搞了。對張、姚寫的東西，林彪始終不感興趣，一眼沒看，對陳伯達的稿子，林彪雖不想知道它裡面寫了什麼，卻讓張在“拉條子”時把它當作參考的素材。

張雲生以上說法與陳曉農的說法略有不同。陳說陳伯達的稿子“沒有給任何一個領導人看過”，張雲生說陳伯達的稿子已印出交林辦，林彪雖沒有“看”過也不想知道它裡面寫了什麼，但卻讓秘書看且將其當作參考素材。

(八)林彪與“第一個號令”

早於1980年代末，中國大陸學者蘇采青即著文澄清：所謂林彪“第一個號令”與疏散中央領導人到外地以及下放幹部到“五七”幹校或基層單位這兩件事，不存在直接的因果關係。(33)1994年吉林人民出版社的多卷本《中華人民共和國實錄》，亦較客觀地介紹了“第一個號令”，作出了該“號令”並非陰謀活動的結論。

惟近年部分官方出版物，如官方編纂的《毛澤東傳(1949—1976)》，仍老調重彈“陰謀論”，稱“對這樣一件牽動全局的大事，林彪竟在事先沒有得到軍委主席毛澤東批准的情況下，就自行作出這樣的緊急指示，並立即向全軍各大單位下達，採取行動。命令下達後的第二天，林彪才用‘電話記錄’(急件傳閱)的方式報告毛澤東。這是新中國成立以來不曾發生過的事情”。“林彪採取這種‘先斬後奏’的做法，確實是一件非同小可的事情。此例一開，就造成一種既成事實：副統帥可以不經過統帥而在一夜之間調動全軍進入臨戰狀態。”(34)

張雲生修改後重新發表的回憶錄，專辟了一章即第十七章談“第一個號令”問題，可視爲有關此事的第一手材料。有關林彪指示的標題及向毛澤東報告一事，張雲生說：“這個電話稿，我以‘首長讓給黃總長去電話’作標題，將它的原件存在檔案櫃裡。奇怪的是，總參作戰部向下傳達時，擅自加上了一個所謂‘林副主席的第一個號令’這樣的題目，使它成爲後來‘批林’的眾矢之的。葉群與我約好，‘兩個小時’以後在我將林彪的‘六條’傳給黃永勝的同時，她負責將‘六條’內容報告正在武漢的毛主席。按葉群平時一貫注重突出主席的心態，她打這個電話的時間不會比我晚。”(35)

當年“第一個號令”的記錄、整理、執行者——解放軍副總參謀長閻仲川的兒子閻銘，2002年著文對閻經手“第一個號令”作了詳細說明。(36)閻仲川在1971年“九一三事件”後受到隔離審查，時間長達七年零六個月，1979年4月解除監管，1982年，一位總參領導才代表組織向閻宣佈了審查結論。結論籠統地稱閻在總部及此前在廣州“支左”工作中犯有錯誤，隻字未提“一號號令”，閻隨即按正兵團職待遇離休。2002年6月22日，閻仲川病逝。

原廣州軍區司令部動員部部長遲澤厚，2003年亦曾著長文，對“第一個號令”發出前前後後的經過作了客觀、理性的敘述。(37)

(九)九屆二中全會上的鬥爭

關於九屆二中全會上林彪、軍委辦事組成員吳法憲等與張春橋等的鬥爭經過，在《陳伯達最後口述回憶》一書中，陳伯達作爲參加會議的一個關鍵人物，對此有專門的回憶。關於林彪的講話，陳伯達說：“在九屆二中全會正式開會前，林彪單獨和毛主席在一個房間談話，周總理和我，還有其他人，在另一個房間等待，等的時間不短。他們談完出來後，大會開了。原定的議程是康生報告憲法草案的問題，並沒有林彪講話的安排，但林彪忽然搶先講話，記得是講關於憲草裡寫毛澤東思想的問題和關於天才的問題。林彪講話似乎有一個擬稿，但語言無序。”“散會後，我去問林彪，他的講話是否事先同毛主席談過。林彪說，他的講話是毛主席知道的。”(38)

作爲當事人，吳法憲在他的回憶錄中以大量的篇幅、專設一章描述了九屆二中全會上與張春橋的鬥爭。鬥爭開始時，張春橋似乎一度居於下風，據葉群對吳法憲說，林彪在8月23日開幕式前，與毛澤東談話，提及了吳法憲與張春橋在稱天才、三個副詞(“天才地、創造性地、全面地")等問題上的爭論，毛同意林"這個要講一講，要批評，但是不要點名"，吳法憲說，這就是林彪在開幕式上突然發表講話的緣由。這個講話的大體內容，毛澤東事先是知道的，而且也是表態同意了的。(39)

毛澤東是否如吳法憲所言事先知道並同意林彪講話的"大體內容"？學術界是有分歧的。惟會議上吳等對張春橋的不點名攻擊，卻得到了與會大多數中央委員的支持，吳等未講究策略，操之過急，引起江青、張春橋的極大反彈。更重要的是，軍人們當時決未有料到關鍵時刻毛澤東對江青、張春橋的關愛之情，甚於對林彪的所謂"戰友"之情！

吳法憲在回憶錄中如此這般對廬山的這場鬥爭進行了總結："我們當時萬萬沒有想到的，是毛澤東竟然會在最關鍵的時刻站在江青、康生、張春橋、姚文元一邊。……現在看來，毛主席本來就站在江青他們一邊，是要堅決地保衛他的'文化大革命'的。我們同江青等人在廬山上的鬥爭，危及到了'文化大革命'，因此，毛澤東是決不會放過我們的。"(40)

(十)關於設國家主席問題

所謂"堅持要設國家主席"，是"林彪集團"主要罪名之一。官方《毛澤東傳(1949—1976)》仍然堅稱："為什麼在毛澤東一再表明態度後林彪仍要堅持設國家主席的主張呢？七月，葉群私下向吳法憲把話挑明：'如果不設國家主席，林彪怎麼辦？往哪裡擺？'"(41)

王年一、何蜀2001年著文對官方的論調提出了不同看法。該文稱：中共黨內高層有關"設國家主席"有不同意見，林彪並不是唯一要堅持設國家主席的人；廬山會議上的爭論以至毛"龍顏大怒"，並非源自於“設國家主席”問題，而是與會上許多人批評了江青集團有關；“林彪想當國家主席”之說十分可疑；毛澤東有關不設國家主席的言論不但算不上“英明指示”，而且完全不講道理，十分霸蠻。“這實際上是毛澤東晚年錯誤的一次較爲充分的暴露。” (42)

對於毛澤東說過六次不設國家主席的官方說詞，陳伯達在回憶時堅決加以否定：“哪裡有這回事？什麼說過六次不設國家主席，我不知道。我只知道毛主席說過，中國農民多，要設國家主席，可以讓陳永貴當。”(43)

吳法憲在回憶錄中談及了林彪在設立國家主席問題上的態度：“在要不要設立國家主席這個問題上，我想著重說一說林彪的意見和態度。……林彪當即表示：‘我不當這個主席，這個不妥。應該是毛主席當國家主席，這才是名正言順。一個十億人口的大國，沒有國家主席，沒有一個元首，這樣名不正、言不順。這個國家主席、國家的元首，只有毛主席來當，別人都不合適。但是毛主席的年紀大了，當國家主席要出國訪問，別的國家元首來還要回訪，毛主席出國有困難，可以設副主席，副主席可以出國對其他國家進行訪問。我也不適合當這個副主席，我的身體不好，不能參加活動，不能出國訪問。要設國家主席還是毛主席來當。’”(44)

關於國家主席設立與否的爭論，一直延續到當年8月的廬山會議。吳法憲在回憶錄中著重談及了汪東興在此問題上初始的態度，及“9·13”後吳交待葉群說過“如果不設國家主席，林彪怎麼辦，往哪裡擺？”這句話的由來：

“八月二十日，我約江西省革命委員會主任程世清一道下山，一起去接中央和各省市來的人。程世清是東道主，我管飛機。我和程世清過去就很熟悉，所以在下山的路上他同我說起，前一天他陪毛澤東上廬山，汪東興對他講：‘這次修改憲法，要堅持設國家主席，毛主席當國家主席，林副主席當國家副主席。如果不設國家主席，毛主席怎麼當我們的國家主席呢？不設國家副主席，林彪同志往哪裡擺？'我聽到這句話感到很高興，我想汪東興傳的話，就是主席的意思吧。這一下，我感到心裡更有底了。

"這裡我要特別聲明一下，過去很多文件及文章都說，這句話是葉群親自對我講的，這根本不是事實。實際上，這句話是我從程世清那裡聽到的，是汪東興傳來的話。葉群從來沒有對我說過這句話。這是一個多年的冤案，我要在這裡更正一下。這裡當然我有一定的責任，但歷史就是歷史。當年在'九一三事件'之後對我審查時，專案組爲了收集林彪有"野心"的證據，千方百計誘導我，非要我把這句話安到葉群的身上。我開始拒絕了，後來迫於他們施加的種種巨大壓力，就順從他們，說了違心的話。但我在當時寫的材料上，對一些被逼出來的假話都做了記號，怕時間一長，自己也忘了。如果現在還能找到我當時寫的材料，就會看到，我當時特地在這句話下面做了記號。"(45)

吳法憲說，他對一些被逼出來的假話都做了記號，時至今日，倒是可以查證得到的。"吳法憲的親筆交代"可見於當年大量印發的中共中央文件《粉碎林彪反黨集團反革命政變的鬥爭(材料之三)》，即中央專案組編印的《林彪反黨集團反革命政變的罪證》。吳法憲親筆交代的影印件原文爲："(二)七Ｏ年七月，葉群曾向我當面說過：如果不設國家主席，林彪怎麼辦，往哪裡擺？"在"林彪怎麼辦，往哪裡擺？"九個字下邊，吳法憲確實加了"……"的重點符號。(46)

(十一)"九一三事件"是毛澤東逼出來的

2004年，王年一、何蜀、陳昭合著的《毛澤東逼出來的"九一三林彪出逃事件"》，在海內外引起頗大反響。文章引述了王年一1996年10

月在一次學術討論會上的發言稱：“‘九一三’事件是給逼出來的，甚至可以說是毛製造出來的。”文章又說：“高文謙在蜚聲中外的大著《晚年周恩來》中也用了這個‘逼’字，他赫然醒目地在小標題中用了‘把林彪逼上絕路’七個字，在正文中，這個‘逼’字又反復出現。真是不謀而合。”(47)

該文稱，毛澤東是避著林彪南巡的。此次南巡共28天，約見各地軍政大員，講話13次，其中充滿了給林彪上綱上線定性定罪的話。至此，事情已經沒有轉圜的餘地，於是有了逼出來的“九一三”事件。

關於毛之南巡，丁凱文著文認為，毛澤東1970年8月的南巡與文革前夕在南方巡視隱居策劃打倒劉少奇如出一轍。毛在南方接見各省市軍隊領導人時，將一年多前的廬山會議矛盾上綱上線到“兩個司令部的鬥爭”，毛聲稱“有人急於想當國家主席”，“設國家主席”是反黨政治綱領，“天才論”則是反黨理論綱領。事實上，毛已將林放到自己的對立面，必欲置於死地而後快。(48)

千秋在論及廬山會議之後的毛林關係時稱：“他(指林)哪像是一個野心家陰謀家啊？廬山會議後，基本上獨坐家中消極抵抗，唯一主動的就是想找毛澤東談心消除誤解。而毛澤東呢？又摻沙子又甩石頭又挖牆角，多有幹勁啊！對林彪有意見當面不提，專程南下串聯，背後嘀咕說盡林彪壞話。堂堂的主席，玩這種把戲，讓人齒冷。這裡面，誰光明正大，誰在搞陰謀詭計？誰要團結誰要分裂？還不明白嗎？”(49)

吳法憲在回憶錄中則稱：“看過毛澤東的這個‘南巡講話’我才知道，原來我一直都被蒙在鼓裡。在此之前我一直認為，是林彪、葉群、林立果在‘九一三事件’中跑了，我才倒的。直到看了這些談話，我才相信了，就是沒有‘九一三事件’，毛澤東也是決心要在九屆三中全會

上把我們徹底拿掉的。他的這次南巡，就是在組織上和輿論上爲徹底拿掉我們做准備。”(50)

(十二)林彪對林立果的活動及《“571工程”紀要》是否知情？

官方《毛澤東傳(1949—1976)》堅持認爲，《“571工程”紀要》“定稿後，曾由林立果連同有關政變資料帶往並‘留在’已到北戴河的林彪、葉群處。”“這些情況表明，爲實現搶班奪權的野心，林彪等已走上鋌而走險、孤注一擲的犯罪道路。”(51)又稱：“九月五日、六日，在北戴河的林彪、葉群先後得到周宇馳、黃永勝的密報，獲悉有人透露的毛澤東南巡談話的主要內容。覺得自己‘末日’即將來臨的林彪一夥終於作出瘋狂的決定：要將毛澤東殺害於巡視途中，發動武裝政變。”(52)

吳法憲在其回憶錄專門一節“管不了的林立果”中，透露了吳對到空軍以後的林立果的不滿：“現在回想起來，林立果剛到空軍時，確實比較老實，但是很快就在周宇馳等人的影響下變了，變得不知道天高地厚，胡作非爲了。他背著空軍黨委、背著我，搞了那麼多的活動。林立果的這些活動，我當時不知道。至於這一切的內幕我就更不知道。燈光燭影，千古之謎。這一切只有留待後人去查證了。”(53)吳法憲並沒有提及林立果的活動與林彪有什麼關係，更不用說得到林彪的支持了。

陳倫和1970年調入空軍黨辦“調研小組”任外文翻譯，該小組內部戲稱自己爲“小艦隊”。陳在“小艦隊”期間從未見過林彪和葉群，他還回憶道：“雖然和林立果在一起，他卻從未向我透露過他欲謀害毛主席的‘反革命陰謀’或《“571工程”紀要》。我不知道當時廬山會議上毛與林已分道揚鑣，也不知道什麼‘選妃小組’、‘教導隊’的事。我見到的他平時不喝酒、不抽煙、不講究衣著外表，好像整天忙於工作和學習，平時還督促我學馬列，記得當時批陳(伯達)整風的要求發給我《共產黨宣言》，《國家與革命》等六本馬列的書，叫我認真學習……我認爲他是緊跟毛主席的。”(54)陳倫和的回憶表明初期的“調研小組”確是爲掌握國外的軍事、技術動態而成立，並不反毛。

陳曉寧著文集中反駁了當局指控林彪參與政變的各類證據，認爲：“當局提供的這些所謂證據，要麼本身就是錯誤的；要麼僅靠這些證據還不能確鑿無疑地得出林彪參與了政變的結論。仍然存在著這樣一種可能性，即：被林立果、葉群利用的所謂的林彪參與政變計劃的諸多證據，很可能是林立果、葉群打著林彪旗號編造出來的。所以，僅憑當局目前給出的那些證據，是不能充份地證定林彪參與政變的罪名的。”(55)

史學則對林彪與《“571工程”紀要》的關係甚至《“571工程”紀要》本身提出質疑：“歷經30多年的反復查證，始終沒有關於林彪授意和批准這個‘紀要’的直接證據。在林彪反革命集團中，至今也沒有找到一個‘571工程紀要’的‘目擊證人’。根據現有的材料，不僅黃永勝、吳法憲、李作鵬、邱會作，這些集團‘主犯’，沒有看到過這個‘政變綱領’，而且，在所謂政變‘指揮班子’的所有成員中，也沒有一個‘目擊證人’。就連參加過‘機場密謀’的成員和被‘571工程紀要’列爲‘保密範圍’之內的所有活著的‘聯合艦隊’的成員，以及所謂‘分艦隊’的‘上海小組’的成員，竟也沒有一個有看到這個‘571工程紀要’。”“歷經30多年的審查，我們不得不面臨的是這樣一個不爭的事實：似乎死了的(指飛機上摔死的)，都是‘571工程紀要’的目擊者，而活著的，卻沒有一個人見過這個‘綱領’。”(56)

據說，《‘571工程紀要’》是“九一三事件”20多天後在空軍學院“秘密據點”(將軍樓)由王蘭義發現上交的。舒雲稱：“2006年有人訪問過李維信(筆者按：應爲李偉信)。李維信說：最後收拾將軍樓沒有燒東西，他也沒有在桌上發現那個寫有五七一工程的紅沙拉鏈本。這就奇了，最後離開的李維信說沒有紅沙拉鏈本。而在他們離開後第一個進去的王義蘭卻是從將軍樓發現的這個紅沙拉鏈本，這是爲什麼呢？

……

這裡還有一個疑點：一般說，既然是草稿，就應該只有一份。要是按李維信的說法，《五七一工程紀要》應該在北戴河，爲什麼這個‘本子’卻出現在空軍學院的秘密據點的茶几上？是不是還有一個‘副本’？可是北戴河的所有檔都沒有被帶走，全留在了北戴河。爲什麼沒有發現‘副本’呢？這說明，只有這一個‘本子’。那麼，北戴河的‘本子’怎麼出現在空軍學院的秘密據點裡呢？而且“赤裸裸”地放在李維信精心善後的屋子裡，這如何解釋？……”(57)

(十三)“南逃廣州，另立中央”

官方《毛澤東傳(1949—1976)》稱：“毛澤東安全返回北京，使林立果等在途中謀害毛澤東的計劃落空，完全打亂了林彪一夥的部署。……林彪、葉群、林立果又緊急策劃南逃廣州，企圖另立中央，分裂國家，宣稱‘如果要動武，就聯合蘇聯，實行南北夾擊’。王飛(空軍司令部副參謀長)等據此擬定了南逃名單，除林彪一家外，還有黃永勝、吳法憲、李作鵬、邱會作等。”(58)

吳法憲回憶錄中沒有涉及“南逃廣州，另立中央”的內容。吳法憲連林立果調動飛機一事也不知情，更別說“南逃廣州，另立中央”了。吳法憲夫人陳陳綏圻在接受《鳳凰衛視》采訪時則稱：“林彪對一些問題的處理，一向很慎重。林彪假如真要搞政變，肯定要跟黃、吳、要、邱他們商量，當然他也估計黃、吳、李、邱不會同意，所以他也不跟他們商量，也可能的，究竟怎麼一回事，林彪已經死了，我們也

無從證實。但是他(原注：指林立果)，也確實想把黃、吳、李、邱弄到廣州去，那是王飛說的。”(59)

余汝信著文根據“兩案”審判對江騰蛟、胡萍及“小艦隊”成員的庭審結果稱：“所謂‘小艦隊’，指的就是空軍中以王、周、於、劉爲核心的一小群中青年軍官。其核心成員的思想體系及行動綱領，已充分體現在由於新野執筆的《‘571工程’紀要》之中。以今日的視角去閱讀《‘571工程’紀要》，無疑可以發現其超越同時代人的、銳利的批判精神！從目前披露的材料觀之，林立果及王、周、於、劉反毛的目標是明確不過的，但囿於當時的政治氛圍，他們給‘艦隊’其他成員所灌輸的，恐怕只能是對張春橋、姚文元的不滿(甚至還未敢提毛的夫人江青)。真正知道謀劃的最終目的和真實意圖的，正如陳綏圻所判斷：‘王飛應該算一個，周宇馳一個，於新野一個，劉沛豐一個，可能了就這麼幾個人，他們的範圍很小’。”(60)

余汝信該文引述了時任廣州軍區空軍參謀長顧同舟及廣州軍區司令員丁盛對“南逃廣州，另立中央”說法的駁斥：“顧再三申明：不知道南逃，絕對不知道。林彪出行，一般只是兩架飛機。七八架飛機，那麼大的舉動，那是超歷史的，不是我一個人能解決的問題。我可以負責任地講，可以用人格擔保，我對此一點也不知情，不瞭解，沒有人通知過我，也沒有人打過電話。

至於大軍區方面，《丁盛回憶錄》披露了不少內情，丁盛所言：“我今天有責任說，我當時是廣州軍區主要負責人之一，我是司令，劉興元政委，孔石泉，任思忠，他們都是政委、副政委，還有其他的人，所有的人，都不知道。絕對不知道！林彪南逃，他怎麼想，這個我們不知道，什麼都不知道。”(61)

余汝信最後說：“《‘571工程’紀要》無疑出自於‘小艦隊’之手。在《‘571工程’紀要》中，‘小艦隊’視上海爲行動基地。‘南逃廣州，另立中央'是'小艦隊'核心成員非常倉促的臨時決定，未及付諸行動便已夭折。從目前已公開的材料來看，'小艦隊'打著林彪的旗號，但沒有充分的證據表明，林彪(以及葉群)事前知道'小艦隊'的計劃，更不用說同意他們的計劃了。根據現代法學'疑罪從無'及'疑點利益歸於被告'的原則，所謂'林彪又陰謀攜帶黃永勝、吳法憲、葉群、李作鵬、邱會作等人，南逃廣州，另立中央'的指控，不能成立。而更無任何證據表明，黃、吳、李、邱以及廣州軍區、廣州軍區空軍的領導人知曉'南逃廣州，另立中央'的計劃。"(62)

遲澤厚《卜占亞上下"賊船"記》(63)和舒雲《廣州軍區不知道"林彪另立中央"》(64)均稱，"九一三事件"後張春橋等人曾逼迫廣州軍區副政委兼湖南省軍區第一政委卜占亞承認，9月12日零點在長沙接到林彪"南逃廣州"的通知。由於卜占亞的僞證，林彪"南逃廣州，另立中央"的罪名變得撲朔迷離，幾被坐實，至今未得澄清。

(十四)"九一三"之夜(1)

關於"九一三"之夜北京及北戴河、山海關機場的情況，上世紀末《中華兒女》雜誌發表過原林彪警衛秘書、總參辦公廳警衛處副處長李文普及林彪專機組成員康庭梓的回憶，近年，又見有當事人吳法憲、林立衡及康庭梓更多的回憶，吳、林、康的回憶，均可視爲北京、北戴河林彪住處及山海關機場三處事情經過的第一手材料。

吳法憲在回憶錄中稱，9月12日夜間11時，周恩來突然來電話問是否有調飛機到山海關機場，吳對此十分茫然，一無所知，經詢問空34師，方知三叉戟專機被胡萍調到山海關，再詢胡萍，胡解釋是飛機改裝後試飛，吳令立即飛回並複電周恩來，周指示，飛機返回時不准帶任何人到北京。周爲何如此緊張？他是否還知道了些什麼而沒有向吳透露？

爲進一步追查專機調動問題，經周恩來同意，9月13日淩晨零點左右，吳法憲從城內空司直接去西郊機場，其實，周恩來此時已要控制“副統帥”的行動自由！

吳法憲回憶道：“我到西郊機場時，胡萍還沒有回醫院，正在和空三十四師的龍副參謀長談話。見到我，龍副參謀長就走了。接著，我問飛機調動的情況，胡萍說的還是和電話裡說的一樣。正在這個時候，周恩來又打電話到西郊機場，告訴我說：‘林彪已經和葉群、林立果乘車離開了北戴河，車正往山海關機場方向開去，臨走的時候還開槍打傷了警衛人員。’

“接到周恩來的電話，我頓時感到問題嚴重了。我估計，車從北戴河到山海關機場，需要個把小時，我就要秘書張叔良打電話到山海關機場，找到三叉戟飛機駕駛員——空三十四師副政委潘景寅。我在電話裡命令潘景寅：‘要絕對忠於毛主席，飛機絕對不能起飛，不管什麼人的命令都不能起飛。’當時在電話裡，潘景寅滿口答應。”(65)

如果吳法憲的記憶無誤，潘景寅的角色和立場卻是值得深究的。否則，爲什麼他一邊“滿口答應”不起飛，一邊最終還是起飛了呢？或許，事情本來很簡單且令人容易理解——吳法憲的“命令”如何比得上在現場出現的活生生的“林副統帥”？況且，吳法憲在電話裡也沒有說明“不管什麼人的命令都不能起飛”是誰的意思，毛澤東的？周恩來的？如林彪本人或葉群、林立果以林彪的名義命令起飛，潘景寅又能作何選擇？

“但是，當我打電話把潘景寅的表態報告周恩來時，他卻告訴我說，林彪、葉群已經上了飛機，而且飛機已經起飛了。這大約是九月十三日淩晨一點鐘。周恩來要我注意看飛機的航向，注意它往哪裡飛，降落在任何地方，都要報告他，他准備去和林彪談話，我問周恩來要不要准備飛機。他說：‘你准備一下吧。’我當即要三十四師准備了兩架飛機，因爲隨周恩來去的還會有警衛部隊。

“我一直在雷達監視器前關注著飛機的動向，並隨時向周恩來報告。林彪等人乘坐的三叉戟飛機一開始向西飛，然後慢慢轉彎向北飛去。當飛機開始向西飛的時候，我要胡萍用三十四師指揮所的報話機，不停地向飛機喊話，命令潘景寅向北京飛。可喊了大約十五分鐘，潘景寅不作回答。這些情況，我都及時報告給了周恩來。

“當飛機飛到了赤峰附近的時候，我想到在赤峰附近有我們的殲擊機部隊，就問周恩來要不要把三叉戟攔截回來。周恩來說：‘這要請示毛主席。’過了一會兒，周恩來答復我說：‘毛主席不同意，說‘天要下雨，娘要嫁人，由他去吧’。’

“到九月十三日淩晨兩點多鐘時，周恩來又來電話問飛機到了什麼地方。我說：‘已經快出國境了，離中蒙邊界只有一百公里。飛機高度只有三千公尺，快看不見了。’很快，飛機就從雷達螢幕上消失了，我立即報告了周恩來，說飛機已經飛出國界，雷達看不見了。”(66)

(十五)“九一三”之夜(2)

關於“九一三”當晚北戴河林彪住處的情況，《林立衡九一三後寫給中央的材料》應是可靠的依據。詳情是從“9月12日下午5時左右”寫起的，關於9月12日之前的情況，林立衡是否寫有過其他材料，不知道。本材料對9月12日之前的情況只有小一段“我(指林立衡)從9月7日便分別找林彪的警衛參謀劉吉純、李文普及林彪身邊的兩個衛生員陳占迢、張恒昌談話，其中和李文普談的最多，因爲林彪對李文普的信任超過了對葉群和林立果的信任。我讓李文普注意觀察情況，組織工作

人員應付隨時可能發生的突然事變，特別要防止有人在林彪身上用藥，一定要確保林彪神智清醒和人身安全。"(67)

劉吉純曾對采訪者稱，9月7日晚上，林立衡對他說："主任、老虎在外面做了壞事被上邊知道了。他們怕挨整，在北京待不住了，想挾持首長(林彪)到外地去。我說，怎麼辦，是否去報告？她問，向誰報告？我說，只有向汪東興、張耀祠、楊德中報告。她說，汪在廬山也受到了批評，現在對誰都不要講。首長國慶節還要上天安門。現在離國慶節還有二十多天，等幾天再說吧。當時我同她商定，她在裡面，我在外面觀察動靜。"(68)

林立衡不報告，劉吉純也沒有報告，林立衡告之的其他人有沒有報告？北京是否對北戴河的動靜就毫無所知還是另有耳目？林立衡稱等幾天再說，於是，就等出了個"九一三"！

林立衡在材料中表露的最大不滿是，在林彪、葉群、林立果出走的過程中，8341部隊沒有採取有效的攔阻措施，而更重要的是，林立衡認為，"這一切事情"的背後似乎另有目的："姜副大隊長等人氣憤地告訴我，他們在先行車上一直等張副團長的命令，由於沒有接到命令，他們不但沒有進行阻攔，反而給紅旗車讓了路，直到張宏的小車開來才一起在後面追趕紅旗車，但那時已追不上了。"(69)

關於以後在研究者中引起很大爭議的李文普的槍傷成因，林立衡說："很快，我聽到距離很近的地方有一聲槍響，接著又是一聲槍響——後來聽說是蕭奇明中隊長在大隊部門口的哨位上用手槍朝汽車後面開了一槍，另一槍是李文普在離58號樓大隊部門口約三十米處從紅旗車上下來時槍走了火，李文普也因此受了傷。作為外科醫生，張清林當著8341部隊衛生員的面親自為李文普包紮了左臂傷口。"(70)

而李文普本人在上世紀末著文的說法則是：在開往山海關機場的林彪座駕上，"車到56樓時，我突然聽林彪問林立果：'到伊爾庫茨克多遠，要飛多長時間？'林立果說：'不遠，很快就到。'汽車開到58樓時，姜作壽大隊長站在路邊揚手示意停車。"李稱他聽林彪說要去伊爾庫茨克，便決心下車，大喊一聲停車，司機楊振剛把車停下來，李立即開門下車，李轉身朝58樓喊一聲："來人哪！"與此同時，李聽到了車門響聲和槍栓聲，林立果就向李開槍。"當時距離很近，只一米左右，我側著身，手揚著，所以子彈從前胸擦向左臂。"(71)

以後官方的各種出版物都引用了李文普的"證據"，以認定林彪爲"主動叛逃"。但民間研究者多爲質疑李說的真實性。如李晨說："反正汽車裡的人全死了，他想怎麼說就怎麼說，一切都是'死無對證'，連個'旁證'都沒有"，"'九一三事件'發生後，李文普一開始並沒有揭發林彪在車裡問過'到伊爾庫茨克多遠，要飛多長時間'這句話，只是中央專案組將他單獨關押，審訊時，他才迫於政治壓力向紀登奎交代了這句'關鍵性'的話，並改口說他的傷是林立果開槍打的。"(72)

(十六)256號專機墜毀原因

1971年9月13日凌晨2時半左右，林彪等人乘坐的三叉戟256號專機墜毀於蒙古人民共和國溫都爾汗地區。專機墜毀的原因，是近年有關林彪事件討論熱點中的熱點。

專機駕駛員潘景寅所扮演的角色與所持立場，是專機得以起飛的關鍵，也是至今懸而未決的一個疑團。康庭梓稱："午夜，時間的腳步剛跨入9月13日，潘景寅接到一個電話，然後馬上用調度室電話通知海軍場站要加油車。零時5分，潘景寅走出調度室，把睡在第三個房間的3位機械師叫起床"。康說，潘景寅自己不但不主動叫機組的其他5個人起床，而且，還阻止別人把他們叫醒。"有一點可以肯定，機組9人有走有留的局面是機長潘景寅直接造成的。問題是，潘景寅自己主動安排的，還是有人授意他這樣做的呢？從各種跡象分析，潘景寅是在聽了別人的授意之後，積極主動安排的。向他授意的人很可能就是林立果。”(73)

康文引述了1980年11月15日鄧小平接見美《基督教科學箴言報》總編輯厄爾·費爾時說的話：“據我個人判斷，飛行員是個好人，因爲有同樣一架飛機帶了大量黨和國家機密材料准備飛到蘇聯去，就是這架飛機的飛行員發現問題後，經過鬥爭，飛機被迫降，但這個飛行員被打死了。”(74)康庭梓的“分析”和鄧小平的“個人判斷”，說到底也都是一種推測，看來，康是同意鄧小平的“個人判斷”，惟這一判斷與康所述潘景寅的舉動相悖。

民間研究者於此各有說法，王年一、陳昭稱：一種觀點是林立果做賊心虛，要求“機組人員越少越好”；另一種說法來自張寧：林立果曾交代機場人員給飛機加滿油，機上所有人員留機待命不准下機休息，但大部分人沒有遵從；“還有第三種推測，那就是潘景寅等人可能領受了某種特別指令去完成一個‘偉大而神聖’的使命——必須使該機飛出國境，又必須以犧牲自己的生命爲代價使它墜毀。潘景寅會不會爲了減少犧牲而故意這樣做呢？”(75)

這真是一個大膽的假設！但是，缺乏了小心的求證。由於256號專機起飛後一直未與地面聯絡，飛機上的“黑匣子”(飛行事故記錄儀)又下落不明，飛機墜毀原因缺乏直接證據。有別於官方渠道的分析，近年類似上述第三種推測的“陰謀說”和“蘇聯導彈擊毀說”在部分民間研究者中流行。

“蘇聯導彈擊毀說”以陳曉寧《質疑林彪“9·13”事件》爲發端。陳曉寧該文得出的“9月12日夜林彪出走梗概”爲“256飛機從蘇、蒙邊境邊境調轉機頭，向中國返回→向中國方向飛行一段距離後，到達溫都爾汗附近→蘇、蒙方面在跟蹤了256飛機的航跡後認爲：此機既非迷航，也非叛逃，而是在有意利用民航飛機刺探完蘇、蒙方面的防空雷達後想逃回中國。於是下令向其開火→256飛機中彈發生爆炸，並引起大火。飛機仍能飛行一段，只好盤旋尋找迫降地點，並帶著大火進行迫降。由於火太大，256飛機已經沒有時間進行盤旋以耗盡機腹主油箱的燃油了，所以只能帶著2.5噸油用機腹著陸。飛機著陸時動作有誤並且機腹油箱破裂引發大火，大爆炸，導致機毀人亡。"(76)繼陳曉寧的文章之後，互聯網上先後出現過的、持"蘇聯導彈擊毀說"的文章有王年一、吳潤生的《蘇聯導彈擊落林彪座機》(77)及京城孤魂的《是誰幹掉了"256"專機？》。(78)

"陰謀說"似乎始於王年一、陳昭的《256號飛機是在空中先起火後迫降的》。(79)該文稱："究竟是什麼原因導致256號飛機空中起火呢？有人認爲是被蘇軍導彈擊中，也有人認爲是被中國武器擊中。除此之外，許多人(包括筆者)認爲還有一個可能性是該機在起飛前安放了爆炸物，在空中的適當時機被引爆，造成飛機在空中起火。"持類似觀點的是近年在互聯網上發表的區區不才的《"不才"林彪9·13系列》，該系列文章認爲256號專機急於帶油進行野外降落，而且，從飛機起飛到此時剛好是2個小時，"原因只有一個，飛機上發生了萬分緊急的情況，這個情況緊急到潘景寅在不到1分鐘的時間內必須著陸，這個情況比帶油降落、起火燃燒更危險"，因爲中央早就洞悉了林彪一夥准備乘飛機外逃的陰謀，"而且有足夠的時間進行相關安排，林彪在逃亡途中機毀人亡就絕不可能是意外。"(80)

"蘇聯導彈擊毀說"、"陰謀說"均爲推測，缺乏有力的證據支持。

王海和孫一先的回憶錄，則分別引述了"九一三事件"後由王海牽頭組織的空軍專家組關於256號專機墜毀原因的結論。(81)以目前持異議者所能掌握的資料來看，尚難推翻這一結論。

(十七)林彪的缺陷

吳潤生承認，林彪是天才的軍事家。惟"歷史經驗證明，凡軍事家不宜從政，戰爭結束後就該退隱，如有新的戰爭發生方可東山再起。因爲他們的血液中充滿了軍事家的基因，很難灌輸進政治家的元素了。'換血'的成功率極低極低，林彪同樣未能超越這一規律。"(82)

吳潤生認爲，作爲軍事家的林彪，爲什麼不宜從政？因爲他對政治和政治家有天然的偏見。此外，林彪對理論不屑，沒有理論水平；對儒學矛盾，沒有"禪讓"、"禮讓"、"謙讓"、"退讓"、"忍讓"精神。真正具備政治家全才的人物比較罕見，顯然，林彪不是。吳潤生還認爲，林彪在"夫妻恩愛"、"兒女情長"方面的缺陷是十分明顯的，這也是葬送他政治前程的重要因素。

梁由之在《百年五牛圖之五：關於林彪》(83)一文中談及了林彪不少優點，也列舉了林的一些缺陷：1、不知自忌。2、不夠謹細。3、器量偏於狹窄。4、兩面派。5、心不夠黑，皮不夠厚。

三、簡短的結語

記不得是誰說過，歷史像一幅油畫，你離開越遠，就看得越清。這句話，適用於任何歷史人物、歷史事件，同樣，也適用於林彪和"林彪事件"。

近年，隨著相關當事人的回憶錄的相繼出版，爲林彪研究創造了更爲有利的條件。一些久久懸而未決的事件真相，終於有了逐步還原其本來面目的可能。誠然，研究者一方面應爲這些回憶性史料的出現感到高興，惟另一方面，卻應在使用這部分材料時有著科學、求實的態度，認識到回憶錄作者所處位置和角度的局限，與其他史料多作對照、比較。

進入新世紀後，在對林彪、林彪事件的研究上，雖然研究面已有所擴闊，研究專題有所增加，研究質量也有所提高，但仍存在相當的不足。這主要表現在：在對林彪生平的研究上，相當部分的時段還是空白，至今，尚未有一個準確、詳盡的林彪年譜出現；不少專題的研究，由於檔案材料未能開放，僅局限於對僅有的一星半點公開材料表層性的反復"榨取"，難以進入深層次的挖掘；由於研究理論和方式的狹窄，制約了研究水準的進一步提高，以至所謂"林學"離真正的社會科學研究方法還有很長一段距離。其實，"林學"尚待解決的課題是大量的，例如：對林彪軍事學術思想尤其是中共建國後戰略思想的研究，對林彪軍事實踐尤其是解放戰爭階段軍事實踐的研究，對林彪政治、經濟、文化領域思想的研究，對林彪處世哲學、個性缺陷方面的研究，對中共建國後毛、林關係演變的研究，等等，更不用說諸如文革中的林彪真實一面，"九一三事件"真相，尚有大量仍未真正揭開之謎。

我們仍須努力！任何歷史真相，總是難以完全、絕對地還原，惟經過努力，接近真相，將其基本面揭曉、還原，應該還是可能的。求索的前路艱辛而充滿挑戰，而這，恰恰正是解開"林彪密碼"過程的引人入勝之處！(2007年3月)

注釋：

(1)張雲生、張叢堃著：《"文革"期間，我給林彪當秘書》，前言，頁3-4。

(2)心遠：《推倒加在林彪頭上的不實罪名——林彪研究專家丁凱文答問》(紐約：《多維時報》2004年7月30日)。

(3)王海：《我的戰鬥生涯》，頁224。
(4)同(3)書，頁231。
(5)孫一先：《在大漠那邊：親歷林彪墜機事件和中蒙關係波折》，頁41，365。
(6)王力：《王力反思錄》，頁940，943。
(7)以上及以下引文，見高文謙：《晚年周恩來》頁275，321，329。
(8)廖漢生：《廖漢生回憶錄》，頁262-263。
(9)2006年3月訪問林立衡談話記錄。
(10)徐景賢：《十年一夢》，頁193。
(11)陳曉農：《陳伯達最後口述回憶》，封底。
(12)同(11)書，頁378。
(13)吳法憲：《吳法憲回憶錄》，頁788。
(14)彭紅英、余世誠：《民主革命時期毛澤東與林彪的幾次分歧》。
(15)黃瑤：《對遼沈戰役中兩個有爭議問題的看法》，及見本書何海《近十年來關於戰爭年代林彪的研究》。
(16)譚雲鶴：《遼沈、平津戰役時我給林彪當秘書》。
(17)羅舜初：《我所接觸和認識的林彪》。
(18)李建國：《遼沈戰役研究》(長沙：湖南人民出版社，1998年7月第一版)，頁98，103，104。
(19)中共中央文獻研究室：《毛澤東傳(1949-1976)》，頁1399。
(20)佚名：《毛澤東、林彪與"打倒羅瑞卿"》(電子雜誌：《華夏文摘增刊·文革博物館通訊(163)》，2003年2月10日)。
(21)同(19)書，頁1412。
(22)同(6)書，頁592-593。
(23)余汝信：《林彪"五一八"講話前後的防政變措施》(電子雜誌：《楓華園》總第436期，2004年2月6日)。
(24)(28)余汝信：《與戚本禹面對面》(電子雜誌：《楓華園》總第432期，2004年1月9日)。
(25)同(19)書，頁1421。
(26)何雲峰：《"文革"發動階段毛澤東對林彪的態度辨析》。
(27)陳小雅：《毛澤東〈給江青的一封信〉真偽辨》，《重審林彪罪案》，頁614-620。

(28)彭厚文：《"文革"初期毛澤東為何選擇林彪為接班人？》。

(29)高文謙：《晚年周恩來》，頁130-131。

(30)本節內容詳見王年一、何蜀、陳昭：《林彪是"文化大革命"中特殊的觀潮派、逍遙派》。

(31)同(11)書，頁355-366。

(32)同(1)書，頁467。

(33)蘇采青：《關於林彪的"第一號令"》(北京：《中共黨史研究》1989年第5期)。

(34)同(19)書，頁1564-1565。

(35)同(1)書，頁568。

(36)閻銘：《我的父親與"一號號令"》(濟南：《老照片》第24輯，2002年8月)。

(37)遲澤厚：《"一號令"發出前後》，《重審林彪罪案》，頁91-131。

(38)同(11)書，頁373-374。

(39)同(13)書，頁792-793。

(40)同(13)書，頁822-823。

(41)同(19)書，頁1567。

(42)王年一、何蜀：《1970年的廬山會議及毛澤東、林彪衝突之起源——在"設國家主席"之爭的背後》。

(43)同(11)書，頁378。

(44)(45)同(13)書，頁777-778。

(46)中共中央文件，中發(1972)24號，中共中央辦公廳1972年7月3日印發，頁6-7。

(47)王年一、何蜀、陳昭：《毛澤東逼出來的"九一三林彪出逃事件"》。

(48)丁凱文：《毛澤東的南巡與倒林陰謀》，《重審林彪罪案》，頁254-266。

(49)千秋：《傾聽歷史的聲音——千秋評林彪事件》(電子雜誌：《華夏文摘增刊·文革博物館通訊(461)》，2005年10月18日)。

(50)同(13)書，頁860-861。

(51)同(19)書，頁1592-1593。

(52)同(19)書，頁1599。

(53)同(13)書，頁852。

(54)陳倫和：《也談〈林彪"小艦隊"成員近況〉——當事人陳倫和自述》(電子雜誌：《華夏文摘增刊·文革博物館通訊(531)》，2006年10月4日)。

(55)陳曉寧：《林彪參與謀殺毛澤東陰謀的罪名之證偽》，《重審林彪罪案》，頁323。

(56)史學：《林案的玄機和蹊蹺》(電子雜誌：《華夏文摘增刊·文革博物館通訊(427)》，2005年4月6日)。

(57)舒雲：《林彪事件完整調查》，頁397-398。

(58)同(19)書，頁1600-1601。

(59)鳳凰衛視“魯豫有約”：吳法憲的夫人——陳綏圻，2004年7月17日。

(60)(61)(62)余汝信：《林彪“南逃廣州，另立中央”罪名考釋》(電子雜誌：《華夏文摘增刊·文革博物館通訊(478)》，2006年1月18日)。

(63)遲澤厚：《卜占亞上下“賊船”記》(電子雜誌：《華夏文摘增刊·文革博物館通訊(477)》，2006年1月17日)。

(64)舒雲：《廣州軍區不知道“林彪另立中央”》(電子雜誌：《華夏文摘增刊·文革博物館通訊(469)》2005年12月6日)。

(65)(66)同(13)書，頁863-864。

(67)(69)(70)李晨：《世紀風鈴》，頁237-250。

(68)丁醜：《北戴河林彪駐地警衛人員劉吉純口述——林彪出逃前夜》《林彪·軍隊·文革》網站，913親歷者言專欄。

(71)李文普：《林彪衛士長李文普不得不說》，《中華兒女》1999年2月總第108期，頁18。

(72)李晨：《世紀風鈴》，頁254-255。

(73)(74)康庭梓：《林彪座機強行起飛之前》，《中華兒女》1999年第4期總第116期，頁34-39。

(75)(79)王年一、陳昭：《256號飛機是先起火後迫降的》，《重審林彪罪案》，頁487-488。

(76)陳曉寧的《質疑林彪“9·13”事件》首發於2001年10月2日出版的電子雜誌《楓華園》特刊總第32期，後刊載於2002年1月21日出版的電子雜誌《華夏文摘增刊·文革博物館通訊(118)》，並收入丁凱文主編的《重審林彪罪案》一書。

(77)王年一、吳潤生：《蘇聯導彈擊落林彪座機》(電子雜誌：《華夏文摘增刊·文革博物館通訊(118)》，2002年1月21日)。

(78)京城孤魂：《是誰幹掉了“256”專機》，《強國軍事縱橫》網站，2005年1月17日。

(80)區區不才：《"不才"林彪9·13系列探微》，《林彪·軍隊·文革》網站，林彪事件專欄。

(81)見王海：《我的戰鬥生涯》頁231-234，孫一先：《在大漠那邊》頁275-278。

(82)吳潤生：《林彪與文化大革命》，頁280-310。

(83)梁由之：《百年五牛圖之五：關於林彪》，《林彪·軍隊·文革》網站，軍隊與文革專欄。

上篇

文革之前的林彪

平型關大捷與林彪對完善八路軍抗日戰略戰術的貢獻

蔣 健

平型關戰鬥是全國抗戰爆發以來中國軍隊的第一個大勝仗，儘管平型關戰鬥是在國民黨閻錫山作戰方案框架下進行的，但它是由共產黨八路軍獨立完成的。八路軍以簡陋的裝備主動攻擊日軍主力師團並首戰大捷，大大提高了中國共產黨和八路軍的威信，而且從實際效果看，平型關大捷對八路軍軍事戰略戰術方針的完善有重大影響。

一、毛澤東最早強調"獨立自主的山地游擊戰"

1937年8月1日毛澤東、張聞天向周恩來等人提出："關於紅軍作戰，依當前敵我情況，我們認爲須堅持下列兩原則：甲、在整個戰略方針下執行獨立自主的分散作戰的游擊戰爭，而不是陣地戰，也不是集中作戰，因此不能在戰役戰術上受束縛。只有如此才能發揮紅軍特長，給日寇以相當打擊。乙、依上述原則，在開始階段，紅軍以出三分之一的兵力爲適宜，兵力過大，不能發揮游擊戰，而易受敵人的集中打擊。其餘兵力依戰爭發展，逐漸使用之。"這是毛澤東第一次明確提出紅軍實行游擊戰的戰略方針。他在8月4日又向周恩來、朱德等人強調："爲適應游擊戰性質，原則上應分開使用，而不是集中使用。"(1)

1937年8月22-25日舉行的中共中央政治局擴大會議(即洛川會議)討論了八路軍的戰略方針，與會人員提出了三種意見：獨立自主的山地游擊戰，獨立自主的運動游擊戰，獨立自主的游擊運動戰。在洛川會議上，會議主持人、中共中央總書記張聞天的提法和毛澤東的思想最爲接近，他提出："指揮問題上是獨立自主原則，……；作戰方面主要是游擊戰爭，總的是賺錢則幹，不賺錢不幹。力量的使用也是如此。……抗日戰爭是持久戰，要保存我們的力量，盡量擴大我們的力量。"(2)

根據聶榮臻元帥的回憶："在洛川會議上討論作戰方針時，曾出現過不贊同游擊戰而主張打運動戰的分歧意見，他(引者注：指毛澤東)擔心部隊挺進前線後，一些同志蠻幹。"(3)

在聶榮臻看來，林彪就是毛澤東擔心"蠻幹"的八路軍高級將領，因爲"林彪不同意打游擊戰。他在會上說，要以打運動戰爲主，搞大兵團作戰。他的思想還停留在同國民黨軍隊作戰的那套經驗上，覺得內戰時期我們已經可以整師整師地殲滅國民黨軍隊了，日本侵略軍有什麼了不起！"(4)

實際上，當時和毛澤東意見不一致的並非只有林彪，周恩來、彭德懷、任弼時等人就主張打運動戰或運動游擊戰。比如彭德懷就認爲"游擊戰和運動戰是密不可分的"，"紅軍出去基本的是打勝仗，樹立聲威，開展統一戰線。只有這樣，才能提高黨與紅軍的地位，也可使資產階級增加抗戰的決心。"

洛川會議期間，中共中央決定成立由八路軍將領朱德、彭德懷、任弼時、林彪等九人組成的中央軍委前方分會(即華北分會)，朱德、彭德懷爲正、副書記。

9月3日晚，周恩來、彭德懷、林彪、聶榮臻、徐向前等從西安乘火車進入山西。(5)

9月12日，毛澤東電告彭德懷同國民黨協商時無論“在晉在冀在京，均著重解釋我軍‘獨立自主的山地游擊戰爭’這個基本原則，取得他們的徹底瞭解與同意。”“堅持依傍山地與不打硬仗的原則。”(6)

9月13日周恩來電告毛澤東：以八路軍兩師集中於淶源、靈丘、阜平地域，依傍太行山發展游擊運動戰。

9月14日，率部到達山西抗日前線的林彪電告八路軍總部朱德、彭德懷、任弼時，提出在平型關襲擊日軍，以配合閻錫山的正面作戰。此電當即轉報了毛澤東。

9月16日，毛澤東特電告誡林彪：“我軍應堅持既定方針，用游擊戰鬥配合友軍作戰。”但林彪回電堅持集中一個旅“暫時不分散”。

9月17日，毛澤東致電包括林彪在內的所有八路軍高級將領：“……紅軍此時是支隊性質，不起決戰的決定作用。但如部署得當，能起在華北(主要在山西)支持游擊戰爭的決定作用。……爲戰略上展開於機動地位，即展開於敵之翼側，鉗制敵之進攻太原與繼續南下，援助晉綏軍使之不過於損失力量，爲真正進行獨立自主的山地游擊戰，爲廣泛發動群眾，組織義勇軍，創造游擊根據地，支持華北游擊戰爭，並爲擴大紅軍本身起見，擬變更原定部署，採取如下之戰略部署：……我一方面軍(引者注：指林彪的115師)應以自覺的被動姿態，現時進入恒山山脉南段活動。如敵南進，而友軍又未能將其擊退，則準備依情況逐漸南移，展開於晉東南之太行、太岳兩山脉中。”

林彪並不認同毛澤東的看法。9月18日，林彪依據前方戰局向毛澤東回電，提出：“在敵目前進攻的情況下，我先頭旅應以作戰滅敵爲主要任務。”

也在9月18日這天，毛澤東再次致電朱德、任弼時：“我林(彪)師現已當了正面，處於完全被動地位。賀(龍)師不能再用此方法，應速向晉西北轉進。……可向閻提出賀師以五寨、神池、平魯爲根據地，向綏遠游擊，鉗制敵軍南下。”毛澤東提到的五寨、神池、平魯三地遠離晉東北主戰場，並無敵軍可“鉗制”。毛澤東實際上在這裡強調的是“廣泛發動群眾”和“游擊戰爭”。

9月19日，115師進入以恒山爲依托的晉東北地區。對這一地區當時的作戰形勢，林彪用電報向毛澤東匯報：“……國民黨軍隊在平漢平綏作戰，完全不發動群眾，不敢機動，不敢側擊，不敢包圍迂迴，更不敢深入敵後獨立作戰。因此，較強者立守挨打，較弱者稍擾即退，狡猾者躲避戰爭，老朽者聞風而逃，動搖者甚至引狼入室。……日寇以很少兵力縱橫馳騁，所向無忌，華北屏障盡失，黃河以北之重鎮，有全部陷落之危險。”

在林彪115師到達晉東北抗日前線、賀龍120師轉向晉西北前線時，毛澤東於9月21日致電彭德懷，指出：“今日紅軍在決戰問題上不起任何決定作用，而有一種自己的拿手好戲，在這種拿手戲中一定能起決定作用，這就是真正獨立自主的山地游擊戰(不是運動戰)，要實行這樣的方針，就要戰略上有有力部隊處於敵之翼側，就要以創造根據地發動群眾爲主，就要分散兵力，而不是以集中打仗爲主。集中打仗則不能做群眾工作，做群眾工作則不能集中打仗，二者不能並舉。然而，只有分散做群眾工作，才是決定地制勝敵人、援助友軍的唯一無二的辦法，集中打仗在目前是毫無結果之可言的。”(7)

從總體上看，毛澤東在抗日戰爭因共產黨、八路軍的參加而翻開新的一頁之際，就高瞻遠矚地指出了共產黨、八路軍在整個抗日戰爭期間的方針策略。

不過，毛澤東在這份電報中明確表示：第一：“今日紅軍在決戰問題上不起任何決定作用”；第二：最好用“一種自己的拿手好戲，在這種拿手戲中一定能起決定作用，這就是真正獨立自主的山地游擊戰(不是運動戰)”；第三：“只有分散做群眾工作，才是決定地制勝敵人、援助友軍的唯一無二的辦法，集中打仗在目前是毫無結果之可言的。”此時的毛澤東還擔心：“整個華北都是危如累卵。個別同志對於這種客觀的必然的趨勢似乎還沒有深刻的認識，被暫時情況所誘惑，如果這種觀點不變，勢必紅軍也同閻錫山相似，陷入於被動的、應付的、挨打的、被敵各個擊破的境遇中。”

毛澤東在同一電報中還建議彭德懷，“從遠處大處著想，對於個別同志不妥當的觀點給予深刻的解釋，使戰略方針歸於一致。”這裡的“個別同志”就指林彪，因爲林彪向毛澤東堅持要集中部隊相機給敵以打擊，暫時不分散。毛澤東認爲：“這種一個旅的暫時集中，當然是可以的，但如許久還無機可乘時，仍以適時把中心轉向群眾工作爲宜。”

簡言之，毛澤東的指示精神是不宜打平型關戰役這樣的大規模運動戰，其戰略設想是充分發動群眾，不斷壯大中共領導的力量尤其是武裝力量。毛澤東不主張以現有的力量與日本硬打硬拼，而是避開敵正面進攻，向敵後進軍，去開展游擊戰，建立根據地。

二、林彪“被暫時情況所誘惑”

林彪率八路軍115師於1937年9月19日挺進到平型關東南地區。

林彪是毛澤東的頭號愛將，並非“蠻幹”之人，也並非不明白毛澤東的深謀遠慮，但他堅持己見的原因的確是“被暫時情況所誘惑”。林彪在到達平型關地區後，根據對地形的勘察和對敵情的分析，結合毛澤東21日的電報，22日以個人名義(聶榮臻副師長23日才同先行的林彪匯合)向八路軍總部和中共中央軍委、毛澤東提出了集中兵力打一仗的建議，闡述此戰的重要性和必要性，力主大打一仗。

善於捕捉戰機的林彪陳述了五條主要理由：

1、目前敵正在前進中、運動中、作戰中，爲我進行運動戰的良好機會，我友軍目前尚有抗擊敵人之相當力量，爲能得到友軍作戰之良好機會。現地域爲山地，乃求山地戰之良好機會。倘過此時機，敵已擊破友軍通過山地，並進占諸主要城市時，即較難求運動戰山地戰及友軍配合之作戰。

2、目前軍民正在看我軍直接參戰，如我參戰兵力過少，則有失眾望。

3、兵力過少，則不能將以絕對優勢兵力消滅敵之一部。

4、目前須打勝仗，捉俘虜，提高軍民抗戰信心，提高黨與紅軍威信，打了勝仗更容易動員群眾與擴大紅軍。

5、目前如集中一師以上兵力於窄狹區域求戰，當然是不妥的，用不開的，但以一師以下兵力則是需要的，用得開的。目前這一仗應以集中約一師的兵力爲好，待今後客觀情況上已失去一師兵力作運動戰之可能時，再分散作群眾工作和游擊。

很顯然，林彪不認同毛澤東“集中打仗在目前是毫無結果之可言的”的看法。“敵人的刀鋒利，我避開他的刀砍他拿刀的手”是抗大校長林彪常常用來教導抗大學生的一句話，在平型關戰鬥前，林彪多次踏勘平型關的地形。林彪於9月23日一大早在115師師部主持召開了343旅(旅長陳光)連以上幹部參加的戰鬥動員會，親自分析戰局，介紹敵情，下達作戰任務。此時副師長聶榮臻尚未同林彪會合。

當年的115師686團長李天佑上將在《首戰平型關》一文中回憶，在這個戰鬥動員會上，林彪說：“同志們，中華民族正在經歷著巨大的考驗！我們共產黨人，應該擔當起，也一定能夠擔當起這救國救民的重任！”林彪說：“我們要在日寇進攻平型關時，利用這一帶的有利地形，從側後猛擊一拳，打一個大勝仗。給敵人一個打擊!給友軍一個配合！給人民一個振奮！”

根據蕭向榮將軍《平型關戰鬥前後的日記》記載，林彪“全部的報告大約經過了兩個鐘頭”，林彪最後說：“‘這幾天來，我(師長自稱)正在研究著，這個仗究竟要如何打法，才能取得完滿的勝利，使我們能捉到幾千俘虜，一直往後面送去，來鼓勵民眾抗戰的熱情與勝利的信心。’說著，大家都興奮得笑起來了，每個人的心裡，都希冀著將要到來的勝利的第一戰，能夠很快的達到。”蕭向榮的日記這樣記錄115師9月24日的活動：“……以營爲單位，傳達昨日林師長在幹部會議上的報告，進行戰鬥動員。團長，副團長，政治處主任，分別到各營去做報告，特別著重說明這次戰鬥的意義－－保衛平型關，關係於山西及華北抗戰的前途，關係於整個的政治影響，並說明我們勝利的把握－－這一帶地區是山地，能求得山地戰；敵人在運動中，能求得運動戰；平型關陣地有友軍的配合，能求得配合戰；這些客觀上的條件，都是有利於我，不利於敵的。再加上我們活潑靈巧的戰術，極富經驗的領導，全體戰士的英勇果敢，我們是有必勝的把握的……”。(8)

從蕭向榮當時的日記看，林彪的看法深入軍心，115師士氣高昂。

縱觀林彪在指揮平型關戰役期間的思想和行動，可以說完全不符合毛澤東1937年9月21日的指示方針，他幾天來“正在研究著，這個仗究竟要如何打法”，現在他要大打出手了！

三、“首戰平型關”的由來

在八路軍(國民革命軍第十八集團軍)1937年9月中旬開到晉北前線之前，共產黨、八路軍領導人周恩來、彭德懷、徐向前9月7-9日與國民黨第二戰區司令長官閻錫山協商聯合作戰抗日。閻錫山提出在平型關、沙河、繁峙一線與日軍作戰的計劃，要求八路軍予以配合。彭德懷提出八路軍的配合方案：“以友軍堅守平型關正面，八路軍115師隱

蔽集結於敵前進道路側面，夾擊進攻平型關之敵。”閻錫山表示同意。(9)

當然，彭德懷的設想只有參考價值，畢竟當時的戰場形勢瞬息萬變，主要決策應該由，也必須由前線領導人做出。

林彪率115師於9月19日挺進平型關東南地區。9月21日，第二戰區的其他中國軍隊在平型關部署完畢。在平型關北的靈丘城失守之前，國民革命軍第六集團軍曾要求八路軍115師增援靈丘的正面作戰，林彪爲此親自去距日軍僅五公里的靈丘城，偵察敵情，瞭解國民黨軍情況，多次踏勘平型關的地形，準備集中兵力打個伏擊戰。

9月23日，閻錫山電告朱德：22日夜間日軍忽然奇襲平型關陣地，發生激戰，請八路軍配合作戰。也就在23日這一天，蔣介石向全國發表承認中國共產黨合法地位的談話，並重申抗日的方針和立場。

朱德、彭德懷接閻錫山電後，立刻電令林彪：“115師應即向平型關、靈丘間出動，機動側擊向平型關進攻之敵，但須控制一部於靈丘以南，保障自己之右側。”朱德同時還把115師準備進攻的情況電告毛澤東、蔣介石和閻錫山。(10)但朱德和彭德懷只是讓林彪“相機出擊”，打與不打完全由林彪決定。

115師副師長聶榮臻在23日這一天帶115師的另一個旅(344旅，旅長徐海東)到達前線同林彪會合，他贊同林彪在平型關打個伏擊戰的設想。

按照聶榮臻元帥的說法，“當時，這樣的作戰計劃，前線指揮員有權根據情況決定。好打就打，只要事後報告一下就行了。事實上，事先請示也不可能，軍委和總部不十分清楚前線的具體情況，敵軍怎麼樣？地形怎麼樣？……事事請示，就會貽誤戰機。”(11)

而林彪9月24日才偵悉到日軍第二天有大舉進攻平型關的跡象。另外，根據115師宣傳部部長蕭向榮將軍《平型關戰鬥前後的日記》的記載，9月24日“黃昏後，第六集團軍總司令部，專員送了一封信來，信封裡面裝著一份‘二十五日平型關出擊計劃’的圖，圖上劃著紅藍二色鉛筆所劃的粗線標記，並注明二十五日拂曉後開始實行。還看見在明天五路出擊的計劃中，希望我軍擔任東河南鎮及蔡家峪的兩路。師長和副師長(引者注：指林彪和聶榮臻)在洋蠟光下研究著，桌上鋪著五萬分之一的軍用地圖，圖上的每一根線差不多都被看過了。最後定下了決心，立即在電話中下達了命令：‘於本晚二十四時出發，向白崖台開進’。”(12)

也就是說，八路軍115師25日的出擊是應國民革命軍第六集團軍總司令楊愛源的請求，而林彪24日黃昏後才接到這份“請求”，根本沒時間向總部請示，只能機斷專行。

而此時的情況正如林彪22日向毛澤東強調的那樣：“目前敵正在前進中、運動中、作戰中，爲我進行運動戰的良好機會，我友軍目前尚有抗擊敵人之相當力量，爲能得到友軍作戰之良好機會。現地域爲山地，乃求山地戰之良好機會。”

現在機會來了，林彪豈能錯過？！

四、毛澤東等人不知平型關開戰

當時“前線指揮員有權根據情況決定。好打就打，只要事後報告一下就行了。事實上，事先請示也不可能，軍委和總部不十分清楚前線的具體情況。”(11)開戰前，林彪並沒請示軍委和總部，所以毛澤東等人並不知道。

我們不妨看一看平型關激戰這一天，毛澤東和八路軍總部在想什麼、做什麼：

9月25日，毛澤東致電朱德等人並告林彪："戰略意見： ……不管蔣、閻協助與否，目前紅軍不宜過早暴露，尤不宜過早派遣戰術支隊，應候蔚、淶之敵脫離蔚、淶攻至滿城附近，靈、廣之敵脫離靈、廣攻至繁峙附近，上述四縣兵力極少之際，然後使用我林師全部向北突出，依情況再分成無數小支或分成二三個集團，向著恒山山脉以東以西以北廣大地區敵之空虛側後，舉行廣泛的襲擊戰。若在敵之主力尚未集中於其主要的攻擊點、敵之後方尚未十分空虛之時，暴露紅軍目標，引起敵人注意，那是不利的。若僅派遣戰術支隊，那是無益的。……"同日，毛澤東還致電周恩來、劉少奇並告朱德等人："……整個華北工作，應以游擊戰爭爲唯一方向。一切工作，例如民運、統一戰線等等，應環繞於游擊戰爭。華北正規戰如失敗，我們不負責任；但游擊戰爭如失敗，我們須負嚴重的責任。……要設想在敵整個占領華北後，我們能堅持廣泛有力的游擊戰爭。……今後沒有別的工作，唯一的就是游擊戰爭。……"(13)

在9月25日這一天，毛澤東強調的是"游擊戰爭"，而且毛澤東回應林彪上次的電報，認爲"暴露紅軍目標，引起敵人注意，那是不利的"，而林彪此時已經大打出手了！

也是在9月25日這一天，朱德、彭德懷、任弼時"發出關於八路軍作戰方針、任務及地域劃分的訓令：立即動員群眾，組織群眾，廣泛的開展游擊戰爭。"(14)

毫無疑問，林彪指揮115師打的是一場嚴陣以待的速决型的進攻戰；林彪打的是一場沒有分散兵力去發動群眾，反而集中兵力以打仗爲主，制勝敵人、援助友軍的漂亮仗。

不過，正如朱德在平型關大捷後對國民革命軍第十四集團軍總司令衛立煌將軍說得那樣：八路軍打仗靠的頭一條就是指揮員根據上級意圖機斷行事，主動捕捉戰機，採用靈活機動的打法，首戰平型關就是一例。而朱德、周恩來、彭德懷和任弼時等人當時的意圖就是：打一個大勝仗，振奮全國人民的抗戰信心。

五、首戰平型關，威名天下揚！

集師上寨運良籌，敢舉烽煙解國憂。
瀟瀟夜雨洗兵馬，殷殷熱血固金甌。
東渡黃河第一戰，威掃敵倭青史流。
——聶榮臻

平型關戰鬥，115師殲敵板垣師團第二十一旅團一千餘人，毀汽車一百餘輛，大車二百多輛，繳獲武器輜重甚多，包括九二式步兵炮一門，炮彈兩千多發，機槍二十餘挺，步槍千餘枝，戰馬五十餘匹，還繳獲一批日軍作戰用的地圖和文書。

9月25日中午，在平型關戰鬥勝劵在握之機，林彪向朱德報捷。興奮的朱德總司令立刻通報毛澤東、蔣介石和閻錫山。朱德26日一大早還親自趕到115師師部檢閱勝利成果、總結勝利經驗。 平型關大捷是我軍出師華北前線打的第一個大勝仗，也是中國抗戰開始以來的第一個大勝仗。英國《每日先驅報》當即發表評論："一部分進攻的日軍在平型關遭受慘敗。那是一種山地上的運動戰，但它展開了中國抗戰的新局面，防守的軍隊在這裡第一次採用主動進攻的戰術，用積極的進攻行動回答日軍……"中國各界人士給共產黨八路軍發來大量賀電、賀信。

9月26日，蔣介石在給朱德、彭德懷的賀電中說："二十五日一戰，殲敵如麻，足征官兵用命，深堪嘉慰。尚希益勵所部，繼續努力。"

9月27日，豫皖綏署給八路軍的賀電稱："貴路軍連日抗敵，迭奏奇功，捷報傳來，莫名欽佩。特電祝賀。"

9月28日，武漢行營致電八路軍稱："貴軍一戰攻克平型關，斃敵遍野，俘虜甚多，忠勇之氣，益害敵膽。特電馳賀，續候捷音"；福建省政府給八路軍的賀電稱："捷報遙傳，強敵披靡，剪彼凶頑，申我國威……"；上海職業界救亡協會致八路軍電稱："貴軍受命抗敵，立奏奇功，挽西線垂危之局，破日寇方長之焰。捷報傳來，萬人歡騰。謹電馳賀。"

平型關大捷首先在於它的政治意義。在國民黨軍隊一敗塗地的混亂戰局下，平型關一戰，八路軍115師以劣勢裝備一舉殲滅日軍精銳一部使日本侵略軍不可戰勝的神話徹底打破，極大地鼓舞了中國抗日軍民。朱德、彭德懷平型關大捷後告訴毛澤東、林彪和聶榮臻："紅軍地位已成了神奇古怪的東西。多數國民黨軍隊，特別晉軍有專靠紅軍吃飯的樣子。"(15)時任115師686團組織處股長的歐陽文中將回憶，"平型關一戰我們八路軍、115師一下就打出名氣了。戰後我們到晉南招兵。我們團的招兵處和國民黨的緊挨著，他們那邊根本沒人去，我們用了一個星期就招了3000多人。"誠如國民黨老同盟會會員、當時的第二戰區戰地動員委員會主任續范亭所言："謹按平型關戰役，八路軍的大捷，其估價不僅在於雙方死亡的慘重，而在於打破了'皇軍'不可戰勝的神話，提高我們的士氣。在敵人方面，從南口戰役以來，日寇長驅直入，如入無人之境，在平型關忽然受到慘重的打擊與包圍被殲，使日寇知道中國大有人在，銳氣挫折，不敢如以前那樣的長驅直進。忻口戰役敵人未敢貿然深入，我軍士氣高漲，未嘗不是平型關殲滅戰的影響。"

六、毛澤東、林彪吸取平型關戰鬥經驗

平型關大捷的喜訊傳到延安後，毛澤東喜出望外，立即致電盛贊115師爲中國人民打了一個爭氣仗。而且毛澤東沒有再不依不饒地強調游擊戰，他承認八路軍“展開敵人側面游擊戰爭的計劃，暫時當無執行的條件，要待敵人更深入，後方更空虛時才能執行。”

另外，正如林彪在戰前向毛澤東強調的那樣：“目前須打勝仗，捉俘虜，提高軍民抗戰信心，提高黨與紅軍威信，打了勝仗更容易動員群眾與擴大紅軍。”林彪的看法在平型關大捷後成爲許多人的共識，聶榮臻認爲“飽受日本侵略軍和國民黨潰兵禍害的華北人民，從平型關的勝利中看到了希望，認爲共產黨和八路軍是可以信賴的。這爲後來我們在這一地區創建敵後抗日根據地，奠定了廣泛的群眾基礎。”八路軍129師386旅旅長陳賡認爲平型關勝利“在政治上的意義是無窮的：……只有積極地採取運動戰、游擊戰、山地戰，配合陣地戰，抄襲敵人，才能勝算……，”在386旅開拔時“沿途群眾對我們非常歡迎。特別是平型關戰鬥的勝利，使他們對我們的信仰更加提高。”(16)

毛澤東根據平型關戰鬥的經驗，在1937年9月29日重新提出八路軍的作戰方針：“根本方針是爭取群眾，組織群眾的游擊隊。在這個總方針下，實行有條件的集中作戰。”(17)

林彪則“得寸進尺”，在他和聶榮臻1937年9月30日給毛澤東、朱德、彭德懷的電報中，坦言“平型關戰鬥獲勝的主要原因是：集中使用兵力和採取突然襲擊的作戰方式。”(18)

1937年10月6日，毛澤東甚至向周恩來、朱德、彭德懷、林彪、聶榮臻提出了更加積極的作戰方針，“……我115師主力不但不應出河北，亦不宜位於龍泉關，似應第一步移至豆村、台懷之線，以便適時襲擊大營、沙河、繁峙線，並準備於可能與必要時，北越長城出至渾

源、應縣，以此為中心，分為若干支隊，採取夜間行動，襲擊雁門大同線、大同張家口線之鐵路，襲擊張家口廣靈線、廣靈代縣線之汽車路。在115師本身，則因轉移與作戰頻繁，要準備付出相當之代價，即應準備減員二千至二千五百，並因減員而不得不將槍枝一小部分交與地方民眾，武裝他們。但在支持山西作戰，即用以支持華北作戰較為長久之戰略目的上，卻有很大意義。……”毛澤東這個要115師“準備減員二千至二千五百”的積極作戰方針得到彭德懷等的支持。(19)

10月8日，朱德、彭德懷、任弼時以華北軍分會名義下達指示：“要依據獨立自主的運動游擊戰，機動果敢的游擊原則，爭取勝利。”(20)10月12日，周恩來致電毛澤東、朱德、彭德懷：敵逼近娘子關，以太原為中心的內線作戰缺少回旋餘地，必須轉向外線，因此游擊戰的配合更加重要。應當向閻錫山、衛立煌說明：(一)必須轉變作戰方法，力爭在忻口、石嶺關等地區求得小勝利；(二)保衛太原戰鬥必須背靠山地，在野戰中求勝利，不應以眾多兵力守城或正面堵擊；(三)開展游擊戰對保衛山西，支持華北抗戰有重要作用，請閻放手武裝民眾，布置山西的持久戰局。建議八路軍應以張宗遜旅主力及劉伯承師先頭團截擊敵近後方，配合中路作戰；如中路戰況激烈，林彪師實行原訂計劃，求得繁峙以東勝利，以振奮全國。10月14日，毛澤東複電同意周的意見。(21)當時的情況，正如任弼時1943年11月4日在延安整風時承認的那樣，前方的八路軍將領普遍“對國民黨進步估計過高”，“對自己力量估計過大”，彭德懷甚至認為太原至少能守兩年。

10月17日，林彪完成《平型關戰鬥的經驗》的總結，“把它貢獻於全國抗戰的‘友軍’與一切抗日的民眾”。林彪一方面批評國民黨“友軍在戰鬥中的配合，實在太差了。他們自定的出擊計劃，他們自己卻未能遵守。你打，他旁觀，他們時常吹牛說要決戰，但卻決而不戰；或向敵人打而又不堅決打，他們的部隊本來既不充實，在一個突擊中，卻以區區的八個團兵力分成三大路，還留了總預備隊，而每路又相隔十多裡或二十多裡，這樣不僅缺乏出擊力，而且連被我們打敗了而退下的敵人他們碰著了，竟不但不能消滅之，反而被這些突圍的敵人沖坍了，他們的指揮真笨極了，特別不能真正瞭解與運用在戰役上與決戰的地點與時機集中絕對優於敵人的步兵、炮兵、飛機以猛攻敵人……"，另一方面強調"我八路軍在目前兵力與技術條件下，基本上應以在敵後襲擊其後路為主。斷敵後方是我們阻敵前進爭取持久的最好方法。如經常集中大的兵力與敵作運動戰，是不適宜的。"(22)

平型關大捷一個月後的10月25日，毛澤東同英國記者貝特蘭談話時說："現在八路軍採用的戰法，我們名之為獨立自主的游擊戰和運動戰。"(23)

根據共產黨總體戰略的需要，毛澤東、張聞天於10月17日電告朱德、彭德懷、任弼時並轉周恩來："軍分會10月8日指示文件有原則錯誤，望停止傳達。"(24)隨後山西戰局急劇惡化，先是東面的娘子關10月26日失守，閻錫山接著於10月31日下令放弃北面的忻口，11月8日，山西首府太原失守。這期間林彪雖然於11月4日指揮115師在廣陽又打了一個漂亮的伏擊戰，殲滅日軍千人左右，但於大局無補。

正如毛澤東11月8日電告彭德懷所說的那樣："太原失陷後，華北正規戰爭階段基本結束，游擊戰爭開始。八路軍將成為全山西游擊戰爭之主體。"(25)

11月23日，毛澤東、張聞天致電劉少奇並告朱德、周恩來、彭德懷、任弼時："堅持山西游擊戰爭的方針，是中央已定下的方針，誰也不應該對此方針發生動搖。"(26)

此後，林彪率115師主力在晉中和晉西南一帶開展游擊戰並建立抗日根據地。面對新的任務，林彪在11月30日致電毛澤東、周恩來、朱德、彭德懷，反映115師的幹部緊張狀況："……115師入晉後，傷亡特大，今後傷亡亦會較多，因歷來是如此的。望你們看到這個問題，同時地方工作開展，友軍工作開展，在此均需要幹部，希望你們設法補充。……115師按現編制四個團，缺少團長3，營長3、副營長2，連長8、副連長12，排長34，團政委1，團政治主任2，團特派員3，指導員4，師政治部主任1，部長1，科長1，組織部長1，民運部長1，抗敵部長1。兩個旅的政治機關因原來無此組織，故現在毫無基礎。故兩個旅的政治部人員全無，兩個旅均無副旅長。徐海東旅之參謀長亦調走，師部則缺第二第三兩科長及師參謀處長。”(27)

在戰鬥的空隙，林彪根據自己的作戰經歷，在12月5日完成《抗日戰爭的經驗》，該文涵蓋運動戰、游擊戰、瓦解敵僞軍的戰略戰術，強調我軍應採取攻勢防禦，即不應分散兵力處處防禦，只應在敵必經之要線上，選縱深之數要點，如利用良好地形，構築最堅固之工事，以少數精兵，配備充分糧彈作固守數月之想，而主力則控制於待機位置，待敵猛攻我陣地未下時，或在我陣地側面繞過時而猛擊之；夜戰中敵之飛機、大炮、坦克、騎兵幾全無作用，敵官兵均無夜戰經驗，故我軍應極力利用夜戰殲滅敵人，更須將夜間作戰與日間作戰互相配合，日間須擴張夜戰之成果。《抗日戰爭的經驗》一文報送毛澤東後，毛澤東審閱後轉發給八路軍和新四軍各部隊，供他們在對日作戰時參考。

在1937年12月上半月舉行的中共中央政治局會議上，剛從蘇聯回來的王明對毛澤東以山地游擊戰爲唯一方針的戰略提出批評，彭德懷同意王明的批評意見並提出八路軍“在戰略上應該是運動游擊戰，但應用上要利用山地打游擊戰。”(28)

不過，爭論歸爭論，無論是前方還是後方，大家的總目標一致。八路軍自1937年8月31日入晉以來，一面英勇作戰，一面壯大隊伍，到1937年年底，三個主力師已由出動時的三萬四千人增加到九萬二千人，另外還發展游擊隊二萬五千人。就是閻錫山的親信梁化之也認爲：“山西抗戰失敗固無論矣，即使勝利亦將是共產黨的。”

七、林彪提出的積極進攻戰法完善了八路軍的軍事戰略戰術

1938年3月初，因意外受傷的林彪不得不離開抗日前線回到延安，繼續以校長兼政委的身份主持抗大的全面工作。

毛澤東一向認爲，“一個軍事學校最重要的問題是選擇校長、教員和規定教育方針。”毛澤東在抗大的一次講演中說：中國只要有500個林彪，就能打敗日本。

1938年5月2日，林彪做了《抗大的教育方針》的講演，他提出我們要在持久戰中，消耗敵人的力量，給敵人大的殺傷；我們要在持久戰中，去強大自己削弱敵人。林彪強調：“我們一定要採取正確的戰法－－進攻戰法。”原因就在於：“(一)從地形條件來看，中國的領土遼闊廣大，是守不勝守，防不勝防的，日本帝國主義採取包圍迂迴的戰術，我們就無法去守，我們有幾千萬萬個山頭，有幾千萬萬條路，怎麼去守呢？……我們有大軍堅守的地方，敵人不攻，而是專找薄弱的地方和空虛的地方，這一打我們就非跑不可，我國地大的長處如果是採取防禦戰則這長處反而變成了我們的弱點。如果我們採取進攻的戰法，我們作戰的迂迴地區廣大，我們可以隨意選擇有利的機會消滅敵人，敵人想要包圍我們是辦不到的，這樣一來我們可以發揮“地大”的優點，而戰勝敵人。(二)歷史上的一切天險，在今天的立體戰爭中，已大大地減低其價値，甚至失去其作用了。今天的戰爭要想防禦，必須建立新式的鞏固的要塞，可是我們中國過去沒有注意這個問題，只是依靠歷史上遺留下來的城，根本就不能抵禦強大的火力，現在如果全

靠新要塞，錢也沒有，時間也來不及，在這種情況下，如果我們採取單純的防禦，便是我們暴露弱點，而必然地要失敗。(三)要實行防禦必須有強大的火力來布置火網，但現在我們的火力還不行，要採取防禦便更暴露出我們的弱點，另一方面我們的步兵很多，這是突擊的力量，是衝鋒肉博的力量，對於進攻是有利的，是我們的長處。但是如果採取防禦，這個優點便不能產生。相反地，是便利日本帝國主義，可以調動幾十門大炮來向我們轟擊，……，因此在目前我們的火力比不上敵人的情況之下，若採取單純的防禦，只有更加發揮敵人的長處，掩蓋了敵人的弱點，同時更加暴露我們的弱點，掩蓋了我們的長處。(四)防禦是被動的，戰爭一轉到被動是很困難的，處在被動的地位對於敵人什麼時候來，多少兵力，從什麼地方來？這些問題都無法瞭解，等到敵人來了，挨了一頓打，還不知道敵人有多少力量，等到我們發覺敵人的兵力，要調兵來增援已經來不及了。反之，如果我們是採取進攻的戰法，那麼，我們可以自由決定打敵之時間、地點、兵力和方法，我們可以先調查清楚，然後去打敵人，而敵人也無法知道我們的情形，等到我們去打它的時候，它也來不及。所謂“知已知彼，百戰百勝。”我們採取進攻的戰法，才能發揚這個優點。(五)我們的軍隊是革命的軍隊，是有勇敢犧牲的決心的，對於進攻敵人消滅敵人是能夠更加發揚我們軍隊的積極性與犧牲決心的。但如果要採取防禦，結果是降低了我們軍隊的積極情緒，神猜鬼疑，恐日心理也發展起來。(六)攻能代守。我們把敵人打退，就保住了我們的地方，而且我們還要攻擊前進，收復我們的失地，所以進攻戰法可以消滅敵人，保衛領土，而且可以收復失地，守則結果成爲節節後退。(七)敵之作戰慣技，爲包圍迂迴，如果我們採取防禦，死死地擺在一塊地上不動，則剛剛便利於敵之迂迴包圍戰法之實施，反之如果我們採取進攻，則迫敵處於應戰地位，而我們還能將敵包圍殲滅。(八)中國軍隊素質不齊，各部戰鬥力強弱的懸殊，敵深知我們此弱點，敵有時特別注意，找我戰鬥力弱的軍隊打。如我取守勢，敵一把我弱的軍隊突破，則我強的軍隊亦受影響而不得不隨之而退。如此，使我強兵變成弱兵，弱兵則成潰兵。如我取攻勢以迅速秘密之各軍突擊到敵身上，則敵無法專門找我的弱兵打，如此，則我的弱兵亦變爲強兵，強兵則成爲雄兵了。(九)戰鬥的目的是壓倒和殲滅敵人的有生力量和奪取敵人的武器，只有這樣才能根本解決問題，才能勝利地結束戰爭之局。……防禦是不得已時才用，而且要防禦能達到任務也必須在防禦中實行進攻(攻勢轉移，或反突擊)，或以野戰軍的進攻配合防禦……"

根據自己的經驗，林彪在演講中強調："要爭取抗戰最後勝利，我們在軍事上只有採取進攻戰法，才能發揚我們的長處暴露敵人的弱點。我們只有採取進攻，才能消滅敵人的進攻，才能對付敵人的進攻……。運動戰以進攻的運動戰爲主，游擊戰不能游而不擊，而要去襲擊敵人，防禦的陣地戰要準備隨時反突擊。……我們要無條件的進攻，有條件的防守！"

5月14日，毛澤東看完林彪2日講演的記錄稿並把林彪的原話"我們要無條件的進攻，有條件的防守！"改爲"我們作戰要以進攻爲主，防守爲輔。"當晚，他還給林彪寫了一信，闡釋對林彪講演的意見："已經看過，很好。但有些不適合的地方，已爲改了，請你再看。'無條件的進攻'一語不妥，進攻也是有條件的，但進攻是主要的，基本的，中心的。"(29)

1938年5月下旬，毛澤東在《論持久戰》中，將八路軍的戰略方針概括爲："基本的是游擊戰，但不放鬆有利條件下的運動戰。"(30)

在1938年5月26日到6月3日舉行的延安抗日戰爭研究會上，毛澤東再次評價平型關大捷："平型關的意義正是一場最好的政治動員。如此偉大的民族革命戰爭，沒有普遍和深入的政治動員，是不能勝利的。

抗日以前，沒有抗日的政治動員，這是中國的大缺陷，已經輸了敵人一著。抗日以後，政治動員也非常之不普遍，更不說深入。人民的大多數，是從敵人的炮火和飛機炸彈那裡聽到消息的。這也是一種動員，但這是敵人替我們做的，不是我們自己做的。偏遠地區聽不到炮聲的人們，至今還是靜悄悄地在那裡過活。動員了全國的老百姓，就造成了陷敵於滅頂之災的汪洋大海。”

1938年7月，林彪發表《論華北正規戰的基本教訓與游擊戰爭的發展條件》。林在文中指出：“有不少的人，把戰略上抗戰、應戰、防禦戰、持久戰、守土抗戰等等的說明我戰略地位的名詞與我戰略上方針的名詞，誤認為戰術上的名詞，把它與戰術上的防禦戰、持久戰的名詞視為一物，把全國的抗戰的總方針，作為每一次戰役的實際方針，在每個戰役中都採取防禦的動作，實行呆守陣地的守土抗戰，敵攻擊我還擊的應戰。不知道戰略上的抗戰、應戰、持久戰、防禦戰，主要經過無數的戰役上的進攻來進行的。而且不僅把戰略上的防禦戰，誤認為戰役上的戰術上的防禦戰，並對進攻的意義也沒有正確的瞭解，把戰略上所指的進攻與戰術上所指的進攻視為一物……。又有的將戰術上的進攻瞭解為一定要去進攻敵人的陣地，卻沒有想到我們可以進攻向我進攻的運動中的敵人，或採取截斷敵人的聯絡線，進攻其來恢復聯絡線運動中的敵人，或以我一部包圍敵人一點，而以我主力控制於適當地點，求得打擊來援的運動中的部隊。這種進攻戰法，在敵人戰略上戰役上戰術上都是向我進攻的情況下，我們並不需要去攻擊敵人的堅固陣地的。”

與一年前的洛川會議相比，毛澤東、林彪等人此時關於戰略戰術方針的闡述標誌著中國共產黨在抗戰初期提出的八路軍軍事戰略戰術已經趨於成熟。

注釋：

(1)中共中央文獻研究室，逄先知主編，《毛澤東年譜一八九三－－一九四九》(中)，人民出版社/中央文獻出版社，1993年.第 8-9，10頁。

(2)程中原，《張聞天傳》，當代中國出版社，1993年.第391頁。

(3)《聶榮臻回憶錄》中冊，.解放軍出版社，1984年.第359頁。

(4)《聶榮臻回憶錄》中冊，第341頁。

(5)《周恩來年譜一八九八－－一九四九》，中央文獻出版社，1998年，第388頁。

(6)《毛澤東年譜一八九三－－一九四九》(中)，第22-23頁。

(7)《毛澤東年譜一八九三－－一九四九》(中)，第25頁。

(8)毛澤東等著 《八路軍半年來抗戰的經驗與教訓》，上海中外編譯社，1938年3月；林彪等著《晋北游擊戰爭紀實》，戰時出版社，1938年. 第38-41頁。

(9)王焰主編，《彭德懷年譜》，人民出版社，1998年，第179頁。

(10)金沖及主編，《朱德傳》，中央文獻出版社，2000年，第 517-518頁。

(11)《聶榮臻回憶錄》中冊，第349頁。

(12)《八路軍半年來抗戰的經驗與教訓》，《晋北游擊戰爭紀實》，第42-43頁

(13)《毛澤東年譜一八九三－－一九四九》(中)，第27頁。

(14)《彭德懷年譜》，第181頁。

(15)《朱德傳》，第519頁。

(16)《陳賡日記》，戰士出版社，1982年， 第17頁。

(17)《毛澤東年譜一八九三－－一九四九》(中)，第29頁。

(18)曹建玲等編，《聶榮臻傳》，當代中國出版社，1994年.第178頁。

(19)《彭德懷年譜》，第183頁。

(20)《彭德懷年譜》，第184頁。

(21)《周恩來年譜一八九八－－一九四九》，第394頁。

(22)林彪等著《晋北游擊戰爭紀實》，第51-55頁。

(23)《毛澤東選集》第2卷 人民出版社，1991年.第378頁。

(24)《毛澤東年譜一八九三－－一九四九》(中)，第35頁。

(25)《彭德懷年譜》，第186頁。

(26)《毛澤東年譜一八九三－－一九四九》(中)，第43-44頁。

(27)總政治部幹部部編，《中國人民解放軍幹部工作歷史文獻選編》，第一卷上冊，解放軍出版社，2004年， 第198-199頁。

(28)《彭德懷年譜》，第189頁。

(29)《毛澤東年譜一八九三——一九四九》(中)，第78-79頁。

(30)《毛澤東選集》，第2卷，第500頁。

林彪在抗日戰爭時期的一段統戰生涯

蔣 健

“首戰平型關威名天下揚”的林彪是在1939年初帶著毛澤東委托他交給共產國際總書記季米特洛夫的中共中央六屆六中全會材料離開中國去蘇聯的。(1)

在德國法西斯軍隊於1941年6月22日大舉入侵蘇聯的一個月後，季米特洛夫親自同林彪及中國軍事小組座談，安排他們回中國的事宜。(2)林彪一行於1941年10月離開莫斯科，但在他們到達烏蘭巴托時遇到了麻煩，因爲此前發生了日本海軍偷襲美國珍珠港事件，中國國民政府繼美國英國政府之後對日本宣戰，隨後日軍封鎖了外蒙古通往中國內地的區域，這使得林彪一行進退不得。幾經交涉，只允許持有國民政府所發邊境通行證的林彪一人乘飛機返國。劉亞樓、李天佑、楊至成、鐘赤兵、賀誠等人則被困在外蒙古自謀出路：做買賣、行醫、放牧、加入蘇軍……。當林彪獨自飛到迪化(新疆烏魯木齊)時，1941年即將過去。

林彪回國後做了什麼工作呢？

有的書說他上了前線，並且在其妻子葉群在整風運動中被抓時從前線趕回來叫罵，“他媽的，老子在前線流血打仗，你們在後方搞我老婆……。”(3)

而當年曾任八路軍蘭州辦事處主任、1980年任林彪江青反革命集團特別審判庭副庭長的伍修權在其回憶錄中說：林彪1938年到1943年一直住在蘇聯休養，回國後怕吃苦，不去前線、不回延安卻要求到重

慶做統戰工作，結果蔣介石根本就沒見他，只派戴笠應付了他一下……。(4)

那麼事實究竟是如何呢？

一、林彪回國時的國內形勢

1941年1月初發生的"皖南事變"使國共合作幾近破裂。

鷸蚌相爭漁翁得利，日軍乘華中地區國共兩軍刀兵相見，於1月底同時發動豫南戰役(攻擊湯恩伯部)及蘇中掃蕩(進攻新四軍江北部隊)。隨後爲變華北爲"大東亞聖戰兵站基地"，日本華北派遣軍主力先後北向合擊共產黨晉察冀軍區，南下針對國民黨發動中條山戰役，並對共產黨冀魯豫邊區實行"鐵壁合圍"。……

1941年12月7日，太平洋戰爭爆發。全面抗戰四年多來一直沒同日本"宣戰/絕交"的蔣介石政府於12月9日對日正式宣戰，蔣介石隨後出任同盟國軍的中國戰區統帥。

國內局勢的惡化加上國際局勢的變化使國共雙方不約而同表現出緩和自"皖南事變"以來一直緊張的國共關係的善意。

在1941年12月15日至23日召開的國民黨五屆九中全會上，蔣介石決定"和平解決"國共問題，即由先前的軍事解決改爲政治解決。

1941年12月28日，毛澤東爲中共中央書記處、中央軍委起草太平洋戰爭爆發後的戰略方針，指出：一方面，國民黨雖然不會放弃有利時機反共，但它的反共活動又受制於客觀條件，不能不有所限制，因此兩黨關係不可能决裂；另一方面，國際形勢的好轉勢必影響中國，這有利於兩黨改善關係。所以"對國民黨以疏通團結爲主，以防制其反共爲輔。"(5)

二、蔣介石通過林彪向共產黨示好

想同共產黨修好的蔣介石在等待著機會。這時新疆督辦盛世才電告：林彪到了迪化。蔣介石爲之心動：林彪是我黃埔生，指揮過平型關大捷，林彪雖是中共將領中舉足輕重的人物，但他在抗戰一周年紀念日時曾領銜延安抗大發電"慰問堅苦卓絕的抗戰最高統帥蔣委員長！"，1940年7月還在蘇聯發表長文支持我領導全國抗戰，最重要的是，在國共鬧摩擦時他在蘇聯，而蘇聯是支持我領導抗戰的。於是，蔣介石"通令迪化、蘭州、西安，林彪所到之處，黨政軍一律不得留難，並應極力加以影響。" 蔣介石甚至指示軍統局局長戴笠："通知甘肅省主席，以禮相待，按省長待遇迎接，護送到延安。"(6)

因此，迪化的國民黨要員輪番會見林彪。

1942年1月5日，林彪乘飛機抵達蘭州，甘肅省主席谷正倫親自出面宴請。這大出林彪的預料，但他明白這是蔣介石的意思。

1月16日，林彪抵達西安，受到當地國民黨軍政要員的熱情接待，指揮三個集團軍的第八戰區副司令長官、黃埔一期生胡宗南也親自宴請林彪。

16日當晚，林彪把情況向毛澤東作了匯報。此時共產黨敵後根據地面臨空前困難，迫切希望國共改善關係的毛澤東告訴林："你要大談國共合作和共同建國的必要性。蔣是向我們拋綉球，你要相機行事。"

當年的林彪是什麼樣子呢？1935年12月19日，毛澤東、張聞天曾聯電彭德懷："中央各同志均認爲林彪同志是我們黨內最好的、最優秀的高級幹部之一。……是有著中國及國際榮譽的。"蘇靜老將軍(電影《大決戰》總顧問)1990年代曾這樣評價當年的林彪："這個人打仗一個是巧，一個是細，而且很有創意。他能把千軍萬馬擺得井井有條，用得得心應手，所以說林彪是中國近代的諸葛亮也！那個年代，很多軍界人士都還是很佩服他的。”

雖然離開中國三年，但林彪對國內形勢和國共關係並不陌生：在蘇期間，林彪作過有關中國戰爭形勢的報告；接待過周恩來、任弼時；與共產國際保持密切聯繫，做過中共代表團駐共產國際的最後一任負責人。保加利亞1997年出版的《季米特洛夫日記1933—1949》就記載了林彪同季米特洛夫的交往，僅是在1941年就有：“2月7日：把林彪有關中國事務尤其是國共之間關係的匯報寄送給斯大林、莫洛托夫、伏羅希洛夫、鐵木辛哥。”“4月3日：同林彪同志談中國共產黨問題。”“4月7日：同林彪詳細交談中國問題，他講了他對中共中央對國民黨策略的批評性意見。”“4月26日：林彪談蘇日條約對中國國內發展的影響。” ……(7)

此時的林彪很快進入“親善大使”的角色。抗日名將的形象加上“斯大林十分欣賞林彪，欲以三個師與中共交換林彪”的傳言，使得林彪受到各界熱烈歡迎，單是歡迎酒席就排到十天之後……。

1月31日，林彪在西安與胡宗南長談。

胡宗南說：“太平洋戰爭爆發，世界反法西斯聯盟已經形成，你對時局有何高見？”林彪道：“中國必勝。必勝的前提是國共親密合作，並肩抗戰，抗戰建國。只要抗戰勝利，不再內戰，採用各國新技術，建立非帝國主義、非社會主義之三民主義之國家，則不出數十年，中國可成爲世界一等強國。如不採取國共合作方式，後果不堪設想，中條山等處失利蓋因兄弟鬩墻之必然。如不根除磨擦，勢必重現內戰之慘劇。”

胡宗南接著林彪的內戰話題，問：“萬一真的再次內戰，你方能支撐多久？”林彪斷言：“如果內戰，必是持久戰。日本和中國相比，較之國共力量之比，其勝算應更多些，結果怎麼樣？中國獨立抗擊四年，日本仍沒解決中國問題。由此可見，速決的可能不存在。1927年國共反目為仇，那時中共無一兵一卒、無統一之領袖、無任何作戰經驗，而尚能演成十年之大內戰而不決。今日我擁有雄師50萬，有大浪淘沙淘出之能幹黨首，有二十年經驗教訓可參詳，有百員能征慣戰之將領，如內戰重開，其戰禍之烈可想而知。試看今日之世界，錯綜複雜，家事可演成國事，國事也就是世界事，中共必可獲取外國軍火援助，鹿死誰手未可料也。因此和為貴。”

談到國共之間的分歧時，林彪歸納為兩點，即如何實現三民主義，如何在公平的基礎上實行軍令政令的統一。林彪向胡表示：中共從未懷疑過三民主義，很願意在公平的基礎上實行軍令政令的統一。中國抗戰勝利的基礎及希望也正在這裡。胡宗南稱林彪的話為“新言論”(8)，並當即表態：我將盡我所能，調整我防區與陝甘寧邊區的關係，可以考慮為八路軍補充作戰武器。

林彪在西安期間，胡宗南除了送醫上門為八路軍辦事處的工作人員診病外，還親自到辦事處向林彪贈送幾十包的軍事書籍，讓林當成禮物送給部下。

毛澤東希望林彪最好能和蔣介石談，他覺得林彪有斯大林和共產國際的背景，而蘇聯是援蔣抗日的，蔣必須重視；如果林先回延安，毛澤東擔心蔣會認為林彪的建議是延安的想法，從而被蔣看輕，所以他不僅給林彪打電報，還托人捎信，使林彪安心住在八路軍西安辦事處。(9)

三、延安熱烈歡迎林彪歸來

林彪聽到久病的堂兄林育英(即張浩，八路軍129師首任師政委)病危的消息，於1942年2月12日急匆匆趕回延安。

2月13日林彪到達延安時，毛澤東破例親自下山迎接。根據師哲的回憶："這天一早，我從窑洞出來，和毛主席不期而遇。他正向山下走，邊走邊說，'林彪回來了，我去接他。'我聽後心頭一震，心想：朱總司令從前線回來，恩來、弼時從蘇聯回來，主席都沒有這樣。恩來1940年回到延安的前一天，在甘泉和他通了電話，第二天早上八、九點鐘，他仍在睡覺，只有李富春前去迎接，而且主要是接他的夫人蔡暢。……而今天他竟親自迎接比朱總、恩來、弼時地位低得多的青年林彪。……毛主席握著林彪的手回到窑洞裡，並親自吩咐伙房爲林彪搞飯吃，讓林住在楊家嶺，靠近他。"(10)

2月17日，中共中央爲林彪舉行盛大歡迎會，毛澤東、朱德均出席，與會者達千餘人。此時，蘇聯紅軍在莫斯科會戰中取得勝利，林彪在會上暢談蘇聯已獲戰爭主動權，爲處於困境的抗日軍民鼓勁打氣。

在這次會上，林彪還表態堅決支持整風運動，他援引季米特洛夫的話說"蘇聯的黨，由於團結在斯大林同志的周圍，而有今天偉大的聯共黨，中國的黨，應該團結在毛澤東同志的周圍，以便建設起偉大的中國黨。"他還表示："我們在政治思想上，應如毛澤東同志最近所號召的，反對主觀主義和宗派主義。"

延安的報紙對林彪的回國進行了熱烈的報導，標題有"平型關大捷指揮者林彪師長傷愈返國"，"林彪師長返延——沿途備受熱烈招待與地方當局晤談甚歡"，"一一五師全體指戰員致電歡迎林彪師長"，……。報導的內容是：林彪回國時途經蘭州、西安，受到當地國民黨軍政官員和各界"熱烈歡迎"。"轉戰魯豫蘇皖之一一五師健兒，電聞林師長傷愈返國，將抵延安，""全體指戰員莫不興奮萬狀，""同時更渴望師長早日歸來，以便在你的直接領導下，完成更艱巨重大之任務。" "2月17日夜晚，延安機關幹部在中央禮堂參加歡迎林彪師長傷愈返國的晚會。許多沒有入場的同志堵在禮堂的門外，矗立在大道上，爭先一睹林將軍恢復健康的風采。”“毛澤東、朱德和中央的全體負責同志及延安各界幹部一千多人，歡快之情，共聚一堂。”“林彪同志情緒激昂地說：‘蘇聯的黨能把俄國建立成一個強國，我國的建國條件強於蘇聯。我們應該建立世界更強大更幸福的國家。我們的黨，在正確的指導下，一步一步去做，一定能達到目的。”“必須有鐵的黨，才可以建設鐵的軍隊，才可以正確執行統一戰線的任務，我們要忠於我們的民族，忠於我們的黨，忠於我們的領袖。”(11)

林彪趕回延安，林育英、林彪兩兄弟在分別三年多後總算見上了面，林育英對林彪說：“毛主席多次與我談到過你，對你寄很大希望。”3月6日，林育英病逝。8日，延安萬餘人參加了林育英的葬禮，林彪是林育英三人治喪小組成員，毛澤東、朱德、任弼時等親自爲林育英抬棺送靈，這也是毛澤東唯一一次爲黨內同志抬棺，毛澤東還爲林育英的墓碑題寫碑名。

3月22日，中共西北局、陝甘寧邊區參議會、邊區政府和八路軍後方留守處舉行盛大歡迎會，毛澤東、朱德出席，熱烈歡迎林彪、賀龍和李鼎銘。(12)主持歡迎會的謝覺哉請林彪先講話，林彪認爲自己剛剛從蘇聯回來：“該受歡迎的不是我，而是從前方歸來的賀師長和我們的李副主席。”

四、林彪領受新任務

林彪和毛澤東談了共產國際的指示、一個多月的“統戰”經歷，更談了他在蘇聯的感受和對新中國的展望，以至於到了1958年5月，意氣風發的毛澤東還記得：“在延安的時候，林彪同志向我說，將來要趕上蘇聯，當時我還不相信，我想蘇聯也在進步呀？現在我相信了。”(13)

除了讓林彪繼續擔任抗大校長外，毛澤東還讓林彪去中共中央黨校擔任管理委員會中主管軍事教育的委員和副校長。有2500人的中央黨校可以說是當時王明教條主義的大本營，一些人言必稱蘇聯，土生土長的毛澤東在整風前幾乎不敢去中央黨校作報告。(14)而堅決支持毛澤東的林彪同樣有蘇聯背景，且被斯大林稱爲"天才戰將"並獲斯大林贈槍贈筆，這一點是留蘇派的其他人無法比的，毛澤東把林彪派到中央黨校，顯然有借林彪的威名加強那裡的整風運動的意思。

2月20日，毛澤東致電周恩來："林彪返延身體好了許多，惟尙須休養，他在蘭州、西安統戰工作做的很好，與胡宗南諸人曾有深談，據林說，國民黨統戰工作很可開展，要我告你注意"。在重慶的周恩來經過調查，於3月21日致電林彪，"贊揚林在新疆、蘭州、西安進行的統戰活動'影響極好'。"(15)毛和周都有讓林彪再做統戰工作的意思。

5月25日，八路軍前方總指揮部參謀長左權壯烈殉國，彭德懷於6月2日、15日和7月8日三次致電毛澤東，建議最好由林彪出任八路軍參謀長，7月15日毛澤東回電："林病仍重……。"(16)

顯然，毛澤東對於林彪下一步工作的安排有自己的打算。

6月16日，共產國際總書記季米特洛夫給毛澤東發電："目前局勢迫切要求中國共產黨做出一切努力，改善同蔣介石的相互關係，鞏固中國的抗日統一戰線。我們知道，蔣介石和國民黨領導人千方百計向共產黨發起挑釁，妄圖詆毀和孤立共產黨，但如果我們不巧於周旋，而屈服於挑釁，那我們的策略就是錯誤的。另外，有消息說周恩來在重慶未意識到這一點，有時助長了挑釁者的氣焰，……請認真對待這一情況，採取緊急措施，……改善共產黨和蔣介石及國民黨的相互關係，……對於有爭議的問題必須同蔣介石一起澄清解決。……"

毛澤東6月25日回電表示完全同意季米特洛夫的意見。(17)

此後，中共中央採取了一系列改善兩黨關係的措施，比如，強調要盡量避免國共軍事摩擦，並要求八路軍、新四軍在日軍向國民黨進攻時，給予國民黨軍隊可能的援助和配合；多次電告各地領導同志，不要公開宣傳國民黨的壞處，不要做國共好壞比較。一個最重要的舉措就是中共中央在1942年7月7日發表了《爲紀念抗戰五周年宣言》，宣言承認蔣介石是抗戰的領導者，強調無論在抗戰中還是在抗戰後，國共兩黨均應團結合作，並表示中國共產黨"願盡自己的能力來與國民黨當局商討解決過去國共兩黨間的爭論問題"，"商討奪取抗戰最後勝利及戰後新中國的一切有關問題"。(18)

7月11日，中共駐重慶代表周恩來同國民政府軍委會政治部長張治中會談。周恩來表示： 1)中共對抗戰勝利有堅定信心；2)在取得勝利前必遭空前困難；3)克服困難辦法主要是國共合作，障礙兩黨團結的軍事政治問題總可談得解決辦法。這是因爲，A．中共軍隊在委員長領導下抗日，其歷史不同，有其自身特點。想把它一下子變成另一種特殊，絕難做到，在真正民主共和制下，中共並無永遠保持特殊軍隊之意；B．政權問題，中共雖有局部的和臨時的政權，但爲抗日需要，中共至今尚無與中央政權對立的全國性政權系統，這與內戰時期另有中央政權是不同的；4)請聯絡參謀速歸延安；5)請中央指派人員和中共代表經常接洽；6)請中央瞭解中共"七七"宣言所表明之政治態度。

周恩來還向張治中提出釋放葉挺及廖承志的問題，並要求見蔣介石。

國內外局勢的演變也要求國民黨投桃報李！蔣介石7月21日在重慶招見周恩來，提出重開國共談判，並答應派聯絡參謀到延安。(19)

8月14日，蔣介石於解決新疆問題之際，在重慶再次招見周恩來，表示想在西安見毛澤東。周恩來出於安全考慮，建議毛澤東最好不要去，周建議：一、毛稱病，由林彪代毛去西安見蔣；二、要求蔣帶周一起去西安，周再回延安偕林彪或朱德去西安見蔣。

8月17日，中共中央書記處回復周恩來：毛澤東現患感冒不能啓程，擬派林彪去西安見蔣，請征蔣同意。19日，毛澤東本人致電周恩來：依目前局勢，我似應見蔣，我感冒已十日，過幾天要動也可以動。周恩來當即回電毛澤東：毛與蔣會晤時間似嫌過早，可由林彪或朱德先打開談判之門，如蔣約林或朱來渝，也可答應，以便打開局面，轉換空氣；一俟具體談判有眉目，毛再與蔣會談。(20)

8月22日，中共中央政治局舉行會議。會議討論毛澤東與蔣介石會談問題，決定先派林彪去見蔣。中央政治局隨即正式通知周恩來：林有三個有利條件，第一他是蔣黃埔軍校的學生，第二他是舉世聞名的平型關大捷的指揮官，第三他才從蘇聯回來，有國際、蘇聯背景，所以決定由林彪代替毛澤東去見蔣介石。

8月29日，毛澤東再次致電周恩來：蔣到西安時，決先派林彪見蔣，然後我去見他。依目前國內大局，我去見蔣有益無害，俟林彪見蔣後即確定我去時間。緊接著，毛澤東又於9月3日致電周恩來："目前不在直接利益我方所得之大小，而在乘此國際局勢有利時機及蔣約見機會我去見蔣，將國共根本關係加以改善，這種改善如果做到，即是極大的利益，哪怕具體問題一個不解決也是值得的。"毛還提出，如果蔣介石邀請他到重慶參加當年10月召開的參政會，他準備答應。(21)

9月5日，周恩來致電毛澤東，強調：目前見蔣時機不成熟，蔣對人包藏禍心，局勢也非對我有利。鑒於英美需要中國拖住日本，蘇聯需要對華讓步，蔣認爲目前正是解決邊區的好機會，甚至誤認爲我七．七事變五周年宣言表明我已屈服。如見面，蔣會利用以打擊地方和民主勢力，以陷我於孤立境地。估計同蔣會晤的可能前途：(一)表面和諧，答應解決問題而散。(二)約毛澤東來渝開參政會後，藉口留毛長期駐渝，不讓回延安，此著萬萬不能不防。提議由林彪出面，"勿將話講死，看蔣的態度和要解決的問題，再定毛是否出來。"(22)

中共中央書記處經仔細研究，採納了周恩來的意見。

周恩來將中共中央的決定報知蔣介石，蔣介石同意與林彪會談。在從蘭州返回西安前，蔣介石電約林彪在西安會談，並邀請林彪出席一、二、五、八戰區參謀會議。(23)

林彪在原八路軍駐西安辦事處主任、時任中央軍委秘書長的伍雲甫陪同下，9月14日一早就從延安出發，但因汽車故障和路面坍塌，17日才到西安，此時蔣因急事已返回重慶，胡宗南告訴林彪：校長行前留話讓你到重慶面談。林彪當即將情況報告毛澤東，毛18日回電囑咐林在西安與國民黨各方接洽，關係疏通後再去重慶見蔣介石。(24)毛澤東的根本意見就是："目前任務是促成談判，促成具體解決問題，故應避免一切枝節，極力表示好意。"

胡宗南和第三十八集團軍總司令范漢傑等黃埔系高級將領在得知他們的校長蔣介石正式邀請林彪去重慶會面後，於9月25日在西安小雁塔爲林彪舉行了一個十分熱鬧的歡迎會。胡宗南在誇獎林彪是抗戰的英雄、黃埔的驕傲後，又請林彪發表演講。林彪大講了一氣國共合作抗戰的必要性。

林彪在西安還同第五戰區司令長官李宗仁上將等人進行了會談。(25)

在做了必要的物質準備後，林彪、伍雲甫一行於9月29日搭乘汽車離開西安，走陸路經秦嶺前往重慶。

五、重慶面見蔣介石

林彪從西安出發，嘗夠了“蜀道難”的滋味，於10月7日晚到達重慶八路軍辦事處，受到周恩來等人的熱情歡迎。隨後，林彪以中共中央談判代表的身份拜訪了國民政府軍委會政治部長張治中(林彪是黃埔軍校四期生，張治中是黃埔軍校四期入伍生團團長和四期學生軍官團團長)。

10月11日，林彪收到蔣介石將於13日會見他的通知。

林彪上一次見到蔣介石是在1938年1月中旬舉行的洛陽第二戰區將領會議上，當時蔣介石單獨召見林彪，誇獎平型關大捷，並說林是將才、帥才。會後，林彪給同行的八路軍120師師長賀龍寫了個紙條：“蔣介石是有抗戰決心的，回部隊我們可以吹吹風。”1940年7月，林彪在《共產國際》7月號上發表逾萬字的長文《中國人民的三年民族解放戰爭》，在這篇主要歌頌中國共產黨和抗日民族統一戰線的文章中，林彪四次提到蔣介石，稱蔣是最高統帥、政府領袖，卻無一次提到毛澤東。值得一提的是，在“9.13事件”後，該文作爲林彪的反黨證據發給參加1972年6月舉行的中共中央批林整風匯報會的人參閱，而且在1973年8月中共中央批准的《關於林彪反黨集團反革命罪行的審查報告》(中發(1973)34號)中說：“在抗日戰爭時期，林彪發表反黨文章，無恥吹捧蔣介石和國民黨。”

10月13日，林彪在張治中的陪同下拜見蔣介石，執弟子禮的林開門見山：“接校長電報後，毛先生即約我數次談話。他強調要我轉達中共對於抗戰建國之觀察、國內統一團結及對校長之期望等問題。先說抗戰建國，此次中國抗戰的勝利毫無疑問，德日的力量已盡量使用，現在是戰爭的轉折關頭。……將來英美對於日本必從太平洋以海空軍合力反攻，我與蘇聯可協同從陸上進去。”林恭維蔣：“校長高瞻遠矚，早說過日本之敗必從海上開其端。”林繼續：“抗戰目的在建國。我曾經旅居蘇俄，那裡民族複雜，歷史傳統與語言文字均不一致，天寒地凍，農作物種類稀少，人口不到我國一半，他們卻在一次世界大戰20年後完成建國大業，現今能抵抗世界最強大之德國，其經驗可供我們效法。我處亞洲大陸之上，東連太平洋，有超過四萬萬人口，戰時可出兵員三四千萬，堪稱舉世無雙。我們要建設一個以先總理的主義與校長的領導爲根據的新國家。國內統一與團結是建國成功的基礎。毛先生一再強調：今後我們兩黨應彼此接近，打成一片，以求實現徹底統一，更求將來能永遠團結。我們不僅現在要擁護委座，將來也必擁護。”見蔣高興，林話鋒一轉：“我黨名稱雖爲共產黨，實際即爲救國之黨。黨的組成分子中老輩同志大抵是辛亥革命的參加者，後一輩當初皆先入國民黨，後轉入共產黨。我個人的經歷也可說明：激於愛國之熱忱，本於救國之一念，投身黃埔加入國民黨。至今在我腦海中猶存校長當日之教誨。後來認識到共產黨也屬救國，就加入了。經十幾年的變故，我的根本思想仍在救國。有人說共產黨人多爲共產主義的書本知識所蒙蔽，我看不然，可以說，凡屬中共黨員，皆未讀過很多的共產主義書籍，只是目擊中國現狀之不堪，激於義憤，心切雪恥救國才加入的。”接著林對蔣提出期望：“我們認爲，尚有一種思想影響抗戰，這就是有一部分人總是希望挑起內戰，如果真發生這種慘劇，抗戰建國必前功盡弃。委座高瞻遠矚，當然早看到此之危險，並盡力抑制其蔓延。中國不可內戰。”林彪見蔣面露不悅之色，乾脆硬到底：“萬一內戰不可避免，中國地域遼闊，我回旋餘地綽綽有餘。而且我國經濟條件與歐美大不相同，我可到處種棉織布，生產稻麥，即使到山地，也有苞穀可吃，所以國內黨派問題，不是用兵可解決的。總之，無論就中國之社會、地理、經濟及軍事各方面而論，中共希望中國從此能團結統一，而不發生內戰，特爲校長呈明。”(26)

林彪的口若懸河、滔滔不絕使蔣介石很感興趣，但在林彪談到內戰危險時他就不想聽了，他問林彪打算在重慶留多久，林彪回答還要"晋謁何(應欽)總長，並訪問昔日諸同學。"會談結束後，蔣介石告訴林彪："在汝離渝(重慶)之前，餘再定期招汝談話。"蔣介石還指定張治中代表國民黨方面同林彪談。

10月16日，林彪、周恩來與張治中進行了第一次正式會談。林彪說中共有幾十萬軍隊在敵後打擊日軍，向張治中提出了"三停、三發、兩編"的要求，即國民黨方面停止全國性的軍事進攻，停止政治壓迫，停止對《新華日報》的限制、打壓；發還新四軍被俘人員、發餉、發彈；把共產黨軍隊編成兩個集團軍。張治中則對林彪說："現在談這麼細尚早，你先去同各個方面多談談，然後我們再談。"

隨後，林彪找國民黨方面的軍令部次長劉斐談，劉斐同張治中一樣：只談原則問題，不願意談具體問題，並推說："你提出的一切我們都可以談，不過委員長命張部長負責談判的事情，你還是找他先談。"

還需要提到的是，蔣介石認爲林彪是他黃埔軍校的得意門生、軍事奇才，所以他指示軍統局局長戴笠(戴是黃埔軍校六期肄業生)以黃埔同學總會的名義，招待、影響林彪(林是延安黃埔同學會的理事)，力爭林彪能爲他所用。戴笠按照蔣的指示，與賀衷寒(一期生)、滕傑(四期生)等人商量拉攏、影響林彪的辦法，最後決定以黃埔校友和同學的名義，輪流請林彪吃幾次飯。

10月17日，滕傑、康澤(三期生)、唐縱(六期生)和鄭介民(二期生)以黃埔同學的名義專程去看林彪。自黃埔軍校畢業後，林彪與滕傑這個老同學從未見過面，滕傑這個大特務現在上門來看他，他有些意外。滕傑向林彪介紹了康澤、唐縱後，笑眯眯地說："你一路辛苦了，今晚由我們請你和周先生的客。"林彪、周恩來爽快地答應了。在宴席上，雙方都甚爲懷舊地談論黃埔軍校的往事，時任蔣介石侍從室第六組組長的唐縱在當天的日記中記下了他初見林彪、周恩來的印象："林彪黃埔第四期畢業，現任一一五師師長，前(幾)年負傷赴莫斯科醫病，今年始回國。據悉林在蘇系學習機械化，觀其面部一臉陰氣，深沉陰險而幹練，言談審慎。周恩來年40餘，望若30許人，如一白面書生。"(27)

宴會的氣氛頗爲融洽，林彪在宴席上也不時做些"統戰"工作，他說：中國地大物博，資源豐富，如果不是戰爭，建設國家的條件比其他任何國家都好，只要全國上下一心，人民團結一致，中國是很有希望的。林彪還對他的黃埔同學強調，共產黨對國共合作甚有誠意，對校長領導抗戰也是擁護的。現在最要緊的是兩黨要加強團結，不能搞摩擦，也不能搞內戰。團結搞好了，就可贏得抗戰的勝利。過去，中國的農民拿菜刀、土槍可以造反，現在就不行了。要贏得戰爭的勝利，非得有飛機、大炮不可，而要造飛機大炮，就必須大搞工業，建設好國家。國家有一個和平的環境，才能造得出機器、飛機、大炮。

次日，唐縱把宴請林彪的情況向蔣介石作了匯報。蔣介石聽了，對唐縱說："叫雨農(戴笠)也請請他。"隨後，戴笠也按照蔣的指示設宴招待了林彪。

從與林彪同行的伍雲甫當時的日記來看，當時因國民黨要人孔祥熙、宋子文、于右任以及林彪的很多黃埔同學接連請客，林彪連看病的時間都沒有，只得一再往後拖。

六、林、蔣第二次會談

10月25日，毛澤東致電林彪："你第一次見蔣時是否談到了我見蔣的問題？如未談到，第二次見蔣請提出，征詢他關於會面的時間、地點等。李宗仁對李先念打得很凶，請找張治中一談，要求停止進攻。”28日，毛澤東又致電周恩來，同意林彪此行的目的“重在緩和關係，重開談判之門，一切不宜在目前提的問題均不提。”(28)

11月12日到27日召開的國民黨五屆十中全會通過了關於共產黨問題的決議案。該決議案宣稱： 對共產黨仍本寬大政策，只要共產黨“不違反法令、不擾亂秩序、不分裂地方、不破壞統一……自當與全國軍民一視同仁。”

期間，蔣介石還派國民政府糧食部參事、國民黨中央委員鄭延卓携款30萬元到陝甘寧邊區賑災。

毛澤東先前就告訴彭德懷：我們派林彪去了重慶，他們那邊將派鄭延卓來延安，國共關係好轉，邊區可能合法化。此時，面對國民黨五屆十中全會表現出的善意，中共中央政治局11月30日開會通過了毛澤東起草的《中共中央關於國民黨十中全會問題的指示》，並決定在邊區報紙上發表國民黨十中全會的文件和共產黨的意見。該指示指出：“最近十月間，我們派了林彪同志去重慶，十一月他們派了鄭延卓來延安。十中全會的這一決議，對於從一九三九年到現在四個年頭的國共不良關係，做了一個總結，是對於我們今年七七宣言的答，開辟了今後兩黨繼續合作及具體地談判與解決過去存在著的兩黨爭論問題的途徑，雖然這些爭議問題還不見得很快就能完全地解決……，但卻是表示時局好轉的開始的。……在十中全會後，國民黨會放弃軍事壓迫而加強政治鬥爭，磨擦還會有的，但方式會緩和一點。各地對於國民黨人員應繼續採取誠懇協商，實事求是，有理有節的態度，力戒驕傲誇大有害無益的態度，藉以爭取更進的好轉。”

在這樣的大背景下，12月14日林彪接到正式通知，蔣介石將於16日第二次同他會談。

12月16日，林彪再次在張治中的陪同下，同蔣介石面談。林彪除了轉達毛的會面請求外，還表示擁護國民黨五屆十中全會的宣言和決議，接著請求蔣“三停、三發、兩編”，蔣介石則表示，“三停、三發、兩編”都是小問題，要先解決各個政治團體集中起來的大問題，再求國共問題整個地迅速解決，不要零零碎碎，拖拖拉拉。林則堅持：小問題不解決，大問題更難解決。蔣保證他絕對不會讓中共吃虧，並承認“中共是愛國的，是國家的人才，”是有思想、有頭腦、有主張的。林彪見蔣介石說得如此慷慨，便提出恢復新四軍番號並釋放葉挺，不料，這話觸動了蔣介石的心病，他不悅道：“承認新四軍，等於不承認政府。你今後不要跟我提新四軍了。再提我是不聽的！再提我是不聽的！”說罷，蔣介石意識到自己的話說得太直了，又轉而親切對林彪說：“因爲你是我的學生，所以我有什麼，就跟你說什麼。對別人我就不說了。你也不必太匆忙，出來一次不易，可以在重慶多住一段嘛。”隨後，二人就閑聊起重慶的名勝、掌故來了。

林、蔣第二次會談後，林彪電告毛澤東：“蔣介石表示，只要他活著，解決問題總會公道，但不許再提新四軍事。”

七、“林案”

12月18日，毛澤東以中共中央書記處名義複電周恩來、林彪，請他們根據以下意見同國民黨交涉：在允許合法化條件下，可同意國民黨到邊區及敵後辦黨；軍隊要求編4軍12師，新四軍在內；邊區改行政區，人員、地境不動；黃河以南部隊，確定戰後移至黃河以北，目前只做準備工作。(29)

12月20日，林彪、周恩來在同張治中會談時正式向國民黨提出了共產黨的四條要求(30)，即：

一、黨的問題。在《抗戰建國綱領》下取得合法地位，並實行三民主義，中央亦可在中共地區辦黨辦報。

二、軍隊問題。希望編四軍十二師，請按中央軍待遇。

三、陝北邊區。照原地區改爲行政區，其他各地區另行改組，實行中央法令。

四、作戰區域。原則上接受中央開往黃河以北之規定，但現在只能作準備布置，戰事完畢保證立即實施，如戰時情況可能(如總反攻時)，亦可商承移動。

這四條建議後來被稱爲“林案”，以後的國共談判均以林案爲基礎。

林彪還向張治中聲明：如果你們認爲這四條可以談，我就留下來繼續談；如果相去太遠，就請蔣委員長提出具體方針，我帶回延安去商量。

對於“林案”，張治中“覺得中共確已讓步，也確實具有合作抗日的誠意”，認爲國民黨可以接受。

進入1943年後，毛澤東想的仍是爭取在抗戰勝利後與國民黨建立和平局面。

1943年元旦，毛澤東致電周恩來、林彪，告知與鄭延卓談話的情況：談到邊區，我說區域維持現狀，人員加以委任。談到軍隊，我說應編4軍12師。此外，停捉停打停封，發餉發彈發藥，也說到了。毛澤東還告訴周恩來、林彪，鄭延卓在回重慶之際，請毛澤東修書一封由他帶給蔣介石。毛澤東在鄭延卓1月2日離開時，托他帶親筆信一封給蔣介石，毛信的內容有“介公委員長政席：前承寵召，適感微恙，故派林彪同志晉謁。嗣後如有垂詢，自當趨轅聆教。鄭委員延卓來延，宣布中央德意，惠及災黎，軍民同感。此間近情，已具告鄭兄，托其轉陳，以備採擇。……”(31)

雖然此時毛澤東的態度很誠懇很友善，但在元旦過後蔣介石主持討論的一次會議上，根據張治中的回憶，到會的國民黨高官對林彪提出的四條“大都表示不能接受，甚至有以傲慢態度嗤之以鼻者。他們對第一條，根本就不願意給共黨以合法地位；對第二條，認爲一下擴充爲四軍12師，辦不到！對第三條，倒少表示意見……；對第四條，認爲措詞含混，應該先遵照皓電規定，把軍隊撤到黃河以北。總之，充滿了偏見與近視。……蔣始終既不表反對，也不說贊同，最後說‘好吧，再說吧！’這樣就擱下來了。”(32)

事實上，國民政府軍委會參謀總長兼軍政部長何應欽在1942年12月31日就向蔣介石書面提交了對“林案”的研究意見，何建議全面拒絕“林案”，他認爲：“(一)判斷林、周此次所提四項要求，系根據本黨寬大政策而來，其目的在對於黨政軍各方面取得合法地位，不能認爲有悔過誠意；(二)本黨寬大政策之真正作用，應爲瓦解中共，絕非培養中共，故林、周所提四項，不能作爲商談基礎。”(33)

所以當林彪、周恩來1月9日應約再次同張治中會談，張表示“林案”四條同國民黨中央的希望相去甚遠，與何應欽和白崇禧1940年10月19日提出的要求(即“皓電”)也有很大距離。張治中強調，中共軍隊編爲12個師太多，而且中共軍隊北移必須限期開動。張治中還告訴林彪、周恩來：下一步的國共正式談判，國民黨方面將由何應欽和白崇禧主持。林彪、周恩來則認爲，所提四條與皓電精神並無不合，距離只在軍隊的數量和移動的時間。

次日，周恩來、林彪把與張治中會談的情況和應對的建議向中共中央做了匯報。

1月12日，中共中央政治局對此進行了討論，並確定由毛澤東起草複電。16日，毛澤東根據12日政治局會議的討論結果，回電林彪、周恩來，詢問國民黨方面提出以皓電爲談判基礎及以何應欽、白崇禧爲主持人，“除面子問題外，是否還有藉以拖延之目的？”毛澤東告訴林、周在談判中應盡力忍耐、不提抗議，並向國民黨表示戰後或反攻

階段具備北上條件時，八路軍、新四軍黃河以南的部隊可開赴黃河以北。(34)

當時由於中國政府同美國、英國政府分別簽訂了取消美、英在華治外法權的正式協定，中國人民確實有了揚眉吐氣的感覺，蔣介石在國內外的地位和聲望也因而得到空前的鞏固和提高。在這樣的背景下，毛澤東雖然也開始懷疑具體解決問題的時機目前是否已經成熟，但他還是傾向於他同蔣介石直接會談。毛澤東1月25日致信彭德懷："在德、意、日打倒後，國際國內形勢均會發生根本變化，這一形勢是利於人民不利於獨裁的。但蔣在抗戰中有功勞，同時人民心理厭惡內戰，故我們應爭取在抗戰後與國民黨建立和平局面，在民主、民生上做文章。……去年九月蔣約我見面，派了林彪去，現尚未回，到適當時機，我準備出去見蔣，以期談判成功，所有這些也都是從這個基點出發的。"

爲謀求進一步改善國共關係，毛澤東與朱德在2月7日向各大戰略區發出對統戰工作的指示："國際國內的政治形勢日趨好轉，國方上層雖仍采拖的方法，而其局部與下層已發現迫切需要與我黨我軍調整關係的現象。我們應不放鬆每一機會和每一小的事件，主動地加強局部統戰工作，改善關係，以求更加促進國內整個形勢的好轉。……如有摩擦事件，必須先經報告批准，不許自由行動。"

爲了打破談判僵局，毛澤東決定以退爲進，再做進一步的讓步，於2月12日電告林彪："可以答應以'皓電'爲談判基礎。可以你的名義提出李先念部與于學忠對調作爲委曲求全的表示，並說此點需回來商量，不作爲中央肯定的意見。可以準備答應少編一二個師。但此點既然目前談不到，即不應具體提出，只說回來商量。"

按照毛澤東這一指示，林彪再次請求與張治中會談，並希望國民黨方面能提出自己的談判方案，可張治中卻推托說："我已盡力了，以後你還是找何應欽談吧。”而此時何應欽去印度視察中國遠征軍尚未回來。

實際上，國共雙方都明白世界反法西斯戰爭問題的樞紐在歐洲、在太平洋。進入1943年後，世界反法西斯戰爭出現大轉折：2月2日，斯大林格勒戰役結束，蘇軍殲敵150萬；2月7日，瓜島戰役結束，美軍在太平洋戰場轉入全面進攻。

蔣介石已看出日本不可能滅亡中國，讓他坐立不安的是共產黨勢力在不斷壯大。蔣介石3月10日發表了《中國之命運》一書，把十年內戰的責任推在共產黨身上，污蔑共產黨、八路軍、新四軍爲“新式軍閥”、“新式割據”，並暗示兩年內一定要解決共產黨。

3月28日，林彪、周恩來獲知視察遠征軍的何應欽回到重慶，立刻前去拜會，詢問他對中共三個月前所提“林案”的態度，何應欽說他研究過了，接著就開始指責中共又在多個地區製造摩擦。當時新四軍回擊了國民黨韓德勤部挑起的衝突，還把韓德勤活捉了去……。但不知何故，在延安的中共中央並沒有把這件事情通報給周恩來、林彪，所以毫不知情的周恩來、林彪在會談時較爲被動。

面對何應欽回避“林案”，只是咄咄逼人地大談“精誠團結一致對外”、“徹底團結共同抗戰”的原則，林彪回應說：“延安方面很希望兩黨問題解決，徹底合作，彼此在現階段能做到如何程度，即做到如何程度，如此則對整個問題，多少有些促進與改善。”爲此，林彪、周恩來請求何應欽發給前方八路軍一些極缺乏的藥品，並希望國民黨方面發給林彪和駐留在八路軍辦事處近百家眷回延安的護照和汽油。(35)

八、"徒然虛此一行"

瞭解到這種情況後，毛澤東於3月30日致電周恩來、林彪，建議"周回林留，或周、林均回，仍須向彼方正式提出，如彼不允見，則林獨回。"毛澤東還告訴他們，"無論華北、華中、邊區，中央都曾幾次下令禁止摩擦，我軍亦無任何侵犯友區行動。"(36)

4月3日，毛澤東電告周恩來：種種跡象使我們懷疑國民黨欲改變十中全會政策，尋找藉口停止談判，並向我們作進攻行動。不過，毛澤東主張採取後發制人的對策。

針對軍令部次長劉斐(即劉爲章)向周恩來、林彪抱怨中共在幾個地方搞摩擦，毛澤東與朱德電告周恩來、林彪："現聞隴南事變擴大，叛民武裝達二萬人，伊盟七旗擁護沙王反對陳長捷、何文鼎殺人奪地、奪牛奪馬等虐政。""太行山戰事，我一二九師亦是被'掃蕩'者，蔣、龐事前一意對我，現被敵攻，我軍決不記前仇乘機圖利。至所謂橫山事件，乃是國民黨特務機關派遣所謂反共同盟軍二百餘人裝作土匪分股侵入邊區，我軍只在境內剿匪，絕無一兵一卒跨越邊境，劉爲章所說完全違反事實。"毛澤東還指示周恩來、林彪："要求見何(應欽)見張(治中)見蔣(介石)，加以解釋。"

鑒於斯大林"五一"聲明後國際形勢好轉，以及國民黨方面新委派的兩位聯絡參謀到達延安，毛澤東於5月8日電告林彪，目前不要刺激國民黨，延安及各個根據地的報紙還是一點也不刺激國民黨。毛澤東本人還在5月中旬同兩位新到延安的國民黨聯絡參謀懇談，請他們向重慶、西安國民黨方面轉達共產黨精誠團結的意旨。

就在這個時候，爲了爭取美英兩國盡快在歐洲開辟第二戰場以打擊德國法西斯，斯大林、季米特洛夫於1943年5月15日提議解散已經具有20多年歷史且一直以世界革命爲己任的共產國際，而且在5月22日將這個提議公諸於世。

國民黨方面借機發動"民眾團體"要求解散共產黨，動員國民參政會接受何應欽污蔑八路軍的軍事報告，通過反共決議案。另有所圖的蔣介石、何應欽們覺得此時國共談判沒必要再繼續下去了，國民黨的意圖可用張治中非正式告訴周恩來、林彪的話來表達，"有兩個方案：一是要中共交出軍權、政權，以取得黨的合法化；二是國共兩黨合一。"

簡言之，就是不允許共產黨獨立發展，因而用張治中後來的話說就是"只有使林彪將軍徒然虛此一行了。"(37)

國民黨上層頑固派信奉實力政策並處心積慮壓制共產黨的表現給林彪的印象太深刻了，以至於林彪在解放戰爭前夕對東北實現和平的前景以及"最後一戰"有清醒的認識。1946年1月13日，國共在關內實現停戰後，中共中央估計東北也有實現停戰的可能，爲了有利談判，毛澤東要求林彪集中兵力"給進攻之頑軍堅決徹底殲滅之打擊"，並指出"這是歷史新階段中的最後一戰"。1月15日，林彪致電中央並東北局，指出"此次和平協定的實質，實爲蔣之一大陰謀"。2月1日，中共中央《關於目前形勢和任務的指示》中說："中國已走上和平民主建設的新階段，今後同國民黨的鬥爭主要是群眾鬥爭和議會鬥爭，……我軍將進行整編，實行黨軍分立……。"甚至毛澤東一度也準備去淮陰做聯合政府的官了(38)，但林彪始終認爲："蔣介石不消滅共產黨死不瞑目。他所謂的和平，實際上是消滅我們的一種手段。你看吧，這仗非打不可！"

九、林彪向美國人表示中共的立場

在美日太平洋戰爭爆發前，除了斯諾、史沫特萊和卡爾遜上尉等少數美國新聞記者和冒險家在1936-1938年之間到過中國共產黨的根據地外，美國官員與共產黨人士之間幾乎毫無聯繫。

由於國民黨軍隊作戰效率的低下，美國政府，特別是美軍中印緬戰區司令部開始在1942年年中關注中國共產黨領導下的抗日武裝力量。

林彪在重慶期間同在華的一些美國軍界和政界人士進行了多次接觸，成為第一批接觸美國官員的共產黨領導人之一。

1942年11月20日，林彪、周恩來與美國駐華使館的外交官謝偉思(Services, John)及范宣德(Vincent, John Carter)會面，謝偉思憂心忡忡談了他到蘭州和洛陽等地的觀感，林彪表達了毛澤東希望同蔣委員長和解、一致抗日的意願，並介紹了他同委員長談話的情況。林彪、周恩來希望美國官方和公眾輿論能對國民黨當局施加壓力，緩解國民黨對共產黨根據地的封鎖；同時要求美國在一定程度上承認共產黨領導的抗日武裝，並使共產黨得到一定比例的美國對華援助。(39)謝偉思根據與林彪、周恩來的談話，敏感地意識到蔣介石不會真心同共產黨人和解。1943年1月，謝偉思首次向史迪威建議：朝共產黨地區派懂得中文的美國外交官，要長期住在延安或其附近……。中印緬戰區司令官史迪威立即給謝偉思以支持，於2月1日向華盛頓發去電報，強調"非常需要由我們的觀察員來自共產黨區域的真實報告。"

謝偉思後來在向美國國務院的一系列匯報中贊揚了共產黨的清廉和高效、批評了國民黨的腐朽和僵化，引起了羅斯福總統的高度重視，從而促成了美軍觀察組後來的延安之行，謝偉思也成為美軍觀察組的主要成員之一並與林彪再次相會，毛澤東更是同謝偉思進行了許多次內容極其廣泛的交談。

1943年1月30日，林彪在八路軍辦事處接待了美國軍官包瑞德(Barrett, David)上校、德帕斯上校(Depass)和美國外交官柯樂柏(Clubb)、莊萊德(Drumright, Everrett)。(40)林彪告訴這些美國人，他已經兩次受到他的老師蔣介石委員長很有禮貌的接見，並與委員長共同討論了國共關係問題。他要求委員長撤消對陝北邊區的包圍，向共產黨提供資金、彈藥和藥品。林彪對美國人說，委員長表示了同情，但之後什麼事情也沒有發生。林彪還向美國人透露，國民黨已經決心將共產黨軍隊編入政府軍隊，但只要國民政府和國民黨不給中國人民民主，這恐怕辦不到。當美國人談及共產黨所謂"游而不擊"的問題時，林彪說，共產黨面臨嚴重的彈藥短缺，國民政府從不供給，在軍火供應缺乏的情況下，迄今為止共產黨主要靠從日軍手中繳獲，所以共產黨能做的比沉默好不了多少。不過，林彪向這些美國人表示，共產黨只要能獲得裝備、彈藥和藥品供應，就可以對日本人保持進攻態勢，在整個華北地區有力地打擊日軍。後來，當包瑞德上校1944年7月22日以美軍觀察組組長的身份到達延安後，主持全軍訓練工作的林彪還接待了他，並向美軍觀察組做了題目為《八路軍的訓練》的報告。

3月份，林彪、周恩來去美國駐華使館同范宣德、戴維斯(Davis, John)進行了多次交談。周恩來告訴美國人共產黨方面已經表示讓步，但談判目前仍處於僵局。林彪說他還將在這裡等待，等待尚未出現的良好的解決方法，林彪還表示願意向范宣德提供談判進展的情況。(41)范宣德認為不存在立刻爆發內戰的可能性，周、林均表示同意，但同時指出國民黨領導人決心消滅共產黨是雙方合作的真正障礙。交談時，周、林還表示歡迎美國政府派一批軍官作為觀察員到陝西、山西等敵後根據地去考察。會談後，范宣德把談話的內容向美國國務卿赫爾(Hull, Cordell)做了匯報。

在離開重慶前夕，林彪再次同美國駐華使館官員交談，對國共關係做了總結性的評論。(42)林彪告訴美國人，蔣介石6月7日當面對林、周說，他對兩黨分歧的看法沒有改變，即共產黨應該放弃它的政府和軍隊，允許共產黨加入國民黨，或者成為類似中國目前存在的其它黨派那樣的少數黨。林彪著重指出，蔣介石並沒有提出其它條件作為討論分歧的基礎。林彪說，未來達成協議的前景不容樂觀，但內戰也並非迫在眉睫，因為蔣介石不得不考慮世界的民主趨勢被盟國可預見的勝利加強了，而且蔣目前不打算靠武力消滅共產黨。林彪還說，中國現在有、甚至國民黨內也存在自由主義因素，這給予了中國未來的民主希望。

在談話中，林彪還指出：中國一般形勢的發展，現在依靠、戰後將繼續更為依靠國際形勢的影響。中國能夠並將繼續抵抗日本人，因為重慶當局意識到，與日本人議和會導致內戰，並使局面比現在更糟；還因為重慶當局確信，同盟國必定勝利。林彪還認為，日本人不會進攻蘇聯。

6月24日，美國駐華使館代辦艾切森 (Atcheson, George)將林彪的談話內容發給了美國國務卿赫爾。

也就在6月24日這一天，戴維斯為中印緬戰區司令官史迪威將軍準備好一份名為《美國的利益在於中國的團結》的長篇備忘錄，並報送美國國務院以及美國總統助理霍普金斯(Hopkins, Harry)和居裡(Currie, Lauchlin)。該備忘錄列出美國應該向延安派出一個觀察組的諸多理由。

十、葉群被抓事件

1942年4月，林彪、賀龍分別同葉群、薛明相識。林、葉二人經朱、毛撮合於7月1日結婚，一個月後賀、薛也成親。

當林彪還遠在重慶時，延安的審幹運動開展得如火如荼，其間發生了薛明抓葉群的一幕。葉群、薛明從"一二九運動"時期開始就在一起參加抗日救亡運動，天津、南京、南昌、武漢、西安一直到延安，她們算是同志和朋友，但薛明認爲葉群有段"歷史"不清楚(葉到延安時只有19歲)，希望她主動向組織說清楚，葉不肯，薛明則讓其警衛強行把葉群"架"到組織，葉群尋死覓活……。有人活靈活現地編造說："當年延安發生的那一場'劇'，以林彪趕回延安拉下了大幕。林彪將馬鞭子摔在辦公桌上，高聲叫罵：'他媽的，老子在前線流血打仗，你們在後方搞我老婆……。'於是，……，趕緊放人，給葉群做出了政治歷史清白的結論。"(43)

事實上，葉群在一段時間內失去了人身自由，根據林彪井岡山時的老戰友曾志的回憶："在黨校一部，我與葉群兩人同住一間平房。……林彪已去了四川。她(葉群)在另一支部接受審查，……，她又哭又鬧，回到房間也是哭哭啼啼。生活上也弄得亂七八糟，……。學校的廁所很遠，她……就在房間往洗臉盆裡大小便。晚上或清晨有時也用茶碗接尿，然後順手從門縫往外潑，弄得屋裡屋外臭氣烘烘。……林彪爲什麼會找這樣一個人呢？""對葉群的審查不久也告一段落了，她得到了比我更多的自由，星期天可以回家了。"(44)

林彪當時並不在前線，而是在大後方重慶，根本不可能"趕回延安"。

十一、回延安途中的斡旋

5月24日，毛澤東電告周恩來想辦法盡快回延安討論應對共產國際解散的政策。

6月4日，張治中在約見林彪、周恩來時說，何應欽稱前方摩擦繼續，情況不明，所以國共談判得暫擱一下。林彪說，既然如此我就回延安了。周恩來順水推舟說他也擬同返，以便讓延安瞭解外部情況並尋求更好的解決辦法。林彪還向張治中請求能在走前再見上蔣委員長一面。

6月7日，蔣介石應約同林彪會面，在場的除了周恩來、張治中外，還有蔣介石侍從室第六組組長唐縱。

林彪說："來重慶的這段時間，承蒙校長多次接見、教誨，收獲甚大。政府的各位長官也對我厚愛，熱情招待，非常感激。"

蔣介石說："政府是真心實意地想與共產黨合作以爭取抗戰的勝利。"

林彪心裡清楚國共未達成任何協議的症結所在，他對蔣介石說："我來重慶這段時間，感覺兩黨分歧其實並不大，如果雙方真有誠意，是能達成一個協議的。問題是有些人缺乏誠意，不能坐下來對條款進行認真的討論，只是要我們放弃軍隊、邊區，致使談判難以進行。"

張治中態度強硬："你們現在不解決，將來戰事結束，你們還擁有武力，將何以爲國人所諒解？"

林彪毫不示弱，以退爲進："到那時當然不好，所以現在大家要接近！"

蔣介石表態說："如果中共放弃武力，本黨將持寬容態度。"

林彪回敬道："將軍隊交出來，貴黨須先以道德樹立誠信，就是使我們能相信貴黨給予共產黨合法地位之保障。"

周恩來抓住機會對蔣介石說："此次談判暫擱是意料中的事，如果需要時，林彪可以回來再談。我自己也想回去一趟，讓延安瞭解外面的情況，可以嗎？"

蔣介石點頭答應了，這是皖南事變後一年半來蔣介石第一次表態允許周恩來回延安。此前，周恩來幾次提出回延安，蔣介石都沒有應允。

會談結束後，蔣介石還不忘對林彪繼續施加"影響"，以便使林彪能與他的政府更接近，對他這個校長更有感情。他指示戴笠、康澤、滕傑、唐縱等人在林彪回延安之前，再宴請林幾次，並與林好好談談。

6月14日，張治中設宴爲林彪、周恩來餞行，並請何應欽、戴笠、賀衷寒、康澤、唐縱等人作陪。

此時，毛澤東對林彪、周恩來回延安的事情十分牽挂。他怕夜長夢多，發生意外，希望他們早日回去。6月15日，毛致電林彪、周恩來："何時動身？盼7月1日前趕到延安，共商'七．七'宣言。成都、西安兩地望勿耽擱，一則求速，一則避嫌。"(45)

林彪接到毛澤東的電報後，便和周恩來做返回延安的準備工作。當時，在重慶的中共工作人員甚多，而延安的醫藥等物品特別缺乏，林彪、周恩來既要安排、組織撤回延安的人員，又要購置物品；既要布置下一段的工作任務，又要會見來訪的各界人士，因而忙得不可開交。

6月20日晚上，林彪與周恩來在重慶卡爾登飯店回請黃埔同學。

6月25日，林彪同周恩來、董必武與前來八路軍重慶辦事處訪問的中國民主政團同盟常委會主席、國民參政員黃炎培長談。此前的3月30日，林彪同周恩來、董必武與黃炎培曾經在一起暢談世界大勢。

6月25日，林彪同周恩來禮節性地向蔣介石辭行。同日，林、周在向何應欽、陳誠等辭行時一再表明中共"反對內戰團結抗日"的立場。

林彪臨行前，張治中設家宴單爲林彪餞行，並把蔣介石的一封親筆信交給林，信中說"如能駕渝惠晤，尤爲欣慰"，請林彪直接交給毛澤東。根據張的回憶，"記得是1943年夏季的某一天，蔣約我去說：'我想請毛澤東到重慶來，我們當面談一切問題，你看好不好？'我聽了這話很興奮，即答：'很好！很好！我完全同意。'他當時就親筆寫了一封給毛的信交我。蔣何以忽有此動機，是不是由於1943年5月第三國際宣告解散，曾引起反對派'招降'共產黨的幻想，他也存在此幻想呢？不得而知。這時林彪準備回延安，我在家裡爲他餞行，就在那天晚上把信交給他。不過，以後並沒有聽說中共對蔣的邀請有任何的表示，我也沒向周恩來查問。但是，這卻爲1945年抗戰勝利後毛澤東先生由延安來重慶伏下一筆。"(46)

不過，蔣介石托林彪帶的這封親筆信也可以看作是他對毛澤東年初托鄭延卓所帶信件的一個回應。

6月28日，周恩來、林彪一行百餘人帶著六輛滿載非軍用品和醫藥品的大卡車離開重慶。

7月2日，毛澤東起草的《中共中央爲抗戰六周年紀念宣言》公開發表，提出了向國民政府的四條建議，即"加強作戰"、"加強團結"、"改良政治"、"發展生產"，並表示共產黨在戰後希望與各黨各派繼續合作，共同建國。

此期間，蔣介石密電胡宗南："奸黨連年整風，內爭激烈，共產國際解散對奸黨是沉重打擊，你等應乘此良機，閃擊延安，限6月底完成部署……"。

此情報爲延安獲悉後，毛澤東7月3日和4日兩次電告周恩來、林彪就近同胡宗南交涉，強調軍事衝突對抗戰團結之危害。

朱德則在7月4日致電胡宗南，"道路紛傳，中央將乘國際解散機會，實行剿共。……若發動內戰，必致兵連禍結，破壞抗戰團結之大業，而使日寇坐收漁利，陷國家民族於危險境地，並極大妨礙英美蘇各盟邦作戰任務。"

5日，一貫主張抗日的胡宗南向蔣介石發電，表示"如仍按原計劃進行，不但定會受到盟國責難，而且日軍可能乘機渡河"。

6日，朱德致電蔣介石、何應欽"呼籲團結制止內戰！"隨後，朱德致蔣介石、何應欽和胡宗南的電報在重慶傳得沸沸揚揚。美、蘇、英等國大使紛紛警告國民黨政府，不要內戰，否則停止援助。中國戰區參謀長史迪威將軍公開表示，如果發生內戰，他就把美國給的飛機全部帶走。

7日，毛澤東再次電告周恩來、林彪："胡宗南進攻部署已完成，請你們努力在西安設法轉圜，力求避免戰事。"(47)

8日，蔣介石致電胡宗南：按兵不動。

9日，周恩來、林彪一行到達西安，並收到毛澤東新的電報："胡提意見勿與爭辯，只說……一切可以和平解決。"在西安停留的五天裡，周恩來、林彪當面對胡宗南、鄧寶珊、孫蔚如和熊斌及其部屬開展統戰活動，明確表示只要一開內戰，就不可能抗日，國民黨只有投降一條路走。周、林指出：贊成"打延安"的人，不一定都是打定了投降主意的人，有些人也許是這樣想：我們一面反共，一面還是要抗日的。可你們忘了十年內戰的經驗嗎？你們有多大本領能夠對內對外兩面作戰？中條山戰役，太行山戰役，……無不如此。

10日，朱德再次電告胡宗南："若被攻擊，勢必自衛"。

11日，蔣介石電複朱德，聲明"中央決無進攻延安"的意思；胡宗南電複朱德：敝部換防，請勿誤會。

12日，《解放日報》發表毛澤東撰寫的社論《質問國民黨》，指出："撤退河防大軍，準備進攻邊區，發動內戰，這是一種極端錯誤的行為，是不能容許的。"

同日，胡宗南圍攻邊區的部隊奉蔣介石10日電的命令逐步撤回原駐地。

13日，周恩來、林彪致電毛澤東：根據連日接洽及研究結果，蔣令胡宗南準備進攻尚未進入行動階段，中央考慮戒備實有必要，但不宜對國民黨方面"刺激太甚"，重慶、西安宜暫緩印發。(48)

16日，周恩來、林彪一行抵達延安，受到毛澤東、朱德、劉少奇、任弼時等的熱烈歡迎。

21日，毛澤東致電董必武："此次反共高潮……事機不密，為我黨揭穿，……於是不能不否認，盡量敷衍周、林，並稍示和緩……"(49)

30日，毛通知彭德懷："(一)周、林返延，七大準備開會……(四)蔣、胡進攻邊區計劃……被迫暫時停止，爭取一年和平已有希望，但我軍事防禦準備絕不鬆懈。"

十二、不辱使命

林彪前後將近一年的統戰活動不僅是林彪本人在抗戰時期的重要活動，也是國共關係史上的重要一頁。然而，由於眾所周知的原因，林在這個時期的活動鮮為人知，甚至被歪曲。如前所述，曾經任"林彪江青反革命集團”特別審判庭副庭長的伍修權爲了貶低林彪在抗日戰爭的作用，不僅把林彪在蘇聯的時間從1939-1941年拉長到1938-1943年，而且編造說，林彪回國後怕吃苦，不去前線、不回延安卻要求到重慶做統戰工作，結果蔣介石根本就沒見他……。(4)另外，當年任胡宗南侍從副官和機要秘書、1978-1982年任中共中央統戰部副部長的熊向輝在其回憶錄中也提到林彪的這段歷史，但絲毫未見林“在蘭州、西安統戰工作做的很好，與胡宗南諸人曾有深談”(毛澤東語)、林在“新疆、蘭州、西安進行的統戰活動‘影響極好’”(周恩來語)以及林彪的話爲“新言論”(胡宗南語)的影子，只是說：“林是黃埔四期生，從蘇聯療養回延安路過西安時見過胡(宗南)，態度甚卑，胡瞧他不起。”(50)

事實上，林彪能被毛澤東、周恩來選作共產黨方面的談判代表，除了林是蔣介石的學生、平型關大捷的指揮官並有蘇聯背景之外，也與他對中國共產黨統一戰線政策的深刻理解有關，這可從林彪1940年7月寫就的《中國人民的三年民族解放戰爭》中看出一斑：“用什麼來說明，裝備不好並且由於多年內戰而削弱了的中國人民，能夠頑強地抗擊裝備好得多的敵人，並有成效地進行著民族解放戰爭呢？首先，這是由於國家的一切進步力量聯合成民族統一戰線。應當直截了當地說，如果在被內部矛盾而分裂著的中國，不建立起民族統一戰線，那麼中國就不可能在三年過程中抵抗日本帝國主義者。……中國有取得勝利的一切可能性。但是，把這種可能性變爲現實性，需要堅決克服投降的危險。現在，每一個希望看到自己祖國獨立的正直的中國政治家，將更勇敢地、堅決地指靠中國人民及其無窮盡的內部力量，進一步鞏固民族統一戰線，這是中國在抗日戰爭中的基本的優越性。”“中國共產黨人和一切正直的中國愛國者認爲，必須鞏固民族的統一，特別是加強和鞏固所有抗日黨派、團體和組織的行動的統一。首先必須鞏固國民黨與共產黨的合作，同分裂民族統一戰線的陰險計劃進行無情的鬥爭。……爲了克服投降的危險，必須更廣泛地吸引人民群眾參加到國家和軍事建沒的事業中去。不給人民以民主權利，就不可能英勇地、忘我地進行反對嚴重的敵人的戰爭。站在反對日本帝國主義鬥爭前線，並且爲建立獨立民主的共和國而鬥爭的中國共產黨是民族統一戰線的政策的真正擁護者。因此，繼續抗戰，鞏固民族的統一和進一步使制度民主化，這就是一些條件，這些條件能夠保證克服困難，克服中國的主要危險——分裂和投降。實現這些條件，就能保證中國人民最後戰勝日本侵略者。”另外，也與林彪在蘇聯期間就非常注意研究國內外形勢並勇於發表意見有關，比如說，1941年2月7日，林彪把有關中國事務尤其是國共之間關係的匯報寄送給斯大林、季米特洛夫、莫洛托夫等人；4月7日，林彪同季米特洛夫詳細交談中國問題，講了他對中共中央對國民黨策略的批評性意見；4月26日，林彪向季米特洛夫談蘇日條約對中國國內發展的影響。(7)

正是有了這些思想理論及策略上的充分準備，林彪才能在回國後的統戰工作中得心應手。

綜觀林彪的重慶之行，雖然與蔣介石、張治中的談判未獲具體成果，但林彪在重慶期間，充分利用其抗日名將的魅力和蔣介石學生的便利，先後與孔祥熙、宋子文、于右任、孫科、馮玉祥、李宗仁、何應欽、陳誠、白崇禧、邵力子等國民黨高官、黃炎培等民主人士以及美國外交官員會談，向他們宣傳共產黨的主張和合作的誠意，力爭廣泛的支持或同情。根據黃埔軍校六期生、蔣介石當時的上校侍從副官居亦僑的回憶，“林彪周旋在國民黨上層人物之間。他除了多次同蔣介石會談以外，還多次與老教官何應欽、錢大鈞等人會談，要求擴大編制和增加武器、軍需。何應欽和錢大鈞分別通知兵工署長俞大維和軍需署長陳良，要他們盡可能滿足林彪的要求。林彪又多次與老同學蕭贊育、鄧文儀、俞濟時、宣鐵吾、項傳遠、李延年、唐縱、鄭介民、張鎮、戴笠等接觸，他們都爲之向蔣介石請示，給林彪以支持。繁忙的林彪在重慶活動收獲如何，我不十分瞭解，從側面獲悉，何應欽、錢大鈞、蕭贊育、鄧文儀等老師、同學和林彪談得都較融洽，對林彪的要求，或多或少有所應付。”(51)另外，抗戰時在蔣介石侍從室工作的歷史學家周策縱也曾對人回憶說，林彪多次參加國民政府軍委會的高級軍事會議，有一次蔣介石點名讓林彪即席分析國際戰局，林彪發表了周策縱先生記憶中最爲精闢的講話。(52)

因此，林彪的重慶之行，對改善國共兩黨關係、擴大共產黨的影響、展示共產黨人的風采、爭取和團結重慶各界人士以及使美國外交官瞭解並同情中國共產黨的政策均起了重要作用，完全可稱是不辱使命。

尾聲

1944年5月，中共中央決定爲起草“七大”各個報告成立軍事、修改黨章、歷史決議和統一戰線四個報告準備委員會，軍事家林彪參加了周恩來領銜的統一戰線報告準備委員會。

1944年7月22日起，美軍觀察組成員陸續到達延安，他們與共產黨的軍事領袖朱德、彭德懷、林彪、聶榮臻、葉劍英、陳毅進行軍事會談，認真聽取他們對軍事形勢的分析，瞭解他們的戰鬥經歷。他們對領導指揮了平型關大捷的林彪懷有特別的好感，甚至把三十多歲的林彪當成他們心目中的英雄來崇敬。(53)

1962年3月20日，美國國務院公布一批扣發達五年之久(書上印刷年份是1957年)的對華秘密外交文件(*Foreign Relations of the United States: Diplomatic Papers, 1943, China*，即《1943年中美外交關係文件》)，扣發的理由是當時公布這些文件可能觸怒蔣介石，因爲這批厚達908頁、70多萬字的文件"充斥"中國共產黨代表林彪、周恩來在重慶的宣傳活動和美國駐華外交官戴維斯、謝偉思的反蔣擁共言論。

面對這些解密文件，敗退到台灣的國民黨政府甚至認爲"大陸淪陷"的遠因之一就是周恩來、林彪在1942/3年向美國駐華外交官的宣傳。畢竟，在1943年日本東條內閣利用與汪精衛僞政權的談判放出撤軍恢復"七七事變"前原狀做誘和表演之際，美國本不該動搖對蔣介石的支持，但戴維斯、謝偉思一派的主張引起美國對華政策的動蕩，一轉再轉，而逐漸落入周恩來、林彪所設的"騙局"。

今日，中國大陸關於當年國共關係的種種論述相當一部分就來自這些早就解密的美國官方文件——《1943年中美外交關係文件》。

注釋：

(1)馬細譜，楊燕傑，葛志強(譯)，《季米特洛夫日記選編》，廣西師範大學出版社，2002年，第89頁。

(2)《季米特洛夫日記選編》，第149頁。

(3)權延赤，《龍爭虎鬥》，光明日報出版社，2004年，第153頁。

(4)伍修權，《回憶與懷念》，中央黨校出版社，1991年，第191頁。

(5)《毛澤東年譜一八九三--一九四九》(中)，人民出版社/中央文獻出版社，1993年，第392頁。

(6)宓熙、居亦僑，等《在蔣介石宋美齡身邊的日子》，團結出版社，2005年，第178頁。

(7)《季米特洛夫日記選編》，第127，133，134，137頁。

(8)孟廣涵等，《抗戰時期國共合作紀實》(下)，重慶出版社，1992年，第920-921頁。

(9)師哲，《我的一生》，人民出版社，2001年，第211頁。

(10)師哲，《在歷史巨人身邊》，中央文獻出版社，1995年.第231-232頁。

(11)張聶爾，《風雲“九一三”》，解放軍出版社，1999年.第64-65頁。
(12)《毛澤東年譜一八九三--一九四九》(中)，第417頁。
(13)楊奎松，《毛澤東與莫斯科的恩恩怨怨》，江西人民出版社，1999年，第436頁。
(14)《毛澤東與莫斯科的恩恩怨怨》，第118-119頁。.
(15)《周恩來年譜一八九八-一九四九》，中央文獻出版社，1998年，第541頁。
(16)王焰《彭德懷年譜》，人民出版社，1998年.第 267-270頁。
(17)《季米特洛夫日記選編》，第198，199頁。
(18)《毛澤東年譜一八九三--一九四九》(中)，第442頁。
(19)《周恩來年譜一八九八--一九四九》，第549頁。
(20)《周恩來年譜一八九八--一九四九》，第550頁。
(21)《毛澤東年譜一八九三--一九四九》(中)，第452-454頁。
(22)《周恩來年譜一八九八--一九四九》，第551頁。
(23)王功安，毛磊，《國共兩黨關係通史》，武漢大學出版社，1991年，第679頁。
(24)《毛澤東年譜一八九三--一九四九》(中)，第456頁。
(25)《抗戰時期國共合作紀實》(下)，第925頁。
(26)秦孝儀，《中華民國重要史料初編》第五編(4)，臺北文物供應社，1981年，第236-242頁。
(27)《在蔣介石身邊八年：侍從室高級幕僚唐縱日記》，群眾出版社，1991年。
(28)《周恩來年譜一八九八--一九四九》，第554頁。
(29)《毛澤東年譜一八九三--一九四九》(中)，第470-471頁。
(30)《中華民國重要史料初編》第五編(4)，第248頁。
(31)《毛澤東年譜一八九三--一九四九》(中)，第475頁。
(32)《張治中回憶錄》(下).文史資料出版社，1985年.第684-685頁。
(33)《抗戰時期國共合作紀實》(下)，第58-63頁。
(34)《毛澤東年譜一八九三--一九四九》(中)，第477-478頁。
(35)《抗戰時期國共合作紀實》(下)，第64-67頁。
(36)《毛澤東年譜一八九三--一九四九》(中)，第487頁。
(37)《張治中回憶錄》(下)，第685頁。
(38)《毛澤東年譜一八九三--一九四九》(下)，第61-62頁。

(39)The U.S. Department of States: *Foreign Relations of the United States: Diplomatic Papers,1943,China,* p197. Washington, D.C: Government Printing Office, 1962.
(40)*Foreign Relations of the United States:Diplomatic Papers, 1943, China*, pp201-203.
(41)*Foreign Relations of the United States:Diplomatic Papers, 1943, China*, p229.
(42)*Foreign Relations of the United States:Diplomatic Papers, 1943, China*, p257.
(43)權延赤，《龍爭虎鬥》，光明日報出版社，2004年，第147-153頁。
(44)曾志，《一個革命的幸存者》，廣東人民出版社，1999年.第337-339頁。
(45)《毛澤東年譜一八九三--一九四九》(中)，第503頁。
(46)《張治中回憶錄》(下)，第685頁。
(47)《毛澤東年譜一八九三--一九四九》(中)，第509頁。
(48)《周恩來年譜一八九八--一九四九》，第572頁。
(49)《毛澤東年譜一八九三--一九四九》(中)，第516，517頁。
(50)熊向輝，《歷史的注腳》，中共中央黨校出版社，1995年.第81頁。
(51)《在蔣介石宋美齡身邊的日子》，第179頁。
(52)朱學淵，《一堆糊塗蟲說林彪》，香港《開放雜誌》，2004年9月6日。
(53)苑魯，王敏，《史迪威與蔣介石》，重慶出版社，2005年第288頁。

林彪與朝鮮戰爭

夏繼波

林彪與朝鮮戰爭的關係，長期以來是史學界關注且有爭議的的要點之一。林彪是中國人民解放軍最能征善戰的戰將，他領導指揮的"第四野戰軍"橫掃東北、華北，華南，一直打到中國最南端的海南島，對中華人民共和國的建立立下了不朽的功勛。然而，林彪在建國伊始的朝鮮戰爭中卻沒有再顯神威，沒有統率自己的精兵強將在朝鮮戰場上與美國爲首的聯合國軍一較高低。其個中的原因有很多值得我們予以深入分析和探討。1971年林彪倒臺後，國內黨史學界對此長期流行說法是"林彪有病說"(1)和"林彪怕死托詞有病不肯去"(2)兩種說法。這兩種觀點是不是客觀的、真實的、準確的？如果我們再進一步探討，林彪作爲人民解放軍最主要的指揮員是如何看待這場戰爭？林彪的看法是否客觀、準確並符合中國的國情和根本利益？林彪在中國人民志願軍參與朝鮮戰爭的準備和進行過程中起了哪些作用？而朝鮮戰爭對日後中國又有什麼影響，林彪在當時的見解與行爲對後來戰爭的結果有哪些啓示作用？聯繫到現今國際政治世界的演變，毛澤東當初的決策是否適當，諸如中國與美國的關係徹底搞僵，全面的對蘇一邊倒政策，台灣問題至今無法解決，中國自己損兵折將，國內生產和人民生活受到巨大影響，中國的東北方面雖然多了一層保護屏障，但是中國扶植的金家朝廷對朝鮮人民和世界而言是福還是禍等等。只有通過對這些問題的分析，人們才可認識到林彪當年的遠見卓識，才能還原一個真實而非臉譜化的林彪。本文則試圖對林彪與朝鮮戰爭的關係作一整體全面的探討。

一．中共對於朝鮮戰爭爆發後的戰略認識

自從朝鮮戰爭爆發之後，中國領導人在戰略上分爲三個層次：第一個層次是成立東北邊防軍，已備萬一，未雨綢繆，如果北韓勝利，萬事大吉，如果形勢逆轉，東北邊防軍就是已經砌好的基石(3)；第二個層次是充分預計到如果北韓不可能取得勝利，特別是毛澤東預計到早晚要和美國一戰，那麼就要出兵朝鮮，在異地開戰是上選(4)。第三個層次，如果出兵朝鮮失敗或者出現失利，那麼就要考慮戰火擴大到中國境內(5)。在這三個層次上，各個層次上的部署是不一樣的。

關於東北邊防軍和志願軍一直有人認爲是一回事，其實不然。東北邊防軍是第一個層次上的，其經費是由四野撥出並且是由東北提供後勤物資補給，人員補充要由林彪決定的，實際上是一支四野的附屬部隊，雖然十三兵團的電報，發給中央軍委、東北軍區、四野總部(6)。可以這麼說，東北邊防軍的最初主要任務是防務以及在中朝邊境嚴密監視動向而不是出兵進攻(7)，僅是隨著朝鮮局勢的變化，才有最後的出兵之舉，但是不能打無準備的仗，所以軍事訓練和政治動員都是針對美軍，特別是高層軍事人員被告之將來同美軍交戰。這個和毛澤東的想法是直接相關。金日成占領漢城後曾經給毛澤東發過電報，葉子龍對毛澤東說看來朝鮮的解放和南北朝鮮的統一很快就要實現了，毛澤東不以爲然的說，事情恐怕沒有那麼簡單，美國是不會善罷甘休的(8)。所以儘管東北邊防軍是屬於戰略防禦，但是毛澤東認爲美國的干涉是早晚的事，特別是隨著朝鮮局勢的發展，東北邊防軍的性質也在發生變化，漸漸的過渡到志願軍。志願軍一支獨立編制的部

隊，而不是由區域性的防禦部隊，志願軍直接受中央的領導，獨立於大軍區和野戰軍之外，志願軍司令直接受中央軍委指揮。

8月4日的中央政治局會議上毛澤東發出要出兵的信號，緊接著在8月5日和8月18日毛澤東兩次致電高崗要求其完成出兵準備。隨後，根據聶榮臻的建議，決定將第九兵團和第十九兵團分別調到津浦、隴海鐵路沿線地區，策應東北邊防軍(9)。在8月26日周恩來更是明確宣布正式開戰時會派更高一級軍事領導人為了適應朝鮮戰局可能出現的突然變化，同時指明朝鮮問題成了世界至少是東方局勢的焦點，經過兩個月的作戰，證明原來很快解放全朝鮮的設想已經不可能了(10)。8月27日毛澤東開始打招呼給彭德懷。楊迪回憶，9月初他們一去東北就準備出兵(11)。

9月5日，毛澤東在中央人民政府委員會第九次會議上指出："就目前的情況來看，朝鮮戰爭持久化的可能性正在逐漸增大。"這是一個十分重要的判斷。因為涉及到毛澤東對於整個戰爭的戰略部署。毛澤東在講話中提出要防備美帝國主義亂來，並作出最壞可能性的準備，在迫不得已的情況下，準備同美國這個不可一世的世界頭號強國直接較量。9月7日深夜，被外交部緊急召回國的柴成文向周恩來匯報了朝鮮的戰況。周恩來曾問道：萬一情況有個突然變化，如果需要我們出兵入朝作戰，你看會遇到什麼困難？提出這樣的問題，也說明當時中國領導人的確已經在考慮出兵朝鮮的問題了。9月15日美軍仁川登陸，毛澤東和周恩來等認識到入朝同美國軍隊作戰的可能性越來越大，戰略防禦轉也日趨轉為戰略進攻，也就是說從未雨綢繆過渡到選擇異地開戰。

9月17日中央軍委決定立即派遣一個五人先遣小組隨柴成文赴朝熟悉情況，勘察地形，做戰場準備。路過沈陽時，柴成文將隨身帶來的一封毛澤東的信交給高崗，信上說，"看來不出兵是不行了，必須抓緊準備”(12)。25日漢城失落，這個時候的朝鮮形勢已經完全逆轉，中國出兵已經是板上釘釘的事情，鑒於當時的形勢，出兵朝鮮是中國惟一的選擇。正如周恩來曾經指出的那樣，選擇(異地)朝鮮戰場同美國進行較量，具有“最有利的地形，最便利的交通，最便利的物資支援，最便利的人力支援，最便利的政治動員，還有最便利於我們取得蘇聯間接的幫助。……是最有益、最有價值、最值得、也最有利(13)。但是何時出兵呢，誰挂帥呢？

先從當時的具體條件來看，無論從林彪的軍事才能還是從當時成立的東北邊防軍的部隊番號來看，特別是朝鮮與東北相鄰，地形及氣候條件極其相似，打起仗來前方兵力部署、國內後勤保障駕輕就熟。再從入朝部隊的統帥本人所具有的素質來看，由於入朝作戰不全是軍事問題，還有很多其它因素在裡面，是一個政治、外交和軍事結合的大問題，需要全面考慮。正如楊奎松在《毛澤東的“冷戰”觀》中寫道：“毛澤東並非不明白美國政府在與中國人的對抗中堅持有限戰爭的背後，並非因爲它害怕貧弱的中國。他不止一次地講過，美國不敢發動對中國的戰爭，是害怕蘇聯，怕跟蘇聯打起來，如果僅僅是中國，那它是不怕的(14)。”從需要一個能和蘇聯打交道的統帥來看，相對於從來沒有到過蘇聯的彭德懷，林彪無疑具有更大的優勢。綜上所述，林彪都應該是軍隊的主帥，這個也是當時國內上下的共識。王力就這樣回憶過，毛澤東選派朝鮮戰爭的指揮員時，第一考慮是林彪，林彪因爲身體不好不能去，第二考慮鄧小平，但鄧小平國內工作離不開，第三才考慮彭德懷。指揮過百萬大軍的人，一個是林彪，一個是鄧小平(15)。毛澤東詢問彭德懷朝鮮戰爭誰挂帥比較合適的時候，彭德懷反而問道中央不是已經決定派林彪同志了嘛(16)？由此可見，在彭德懷的眼裡，林彪也是朝鮮戰爭主帥的最佳人選。如果選擇在異地開戰，那麼如果不選擇林彪，彭德懷則是最好的選擇。爲什麼不選擇林彪或者什麼時候選擇林彪呢？

1958年中共8屆2中全會增選林爲黨的副主席，當時有人不解，林解放後一直休息，沒有什麼政績，沒有表現出什麼大的才華，何來此舉？再說他身體不好，也不能幹什麼工作，毛澤東說，現在國際形勢緊張，需要林，他的工作就是休息，準備第三次世界大戰(17)。當五次戰役結束後，朝鮮戰爭局勢出現危情，戰火有可能擴大到中國邊境，根據中蘇條約，如果中國受到攻擊，那麼蘇聯不會置之度外，那麼就是第三次世界大戰的爆發。林彪此時被毛澤東緊急召回國內，其真實意圖不言自明。正如亨利.基辛格在1994年出版的《大外交》一書中所說：毛澤東有理由認爲，如果他不在朝鮮阻擋美國，他或許將會在中國領土上美國交戰。如果在朝鮮失敗了呢？好鋼自然用在刀刃上，殺豬何用宰牛刀！

二．林彪同朝鮮戰爭的準備工作

實際上，林彪從朝鮮戰爭爆發之前，到朝鮮戰爭爆發之後，林彪都一直同朝鮮戰爭緊密的聯繫在一起。在1950年1月，當時人民解放軍已經進軍華南，此時朝鮮族人情緒出現波動，有些人要求回國。鑒於此種情況，林彪致電在莫斯科的毛澤東，由於戰爭即將結束，建議人民解放軍內16000餘名朝鮮族人組成朝鮮族人部隊，計有4個營，27個連和9個排，將其合並爲1個師或4-5團，派至朝鮮。隨後，中國政府通知金日成，“由於作戰行動結束，中國人民軍隊中現有的朝鮮族部隊正在逐漸閑下來，如朝鮮政府願意，可以轉交”。而當時的朝鮮情況，正是北朝鮮軍爲了統一整個朝鮮而躍躍欲試，早在1949年底金日成就來到莫斯科，並要求“用武力解決南朝鮮的問題”(18)。金日成不僅表示同意，而且提出把中國軍隊中所有的朝鮮人按朝鮮師的編制携械回歸，在中國組成一個步兵師，下設兩個團，其餘官兵用於補充摩托車團和機械化旅。並派人民軍作戰部長金光俠(Kim Kwanghyeb)到中國洽談此事，只是當時由於朝鮮駐地有困難，朝鮮政府希望這些部隊在4月以後再回國(19)。

從1950年2月份，總共約有23000左右的朝鮮族人部隊(主要來自156師，另外還來自4野的139、140、141師，這些部隊構成了朝鮮人民軍的主力－第7師)在4月18日到達元山。由於這些士兵在四野戰鬥中飽受現代化戰爭的熏陶，從而被安置在38線的前沿進而成爲早期朝鮮戰爭的主力部隊，從而使人民軍的進攻力量大大增強。這無疑使金日成的信心大爲增加。在這些朝鮮藉戰士離開之時，林彪爲這些去朝鮮的朝鮮族官兵題詞：希望你們在朝鮮解放戰爭中立功。

林彪不僅對於在四野的朝鮮族人部隊回歸積極支持，就是國內軍隊的部署也是高瞻遠矚，而這些恰恰又爲後來的朝鮮戰爭做下了鋪墊，打下了良好的基石。早在1950年1月4日，林彪就同鄧子恢一起致電中央軍委擬調第四野戰軍炮兵大部及第四十二軍等部共十萬人赴東北和熱河從事生產，5日致電中央軍委擬調第四野戰軍第三十八軍、三十九軍開赴河南休整，爾後遂行剿匪作戰任務，9日毛澤東在莫斯科批准了這個計劃(20)。在7月成立的東北邊防軍正是基於這些部隊才構成。中央軍委在7月13日正式形成的《關於保衛東北邊防的決定》決定抽調第十三兵團(第三十八軍，三十九軍，四十軍)和第四十二軍以及炮兵第一師，二師，八師和一定數量的高射炮兵、工兵、戰車部隊組成東北邊防軍。

在組建東北邊防軍的過程中，林彪也一直都在積極參與，並沒有置身度外。1950年7月2日，周恩來在中南海勤政殿召集國防委員會會議，接著7月7日和7月10日又開了兩次會，林彪均參加了會議，會議決定林彪以軍委的名義調動國家戰略預備隊原“四野”13兵團組建東北邊防軍，準備入朝作戰。會後，林彪並未推辭，而是積極部署身體力行。在河南信陽的39軍軍長吳信泉接到野司的電話後，於7月8日趕到北京。在京開會的林彪告知吳信泉由於東北的正規部隊太少，因此中央軍委決定調38軍、39軍和40軍同時開往東北(21)。於是在河南的13兵團包含38、39軍和在廣東剛完成海南作戰的40軍星夜調往東北，和已在東北的42軍組成入朝的第一梯隊。

爲保證入朝作戰的順利開展，林彪還精心爲自己選調得力幹將，以15兵團的鄧華替換他認爲有些弱的黃永勝(22)。鄧華一上任就提出要求軍委給他調一位兵團副司令，在他先期入朝前管理部隊，並指名要調老搭檔洪學智副司令。林彪毫不猶豫，連廣東軍區司令員葉劍英都沒通知即抽調剛任命爲廣東軍區副司令員的洪學智擔任13兵團副司令。洪學智恰巧到京出差，當天就被林彪叫到家裡，面命其當天就去往東北赴任。洪學智對林彪說：“葉劍英同志交代了很多的事情，是不是讓我先回去安排一下再走？”林彪說：“不行，葉司令交給你的任務，你打個電話或是寫封信給他，讓他另選人接你的工作。”硬是將連換洗衣服都沒準備的洪學智拉上了前線，林彪爲此還寫了一封致聶榮臻的信，而且要求此次任命電令請囑軍委辦公廳下達(23)。

由此可以看出林彪已經是在積極備戰，準備出國大幹一番的。在朝鮮戰爭爆發後，隨著整個形勢日趨緊張，林彪周圍的工作人員在九、十月份接到通知，準備到朝鮮去。工作人員都換了新軍裝，但沒有什麼標誌，毛巾上、水壺上都沒有字。林彪家裡也在準備，換了住處，還換了一些不宜出國的內勤(24)。

1950年8月31日東北邊防軍實際上的領導人鄧華、洪學智和解方聯名給林彪寫報告，認爲“朝鮮人民軍各個擊破和殲滅敵人的機會已成過去”，同時提出敵人可能從我側後登陸前後夾擊。報告最後建議爲更有政治資本和軍事上的有利，我入朝時機在敵人進到三八線以北地區爲好(此時機是在有蘇聯空軍掩護之下的選擇)。林彪在9月9日把此報告遞交中央(25)。九月初，中國駐朝鮮大使館政務參贊柴成文從朝鮮回國，寫了一個《匯報提綱》給周恩來，周恩來讓柴成文去向林彪匯報。趙勇田認爲毛澤東可能是想讓林彪率兵出征的，所以周恩來才讓柴成文向林彪匯報。柴成文在匯報中，林彪問了很多問題，似乎已經看過提綱了，林彪問朝鮮的道路狀況如何，最大的苦難是什麼，如果打敗了怎麼辦，打勝了怎麼辦等等。柴成文後來回憶，他覺得當時林彪在態度上有些不堅決(26)。而對於林彪來說，瞭解具體的出國後遇到的困難怎麼就可以被認爲是態度上不堅決呢？這正是林彪務實的一面。 林彪在平型關大捷之前親自多次查看地形，而現在鑒於條件的限制，只能通過柴成文等人瞭解朝鮮的具體情況。但是這正說明林彪正是爲自己可能的出征做積極準備。

雖然林彪在積極的爲出兵朝鮮做準備，但是最後卻與朝鮮戰爭無緣，是什麼原因呢？

三．林彪的病之辨析

對於林彪不挂帥的原因，近幾年來比較流行中立的生病說。據權威的軍事科學院出版的《抗美援朝戰爭史》，早在邊防軍成立之後，中共中央和中央軍委曾考慮在邊防軍出動時，由粟裕和林彪任統帥，但林彪和粟裕均有病在身，不能挂帥出征，所以中央決定由彭德懷出任中國人民志願軍司令員兼政治委員挂帥出征(27)。因爲林彪確實有病，而且並的不輕，可是如果不加以研究，那林彪托病推辭是板上釘釘的事情。林彪以病爲理由推辭志願軍司令之事的說法是來源於毛澤東之口，但是沒有第二者證明林彪同毛澤東這樣講過，但是林彪從來沒有親口說過他病得不能去朝鮮，反而是1951年的6月份他從蘇聯回來之後要到朝鮮前線去看看(28)！

關於有病說的一個主要來源是後人轉述彭德懷的話。洪學智的回憶錄這樣寫到：彭總說："我是毛主席點將來的，本來該是林彪來，可是他說他有病，毛主席命令我來了！""當天(10月5日)，黨中央毛主席決定出兵朝鮮，並決定我去朝鮮。主席講：'原來是想讓林彪去的，他對4野部隊熟悉，可是他說病了，去蘇聯治病去了，所以想讓你去。'毛主席問我同意不同意，我沒有推諉。臨危受命，怎麼好推諉呢？從愛國主義講，從國際主義講，我彭德懷都不能說一個'不'字(29)。"

對於有人記述這個是來自於毛澤東親口之說，例如徐京躍《日出日落三八線》所寫最有代表性："在10月2日召開的會議上，毛澤東透露：前些日子我找林彪談了一次話，說明我們爲什麼要出兵，不出兵會怎麼樣，出兵有哪些有利條件，可是林彪表示說他每天晚上失眠，身體虛弱多病，怕風，怕光，怕聲音，他有這'三怕'還怎麼率兵打仗呢？他要求去蘇聯治病，我同意了(30)。"筆者對於這種說法暫且存疑，但是這種說法卻被無數人所引用，筆者存疑的理由之一就是毛澤東在10月2日就已經發電報給斯大林，準備派周恩來和林彪二人去蘇聯爲朝鮮戰爭之事進行軍事裝備的談判而不是林彪要求去蘇聯治病，其二毛澤東後來和彭德懷會談時，彭德懷曾經兩次問過毛澤東林彪爲什麼不挂帥，第一次毛澤東並沒有直接回答(31)。如果毛澤東私下同林彪明確過林彪有病不能出征，那麼毛澤東爲什麼第一次面對彭德懷的詢問時無言以對呢？

一些權威的書也是如此敘述，例如中央文獻出版社出版的《毛澤東傳》，還有一些個人的回憶。在中共中央文獻研究室(逄先知)編審的毛傳裡面也是這樣描述的：十月二日下午，毛澤東主持召開中共中央書記處會議，討論朝鮮半島局勢和中國出兵問題。毛澤東認爲出兵朝鮮已是萬分火急。原擬派林彪率兵入朝，林彪托病推辭(32)。在10月5日，鄧小平對彭德懷解釋說林彪對入朝作戰的不利因素看得過重，藉口有病予以推脫(33)。

但是林彪不挂帥絕非身體原因。因爲根據林彪周圍工作人員的回憶，林彪的病並沒有成爲其準備去朝鮮的障礙。林彪的身體本來是比較弱，經過連年苦戰，打平型關時就戴健腦器了。在1938年3月1日清晨，林彪閻錫山部哨兵誤傷，子彈從側後進去，前胸透出，傷了神經，落下了後遺症，以致後來被折磨得生不如死。但是就是如此，從1938年到到1950年已有10多年之間，這個槍傷卻沒有影響林彪運籌帷幄，揮戈萬里，蕩平東北，橫掃京津，直下海南，而且在1950年林彪由中南軍區司令員調京，升任中央軍委副主席(34)。雖然在1950年3月之後，林彪的病有加重之勢，但是林彪還是出席了自7月初直到10月初的各次有關朝鮮局勢的中央軍委會議，最後竟然還隨同周恩來同去參加對蘇聯的談判，然而談判是極其消耗能量的差事，這說明林彪的病並沒有使林彪臥床不起，像粟裕一樣呆在療養院，需要向中央打報告說病得不能繼續工作。

正如筆者的朋友京城孤魂先生所言，林彪的病完全是“和平”病。因爲林彪的病加重恰恰是林彪指揮的四野剛完成海南作戰之後，戎馬一生的將軍一旦無仗可打，可真是坐臥不寧，寢食難安，渾身的不舒服。這個從楚成瑞的回憶中可以得到證實。在衡寶戰役之後，隨著戰事的順利發展，條件越來越好，但是林彪卻軟了下來。爲了給處於和平狀態中的林彪治病，楚成瑞開上越野吉普，在無路的野地裡“瘋顛”，這種戰場的感覺正是治林彪病的良藥。林彪的病真的是好了不少，從自己走十幾步都堅持不下來到能夠自己在院子裡面慢慢轉圈了。由此可見，林彪的身體完全是“戰爭”型的，他自己不但不會因身體不好，拒絕挂帥出征，相反，他到是有可能盼望有一個戰場環境來

“治療”他的病痛。事實上也是如此，1969年中蘇關係緊張，遠離戰場幾十年的林彪又一次振奮起來，還親自視察張家口，爲了應對蘇聯的突然襲擊，連午睡都放弃，忙前忙後，不亦樂乎(35)！而且，如同上述，林彪周圍的工作人員都準備去朝鮮了，林彪自然也做好了準備出征的準備，顯然林彪的病並不構成妨礙林彪出征朝鮮的口實。

正如楚成瑞所說他覺得林彪身體是有病的，有時還很重，也很怪。但他究竟得的是什麼病，他說不上來，反正醫生每次治療都有記錄，這麼大的幹部，中央也不會不知道。正是如此，毛澤東應該非常清楚林彪的身體狀況，但是毛澤東並沒有像後來人所認爲的真正打算讓林彪出征朝鮮。但是由於林彪相對於其他將領的優勢，毛澤東會和林彪談關於朝鮮戰爭的志願軍司令人選一職，但是到最後，毛澤東卻選擇了彭德懷，這只能是其他原因，而非林彪因病辭帥或因病不出征朝鮮。但是林彪不去朝鮮，面對眾多將領的疑惑又要有個解釋，那麼林彪的病無疑是最好的藉口，一是林彪確實有病，其次既然有病，那麼以後病好了就可以繼續啓用，所以當第五次戰役志願軍面臨危險局勢之時，毛澤東打電報給斯大林要求林彪參加高崗和金日成同蘇聯的談判，又要林彪隨高崗一起在回國(筆者注：根據毛澤東和斯大林的來往電報推斷，時間應該是在6月18日左右)(36)。這是一個絕好的托詞，因爲他把林彪置於一個隨時可啓動的戰略統帥之位。這個也可以從毛澤東9月3日回復高崗的的電報中可以看出。8月30日，高崗就邊防軍出動後有關問題致函毛澤東，其中建議指揮部隊的統帥與專門人材早日來東北，以便充分準備。毛澤東在復電中指出，林粟均有病，兩蕭此間有工作，暫時均不能來，幾個月後則有可能，估計時間是有的(37)。兩者對比，明顯可見林彪是居於統帥之位。那麼說粟裕有病則可用來作爲解脫林彪得配襯，因爲林彪的病還沒有達到不可以出征的地步，這個爲以後毛澤東拿林彪的病來搪塞眾人作了良好的鋪墊。

四．林彪在政治局擴大會議上的發言

10月1日深夜由毛澤東召集，朱德、劉少奇和周恩來(任弼時因病未參加會議)參加的會議上，由於周恩來的堅決支持，毛澤東主張出兵的意見占了上風。會議決定第二天召開的中央書記處擴大會議討論何時出兵和由誰出任志願軍司令(38)。但是出兵朝鮮不是件容易的事，據胡喬木回憶：我在毛主席身邊工作二十多年，記得有兩件事毛主席很難下決心。一件是1950年派志願軍入朝作戰，一件就是1946年我們準備同國民黨徹底決裂(39)。毛澤東非常慎重，集思廣益，於是在1950年10月2、4、5日舉行的政治局擴大會議以及6日的黨政軍高級幹部會議上，毛澤東要求大家盡量擺不出兵的不利條件。由於並沒有會議記錄留下來，所以現在只能根據後來參加者或者有關人員的回憶或者口述。但是林彪無疑是參加了10月4日和5日的中央政治局擴大會議和周恩來主持的6日黨政軍高級幹部會議的(40)。對於林彪有沒有出席10月2日的中央政治局擴大會議，有著不同的看法，而根據葉子龍的回憶，10月1日斯大林(應該是斯大林而非金日成)發來急電後，葉子龍把電報交給毛澤東，毛澤東讓葉子龍通知在京的政治局委員過來開會(41)。會議決定周恩來和林彪同時去蘇聯談判，因此筆者認爲林彪是參加了10月2日的會議的(42)。

綜合所有的人的回憶，林彪的發言主要包括(43)：

(一)國家剛解放，國內建設應當優先。而根據彭德懷在1950年10月16日在志願軍以上幹部會議上的講話，多數人認爲國內戰爭創傷急待醫治；部分地區尚未解放，新解放區尚未進行土地改(44)。這只能說明林彪是持有此意見的一員，爲什麼單單拿林彪說事？

(二)林彪懼怕美國的原子彈。對於原子彈的擔憂，可以說整個軍方都很關心此問題。賀龍、聶榮臻、葉劍英、粟裕等，連同其他一些高級軍官都詢問過有關美國的核企圖(45)。在東北邊防軍，也有不少人對與美國作戰也存在著恐懼心理，比如害怕原子彈，對美軍的飛機、坦克感到束手無策，認爲“鴨綠江是鬼門關，有去無回”(46)。但是在高層之中，後來已經形成共識，美國不會使用原子彈，主要原因是因爲中蘇聯盟和在朝鮮戰場志願軍和美軍是犬牙交錯(47)。所以說林彪懼怕原子彈純粹是無稽之談因人生事而已。

(三)因爲中美軍事裝備的差距，沒有把握打贏。當時的實際情況表明，中美軍隊的差距是明擺的，尤其是空中保護方面。在10月9日彭德懷召開的志願軍軍以上幹部會上，很多與會者特別提出了這個問題，以至會議尚未結束，彭德懷和高崗便向毛澤東發急電詢問：“我軍出國作戰時，軍委能派出多少戰鬥機和轟炸機掩護？何時能出動並由何人負責指揮？”志願軍總部很多領導人也認爲，在沒有空軍配合的情況下出兵，弊多利少，甚至建議“三兩月內新的裝備確有保證(尤其是空軍能夠出動)，則可按原計劃進行。否則，推遲出動時間的意見是很值得考慮的”(48)。當後來周恩來和林彪同斯大林談判之後，周恩來和斯大林聯名電報通知毛澤東在朝鮮的志願軍得不到蘇聯空軍的掩護時，毛澤東再次詢問彭德懷時，彭德懷表示蘇聯這是半洗手，我們也可以打，可以打僞軍。但是毛澤東告訴彭德懷，即令打不過也好，他總是欠我們一筆帳，我什麼時候想打，就可以打。否則，我們將來想打，就無口可借了。就是這幾句話，才使彭德懷最終堅定下來(49)。就在10月17日，經過多次動員之後，鄧華、洪學智等東北邊防軍等高級領導人聯名致電彭德懷和高崗建議推遲出兵─昨天開會時很多同志提出，因爲沒有空軍掩護而會導致美軍毫無顧慮的對我們進行攻擊。在此情況下，將出兵的時間推遲到明年春天爲宜(50)。林彪這種思想應該說是針對當時具體形勢的準確反映。

然而同林彪共事多年的聶榮臻回憶說：毛澤東原來決定讓林彪去朝鮮指揮志願軍，可他怕死，托詞有病，硬是不肯去。過去我們在一起共事，還沒有看到他怕死到這個地步(51)。雷英夫在其口述史中也說：林彪因爲中美軍事裝備上的差距反對出兵(52)。如同上述，從彭德懷到鄧華等高級將領無不以空軍裝備的差別要求暫緩出兵，但是並沒有被貼上怕死不敢出征的標簽。爲何事情到了林彪身上就成了怕死，反對出兵呢？無非是一個人一旦被定性爲黨內的壞人，就成了壞事做盡，惡貫滿盈的壞蛋，一定要批倒批臭的惡劣傳統的再次發揮而已。

實際上作爲排名中國十大元帥第三的林彪並非浪得虛名，其一生作戰無數，什麼時候因爲軍事裝備的差距怯過陣？在紅軍時期，特別是江西蘇維埃時期，紅軍和國軍軍事裝備的差別不可謂不大，到抗日戰爭時期，八路軍和日軍的軍事裝備可謂更大！那個時候還沒有像朝鮮戰爭時候有蘇援做後盾！林彪敢於在特殊的條件下自我作出決定，敢於直言，而且林彪一向對自己的戰略指揮才能頗爲自負。例如打平型關，就是在沒有通知中共中央軍委和八路軍總部，也沒有告訴毛澤東的情況下，自我決斷機斷專行作出，從而留名青史。毛澤東在9月21日才剛強調集中打仗在目前是毫無結果之可言的(53)。林彪在9月25日就敢集中兵力來個大打出手！60年代末中蘇關係緊張，林彪興奮得連病都好了，四處張羅，又是開會(軍事會議)，又是視察。論裝備水平，60年代末期中蘇之間差距，不比50年代中美之間的差距縮小了多少，但是林彪從不怯戰。

(四)出而不戰。如果一定要出，那就出而不戰，屯兵於朝鮮北部，看一看形勢的發展，能不打就不打，這是上策。無可置疑的是，林彪基於當時形勢的這種判斷是站的住腳，而且根據後來文檔的解密，出而不戰是上上策。

美國在1950年7月10日制定的第76號文規定“若有情報說明，發生了中國或蘇聯大規模有組織的抵抗，聯合國軍總司令在向華盛頓報告之前，不得下令繼續前進”(54)。9月11日批准的81號文件爲美國軍隊越過三八線的軍事行動確定了兩個非常重要的前提條件，其中之一就是中國或蘇聯軍隊沒有捲入朝鮮戰爭，如果中國或蘇聯軍隊介入，美國軍隊應防守在三八線一帶(55)。9月27日給麥克阿瑟的第92801號命令：你的軍事目標是粉碎北朝鮮的武裝部隊。爲了達到這個目標，授權你於三八線以北的朝鮮境內採取軍事行動，包括兩栖和空降或地面作戰，只要在採取這種行動時沒有主要的蘇聯和中國共產黨軍隊進入北朝鮮，沒有準備進入的聲明，也沒有在北朝鮮對抗我們行動的威脅。....你不應僅僅因爲在目標地區發現有在蘇聯或中國共產黨軍隊而停止在三八線以北的空軍和海軍的行動。但是，假使蘇聯或中國共產黨事先聲明他們要重占北朝鮮的意圖並公開地或含蓄地發出他們的軍隊不應受到攻擊的警告，你應把這事提交給華盛頓(56)。隨著美軍的勝利，國防部和參謀長聯席會議再次授權麥克阿瑟便宜行事而不必聲張。但是五角大樓向杜魯門提出建議，要求修改9月27日給麥克阿瑟的命令。經杜魯門批准後於10月9日作爲命令發給麥克阿瑟：今後中國共產黨要是不事先聲明就在朝鮮任何地方公開或隱蔽地使用大量的部隊，你應根據自己的判斷只要在你控制下的部隊有可能獲得勝利，你就繼續行動。在任何情況下，如果要對中國境內的目標進行任何軍事活動，都必須事先得到華盛頓的批准(57)。從美國國家安全委員會關於越過三八線問題討論的歷次文件看，影響美國這一決策的制約力量始終是蘇聯或中國軍隊是否會出兵參與朝鮮戰爭。杜魯門在麥克阿瑟發出有關“烙鐵行動”計劃的同時甚至考慮，一旦中國出兵朝鮮，美軍便撤出戰鬥。布雷德利說：參謀長聯席會議一致認爲，“一旦中國干涉，我們將從朝鮮撤軍，準備實施非橄欖球作戰計劃”。布雷德利還向英國參謀長簡要述說了這一政策。雖然中共方面通過印度傳遞了如果聯合國軍越過三八線，中國就要派遣軍隊援助北朝鮮的信息，美國也通過其他渠道比較準確地獲得了沿滿洲和北朝鮮邊界的中共軍隊的數量和部署。中央情報局認爲，這些情報與其他情報一起，向聯合國軍發出了明確警告：共產黨的軍隊即將跨過鴨綠江。但是做爲主要制約因素方面之一中國方面並沒有公開發表聲明明確表態，如果美軍越過三八線就將引發蘇聯或中國出兵援助北朝鮮，那麼聯合國軍就很可能止步於三八線。不管怎樣，其結果都會與後來的實際狀況大不一樣。當然如果美國政府在三八線一帶能夠冷靜下來，認真清理一下被勝利沖昏了的頭腦，對問題就會做出完全不同的判斷，其後果也不會像實際發展的那麼糟糕(58)。

雖然周恩來在10月3日又作了一次外交努力，即通過印度傳話，警告美國不要越過三八線，從而起到威懾美國使其知難而退，達到「最好不打這一仗」的目的。然而，威懾成功需要兼具三個要素，首先必須要有力量，其次要有使用這種力量的意志和決心，最後要使潛在的敵人清楚地認識到以上兩點，這三個要素還必須同時成立，如果其中有一個要素不成立，威懾將失敗(59)。如果按照林彪的屯兵於朝鮮北部依據形勢的發展，那麼歷史的結局必定改變。如果在10月2日左右公開派出東北邊防軍的大部於朝鮮北部，旗幟鮮明的發出如果美國越過三八線，中國必定介入，結合美國當時制定的政策，美國必知難而退，停留在三八線以南，也可以得到通過死傷上百萬中華兒女同樣的結果，孰優孰劣一目了然。

不僅如此，出而不戰的想法還引起了毛澤東的重視。毛澤東在10月14日給在蘇聯的周恩來的電報中提出：在平壤、元山鐵路線以北德川、寧遠公路線以南地區構築兩道至三道防禦陣線。如敵來攻則在陣地前面分割殲滅之，如平壤美軍元山僞軍兩路來攻則打孤立較薄之一路。現在的決心是打僞軍，也可以打某些孤立的美軍。如時間許可則將工事繼續增強，在六個月內如敵人固守平壤、元山不出，則我軍亦不去打平壤、元山。在我軍裝備訓練完畢，空中和地上均對敵軍具有壓倒的優勢條件之後，再去攻擊平壤、元山等處，即在六個月以後再談攻擊問題。我們這樣做是有把握的和很有利益的(60)。相對於其他人的建議，林彪對於朝鮮戰爭的認識無疑是高於其他高級將領的。

(五)如何看待雷英夫的回憶。雷英夫回憶到林彪在10月6日軍委擴大會議上講中央還是要慎重考慮，穩妥行事之時，周恩來以十分嚴厲的口氣打斷林彪的發言，嚴正指出現在不是討論出不出兵的問題，而是討論怎麼出？怎麼理解和落實毛主席的決定(61)！如果周恩來說過這番話，那麼怎麼一個星期不到，就和斯大林聯名簽署不出兵的電報(62)？可見，周恩來批林彪之事是無中生有搬弄是非之人所傳的。一葉可以知秋，正如劉少奇的評價：雷英夫有些能力，但意識不好，他的材料不能相信(63)。

當前流行於史學界的關於朝鮮戰爭的決策，存在這一個很大的誤區，就是認爲10月2日的中央政治局擴大會議上由於多數人不贊成出兵從而毛澤東才改變了主意更改了那封電報(即中共版和蘇聯版之爭)。雖然毛澤東多次談到過出兵朝鮮的想法，特別是在美國實行仁川登陸以後，從現在看到的資料顯示，中國領導人在10月1日以前尚未就這一問題進行過正式討論(64)。但是10月1日接到斯大林要求中國出兵的電報後，毛澤東連夜召集中央書記處緊急會議，討論朝鮮局勢和對策。出席會議的有毛澤東、朱德、劉少奇和周恩來。由於會上就出兵問題達成一致意見，於是決定第二天召開中央書記處擴大會議，邀請在京高級軍事領導人參加，再行討論。在10月2日召開的中央書記處擴大會議不僅決定了何時出兵，並且任命了彭德懷爲志願軍司令(65)，同時決定了派周恩來和林彪去蘇聯談判。據此結果，可以推知爭論是一定有的，但是在毛澤東和周恩來的極力勸說下，還是達成了一致的決定，而且更改電報是毛澤東根據周恩來的建議作出的(66)。2日發出的電報很大程度上是一種外交手段，配合周林到蘇聯的談判的策略。但是同時，毛澤東又不忘聽取眾人建議，所以10月4日會議一開始就讓大家講講出兵的不利情況。林彪的發言就是在此情況下作出的。不僅如此，從歷史的軌迹來看，林彪還有自己獨特的性格，與毛澤東或者中共中央的看法不一致時，敢於提出自己的看法，歷史上的林彪一貫如此！

如上所述，基於林彪關於美軍優勢和我方所遇到的困難的分析，有人得出林彪是懼怕強大的美國軍事機器才不敢出戰，這些人根本沒有從林彪的歷史軌迹來理解林彪，只是出於輿論的需要而已。進一步，如果說是基於與毛澤東或者中共中央的看法不一致，或者說林彪因爲反對朝戰而拒絕挂帥同樣也站不住腳。從歷史上來看，林彪不贊成長征時走弓背，可是毛澤東並沒有解除林彪的軍權，林彪還是指揮戰鬥力最強的紅一軍團，林彪也沒有因此撩挑子。後來林彪要到陝南打游擊，毛澤東派彭德懷勸說林彪。東征之時，林彪所帶之部任務完成得最好，相反，彭德懷反而要毛澤東給予可以回渡黃河的保證。解放戰爭時期，林彪不贊成打四平，毛澤東又是讓林彪去保衛四平，林彪也只有死命硬保四平。黃克誠連續給林彪發過幾封電報，建議林彪從四平撤退，但是林彪既不回電，也不撤軍。以至後來黃克誠到了1959年的廬山會議才知道事情的真相，守四平是毛澤東的決定(67)。

林彪曾謂“黨性，遵命性也”，“民主集中制－服從－紀律”(68)，同時林彪是一堅定的共產黨員，同時具有職業軍人的服從天性。即使有不同看法，黨中央的決定他是絕對服從的。如果中共中央一定要林彪挂帥，林彪不會不挂。雖然從林彪之前的表現來看，林彪不像一些人那樣唯命是從，但一旦中共中央下了決心，哪怕林彪再不同意，林彪也會堅持執行。林彪挂不挂帥，和反不反對出兵沒有關係。因此，即使林彪對出兵朝鮮有不同看法，但是黨中央的決定他還是絕對服從的。所以在目前所能看到的資料裡，尚沒發現林彪有直接提出反對出兵朝鮮的言論，更不要說爲此拒絕領兵的表現。恰恰相反，正如前面所述，林彪是積極參與了調兵部署，並作好了挂帥出征的準備，也如同李智勝所言，林彪還爲如何赴朝作戰而出謀劃策。

根據時任中共中央辦公廳機要秘書和朱德總司令機要秘書李智勝的透露，有關林彪的情況會慢慢恢復到歷史的真實。有人問李智勝：在中央政治局會議上，對出兵朝鮮一事的爭論很激烈嗎？李智勝：很激烈。但領導人之間是通過互相補充的方式談自己的看法，不能說有特別大的分歧，當時我去了會上。會議是毛主席主持的，所有政治局委員都參加了。當時有兩種意見，一種是：不要急於介入朝鮮戰爭，還需要再看看局勢發展。可以在邊界先陳兵，但不過鴨綠江。另一種意見是：馬上過江，進入朝鮮。由於有不同意見，會議開了很長時間。有人認爲林彪當時表示不去，不是因爲他有病，而是他表示不同意出兵。但根據我當時瞭解的情況是，他確實身體不好，睡不好覺。我當時沒有聽到他表示反對的意見，相反，聽到他主張出兵的聲音。有一次在一個會議上他發言說應該怎麼怎麼打，這不就是主張出兵嘛？他要是不主張出兵，肯定不發言──我想歷史的原來面貌會慢慢的恢復過來(69)。林彪的真實態度，在此冰山露一角，也許這才是歷史的真實。

因此，結合李智勝的回憶和林彪在政治局的發言，可以看出，林彪一方面是根據毛澤東的提議而重點講述出兵的不利條件，另一方面，林彪對於出兵朝鮮確實有自己的見解，但是這並不意味著林彪拒絕出兵挂帥。而後來因爲林彪被中共定爲反面人物，因人廢事，被任意歪曲是在情理之中的事。進一步來看朝鮮戰爭之時的爭論，周恩來後來說在當時的情況下有很多顧慮，而且從過渡時期來看這些顧慮是合乎實際的(70)。在10月4日的中央政治局擴大會議上多數人不贊成出兵或者對出兵存有種種疑慮，無論贊成的意見或不贊成的，都是黨內民主的體現，都是正常的，因爲無論哪種意見都是出於對黨和國家利益負責的考慮，對人民的負責。當時政治局內意見就很不統一，周恩來就曾經講過很多不利於出兵的條件和因素，根據陳兼對師哲的採訪，周恩來是相當不贊同出兵和持有保留態度的的，但是當事人對出兵的態度和對國家政策的執行是不同層次的事情。據說周恩來是不贊成文革的，但文革裡什麼事都少不了他，不僅在“九大”上稱頌林彪是南昌起義的領導人，而且還在公共場合高喊誓死保衛江青同志(71)。可見贊成或者反對屬於決策過程，同執行過程是兩回事，自己的認識和對於政策的執行也是兩個層次的問題。爲什麼對待歷史人物不能按同一標準劃線呢？

曾任毛澤東多年衛士長的李銀橋證實：“我在毛澤東身邊的期間，林彪來見毛澤東時，總是正襟危坐，板著面孔，一副公事公辦的態度，敢發表意見，甚至當面否定毛澤東的意見，像這樣毫無拘束，在毛澤東面前敢說敢爭的軍事將領，彭德懷和林彪是比較突出的(72)。”這正是對林彪真實的寫照，林彪敢於直言，敢於發表自己的意見，那麼林彪在政治局會議上的講話也正是本著對軍隊對人民負責的態度，如實的談出自己的認識，這正顯示出林彪的光明磊落。諷刺的是，聶榮臻竟然認爲這是林彪怕死的證據。楊奎松在評論《抗美援朝戰爭史》一文中指出，書中一改過去關於“毛澤東同志原先決定讓林彪去朝鮮指揮志願軍，可他害怕，托詞有病，硬是不肯去”的說法，明確指出：“中共中央和中央軍委最初考慮挂帥出兵人選時，首先考慮的是粟裕或林彪，並非只是一個林彪，而後來改爲彭德懷，也不是因爲他們害怕不肯去，而是因爲"林彪和粟裕均有病在身，不能挂帥出征"(73)。雖然這和歷史的真實仍然差距甚遠，但畢竟也是一種進步。

在文革期間，出於個人的政治目的，鄧小平在1972年8月3日寫給毛澤東的信中提到在朝鮮戰爭的嚴重政治關頭，林彪出面反對主席的極端重要的政治決策，並且拒絕到朝鮮作戰，按說他是比彭德懷要適當的人選，而他竟拒絕了，在實質上說，他是怕美國，不相信會打敗美帝，不相信自己的正義立場和自己的力量。林彪什麼時候反對過朝鮮戰爭的決策了？如果說林彪確實說過出兵面對很大的困難，這和反對朝鮮戰爭的決策能挂得上鈎嘛？而且，是毛澤東爲了聽取各種不同意見，讓大家把出兵的不利方面和困難方面充分地說出來。林彪事後還去蘇聯參加了爭取軍援的談判，一年之後還想去朝鮮前線，怎麼也看不出來林彪反對朝鮮戰爭的決策，而是爲朝鮮戰爭前後奔波。事實上，無論林彪在了會議發表了什麼意見，都不能說他反對出兵援朝。關於林彪在中共中央政治局作出出兵朝鮮戰爭的決策後仍反對出兵援朝的說法，則無據可考。在1951年11月5日中央人民政府委員會第1次會議上，高崗和林彪同時被增補爲中央軍委副主席。1951年10月，中共中央確定林彪主持軍委工作，他上班僅3個多月，就病倒了(74)。朝鮮戰爭是當時中國共產黨和中國人民的頭等大事，如果認爲高崗和林彪反對出兵朝鮮戰爭，那麼毛澤東和中共中央不會那麼信任他們，也不會在朝鮮戰爭開始一年後增補他們爲中央軍委副主席，更不會讓他主持軍委工作 (75)。

無論真實情況如何，只有中國將來公布有關檔案才能搞清楚，也有人說無會議記錄。但有一點是清楚的，即會議的爭論肯定十分激烈，在政治局擴大會議上不贊成出兵或至少是暫時不出兵的傾向是主要的。《周恩來傳》中是這樣描述的，"要下這樣大的決心赴朝參戰，實在是一件不容易的事情。""在中央內部，也存在不同意見。"經過激烈爭論，最後才取得一致的認識(76)。聶榮臻就回憶說，當時黨內的不同意見傾向於“不到萬不得已的時候，最好不打這一仗”(77)。既然聶榮臻知道如此清楚，爲什麼偏偏抹黑林彪，其用心豈不是昭然若揭嘛？中共歷來把人定性爲非神即鬼，顛倒黑白，對於歷史肆意扭曲，在林彪同朝鮮戰爭一事上算是表現的淋漓盡致！

如此來看，林彪作爲會議參加者應盡的責任而暢所欲言，其言論豈不是正大光明？

五．林彪為什麼沒有挂帥

林彪之所以無緣於志願軍司令一職，其原因是複雜的。筆者認爲首要原因是上面所述的毛澤東和中共中央的戰略部署，決定當時的情況並不需要林彪出馬。但是一旦危情出現，毛澤東還是會啓用林彪。

1951年5月下旬中朝軍隊發起的第五次戰役以失敗告終，志願軍部隊呈現出前所未有的崩潰景象。6月1日彭德懷給毛澤東的電報中稱：「三兵團損失很大，四處潰逃，企圖回國現象嚴重，現正派人分途攔擋歸隊」。志願軍副司令員洪學智回憶：戰場局勢驟變，聯軍逼近金化鐵原地區。位於空寺洞的志願軍司令部前方暴露、安全堪慮。因此不得不把在後方休整的42軍緊急調來護駕。部隊士氣低落，彭、毛、斯大林之間的電報都提及志願軍部隊裡出現了「嚴重右傾情緒」的情況。「嚴重右傾情緒」即厭戰逃命。毛澤東發電報告知斯大林要求林彪參加高崗和金日成赴莫斯科尋求幫助會談，毛澤東在這個時候開始和斯大林商談同美國談判的情況，但是卻同時告知斯大林8月份將舉行更大的戰役來打擊美軍(78)。會談一結束，毛澤東又令林彪同高崗一起回國。而林彪一回到沈陽，就召見第一批先出國的四野第13兵團各師幹部。林彪表示想趁此機會瞭解一下前線的情況。林彪連續聽了四個小時的匯報，發表了自己的看法：第一，美軍是當今世界上最現代化的軍隊，軍事科學、技術裝備很強，第二次世界大戰沒有受到很大損失，而且還發了洋財。我軍必須要認真來考慮對待這個敵人，你們各軍要好好總結這段經驗。第二，朝鮮這場戰爭是和我軍過去的任何戰爭完全不同的戰爭，要打敗這個敵人，有很多的工作要做，但是最爲重要的是要加速工業建設，特別是要加強國防工業的現代化建設。沒有現代化的軍事科學技術裝備、現代化的國防工業，要建立強大的現代化軍隊是不可能的。最後，林彪表示要去前線部隊看看，幾個師長說軍委首長去前線視察，這會給部隊極大鼓舞，但是現在我軍還沒有制空權的情況下，不宜親自到第一線部隊(79)。林彪回到北京後，又接見了在京的回國匯報工作的幾個志願軍軍級幹部。

但是接下來中共和美方邊打邊談，形勢又趨於緩和，1951年11月份毛澤東委托杜平中將告之彭德懷，林彪現在身體不好，讓他休息了，不管事了(80)。而彭德懷聽到這話後，露出很理解的神情，但是杜平卻不理解！由此可以推論，毛澤東，彭德懷和林彪三者之間存在這個默契，那就是林彪處於一個隨時取代彭德懷的位置，什麼時候取代完全取決於朝鮮戰場的形勢！也可以這樣推測，一年以前林彪不上前線，毛澤東對彭德懷說，你先去幹一陣，看看形勢再說，一年以後毛澤東對彭德懷說，林彪不來了，你繼續幹下去吧(81)。然而對於杜平來說，並不知道上層的對話和決策，因此不理解。

除此之外，就沒有別的原因了嘛？

吳瑞林在1951年5月回國向毛澤東匯報之時，毛澤東突然說起四野進關之時，號稱百萬大軍，還有在兩廣、兩湖、海南島、河南、江西等地地近30萬部隊，但是毛澤東說從中調8個軍1個炮縱都調不動。我打了幾十年仗，沒有像這次，來個添油式的。接著毛澤東問吳瑞林42軍有多少人，吳說5萬多到6萬人。毛澤東說他調五六十萬就調不動！

吳瑞林當即嚇得周身是汗(82)。一向不喜歡開玩笑的林彪忽然對劉亞樓說：我不入關前還是無敵之將，一入關便成了漢相曹操(83)。可以說如果不是朝鮮局勢危急，毛澤東不會輕易使用林彪。

聯想到歷代王朝建國後的各地諸侯極易形成擁兵自重的局面，深諳帝王權術的毛澤東不會對此不警惕。而朝鮮戰爭卻是毛澤東一舉解除林彪、彭德懷、粟裕軍權的絕好良機。先是把粟裕搞一個頭天任命第二天去休病假，高崗後來實際取代粟裕，但是高崗不是軍事統帥，這只不過是毛澤東的障眼法。借林彪之手調動原來四野人馬，但是一切搞定之後，卻突然把林彪支走，遠離國內去蘇聯談判。同時將彭德懷調離其西北根據地，遠赴朝鮮，讓其基業無存。這是絕好的一出現代版的"抗美釋兵權"！同出一轍的還有1973年的八大軍區司令對調。

六．林彪在蘇聯的談判

就在任命彭德懷爲志願軍總司令的當天(10月2日)，毛澤東通過羅申轉發的電報中向斯大林提出準備立即派周恩來和林彪同志討論出兵事宜。爲什麼派林彪去呢？主要原因有兩個。第一，毛澤東既然讓鄧小平捎話給彭德懷，說林彪身體有病不能挂帥，那麼讓林彪去蘇聯談判順便讓林彪留蘇養病，則是對彭等人極好的措辭。因爲林彪如果身體無恙，則是最適合的挂帥人選，但是怎麼向眾多將領解釋是彭挂帥而不是林呢？因此，毛澤東派林去蘇則是完美的解釋。第二：談判中的重點中美軍事裝備上的差距正是林彪在政治局會議上所強調的。因此，派林彪同周恩來一起去是最佳選擇！林彪對於中美軍隊的差距瞭如指掌，而且同斯大林也有良好的關係。

徐澤榮認爲在是否參戰這一點上，其實毛澤東和斯大林都未真正地猶豫過，雙方的表面上的"退縮"只是彼此討價還價過程中做給對方看的一種姿態(84)。毛澤東先表示出“退縮”之意，其動機是想向斯大林施加更大的壓力，以獲得更多的蘇聯軍事供應和空中保護。由於林彪對於出兵朝鮮的保守態度，無疑更能增加對蘇聯談判的壓力。但是斯大林無疑在大國之間的政治鬥爭中比毛澤東更勝一籌。

很明顯，周恩來和林彪去蘇聯的目的就是爭取蘇聯出動空軍援助中國軍隊入朝作戰和其他軍援(85)，並且爲了爭取更多的軍援和保證出動空軍支援志願軍入朝作戰，周恩來無疑會強調出兵朝鮮戰爭的種種困難，但是斯大林卻堅持說說空軍不能派(86)。出於蘇聯不願出動空軍援助中國軍隊入朝作戰的原因，周恩來和斯大林會談的初步結果是中國暫不派軍隊入朝作戰，同時建議金日成撤離北朝鮮，並且據此精神分別通知毛澤東和金日成。10月13日斯大林抱歉地通知金日成，周恩來已經表示中國人還不準備參與戰爭。因此，斯大林建議金日成最好把他的殘餘部隊從朝鮮撤到中國和蘇聯，還命令什特科夫幫助金日成制定一個執行這一撤退命令的措施的計劃(87)。斯大林很清楚這是一種談判手腕，斯大林撤回駐朝人員一則是因爲美軍即將大規模北進，以免發生美蘇衝突，另一方面不讓駐朝人員成爲談判中中方的砝碼。筆者認爲，斯大林的退縮並不是出於中國能不能打贏這場戰爭表示懷疑，而完全是出於考驗和報複，但是後來又被毛澤東所出兵的勇氣折服。因爲斯大林所說的沒有準備好原因，完全是不存在的。這個既有前例可循，也有現實具備條件。早在1950年2月下旬，蘇聯空軍中將巴季茨基就率空軍混成集團3500餘人，99架飛機，分別駐進上海徐州等地，並擊落6架轟炸機(88)。而就在中國出兵之後的兩個星期11月1日蘇聯空軍就正式在朝鮮上空作戰。斯大林在仁川登陸之後多次詢問毛澤東的意見，但是毛澤東遲遲不予表態，斯大林豈不是大爲光火？

蘇聯駐朝鮮軍事代表團團長扎哈羅夫曾建議金日成將失去戰鬥力的部隊轉移到滿洲整編，斯大林在談判中表示，如果朝鮮堅持不下去，不如馬上告訴他們作有組織有計劃的撤退。讓他們把主要力量武器物資和幹部撤到中國去，把老弱病殘傷病員撤到蘇聯去。之所以把有生力量撤到中國去，是爲了便於以後重新進入朝鮮。看來，斯大林是準備讓金日成到中國組織流亡政府了(89)。但是中國對於此議早有準備。9月20日人民軍主力已被攔腰截斷，必敗無疑。但周恩來在給金日成的電文中隻字未提中國援助之事，更不用說出兵了。周恩來是代表中共致信金日成，其目的就是先堵住金日成的口，讓其自力更生，同時讓斯大林和金日成在中國建立流亡政府的意圖破產。

林彪表示說：不必撤走有生力量，而應讓他們留在朝鮮境內。那裡多山，有森林，他們可以轉戰於朝鮮南北各地，以待時機(90)。其實早在9月2日，柴成文根據中共中央軍委辦公廳的通知向林彪作匯報。林彪問柴成文北朝鮮領導人有無上山打游擊的準備。柴成文回答說他並不十分瞭解，但是根據他同金日成相處的瞭解，如果形勢需要，金日成是可以做到這一步的。林彪又直接問到：我們不出兵，讓他們上山打游擊行不行？柴成文不知道如何回答才好(90)。所以當斯大林談到如上情況時，林彪早就想好了怎麼作答。聯繫到周恩來9月20日致金日成的信，兩者的思想是一致的，那就是我們出兵不出兵，都不可以在中國境內建立流亡政府。如果朝鮮按照蘇聯的計劃在東北建立流亡政府，並將其殘餘部隊撤到東北休整，那麼，因此極有可能將戰火引致中國境內，這是林彪所不願看到的。

斯大林對這個建議不感興趣，回答說：恐怕敵人不會允許游擊隊存在下去，而會很快把它消滅掉。顯然，斯大林和林彪的革命經歷是不同的，所以對於游擊戰的理解也是不一樣的。而林彪的話與毛澤東的看法是一樣的。當時毛澤東曾讓中國駐朝鮮大使轉告金日成：現敵軍大部北進，後方空虛，建議凡人民軍無法北撤均留於南朝鮮，開辟敵後戰場，這在戰略上是必須的而且是有利的。如有人民軍四五萬人留在南朝鮮擔負此項任務，則對北部作戰將大有幫助(91)。

爲什麼談判談出這麼一個結果呢？因爲對於斯大林來說，他一直懷疑毛澤東是在故意拖延從而把蘇聯也拖進同美國的戰火之中，而對於北韓的滅亡，斯大林曾經這樣認爲，北韓滅亡，美國成爲蘇聯的鄰居，然而這一切都不可怕。斯大林曾經對赫魯曉夫說，美國成爲我們在遠東的鄰居，那就成吧。無論如何我們現在都不能和他們開戰。我們還沒有準備好(92)。既然斯大林有這種想法，談成這個結果也就不意外了。因爲即使北韓垮了，無疑會讓毛澤東更依賴於斯大林，除此之外，蘇聯也就可以名正言順地繼續擁有在東北的軍事基地。但是對於毛澤東卻不能這樣想，因爲通過美軍跨過38線來看，美國算准蘇聯不敢同其開戰，那麼中國只有出兵這一條路，與其以後讓敵人在身邊與狼共舞，與其接受金日成在東北建立流亡政府的局面，不如拒敵於國門之外。斯大林也會考慮到這一點，所以不爲周恩來所列舉的困難所打動。

七．林彪對朝鮮戰爭和中美關係的看法

在朝鮮戰爭爆發之前，中共就已經決定採取"一邊倒"的政策，並且對美國採取"先打掃屋子，再請客人"的態度，對於美國一系列示好的動作視而不見，並採取敵視態度(93)。因此，從中美雙方採取的對外政策來講，中美的衝突是一種必然。周恩來在1951年4月2日的報告中說："朝鮮事件不過是個藉口；不在朝鮮爆發，也將在其他地區爆發，台灣、越南都是可爆發的地方"，"對於我們來說毋寧以朝戰最有利"。但是林彪對於中美關係卻持不同的看法。

林彪對於中美關係一直是比較關注的。早在延安時期，埃德加.斯諾就被林彪邀請做過一個題目爲英美對華政策的報告(94)。建國伊始，林彪在知道美國駐中國大使司徒雷登並沒有像其他國家使節馬上撤走時認爲美國很現實，分析美國動態，不排除承認中共新政權的可能性，新中國將獲益巨大。但是毛澤東發表了《別了司徒雷登》的講話，攆司徒雷登出中國。基辛格訪問中國後，林彪曾對女兒林立衡說過："大好形勢被耽誤了二十年，現在他(指毛)才醒過來，代價太大了(95)。"1958年8月炮擊金門之時，林彪曾經委托王尚榮傳遞給毛澤東一個條子，建議可以通過正在華沙同美國談判的王炳南透露點消息給美國，以免傷在炮擊時傷到美國人，引起中美對抗(96)。張寧則回憶到林彪自從到北戴河後就拒絕過問一切中央的事務，只注意尼克松訪華問題，指示秘書"一有消息直接報我"，並幾次向秘書提到"我要見尼克松"(97)。

九一三事件之後，毛澤東幾次放言說林彪是反對中美和解的，同樣流行一種看法：如果不解決林彪的問題，就不會打開中美關係。但是事實的真相呢？正如高文謙所述，從其在大陸期間所接觸過的官方檔案來看，林彪從未公開表示過反對中美和解。凡是經林彪審閱過的有關中美關係的文件，他都是批上："完全同意主席批示"或者"照主席的批示辦"一類字樣。九一三事件後，毛澤東之所以作如是說不過是在爲他錯選林彪做接班人找台階下，並以外交上的成功來掩蓋因林彪事件而引發的國內政治危機罷了(98)。

朝鮮戰爭爆發之時，毛澤東曾問林彪：美國會不會過鴨綠江？林彪認爲不會，美國如果想介入中國，早在解放戰爭後期就該有所動作。而我們的當務之急是恢復國力，入朝作戰不是上策。如果美國侵犯中國，我帶兵抗擊美國，因爲這在國際輿論上中國占上風。而現在我們入朝，面對的是聯合國軍，從世界輿論和中國本身的國力都是不明智的(99)。在內戰後期，中共席捲青島上海等地之時，美國完全可以藉口自己的利益受到極大損失而出兵中國，插手內戰，但是美國並沒有這樣做。根據美國後來解密文檔，林彪的判斷也是正確的，就是美國沒有侵犯中國本土的意圖，這也是後來中共領導層判斷朝鮮戰爭爲有限戰爭的主要依據。而對於這場戰爭，林彪認爲，這場戰爭不是爲中國人利益而戰，而是爲斯大林而戰。相反，林彪認爲中國不應該選擇戰爭，而是應該改善同其他國家的關係提高自己的國際地位，當然也包括改善同美國的關係。1953年朝鮮戰爭停戰之後，林彪曾經這樣對劉亞樓評論過：美國人說自己勝了，我們說我們中國打敗了美國。要我說，中美都不是勝利者，斯大林才是真正的勝利者(100)。

經過50多年歷史的沉澱，在回首這場戰爭，不能不說林彪的認識極具遠見卓識。蘇聯是最大的贏家。正如沈志華先生指出的那樣，中國終於被牢牢地捆綁在本來是以美蘇對抗爲核心的冷戰戰車上，甚至由於毛澤東那被戰爭激發出來的革命沖動而比蘇聯更深地陷入了與美國敵對的漩渦(101)。蘇聯沒有直接出手，卻基本上達到了自己的目標：1)利用中國的力量達到了試探美國和削弱美國，在歐洲的壓力減輕，贏得了冷戰的第一個回合；2)太平洋的出海口和不凍港－旅順港口的繼續徵用，如果不是赫魯曉夫的主動歸還，旅順回到祖國的懷抱尙需時日；3)中國更靠攏和依賴蘇聯，這爲以後中蘇破裂帶給中國的巨大的損害埋下了伏筆。相反，美國則是輸家，在付出巨大軍費和人員傷亡後沒有實現其戰略目標，其全球戰略和國際聲望受到了嚴重打擊，而且在政治上使得美國在亞洲多了一個難以對付的敵手。

雖然中國在蘇聯的幫助下建成了主要工業體系，在武器裝備方面，中國軍隊基本是靠蘇聯完成了武器的現代化，但是對於中國的損害也是顯而易見的，朝鮮戰爭打消了中美在相當時期內接近的可能，使得中國僅能單純的依靠蘇聯而遭到美國爲首的西方世界的敵視和圍困，這對中國長遠的國家利益是極大的損害並且爲歷史所證明。朝鮮戰爭的結果之一就是中共至今未能夠收復台灣，完成祖國統一大業，大批美援抵台以致搖搖欲墜的國民黨政權起死回生。特別嚴重的是，朝鮮戰爭造成了國內的極不正常的政治氣氛，朝鮮戰場上軍事上的勝利，在很大程度上增強了毛澤東的個人威望，使大多數中共領導人更加迷信於毛澤東的個人領導，民主集中制流於形式，毛澤東的專制統治日益強化，從大躍進到文革的一系列苦難同此都是密切相關的。

當周恩來林彪同斯大林談判談出個蘇聯不出空軍而讓北韓成立流亡政府的結果，而林彪深深知道毛澤東的個性，不論多麼苛刻的條件毛澤東都是會出兵的，那麼中國人民將要遭到的損失是多麼重大是可以預見的，對於斯大林的背信弃義，林彪堅決不喝斯大林的敬酒，而且不懼大國沙文主義者的圍攻，林彪的英雄本色表現無遺。

八．結論

鑒於林彪是中共最優秀的軍事指揮人才，但是卻無緣於志願軍司令一職，引發了無數的猜想和討論。但是因爲九一三事件的爆發，林彪成了中共定性的所謂“罪人”，於是一切不實之詞，甚至是誣陷都加在林彪身上，但是歷史的真相終究會被澄清。

林彪沒有走上朝鮮戰爭的戰場，原因是複雜的。在一開始，並不需要林彪出征，而是把林彪派到蘇聯談判，既可以加重談判的砝碼又可以解釋林彪爲什麼不挂帥。林彪無緣於朝鮮戰場，不是因爲身體的原因托詞有病不肯去，更不是因爲中美軍事裝備上的差距導致怕死不敢出征，而是因爲當時的中共中央的戰略決策不需要林彪出征，林彪是作爲一個備用戰略統帥。除此之外的一個原因則是毛澤東用極其高超的權謀利用朝鮮戰爭達到了“猛虎已然爪牙盡失”的效果(102)。

林彪歷史上一貫的表現是堅持己見，敢於直言。因此在朝鮮戰爭一事上也是如此。針對當時的具體歷史情況，提出自己的見解，是對國家和人民的負責，但是一旦中央的決策已下，正如李智勝回憶，林彪不僅對朝鮮戰爭出謀劃策，而且身體力行作了大量的工作。基於認識和執行是兩個層次的問題，林彪在政治局會議上的發言是無可厚非的，而且林彪出而不戰，屯兵於朝鮮北部的建議不僅爲毛澤東所採納，而且被美國解密文檔證明爲極其遠見的高明策略。

林彪對於朝鮮戰爭的認識，認爲真正的贏家是蘇聯的看法亦爲歷史所證明。由於中國採取“一邊倒”的政策，從而造就了新中國的閉關自守，特別是朝鮮戰爭的介入，造成了中共極端的依靠蘇聯和西方以美國爲首的圍攻堵截，此外，台灣問題由於朝鮮戰爭至今仍然懸而未決，祖國的統一大業依然遙不可及，而朝鮮金日成政權則在中國的支持下成爲當今文明社會上少有的家族性封建王朝，對朝鮮人民和當今世界和平而言都是巨大的禍患。70年代初期，毛澤東終於醒悟，但爲時是否已晚？

注釋：

(1)《抗美援朝戰爭史》，上冊 軍事科學出版社，2000年版，第159頁。

(2)《聶榮臻回憶錄》，下冊 戰士出版社，1983年版，第736頁。

(3)周恩來1950年8月26號講話記錄稿，轉自《周恩來傳》，中央文獻出版社 1998年版，第1013頁。

(4)Chen Jian, *China's Road to the Korean War*, Columbia University Press, 1994, p.130-135.

(5)《陳雲文選》，第2卷 人民出版社，1995年版，第112頁：中共對整個出兵決策的結局作了三種估計：(一)鄰境戰爭，國內平安；(二)鄰境戰爭，國內被炸；(三)鄰境戰爭，敵人在我海口登陸，全國捲入戰爭。

(6)《周恩來年譜1949－1976》，上冊，中央文獻出版社，1997年版，第66頁。

(7)陳東林，《1949年毛澤東為何未能下令進攻台灣》，見《台灣研究》，2003年第一期。

(8)《葉子龍回憶錄》，中央文獻出版社，2000年版，第195頁。

(9)《毛澤東傳 1949－1976》，中央文獻出版社，2003年版，第110頁。

(10)李慧康，《周恩來與抗美援朝》，見《楚雄師範學院學報》，2002年2月號；《周恩來年譜1949－1976》上冊，中央文獻出版社，1997年版，第69頁；徐焰，《第一次較量－抗美援朝戰爭的歷史回顧和反思》，中國廣播電視出版社，1998年版，第15頁。

(11)楊迪，《在志願軍司令部的歲月裡》，解放軍出版社，1999年版，第34頁。

(12)柴成文、趙勇田，《板門店談判》，解放軍出版，社 1989年版，第79頁。

(13)王永生，《關於抗美援朝出兵決策的幾點認識》，見《軍事歷史》，1997年第5期。

(14)楊奎松，《毛澤東的"冷戰"觀》，見香港《二十一世紀》，2001年10月號。

(15)王力《王力反思錄》下冊，北星出版社，2001年版，第620頁。

(16)《彭德懷傳》，當代中國出版社，1993年版，第402頁。

(17)《中共中央黨史資料選編》，第24冊。

(18)《赫魯曉夫回憶錄》，張岱雲等譯，東方出版社，1988 年版，第 532-533 頁；Goncharov N. Sergei, Lewis W. John, Xue Litai, *Uncertain Partner: Stalin, Mao,and the Korean War,* Stanford University Press, 1993, p.137-138 但是此事存在爭議。

(19)《莫斯科致什特科夫電》(1950年1月8日)；《什特科夫致莫斯科電》(1950年1月11日)；轉自沈志華，《朝鮮戰爭：俄國檔案館的解密文件》上冊，臺北中央研究院近代史研究所，2003年版，第280－281頁；《聶榮臻回憶錄》，解放軍出版社，1982年版，第744頁；朴明林，《韓國戰爭的爆發和起源》1994年朴明林博士論文。

(20)閻峻，《林彪軍事生涯、年譜、文選與回憶》未出版稿；《毛澤東軍事年譜1926－1958》，廣西人民出版社，1994年版，第786頁。

(21)吳信泉，《朝鮮戰爭1000天：三十九軍在朝鮮》，遼寧人民出版社出版，1998年版第3頁，據筆者推斷，吳信泉把同林彪見面的地點搞錯，因為林彪7月7日和10日參加了周恩來主持的保衛國防會議，見《抗美援朝戰爭史》上卷，軍事科學出版社，2000年版，第65－66頁。

(22)解力夫，《朝鮮戰爭》上冊，世界知識出版社，1997年版，第137頁。

(23)洪學智，《抗美援朝戰爭回憶》，解放軍文藝出版社，1990年版，第1-5頁。

(24)蔣霞，《"談談林彪的病——訪離休老戰士楚成瑞"》，見《南方周末》2000年11月23日14版。

(25)徐焰，《第一次較量－抗美援朝戰爭的歷史回顧和反思》，中國廣播電視局出版社出版，1998年版，第25頁；杜平，《在志願軍總部》，解放軍出版社，1989年版，第21頁。

(26)張素華主編《說不盡的毛澤東》上卷，遼寧人民出版社，1993年版，第387頁。

(27)同(1)

(28)蘇克之，《八千里路雲和月》，解放軍出版社，2001年版，第498頁。

(29)洪學智，《抗美援朝戰爭回憶》解放軍文藝出版社，1990年版，第17－19頁。

(30)徐京躍，《日出日落三八線－抗美援朝紀實》，軍事科學出版社，1995年版，第36頁。

(31)李永、曉文，《不悔的合作》，遠方出版社，1996年版，第163頁；李時新，《林彪的軍旅生涯》，下冊，內蒙古人民出版社，1997年版，第1248頁，轉自曉地《林彪之迷》，朝華出版社 1993年版。

(32)《毛澤東傳 1949－1976》，中央文獻研究室，2003年版，第114頁。

(33)胡哲峰、于化民，《毛澤東與林彪》，廣西人民出版社，1999年版，第452－453頁。

(34)京城孤魂，《林彪為何無緣挂帥出兵朝鮮》，楓華園 二零零三年六月二十日版http：//www.fhy.net/index/gbidx03a.html

(35)張雲生，《毛家灣紀實：林彪秘書回憶錄》，春秋出版社，1988年版，第305－320頁。

(36)《毛澤東關於高崗、金日成訪蘇等問題致斯大林電》(1951年6月9日)；《毛澤東關於蘇聯援助武器裝備問題致斯大林電》(1951年6月21日)；轉自沈志華《朝鮮戰爭：俄國檔案館的解密文件》，中冊，臺北中央研究院近代史研究所，2003年版，第805、808頁。

(37)薛奇《高崗、林彪是否反對出兵抗美援朝》，見《軍事歷史》2000年第4期，第77頁。

(38)Chen Jian, *China's Road to the Korean War*, Columbia University Press, 1994, p.173；陳兼(音譯)在該書寫作過程中對中國方面的當事人和知情人進行了大量採訪，上述情況即是對軍方人士的採訪所得。沈志華從不同渠道瞭解的情況證實了陳兼所述；此外，徐焰說，他的採訪也證實了同樣的情況，見沈志華《毛澤東、斯大林與朝鮮戰爭》，廣東人民出版社，2003年版，第254頁，見注釋(49)。

(39)胡喬木，《胡喬木回憶毛澤東》，人民出版社，1994年版，第92頁。

(40)《毛澤東傳 1949－1976》中央文獻研究室2003年版，第118頁；《周恩來傳》中央文獻出版社 1998年版，第1017頁；關於林彪有無參加5號的政治局會議，根據6號黨政軍高級幹部會議毛澤東沒有參加，而那張有關政治局參加抗美援朝決策人員的合影，有毛澤東劉少奇朱德周恩來彭德懷林彪，而任弼時不在其內，故林彪一定參加了5日的會議，合影見《抗美援朝戰爭史》上冊，軍事科學出版社 2000年版；Goncharov N. Sergei, Lewis W. John, Xue Litai, *Uncertain Partner: Stalin, Mao, and the Korean War, Stanford University Press, 1993.*

(41)《葉子龍回憶錄》，中央文獻出版社，2000年版，第195頁。

(42)楊尚昆也參加了10月2日的會議，見《楊尚昆回憶錄》，中央文獻出版社，2001年版，第337；楊奎松，《毛澤東與斯大林的恩恩怨怨》，江西人民出版社，1999年版，第331頁；胡哲峰、于化民，《毛澤東與林彪》，廣西人民出版社 1999年版，第452頁；王波，《彭德懷入朝作戰紀實》，花山文藝出版社，1992年版，第11頁；王波，《毛澤東的艱難決策(一)－中國人民志願軍出兵朝鮮的決策過程》，中國社會科學出版社，2006年版，第143頁；《彭德懷傳》，當代中國出版社，1993年版，第400頁。

(43)王波，《彭德懷入朝作戰紀實》，花山文藝出版社，1992年版，第11頁；童小鵬，《風雨四十年(第2部)，中央文獻出版社，1996年版，第201頁；哲峰、于化民，《毛澤東與林彪》，廣西人民出版社，1999年版，第451頁；徐焰，《第一次較量：抗美援朝戰爭的歷史回顧與反思》，中國廣播電視出版社，1998年版，第38頁；《雷英夫口述》陳先義執筆，《在最高統帥部當參謀—雷英夫將軍回憶錄》，百花洲文藝出版社，1997年版。

(44)《彭德懷傳》，當代中國出版社，1993年版，第401－402頁；《彭德懷軍事文選》，中央文獻出版社，1988年版，第321頁。

(45)Spurr Russell, *Enter the dragon:China' Undeclared War Against the U.S. in Korea, 1950-51,* New York Newmarket Press, 1989, p.53-65.

(46)《中國人民志願軍抗美援朝戰史》上冊，解放軍出版社，2000年版，第92－95頁。

(47)同(1)；Goncharov N. Sergei, Lewis W. John, Xue Litai, *Uncertain Partner: Stalin, Mao,and the Korean War,* Stanford University Press, 1993 ,p.71.

(48)《彭德懷傳》，當代中國出版社，1993年版，第404頁；杜平，《在志願軍總部》，解放軍出版社，1989年版，第41頁。

(49)王亞志，《毛澤東決心出兵朝鮮前後的一些情況》，見《黨的文獻》1995年第6期

(50)Chen Jian *China's Road to the Korean War*, Columbia University Press, 1994, p.207. 轉自徐焰，《第一次較量－抗美援朝戰爭的歷史回顧和反思》，中國廣播電視局出版社出版，1990年版，第25頁。

(51)同(2)

(52)《雷英夫口述》陳先義執筆，《在最高統帥部當參謀—雷英夫將軍回憶錄》，百花洲文藝出版社，1997年版。

(53)《毛澤東年譜》，中共中央文獻研究室 中卷，人民出版社，1993年版，第21頁。

(54)F.R.U.S.，1950，Vol.7 p646—650

(55)F.R.U.S.，1950，Vol.7 p712—721

(56)《艾奇遜回憶錄》，上海譯文出版社，1978年版，第307－308頁。

(57)《杜魯門回憶錄》，上海譯文出版社，1978年版，第432 頁。

(58)文獻(54－58)轉自沈志華，《越過三八線：美國擴大朝鮮戰爭的戰略決策》www.shenzhihua.net/cxzz/000004.htm ，沈志華李丹慧個人網站。

(59)郭平，《朝鮮戰爭初期中美失誤之探討》，《二十一世紀》網絡版，2006年3月號。

(60)《毛澤東軍事文選》(內部本)刊印，《建國以來毛澤東文稿》第一冊，關於志願軍入朝作戰的方針和部署給周恩來的電報 (一九五零年十月十四日)，中央文獻出版社，1996年版。

(61)《周恩來傳》，中央文獻出版社，1998年版，第1018頁；雷英夫，《抗美援朝幾個重大決策的回憶》(續一)，見《黨的文獻》，1994年第一期。

(62)沈志華，《毛澤東、斯大林與朝鮮戰爭》，廣東人民出版社，2003年版，第240－244頁。

(63)余汝信，《在雷英夫未被追究的背後》見《華夏文摘增刊》，二零零五年七月六日出版，增刊第444期。

(64)沈志華，《毛澤東、斯大林與朝鮮戰爭》，廣東人民出版社，2003年版，第228頁。

(65)Chen Jian, *China's Road to the Korean War*, Columbia University Press 1994 p.279-280, Chen Jian解釋主要信息是由參加此次會議的楊尚昆提供；李智勝回憶到在這次會議上，在是否出兵的問題上達成了一致，幾個書記之間並無不同意見，見陳宏《跨過鴨綠江》，藍天出版社，2003年版，第22頁；當時在會場內外值班的毛澤東的衛士長李銀橋也回憶，會上根本無人反對出兵，徐澤榮 林斯頓大學《當代中國研》，2000年第2期(總第69期)《有關朝鮮戰爭起源》。

(66)楚楚，《周恩來與抗美援朝》，見《黨史文匯》，2006年第7期。

(67)黃克誠，《黃克誠自述》，北京人民出版社，1995年版，第205頁。

(68)馮建輝，《林彪與個人崇拜》，見《炎黃春秋》，1999年第10期。

(69)陳宏，《跨過鴨綠江》，藍天出版社，2003年出版 第22頁。

(70)《周恩來軍事文選》第四卷，人民出版社，第137頁。

(71)戴維堤，《逝者如斯》未出版稿，筆者同戴先生的談話，證實了周恩來當時確實在公眾面前很激動的宣稱林彪是南昌起義的領導人；周恩來在1968年3月27日，在北京工人體育場的十萬人"徹底粉碎二月逆流新反撲，奪取無產階級文化大革命全面勝利誓師大會"上的講話；《北郵東方紅》(北京：北京郵電學院革命委員會，紅代會北郵東方紅公社主辦)，1968年3月29日，第76期第1－4版。

(72)權延赤，《走下聖壇的周恩來》，中共中央黨校出版社，1993年版，第326頁。

(73)楊奎松，《評抗美援朝戰爭史》，楊奎松個人網站http：//www.yangkuisong.net/spsx/sp/000039.htm

(74)《彭德懷傳》，當代中國出版社，1993年版，第494頁。

(75)薛奇，《高崗、林彪是否反對出兵抗美援朝》，見軍事歷史 2000年第4期。

(76)《周恩來傳》*Uncertain Partner: Stalin, Mao, and the Korean War,* Stanford University Press, 1993,下冊，中央文獻出版社，1998年版，第1018頁。

(77)《聶榮臻回憶錄》下冊，戰士出版社，1983年版，第735頁。

(78)《毛澤東關於高崗、金日成訪蘇等問題致斯大林電》(1951年6月9日)；《毛澤東關於停戰談判問題致高崗、金日成電》(1951年6月13日)；《羅申轉發毛澤東關於停戰和防禦等問題致斯大林電》(1951年6月13日)；轉自沈志華《朝鮮戰爭：俄國檔案館的解密文件》中冊，臺北中央研究院近代史研究所2003年版，第805－809頁。

(79)蘇克之，《八千里路雲和月》，解放軍出版社，2001年版， 第493－498頁 筆者認為蘇克之把時間記錯認為是1952年的事，但是林彪是同高崗一起在6月18日左右回到沈陽。

(80)杜平，《在志願軍總部》，解放軍出版社，1989年版，第243頁。

(81)筆者在此十分感謝蔣健先生的幫助。

(82)吳瑞林，《我向毛主席匯報抗美援朝戰況》，見《軍事歷史》2005第四期。

(83)鐘兆雲，《劉亞樓與天津攻堅戰》，見《黨史博覽》2005年第10期。

(84)徐澤榮，《中國在朝鮮戰爭中的角色》，見普林斯頓大學《當代中國研究》，2000年第2期(總第69期)

(85)熊華源，《抗美援朝戰爭前夕周恩來秘密訪蘇》，見《黨的文獻》1994年第3期；張希《中國人民志願軍入朝前夕'突然暫停'的經過》，見《黨史研究資料》1993年第1期；沈志華，《毛澤東、斯大林與朝鮮戰爭》，廣東人民出版社，2003年版，第237－338頁。

(86)熊華源，《抗美援朝戰爭前夕周恩來秘密訪蘇》，見《黨的文獻》 1994年第3期；力平，《開國總理周恩來》，中國社會出版社，2004年版，第252頁。

(87)Mansourov *Stalin, Mao, Kim, and China's Decision to Enter the Korean War,* Sept.16-Oct.15, 1950:New Evidence from the Russian Archives, CWIHP Bulletin, 1995/96,_6-7 p.104 轉自沈志華，《毛澤東、斯大林與朝鮮戰爭》，廣東人民出版社，2003年版，第244頁。

(88)王亞志、沈志華、李丹慧，《1950年代中蘇軍事關係若干問題》，見《國際政治研究》2003年第4期。

(89)Kim Chullbaum, *The Truth about the Korean War* , 1991, p.107；師哲口述：《在歷史巨人身邊》，中央文獻出版社，1991年版，第497頁；約翰・托蘭，《漫長的戰鬥—美國人眼中的朝鮮戰爭》，孟慶龍譯，中國社會科學出版社，1993年版，第250頁。

(89)師哲口述，《在歷史巨人身邊》，中央文獻出版社，1991年版，第497頁。

(90)柴成文、趙勇田，《板門店談判－朝鮮戰爭卷》，1989年版，第78頁。

(91)《關於開辟敵後戰場等問題給金日成、彭德懷(1)的電報》(1950年10月10日)，見《建國以來毛澤東文稿》，中央文獻出版社，1987年版，第547頁。

(92)Goncharov N. Sergei , Lewis W. John, Xue Litai , *Uncertain Partner: Stalin, Mao, and the Korean War,* Stanford University Press, 1993, p.191.

(93)陶文釗，《中美關係史1949－1972》，上海人民出版社，1999年出版 第1－28頁；Chen Jian, *China's Road to the Korean War*, Columbia University Press, 1994. p.34-63.

(94)埃德加.斯諾，《西行漫記》，三聯書店，1979年版，第90－91頁。

(95)張寧，《塵劫》，明報出版社，1997年版，第236－237頁；張寧，《林彪和中美關係》，載於《華夏文摘》(76)2000年10月8日出版 http：//www.cnd.org/CR/ZK00/cr76.hz8.html

(96)哲峰、于化民，《毛澤東與林彪》，廣西人民出版社，1999年版，第459頁。

(97)張寧，《最後一次見林彪》，載於《華夏文摘》(76)2000年10月8日出版，摘自張寧：《自己寫自己》，作家出版社，1998年版，http：//www.cnd.org/CR/ZK00/cr76.hz8.html；林立衡曾經寫有揭發材料說林彪反對中美建交，但是筆者認為此材料是913之後，不足為據。

(98)高文謙，《 晚年周恩來》，2003年版，明鏡出版社，第427頁。

(99)同(95)

(100)Frederick C. Teiwes、Sun Warren *The Tragedy of Lin Biao*, University of Hawaii Press 1996, p.172.

(101)沈志華，《論中國出兵朝鮮決策的是非成敗》，見《二十一世紀》雙月刊2000年10月號(香港中文大學，中國文化研究所)。

(102)對於此觀點，筆者和京城孤魂的觀點並無二致，筆者曾經和京城孤魂先生做過較深入的探討。

近十年來關於戰爭年代林彪的研究

何　海

在文化大革命結束之前，對於林彪的評價曾經經歷了大起大落的過程，“九一三”事件是其分水嶺。這一時期，無論是對林彪的吹捧還是批判，都極少帶有研究的色彩，大多只是政治化的宣傳而已。文化大革命之後，隨著政治氣候的變化，對林彪的評價也曾有過起伏。總的來看，由於林彪在政治上已經被定性，使得對於他的研究受到相當的限制。但林彪作爲中共的一員戰將，在戰爭年代曾經立下過汗馬功勞，相比較而言，目前對於戰爭年代中林彪的研究，限制要少一些，也更趨於客觀。筆者試圖對近十年來關於戰爭年代林彪的研究作一簡單評述，並就現狀所存在問題的原因及今後若干研究方向提出一些看法，限於材料和個人水平，挂一漏萬之處肯定不少，希望讀者批評指正。

一、文化大革命之後的研究背景

“九一三”事件之後，林彪被認定爲反黨集團的頭子，從歷史聯繫到現實，對其進行了全方位的批判，中共中央並於1973年8月20日通過決議將林彪永遠開除出黨。文化大革命結束後，對林彪、江青反革命集團進行了審判，依照1981年1月25日中華人民共和國最高人民法院特別法庭的判決書(特法字第一號)，林彪被確定爲反革命集團案主犯，從而再次從政治上宣判了林彪的死刑。但是，由於林彪在革命戰爭年代曾立下赫赫戰功，對於這一歷史時期的林彪究竟應作何評價，成爲一個懸而未決的問題。在八十年代早期的一些研究刊物上，就曾經有人提出過這個問題，認爲“研究過去的歷史，對林彪在歷史上做過的事情，還是應該實事求是，不要一筆抹掉。因爲這不是林彪個人的問題，如果簡單地抹掉林彪在黨和軍隊中的活動，很多問題就難於講清楚。”(1)這一時期，只有極個別涉及林彪歷史的研究文章，且觀點較陳舊。如李德江的“對林彪與‘紅旗到底打得多久’問題的探討”一文，儘管考證出“紅旗到底打得多久”這句話最初不是出自林彪之口，但又認爲林彪當時的言行和這句話所表露的右傾悲觀情緒在思想上是一致的，而對於這兩者的一致性尤其是林彪言行的代表性卻缺乏理性的分析(2)。有些不得不涉及林彪的文章，作者也往往避免提到林彪的名字(3)。

1983年2月，經中共中央批准，《中國大百科全書》人民解放軍軍事人物名單中列入了林彪的名字。當年8月9日，陳雲在對錦州遼沈戰役紀念館編寫《遼沈決戰》一書的意見中，談到如何寫林彪的問題，認爲“林彪作爲四野的司令員，在當時正確的地方，我們也不必否定。但是不能只看到這一方面的作用，還必須看到其他方面的作用。”(4)此後，中共高級領導人黃克誠、楊尚昆分別發表了對革命戰爭年代的林彪應該客觀評價的意見。1985年2月11日，黃克誠就中國大百科全書軍事卷“林彪”釋文談了看法，稱“據我瞭解，林彪的確有指揮作戰的能力。他生前我是這麼說，他死了以後我還是這麼說。有人說林彪不會打仗，這不是歷史唯物主義的態度，不符合歷史事實。”(5)當年的3月，楊尚昆在全軍黨史資料徵集工作座談會上，也談到如何評價林彪在歷史上的表現，認爲：“對林彪怎麼估價？林彪在東北那一段，除了在若干問題上與毛主席相對立外，包括進關，一直打過長江，打到海南島，應該說，肯定的方面不少。不能因爲他以後叛國了，就說他從

東北起就一壞到底。無論如何他還是紅軍的一個戰將，他是打了不少仗的。”(6)

此後涉及戰爭年代林彪的文章和書籍逐漸多了起來，如以1996年爲界將其分爲兩個時段的話，前一段主要是對有關大的歷史事件形成基本看法和評價的時期，後一段則是基於前一段的成果，開始了較爲完整地對歷史事件的詮釋。以下簡單敘述一下1996年之前的研究概況：

有關林彪在戰爭年代的文電等文獻資料，因爲政治上的原因，不可能專門予以整理出版，只是散見於各種相關的資料集中，如江西黨史資料委員會出版的中央蘇區第四、第五次反“圍剿”的資料集(7)(8)，以及軍事科學出版社的《紅軍滇黔馳騁史料總匯(中集)》(9)等分別選登了部分紅軍反“圍剿”時期和長征時期林彪的電文、作戰計劃和總結。《黨的文獻》於1989年、1990年分別選登了部分林彪在遼沈戰役、平津戰役及進軍中南作戰中的來往電報(10)(11)(12)，中國人民解放軍歷史資料叢書中的《遼沈戰役》和《平津戰役》兩冊，收集了大量的戰役前後的相關電文(13)(14)。除此之外，還有一些和解放戰爭東北戰場有關的戰役戰鬥資料集，也搜集了部分林彪的電文、命令，如中共中央黨史資料徵集委員會和解放軍檔案館合編的自1946年11月至1948年11月的東北民主聯軍《陣中日記》(15)、中共中央黨史資料徵集委員會和遼沈戰役紀念館建館委員會等合編的《遼沈決戰》及其續集(16)(17)、中共吉林省委黨史工作委員會出版的《四戰四平》和《四保臨江》(18)(19)、中共吉林市委黨史研究室出版的《拉新之戰》(20)、中共營口市委黨史研究室編的《黎明鏖戰——解放營口之戰》(21)、廣西區黨史辦和廣西軍區政治部編寫的《廣西戰役》(22)等。另外，從其他中共領導人相關的傳記或年譜中也可以找到一些轉引的電文資料，如《毛澤東軍事年譜》(23)。

這一階段中以林彪爲主題的研究著作或文章很少，姚傑的"論遼沈戰役中的林彪"一文對遼沈戰役中林彪的作用進行了評價，作者認爲，"九一三"事件後批判林彪在遼沈戰役中的表現，當時所依據的事實還是對的，基本上沒有歪曲、誇大之處，問題主要在於批判錯誤的同時，沒有指出其指揮上所表現的積極方面，另外上綱到資產階級軍事路線的高度來批判也是不適當的(24)。姚文中的不少分析和論點實際上成爲後來研究遼沈戰役的基本觀點。黃少群的"朱德、陳毅、林彪與古田會議"(25)、王永林的"遼沈戰役中林彪爲何對南下北寧線作戰遲疑不決"(26)及刊登於1994年《黨史文匯》上的黃少群的系列文章"從南昌起義到中央蘇區時期的林彪其人"，選題的角度均有獨到之處，但觀點似覺缺乏新意。

這一時期出版的專著及在黨史研究刊物上發表的文章中，涉及到革命戰爭年代中林彪的歷史及表現，不再簡單粗暴地予以否定，而逐步採取分析批判的態度，如林彪在第五次反"圍剿"戰役中寫"論短促出擊"一事，在《中區風雲——中央蘇區第一至第五次反"圍剿"戰爭史》中，就根據史料，指出了林彪在此之前對軍事教條主義的批評和抵制(27)。這些著作和文章，涉及林彪與遼沈、平津和進軍中南這三次大規模戰役的較多，如：《平津戰役史》(28)，被認爲是"研究平津戰役史的第一部較爲詳細的專著"(29)；《東北解放戰爭研究》(30)依據作者所搜集的大量資料，就東北解放戰爭中一些專題做了翔實地考訂；"平津戰役作戰方針的探討"(31)、"遼沈決戰方針的確立"(32)、"略論平津戰役的軍事戰略和政治戰略"(33)、"實施戰略追擊，橫掃中南殘敵"(34)等論文對這些戰役的決策過程作了較詳細的探討。也有少數涉及戰役細節的考訂文章，如畢健忠的"不攻塘沽先打天津決策是怎樣形成的"(35)，對先打天津的決心的形成及林彪在其中的作用做了考訂。

中共高級領導人所著的回憶錄或回憶文章中對於涉及林彪歷史的內容，一般採取回避或多談錯誤，少談功勞的做法。較有代表性的如聶榮臻和蕭克的回憶，其中涉及林彪的內容和1972年所揭發的林彪歷史上錯誤和罪行的內容基本上一致，雖然這些揭發的事實也許的確是存在的，但仍然有上綱過高的問題(36)。大部分回憶錄或回憶文章，即使是在關於東北解放戰爭的，人們一般也很少提及林彪(37)(38)(39)(40)。

值得一提的倒是在一些報告文學和電影中，林彪的形象得到了極大的提升，和過去被批判時相比幾乎判若雲泥，從而引發了民間對於林彪這一歷史人物的興趣，掀起了一股小小的熱潮。最有代表性的是電影《大決戰——遼沈戰役》(41)的放映和報告文學《雪白血紅》(42)、《林彪傳》(43)、《林彪這一生》(44)等的出版。不過這些作品中往往存在大量想像和虛構的情節，以及過度拔高的現象，個別的如林青山所著《林彪傳》中出現了許多將歷史事實張冠李戴的錯誤(45)，從而招致了不少黨史、軍史專家的嚴厲批評，有的作品甚至被禁。不管是這些作品的作者還是它們的批評者的本意如何，這些觀點上的衝突事實上導致了對林彪研究的進一步深入。

二、近十年來的研究情況

近十年來，林彪的研究較之以前逐步深入。這一時期除《紅軍長征檔案史料選編》(46)、中共長春市委黨史研究室所編《三下江南》(47)等資料集中有一些林彪的文電資料外，林彪的文獻資料仍然很少，倒是新出版的羅榮桓、聶榮臻的年譜中可以找到一些間接轉引的電文資料(48)(49)。

以林彪爲主題的研究著作和文章雖然不多，但質量上有所提高。較突出的是《毛澤東與林彪》(50)，該書是第一部全面研究毛澤東和林彪歷史關係的著作，選材、立意新穎，史料翔實，立論較公允，是近十年中林彪專題研究的佳作之一。以林彪爲研究對象或研究毛澤東和林彪關係文章還有，彭紅英、餘世誠的考證文章"關於林彪研究的幾個問題"(51)；胡哲峰的"影響平津戰役進程的兩次重要建議"(52)；黃瑤的"林彪三次提出打游擊"(53)；汪幸福的"林彪進軍東北第一仗"(54)；朱建堂的"毛澤東對東北解放戰爭初期的作戰指導——兼論毛澤東、林彪關於東北解放戰爭初期決戰問題的分歧"(55)；胡哲峰的"試論四平保衛戰中的毛澤東與林彪"(56)；李百齊的"毛澤東與林彪關係的發展演變及其歷史啓示"(57)；李百齊的"毛澤東與林彪關係芻議"(58)等。

這個時期還出版了大量有關解放戰爭史的書籍和研究文章，其中對於涉及林彪的事件通常不再去刻意地貶低或忽略。利用前一階段所積累的資料，這些書籍和文章所涉及到林彪研究的數量、範圍和深度都大大增加了，但囿於政治上的框框，除個別論文之外，一般的文著在觀點上依然少有新意。

這一時期的重要出版物包括：

《中國人民解放軍第四野戰軍戰史》(59)，作爲目前最權威的四野戰史，該書的出版可以說是集中了官方對這段歷史的觀點和評價，且"其篇幅爲各野戰軍戰史之冠"(60)。儘管有論者撰文堅持認爲"編史中，我們在充分肯定第四野戰軍黨委集體領導作用的同時，對林彪在當時的作用，無論是正確的或錯誤的，都作了恰當而準確的記述"(61)，但事實上在編寫戰史的過程中，對於林彪的歷史作用，仍然充滿著爭議(62)。

相比而言，更值得一提的是描述東北解放戰爭全過程的《東北解放戰爭紀實》(63)及《國共爭戰大東北》(64)。這兩部著作均引用了作者借閱或收集的大量有關資料，尤其是唐洪森的著作，引用各種戰役戰鬥總結、軍戰史、傳記、回憶錄、年譜、文選、資料匯集、地方黨史、根據地資料等達數百件，數量之多，範圍之廣，令人嘆爲觀止。但唐著過於注重資料的羅列，稍有堆砌之感。劉統所著所引資料亦非常豐富，且文筆流暢，敘事清晰，書中對林彪在根據地建設、部隊教育和訓練、戰役戰鬥指揮中的事迹和作用涉及廣泛，且採取了較爲客觀公允的敘述方式。

《國共兩黨爭奪東北紀事》(65)也是類似題材的作品，但較之上述兩部作品，敘事稍嫌簡略，材料亦欠豐富。

戰役史研究方面，李建國的《遼沈戰役研究》(66)和《平津戰役研究》(67)是全面研究這兩大戰役的力作。作者對這兩大戰役的決策過程、戰役經過、勝敗之關鍵都作了詳盡的分析，結論既有來自過去十幾年黨史研究的成果，也有來自作者自己的思考，給人以耳目一新的感覺。作者"將林彪的決策、部署視爲東北局、東北軍區、東北野戰軍領導的集體決策和部署"的觀點，被認爲是找到了公正客觀地研究遼沈戰役的切入口(68)。但作者限於條件，缺乏第一手資料，材料大多轉引自其它著作，這妨礙了其觀點的形成。對於一些熱點問題的分析，也難以做到更加深入細致。

平津戰役紀念館編寫的《平津戰役紀實》(69)和《走近最後的決戰——平津戰役參戰將士訪談錄》(70)是平津戰役史料叢書中的兩冊，在史料的把握、敘事的嚴謹等方面均有獨到之處，(70)其中搜集了不少該戰役參戰的中下級幹部戰士的口述或回憶錄資料，填補了這方面的空白(71)。陳德仁編著的《天津戰役研究》(72)中也搜集了不少口述及回憶資料。這些著作中均有部分涉及林彪的內容。

在各種刊物所發表的相關論文中，對東北解放戰爭的研究不再避諱涉及到林彪，但大部分研究集中在東北解放戰爭初期戰略方針、四平保衛戰及遼沈戰役決策等幾個熱點上。“較量：東北解放戰爭的最初階段”(73)、“解放戰爭過渡階段中共中央略取東北的戰略方針與部署”(74)、“毛澤東對東北解放戰爭初期的作戰指導——兼論毛澤東、林彪關於東北解放戰爭初期決戰問題的分歧” (55)、“抗戰勝利後中共中央對東北的戰略方針及其形成過程”(75)、“解放戰爭：得東北者得天下”(76)、“解放戰爭前期的國共和談與東北戰局”(77)等對抗戰後中共對東北戰略方針形成初期的過程進行了探討。“東北問題與四平決戰”(78)、“試論四平保衛戰中的毛澤東與林彪” (56)、“一九四六年國共四平之戰及其幕後”(79)、“細說四平保衛戰”(80)、“對四平保衛戰的沉思”(81)、“評價四平保衛戰必須正確認識和處理好幾個關係”(82)等則對1946年四平保衛戰的背景、戰略決策、戰役過程、評價問題等進行了廣泛深入地探討。有的論文還對東北解放戰爭初期的一些細節問題(83)進行了考訂。這些論文不可避免地都涉及到這一歷史時期中的林彪，除個別如朱建堂的文章(55)外，一般均採取較爲客觀公允的態度，肯定了林彪在中共中央對東北戰略方針的形成過程中的作用。但對於當時林彪和東北局領導的分歧，絕大多數論文均未提及或語焉不詳。對於涉及當時毛澤東所決策的一些問題，如四平保衛戰，往往從政略、戰略上分析得多，而從戰役、戰鬥角度分析得少，因而結論不免給人四平八穩、中規中矩的感覺。

還有一些對原有觀點或說法進行辨析的論文，如黃瑤的“對遼沈戰役中兩個有爭議問題的看法”(84)對廣爲流傳的遼沈戰役中林彪背著羅榮桓發出回師打長春電報一事，根據當時林彪秘書譚雲鶴的回憶及《陣中日記》的記載作了辨析，否定了這一說法；佟玉東的論文“毛澤東爲何同意打長春——試析遼沈戰役作戰方針形成過程”(85)選題角度新穎，就遼沈戰役前打長春這一決策，提出“毛澤東、中央軍委同意東北人民解放軍領導人攻打長春，並不僅是出於對前線指揮員的尊重，更非遷就，而是毛澤東、中央軍委審時度勢，經過慎重思考後的一種主動選擇"的觀點，和傳統的說法相比，更具說服力。"遼沈決戰時機問題考辨"(86)則提出了遼沈戰役的時機成熟於1948年5月，而之所以未能及時發起戰略決戰，主要是由於"東總"未能下定決戰的決心。

研究解放戰爭之前的林彪的論文不多，許多只是重複一些回憶錄或回憶文章中的說法，只有個別如"八路軍首戰平型關的決策"(87)較有新意。

個人回憶中涉及林彪的也逐漸增多，態度通常也更爲平和，有的回憶澄清了某些誤傳(88)，有的則使人們瞭解到有關林彪的一些細節(89)，也有的回憶錄對林彪持幾乎完全肯定的態度，如新近出版的《歲月艱難——吳法憲回憶錄》(90)，雖然作者本人立場的可能會影響回憶的客觀性，但不得不承認，戰爭年代中林彪麾下的許多中高級幹部確實都存在這種崇拜的心態。

三、對研究現狀看法及原因分析

總的來看，近十年來關於林彪的研究，無論從內容的廣度還是深度上都有所提高，研究者的態度也更趨於理性公允，但由於各種歷史和現實的因素，對許多問題的研究仍然難以深入。

目前全國范圍內成立的中共軍事人物的專門研究機構和刊物很多，除了毛澤東、周恩來、朱德、鄧小平外，各地還爲許多開國將帥成立了官方或半官方的研究機構和刊物，例如廣東的葉劍英研究會、葉劍英基金會、《葉劍英研究》雜誌等(91)。但對林彪而言，成立專門研究機構或出版專門的研究刊物則是不可想像的事。

在中共中央軍委所確定的36位軍事家中，和其他九位元帥軍事家相比較，對於林彪的研究是很薄弱的。例如，其他九位元帥分別由中央文獻出版社及當代中國出版社出版了傳記，由解放軍出版社出版了軍事文選，其中大部分人的年譜也已經由中央文獻出版社和人民出版社出版。而林彪則非但沒有專門整理出版其軍事方面的著作或年譜等資料，即連一本代表官方觀點的傳記也沒有，這無論如何是過於被冷淡了。

造成目前這種現狀的原因首先顯然是政治方面的因素。林彪目前仍然被作爲反革命集團的首領，官方說法一旦發生任何的松動都可能導致連鎖反應，因而維持原來的觀點是最省力的做法。但隨著中共逐漸放鬆對意識形態領域的控制，維持原有觀點的做法也越來越困難了。就目前對革命戰爭年代的林彪研究而言，政治方面的因素雖然仍然起著主導作用，但這種作用正在逐漸淡化，而其它方面的影響因素則逐漸凸現出來。

一個重要的影響因素是中共元老之間對林彪的歷史問題存在不同看法，有的還有著歷史上的恩怨，他們仍然可以通過其影響力對這方面的研究加以控制。《中國人民解放軍第四野戰軍戰史》編寫過程中的爭論實際上就折射出這種不同意見的影響。

據閻仲川的一份報告，在編寫《遼沈決戰》一書時，陳雲曾組織張秀山、王首道等寫過一篇綜述，彭真看後有意見，親自組織人寫了"東北解放戰爭的頭九個月"的文章，一起送到鄧小平處審閱。鄧小平認爲"這種問題不要再扯了"，指示將兩篇文章存檔。後來，彭真的文章經過簡單修改後，發表在《遼沈決戰(續集)》中，作爲該書第一篇定調子的文章，而張秀山等人的綜述，則仍被封存。《遼沈決戰》中由韓先楚組織編寫的"東北戰場與遼沈決戰"一文，也被指責犯有錯誤，認爲其對四平保衛戰的評價和中央不一致。1994年編寫《中國人民解放軍第四野戰軍戰史》時，陳雲和彭真都擔任了總顧問，陳雲去世後，寫作組基本上被彭真所左右，由彭真專門派了秘書坐鎮全程指導編寫四野戰史。在審稿會議上，蘇靜等提出的不同意見，未被採納，以致後來蘇靜要求辭去編寫組副組長的職務(92)。如此作爲也就難於客觀公正了。

東北解放戰爭初期除了東北局內部的矛盾分歧之外，還有不同地域或“山頭”的隊伍之間的矛盾。當時從關內進入東北的新老部隊之間，存在著“新兵新槍，老兵老槍”的現象。冀熱遼地方幹部地域主義、山頭主義的觀念濃厚，把好槍留給當地武裝，打仗卻把老部隊放在前面，對老部隊的生活困難也不設法積極解決，有的還在報紙上公開批評老部隊(93)，出關的部隊甚至持林彪親批的條子也領不到裝備(94)，造成雙方矛盾的激化。

另外，新成立的部隊紀律差、戰鬥力不強。林彪曾幾次向中央及東北局“告狀”：1945年11月24日19時林彪致電東北局、軍委，稱：“李運昌所部的游擊習氣甚重，自由脫離敵人，亦不與其上級保持聯絡”；1945年12月14日23時林彪致中央、東北局等的電報中非常憤怒地指責，“所見之李運昌部(3個旅)則無戰鬥力，對群眾紀律極壞，不但不能發動群眾，反而成爲群眾對我不滿，不但不能消滅敵人，反助長敵人之士氣，不但不能打土匪，且受土匪之勾引”，將李運昌所部說得簡直一無是處，這當然會引起李運昌等冀熱遼幹部的不滿。

文革中批判彭真、林楓、呂正操等人，又將老賬翻出，把彭、林、呂誣爲反革命集團(95)，把李運昌打成東北最大的無政府主義、本位主義、分散主義的頭子，從而使歷史上的恩怨又加上新的黨內鬥爭的積累。

當林彪倒臺之後，這些人自然很難客觀公平地去看待過去所發生的歷史，而傾向於完全否定當時林彪的所有做法和意見。如李運昌就撰文指責林彪在東北解放戰爭初期沒有採取積極措施援助山海關的部隊以及熱河東線戰役，林彪、黃永勝未執行軍委命令(96)。受其影響，一些刊物和著作中也沿用了這些觀點(97)(98)。

類似"新兵新槍，老兵老槍"這樣的問題，客觀上是由於當時蘇聯對國共雙方外交政策上的調整而引起的，並非李運昌等人有武器故意不發。但是，當時林彪所反映的情況基本上是真實的，新老部隊的矛盾也是客觀存在的，冀熱遼幹部中的本位主義現象也的確是有的。據李運昌稱，林彪當時就曾派洪學智、王亢、高文治組成清查小組到冀熱遼倉庫調查，未發現有武器而不發的情況(96)，但通過當時的一些電報，可以證實許多武器確被當地截留了下來(99)。

所謂林彪對於援助山海關部隊不力的說法，也是不符合歷史情況的。大量文獻表明，林彪對拒止國民黨軍進入東北的方針最初是堅決貫徹執行的，甚至提出堅守沈陽、變沈陽為馬德裡的主張(100)(101)(102)(103)。但是，林彪在執行過程中發覺我軍已參加作戰部隊因新兵多，缺乏訓練，戰鬥力弱，而黃克誠、梁興初等部尚未完全趕到，部隊長途行軍疲憊不堪，缺乏被裝彈藥，通信聯絡手段落後等弱點，完全不具備決戰的條件，因而果斷地改變了原有的決心(104)(105)。這一決心的變化，是符合實際情況的正確的做法，1947年5月21日陳雲給高崗的信中，將避免在錦州的決戰作為東北去年七月之前兩件大事之一(另一件大事是指從四平撤退)，予以了充分的肯定。

目前的研究中，這種由歷史恩怨而引入的觀點上的衝突是比較突出的，其影響的範圍較廣、時間也較長。

另一個突出的影響因素是資料匱乏的問題，目前公開出版的可供研究者使用的資料較少，還有不少資料至今尚未公開或只在小範圍內使用。如解放軍檔案館第四野戰軍全宗內收有1945年至1949年的相關檔案336卷、12505份，但該館不對個人用戶開放，普通研究者無法查閱和利用館中的檔案材料 (106)。

文革中各地、各種組織都曾印行過有關林彪生平的小冊子(107)，這些小冊子帶有鮮明的時代特徵，不乏對林彪的吹捧之辭。“九一三”事件之後，軍事科學院編寫過一系列批判林彪“資產階級軍事路線”的材料(108)，將林彪在遼沈、平津戰役指揮上和毛澤東的一些分歧意見以及林彪在東北的戰術總結和指示都上升到資產階級軍事路線的高度予以批判，也帶有明顯的時代色彩。這些材料，雖然目前不難找到，但其明顯受到政治氣候的影響，缺乏客觀性。

相比較而言，文革之前軍內編寫及印行過的一些和林彪有關的文章匯集、戰史、戰例等，由於尚未受到林彪大起大落的影響，具有較高的史料價值。如《林彪同志軍事論文選集》(109)、《林彪元帥軍事論文選集》(110)收錄了不少林彪在各個歷史時期有關軍事的講話和文章；《中國人民解放軍第四野戰軍第三次國內革命戰爭戰史(初稿)》(111)是第一部完整的四野戰史，其中有許多值得參考的內容(112)；《遼沈戰役作戰命令電報匯集》(113)、《平津張戰役資料匯集》(114)、《平津張戰役電報匯集》(115)等均收錄了大量戰役來往電文、戰鬥總結等材料；其它軍內編印的如《遼沈戰役講義(初稿)》、《關於遼沈戰役的學習材料》、《秀水河子殲滅戰》、《秀水河子戰鬥經過及主要經驗》等也都具有相當的史料價值。文革後的一些未正式出版的送審稿或討論稿 (116)或部隊爲編寫軍戰史而整理的專題材料 (117)中，也收錄了不少林彪指揮作戰的來往電報。但這些材料印量很少，流傳不廣，只有少數人可以看到或用於研究參考(118)，對大多數研究者來說無從利用。

四、今後研究的幾個方向

林彪作爲中共在革命戰爭年代的著名戰將，曾立下赫赫戰功。筆者認爲，應本著史學家的良知和對歷史負責的精神，真實客觀地反映林彪這一段的歷史，以利於更好地總結歷史經驗。對於革命戰爭年代林彪歷史的研究，目前仍然存在著許多需要填補的空白點及進一步深入研究之處。以筆者淺見，今後應更加注重以下幾個方向的研究：

(1)林彪軍事思想的研究。

這方面的研究基本上是空白。解放戰爭時期和五、六十年代各地都編印過林彪提出的一些戰術原則，六十年代解放軍編寫條令時還曾將這些戰術原則寫入。當時林彪並不贊成，認爲"條令是強加於人的，不能這樣搞"。甚至解放軍報要印林彪的戰術講話，林彪也不同意(119)。"九一三"事件後，對林彪的"六個戰術原則"又上升到資產階級軍事路線的高度進行了批判(120)。林彪的軍事思想顯然不僅僅只是片言只語的摘要及所謂"六個戰術原則"，無論繼承還是批判，都需要認真進行總結，但至目前爲止，似乎沒有人致力於這方面的工作。

應該承認，林彪在長期的戰爭生涯中形成了一套完整而獨到的軍事思想，他在根據地建設、作戰指揮、戰役戰術原則、部隊政治思想工作、部隊訓練教育和戰鬥作風培養等各方面的一系列電報、文章和講話(121)，是中共軍事思想的重要組成部分，也是對中華民族軍事思想的豐富和貢獻，對此應加以研究和總結。

在林彪軍事思想中比較突出的是對戰術經驗的總結和推廣。林彪對戰爭實踐中產生的戰術經驗及時進行總結，用簡潔生動的語言概括提煉出其中的戰術思想，再予以推廣普及，使部隊迅速掌握提高戰鬥力。如"一點兩面"、"三三制"戰術，就是林彪在上下汲台戰鬥中，親自檢查部隊的戰鬥動作，針對部隊在出擊、衝擊中隊形密集，戰鬥實施過程中正面平推、未斷敵退路等缺點總結提出的(122)；"四組一隊"則是1947年夏季攻擊四平未果，根據參戰部隊六縱十七師的戰鬥經驗總結而來(123)。過去所提到的"六個戰術原則"，其內容所涵蓋的既有戰術動作和戰法(如"三三制"、"四組一隊")、也有作戰指揮原則(如"一點兩面"、"四快一慢"、"三種情況三種打法")、還包括了戰鬥作風(如"三猛")等多個方面。雖然有些原則在現代戰爭背景下已經失去了其普遍意義，但不可否認，某些軍事思想和原則，不僅在過去，即使是今天或將來，也仍然有一定的指導意義。而過去所甚少涉及的如林彪的根據地思想、軍事訓練和教育方法、戰役主動權爭奪的手段、戰役指揮中兵力的集中與分散、戰鬥決心與目標時機的辯證關係等等，較之"六個戰術原則"，更值得深入地研究，不應該因人廢言。

(2)林彪軍事實踐的研究。

林彪在長期戰爭實踐中，形成了其特有的細致穩重、靈活善變的指揮風格。林彪親自指揮的戰役戰鬥數量眾多，目前的研究多集中在一些大的戰役(如遼沈戰役、平津戰役)或有名的戰鬥(如平型關戰鬥、四平保衛戰)。林彪在紅軍時期、解放戰爭時期所指揮或參與指揮的許多戰役戰鬥(如七溪嶺戰鬥、歷次反"圍剿"戰役、三下江南、東北夏季、秋季、冬季戰役等)及林彪在這些戰役戰鬥中的指揮藝術都還存在繼續深入討論的餘地。就目前而言，筆者認爲林彪在東北解放戰爭初期的戰爭實踐，如錦西反擊戰、秀水河子戰鬥、金山堡大窪戰鬥等，更值得進一步研究，因爲這一時期恰好是林彪軍事思想重要的形成時期，可涉及到林彪作戰思路的變化、戰術思想的形成、作戰指揮藝術的提高等各個方面。

在一些回憶與研究文章中對林彪軍事指揮的特點有過評論，但大部分較零散，缺少系統化的總結。甚至對於某些具有鮮明東北特色的指揮特點，也往往因作者或編寫者缺乏戰爭經驗和背景材料而無法做到深入透徹，令人有隔靴搔癢之感。比如越級指揮，是林彪在東北戰場作戰指揮的一大特色，很多書籍、文章中都提到了。但爲什麼東北能夠做到這一點，而其它各個戰略區則很少有這樣的事例？就很少有人說得清楚。軍史研究者因缺乏相關的背景知識，一般只是簡單地將之歸於林彪的指揮習慣或方式，從而容易引發對越級指揮優劣的爭議。事實上，之所以東北能夠做到越級指揮，首先是具備了能夠做到這一點的物質上的保障而不是林彪的指揮習慣或方式。因爲東北民主聯軍當時在通信器材、手段的保障方面具有遠遠優越於其它戰略區的優勢，使得上下情況的溝通非常容易、聯絡非常快捷，民主聯軍總部既能迅速對下面上報的情況進行綜合分析，定下決心，也能夠將這種決心快速地傳遞給一線部隊(通常是師或軍一級)而不必經過中間環節(縱隊或兵團一級)，這是實現越級指揮的最有力的保障。例如在東北夏季、秋季、冬季攻勢期間東北民主聯軍總部直屬電台有11部，直接派出電台6部，每個縱隊有電台10部。東總電台聯絡對象達81個，1部電台月收發電報最高爲23萬字 (124)。 而同一時期其它戰略區中條件較好的華東野戰軍司令部的電台只有3部，直至濟南戰役之後才有5個電台，淮海戰役之後才組成10個電台(125)。華東野戰軍下屬的縱隊通常只有2部電台可用於作戰指揮 (126)。 蘇靜在四野戰史編寫領導小組第二次會議上發言時(1997年3月27日)曾專門提到這個問題，認爲：“你們總結的基本經驗，每個小節也都講了，有的講得很有道理，但有的是一般化，沒有把有代表性的作戰特色寫出來。……我覺得不講你們也不一定清楚。所謂越權指揮你們在基本經驗總結裡也提到了，也就是越級指揮。爲什麼有做到這一點，你們說不清楚。……真正有用的，能起到越級指揮，能起到信號指揮的，是情報和通訊。沒有情報，怎麼指揮到前面去？在這點上東北的縱隊也好，兵團也好，有意見他也提不出來。為什麼，你不瞭解情況，我瞭解情況，我先指揮起來有什麼不好啊？這個你們沒有經驗，寫不透。”(92)

另外，過去對於林彪戰役指揮決策過程的研究，往往只注重來往電報、命令，而缺少對其它方面材料的綜合分析。例如，關於1948年春季林彪堅持打長春而與毛澤東產生分歧的問題，有的研究者認為是林彪缺乏全局觀念(26)，或沒有領會到毛澤東的高明之處(66)，這難免引起讀者對於毛澤東為什麼會同意林彪打長春的疑問。過去將這一點歸之於毛澤東對前線指揮員的“尊重”或“東北國民黨軍隊撤離東北的態勢尚不明顯”，顯然不足以有充分的說服力。有的研究者注意到這種矛盾，提出“毛澤東、中央軍委同意東北人民解放軍領導人攻打長春，並不僅是出於對前線指揮員的尊重，更非遷就，而是毛澤東、中央軍委審時度勢，經過慎重思考後的一種主動選擇”的觀點(85)，但作者為調和這個矛盾，將毛澤東和林彪的兩種顯然並不一致的意見解釋為“並不相悖”，這也是難以服人的。筆者認為，關於這個問題的分析，不能僅僅局限於雙方的電報來往而忽視其它方面的資料，尤其是國民黨方面的決策及其為中共所掌握程度的材料。根據中共情報史資料可知，當時東北已經建立了系統的敵軍情報系統，完全掌握了敵高層的動態。1948年11月東北社會部報中央情報部的“關於情報工作綜合報告”中稱：“綜合九個月來，我們所獲得的軍事情報包括戰略動向、軍事行動、戰鬥序列、兵力駐地、補充增援、編制裝備等，從作用上來說，敵人在東北的戰略動向和軍事行動，我們從4月後基本上都能取得”。對於國民黨高層醞釀撤退，以及因各派系利益不同和對局勢的錯誤判斷而拖延下來的情況，由於東北和中共中央在獲得這些情報的時間上顯然有先後的差異，雙方在分析局勢時所掌握的情況也存在一個時間差的問題。瞭解了這一點，對於林彪和毛澤東爲什麼在打長春這個問題上產生不同的判斷，而之後雙方意見又歸於一致，就能得到合理的解釋。

(3)林彪在戰爭年代的經歷、作用和評價問題的研究。

早年林彪的歷史，如林彪在共進中學、黃埔軍校的經歷和在北伐戰爭中的表現，南昌起義後林彪隨朱德、陳毅上井岡山的經歷，以及林彪在歷次反圍剿戰爭中的情況，這方面的研究較少，幾乎是空白。由於原始資料的缺失，目前不得不主要依賴口述資料，而這些資料因口述者立場、情緒或編寫者的好惡、知識水平等因素干擾，往往真假摻雜，容易造成誤用。比如《文強口述自傳》(127)中有關於林彪早年在黃埔軍校的一些回憶，情節頗爲生動。但該口述資料被發覺存在大量史實錯誤(128)，對這麼一本錯誤百出的口述資料，試問誰敢輕信呢？

抗日時期林彪對抗大建設、對軍事教育都有其貢獻，但較少被提及。林彪在蘇聯養傷的經歷，也是值得研究的一個方向。

對林彪在東北解放戰爭初期的作用和評價，也應該進一步肯定。研究這個時期的林彪，不應該回避他和中央、東北局，尤其是和彭真等人的意見分歧，對於林彪當時正確的一些做法，應該予以肯定。有的研究者(55)過於誇大了毛澤東、林彪在這段時期內的分歧，對這段時期內國共雙方的力量對比缺乏科學地分析，完全否定林彪這一時期內已經被實踐所證明的正確意見，這種觀點是值得商榷的。

總之，雖然近十年來對林彪的研究逐步深入，但因受到政治上以及各種人爲因素的影響，也受到史料匱乏的限制，進展不大。隨著學術上寬鬆環境的形成、史料開放程度的進一步增加，今後在這個方面有望取得更多的成果。

注釋：

(1)丁守和、方孔木，“關於黨史研究中的問題”，《近代史研究》，1980年第2期。
(2)李德江，“對林彪與‘紅旗到底打得多久’問題的探討”，《黨史研究資料》第5期，1980年3月。
(3)如袁旭在“關於平型關戰鬥的評價問題”(《近代史研究》1983年第4期)的文章中，就以“前線指揮員”來指代林彪。
(4)陳雲，“關於《遼沈決戰》一書的談話”，《中共黨史資料》第10輯，1984年10月；《遼沈決戰(上)》，人民出版社，1988年10月。
(5)《黨史資料徵集通訊》1985年第四期，轉引自《黨史通訊》1985年第6期。
(6)《黨史通訊》1984第11期，中共中央黨史研究室編。
(7)《中央蘇區第四次反“圍剿”——江西黨史資料第20輯》，1991年12月。
(8)《中央蘇區第五次反“圍剿”——江西黨史資料第21輯》，1992年1月。
(9)《紅軍滇黔馳騁史料總匯(中集)》，軍事科學出版社，1990年2月。
(10)“關於遼沈戰役的文獻十四篇”，《黨的文獻》，1989年第5期。
(11)“平津戰役作戰電報選登”，《黨的文獻》，1990年第1期。
(12)“進軍中南作戰電報選登”，《黨的文獻》，1990年3月。
(13)《中國人民解放軍歷史資料叢書——遼沈戰役》，解放軍出版社，1993年2月。
(14)《中國人民解放軍歷史資料叢書——平津戰役》，解放軍出版社，1991年10月。
(15)《陣中日記》，中共黨史資料出版社，1987年10月。
(16)《遼沈決戰》，人民出版社，1988年10月。
(17)《遼沈決戰(續集)》，人民出版社，1992年10月。
(18)《四戰四平》，中共吉林省委黨史工作委員會，1988年8月。
(19)《四保臨江》，中共吉林省委黨史工作委員會，1987年11月。
(20)《拉新之戰》，中共吉林市委黨史研究室，1991年1月。
(21)《黎明鏖戰——解放營口之戰》，中共黨史出版社，1994年9月。

(22)《廣西戰役》，廣西人民出版社，1992年5月。

(23)《毛澤東軍事年譜》，廣西人民出版社，1994年8月。

(24)姚傑，“論遼沈戰役中的林彪”，《中共黨史研究》，1990年第4期。

(25)黃少群，“朱德、陳毅、林彪與古田會議”，《黨的文獻》，1993年第4期。

(26)王永林，“遼沈戰役中林彪為何對南下北寧線作戰遲疑不決”，《軍事歷史》，1994年第2期。

(27)《中區風雲——中央蘇區第一至第五次反“圍剿”戰爭史》，黃少群著，中共中央黨校出版社，1991年3月。

(28)劉廣志編著，《平津戰役史》，河南大學出版社，1994年4月。

(29)程玉，“翔實客觀公允，再現歷史全貌——《平津戰役史》簡評”，《開封大學學報》，1994年第2、3期。

(30)唐洪森著，《東北解放戰爭研究》，遼寧大學出版社，1993年11月。

(31)周宏雁、袁偉，“平津戰役作戰方針的探討”，《黨史通訊》，1985年第2期。

(32)周宏雁，“遼沈決戰方針的確立”，《黨的文獻》，1989年第5期。

(33)傅國禎，“略論平津戰役的軍事戰略和政治戰略”，《黨的文獻》，1990年第1期。

(34)黎連榮，“實施戰略追擊，横掃中南殘敵”，《黨的文獻》，1990年第3期。

(35)畢健忠，“不攻塘沽先打天津決策是怎樣形成的”，《軍事歷史》，1994年第6期。

(36)《揭發林彪在歷史上反毛主席、反黨的罪行》，1972年5月。

(37)《東北解放戰爭紀實》，長征出版社，1988年11月。

(38)《東北戰場風雲錄》，中共黨史資料出版社，1988年9月。

(39)《雪野雄風——留在東北戰場的記憶》，白山出版社，1988年8月。

(40)《遼沈大決戰》，遼寧大學出版社，1987年11月。

(41)《大決戰——遼沈戰役》，我八一電影製片廠，1991年。

(42)張正隆著，《雪白血紅》，解放軍出版社，1989年8月。

(43)林青山著，《林彪傳》，北京知識出版社，1988年。

(44)少華、游胡著，《林彪這一生》，湖北人民出版社，1994年8月。

(45)汪傑，“《林彪傳》的失誤及其教訓”，《中共黨史研究》，1990年第1期。

(46)《紅軍長征檔案史料選編》，中央檔案館，1996年9月。

(47)《三下江南》，中共長春市委黨史研究室，1997年12月。

(48)《羅榮桓年譜》，人民出版社，2002年11月。

(49)《聶榮臻年譜》，人民出版社，1999年10月。

(50)胡哲峰、于化民著，《毛澤東與林彪》，廣西人民出版社，1998年11月。

(51)彭紅英、余世誠，“關於林彪研究的幾個問題”，《北京科技大學學報(社會科學版)》，2002年第1期。

(52)胡哲峰，“影響平津戰役進程的兩次重要建議”，《百年潮》2000年第6期。

(53)黃瑤，“林彪三次提出打游擊”，《縱橫》，2005年第5期。

(54)汪幸福，“林彪進軍東北第一仗”，《黨史博覽》2005年第9期。

(55)朱建堂，“毛澤東對東北解放戰爭初期的作戰指導——兼論毛澤東、林彪關於東北解放戰爭初期決戰問題的分歧”，《湖北大學學報(哲學社會科學版)》，2003年第6期。

(56)胡哲峰，“試論四平保衛戰中的毛澤東與林彪”，《軍事歷史研究》，1996年第4期。

(57)李百齊，“毛澤東與林彪關係的發展演變及其歷史啟示”，《勝利油田職工大學學報》，1999年第3期。

(58)李百齊，“毛澤東與林彪關係芻議”，《山東電大學報》，1999年第3期。

(59)《中國人民解放軍第四野戰軍戰史》，解放軍出版社，1998年10月。

(60)畢建忠，“真實的記錄——評《中國人民解放軍第四野戰軍戰史》”，《中共黨史研究》，1999年第4期。

(61)洪學智，“光輝的歷程，真實的紀錄——寫在《中國人民解放軍第四野戰軍戰史》出版之際”，《軍事歷史》1999年第1期。

(62)在閻仲川1999年9月20日給中央軍委江主席，張、遲副主席的報告“把歷史的面貌還給歷史——對四野戰史的幾點意見”中，提到“最後審稿會議上，發生了激烈的爭論，主持會議的組長洪學智態度極不正常，把提意見的人誣為胡攪蠻纏，後來發展到蘇靜、劉振華兩位副組長認為洪一意孤行，嚴重篡改歷史，感到自己承擔不了這個歷史責任。向中央報告，要求辭去副組長的職務。”

蘇靜於1997年11月28日去世，在最後出版的四野戰史中，未將其列為編寫小組的成員。

(63)劉統，《東北解放戰爭紀實》，東方出版社，1997年8月。

(64)唐洪森，《國共爭戰大東北》，科學普及出版社，1999年5月。

(65)朱建華、朱興義編著，《國共兩黨爭奪東北紀事》，吉林人民出版社，1999年1月。
(66)李建國，《遼沈戰役研究》，湖南人民出版社，1998年7月。
(67)李建國，《平津戰役研究》，湖南人民出版社，2004年12月。
(68)李聲笑，"簡評《遼沈戰役研究》"，《湘潭大學學報(哲學社會科學版)》，1999年第1期。
(69)《平津戰役紀實》，天津人民出版社，1999年1月。
(70)《走近最後的決戰——平津戰役參戰將士訪談錄》，天津人民出版社，2002年6月。
(71)參戰高級將領的回憶許多可以在過去出版的《紅旗飄飄》等回憶錄集中找到。
(72)陳德仁編著，《天津戰役研究》，2003年4月。
(73)金沖及，"較量：東北解放戰爭的最初階段"，《近代史研究》，2006年第4期。
(74)陳廉，"解放戰爭過渡階段中共中央略取東北的戰略方針與部署"，《軍事歷史》，2002年第2期。
(75)王永君，"抗戰勝利後中共中央對東北的戰略方針及其形成過程"，《中共黨史研究》，2001年第4期。
(76)畢健忠，"解放戰爭：得東北者得天下"，《軍事歷史》，1999年第1期。
(77)劉信君，"解放戰爭前期的國共和談與東北戰局"《學習與探索》，1998年第5期。
(78)鄧野，"東北問題與四平決戰"，《歷史研究》，2001年第4期。
(79)楊奎松，"一九四六年國共四平之戰及其幕後"，《歷史研究》，2004年第4期。
(80)汪幸福，"細說四平保衛戰"，《黨史博覽》，2005年第1期。
(81)畢健忠，"對四平保衛戰的沉思"，《軍事歷史》，1996年第3期。
(82)陳守林，"評價四平保衛戰必須正確認識和處理好幾個關係"，長白學刊1996年第6期。
(83)唐洪森，"東北解放戰爭初期提出保衛大城市如同'保衛馬德裡'的口號由來"，《世紀橋》，2002年第3期。
(84)黃瑤，"對遼沈戰役中兩個有爭議問題的看法"，《軍事歷史》，2003年第2期。

(85)佟玉東，“毛澤東為何同意打長春——試析遼沈戰役作戰方針形成過程”，清華大學碩士學位論文，2004年5月。

(86)葛仁鈞，“遼沈決戰時機問題考辨”，《遼寧大學學報(哲學社會科學版)》，2006年第1期。

(87)蔣健，“八路軍首戰平型關的決策”，《文史精華》，2004年第6期。

(88)如譚雲鶴的回憶文章“遼沈、平津戰役時我給林彪當秘書”，《軍事歷史》，2003年第3、4期。

(89)如羅舜初的回憶文章“我所接觸和認識的林彪”，《百年潮》，2005年第3期。

(90)吳法憲著，《歲月艱難——吳法憲回憶錄》，香港北星出版社，2006年9月。

(91)薛海玲，“二十多年來中國人民解放軍軍事家研究述評”，《軍事歷史研究》，2003年第2期。

(92)閻仲川，“把歷史的面貌還給歷史——對四野戰史的幾點意見”，1999年9月20日。

(93)劉其人、徐斌洲1945年12月23日給東北局的報告。

(94)康綱聯著，《穿過硝煙的歲月》(胡繼成口述回憶錄)，康綱聯著，長征出版社，2003年2月。

(95)文革中大量批判材料，如《徹底砸爛彭真、林楓、呂正操“桃園三結義”反革命集團》等，公開了部分東北解放戰爭中東北局的一些矛盾分歧。

(96)“關於一九四五年冀熱遼出關部隊工作報告”，李運昌，1979年3月。

(97)《冀熱遼人民抗日鬥爭史資料通訊》，第75期，1983年5月15日。

(98)杜士林著，《先機挺進東北——山海關兩戰史稿》，社會科學文獻出版社，1995年9月。

(99)劉其人、徐斌洲1945年12月23日給東北局的報告中提到，“李運昌西運一萬枝槍、六百挺輕機，除到承德二千外，餘無下落，據傳三千支發冀東民兵，劉親見平泉3BB部(3旅旅部)倉庫密存1500支三八式步槍，地武民兵成分很壞背好槍，並有集體帶槍叛變大約2000之眾，外來幹部意見很深。”

(100)林彪1945年11月4日關於作戰方針補充意見向毛主席的報告。

(101)林彪1945年11月4日關於準備堅守沈陽變沈陽為馬德裡的補充意見致彭真、陳雲電。

(102)林彪1945年11月9日關於作戰計劃指揮關係、戰區劃分等問題的指示。

(103)林彪等1945年11月15日關於側擊向山海關前進之敵致黃克誠等電。

(104)林彪等1945年11月16日關於放弃山海關後我作戰計劃向毛主席的報告。

(105)林彪1945年11月21日致軍委、彭、羅，目前應避免倉皇應戰應讓敵拉長分散後再選弱點突擊電。

(106)《中國人民解放軍檔案館指南》(第一冊)，中國人民解放軍檔案館，1993年9月。

(107)如文革前發表，1971年又被大量印發的《東北解放戰爭時期的林彪同志》(周赤萍著)、文革中造反組織印行的《光輝的榜樣——林副主席光輝戰鬥歷程》(北京對外貿易學院革命委員會貿院紅旗編輯部)、《光輝的榜樣——林彪副統帥革命鬥爭史》(首都紅代會新北大井岡山兵團)等。

(108)如軍事科學院戰史研究部編寫的《關於遼沈戰役中兩條軍事路線鬥爭的問題》、《關於平津戰役中兩條軍事路線鬥爭的問題》、軍事科學院編寫的《批判林彪的"六個戰術原則"》等。

(109)《林彪同志軍事論文選集》，中國人民解放軍南京軍區司令部編印，1960年12月。

(110)《林彪元帥軍事論文選集》，中國人民解放軍沈陽軍區步兵學校翻印，1964年1月。

(111)《中國人民解放軍第四野戰軍第三次國內革命戰爭戰史(初稿)》，中國人民解放軍廣州軍區司令部印，1960年3月。

(112)如通過該戰史，我們可以瞭解到當時軍內對四平保衛戰所持的看法，認為"就戰略而論，四平保衛戰是失敗的"，這顯然不同於文革之後關於這段歷史的主流看法。

(113)《遼沈戰役作戰命令電報匯集》，中國人民解放軍高等軍事學院訓練部翻印，1959年8月。

(114)《平津張戰役資料匯集》，中國人民解放軍高等軍事學院訓練部翻印，1959年10月。

(115)《平津張戰役電報匯集》，軍事學院軍事學術史教授會，1953年5月。

(116)如《中國人民解放軍歷史資料叢書——戰略防禦？文獻六(討論稿)》，中國人民解放軍海軍政治部編研室，1994年9月。

(117)如《靈活果斷的殲滅戰——三下江南中的二打靠山屯》，一一六師黨史資料徵集小組，1984年12月。

(118)如汪洋著《十次突擊》(軍事科學出版社2002年3月出版)中"靠山屯戰鬥"一文，即參考了《靈活果斷的殲滅戰——三下江南中的二打靠山屯》這份專題材料，但可能是整理者不熟悉其使用材料的情況(因汪洋去世)，故在注釋中未能標出。

(119)"林彪元帥在條令驗收委員會上的講話(一九六一年二月二十四日)"，《各位元帥關於司令部工作的指示》，中國人民解放軍軍事科學院戰術研究部，1963年1月。

(120)《批判林彪的"六個戰術原則"》，軍事科學院，1974年6月。

(121)解放後，林彪對國防戰略方向、反侵略戰爭的設想、部隊政治思想工作、軍事訓練工作等也提出過許多意見和看法，這也應該是林彪軍事思想的組成部分。因該部分不屬於本文所論述的範圍，在此不做贅述。

(122)《中國人民解放軍步兵第三十八軍第三次國內革命戰爭戰史(初稿)》，中國人民解放軍步兵第三十八軍司令部編印，1956年8月。

(123)《攻堅老虎——中國人民解放軍步兵第一二八師師史》，黃河出版社，1997年9月。

(124)張瑞，"戰役通信的組織與實施"，《遼沈決戰中的通信兵》，白山出版社，1994年5月。

(125)沈仲陶，"我在野司電台工作回憶片段"，《新四軍、華東軍區第三野戰軍通信兵史料回憶選編》(第六輯)，南京軍區司令部通信兵史編寫組，1991年3月。

(126)王振芳，"我在解放戰爭時期作通信工作的一些情況"，《新四軍、華東軍區第三野戰軍通信兵史料回憶選編》(第三輯)，南京軍區司令部通信兵史編寫組，1988年1月。

(127)《文強口述自傳》，中國社會科學出版社，2003年1月。

(128)何蜀，"僅有記錄是不夠的——《文強口述自傳》指瑕"，《書屋》，2003年第8期。

中篇

林彪與文革

到底是林委托，還是毛委托？

余汝信

1966年2月江青在上海召集的部隊文藝工作座談會(以下簡稱“座談會”)，文革中被稱爲“是我國文化鬥爭史上非常重要的一次會議。”(1)會後經毛澤東三次審閱修改後定稿的《林彪同志委托江青同志召開的部隊文藝工作座談會紀要》(以下簡稱“紀要”)，當時亦被稱爲“是我國無產階級文化大革命的一個極其重要的文件”。(2)

帶隊參加座談會的劉志堅(時任總政副主任)，文革後於1989年發表了回憶錄《<部隊文藝工作座談會紀要>產生前後》。(3)劉志堅的回憶錄值得重視，原因有三：一，參加座談會人員中，目前從公開渠道所知僅劉志堅留有此過程的回憶；二，此後幾乎所有論及“紀要”產生過程的著述，都是直接或稍改頭換面抄自該回憶錄；三，儘管有不少套話，但並不妨礙它從不同側面揭示了相當一部分歷史真相。

在未有其他參照物的情形下，本文論述的主要依據，也只能是出自於劉志堅的回憶錄。

一、“座談會”是江青提出召開的

劉志堅的回憶錄稱：

> 1966年1月下旬，林彪讓葉群打電話給當時總政治部主管宣傳、文化工作的我說：江青要找幾個部隊搞文藝工作的、管文藝工作的同志談談部隊文藝工作問題。參加的人不要太多，只要四五個人，去幾個什麼人，你同蕭華商量，把名單報“林辦”，最

好蕭華去。葉群還說：可能要研究三大戰役的創作，你們準備一下。

根據劉志堅以上回憶，可以得知：座談會的事，是江青找到了林彪，而不是林彪去找的江青。而且，我們至今尚不知道江青此舉到底是個人的行為還是毛澤東的意思(按常理推測應是後者，但目前並無直接證據)，如江青對林聲言是毛的旨意(這是江青慣用的手法)，林彪又豈能對其置之不理？劉志堅說他與總政的人"都毫無思想準備，不知道要談什麼問題，怎麼談法"，其實葉群也不知道江青葫蘆裡到底賣的什麼藥，以為只是"談談部隊文藝工作問題"，"可能要研究三大戰役的創作"。

江青在1967年4月軍委擴大會議上如是說："這個文藝座談會的紀要，是請了你們'尊神'，無產階級專政的'尊神'來攻他們，攻那些混進黨內的資產階級代表人物，那些資產階級反動'權威'，才嚇得他們屁滾尿流，繳了械。為什麼這麼有威力呢？就是因為有軍隊支持，他們怕人民解放軍。"江青的話也就道破了真相：是她請的"尊神"，而不是"尊神"去請她。(4)

我把這個情況向蕭華作了匯報。二人研究，決定由當時的文化部長謝鏜忠、副部長陳亞丁、宣傳部長李曼村參加。誰帶隊呢？我執意請蕭華去，因葉群說最好蕭華去。蕭華一再推辭。要我去，說："我事情很多，身體又不好，文藝方面的情況又瞭解不多，你是主管宣傳文化的，瞭解情況，還是你去。"我只好同意。名單經總政黨委會通過後由我電話告訴了葉群。葉群說：名單可否，她要向江青報告。讓我等電話。此時，總政新調任為文化部長的謝鏜忠還正以他原來擔任的總政群眾工作部部長的身份在東北某部農場處理問題。我即讓人催他趕快回京上任。同時，李曼村還要《星火燎原》編輯部黎明準備三大戰役的資料，以備研究三大戰役創作之用。過了幾天(這時我因重感冒住進了三〇

> 一醫院)，葉群回電話說：江青同意這幾個人去座談，但開會的時間、地點，要由江青確定，你們等候江青秘書的電話通知。

劉志堅、謝鏜忠、李曼村，都是文革初期毛澤東路線在軍隊中的積極貫徹者。劉志堅不久後是第一個全軍文革小組的組長，又與謝鏜忠代表軍隊參加1966年5月設立的中央文化革命小組，劉任副組長，謝任組員；謝鏜忠、李曼村還是1967年1月改組後的全軍文革小組副組長。劉、謝、李1967年先後"靠邊站"，文革結束前後又重新恢復工作，這是後話。

參加座談會的四人之中，陳亞丁運氣差了點。陳在文革中受到衝擊，1975年一度復出，主持重新設立的總政文化部工作，"粉碎四人幫"後被視爲"四人幫"在軍隊中的代理人又遭批判，自此從政壇上消失。劉志堅回憶錄中對陳亞丁似也"另眼相看"，很多事都往陳身上推。很可惜的是我們今天並不知道陳本人對此有何說法。

此外，劉志堅上述關於謝鏜忠的敘述可能有誤。1965年，總政文化部領導班子調整。當年7月，原任總政群眾工作部部長的謝鏜忠調任文化部部長，遺缺由鮑奇辰於次月接任。劉志堅說謝經任命後半年尚未到職，似不確。(5)

> 到這個時候，江青開這個會怎麼個開法，座談些什麼，我們總政的同志仍不知道。我向蕭華提出，是否先商量一下，對部隊文藝工作要有個統一的看法。蕭華同意，親自帶李曼村、謝鏜忠和陳亞丁到醫院我的病房，研究去上海後談些什麼、怎麼談的問題。關於部隊文藝工作，大家一致認為：全軍剛舉行過第三屆文藝會演，出了像"豐收舞"、"洗衣舞"等一些好的作品，有的經毛主席和周總理看過，並肯定了，部隊文藝工作的方向是對的，成績是主要的，毛主席關於文學藝術的兩個批示上指出的那些問題，部隊沒有搞，搞的是現代題材，部隊題材。關於會議的開法，大家也搞不清江青想怎麼開。研究結果，幾個人共同的意

> 見是：江青如果對部隊文藝工作有什麼批評，不要當面爭辯，就是“帶耳朵聽”，少發表意見。江青這個人疑心大、脾氣也大，對她的話，要多聽少說，有什麼問題帶回來研究再說。對地方文藝工作情況不瞭解，不要隨便表態；關於部隊文藝工作的情況，可以如實匯報。

所謂“幾個人共同的意見”，尤其是1966年初已能直言“江青這個人疑心大，脾氣也大”，是否確有其事？難以查證，總使人有些懷疑就是了。不過，“有什麼問題帶回來研究再說”就並非如此。四人尚未回京，“紀要”初稿已經草成。

> 1月底，江青秘書電話通知我說，江青確定會議在上海開，你們2月2日就來上海。在出發去上海的前一天(2月1日)，葉群又給我家裡打電話，說林彪有幾句話，要轉達給江青，接著一字一句念了林彪的話。林彪說：“江青同志昨天到蘇州來，和我談了話，她對文藝工作方面在政治上很強，在藝術上也是內行，她有很多寶貴的意見，你們要很好重視，並且要把江青同志的意見在思想上、組織上認真落實。今後部隊關於文藝方面的文件，要送給她看，有什麼消息，隨時可以同她聯繫，使她瞭解部隊文藝工作情況，徵求她的意見，使部隊文藝工作能夠有所改進。部隊文藝工作，無論是思想性和藝術性方面都不能滿足現狀，都要更加提高。”我一字一句記錄後，葉群又叫我復述了一遍，她逐字逐句作了核對。之後，葉群又交待，我們同江青見面後，首先要當面把林彪的話傳達給江青。

林彪所說，都是些應景的話，且僅限於部隊文藝工作，公平地說，並無過分之處。

二．江青一人談的"座談會"

劉志堅接著回憶道：

2月2日上午，我們一行6人(包括秘書劉景濤、編輯黎明)乘飛機去上海，為行動方便，6人都著便服，到上海後住延安飯店。

當天下午，江青先派人送來《毛主席於1944年在延安看了<逼上梁山>後寫給平劇院的信》等3份文件，要我們先看看。接著又派張春橋把我接到"丁香花園"江青住處談話。我向她報到後，原原本本轉達了葉群讓轉達的林彪的那幾句話。江青聽後微微笑了笑，說："請你們來，不是開什麼會，主要是看電影，在看電影中講一點意見。"這次見面是報到性的，江青沒多說什麼就結束了。下午5點鐘，江青又叫我、李曼村、謝鏜忠、陳亞丁等人到錦江飯店小禮堂見面並談話(張春橋在座)。一開始，江青就宣布了幾個不准："不准記錄，不准外傳"，特別"不准讓北京知道"。還查問我們帶竊聽器沒有。接著，她就談了一通文藝方面的問題，說"我們的文藝界不像樣，讓帝王將相、才子佳人、洋人死人統治舞臺"，"有一條與毛主席思想相對立的反黨反社會主義的黑線專了我們的政。""現在該是我們專他們的政的時候了"。"現在的論戰，還只是前哨戰，決戰時機尚未到來"江青這個講話實際上為座談會和後來的"紀要"定了調子。江青講話後，上海市委書記陳丕顯請參加座談會同志一起吃晚飯。晚上同江青一起看電影《逆風千里》。這樣，"座談會"就算開場了。

劉志堅這裡無意中揭了陳丕顯的老底——座談會不僅張春橋參與了，陳丕顯也知情。這一頓晚飯，陳丕顯在自己的回憶錄中是絕對不會提及的。

從2月2日下午開始，到20日結束，“座談會”分兩段：2日下午至10日為一段；16日至20日為一段。其中10日至15日沒有開會，因為2月9日下午江青說她有事，“座談”得停幾天。我當即給林彪辦公室打電話，匯報了江青同我們四次談話的精神，並請指示。2月10日，我和李曼村乘飛機回京處理工作，16日返回上海繼續開會。

劉志堅向林辦的匯報“並請指示”，沒有下文。可見林彪對座談會既不積極，也不重視。

“座談會”沒有個日程安排，也沒有個議題，每天的活動都聽江青安排。她說談就談，說不談就散。11天裡，主要活動是四項：

1、看電影、戲劇。這是“座談會”的主要活動，先後看了30多部電影和三場戲。每天放什麼電影，什麼時間放，都由江青安排。她到場看電影13次，指定放映影片21部。在看電影、看戲過程中，她想起什麼就談什麼，不讓別人插話。我們4人只是聽她談，有時她問什麼，回答一下，一般不插話。張春橋、陳伯達有時也來看電影，隨著江青的話插幾句。

2、個別交談和集體座談。個別交談8次，每次半小時至1小時。大多是吃過中午飯後，江青秘書來電話叫我去。每次談話，江青都沒有什麼提綱，而是想到哪兒講到哪兒，經常內容重複，有時一個問題沒談完又談另外一個問題。每次我一去她就講，不問什麼，也不讓插話，她講累了就散。因為江青規定談話內容不許記錄，我只好每次聽江青談話回來，就憑記憶給李曼村、謝鏜忠和陳亞丁說一說，並讓陳亞丁作些追記，以備回去作匯報用。

據我當時的日記和回憶，江青找我的8次談話的內容是：第一次，就是剛到上海報到的那一次，主要是我轉達林彪的那幾句話；第二次是2月3日下午，主要是江青談她怎樣給毛主席當秘書，當“文藝哨兵”，如何親自買票下劇場，發現京劇存在很多問題，無論是內容、表現方法、唱腔等方面都不行，毛主席的批示沒有得到貫徹，所以她要搞京劇革命；第三次是2月5日下午，講京劇改革要改唱腔，舞蹈動作，難度很大；第四次是2月8日晚上，講外國電影問題；第五次是2月9日下午，講她搞京劇改革遇到的困難，北京市委不支持；第六次是2月16日下午，談文藝工作，也談到對一些影片，如《抓壯丁》等的看法；第七次是2月17日下午，談要修改電影《南海長城》問題；第八次是2月17日晚，談要趁參加過三大戰役的人還在，軍隊要負責把三大戰役寫出來。有幾次談話中，還談到三十年代的文藝問題。

集體座談一共4次：2月2日晚見面談一次；2月9日晚接見《南海長城》劇組談話一次；2月18日、19日下午集體聽江青談話兩次。集體座談也是江青一人講，大家聽，講完就散。

3、閱讀有關文件和材料。江青神秘地給我們4人閱讀了毛主席的兩篇著作。一篇是《毛主席於1944年在延安看了<逼上梁山>後寫給平劇院的信》，(6)另一篇是《毛主席同音樂工作者的談話》。還閱讀了上海文藝界整風的情況等九個有關文藝工作的材料。江青非常神秘地交待，這些材料，只供你們幾個閱讀，不准傳出去。

4、江青接見《南海長城》的導演、攝影師和部分演員，同他們談話三次。主要談她看了《南海長城》樣片後的看法和修改的意見。她認為既然叫《南海長城》，就不能只有民兵，還要有陸軍、海軍和空軍，現在這個樣子不行，人物表演、藝術，都不行，要進行修改等等。

在“座談會”期間，楊成武路過上海，去看了江青，同時也看過我們，說：江青抓部隊文藝工作，機會難得，要很好重視。

整個“座談會”實際是江青一人談，我們4人始終貫徹了臨行前一起商定的“多聽少說”、“不爭論”的原則，很少發表意見。江青也不讓我們多插話。

回憶錄接著敘述了江青談話的五點主要內容，因爲是以1980年代的思維方式寫的，多爲事後的批判言語，意義不大，故本文略去未引。

注意上文中有關楊成武的敘述。楊成武說：江青抓部隊文藝工作，機會難得，要很好重視——這是楊成武當時的真實面目。劉志堅加這麼一句，不知是否“別有用心”？

三、“紀要”首稿的產生過程

劉志堅在回憶錄中以“‘紀要’的炮製”爲題，敘述了“紀要”首稿的產生過程：

> “座談會”結束後，產生了一個“紀要”。這個“紀要”原來是我們4人，為準備回京後向總政黨委匯報，而起草的一個記錄江青談話精神的匯報提綱。後來經過江青、陳伯達、張春橋親手炮製，大量增刪，反復改寫，增加了許多原來沒有的東西，內容和面貌大變，變成了一個以“座談會”為名，實為江青、陳伯達、張春橋一夥推行“左”的文藝思想和意見的所謂“座談會紀要”。從我們4人起草的第一個匯報提綱稿子算起，先後寫了8個樣稿，反復修改達30次之多，字數由3000來字增加到10000多字，毛澤東曾三次親自對“紀要”稿作了重要修改。
>
> 2月19日，江青說沒有什麼可說的了，她有事，暫告一段落，你們可以回去了。我當時想，看了10多天電影，江青談了這麼些沒有條理的、零零碎碎的話，總得理出個頭緒來，回去才好向總政黨委匯報。於是我同李曼村、謝鏜忠、陳亞丁一起，根據江青多次談話的精神和陳亞丁的“追記”，逐段逐句進行了討論，並由黎明記錄，陳亞丁修改，寫成了《江青同志召集的部隊文藝工作座談會紀要》(以下簡稱“匯報提綱”)。

劉志堅以上敘述，至少可以使我們明白了如下幾個問題：

1、按劉志堅在前文中的說法，江青在談話一開始就宣布“不准記錄，不准外傳”，“不准讓北京知道”。江青強調談話不准記錄，不僅避忌自己的談話外傳，且更沒有將談話整理成文的設想。

2、按劉志堅自己的說法，他們四人臨離京時“共同的意見”只是“帶耳朵聽”，但劉志堅在座談後卻要陳亞丁對江青的談話進行追記，這不僅違背了江青本人的意願，也違背了他們自己共同的意見(如果真的是有這麼一個“共同的意見”的話)。

3、林辦對江青的談話如何處理並沒有作過任何具體指示。

4、《江青同志召集的部隊文藝工作座談會紀要》，是劉志堅覺得江青談話重要，要向總政黨委匯報，主動追記、主動整理而成。說難聽點，是劉志堅自作多情。“紀要”的出籠，劉志堅等四人難辭其咎。

> 這個“匯報提綱”約3000字，寫了三個部分：
>
> 第一部分寫座談經過。寫了四層意思：一是葉群要我向江青轉達的林彪吹捧江青的那段話。二是蕭華、楊成武重視這次“座談會”的話。三是會議過程中看了些什麼文件，看了多少電影和戲，江青分別談了幾次話。四是對江青談話的一般性評價，說她“對主席思想領會深”；“親自種試驗田”等。
>
> 第二部分寫江青在座談中談的“許多極為重要的意見”。根據“追記”，把江青的多次談話內容綜合了八條，主要觀點是：
>
> 1、“在文化戰線上存在著兩條道路的尖銳鬥爭”。江青說：“主席在延安文藝座談會上的講話到現在已24年了。就是推不下去，原因就是在文藝中有一條與主席思想相對立的反黨反社會主義的黑線。文藝界有人所講的‘離經叛道’，就是離馬克思列寧主義、毛澤東思想之經，叛人民戰爭之道。在這個問題上，十幾年來，實際上是他們在專我們的政。我們一定要進行文化戰線上的社會主義革命，搞掉這條黑線。”
>
> 2、“文藝戰線兩條道路的鬥爭，必然要反映軍隊內部來，軍隊也不能例外。”“例如八一電影製片廠也出現了‘抓壯丁’的壞作品。”
>
> 3、“文化革命也要依靠解放軍”。
>
> 4、“文化革命要有破有立，領導人要親自抓，搞出好的樣板。”

5、“文藝工作要搞民主，走群眾路線。”“文藝創作要實行三結合”。

6、“開展文藝評論”。江青說：“文藝上的反修鬥爭，不能只捉丘赫拉依之類小人物，要捉大的，捉肖洛霍夫，要敢於碰他，他是修正主義文藝的鼻祖。”

7、“在創作方法上，要採取革命的現實主義和革命的浪漫主義，不要搞資產階級的現實主義浪漫主義。”江青說過，過去有些作品，“不表現正確路線，專寫錯誤路線”，“不寫英雄人物，專寫中間人物”，“專搞談情說愛”，“這些都是資產階級的、修正主義的東西，必須堅決反對。”

8、“從思想上、組織上整頓文藝隊伍”。

第三部分寫落實措施。為了使江青的意見“在思想上、組織上、工作上落實”，準備採取八條措施：

1、“預定在4月份召開創作會議”。

2、“成立三大戰役創作辦公室，組織三大戰役創作隊伍”。

3、“在1967年10月1日前，拍好《南海長城》電影”。

4、認真清理部隊的電影、戲劇和作品。

5、“整頓總政八一電影製片廠”。

6、“開展文藝民主，對戲劇、電影、文藝作品的審查走群眾路線，實行三結合，大家把關。”

7、“組織一個寫文藝評論文章的班子”。

8、“總政黨委加強對文藝工作的領導”。

20日晚，“匯報提綱”寫好後，即送上海警備區打印了30份。當時我們4人還研究了這個稿子給不給江青的問題。如果“不給她呢。她知道後，肯定會發脾氣，為什麼背著她，不告訴她！要是給她一份呢，她可能會不滿意”考慮的結果，還是送她一份。2月21日，我把“匯報提綱”送一份給江青。22日下午，我們一行6人乘飛機到濟南後，我給住在南山賓館的林彪送了一份“匯報提綱”，並簡要匯報了座談情況。林彪聽了匯報後說：“這個材料搞得不錯，是個重要成果。這次座談在江青主持下，方向對頭，路線正確，回去後要迅速傳達，好好學習，認真貫徹。”第二天(23日)上午，我們一行由濟南回北京。

“紀要”首稿(即“匯報提綱”)報到林彪處即獲通過，可見林彪根本未予重視。事情壞就壞在劉志堅等人此番再次自作多情，主動將“匯報提綱”送了一份給江青(本意是否表功？未可考)，不料平地又起波瀾。

四、毛澤東要陳伯達等參加修改

據劉志堅回憶，林彪說材料“搞得不錯”，江青說“根本不行”，林彪說“回去後要迅速傳達，好好學習”，江青“現在不要傳達，不要下去”。江青更抬出了毛澤東，稱毛澤東要陳伯達、張春橋、姚文元來參加修改。有毛澤東幕後撐腰，自然江青的淫威就壓倒了林彪的意見。

> 我們乘飛機剛到北京，在機場上即接到了江青秘書從上海打來的電話，說這個材料“根本不行，歪曲了她的本意。”“沒有能夠反映她的意思”，“給她闖了大禍”，還說“現在不要傳達，不要下發”。並要我派人去上海，她幫助修改。她還說，她已告訴了毛主席，毛主席要陳伯達、張春橋、姚文元來參加修改。當天下午，我立即將上海座談會的情況和林彪意見，向蕭華作了匯報，商定陳亞丁帶原稿去上海參加修改。並向陳亞丁交待：江青要怎麼改，就怎麼改，有什麼問題回來再說。2月25日，陳亞丁返回上海。
>
> 2月26日，張春橋把陳亞丁接到錦江飯店，商量修改稿子的事。江青見到陳亞丁就說：“你來了，很好。”“你們要搞‘紀要’，事先也不同我商量一下，搞好了，臨走丟下來，逼我簽字，有什麼辦法，逼上梁山嘛，搞就搞吧！要搞就要搞準確，搞完整。”“我把你們搞的那個東西，請陳伯達、張春橋推敲了一下，伯達有些意見很好，我要他寫出來，他一會兒就來，一起商量一下。”陳伯達到後，江青就主持討論修改問題，並問陳伯達：“老

夫子，叫你寫一下，你寫出來沒有？”陳伯達拿出他寫好的幾張紙，談了修改意見：第一，“17年文藝黑線專政的問題，這很重要，但只是這樣提，沒頭沒尾。”“要講清楚這條文藝黑線的來源。它是30年代上海地下黨執行王明右傾機會主義路線的繼續”，“把這個問題講清楚，才能更好地認清解放後17年的文藝黑線，這條黑線是從那個時候開始了。”第二，“要講一段文藝方面的成績”，“江青親自領導的戲劇革命搞出了像《沙家浜》、《紅燈記》、《智取威虎山》、《紅色娘子軍》芭蕾舞、交響音樂《沙家浜》等，這些，真正是我們無產階級的東西”，“這些都要寫一下。這樣，破什麼立什麼就清楚了。”江青聽後高興地說：“伯達的意思很好，幫我們提高了，擊中了要害，很厲害。”“這一來有些人的日子就不好過了！”張春橋也說：“經老夫子這一點，我對問題更清楚了。”江青要陳亞丁把陳伯達寫的和張春橋已經改過的稿子，全改寫一份上。

陳亞丁根據江青的意見，連夜把把陳伯達寫的和張春橋改的，改寫在一份稿上。他把音樂舞蹈史詩《東方紅》，也列入文藝革命的成績上。

27日上午，張春橋把陳亞丁接到康平路張春橋辦公室，兩人又作了些改動。當天晚上，江青、張春橋、陳亞丁又對修改稿作了討論。江青的主要修改意見有兩點：第一、不同意把《東方紅》列入優秀劇目中，說“主席不會同意的”。第二，“關於要表現革命的英雄主義和革命的樂觀主義，不要宣揚苦難的文字沒有表達清楚。”她要求“再改一改，明天再議一下。”討論後，陳亞丁又連夜改了一遍。28日上午又和張春橋作了些文字上的改動。當晚又讀給江青聽。江青說，就這樣，可以“傳達了”。並要陳亞丁帶幾份給我、李曼村、謝鏜忠看一下，有什麼意見打電話告訴她。第二天，陳亞丁即帶著修改稿回北京。

這次修改，題目仍叫《江青同志召集的部隊文藝工作座談會紀要》，結構仍分三個部分，但內容作了很大增刪、改寫，加進了許多座談時沒有談過的東西。第二、三部分的“雙八條”，增加為“雙九條”。全文由3000字增到5500字左右。內容上的修改、增刪，重要的有以下幾方面：

1．增加了美化江青的話。“匯報提綱”在第一部分未尾寫了一段：“江青同志對主席思想領會深，又作了長時間的、充分的調查研究，親自種試驗田，有豐富的實踐經驗。這次帶病工作，熱情、誠懇地幫助我們，給了我們很大啟發、教育和鼓舞。”這次修改時，又增加了一段美化江青說得似乎很謙虛的話，說“在座談開始和交談中，江青同志再三表示：對主席的著作學習不夠，對主席思想領會不深，只是學懂哪一點，就堅決去做”

2．把有“江青同志的意見”的地方，改為參加“座談會”的同志的“認識”或“座談的成果”。如把“匯報提綱”中“在這次座談中，江青同志對當前文化革命和部隊文藝工作，談了許多極為重要的意見，據我們領會，主要有以下幾點”改為：由於閱讀了主席的著作和有關材料，聽了江青的許多極為重要的意見，看了電影和革命現代京劇，“從而加深了我們對毛主席文藝思想的理解，提高了對社會主義文化革命的認識。其中感受最深的，有以下幾點。”又如：把“匯報提綱”中“我們認為江青同志這些意見都是非常正確的，符合軍隊情況”，改為“通過座談，我們對上述問題有了明確的認識。”把“匯報提綱”中“為了使江青同志的這些意見在思想上，組織上落實”，改為“為了使這次座談的成果在思想上、組織上落實。”我當時就感到，江青既想通過“紀要”把她的思想觀點反映出來，又不想寫成是她說的，要以解放軍的口來說她想說的話。當然，當時我們沒有看出這是江青的陰謀。

3．為“文藝黑線專政論”進行理論上的論證。“匯報提綱”第二部分第一條是按江青的說法，寫了“文藝工作中有一條主席思想相對立的反黨反社會主義的黑線”，未作論證。這次修改，加上了這一反動論點的理論根據，引了馬恩列斯和毛主席關於文藝的一些論述。把這一段增改為：主席的這篇講話從發表到現在已經24年了，“而文藝界在建國後的15年來，都基本上沒有執行，被一條與主席思想相對立的反黨反社會主義的黑線專了我們的政，這條黑線就是資產階級的文藝思想，現代修正主義的文藝思想，和三十年代文藝思想的結合。‘寫真實’論、‘現實主義廣闊的道路’論，‘現實主義的深化’論、反‘題材決定’論、‘中間人物’論，等等，就是他們的代表，而這些論點都是毛主席在《在延安文藝座談會上的講話》中，早已批判過。”還加了一句“十幾年來，真正歌頌工農兵的英雄人物，為工農兵服務的好的或者基本上好的作品也有，但是不多；不少是中間狀態的作品；還有一批是反黨反社會主義的毒草。”

4．增加了攻擊羅瑞卿的內容。在講軍隊文藝工作一條中，說羅瑞卿關於“部隊文藝方向已經解決了”的話，是“在毛主席指出文藝界15年來基本上沒有執行黨的方針以後”講的。還說：“羅卿瑞同志錯誤的文藝思想對軍隊的文藝工作有影響的，要徹底肅清。”

5．篡改無產階級文藝的根本任務，全盤否定三十年代文藝。說什麼“要努力塑造工農兵的英雄人物，這是社會主義文藝的根本任務。”“要破除對所謂三十年代文藝的迷信，那時，左翼文藝運動政治上是王明的‘左傾’機會主義路線，組織上是關門主義和宗派主義，文藝思想實際上是俄國資產階級文藝評論家別林斯基、車爾尼雪夫斯基的思想，即資產階級思想。當時左翼的某些領導提出的‘國防文學’這個口號，就是資產階級的口號”，等等。全盤否定了三十年代的左翼文藝。

6．對一些文藝作品進行無端指責。說：有的作品“塑造起一個英雄形象，卻讓他死掉，人為地製造一種悲劇的結局”；寫中間人物“實際上是落後人物，醜化工農兵形象”；“而對敵人的描寫，卻不是暴露敵人的階級本質，甚至加以美化”；寫了一些愛情的作品，就是“‘愛’和‘死’是永恒的主題”。

陳亞丁帶著修改後的稿子回北京後，便把修改情況向我和謝鏜忠作了匯報。3月1日，我批：“打印，除文化部自己所需外，送總政黨委、宣傳部、報社各一份，送我五份，擬批送林副主席、江青同志、蕭主任、楊代總長等”。陳亞丁按批示，將修改稿打印了100份。

五、毛澤東親自操刀三次修改

劉志堅接下來的回憶十分重要。回憶證實了江青所說毛澤東對“紀要”“很重視”，對“紀要”的主要觀點不僅未有反對意見，而且親自操刀，對“紀要”作了多處修改：

> 本來稿子修改結束時，江青說稿子經張春橋、陳亞丁修改後，她就“不管了”，可以“傳達了”。但事後，她又在不徵求我們意見的情況下，把稿子鉛印了送毛澤東審閱。毛澤東“很重視，對‘紀要’親自作了修改。”(7)毛澤東第一次審閱時，修改共11處，其中重要的有：
>
> 1．標題上加“林彪同志委托”6個字。標題成了“林彪同志委托江青同志召集的部隊文藝工作座談會紀要”。
>
> 2．把稿子第一部分中“江青同志在上海召集劉志堅”改成“江青同志根據林彪同志的委托在上海召集”

以上回憶文字關鍵之處，是劉志堅作為當事人指出，“紀要”標題上的“林彪同志委托”和正文中“根據林彪同志的委托”，均為毛澤東所加。官方編纂的《建國以來毛澤東文稿》也證實，“紀要”原題為《江青同志召集的部隊文藝工作座談會紀要》，“毛澤東審閱時作了修改”。(8)

毛澤東加上“林彪同志委托”六個字，表面上是突出了林的地位、是對林的倚重，其實是不由分說、不容置辯地將林彪拉上了他的文化革命戰車。毛將“委托”兩字強加於林而林又不好說什麼，由此可見毛政治手腕的確老到！

> 3．在“徹底搞掉這條黑線”之後，加了“搞掉這條黑線之後，還會有將來的黑線，還得再鬥爭”。並在這一條之後，單獨加了一段：“過去十幾年的教訓是，我們抓遲了。毛主席說，他只抓

過一些個別問題，沒有全盤地系統地抓起來，而只要我們不抓，很多陣地就只好聽任黑線去占領，這是一條嚴重的教訓。1962年十中全會作出要全國進行階級鬥爭這個決定後，文化方面的興無滅資的鬥爭也就一步一步地開展起來了。”

4·在“要破除所謂三十年代文藝的迷信”後面，加了“三十年代也有好的，那就是以魯迅為首的戰鬥的左翼文藝運動。到了三十年代的後期”一句。在“要破除對中外古典文學的迷信”後面，加了“古人、外國人的東西也要研究，但要用批判的眼光研究，做到古為今用，外為中用”。

5·在第四條“毛澤東思想的指導下”前面及第九條“讀一輩子毛主席的書”之間，都加了“馬克思列寧主義和”幾個字。毛澤東在作了上述修改後，又指示“請陳伯達同志參加，再作充實和修改。”(9)

根據毛澤東的指示，江青在上海找陳伯達、張春橋再次對稿子進行充實和修改。3月8日江青電話通知我和陳亞丁去看毛澤東改動的地方。3月10上午，我同陳亞丁乘飛機到上海，下午，江青給我們看了毛澤東修改的稿子，並要我們考慮意見，一起討論修改，還說主席指示請陳伯達參加修改。3月11日下午，江青派人把陳伯達修改的稿子送給我和陳亞丁看。以後三天，在陳伯達參加下，江青、張春橋、陳亞丁又對稿子逐條進行了修改補充。我參加看了一些電影和兩次討論。除了對幾處提法提了點意見外，因我認為“稿子既然主席改過了，也就可以了，要補充什麼，也只是聽陳伯達、江青說，而且三十年代文藝上的爭論我也不知道。”所以具體修改的事，由陳亞丁參加。14日修改完畢，15日我返回北京。

這次修改補充的內容比較多。把二、三部分的“雙九條”增加為“雙十條”。全文由5500字增加到10000字左右。重要的修改、補充內容有：

1·在第一部分恢復了原稿本來提到的蕭華、楊成武的名字。增寫了一段話：“蕭華同志和楊成武同志，對這次座談都表示熱情贊助和支持，指示我們一定要按照江青同志的意見辦，並對江青同志這樣關心部隊的文藝工作表示感謝。”

2 · 在第二部分第一條中刪去了馬恩列斯的論述，增加了毛澤東的《關於正確處理人民內部矛盾的問題》等三篇著作。並增加了反“火藥味”論，“時代精神匯合”論兩個所謂文藝黑線的代表論點。

3 · 增寫了吹捧江青和樣板戲的內容作為第二條。全文近900字，即從“近三年來，社會主義的文化大革命已經出現了新的形勢，革命現代京劇的興起，就是最突出的代表。”一直到“把社會主義文藝革命進行到底，還需要我們作長期的艱苦的努力。”

4 · 把“文化革命也要依靠解放軍”的提法，改為“文化革命解放軍要帶頭”。

5 · 加了一段評價斯大林的話，說：斯大林“對資產階級的現代派文化的批評是尖銳的，但是他對俄國和歐洲的所謂經典著作卻無批判地繼承，後果很壞。”“我們應當接受斯大林的教訓”。

6 · 在講文藝批評一條中增加了一段：“對於文藝理論方面一些有代表性的錯誤論點，和某些人在一些什麼《中國電影發展史》、《中國話劇運動五十年史料集》、《京劇傳統劇目初探》之類的書中企圖偽造歷史，抬高自己，以及所散布的許多錯誤論點，就要有計劃地進行徹底的批判，不要怕有人罵我們是棍子。”

7 · 把第九條(現第十條)中“從思想上組織上整頓文藝隊伍”，改為“重新教育文藝幹部，重新組織文藝隊伍”。並接著寫了一大段理由，即“由於歷史的原因，在全國解放前，我們無產階級在敵人統治下培養自己的文藝工作者要困難一些不論是創作思想方面，組織路線方面，工作作風方面，都要堅持黨性原則，反對資產階級思想的侵襲，同資產階級必須劃清界線，決不能和平共處。”

8 · 在第三部分加了第一條，“根據林彪同志建議，總政治部已經把《毛澤東論文藝》一書，印發全軍文藝工作者人手一冊”。據我回憶，林彪根本沒有這個建議，這樣寫，是江青對林的吹捧。

劉志堅此處的回憶也很重要——林彪根本沒有什麼“建議”，而江青等一口咬定是“根據林彪建議”，這與毛澤東所加“林彪同志委托”六字一樣，都是強加於人的，並非是什麼“對林的吹捧”。

這次修改稿印出後，江青“又送主席審閱”。3月14日晚，江青給毛澤東寫了一封信，信的全文如下：

“因為伯達同志乘的是下午四點多的火車，我托他帶給你的那份座談紀要，沒有來得及看，他走後我才發現沒有加紅杠。他那份大概也沒有來得及加。現送上加紅杠的一份，請批示，雙紅杠是你改的，單紅杠是伯達、志堅、春橋、亞丁四位同志和我一塊商量著改的。好處是有些問題說的比前次的充分一些，缺點是長了一些，此外，也恐有不妥之處或不夠策略的地方，請指出並修改。我只是不安，怕又影響你的睡眠，志堅同志明日回京，亞丁同志尚在這裡等。你不要趕，他們的創作會議四月初才開。”

毛澤東收到江青的信和稿子後，“再次作了修改”。(10)根據陳亞丁當時的傳達，毛澤東第二次修改，重點是第二部分，在十幾個地方作了內容的增刪和文字的修改，重要的有：

1．把第二部分第一段“其中感受最深的，有以下幾點”改為“下面是在這次座談中大家商議和同意的幾點意見”。

2．把第三條中“羅瑞卿同志卻在毛主席指出”一句中的“毛主席”改為“黨中央”。

3．把“文化革命解放軍要帶頭”改為“文化革命解放軍要起重要作用”，並刪去了末尾“高舉毛澤東思想偉大紅旗”一句。

4．在第五條中，把“左翼文藝工作者並沒有解決同工農兵相結合這個問題”，改為“有些左翼文藝工作者，特別是魯迅，也提出了要為工農兵服務和工農自己創作文藝的口號，但是並沒有系統地解決文藝同工農兵相結合這個根本問題”。又在第一次修改的“古人、外國人的東西也要研究”後面，加了“拒絕研究是錯誤的”。

5．在第九條，把"採取毛主席提出的革命的現實主義和革命的浪漫主義相結合的方法"中的"毛主席提出的"6個字刪去了。

6．在第十條"黨性原則是我們區別於其他階級的顯著標誌"後面，加了"須知其他階級的代表人物也是有他們的黨性原則的，並且很頑強"一句。

7．在稿子的最後加了一句："以上整個座談記錄所說內容，僅供領導同志們參考。"

毛澤東在作了上述修改後，於17日對江青的信和報送的"紀要"稿作了批示："此件看了兩遍，覺得可以了，我又改了一點。請你們斟酌。此件建議用軍委名義，分送中央一些負責同志徵求意見，請他們指出錯誤，以便修改。當然首先要徵求軍委各同志的意見。"

毛澤東的所謂"建議"，其實是吩咐江青，將"紀要""用軍委名義，分送中央一些負責同志徵求意見"，事前並無徵求主持軍委日常工作又是"委托人"林彪的意見。"紀要"此一原僅用於軍內傳達的文件，毛已準備將其推廣至地方，推廣至全國。

3月18日，江青又通知我和謝鏜忠、李曼村去上海討論紀要定稿問題。3月19日上午，我和謝鏜忠、李曼村到達上海，下午江青就召集我們(還有陳亞丁、張春橋)，看毛澤東修改過的稿子，並徵求意見。一見面江青就說：你們給我闖了大禍。張春橋接著說：因禍得福嘛！(李曼村回憶說，張春橋的"意思是說：我們搞那個東西不行，才有他的這個")江青問我們對"紀要"還有什麼意見。我們對"重新組織文藝隊伍"的提法提了意見，認為這樣寫涉及到對整個文藝隊伍的估價，起碼部隊文藝工作方向是對的，隊伍也是好的，建議把"組織"二字，改成"整頓"。江青不同意改，說毛主席已經同意，不能改了。要大家通過這個稿，並把毛澤東3月17日批示拿給大家看。張春橋也幫腔說："不要再猶豫了，改了這麼長時間了，行了，行了！"江青說："如果你們沒有意見，就算定下來了。"並交待說："鬥爭很複雜，周揚在蘇州養病，聽說我在同你們座談文藝問題，好緊張，跑到上海來看春橋，打聽消息，春橋沒有告訴他。你們回去後，沒有正式傳達前，不許外傳，要保密，這是一條紀律，定下來，一定要守紀律。”還說“這個稿子要給林總一份。”她要親自給林彪寫一封信。當時，修改稿由張春橋拿去印成大字鉛印稿。陳亞丁則為江青起草了給林彪的信。

當時林彪就住在上海，他收到江青的信和“紀要”後，就把我找去，要我代為起草一封給軍委常委的信。我讓陳亞丁執筆起草了一個稿子送去，林彪認為調子太低，陳亞丁又改了一遍，加上了一些對“紀要”評價的話，又送林彪審定。

林彪此信的原信抬頭致“賀龍、榮臻、陳毅、伯承、向前、劍英諸同志”，劉志堅將其稱爲“給軍委常委的信”，該信1967年公開發表時標題也改爲《林彪給中央軍委常委的信》，並不準確。因軍委常委除林彪及上述諸人外，時還有毛澤東、朱德、鄧小平。時賀龍等皆爲軍委副主席，不如改爲“軍委其他副主席”更爲貼切。

注意林彪信中第一句“送去江青同志3月19日信和她召開的部隊文藝工作座談會紀要”，絕口不提這個座談會是他“委托”的。連劉志堅都說，林彪這些話是頗費苦心的。

3月22日晚，林彪修改審定後，交待我把他的信和“紀要”分別送給軍委各位常委，看常委有什麼意見，如果沒有意見就送給中央，由中央來批發，3月23日上午我們帶著定稿的“紀要”和林彪的信(即《林彪同志給賀龍等同志的信》)返回北京後，即按林彪的交待，分送給軍委各常委。同時交待陳亞丁起草一個給中央的報告。

在此期間，毛澤東同志對“紀要”作了第三次修改。據陳亞丁當時傳達，主要有四個地方改動：一是把第二部分第二條中的“歌頌我們偉大的黨和偉大的領袖毛主席英明領導的文藝作品”，改為“歌頌我們偉大的黨，黨的領袖和其他同志們英明領導的文藝作品”。二是把第五條中，“從根本上消除一切剝削階級的意識形態的革命”，改為“從根本上消除一切剝削階級毒害人民群眾的意識形態的革命”。三是在第七條中“在文藝批評”一句之前，加上“使專門批評家和群眾批評家結合起來”。四是把第三部分中的“學習江青”，改為“仿照江青”。經過毛澤東這次修改，“紀要”就最後定稿了。

毛澤東對江青主持搞出來的“紀要”文本三次作多處修改，很顯然，“紀要”是毛江夫妻店的產物。反之，林彪這位“委托人”，對此“紀要”卻一字未改，故而，與其冒著“林彪同志委托“的虛名，不如實事求是，正名爲“毛澤東同志委托”！

六、“紀要”的內部批發與公開發表

劉志堅隨後談及了“紀要”由中共中央批發的詳細過程：

3月30日，我看軍委常委們沒有提出什麼修改意見，都劃了圈，就找陳亞丁修改以軍委名義向中央和毛主席寫的請示(即《軍委的請示》)。全文如下：

中央、主席：

軍委常委同志一致同意《林彪同志委托江青同志召開的部隊文藝工作座談會紀要》，認為這是一個在文藝工作方面高舉毛澤東思想偉大紅旗的很系統很完善的文件，部隊必須堅決貫徹執行。現送上這一紀要和林彪、江青同志的兩封信，請審批。

軍委

1966年3月30日

當日，即將“請示”、“紀要”和江青給林彪的信、林彪給軍委的信，一起上報中央。因當時中央總書記鄧小平到外地視察工作，不在北京，報中央的一份就送給了常務書記彭真。彭真看後，說一份不夠，要20份。我又讓人送去19份。3月31日，彭真辦公室通知，要總政替中央起草一個轉發“紀要”的批語。當日我找李曼村、謝鏜忠、陳亞丁一起商量起草了一個批語，立即送彭真。批語全文如下：

“中央同意《林彪同志委托江青同志召開的部隊文藝工作座談會紀要》。這一文件很好，很重要，高舉毛澤東思想的偉大旗幟，抓住了當前文藝工作上一些根本性的問題。紀要對文藝戰線上階級鬥爭形勢的分析和所提出的原則、方針、政策，不僅適合於軍隊，也適合於地方，適合於整個文藝戰線。各級黨委應當聯繫本地區、本部門文藝工作的實際情況，認真研究，貫徹執行。”

彭真收到批語後，立即於4月1日以傳文(66)8748號批發“紀要”，分送毛澤東、朱德、周恩來、鄧小平等中央領導同志核閱，同時另送陳伯達和康生。毛澤東於當日批示：“已閱，同意，退彭真同志。”4月2日康生在傳文上批道：“彭真同志，這個文件很重要，寫得很好。同意中央的批語。第七頁有一句作了一點文字調整，請核定。”4月3日下午，我去看望中央文化部副部長蕭望東，向他談了上海文藝座談會的情況。回家後，我著重看了林彪給軍委常委的信後，感到我們替中央寫的批語太一般化，當晚，我找李曼村、謝鏜忠、陳亞丁到京西賓館，又起草了第二個批語，增加了幾句講文化革命意義和重要性的話。第二天送給彭真，彭真說，文件已經發出。第二個批語就沒有用。

劉志堅在此再一次表現了他的積極性——“又起草了第二個批語，增加了幾句講文化革命意義和重要性的話”，彭真說“文件已經發出”，可能只是托辭，其實就是不買劉的帳。到了4月中旬，劉志堅到上海修改《五一六通知》草稿及附件時，就曾“揭發”彭真稱：新批語於4月4日送給彭真，“被他壓下沒有採用”。(11)

4月10日，中央用傳文的批語(即我們起草的第一個批語)，以中發(66)211號文件，將“紀要”批轉下達到縣團級黨委。並附發了1944年1月9日《毛澤東同志看了<逼上梁山>以後寫給延安平劇院的信》。

這是中共建國以後第一個將江青的名字列入大字標題並爲內文主角的"中共中央文件"。可以想見，毛澤東是如何煞費苦心，將他那本不爲全黨所知、默默無聞的老婆，推上了國家政治生活的前臺，這亦爲次月江青成爲新設立的"隸屬於政治局常委領導下"的中央文革小組排名第一的副組長，作好了鋪墊。

> 4月16日，毛澤東召集政治局常委擴大會議，討論了彭真的所謂錯誤。撤銷了"文化革命五人小組"。中央領導同志認為我們替中央起草的那個批語，對"紀要"的評價講得還不夠，要重寫。陳亞丁根據中央領導同志口授的要點，重新寫了一個批語，並交江青修改。江青找張春橋推敲了一遍，即送中央。

所謂"中央領導同志"是那一位？劉志堅沒有說明白，其實值得推敲。"紀要"的批語要連寫，劉志堅對彭真"壓制"的揭發其實也起了重要作用。

> 5月2日，中央辦公廳以中發(66)254號文件發出《關於收回第211號中央文件的通知》。通知說："中央批發的《林彪同志委托江青同志召開的部隊文藝工作座談會紀要》，在批語上中央有新的補充，現將已經印發的文件收回，限5月10日前由各級黨委(黨組)辦公廳(室)負責，如數收齊，退回中央辦公廳機要室，新的文件將於5月10日前發出。"隨後，中央發出了有新批語的文件。新批語就是由陳亞丁起草，江青、張春橋修改後送中央的那一份，經中央審定後，還是以中發(66)221號文件發出，批語落款時間還是4月10日。
>
> 中央兩次批轉"紀要"都是以機密文件下發的，傳達範圍限在縣團級以上。在第一次批發後，中央辦公廳還於4月15日發出通知，說："中發(66)221號文件，不要登黨刊，並注意保管，切勿遺失。"4月初，解放軍報當時的負責人提議把"紀要"改寫成社論發表，我請示蕭華，他批准了這個建議。於4月18日以題為《高舉毛澤東思想偉大紅旗積極參加社會主義文化大革命》的社

論，在解放軍報發表。全文9800多字，把《紀要》的精神基本反映出來。社論發表後，引起了文藝界的關注。

“解放軍報當時的負責人”指的應該是報社黨委書記華楠(總編輯)，副書記唐平鑄(副總編輯)以劉志堅自己的以上敘述，蕭華、劉志堅及解放軍報負責人都可謂是一時的積極分子。

1967年5月29日，“紀要”公開發表，它同1966年4月中央文件轉發的“紀要”相比，有20多處文字或內容上的變動。重要的有：

1·在第一部分刪去了劉志堅、謝鏜忠、李曼村、陳亞丁的名字。刪去了《毛澤東同志看了<逼上梁山>以後寫給延安平劇院的信》和《毛主席同音樂工作者的談話》，改為“毛主席的有關著作”。

2·把第二部分第二條中“在黨中央的領導下”，改為“在毛主席為首的黨中央的領導下”。把“京劇改革”改為“京劇革命”。把“這是對社會主義文化革命將會產生深遠影響的創舉”，改為“這是一個創舉，它將會對社會主義文化革命產生深遠的影響”。

3·把毛澤東第三次修改時寫的歌頌“黨的領袖和其他同志們”中的“和其他同志們”刪去了。

4·在第五條加了“我們應當十分重視社會主義革命和社會主義建設的題材，忽視這一點是完全錯誤的。”

5·全部刪去了第三部分的10條措施。

這些修改是何時、何人所為，我們參加座談會的人都不知道。因在這之前，1967年1月4日我就被江青一夥以“對抗中央文革”、“在軍內貫徹資產階級反動路線”、“破壞江青召開的部隊文藝工作座談會”等罪名打倒了。接著，1967年5月李曼村、謝鏜忠也在相繼被扣上“反對文化大革命”等罪名被打倒。

1967年5月公開發表的“紀要”與抬頭經修改的林彪給賀龍等的信。

1967年年中以後，蕭華靠邊站。他的名字，從重新整理後再次發表的"紀要"中刪去。1968年3月"楊余傅事件"後，楊成武的名字從重印的"紀要"中刪去。

注釋：

(1)(2)1967年5月29日《人民日報》社論《無產階級文化革命的重要文件》。

(3)原載中共中央黨史資料研究室編：《中共黨史資料》第三十期(北京：中共黨史資料出版社，1989)。後編入劉志堅：《風雨征程》(北京：國防大學出版社，1996)。本文中劉志堅的回憶文字(楷體字部分)均引自該文。

(4)<為人民立新功——江青，一九六七年四月十二日，在軍委擴大會議的講話>，《江青同志講話選編》(中發(67)355號中央文化革命小組，一九六七年十月)，頁39。

(5)見總政組織部：《中國共產黨中國人民解放軍組織史資料》第四卷(北京：長征出版社，1995)，頁56，58。另據《鮑奇辰傳略》(自印本，2001年12月)，鮑(原任福州軍區政治部副主任)於1965年8月底已到總政報到，9月上旬即到群工部上班。

(6)劉志堅原注：這封信1951年在《戲劇報》上發表過，當時題為《看了<逼上梁山>以後給作者的信》。其中還有一段話："郭沫若在歷史話劇方面做了很好的工作，你們則在舊劇方面做了此種工作。"此次，這一段沒有了，題也改了。

(7)(9)(10)劉志堅原注：見江青1966年3月19日給林彪的信。

(8)《建國以來毛澤東文稿》第十二冊(北京：中央文獻出版社，1998)，頁28

(11)見劉志堅：〈動亂之初的經歷和遭遇〉，《風雨征程》(北京：國防大學出版式，1996)，頁240。

部隊文藝座談會《紀要》剖析

——駁"林彪江青勾結"論

陳 昭

評論《林彪同志委托江青同志召開的部隊文藝工作座談會紀要》是一個老話題，筆者之所以還要議論它，是因爲筆者與已有的觀點有許多根本性的不同。

多少年來，凡是講到文革中的林、江關係，都把這個《紀要》當作他們緊密勾結、興風作浪的重要依據。

後來，當事人回憶會議情況和揭露歷史真相的文章不斷出現，讓人們知道了"林彪同志委托"這六個字和"黑線"論是毛澤東和江青提出並寫上去的，林彪並沒有委托江青開會，這爲廓清迷霧起到了重要作用。

但是，這個所謂"座談會"是誰策劃召開的？"座談會"《紀要》是誰炮製的？炮製它的真實意圖是什麼？爲什麼選在此時召開這個會？爲什麼選在部隊開會？它的實際作用又是如何？林彪對這個會是什麼態度？——只有回答這些問題，才能清楚地瞭解《紀要》和它在文革中的特殊作用。

余汝信先生的《到底是林委托，還是毛委托？》已經把毛澤東製造"林彪委托"的假像分析得十分透徹。本文剖析《紀要》的其他假像。

一、毛澤東、江青為什麼要開這樣一個會？

這個所謂“部隊文藝工作座談會”不是林彪“委托”江青開的。查遍所有資料，找不到一個字證明林彪曾經“委托”江青召開這個會。江青是自己主動跑到蘇州見林，並不是林彪約請她；是她告訴林，她要“在上海召開部隊文藝工作座談會”。

開這個會究竟是誰的主意呢？江青說：“在上海召開部隊文藝工作座談會，不是我要搞的，主席讓我請尊神。”(1)江青在這裡說的是真話。因爲毛澤東全力投入了這個會，三番五次地參與修改該會的《紀要》，親自決定該《紀要》的下達名義和程序。所以，這個會是毛澤東和江青策劃並操縱召開的。

那麼，毛江究竟爲什麼要開這樣一個會？

毛澤東經過長期準備和籌劃，他一生中兩件大事中的第二件大事——所謂“無產階級文化大革命”，將在1966年年中拉開帷幕。

對於毛澤東來說，這是關係到他身後千秋功業的大事，其意義遠遠超乎他所做的第一件大事。這是毛澤東冒著巨大的風險——73歲高齡的風險和他所預計的黨內多數人反對的風險——而進行的一場“戰爭”。

毛澤東對中國民間諺語“七十三，八十四，閻王爺不請自己去”非常熟悉，在晚年經常念叨。毛心裡明白，1966年，自己已經73歲，並且患有多種疾病，縱有天大的本領，也逃不過“閻王爺”的手掌心。所謂“閻王爺不請自己去”，說不定什麼時候突然病倒，甚至撒手人寰。毛澤東因此有一種異常的緊迫感，他要和閻王爺作戰。這個風險是毛無法克服的。

毛澤東要進行的這場“戰爭”的目的，完全不是像他公開宣示的那樣，是“反修”、“防修”，而是一種見不得人的東西。因此，他不可能把他的真實目的擺出來昭示全黨。由於見不得人，所以，他採用的基本手段只能是陰謀、權術和欺詐。他雖然押上他幾十年來的所有積累作賭注，但是，他心裡異常明白，“紙包不住火”，一手遮不住天，隨著陰謀的一點點暴露，他必然要遇到來自全黨全軍全國上上下下的阻力。中央文革小組成員王力回憶說：1966年10月1日，“晚上上天安門看煙火時，到後來太晚了，很多人都走了，陶鑄、陳伯達、康生都走了，只剩下周總理、江青、張春橋、王力、關鋒、戚本禹、穆欣、姚文元(2)在天安門上，毛主席對我們說了很多話，他說：‘形勢很好，阻力很大，現在還看不清楚反對文化大革命的人力量究竟有多大。’並說：‘一定要把文化大革命進行到底。’我最忘不掉而且很吃驚的是毛主席接著說的話：‘要槍斃我和你們一起槍斃。’這說明他充分估計到反對文化大革命的勢力相當大，另外也看到他的決心很大，不管遇到多少挫折，失敗了，受到懲罰的話，你們要同我一起承擔這個歷史責任。”(3)雖然這段話是毛在“部隊文藝座談會”召開之後八個月說的，但是，這個問題在毛的頭腦裡卻不是當時才有的。對毛來說，“反對文化大革命的人力量究竟有多大”是一個巨大的“夢魘”，在他籌劃文化大革命的全過程中，時時時刻刻牽著他。毛竟然把發動文革和要被槍斃聯繫在一起，可見這個風險對毛澤東意味著什麼。所以說，這個風險也是毛極難逾越的。

毛澤東作爲一個戰略家、軍事家，對這場巨大的、特殊的“戰爭”，事先必有全面的謀劃、運籌。對它的準備，發動，如何達到高潮，如何結束，如何用將用兵，需要組織多少大的戰役，以致於每個戰役如何進行，毛澤東都會殫精竭慮，精心謀劃，他覺得有了把握才能動手。文革開始前夕，毛避開除周恩來以外的所有中央領導人，到了一個神秘的"山洞"——韶山滴水洞，任何外人都不見，與世隔絕了11天。在這個"西方山洞"裡，毛唯有的一次外出，不過走出洞口三百多米遠。"毛在幹什麼呢？他"任何人都不見，除了看書、批閱文件外，就是思考問題。"(4)

毛澤東在文革正式發動之前，已經組織了幾個"戰役"——開展"社會主義教育運動"(即"四清")，發表關於文藝工作的兩個批示，拋出《評新編歷史劇<海瑞罷官>》，拿掉彭(真)羅(瑞卿)陸(定一)楊(尚昆)"反黨集團"。按照他自己的信條："凡是要推翻一個政權，總要先造成輿論，總要先做意識形態方面的工作"。從1962年以來，毛已利用各種方式造了大量的輿論。

由江青前臺指揮炮製出來的姚文元《評新編歷史劇<海瑞罷官>》出籠後，毛本想掀起一個大的聲勢，然而，卻遇到了重重阻力：北京的報紙軟拖硬頂，就是不理睬。後來不得不登，還放在學術版；發行小冊子北京也不預訂。中央政治局的多數人對批判吳晗不積極，彭真、陸定一等設法對批判加以約束，多方保護吳晗。知識界也採取消極態度。這些情況令毛十分憤怒，十分惱火。

大戰發動在即，毛澤東還面臨著一個巨大的任務，就是組織隊伍。毛澤東歷來極其重視分清敵友。《毛澤東選集》第一卷開篇第一句話就是："誰是我們的敵人？誰是我們的朋友？這個問題是革命的首要問題。中國過去一切革命鬥爭成效甚少，其基本原因就是因爲不能團結真正的朋友，以攻擊真正的敵人。"(5)

在文革這場戰爭中，誰是毛必須依靠的力量，誰是毛需要團結的朋友呢？肯定地說，在黨內高層，毛沒有可以信任、可以依靠的力量。

我們分析一下當時的中共核心——中共第八屆中央政治局：

政治局常委：毛澤東、劉少奇、周恩來、朱德、陳雲、林彪、鄧小平；

政治局委員和政治局候補委員：林伯渠、董必武、彭真、羅榮桓、陳毅、李富春、彭德懷、劉伯承、賀龍、李先念，柯慶施、李井泉、譚震林；烏蘭夫、張聞天、陸定一、陳伯達、康生、薄一波。

政治局常委和政治局委員、政治局候補委員共26人。

其中，文革前已去世3人(林伯渠、羅榮桓、柯慶施)；已打倒2人(彭德懷、張聞天)；文革開始前毛澤東即認爲要打倒或有嚴重問題的5人(劉少奇、彭真、賀龍、鄧小平、陸定一)；老邁病重的3人(朱德、董必武、劉伯承)。以上共13人。

這樣算起來，八大政治局除毛澤東外還剩下12人：周恩來、陳雲、林彪；陳毅、李富春、李先念、譚震林、李井泉、陳伯達、康生、薄一波、烏蘭夫。

這些人，有毛澤東可以依靠的力量嗎？一個也沒有。他們中的大部分早已失去了毛的信任，很快被打倒或靠邊站(陳雲、陳毅、李富春、李先念、譚震林、李井泉、薄一波、烏蘭夫等8人)。

最後的周恩來、林彪、陳伯達、康生，情況又如何呢？

對周恩來，毛從來只是利用和批判鬥爭，從未把他看作可以依靠的力量。

對林彪，表面上看，毛發動文革是“依靠”了林，讓林當上了惟一的黨中央副主席，但實際上，從文革的準備階段到林彪死亡，林雖然坐在“副統帥”的位置上，毛卻從未讓他有任何實權。重大決策不要說林彪不能參與，有的重大問題就是在毛決定之後也不對林講。

對陳伯達，毛澤東說：“我跟陳伯達這位天才理論家之間，共事三十多年，在一些重大問題上就從來沒有配合過，更不去說很好的配合。”(6)

對康生，毛似乎“依靠”的程度大一些，但是，康生是江青的“走卒”、“附庸”，“一切問題都以江青的意志爲轉移”(王力語)。(7)

抗日戰爭時期的延安整風和“搶救運動”，毛拋開中央領導核心政治局，依靠他臨時組織的“總學委”(主要成員有劉少奇、康生、彭真等)。解放戰爭時期，他依靠中央五大書記和四大野戰軍。中華人民共和國建立後的建設時期，毛逐漸感到無所依靠，因爲毛不懂經濟，又想憑空胡來，他的意見總與多數人的意見相左，從而成爲促成他決心發動文化大革命的重要原因之一。到要發動文革的時候，在中共的老班底中，毛就完全沒有可以信任的力量了。

那麼，毛要進行這麼大的“戰爭”，能夠沒有組織上、力量上的準備嗎？當然不會。

毛澤東明白，發動和領導文革，掌舵人是他自己。但是，只有掌舵人是不行的，毛特別需要能夠在第一線沖殺、能挂帥出征的先鋒。這個先鋒必須極爲可靠；必須嗅覺敏銳，最能領會和貫徹毛的意圖；必須敢打敢沖；必須善於煽動和宣傳。更爲困難的是，這幾個條件必須同時具備，缺一不可。

誰符合這些條件呢？毛澤東心目中的對象只有一個人，就是江青。毛與江青結婚近30年，毛對江用了非常大的力氣精心培養，毛對江的期待還遠不止是打先鋒。現在，毛認爲到了江青該出山“露崢嶸”的時候了，到了該讓江青挑重擔的時候了。

但是，如何推出江青，卻是擺在毛面前的一個大難題。

眾所周知，中共有一個傳統，就是十分重視資格和山頭——是井岡山上下來的，是長征的，是延安的，是方面軍的、幾野的，大家對何時參加共產黨，何時參加軍隊，何時擔任什麼職務，即所謂黨齡、軍齡、職齡，十分重視。江青在資歷上雖然還說得過去(1933年入黨，1937年到延安)，但是，她在上海有一段當演員而且緋聞纏身的經歷，歷史上也有諸多疑點，所以，江青在黨內高層的名聲非常不香，許多人曾極力反對毛江的婚事；在職齡上也拿不出手：解放戰爭時期江青擔任政治協理員(相當於營級幹部)，主要工作是照顧毛的生活。解放後，公開的職務是中共中央宣傳部電影處處長，級別爲9級，且長期不上班。另一項過硬指標——戰功，江青幾乎等於“零”。若按常規論資排輩，江青則永無出頭之日。在黨內高層許多人的心目中，她只有一個身份——“毛澤東的女人”，大家完全不認爲她有什麼水平和能力，充其量，江青只能當一個“副部長”。1966年下半年，陶鑄曾告訴他的夫人曾志：“有一次，我與周總理商量：江青在黨政機關沒有正式職務，不如建議讓她擔任文化部副部長，以便於有個名義聯繫工作。誰知江青聽了氣得要命，竟然說什麼你們碰到鬼了，我怎麼能做這種事情！”(8)江青對只把她看成一個副部長級的幹部，表示了極大的憤慨。從這件事，一方面，清楚地看出以周恩來和陶鑄爲代表的中共高層對江青的能力大小、可任職務的一般估計；另一方面，也清楚地看到江青對自己的評價有多麼高！

毛心裡明白，他一定要重用江青，但又不能犯眾怒，否則，即使把江青提拔起來，她也無法工作。毛不能公開憑空吹捧江(隱晦曲折的吹捧是有的，如把江青捧爲“亂雲飛渡”中從容挺立的“勁松”)，不能突然地憑空提拔江，所以，毛必須採取特殊方式，使江青在極短時間內建立“特殊功勛”，給江青迅速進入最高層建立基礎。

其實，毛澤東早就開始做準備了。

方丈先生在其文章《毛澤東對周恩來——共和決戰》中深刻地指出：

> 中共高層家庭成員參政掌權，起於文革之前，其發起人是劉少奇。“四清”運動中，劉太太王光美的“桃園經驗”在全國推

廣，被印成小冊子，是所有幹部必讀文件。所有共產黨員和共青團員都要學習討論。全黨全國確實掀起學習桃園經驗的高潮，王光美成為中國政治舞臺上的第一個夫人新星。在這之前，共產黨還沒有把太太搬出來當政治人物的先例。所以劉少奇開了一個不好的頭。隨著劉先生抬出了太太，林彪等人也把太太葉群變成辦公室主任。

問題是劉少奇和林彪兩家的太太掌權，是經過誰的認可。或者，這事是否就是他們二人自己想這麼幹就幹了。筆者在其中有一極大疑問，並在此作一大膽假設：劉林的太太掌權，得到毛澤東支持。(卡瑪女士對筆者說，為拍《八九點鐘的太陽》她曾訪問王光美女士，王女士說是毛讓她出來的)。支持他們的理由，是以他們二位打前鋒，為江青出臺做好準備。用他們二人的太太打這個前鋒，是非常合適的。在中共高級幹部內部，太太分成兩夥。一夥為老紅軍派。如朱德周恩來的太太。一夥簡稱"新的"。這簡稱可不是筆者自創，而是老一派對年輕的那幾個的稱呼。毛、劉、林三人的太太都屬"新的"。江青是三人中年紀和資格最老的。所以以劉、林的太太打參政前鋒，如果得到世人認可，江青的出臺就順理成章。如無毛澤東的認可，劉林絕對不能也不敢讓太太出臺參政。至於他們知不知道自己的太太的任務是為江青打先鋒，筆者認為他們絕對地知道。也就是說，他們讓太太出臺參政，必是毛授意支持。他們也應該知道自己是在為江青打先鋒。假設他們沒有得到毛的准許，不是為了江青打先鋒，而自己擅自讓太太參政，那不但說不通，而且也絕對不像劉林二位的為人。如果毛示意讓劉林作太太參政先鋒，他們就會把這當作上級命令，而努力執行。(9)

王光美、劉源所著《你所不知道的劉少奇》證實了方丈先生的觀點："毛澤東看了《桃園經驗》，很欣賞，將這份總結批轉全國，以示推廣。還推薦給江青和身邊工作人員看。毛多次鼓勵王，讓她到各地去講"(10)。

雖然有了劉少奇太太王光美和林彪太太葉群的鋪墊，但是，主要還得靠自己。前幾年，江青抓京劇改革，贏得了一些名聲，但只限於戲劇界，擴而大之，也只在文藝界，而且是在基層單位；1965年炮製《評新編歷史劇<海瑞罷官>》立了一大功，進入了政治界，但江處於幕後，人們不知道除姚文元以外還有第二人。因此，需要找到一個特殊的辦法，使江青不但進入政治界，而且大大提高其知名度和政治地位。同時，還必須讓江青盡可能多、盡可能早地與軍隊建立關係。

非常的目的必有非常的手段和非常的舉動。

所謂非常的手段和非常的舉動，就是開一個特殊名目的“座談會”，它不需要興師動眾，名稱不顯眼，卻可以包含無限大的內容，時間短，見效快。採取這樣的非常手段和非常舉動，是由毛澤東急於推出江青的目的決定的，是由毛澤東急於篡權的需要決定的。毛汲取了《評新編歷史劇<海瑞罷官>》的教訓，這一次採取強力攻勢，時間抓得緊，用兵少而精。毛江打了一場速決戰。

從1月21日江青面見林彪，到4月10日將“座談會”《紀要》以中共中央文件向全黨全國全軍發出，只用了區區七十八天。毛江組織的前一個戰役——炮製《評新編歷史劇<海瑞罷官>》，卻用了七、八個月。(11)而這個《紀要》比之於前者，其作用和影響要大得無法比擬。

二、毛澤東和江青怎麼開這個會？

這個“座談會”有許多極突出的特點。

(一)毛江夫婦親臨第一線

“座談會”之所以能夠開成一個成功的速決戰，毛江夫婦親臨第一線是決定性的因素。江在前臺坐鎮開會，毛在後臺親自操刀《紀要》的撰寫。全部兵力實際上只用了四個人——除毛江之外，再加上陳伯達和張春橋。部隊派出了四位將軍——解放軍總政治部副主任劉志堅(中將，正在代替蕭華主持總政治部工作)、總政治部宣傳部部長李曼村(少將)、總政治部文化部部長謝鏜忠(少將)、總政治部文化部副部長陳亞丁(少將)，他們在軍隊可以號令千軍，可是在“座談會”上，是聽江青呼來喚去的木偶，每天只是陪著江青看電影，聽江青“侃大山”。江青自己也承認：“請你們來，不是開什麼會，主要是看電影，在看電影中講一點意見。”(12)用兵之少，用兵之精，可謂登峰造極。

(二)“座談會”，瞞著中央所有領導人，包括瞞著林彪

這就奇怪了：不是“林彪委托江青”的嗎？即使林彪沒有委托江青開會，江青也是到了蘇州向林彪報告了的，怎麼能說瞞著林彪呢？請看事實：

1，“座談會”開始前，1966年1月21日和1月31日，江青兩次到蘇州見了林彪。這兩次見面，江青只對林說了要開一個關於部隊文藝工作方面的座談會，但對開會的真實目的和具體做法，完全沒有向林彪透露。所以，從林彪到解放軍總政治部，以爲江青之所以要找部隊的人，是爲了研究關於三大戰役的創作，總政治部則帶上了熟悉三大戰役的人和有關三大戰役的資料。直到開會前，會怎麼個開法，座談些什麼，林彪辦公室和參會的部隊人員仍然絲毫不知。(13)在“座談會”的全過程中，江青壓根兒沒談部隊文藝工作問題，更沒有談什麼“三大戰役”創作問題。只告訴你開會，卻不告訴你開什麼會和怎麼開會，江青對林彪和部隊方面開了一個大大的玩笑。

江青連林彪都騙了，其他中央領導人可想而知。“座談會”一開始，江青就宣布了三個不准：“不准記錄，不准外傳”，特別“不准讓北京知道”。(14)——不言而喻，江青所說的“北京”，就是指的中央其他領導人。迄今爲止，正式的書籍、文件，均沒有材料說明中央別的領導人事先或開會過程中知道這件事。

2，“座談會”《紀要》標題中的“林彪同志委托”六個字，是毛澤東自己加上去的，至今沒有材料證明毛在加這幾個字之前征詢過林的同意，相反，卻有材料證明林彪從來不曾承認他“委托”江青開會。毛既然在標題上作了如此改變，爲了前後一致，他也把正文原稿中的“江青同志在上海召集劉志堅”，改成“江青同志根據林彪同志的委托在上海召集……”(15)，可謂滴水不漏。筆者判斷，毛要用“林彪委托”的名義，是早已謀劃好的，在什麼時候把這幾個字加在標題上，毛也是有計算的，毛把這個時機選在了《紀要》即將定稿的時候。在這一點上，毛也是盜用了林彪的名義，欺騙了林。

3，毛要以“中共中央文件”的名義向全黨全軍發《紀要》，也是瞞著林彪及中央所有領導人的。

只要分析3月17日毛澤東的批示和3月19日江青給林彪的信，即可明明白白。毛對《紀要》的批示全文是：

> 此件看了兩遍，覺得可以了。我又改了一點，請你們斟酌。此件建議用軍委名義，分送中央一些負責同志徵求意見，請他們指出錯誤，以便修改。當然首先要徵求軍委各同志的意見。

江青給林彪的信的全文是：

> 林彪同志
>
> 根據你的委托，我於2月2日至20日，邀請劉志堅等四位同志就部隊文藝工作問題進行了座談。座談後，他們整理了個座談紀要送給你和軍委其他領導同志，也送給我一份。我看了，覺得座談紀要整理得不夠完整，不夠確切。因此，請春橋、亞丁兩位同志一起座談修改，然後，送主席審閱。主席很重視，對紀要親自作了修改，並指示請伯達同志參加，再作充實和修改。我於3月10日至15日，請伯達、志堅、春橋、亞丁四位同志一起討論修改後，又送主席審閱，主席再次作了修改，並於17日批示：“此件看了兩遍，覺得可以了。我又改了一點，請你們斟酌。此件建

議用軍委名義，分送中央一些負責同志徵求意見，請他們指出錯誤，以便修改。當然首先要徵求軍委各同志的意見。”19日，我又請志堅、春橋、鏜忠、曼村、亞丁五位同志一起座談，大家一致同意這一紀要。現將座談紀要送上，請審批。

此致

敬禮!

江青1966年3月19日

直到這時，《紀要》已經定稿，箭在弦上，就要射出去的時刻，毛江夫妻對林彪和軍委，對中央書記處，還是不把他要用“中共中央文件”的名義把《紀要》發向全黨、全軍這一底牌亮出來。只說前半句“建議用軍委名義”——用這個名義幹什麼？是以軍委名義上報中央呢，還是發到部隊學習貫徹呢，還是其他？這個“後半句”讓你去說，不但讓你說，還要讓你做，這就是毛澤東的狡猾。而且，劉志堅等人也只打算把這個《紀要》報告林彪和總政治部黨委，完全沒有打算“送給你和軍委其他領導同志”，毛和江在這裡又替林彪安排了下一步——送給軍委其他領導同志。送給它們幹什麼？毛江還是不說。

(三)江青主宰會議的一切，部隊派去參會的人只是當“花瓶”

那時的江青，在軍內沒有任何職務，她絲毫沒有必要跑到部隊“座談”什麼“文藝工作”，部隊的文藝工作有總政治部管著，也沒有什麼需要特別關注的問題。另外，江青要組織一個座談會，按照常理，應當找職務、級別比自己低或和自己相當的人參加；或者是部隊召開有關會議，江青或列席，或指導，或旁聽。劉志堅是總政副主任，李曼村、謝鏜忠和陳亞丁的職務也比江青高。所以，江青召集這個會，是下級對上級、軍外對軍內的一次活動。在這種情況下，江青理應禮貌、恭謹、謙虛。但是，江青全無起碼的禮儀。開會的時間由她決定，地點由她決定，參加人員由她批准，座談會由她主持，會議的具體活動也都由江青安排。劉志堅回憶道：會議“沒有個日程安排，也沒有個議題，每天的活動都聽江青安排。她說談就談，說不談就散。”“個別交談8次，每次半小時至1小時。大多是吃過中午飯後，江青秘書來電話叫我去。每次談話，江青都沒有什麼提綱，而是想到哪兒講到哪兒，經常內容重複，有時一個問題沒談完又談另外一個問題。每次我一去她就講，不問什麼，也不讓插話，她講累了就散。”集體座談一共四次，也是江青一人講，大家聽，講完就散。(16)

會議雖然挂著“部隊”的名義，但是，它不在部隊的駐地，不是部隊的人主持，而且部隊的參加者竟然沒有發言權。在部隊沒有任何職務、時任中共上海市委宣傳部長的張春橋卻天天與會，並且起著比部隊人員更重要的作用。

(四)江青強行通過“座談會”《紀要》

3月19日上午，劉志堅等人奉江青之命來到上海爲《紀要》定稿。江青問劉志堅等人對“紀要”還有什麼意見。劉志堅等對“重新組織文藝隊伍”的提法有不同看法，認爲這樣寫涉及到整個文藝隊伍的評價，起碼部隊文藝工作方向是對的，隊伍也是好的，建議把“組織”二字改成“整頓”。這是劉志堅等人惟一的一次提出對《紀要》的修改意見。但是，就是這區區兩個字，“江青不同意改，說毛主席已經同意，不能改了。要大家通過這個稿子，並把毛澤東3月17日批示拿給大家看。張春橋也幫腔說：‘不要再猶豫了，改了這麼長的時間了，行了，行了!’江青說：“如果你們沒有意見，就算定下來了。”(17)

江青在開會期間頤指氣使，飛揚跋扈，完全不把劉志堅等人放在眼裡。

(五)“座談會”爲江青穿上了四件最顯赫的外衣

一曰毛澤東修改。毛澤東一反常態走到了前臺，他通過中央文件昭告全黨，此《紀要》乃本人親自挂帥反復多次地修改。毛的話一言九鼎，全黨全軍誰不奉若神明？

二曰林彪“委托”。1959年林彪接替彭德懷主持軍委日常工作以來，解放軍的面貌有了很大的改觀，深得毛澤東贊許。林被譽爲“毛澤東思想紅旗舉得最高”，“毛澤東思想用得最活”。江青曾經幾次揚言：“我們沒有什麼權，說話沒有人聽，我要借用林總的力量，我要搬尊神”。(18)由林彪“委托”，“委托”的對象又是毛的夫人江青，這種氣勢誰人可擋？

事實證明，林彪根本沒有“委托”江青開這個所謂“座談會”，而毛卻打定主意要把林彪裝進他設好的套裡，所以，他在《紀要》的標題上做了個大手腳，故意加上了“林彪同志委托”六個字。(19)這樣一來，性質變了。本來是毛江夫妻合夥搞的陰謀，現在毛硬把林加進去，讓局外人看起來，似乎林彪是“主角”——我林彪要開這個會，由於某種原因我本人不能出面，而“委托”江青代勞。這就告訴人們：江青是由林彪授權開這個會的，她的行動是代表林彪的。毛的這六個字，成爲了套在林彪身上的一條繩索。

毛澤東利用文章的題目搞陰謀，我們並不陌生：1959年的廬山會議上，彭德懷幾次找毛談話而不得，只好給毛寫了一封信。可是，毛卻給這封私人信件加了一個標題：“彭德懷同志的意見書”，下發與會人員批判，這樣就把彭德懷的信的性質改變了，氣得彭德懷七竅生煙。這一次，毛又故伎重演。

三曰“部隊”全力支持。當時，全國上下響徹一個口號，叫做“工業學大慶，農業學大寨，全國學人民解放軍”。這個口號是毛澤東提出的。這時的解放軍，如日中天，威信從來沒有這樣高。任何事情如果有了解放軍的支持，就一定會穩操勝券。江青說：“這個文藝座談會的紀要，是請了你們的‘尊神’，無產階級專政的‘尊神’來攻他們，攻那些混進黨內的資產階級代表人物，那些資產階級反動‘權威’，才嚇得他們

屁滾尿流，繳了械，爲什麼這麼有威力呢？就是因爲有軍隊支持，他們怕人民解放軍。”(20)

江青當時在部隊沒有職務，過去也很少與部隊打交道。因爲她在中宣部任職，文革開始前的幾年，由於抓京劇改革，都是在文化系統活動。所以，江青要開有關文藝的座談會，按照常理，應該在中宣部系統、文化部系統、全國文聯系統進行，這樣做比較合乎情理，名正言順。可是，毛江的這個“座談會”偏偏選中了部隊。不談部隊文藝工作，只讓部隊派幾個人坐會聽江青訓話，陪江青看電影，目的只有一個：爲了得到“部隊”這塊招牌。這樣，就給人們造成了一種假像，與“林彪委托”相呼應，以爲這個活動一定得到了部隊的全力支持。

四曰“中共中央文件”。《評新編歷史劇<海瑞罷官>》給毛江的教訓極其深刻。毛江本來想借它燒起文化大革命的大火，可是，讓一個名氣不大的文人姚文元(而且是名聲不太好的文人)署名寫一篇文章，登在一份地方報紙《文匯報》上，這個做法實在太蠢了。人家可以不理會你，可以把你只當成“學術問題”，拒絕，拖延，甚至壓制、封鎖，讓你毫無辦法。這一次，毛江完全改變了策略，不經過正式渠道，以個人名義開“座談會”，然後寫出一個會議文件，這樣做可以不用經過任何會議，任何人無法指責。寫成《紀要》後，先讓軍委“認可”，再讓中央“認可”，然後以“中共中央文件”下發全黨全軍全國，讓你俯首稱臣，根本無法拒絕。

由毛澤東親自修改，有“林彪委托”、“部隊”這幾個閃亮的字眼，又披上“中共中央文件”的虎皮，使江青“師出有名”，極大地提高了《紀要》的地位和權威性。加上江青本人的特殊身份，便造就了一個當時歷史條件下威力無比、所向無敵的“原子彈”。策劃和拋出姚文元的文章，江青還處於幕後。這一下，從軍隊到地方，全黨、全國、全軍縣團級以上黨委，第一次看到了江青的大名，而且江青的名字赫然醒目地出現在中共中央文件的標題上。雖然江青在這裡的身份僅僅是“座談會”主持人，除此之外再無任何別的身份，但它的實際分量卻很重。這一舉動把江青公開地、正式地推到了前臺，把江青的地位和影響抬到了極致。借助它，把江青一下送到了九天之上；借助它，爲江青日後插手軍隊打開了方便之門。毛澤東爲江青即將進入最高層搭了一個特殊的梯子。這是毛江篡權的一個極其重大的步驟，是毛江夫妻共同發動和領導文化大革命的一個重要標誌。同時，這也是毛將黨和軍隊當成他的私人工具的表現。毛澤東就是利用“座談會”這個又小又一般的形式，去做大文章，包含大題目、大內容。這件事充分顯示了毛澤東玩弄陰謀手段的高明。

可是，這四件外衣中的第二件和第三件——林彪“委托”和“部隊支持”，卻是“皇帝的新衣”，純屬子虛烏有，是“導演”盜用的名義。第四件也是毛澤東利用權勢，先讓軍委“通過”，再讓中央書記處就範。但是，由於毛澤東的淫威，由於江青規定的“保密紀律”，只有幾個人知道內情，黨內、軍內幾乎全被蒙蔽，而且蒙蔽至今。

(六)《紀要》中充塞著謊言和欺騙

前述盜用“林彪委托”和“部隊支持”是最突出的。此外，還可舉出幾例：

1，在第三部分“落實措施”中加了第一條：“根據林彪同志建議，總政治部已經把《毛澤東論文藝》一書，印發全軍文藝工作者人手一冊”。劉志堅說，林彪根本沒有這個建議。(21)

2，故作謙虛。如，毛和江是要大力推行這個《紀要》的，這在中共中央批發《紀要》的批語中說得再清楚不過了，批語說：《紀要》“對當前文藝戰線上階級鬥爭的許多根本問題，作了正確的分析，提出了正確的方針、政策，是一個很好的、很重要的文件。中央完全同意這個文件。它不僅適合於軍隊，也適合於地方，適合於整個文藝戰線。各級黨委應當聯繫本地區、本部門文藝工作的實際情況，認真討論，認真研究，貫徹執行。”而毛卻在最後定稿時加了一句：“以上整個座談記錄所說的內容，僅供領導同志們參考。”毛還把“學習江青”的字樣改爲“仿照江青”。(22)

3，把有“江青同志的意見”的地方，改爲參加“座談會”的同志的“認識”或“座談的成果”。如：把“匯報提綱”中“我們認爲江青同志這些意見都是非常正確的，符合軍隊情況”，改爲“通過座談，我們對上述問題有了明確的認識。”把“匯報提綱”中“爲了使江青同志的這些意見在思想上，組織上落實”，改爲“爲了使這次座談的成果在思想上、組織上落實。”所以，劉志堅當時就感到，江青既想通過《紀要》把她的思想反映出來，又不想寫成是她說的，要以解放軍的口來說她想說的話。(23)

……

綜合上述，這個會對江青而言，是“獨談會”，對劉志堅等人而言，是“座聽會”。不知道有沒有人研究“會議史”，如果有，那麼這次“座談會”列爲一個典型是當之無愧的。如果不是知情人披露，世人無論如何也想像不到共產黨的“會”竟然還能有這樣的開法。

這個會就是這樣開的。這個會是一個荒唐透頂的會，是一個徹頭徹尾、徹裡徹外的陰謀會。

三、《紀要》是誰寫的？

常識告訴我們，會議的“紀要”、“總結”之類的文字，都是由參加會議的人或會議工作人員(如秘書組、簡報組等)來寫。何況參加這個“座談會”的人，是部隊宣傳、文化工作的最高領導人，是“筆桿子”，寫一個會議紀要，易如反掌。常識還告訴我們，會議“紀要”、“總結”

之類的文字，必須圍繞會議內容，寫會議本身的事情，應當說明該會議概況，議程，有爭議的觀點及結論，會議的成果和如何落實等。

可是，毛江開的這個“座談會”卻完全不是這樣。這個“座談會”的紀要基本上不是部隊派去的會議參加者寫的，紀要的內容遠遠離開了會議本身。

“座談會”開完以後，劉志堅等人寫出了符合常規的“匯報提綱”。劉志堅回憶道：爲了向總政黨委匯報，2月19日，“我同李曼村、謝鏜忠、陳亞丁一起，根據江青多次談話的精神和陳亞丁的‘追記’，逐段逐句進行了討論，並由黎明記錄，陳亞丁修改，寫成了《江青同志召集的部隊文藝工作座談會紀要》(又稱“匯報提綱”)，它有三個部分：1，座談會經過；2，江青在座談中談的“許多極爲重要的意見”；3，落實措施。共約3000字。劉志堅說得很明確，寫“匯報提綱”的目的是(也僅僅是)“爲了向總政黨委匯報”，而不是其他。他們完全沒有這個會是“林彪委托”而開的概念。

可是後來，在不長的時間裡，這個稿子被動了四次大“手術”，由3000字變成了11000字，目的、對象也完全變了。

第一次“手術”(2月26日—28日)：參加人：毛澤東親自指派陳伯達、張春橋參加(24)，加上江青、姚文元和陳亞丁，“題目仍叫《江青同志召集的部隊文藝工作座談會紀要》，結構仍分三個部分，但內容作了很大增刪、改寫，加進了許多座談時沒有談過的東西。全文由3000字增加到5500字左右。”(25)主要變動爲：根據陳伯達的意見，增寫了江青親自抓樣板戲的內容近900字；增加了美化江青的話；把有“江青同志的意見”的地方，改爲參加“座談會”的同志的“認識”或“座談的成果”；爲“文藝黑線專政論”進行理論上的論證；增加了攻擊羅瑞卿的內容；篡改無產階級文藝的根本任務，全盤否定30年代文藝；對一些文藝作品進行無端指責。

第二次“手術”(3月1日—14日)：參加人：毛澤東、陳伯達、江青、張春橋、陳亞丁。劉志堅雖然被叫去參加修改，但他認爲“稿子既然主席改過了，也就可以了，要補充些什麼，也只是聽陳伯達、江青說”。(26)劉的話代表了其他人的態度，毛澤東改了，誰還不俯伏在這個最新的“最高指示”之下？全文又擴展了近一倍，變成約10000字。

這是毛澤東第一次審閱，修改共11處，最重要的是在標題上加了“林彪同志委托”六個字。其他重要修改還有：原稿提出了文藝界有一條與毛主席思想相對立的反黨反社會主義的黑線專了我們的政，一定要堅決進行一場文化戰線上的社會主義大革命，徹底搞掉這條黑線。毛澤東不僅肯定江青等人提出的這個貽害無窮的觀點，還意猶未盡，又特別加上“搞掉這條黑線之後，還會有將來的黑線，還得再鬥爭”。並在這一條之後，單獨加了一段：“過去十幾年的教訓是，我們抓遲了。毛主席說，他只抓過一些個別問題，沒有全盤地系統地抓起來，而只要我們不抓，很多陣地就只好聽任黑線去占領，這是一條嚴重的教訓。1962年(八屆)十中全會作出要在全國進行階級鬥爭這個決定後，文化方面的興無滅資的鬥爭也就一步一步地開展起來了。”(27)請讀者特別注意：“黑線專政論”是江青等人提出的；“還有將來的黑線”論，是毛澤東提出的。

作爲中國高等院校教材的《中國當代文學史初稿》稱：《紀要》出籠以後，整個文藝界就處於“文藝黑線專政論”的淫威之下。從1966年下半年開始，到1971年林彪垮臺長達五年多的時間裡，林彪、江青一夥發動了一場場對所謂“文藝黑線”的“圍剿”戰，帽子滿天飛，棍子遍地打，天下無好人，冤獄遍國中，文藝界一片白色恐怖。(28)試問該書作者，造成你們描述的這種情況的人，是林彪嗎？到林彪垮臺就結束了嗎？

第三次“手術”(3月14日—17日)：參加人：毛澤東、陳伯達、江青、張春橋、陳亞丁。這次修改補充的內容比較多，全文增加到約11000字左右。

更爲重要的是，毛澤東3月17日專門寫了一個批示(見前引)。毛說要“用軍委名義”，“首先要徵求軍委各同志的意見”，做什麼呢？毛沒有說。劉志堅等人原來打算只需向林彪和總政治部黨委匯報一下即可結束的一件不算大的事，在毛這裡一下子升格到了“軍委”。

第四次手術(3月18日—22日)：參加人：毛澤東。毛澤東再次作了修改，他在最後加了一句：“以上整個座談記錄所說的內容，僅供領導同志們參考。”“經過毛澤東這次修改，《紀要》就最後定稿了。” (29)

可以清楚地看出，《紀要》經過這麼多次“手術”，篇幅擴大了將近4倍，改變了標題，改變了主旨，改變了受眾對象，加進了大量江青沒有談過的東西，從內容到形式全變了。部隊參加會的人在這個《紀要》上寫了什麼呢——在它的開頭寫上了會議的時間、地點和參加人，在它的第三部分寫上了部隊如何貫徹的幾條意見，這些內容雖然接近占到總篇幅的20%，但其地位卻實在可憐。除此之外，其核心的第二部分，就完全不是部隊參會的人寫的了。

這個《紀要》最主要的寫作人，毫無疑問是毛澤東。他拋開了“座談會”，拋開了“部隊”，信馬由韁，恣意發揮，爲它欽定標題，上綱上線，並最後定稿。使內容與它標題上的“部隊”、“座談會”，距離越來越遠。其次是江青、陳伯達和張春橋。所謂“委托人”林彪，沒有對它增加、刪除、改動一個字。

總政治部《關於建議撤銷1966年2月部隊文藝工作座談會紀要的請示》稱：“座談會的紀要由江青和張春橋、陳伯達親自加工、整理成文。”(30)劉志堅也是同樣看法：“經過江青、陳伯達、張春橋親手炮製，大量增刪，反復改寫，增加了許多原來沒有的東西，內容和面貌大變，變成了一個以‘座談會’爲名，實爲江青、陳伯達、張春橋一夥推行‘左’的文藝思想和意見的所謂‘座談會紀要’。”(31)總政治部和劉志堅故意漏掉最重要的一個人——毛澤東。

毛澤東等人在《紀要》上所做的工作，不能叫文字上的“增刪”和“修改”，而是寫出了一篇新的“毛澤東著作”，寫出了一個政治宣言。

四、林彪對這個會是什麼態度

林彪對這個會究竟是什麼態度，是一個至關重要的問題，必須弄清楚。

林彪清楚地知道江青是奉毛之命開這個會，必須服從。但是，在對總的形勢的估價上，林與毛江存在著嚴重的不一致，又因爲他從來討厭江青，軍隊的文化工作、文藝工作，有總政治部負責，沒有發生大的問題，不需要其他什麼人干涉。林尤其反對江青染指軍隊。所以，從此事一開始，林彪的態度就是冷淡、消極、敷衍。

“座談會”開始前，1966年1月21日和1月31日，江青到蘇州找了林彪兩次。這兩次都是江青主動去找林彪的。有一個值得注意的現象，就是關於林、江的這兩次見面，許多書隻字不提，如葉永烈的《江青傳》，美國維特克的《江青同志》，等。完全正面評價江青的《江青評傳》(苦多著)，雖然高度評價這次“座談會”和該會的《紀要》，但對林江會見卻未著一字。迄今爲止，筆者只見過極少的書提到這件事。

葉永烈在其《陳伯達傳》中說：“1966年1月21日，江青從上海前往蘇州，拜會林彪，請林彪拉她一把—— 她要搞一個‘部隊文藝工作座談會’，求林彪給予‘林彪同志委托江青同志召開’的名義，以提高聲望。” 眾所周知，“林彪同志委托”這六個字是毛澤東在這個會開完以後的3月中旬才加到標題中去的，葉的說法顯然是自己杜撰。

張雲生的兩本書《毛家灣紀實》、《"文革"期間，我給林彪當秘書》和張聶爾的《風雲913》，都講到了這次見面的具體情況：

聽林豆豆說，1966年初林彪住在蘇州，(1966年1月21日，農歷正月初一)江青從上海不約而至。他們在談話時(葉群在鄉下"蹲點"，不在場)，"差點打起來"。

江青一見林彪，就氣沖沖地問："你為什麼不看戲？"

林彪說："我身體不好，正在養病。"

江青說："你應該多關心一些文藝工作。"

林彪說："我不懂。"

江青說："主席最近有關於文藝工作的兩個指示，你看過沒有？"

林答："看過。"

江又問："你對建國後十七年的文藝工作怎麼看？"

林答："方向問題已經解決了，主要是藝術水平問題。"

江青搬出了主席的批示，林彪不吭氣。江青又說："在上海召開部隊文藝工作座談會，不是我要搞的，主席讓我請尊神。"

林彪說："我的身體不好。"這時談話的氣氛已經很緊張。

江青又看到林彪的身旁放著幾張京劇唱片和電影插曲唱片，對林彪說："到了這時候，你還聽這種東西？這都是些壞戲、壞電影！"

林彪說："我只是用它調劑一下精神。聽上一段，身體就好了些。"

談話不歡而散，江青當夜返回上海。(32)

這是談到林與江第一次見面情況的文字。由於它是林彪女兒的回憶，而且見諸書籍的時間是在江青被打倒之後，所以，我們需要對它的真實性作一番考察：

第一，林豆豆告訴筆者，她當時在蘇州，她和林彪辦公室工作人員李某某親耳聽到了他們談話的以上內容。

第二，林彪對建國後十七年的文藝工作的估計("方向問題已經解決了，主要是藝術水平問題")，與總政治部主要負責人的看法一致。(33)

第三，江青離開蘇州的第二天，葉群向劉志堅轉告了的林彪的話："江青同志要找幾個部隊搞文藝工作的、管文藝工作的同志談談部隊文藝工作問題。參加的人不要太多，只要四、五個人，去幾個什麼人，你同蕭華商量，把名單報林辦，最好蕭華去。可能要研究三大戰役的創作，你們準備一下。"這段話很明白地告訴我們：江青只向林彪講了要找幾個人——四、五個；幾個幹什麼的人——搞文藝工作的、管文藝工作的人；談什麼問題——部隊文藝工作問題。她開會的真實目的對林彪秘而不宣，所以林彪只能估計"可能要研究三大戰役的創作"。林豆豆的回憶中也沒有江青談開會內容的話。可見，當時從"林辦"到總政，都是一門心思地以爲會議主題是研究三大戰役的創作。江青這樣做，不可能是"疏忽"。

第四，從他們談話的氣氛看，如"差點打起來"，江青"氣沖沖"，"談話不歡而散"，比較符合林彪和江青兩人之間的關係狀況。

第五，對林彪的生活環境的描述("林彪的身旁放著幾張京劇唱片和電影插曲唱片")是真實的。

因此，筆者認爲林豆豆的回憶是可信的。

1月21日林與江談話，處處頂牛，氣氛緊張，不歡而散。林彪對江青所提問題的回答，如"對建國後十七年的文藝工作怎麼看"，林彪對毛澤東有關於文藝工作的兩個指示的態度，以至於對林彪聽聽京劇和電影插曲唱片，都令江青十分不滿。

林彪當然知道面對的是毛澤東夫人，俗話說：不看僧面看佛面。林彪沒有給江青一點面子，充分表明了林彪的態度。

江青這一次見林，只是走走過場。江青要到部隊活動，不能不向林彪打一聲招呼。可是江青只是要利用林彪和部隊的名義，不需要林彪做什麼——“開會的事我們給你打過招呼了”，“至於我們究竟要幹什麼，你就不要管了”。江青拿著毛的“尚方寶劍”，林彪不能不服從。雖然與林談得很不愉快，但是會照開不誤。

江青走後，林彪讓葉群給劉志堅打了兩次電話。第一次是1月22日，葉群向總政治部通報江青對開會的要求；第二次是2月1日，這次所說的內容是：

> 江青同志昨天到蘇州來，和我談了話。她對文藝工作方面在政治上很強，在藝術上也是內行，她有很多寶貴的意見，你們要很好重視，並且要把江青同志的意見在思想上、組織上認真落實。今後部隊關於文藝方面的文件，要送給她看，有什麼消息，隨時可以同她聯繫，使她瞭解部隊文藝工作情況，徵求她的意見，使部隊文藝工作能夠有所改進。部隊文藝工作，無論是思想性和藝術性方面都不能滿足現狀，都要更加提高。

葉群讓劉志堅把上述內容一字不差地轉達給江青。葉群這個電話打得十分認真，劉志堅說：葉群“一字一句念”，“我一字一句記錄後，葉群又叫我復述了一遍，她逐字逐句作了核對。之後，葉群又交待，我們同江青見面後，首先要當面把林彪的話傳達給江青。”(34)林彪這樣做是有深意的。我們細看林彪所說的內容，都是需要總政治部瞭解和掌握的，只告訴劉志堅就夠了，似乎沒有必要再轉達給江青。即使林要向江講什麼，也完全可以直接與江青通話，不必通過第三者。可是林偏要採取這樣的方式，而且要劉志堅“當面把林彪的話傳達給江青”。這是爲什麼呢？筆者認爲，通過這個電話，林彪既告訴總政治部，同時又告訴江青：第一，是江青主動找上門來的；第二，所說的有關江青的話，是同時說給江青和劉志堅聽的。這段話告訴江青和總政治部，江青只是在"文藝工作方面""強"，在部隊的活動只限於文藝方面。她可以瞭解部隊文藝工作情況，而不是其他。林彪對江青與部隊的關係，作了嚴格的、明確的限制；第三，江青的話都是"意見"，而不是"指示"。眾所周知，"意見"和"指示"是大不一樣的。林彪對江青的態度躍然紙上。

總政治部《關於建議撤銷一九六六年二月部隊文藝工作座談會紀要的請示》(1979年3月26日)這樣說："《紀要》把林彪無恥吹捧江青'在政治上很強，在藝術上也是內行'的話載入正式文件。同時，還規定部隊文化部門要把江青的意見"在思想上、組織上認真落實"。林彪明明說的是江青"**對文藝工作方面**在政治上很強，在藝術上也是內行"，而總政的《請示》卻把林彪的話的基本前提("對文藝工作方面")砍掉。偌大的總政治部在這裡做了一個斷章取義的拙劣表演。林的話究竟是"無恥吹捧江青"呢，還是打官腔？

有人不做分析，硬說林彪的上述話提高了江青的身價，"大大增加了江青的政治資本"(35)。真是不知從何談起。

"座談會"開會期間，林就住在與上海咫尺之遙的蘇州，他從來沒有過問會議的情況，沒有讓劉志堅到蘇州匯報過一次。2月10日，因江青有事，"座談會"休會幾天，劉志堅當即給林彪辦公室打電話，匯報了江青同劉志堅等人四次談話的精神，並請指示。(36)對劉志堅的這一要求，林辦不理不睬，沒有下文。可見林對座談會既不積極，也不重視。

2月22日，劉志堅將他們寫的關於這次會議的"匯報提綱"送給林，林聽了匯報後說："這個材料搞得不錯，是個重要成果。這次座談在江青主持下，方向對頭，路線正確，回去後要迅速傳達，好好學習，認真貫徹。"顯然，林的這個態度是敷衍的。而江青看了"匯報提綱"，態度與林完全相反，她大發雷霆，指責這個材料"根本不行，歪曲了她的本意”，“給她闖了大禍”。(材料沒有下發，闖什麼大禍？)還說“現在不要傳達，不要下發”。(37)林說“不錯”，江說“根本不行”；林說“要迅速傳達”，江說“不要傳達”——完全針鋒相對，劉志堅當然會把江青的話報告林彪。江青是受“委托”人，與林彪相比，是相距千里的低級幹部，她居然敢公開推翻林的決定，和林唱對台戲，林彪理應做出反應。但是，林彪還是不理睬，冷眼旁觀。

後來，劉志堅又將《紀要》的第二稿送給林彪，林彪不說一句話，不增、不刪、不改一個字。《紀要》中批判羅瑞卿說：“羅瑞卿同志卻在黨中央指出文藝界十五年來基本上沒有執行黨的方針以後，還說部隊文藝方向已經解決了，主要是提高藝術水平的問題，這種觀點是錯誤的，是缺乏具體分析的。”(38)這裡所列舉的其實是林彪和總政治部對部隊文藝工作的總的估計，這是假借批判羅瑞卿之名批判林彪，林還是沒有說話。

而毛澤東卻大不一樣，他親自動手修改了11處，而且都是非常重要的修改。特別是在標題上加上了“林彪同志委托”六個字。

在毛加上“林彪同志委托”以後，江青心領神會，處處強調，大肆宣傳，唯恐大家不知道。如：

3月19日，她在給林彪的信中開篇即申明：“根據你的委托，我於2月2日至20日，邀請劉志堅等四位同志就部隊文藝工作問題進行了座談。”

中央批語中也與此呼應：“這次林彪同志委托江青同志召開的部隊文藝工作座談會”

一年以後，1967年4月12日，江青在軍委擴大會議上的講話也沒有忘記：“去年2月，林彪同志委托我召開部隊文藝座談會”。(39)

面對毛的淫威，林彪有他獨特的對付方法，他採取的辦法是一而再再而三、及時明確地申明根本沒有“委托”這回事：

1月21日江青到蘇州找林彪之後，林彪(通過葉群)明確告訴劉志堅：是"江青找林彪，要找部隊搞文藝工作的同志談談"。(40)這句話點明瞭不是林約請江，更沒有"委托"她做任何事情。

2月1日，就在劉志堅等人赴會的前一天，葉群向劉一字一句傳達了林彪的一段話，開頭就是"江青同志昨天和我談了話"。(41)在這段話中，仍然沒有說他"委托"江青開會。

《紀要》的最後一稿，送給了林彪，林對《紀要》本身的態度仍和原來一樣。但是，這一次，林彪卻沒有沉默，他通過給軍委領導的信明確地表達了自己的鮮明態度。筆者認爲，林彪給幾位老帥的信是非常值得重視的。林彪這樣告訴軍委領導們：

> 賀龍、榮臻、陳毅、伯承、向前、劍英諸同志：
>
> 送去江青同志3月19日的信和**她召開的**部隊文藝工作座談會紀要，請閱。
>
> 這個紀要，經過參加座談會的同志們反復研究，又經過主席三次親自審閱修改，是一個很好的文件，用毛澤東思想回答了社會主義時期文化革命的許多重大問題，不僅有極大的現實意義，而且有深遠的歷史意義。
>
> 16年來，文藝戰線上存在著尖銳的階級鬥爭，誰戰勝誰的問題還沒有解決。文藝這個陣地，無產階級不去占領，資產階級就必然去占領，鬥爭是不可避免的。這是在意識形態領域裡極為廣泛、深刻的社會主義革命，搞不好就會出修正主義。我們必須高舉毛澤東思想偉大紅旗，堅定不移地把這一場革命進行到底。
>
> 紀要中提出的問題和意見，完全符合部隊文藝工作的實際情況，必須堅決貫徹執行，使部隊文藝工作在突出政治、促進人的革命化方面起重要作用。
>
> 對紀要有何意見望告，以便報中央審批。
>
> 此致敬禮

林彪1966年3月22日

(以上黑體字系筆者所加)

這封信就包含了劉志堅等人的觀點，因爲它是林彪讓劉志堅和陳亞丁起草的。劉、陳親歷了《紀要》的每次修改，知道其中的奧秘，劉、陳的觀點體現在對《紀要》的評價上。但是，必須看到其中的林彪的觀點。筆者認爲，林的觀點主要是四個字——"她召開的"。這句話不會是劉志堅寫的，因爲劉明白地知道，毛江十分強調"林彪委托"，他們不敢冒犯"天威"。而林彪則認爲必須說明真相，爲歷史留下真實的記錄。江青三天前(3月19日)給林的信上，不厭其詳地說明毛澤東反復多次修改這個文件的情況，林彪針對這些，和標題上的"林彪委托"，針鋒相對地寫下了"她召開的"，明明白白地表示這個會不是"我""委托"的。林彪通過這樣嚴肅的場合向各位老帥講清楚，實際上是"立此存照"。

身臨此事全過程的劉志堅這樣分析說："江青去找林彪，要林彪支持她召開部隊文藝工作座談會。但在《紀要》中又把江青'召集'座談會，改爲江青'根據'林彪的'委托'召開座談會。而林彪則在座談會召開之前，就通過葉群電話告知我說，是'江青找林彪，要找部隊搞文藝工作的同志談談'。並一字一句傳達了林彪的一段活，開頭就是'江青同志昨天和我談了話'。《紀要》定稿後，林彪雖不反對'委托'的說法，但在3月22日給賀龍等同志的信說：'送去江青同志3月19日信和她召開的部隊文藝工作座談會紀要'，也不說'林彪委托'。這些都是頗費苦心的。"(42)顯然，劉志堅完全理解了林彪的意思，筆者同意劉志堅的看法，劉志堅說清楚了林彪的難言之隱，也說清楚了林彪對"委托"的態度，劉志堅的觀點是中肯的。這是林彪公開發泄對毛澤東將"委托"強加於他的強烈不滿。

如果換一個人，可能的做法是順竿爬——毛既然說我“委托”，那豈不是求之不得嗎？然後會裝傻地跟著說是“我委托”，以求與毛、江搭得更緊，博得毛的更大歡心與信任。但是，林彪卻反其道而行之。

對於這個《紀要》，從字面上看，的確可以認作“林江勾結”，而且，林彪“委托”江青發表如此重要的一篇政治宣言，他們的關係是何等密切！但是，一旦我們用大腦而不是用別的東西分析問題，就會清楚地看到，這個“座談會”和它的《紀要》，是林江對抗——林毛對抗的一個證據。這就是結論。

五、從“座談會”的時間表看開去

筆者認爲，認真研究這個“座談會”的時間表很有必要。現具體開列於後。

1966年1月21日 江青到蘇州找林彪，告訴林她要找部隊管文藝工作的人開座談會。談話不歡而散。

1月22日林彪要葉群告訴總政治部劉志堅，江青要找四、五個人談部隊文藝工作。總政治部立即確定參會人員，並報告葉群，葉即向江青報告。

1月底江青秘書通知劉志堅等人2月2日來上海開會。(一說爲：過了幾天，葉群回電話：江青同意這幾個人去座談。)蕭華、劉志堅等人研究參會對策。

1月31日江青到蘇州又一次找林彪。

2月1日葉群向劉志堅傳達林彪要轉達給江青的話。

2月2日劉志堅等人到上海。下午江青與劉見面。

2月2日—20日 "座談會"在上海進行。2月9日因江青有事停會，劉志堅向林彪辦公室電話匯報江青四次談話的精神，並請指示，林辦沒有答復。

2月19日—20日劉志堅等人寫成《江青同志召集的部隊文藝工作座談會紀要》("匯報提綱")。

2月22日劉志堅將"匯報提綱"送林彪，林認爲"不錯"，立即傳達。

2月23日江青說這個材料"根本不行"，"不能傳達"。

2月23日陳亞丁去上海參加修改。

2月26日—28日江青、陳伯達、張春橋與陳亞丁開始修改"匯報提綱"。

3月1日開始第三次修改——江青將稿子鉛印送毛澤東，毛作了重要修改。

3月14日江青給毛寫信，連同修改稿送毛。毛作第二次修改。

3月17日毛批示《紀要》用軍委名義，幹什麼？毛沒有說。

3月18日江青通知劉志堅等人去上海定稿。

3月19日江青召集劉志堅等人和張春橋看毛改過的稿子。江青給林彪寫信，劉志堅將江給林的信和《紀要》送林；

3月20日(該時間系筆者推算)林彪要劉志堅起草給軍委常委的信。

3月23日將《紀要》和林的信送賀龍、聶榮臻、陳毅、劉伯承、徐向前、葉劍英。同時起草給中央的報告。

在此期間，毛澤東對"紀要"作了第三次修改。《紀要》由毛定稿。

3月30日軍委向中央、主席請示審批該文件。當時在北京主持中央書記處的彭真一看《紀要》經過毛的多次修改，又是"林彪同志委托"，又是江青親自召開，來頭實在不小，自然明白毛要幹什麼。

3月31日彭真辦公室通知，要總政替中央起草一個轉發《紀要》的批語。劉志堅等人起草了批語送彭。

4月1日中央以傳文 (66)8748號批發《紀要》，直送毛澤東、朱德、周恩來、鄧小平等人(劉少奇出國訪問不在家)。毛澤東當日批示："同意"。

4月10日中共中央以中發 (66)211號文件，將《林彪同志委托江青同志召開的部隊文藝工作座談會紀要》及附件，批轉下達到縣團級黨委。

4月16日毛澤東召集政治局常委擴大會議，撤銷"文化革命五人小組"。中央領導認爲總政起草的批語對《紀要》的評價講得不夠。陳亞丁根據中央領導口授要點重寫，江青找張春橋推敲後即送中央。(這個發話的"中央領導"必有極高權威，他是誰呢？)

4月18日《解放軍報》發表題爲《高舉毛澤東思想偉大紅旗積極參加社會主義文化大革命》的社論，把《紀要》的精神基本反映出來。(43)

5月2日中央辦公廳以中發(66)254號文件發出《關於收回第211號中央文件的通知》說："中央批發的《林彪同志委托江青同志召開的部隊文藝工作座談會紀要》，在批語上中央有新的補充，現將已經印發的文件收回，限5月10日前由各級黨委(黨組)辦公廳(室)負責，如數收齊，退回中央辦公廳機要室。新的文件將於5月10日前發出。"隨後，中央發出了有新批語的文件。但是還是以中發(66)211號文件發出，批語落款時間還是4月10日。(44)毛江把中央文件的發放視同兒戲，想發就發，想收就收，而且可以任意簽署時間。這種行爲應當如何解釋？

我們再把眼光放得稍寬一點：

4月16日毛澤東決定撤銷"文化革命五人小組"，爲了使黨內知道這件事，王力寫成了一個一句話的文件："中央於2月12日轉發的《文化革命五人小組關於當前學術討論匯報提綱》現予撤銷。”毛看後大爲不滿，即命專門成立起草小組，由他手下的幾乎全部筆桿子組成——陳伯達、康生、江青、張春橋、王力、關鋒、戚本禹、吳冷西等，寫一個正式“通知”。通知這麼一件事，還能寫出什麼來呢？不，毛自然有他的算盤。毛像對待《紀要》一樣，寫了改，改了寫，反反復復許多遍，終於演變成一個“偉大的馬克思主義文件”——《通知》。

4月24日中央政治局常委基本通過《通知》草稿。然後，毛繼續修改。

5月16日中共中央政治局擴大會議通過，最終成爲了赫赫有名的《中國共產黨中央委員會通知》。由於是在5月16日通過，所以，後來就稱爲《516通知》。以它爲標誌，宣告“無產階級文化大革命”開始。

5月28日毛決定設立中央文革小組，江青任副組長，在四位副組長(江青、王任重、劉志堅、張春橋)中，江青排在第一位。

經過對《紀要》產生過程的梳理，所列時間表告訴我們，毛澤東和江青對這個《紀要》關心備至，時間抓得非常緊。毛對送來的稿子來即看，看必改，而且都有重要增加和修改。只有在林彪那裡，節奏慢一點。

它更告訴我們，毛的部署極爲緊密，一環緊扣一環：3月下旬定稿，4月10日即由中共中央下達到縣團級黨委。從《紀要》定稿到中共中央正式文件下發，只有短短的十幾天！當年林彪的“518”關於政變的講話，雖然也被捧得很高，但是卻是在講話後四個多月(5月18日至9月22日)才以中共中央文件下發的。

《紀要》剛剛下發，緊接著，撤銷“文化革命五人小組”，通過《516通知》，設立中央文革小組，把江青捧上了排在第一位的“副組長”的寶座，與中央政治局常委陳伯達、康生，中共中央中南局書記王任重等並列。毛澤東終於把江青塞進了黨的最高層，毛和江的目的達到了。

六、結論

現在，我們可以從總的方面看清這個“座談會”和它的《紀要》了。

如前所述，“座談會”的全過程由毛江一手操縱，“座談會”開得離奇而荒唐，《紀要》由毛江主持撰寫，林彪從來沒有委托江青開會，林對《紀要》沒有改過一個字。

本來，這個“座談會”是個一般的會議，但是它終究沒有多少內容，劉志堅等人覺得只需要向林彪和總政治部黨委匯報一下，就可以結束此事。可是，這個想法與毛澤東江青的意圖南轅北轍。

開這個“座談會”和炮製它的《紀要》，是毛澤東發動文化大革命“戰爭”中的一個至關重要的戰役。不開這個“座談會”，不利用這樣一個會炮製出一個《紀要》，不盜用林彪和部隊的名義，不把這個《紀要》捧到至高的地位，不用中共中央文件的名義發向全黨全軍全國——如果沒有這一切，江青的身份就只是“毛澤東的女人”，她就仍然默默無聞；江青默默無聞，就進入不了軍政界，更登不上最高層；江青登不上最高層，就不可能與毛澤東籌劃成立的中央文革小組成員中陳伯達、康生、王任重等平起平坐，當上中央文革小組副組長，而且排在第一名；江青當不上這個第一名的副組長，中央文革小組就不能成爲毛澤東的得心應手的工具，它就不能取代中央書記處並進而取代政治局；——顯而易見，毛澤東通過發動文化大革命進而篡黨竊國，就要受到根本性的影響。

《關於建國以來黨的若干歷史問題的決議》說：毛澤東“對江青、張春橋等人也進行過重要的批評和揭露，不讓他們奪取最高領導權的野心得逞”。事實恰恰相反，正是毛澤東鼓動“江青、張春橋等人”“奪取最高領導權的野心”惡性膨脹，是毛澤東直接領導操縱他們瘋狂的進行奪取最高領導權的活動，並且在實際上奪取了相當多的最高領導權。

筆者認爲，毛澤東發動文革的主要目的，就是要向江青交權，讓江青登上權力的頂峰。毛要實現這個目的，又想化解盡可能多的反對，只有給江青補上她最缺少的東西。江青最缺少的是什麼？是政治資本。因此，毛澤東孤注一擲，用自己的權勢和威望作賭注，施展種種陰謀手段，欺騙全黨全軍，爲江青注入了一筆極大的政治資本。

在文化大革命從準備到發動的全過程中，毛澤東所做的“和尚打傘，無法無天”的事，罄竹難書。搞這個不倫不類的“座談會”，炮製這個《紀要》並發向全黨全軍，就是一個明顯的例證，它是毛江犯下的一起極其嚴重的反黨罪行。

毛澤東深知他肆無忌憚地踐踏黨紀國法，肆無忌憚地施展陰謀的嚴重後果。文革之初，他曾對江青、張春橋、王力等人說：“文化大革命是要搞到底，要槍斃，我和你們一起槍斃。”(45)王力在他的《反思錄》中多次提及毛的這句話，可見毛的話對王力震驚之大。文革中一直宣傳，“文化大革命”是代表著最廣大人民群眾的最根本利益的反修防修的偉大事業，毛澤東卻估計到它的後果之一是可能被天怒人怨所淹沒而“被槍斃”。在常人看來，真是荒謬絕倫。可是，這話千真萬確是從毛澤東的口裡說出來的。這絕不是毛澤東發神經而說出的“囈語”。毛的這句話清楚地表明他知道自己作孽的分量。毛的話不幸言中——毛本人雖然“善終”，但他的最親密的文革戰友江青等人，在他死後不到一個月就被逮捕，鄧小平力主判處江青死刑立即執行，只是迫於國內外壓力，才不得已判爲"死刑，緩期兩年執行"。毛通過這句話，告訴我們他爲了達到不可告人的目的，所下的賭注是多麼大。

這篇《紀要》是毛江密謀的結果，是毛江盜用林彪和部隊的名義發表的一篇綱領性宣言。正如一本完全正面評價江青的書中所說："《紀要》貫穿著江青的思想，是江青人生道路的里程碑，是江青政治生活的宣言書，是江青活學活用毛澤東思想最滿意的一份答卷。""奠定了江青'偉大旗手'的地位"(46)。筆者認爲，這話說得非常到位。確立"旗手"地位，只靠"京劇革命"，或在幕後策劃一兩篇文章是不夠的，因爲它們的分量太輕，充其量是"文化部副部長"級的，而《紀要》則是"超重量級"的。通過介入"表演藝術"，通過文藝工作，一步步地涉政、參政，並一舉進入中國最高層，進入它的核心而"主政"。《紀要》是把江青推上中國政治最高層的一枚"強力火箭"。它比之於劉少奇夫人王光美的《桃園經驗》，比之於葉群擔任林彪辦公室主任，厲害了千倍萬倍。

說這個會是一個陰謀的會，篡權的會，各方人的結論似乎是一致的。但是，對於是誰在搞陰謀，誰在篡權，卻是針尖對麥芒。中國官方和中共黨史說，它是林彪和江青勾結起來搞陰謀，是林彪和江青勾結起來篡權。根據是什麼？根據就是它的標題上的六個字。可是，事實卻說，是毛澤東江青搞陰謀，是毛澤東江青篡權。

有人會問：在中國，毛澤東是國家、共產黨和軍隊的絕對一把手，是中國的最高統治者，他需要篡什麼權？他篡誰的權？

中共的史書中，從來沒有人說毛澤東搞陰謀，沒有人說毛澤東反黨，沒有人說毛澤東篡權，沒有人說毛澤東有野心。其實，恰恰是毛澤東，才是中國共產黨歷史上最大的陰謀家，最大的反黨分子，最大的野心家和權力狂。這個命題是不難論證的，但是它越出了本文的範圍。不論誰坐在一把手的位置上，他是代表人民群眾管理這個國家，他的權力是公權力，不是私權力。如果他利用這個權力徇私，毫無疑問，那就改變了權力的根本性質，那就是“篡權”，篡奪了人民的權，篡奪了國家的權。毛澤東和江青開這個所謂“座談會”，正是利用他手中所掌握的權力徇私；毛澤東反對共產黨的章程，反對共產黨的綱領，踐踏共產黨自己宣稱奉行的一切原則，破壞共產黨的紀律，這不是徹頭徹尾的反黨嗎？毛澤東雖然當上了中國的現代“皇帝”，但是，他的胃口大得很，他要當國際共產主義運動的領袖，要當所謂“第三世界”的領袖，要當全世界的領袖，“要把地球管起來”。這還不是大大的野心家嗎？

毛在標題上所加的“林彪同志委托”這六個字，恰恰就是毛施展陰謀的重要證據。用“林江勾結”掩蓋“毛江陰謀”和“毛江篡權”，用假像掩蓋真相。毛和江策劃的這個“座談會”，就是一個現代版陰謀的樣板。正是毛加了這麼六個字，就蒙蔽全黨全軍全國幾十年，僅從這一點就可看到毛的大陰謀家的本來面目，可以清楚地看到毛的手腕是多麼高明，多麼狡猾。對這個“座談會”不作這種判斷，就根本無法正確的解釋它。

在中國大陸的歷史研究中，有人總想把毛澤東和江青分開，一方面把江青盡量妖魔化，說江青幹盡壞事，又一方面說她都是違背毛的意圖的，是背著毛幹的。如果是毛江共同幹的壞事，則隱去毛澤東，讓江青一人承擔。那麼，請問：這個座談會是江青違背毛的意圖，背著毛幹的嗎？在此，筆者願意將江青說過的一句十分精當的話送給這些人：“我幹的所有的事，都是毛主席叫我幹的。我是他的狗，他叫我咬，我就咬。”(47)

與這一點共生的是另一種現象，就是拼命將林彪與江青往一起粘，“林、江是勾結在一起的”，壞事必為他們兩個人(或兩個集團)合夥幹的。總政治部《關於建議撤銷1966年2月部隊文藝工作座談會紀要的請示》可算一個典型，它說：“《紀要》貫串的思想，是一種反馬克思主義的、反科學反民主的封建文化專制主義的思想。《紀要》推行的路線，是林彪、‘四人幫’ 極左的機會主義路線。”

“十幾年來《紀要》的貫徹和推行，帶來了災難性的後果。林彪、‘四人幫’把《紀要》作爲他們在文藝界大搞法西斯專政，打擊迫害革命同志的合法理論根據。”“貫徹《紀要》的結果，文學藝術上的百花齊放完全沒有了。文藝創作在思想上陷入了僵化和虛假的絕境；在藝術上日趨貧乏、單調和模式化，把社會主義的文學藝術引進了一條死胡同，實際上取消了無產階級文學藝術。”(48)你們甩出的大帽子不可謂沒有道理，可是，請問，這些大帽子應該戴在誰的頭上？《紀要》和毛澤東是什麼關係？有人非常反感“狼奶”一詞，非常反感“我們是喝著狼奶長大的”這句話，可是，類似總政治部的《請示》這樣的東西，正是一杯濃烈的“狼奶”。在此，筆者也願意送給他們一句話：謊言永遠不能憑借它生長在權力中而變成真理。

古人雲：仁者見仁，智者見智。我想，這裡所說的“仁者”和“智者”，都應當是人群中的先進份子。可是，古人不知，在共產黨多年的“狼奶”灌輸下，還造就了大批的“昏者”和“惡者”。“昏者”是指那些沒有腦袋的人，或者不會用大腦思考的人；“惡者”則是專會指鹿爲馬、無中生有的人。“昏者”和“惡者”見什麼呢？這個問題，留給讀者去回答吧。

註釋:

(1)張雲生、張叢堃：《“文革”期間，我給林彪當秘書》，香港中華兒女出版社，2003年版，第58頁。

(2)張春橋、王力、關鋒、戚本禹、穆欣、姚文元都是當時中央文革小組成員。穆欣旋即被打倒，王力、關鋒於196 7年9月被打倒，戚本禹於196 8年初被打倒。

(3)《王力反思錄》，香港北星出版社，2001年10月第1版，第710—711頁及623、951頁。

(4)張耀祠著：《張耀祠回憶毛澤東》，中共中央黨校出版社1996年版，第38—40頁。

(5)《中國社會各階級的分析》，《毛澤東選集》第1卷，人民出版社1953年版，第3頁。

(6)毛澤東：《我的一點意見》，見宋永毅主編：《中國文化大革命文庫》光盤。

(7)《王力反思錄》，第247、237頁。

(8)曾志：《一個革命的幸存者》(下)，廣東人民出版社，1999年版，第454頁。

(9)載於《華夏文摘增刊》第473，474期(2006年1月3日)及諸多網站。

(10)王光美、劉源著：《你所不知道的劉少奇》，香港天地圖書有限公司，1999年版，第69—70頁。

(11)江青：《為人民立新功——江青1967年4月12日在軍委擴大會議上的講話》。

(12)劉志堅：《部隊文藝工作座談會紀要》產生前後，載《為中華之崛起——紀念中國共產黨成立八十周年》網站；園丁：《1966年江青插手軍隊文藝內情》，載於book.sina.com，cul.sohu.com 等網站。

(13)劉志堅：《〈部隊文藝工作座談會紀要〉產生前後》。

(14)劉志堅：《〈部隊文藝工作座談會紀要〉產生前後》；園丁：《1966年江青插手軍隊文藝內情》。

(15)劉志堅：《〈部隊文藝工作座談會紀要〉產生前後》。

(16)劉志堅：《〈部隊文藝工作座談會紀要〉產生前後》。

(17)劉志堅：《〈部隊文藝工作座談會紀要〉產生前後》。

(18)劉志堅：《〈部隊文藝工作座談會紀要〉產生前後》。

(19)《建國以來毛澤東文稿》第12冊(北京：中央文獻出版社，1998)，第2 8頁；參見劉志堅：《部隊文藝工作座談會紀要》產生前後和園丁：《1966年江青插手軍隊文藝內情》。

(20)江青：《為人民立新功——江青1967年4月12日在軍委擴大會議上的講話》。

(21)劉志堅：《〈部隊文藝工作座談會紀要〉產生前後》。

(22)劉志堅：《〈部隊文藝工作座談會紀要〉產生前後》；園丁：《1966年江青插手軍隊文藝內情》。

(23)劉志堅：《〈部隊文藝工作座談會紀要〉產生前後》。

(24)園丁：1966年江青插手軍隊文藝內情。

(25)園丁：1966年江青插手軍隊文藝內情；參見劉志堅：《〈部隊文藝工作座談會紀要〉產生前後》。

(26)劉志堅：《〈部隊文藝工作座談會紀要〉產生前後》。

(27)劉志堅：《〈部隊文藝工作座談會紀要〉產生前後》。

(28)見www.white-collar.net/wx_hsl/03-history/Webdoc/T3L117.html

(29)劉志堅：《〈部隊文藝工作座談會紀要〉產生前後》。

(30)總政治部關於建議撤銷1966年2月部隊文藝工作座談會紀要的請示(1979年3月26日)，見宋永毅主編：《中國文化大革命文庫》光盤。

(31)劉志堅：《〈部隊文藝工作座談會紀要〉產生前後》。

(32)張雲生、張叢堃：《"文革"期間，我給林彪當秘書》，香港中華兒女出版社，2003年，第58-59頁。《毛家灣紀實》和張聶爾《風雲913》中的文字與它基本一樣。

(33)1月下旬，蕭華、劉志堅、李曼村、謝鏜忠和陳亞丁一致認為，關於部隊文藝工作的方向是對的，成績是主要的；毛主席關於文學藝術的兩個批示上指出的那些問題，部隊沒有搞，搞的是現代題材，部隊題材。(參見劉志堅：《〈部隊文藝工作座談會紀要〉產生前後》)；葉永烈在《江青傳》中說，劉志堅等人赴上海參加"座談會"臨行前，深知江青其人的蕭華，對去滬的六名人員"約法三章"(第一，部隊文藝工作的方向是對頭的；第二，只帶耳朵——聽，少發表意見；第三，對江青要尊重，不要和她爭，有什麼意見帶回來匯報、討論)，其第一條就是明確"部隊文藝工作的方向是對頭的"。(葉永烈：《江青傳》)

(34)劉志堅：《〈部隊文藝工作座談會紀要〉產生前後》。

(35)葉永烈：《陳伯達傳》，http：//xiaoshuo.workgroup.cn/Article.Aspx？t_id=22667&a_id=16

(36)劉志堅：《〈部隊文藝工作座談會紀要〉產生前後》。

(37)劉志堅：《〈部隊文藝工作座談會紀要〉產生前後》。

(38)《林彪同志委托江青同志召開的部隊文藝工作座談會紀要》

(39)江青：《為人民立新功——江青一九六七年四月十二日在軍委擴大會議上的講話》。

(40)劉志堅《〈部隊文藝工作座談會紀要〉產生前後》。

(41)劉志堅：《〈部隊文藝工作座談會紀要〉產生前後》。

(42)劉志堅：《〈部隊文藝工作座談會紀要〉產生前後》。

(43)劉志堅：《〈部隊文藝工作座談會紀要〉產生前後》；園丁：《1966年江青插手軍隊文藝內情》。

(44)劉志堅：《〈部隊文藝工作座談會紀要〉產生前後》。

(45)《王力反思錄》下卷，第623、710、951頁。

(46)苦多：《江青評傳》，載maostudy.org 等網站。

(47)(美) R 特里爾：《江青全傳》，河北人民出版社，1994年5月版，第3頁。

(48)總政治部關於建議撤銷1966年2月部隊文藝工作座談會紀要的請示(1979年3月26日)，見宋永毅主編：《中國文化大革命文庫》光盤。

短暫的蜜月

——1966年毛、林關係的幾個問題

余汝信

1966年8月14日，中共中央通知："中國共產黨第八屆中央委員會第十一次全體會議，補選了中央政治局委員、候補委員，選舉了政治局的常務委員會，補選了書記處書記。現將上述選舉結果通知你們。此名單傳達到縣團級，不向黨外傳達。

(一)補選中央政治局委員六人：陶鑄、陳伯達、康生、徐向前、聶榮臻、葉劍英。

(二)補選中央政治局候補委員三人：李雪峰、宋任窮、謝富治。

(三)選舉中央政治局常務委員會委員十一人：毛澤東、 林彪、周恩來、陶鑄、陳伯達、鄧小平、康生、劉少奇、朱德、李富春、陳雲。

(四)補選中央書記處書記二人：謝富治、劉寧一。

中央一九六六年八月十四日"。

該通知不僅標題與"516通知"一模一樣——僅爲"通知"二字，而且，其重要性與"516通知"亦可謂不相伯仲，如果說，後者奠定了文化大革命的理論基礎，那麼，前者不仿可以說是毛澤東心目中的文化大革命的組織保證。

1966年8月5日，毛澤東寫了一通文字，加上《炮打司令部——我的一張大字報》的標題，於8月7日作爲八屆十一中全會文件，印發予

與會者。《炮打司令部》表明，毛澤東已經下定決心，當即要挪動劉少奇黨內第二把手的位置。

8月6日，已請假在大連養病的林彪，被毛澤東下令用專機接回北京，出席會議。同日，“毛澤東在小範圍內初步商定了調整後中央領導成員名單和排列次序。”(1)8月12日，即八屆十一中全會的最後一天，全會通過8月14日通知所列的補選、選舉事項名單。

所謂名單是“毛澤東在小範圍內初步商定”的，是怎麼樣的一個“小範圍”？王力有如下說法：“常委名單是毛主席親自提的，經過林彪、周恩來、江青同意。這次大會實際組織者是周恩來，名義上是陶鑄。周恩來把名單拿來徵求林彪、江青的意見。毛主席原來安排的次序是毛澤東、林彪、周恩來、鄧小平、陳伯達、康生、劉少奇、朱德、陳雲、李富春、陶鑄。江青說，鄧小平犯了錯誤，怎麼還升了？原來是第七位，現在升到第四位，這怎麼行？要把陳伯達排在鄧小平前面。江青又說，陳伯達壓不住鄧小平，陶鑄厲害，把陶鑄調上來。這樣就成了陶鑄第四，陳伯達第五，鄧小平第六。毛主席同意了。這說明毛主席還是要用鄧小平，剝筍政策還沒有剝到鄧小平。不過這麼大的事不該江青參與。江青那時連中央委員也不是”。(2)事情經過到底是否如王力所言？難以考證，作爲一家之言暫且聽之吧。但名單不啻是向全黨宣布：中共第二把手已從劉少奇換成林彪，卻是無可置疑的事實。

一、“林上”前的一些鋪墊動作

毛澤東從什麼時候開始醞釀“劉下林上”？研究者往往意見不一。而毛澤東自己對“劉下”卻有一個說法，見之於1970年12月18日毛答斯諾問：

“斯：我有一個問題想提出來，即你什麼時候明顯地感覺到必須把劉少奇這個人從政治上搞掉？

毛主席：那就早羅。一九六五年一月，二十三條發表。二十三條中間第一條就是說四清的目標是整黨內走資本主義道路的當權派，當場劉少奇就反對。在那以前，他出的書黑《修養》不觸及帝國主義、封建主義、國民黨。”(3)

毛的意思，是在1965年初。既然如此，那麼，是否自那時起，毛澤東就已經屬意“林上”？今天回過頭來仔細疏理一下材料，1965年暫且不談，我們發現，進入1966年以後，樹立林彪威信的行動，的確是一步緊一步地向前推進。

1966年1月25日，《人民日報》在頭版頭條發表題爲“高舉毛澤東思想偉大紅旗，堅決執行突出政治的五項原則”的解放軍總政治部主任蕭華在全軍政治工作會議上的報告摘要，著重提及：“這次會議的中心議題，是根據黨中央和毛主席的指示，檢查和總結兩年來的政治工作，研究如何貫徹執行林彪同志提出的突出政治的五項原則的問題。”

突出政治的五項原則，由林彪於1965年11月18日提出，其第一項就是“活學活用毛主席著作，特別要在‘用’字上狠下功夫，要把毛主席的書當作我們全軍各項工作的最高指示”。該五項原則於當年11月20日經毛澤東批復同意，(4)作爲1966年全軍工作的方針，“遵照執行”。

蕭華稱：“林彪同志提出的突出政治的五項原則，不僅是我軍一九六六年工作的方針，而且是我軍建設的百年大計，是全軍各項工作的總方針和總任務，也是政治工作的總方針和總任務”，“林彪同志關於突出政治五項原則的指示，是根據毛主席的建軍思想和建軍路線，根據我軍的歷史經驗和當前的實際情況提出來的，是活學活用毛澤東思想的一個光輝榜樣”。

4月10日，中共中央批發《林彪同志委托江青同志召開的部隊文藝工作座談會紀要》。其中“林彪同志委托”六字，爲毛澤東所加(5月2日，中央收回該文件，5月5日，另換了一個新批語重新發出)。

5月10日，新華社在一則毛澤東會見並宴請由謝胡率領的阿爾巴尼亞黨政代表團的新聞稿中提及，參加會見的有周恩來、林彪及鄧小平。(5)文革前新華社絕少報導林彪公開露面的消息，更何況是會見外賓，因此，林的這一露面似另有深意。

5月15日，中共中央轉發《毛澤東同志給林彪同志的信(對軍委總後勤部“關於進一步搞好部隊農副業生產的報告”的批示)》，即“五七指示”。

5月18日，林彪在北京中央政治局擴大會議上，受政治局常委的委托，首先講話。這一講話在文革前期評價甚高，影響深遠，卻在“九一三事件”之後變爲批林的靶子。

6月10日，毛澤東在杭州會見秘密來華的越南勞動黨主席胡志明，兩人進行了長時間的談話。毛談及了接班人問題，並多處贊揚了林彪。毛稱：“後頭又有幾次，遭到內部同志們不諒解，把我趕出紅軍。當老百姓了，做地方工作，在福建。那時，林彪同志同我一道，贊成我。他是在朱德領導下的隊伍裡，他的隊伍擁護我。我自己的秋收暴動的隊伍，卻撤換了我。同我有長久關係的撤換了我，同我不大認識的擁護我。你看，怪不怪呢”。“以後，我們還打過福建的漳州。是我同林彪去的。殲滅敵人一個師，得了許多武器、彈藥”。“只要理解了，我們有準備，全黨大多數人有準備，不怕。我們都是七十以上的人了，總有一天被馬克思請去。接班人究竟是誰，是伯恩斯坦、考茨基、還是赫魯曉夫，不得而知。要準備，還來得及。總之，是一分爲二，不要看現在都是喊‘萬歲’的”。“一方面要擔憂，一方面要樂觀。黨不會滅亡，天塌不下來，山上的樹木照樣長，水裡的魚照樣游，女人照樣生孩子。若不信，你看看嘛。難道出了赫魯曉夫，天就會塌下來，山上的樹木就不長，水裡的魚就不游，女人就不生孩子了嗎？我就不信。事物的發展不斷地轉向它的反面。馬克思、恩格斯死後，他們的接班人成爲反馬克思主義者。列寧死後還有斯大林一代。斯大林沒有料到，他死了之後，赫魯曉夫反對他，”(6)

6月19日，《人民日報》不尋常地將林彪當年3月11日“就工業交通戰線活學活用毛主席著作寫的一封信”的大部分內容，以大號字體發表於頭版頭條，並配以大字標題：“毛主席天才地把馬克思列寧主義提高到嶄新的階段，毛澤東思想灌輸到工農中去能轉化爲巨大物質力量”。信中稱：“我國是一個偉大的無產階級專政的社會主義國家，有七億人口，需要有一個統一的思想，革命的思想，正確的思想，這就是毛澤東思想。有了這個思想，才能保持旺盛的革命幹勁，才有堅定正確的政治方向”。“毛澤東思想並不是勞動人民自發地產生的，而是毛主席在偉大的革命實踐基礎上天才地繼承和發展了馬克思列寧主義的思想，是綜合了國際共產主義運動的新經驗，把馬克思列寧主義提高到一個嶄新的階段”。

7月31日，八屆十一中全會召開前夕，中共中央通知：“中央同意湖南省委的建議，將中央轉發的《毛澤東同志給林彪同志的信》，像一九五九年主席的六條指示信(黨內通信)一樣，印發到工廠、農村、機關、學校的基層支部中去，直接向廣大黨員和群眾宣讀，並認真組織討論”。(7)

二、林彪“五一八講話”

5月18日上午，林彪在中央政治局擴大會議上講話，著重講了兩個問題：一、防止反革命政變，防止顛覆；二、對毛澤東思想及毛澤東歷史地位的闡述。

有關第二個問題，林彪所強調、以後又最爲人所詬病的是這麼一些話：“毛主席是我們黨的締造者，是我國革命的締造者，是我們黨和國家的偉大領袖，是當代最偉大的馬克思列寧主義者。毛主席天才地、創造性地、全面地繼承、捍衛和發展了馬克思列寧主義，把馬克思列寧主義提高到一個嶄新的階段。毛澤東思想是在帝國主義走向全面崩潰，社會主義走向全世界勝利時代的馬克思列寧主義。毛澤東思想是全黨全國一切工作的指導方針”。“毛主席所經歷的事情，比馬克思、恩格斯、列寧都多得多”。“毛主席在全國、在全世界有最高的威望，是最卓越、最偉大的人物。毛主席的言論、文章和革命實踐都表現出他的偉大的無產階級的天才。有些人不承認天才，這不是馬克思主義。不能不承認天才。恩格斯說，十八世紀的天才是黑格爾、聖西門，十九世紀的天才是馬克思。他說，馬克思比我們一切人都站得高些，看得遠些，觀察得多些和快些，他是天才。列寧也承認天才，他說要有十幾個天才的領袖，才能領導俄國取得革命的勝利。毛主席是天才”。“毛主席廣泛運用和發展了馬克思列寧主義理論。在當代世界上沒有第二個人。十九世紀的天才是馬克思、恩格斯。二十世紀的天才是列寧和毛澤東同志。不要不服氣，不行就不行。不承認這一點，我們就會犯大錯誤。不看到這一點，就不曉得把無產階級最偉大的天才舵手選爲我們的領袖。”

林彪不善言語。現在所看到的他的講話文本，並不是他發言時的原話，林彪說話，語言遠沒有這般流暢。現在我們所看到的講話文本，已經過旁人精心潤色。據戚本禹告訴筆者，林彪的講話記錄稿先由中央辦公廳工作人員梁川作了初步整理，再交由戚作進一步加工，戚基本上是按記錄稿作了史料上的核對和文字上的潤色，沒有作任何大的增刪。(8)

不可否認，講話文本中的思想精髓是林彪本人的。戚本禹日後也承認，林講話"有點歷史唯心主義"，惟林彪看過整理稿之後十分滿意，稱贊戚是高水平的整理。

經過整理潤色的講話文本，文字鏗鏘有力，甚具戚本禹文風。其中經過再修飾的"毛澤東同志是當代最偉大的馬克思列寧主義者。毛澤東同志天才地、創造性地、全面地繼承、捍衛和發展了馬克思列寧主義，把馬克思列寧主義提高到一個嶄新的階段。毛澤東思想是在帝國主義走向全面崩潰，社會主義走向全世界勝利的時代的馬克思列寧主義。毛澤東思想是全黨全國一切工作的指導方針"一句，寫進了中共八屆十一中全會的公報，表明它已成爲整個中央委員會的共識，亦爲毛澤東本人欣然接受，要不，它怎麼會出現在經毛反復三次審閱過的全會公報中呢！(9)

8月11日，八屆十一中全會將林彪"五一八講話"作爲會議文件之一，印發予與會者。(10)

9月22日，中共中央將林彪"五一八講話"以中央正式文件發至全國縣、團級黨委。

三、毛澤東給江青的信

毛澤東1966年7月8日給江青的信，六年後於1972年5月曾作爲"絕密"的"批林整風匯報會議文件之五"印發，始爲世人所聞。現可於《建國以來毛澤東文稿》第十二冊(北京：中央文獻出版社，1998)第71-74頁見到，據說是該信修改件的全文。由於這封信是在"九一三事件"之後才浮出水面，且中共從來未有公布過該信或該信修改件的影印件，其真實性一直備受質疑。

江青曾於1972年5月在批林整風匯報會上作過三次發言，解釋這封撲朔迷離的信，經"綜合整理"的江青講話稱："一九六六年，中央在杭州開四月會議，當時我在上海，不知道會議情況。五月初，中央在北京開政治局擴大會議，我還在上海，也不知道會議情況。一九六六年七月，我收到了主席給我的信，當我讀到：'我的朋友的講話，中央催著要發，我準備同意發下去，他是專講政變問題的。''他的一些提法，我感覺不安。在重大問題上，違心地同意別人，在我一生還是第一次。'我當時雖然不知道主席指的是誰，但是我感覺到事關重大，心情沉重。當時和現在，我始終認爲，這封信不是寫給我一個人的，是寫給全黨、全國人民的。信中講了世界革命問題，所以，也是寫給全世界人民的。不過在當時，主席不好寫給別人，只能寫給像我這樣的人。

"聽說主席寫了這封信後，要秘書抄了一個抄件，並在抄件上做了親筆修改。在主席那裡(即白雲黃鶴之處)首先看到這封信的抄件的，是總理、王任重。總理看了這封信後，提出他去大連說服林彪改正。主席同意，總理勸告林彪不要再作那種提法，據說當時林彪表面上是答應了。因此，八屆十一中全會後，中央專門發了一個通知，現在事實

證明，他實際上要了兩面派。最近查了一下過去的批件，主席把林彪這個講話，一直壓到一九六六年九月二十幾日才批發”。(11)

江青並沒有說明，她收到的那封信的原件，最後到哪裡去了？也沒有說明，中共爲什麼不公布毛“做了親筆修改”的抄件的影印件，以釋眾疑。

2003年12月筆者見到戚本禹時，曾問戚：當時他作爲中辦秘書局負責人，是否知道有這麼一封信？爲什麼今天我們看不到這封非同尋常的重要信件的原件？

戚答：“可以肯定地回答你，有這封信。你可以看看這封信的字裡行間，完全是毛的風格，而毛的風格，是任何人都難以模仿得神似的。江青收到這封信後，覺得應該在黨內最高層部份人中傳閱，得毛同意，傳閱過程中，周恩來抄了一份，陶鑄亦抄了一份”。(12)

筆者：毛的信，傳閱者可以抄嗎？

戚答：“可以。據我所知，周處還有大量的毛其他批件的抄件。”

筆者：你的回憶，與官方解釋有出入。官方的說法是，毛的信在發出前給周恩來、王任重看過，毛叫秘書抄了一份。1972年5月作爲批林整風匯報會議文件印發的，是毛秘書的抄件。

戚答：“當時，我負責毛的文件的保管，沒有這樣的印象。以後印發的，應該是根據周恩來的抄件”。

筆者：那麼，在江青處的原件呢？

戚答：“林彪知道毛有這麼一封信(估計江青交黨內最高層傳閱時，林也是傳閱人之一)。在林彪從大連回到北京後的一天，葉群到釣魚台找江青談這封信的事。葉群對江青說，林總不放心，爲避免以後發生不好的影響，請示主席，主席說，燒了吧。燒的時候，在江青的住處，江、葉在場，把我也叫去了(叫去的原因，戚推測是怕日後萬一說不清楚，好有人作證)，江青說了大致情況，我無意看信的內容，怕日後惹麻煩，待信完全燒光，葉才離開”。

筆者：有人懷疑，現在發表的抄件，與燒了的原信有出入。

戚答：“我沒有看過原信的內容，不好評論。但應該不會有大的出入，爲什麼要有出入呢？沒有必要作改動。原信對林彪肯定是有些不利，否則，葉群不會那麼緊張兮兮”。

關於原件及抄件，除以上江青、戚本禹的解釋外，還有多種說法，有學者已一一列舉，此處不贅。(13)關於該信的真實性，筆者傾向於相信戚本禹的解釋，惟1972年公布的抄件修改件究竟修改了些什麼？中共官方爲什麼諱莫如深，不能將其影印件公諸於眾呢？

毛澤東在信中稱，對“我的朋友”林彪的“一些提法，我總感覺不安。我歷來不相信，我那幾本小書，有那樣大的神通。現在經他一吹，全國都吹起來了，真是王婆賣瓜，自賣自誇”。毛表面上的確對“二十世紀的天才是列寧和毛澤東同志”這樣的吹捧表示過“盛名之下，其實難副”，惟即使在當時，毛還是需要個人崇拜的，他後來對斯諾說：“那個時候的黨權、宣傳工作的權、各個省的黨權、各個地方的權，比如北京市委的權，我也管不了了。所以那個時候我說無所謂個人崇拜，倒是需要一點個人崇拜”。(14)

一方面“感覺不安”，一方面又“需要一點個人崇拜”，到底那一句才是毛澤東的真話？又讓人怎麼行事？

筆者認爲，需要個人崇拜，而且不止是“一點”，才是毛的真正心思。

不如此，就難以解釋毛爲什麼同意將“毛澤東同志是當代最偉大的馬克思列寧主義者。毛澤東同志天才地、創造性地、全面地繼承、捍衛和發展了馬克思列寧主義，把馬克思列寧主義提高到一個嶄新的階段。毛澤東思想是在帝國主義走向全面崩潰，社會主義走向全世界勝利的時代的馬克思列寧主義。毛澤東思想是全黨全國一切工作的指導方針"寫入八屆十一中全會的公報中去。

不如此，就更難以解釋毛爲什麼要在1966年下半年八次接見來自全國各地的一千一百多萬紅衛兵和"革命師生"，讓千百萬人高呼類似"毛主席萬歲！萬歲！萬萬歲！""敬祝偉大領袖毛主席萬壽無疆！"這樣的口號，甚至贊頌他爲"紅太陽"——"人們說天上的太陽最亮，可是亮不過毛澤東思想的光芒，各族人民熱愛您呀毛主席，您是我們心中的紅太陽"。充斥著類似語言的新聞稿，多經過毛澤東本人的審閱，而這些今天看起來如同對封建帝王的頌詞，比起林彪所用的詞語不是更遠遠有過之而無不及嗎？！

四、陶鑄的報告

1966年7月25日，毛澤東在陶鑄報送的新華社電訊稿《中共中央宣傳部舉行會議憤怒聲討文藝界黑線總頭目周揚反黨反社會主義反毛澤東思想的滔天罪行》送審稿上批道："此件看過，可用。在第五頁上將'最高指示'改爲'指導方向'。以後請注意不要用'最高最活'，'頂峰'、'最高指示'一類的語言。"

7月29日，陶鑄就毛上述批示給中央、毛澤東寫了一個報告，內稱："七月二十八日上午，中央宣傳部委托熊複、唐平鑄兩同志召集首都各報負責人，傳達了主席七月二十五日關於今後不要用'最高最活'、'頂峰'、'最高指示'一類語言的指示，作了討論"。

"大家肯定林彪同志提出的這些話是正確的，開始從解放軍報宣傳，以後逐漸成爲全國普遍運用的語言，非常深入人心"。

"主席指出：今後不用這類語言。大家認爲這是偉大領袖的謙遜態度。我們應當按主席的指示辦"。"考慮到群眾情緒和當前鬥爭的需要，不宜於突然全部停止使用這類語言，因此，大家建議採取如下的步驟”。

報告建議的步驟歸納爲三項：1、在代表黨政領導機關的發言和文件中，在報紙的社論、標題、按語和新聞導語中，都不用這類語言；在群眾稿件中有這類語言的，還應當保留一個時期。二、外國朋友贊揚毛主席和毛澤東思想，應按照他們的原話報導，不要用推論的方法去“加碼”。有些不符合主席此次指示精神的話，仍可報導，但不要用在標題上。三、“反黨黑幫”必然會利用我們改變提法的機會向黨反攻，從根本上反對毛澤東思想，我們應當揭露他們的陰謀。(15)

8月4日，中共中央將陶鑄的報告發至省軍級黨委，“望注意掌握，遵照執行”，并明確該文件不再往下傳達，不登黨內刊物。

在論及文革初期的毛、林關係時，研究者一般只注意毛給江青的信，其實，同樣值得注意的，是毛澤東7月25日的批示及隨後中共中央轉發的陶鑄的報告。此其中可深入探究的問題應該還不少，譬如：毛這些話，是對林彪不滿嗎？毛是真心的，還是做樣子給人看，假謙遜？當時宣揚這些語言最積極的，又是什麼人？

陶鑄的報告，指是“林彪同志提出的這些話”(雖然也稱其爲“是正確的”)。誠然，“頂峰”、“最高最活”一類語言的創始人，確實是林彪。據有關資料，“毛澤東思想是當代馬克思列寧主義的頂峰”最早出自於林彪1960年10月在全軍高級幹部會議上的講話，“毛澤東思想就是馬克思列寧主義，就是當代的最高、最活的馬克思列寧主義”，最早出自林彪1964年12月關於1965年政治教育安排問題的指示。類似這些話，是林彪1960年代初期在軍隊內部講的，大約1966年初在地方廣泛流傳。(16)而地方上的宣傳和影響，並不是林彪能加以控制的了。

其實，當時宣傳最賣力的，就是以陶鑄爲首的中共中央中南局。

1966年1月16日，中南局委員會第十次會議通過的《中共中央中南局關於深入開展學習毛主席著作運動的決定》即稱：“毛澤東思想是在新的偉大革命時代全面系統地發展了的馬克思列寧主義。我們的時代是世界資本主義和帝國主義走向滅亡，社會主義和共產主義走向勝利的時代。這個偉大的革命時代，必然會產生偉大的革命理論。這個理論就是毛澤東思想。毛澤東思想是當代馬克思列寧主義的頂峰，是最高最活的馬克思列寧主義，是進行社會主義革命和社會主義建設的指針，是戰勝帝國主義和現代修正主義的強大思想武器，是實現世界革命，最後解放全人類的偉大旗幟”。(17)

中南局的《決定》裡，既有“頂峰”，也有“最高最活”。2月24日，《人民日報》在頭版頭條刊登中南局的《決定》，在該消息上面是通欄大字口號“把毛主席的書當作我們各項工作的最高指示”，毛澤東所指的“最高最活”、“頂峰”、“最高指示”一類語言，在這一版上全齊了！

此前，2月13日，中共中央向全國轉發了包括中南局上述《決定》在內的關於加強學習毛主席著作的三個文件。(18)

更有甚者，更前些時候——2月3日，中南局所管轄的《羊城晚報》，即發表了題爲《馬克思主義發展的頂峰》的社論。社論在論述了“馬克思主義發展的三個歷史階段”後稱：“代表當代馬克思列寧主義的發展的偉大旗幟，就是毛澤東思想。毛澤東思想就是在新的偉大革命時代全面地系統地發展了的馬克思列寧主義，是當代馬克思列寧主義的頂峰”。(19)

4月5日，《羊城晚報》發表社論《再論馬克思主義發展的頂峰》，內稱：“毛澤東同志就是當代馬克思主義最傑出的代表，毛澤東思想是馬克思列寧主義在當代的光輝頂點”，“毛澤東思想，是當代最高、最活的馬克思列寧主義”。(20)

5月29日，《羊城晚報》再發表社論《三論當代馬克思列寧主義的頂峰》，內稱："毛澤東思想是當代馬克思列寧主義的頂峰，是中國革命和世界革命的指路明燈。毛澤東同志不僅是中國人民最敬愛的偉大領袖，而且在全世界馬克思列寧主義者和革命人民中享有最崇高的威信，成爲當代國際共產主義運動中最偉大的旗手"。"國際無產階級革命運動所肩負的空前偉大的歷史任務，就更需要自己的英明領袖，需要具有最偉大天才的革命舵手"。(21)

雖然，調子高得不能再高的"三論頂峰"，中央各大報刊並沒有轉載，但批准這些文章出爐的中南局第一書記陶鑄，卻正受到進一步的重用。5月中央政治局擴大會議通過決定，調陶鑄到京任中央書記處常務書記，兼中央宣傳部部長，以填補打倒"彭、羅、陸、楊"後的主要空缺。

毛澤東後來說，陶鑄這個人不太老實，似不無一定道理。即如陶鑄給中央、毛澤東的報告，首先就沒有提及自己近半年來宣傳"最高最活"、"頂峰"這類語言，調子是最高的，態度是最積極的，更不用說對此有所檢討了。輕輕一句"大家肯定林彪同志提出的這些話是正確的"，更是用心良苦！是好是壞都是林彪的，反正是與己無關。

至於毛澤東的表態是真謙遜還是假謙遜，研究者自然還可以一直討論下去(筆者認爲，後者居多)。惟有論者批評林彪是借樹立毛的威信來樹自己，筆者卻不敢貿然認同。說林彪是別有用心，那麼，陶鑄的用心又是什麼呢？陶鑄是否也是借樹立毛的威信樹自己？

五、"林副主席"

無論研究者們如何去解讀毛澤東7月8日給江青的信，以及7月29日對陶鑄報告的批示，卻都抹殺不了那麼一個事實：在8月八屆十一中全會的改選過程中，毛澤東親自將林彪的排名向前挪了四位，林彪成爲了中共黨內第二號人物。

按照八屆十一中全會選舉的中央政治局常委十一人名單，除毛澤東本人及周恩來的位置沒有變化外，林彪從第六位變第二位，而原分別排在第二、四、五位的中央副主席劉少奇、朱德、陳雲，則分別排在常委中的第八、九、十一位，劉、朱低於並非中央副主席的陶鑄、陳伯達、鄧小平、康生，陳雲除此之外甚至低於李富春，是常委中的最後一名。原來的中央副主席，位置反而低於一般的常委，這顯然是不合常理的。故而，八屆十一中全會既不能宣布取消黨的副主席，也沒有對黨的副主席進行改選，因爲改選畢竟牽動太大。會後的公開訊息，沒有再提起中央副主席這一職務。沒有再提，主要並不是因爲林彪地位的上升，而是劉少奇、朱德、陳雲地位的下降。

關於八屆十一中全會後的中央副主席，王年一先生的《大動亂的年代》稱："全會並未重選黨中央副主席，林彪卻於會後成爲黨中央唯一的副主席。"(22)席宣、金春明先生的《"文化大革命"簡史》則稱："全會沒有改選主席、副主席，而會後在任何文件上劉少奇、周恩來、朱德、陳雲的副主席職務都不再提及，被不明不白地取消了。而林彪仍被稱爲中共中央副主席，而且是唯一的副主席。"(23)

類似說法，幾成定論。而筆者認爲，以上說法與史實有出入。

一、八屆十一中全會以後，中央宣傳部門對提及林彪時所用的統一口徑，是"林彪同志"。自8月18日新華社報導毛澤東首次接見紅衛兵時起，提及林彪時，稱謂用的都是"林彪同志"。如"毛主席和林彪同志肩並肩地站在天安門上"，"林彪同志在全場暴風雨般的掌聲中講話"，"林彪同志代表毛主席和黨中央向大家問好。"(24)年內的多次接見，新華社電訊沿用的仍然是"林彪同志"不變，此一狀況，一直延伸至1967年年中。

二、八屆十一中全會以後，新華社發布的消息，十分偶然的會使用"林副主席"一詞，如10月17日的一則電訊標題則爲"毛主席林副主席周總理關懷歸國僑胞"，電訊所稱的"林副主席"，並沒有特別注明是中共中央的副主席。筆者認爲，一如八屆十一中全會前有關軍隊工作的消息提及"林副主席"般，可以理解爲此處主要指的是林彪的另一個重要職務——中央軍委副主席。而即便是1967年中期以後才經常使用的"林副主席"的稱謂，也從來沒有注明是中共中央的副主席。

中共的宣傳機器倒是爲林彪專門特設了一個稱謂，即"毛主席的親密戰友"。第一次使用，是《人民日報》發表於8月20日的社論《毛主席和群眾在一起》，內稱："一九六六年八月十八日，我們偉大的導師，偉大的領袖，偉大的統帥，偉大的舵手毛主席，穿著人民解放軍軍裝，同他的親密戰友林彪同志，以及其他同志，在天安門上檢閱了無產階級文化革命的百萬大軍。"(25)

又是身穿軍裝，又是"親密戰友"，即便稱"林副主席"，強調的不是軍委副主席，又是什麼？

六、"接班人"

經查證，至少在1966年全年時間內，中共宣傳機器除了宣揚林彪是毛澤東的親密戰友之外，並沒有公開發布林彪是毛澤東的接班人類似提法的信息。據目前的資料，有關林彪是"接班人"的提法，最早見於群眾組織傳抄的葉劍英在1966年9月一次公開接見時的講話。

9月25日，葉劍英在接見北京十三個藝術院校、藝術團體部分師生代表時說："最近時期，我們黨內還有一個很值得慶賀的大喜事，就是毛主席選定了他自己的第一個接班人。主席選了幾十年了，究竟誰來接班？選來選去，驗來驗去，經過近四十年革命鬥爭的考驗，證明了林彪同志具有豐富的革命鬥爭經驗。是偉大的政治家和戰略家，還有高度的領導藝術，是毛主席最好的接班人。主席選定林彪同志這樣一個最親密的戰友爲接班人，肯定地，不但我們文化革命運動能取得徹底勝利，而且對整個中國、整個世界的革命取得勝利也完全是樂觀的。林彪同志的身體比我們中的任何人都好，我們確信，林彪同志跟著毛主席領導個二三十年是毫無問題的。有了主席，有了林彪同志這樣英明偉大的領袖，有了他們倆個人，剛剛好馬克思恩格斯也是倆個，毛主席林彪同志也是倆個，我們的革命就無往而不勝，就可以信心百倍的完成我們偉大的革命事業。”(26)

葉劍英在這裡說，林彪是毛選定的他自己的第一個接班人，有違事實，亦顯然與毛在1960年代初的構思大相徑庭。毛的“第一個”，不是林彪，而是劉少奇。1961年9月毛澤東在會見英國元帥蒙哥馬利時，曾經回答過蒙哥馬利關於毛的繼承人是誰這一問題。毛澤東當時說：“很清楚，是劉少奇，他是我們黨的第一副主席。我死後，就是他。”蒙問：“劉少奇之後是周恩來嗎？”毛：“劉少奇之後的事我不管。”(27)

葉劍英當時是中央政治局委員，中央軍委副主席兼軍委秘書長，是軍隊的重量級人物。他對林彪的擁戴，代表了軍隊相當大一部分高級幹部的態度。

10月5日，葉劍英在接見軍隊院校學員時再次提及林彪：“最後決定讓林彪同志作爲我們的副統帥，這是中國人民和全世界人民可慶幸的大事。還應指出的是，毛主席從1928年經過38年觀察，林彪同志1927年參加南昌起義，1928年上井岡山以後一直在毛主席身邊，向毛主席學習軍事指揮、理論等各方面是最好的，在黨的領導幹部中，特別在軍隊領導幹部中，最全面掌握毛澤東思想，而且年齡最輕，身體也最健康，今年才59歲。是領導中最年輕而且身體經醫生多年檢查從頭腦到內臟沒有什麼毛病，林彪同志只有局部神經受傷，不會影響思考和健康，最年輕，最有能力領導我們的。我們不僅要向全世界宣傳毛澤東思想，而且要向全國全世界宣傳毛主席和林彪同志的健康，這有極大的政治意義”。(28)

七、“九一八講話”與《再版前言》

9月18日，林彪在接見解放軍高等軍事學院、政治學院和總政治部宣傳部李志民、蔡順禮、李曼村等負責人時，進行了較長時間的談話。在談話中，林彪說：“毛澤東思想是全黨全軍全國人民的統一行動的綱領。全世界誰也不能代替毛澤東思想。什麼李達、康斯坦丁諾夫、尤金都不行，這些人的書怎麼能比？現在中國、世界上沒有那一個人的著作能統一人們的思想。馬克思、列寧的書太多，讀不完，離我們太遠。我們要百分之九十九的學習毛主席著作，徹底把毛澤東思想貫徹於全黨全軍全國人民，用毛澤東思想來統一我們的思想，這是革命的教科書”。

當蔡順禮說：“我們說主席全面地發展了馬克思列寧主義，有些人就專門找哪裡發展了”時，林彪稱：“主席的水平比斯大林高得多，現在世界上沒有那一個人比得上他的水平”。

林彪還稱：“我們要把毛澤東思想偉大紅旗舉得高高的。毛澤東思想就是活的馬克思列寧主義。我們要打破洋人比中國人高明的民族自卑感，有這種民族自卑感，就喪失革命鬥志。總覺得洋人古人比我們強，其實那有比毛主席高的？像毛主席這樣的天才，全世界幾百年，中國上千年都沒有。毛主席是世界最大的天才”。(29)

以上講話，由參加接見者於9月18日當晚整理，相信可信程度甚高。林彪此次講話雖然沒有了“最高最活”“頂峰”一類的提法，但有“像毛主席這樣的天才、全世界幾百年，中國上千年都沒有。毛主席是世界最大的天才"類似的更過頭的話。有論者說，林彪極不相信毛澤東是真謙遜，爲了自保，才說這樣的過頭話。惟不管是什麼原因所致，林彪這些話都是錯誤的。

"九一八講話"應該打上林彪的印記。但流傳甚廣的以林彪署名的《毛主席語錄〈再版前言〉》，原來卻不是林彪本人所爲。

據知情者透露：總政治部編印的《毛主席語錄》再版本，於1965年8月1日出版。編印單位和"前言"仍署"總政治部"，由52開本改爲64開本，用紅塑料皮封面，發行範圍仍限部隊內部。1966年8月，八屆十一中全會召開後，負責編選語錄的《解放軍報》社按八屆十一中全會精神對"前言"進行了修改，主要爲加上了"毛澤東同志天才地、創造性地、全面地繼承、捍衛和發展了馬克思列寧主義，把馬克思列寧主義提高到一個嶄新的階段"一句話。在交稿審定時，在署名問題上發生了爭議：一是仍署"總政治部"，一是爲便於出口，署"人民出版社"。兩種意見上報，最後轉到中央文革小組，12月15日晚，中央文革小組在釣魚台開會，會議決定，將原以"總政治部"署名的《再版前言》，改以林彪署名。12月17日，全國報紙以顯著位置發表了林彪署名的《再版前言》。(30)

八、簡短的結語

1966年8月的中共八屆十一中全會，距離1962年9月召開的中共八屆十中全會，已有整整四年的時間。在幾乎一屆黨代會的四年時間裡都沒有召開中央全會，亦可以從一個傾面反映了毛時代黨內政治生活的極不正常狀態。在此四年時間裡，毛澤東因政策分歧與他原來選定的接班人劉少奇，以及劉少奇所代表的黨務工作系統高級幹部勢力，漸行漸遠，而與掌管軍隊的林彪，以及以林彪爲代表的軍隊高級將帥勢力，漸行漸近。此種趨勢，以1963年全國大學解放軍爲發端。至1966年初，林彪地位的上升已有迹可循。這是一個起碼有半年時間的緩慢的預熱、造勢過程，到八屆十一中全會，形成了有備而來的既成事實。

總體來說，是毛澤東要依靠林彪以及其他軍隊高級將帥，以圍剿劉少奇及其黨務系統勢力，而絕不是相反，林彪要靠攏毛去達至他個人的什麼目的。請尊神，不僅江青如是，毛澤東也如是。在此過程中，林彪以自己獨特的語言，首先在軍隊中鞏固和樹立毛澤東的至上權威，對此，毛是欣然接受的，惟表面上又不得不假謙遜一番。樹立毛澤東個人崇拜的風氣假文革的浪潮很快席捲全國，毛澤東本人也採取了諸如八次接見全國各地來京的紅衛兵一類迅速擴大自己權威性的做法。

不僅是林彪，中共其他高層對樹立毛的個人崇拜也起到了推波助瀾的作用，如陶鑄，就是其中甚爲積極的一位。周恩來也不例外，如有關毛是天才，周恩來就說過："因爲有時學習語錄不夠，還要查一查語錄的原文，才能瞭解主席根據實際情況，世界上可能出現的情況，如何天才地、創造性發展了馬列主義，才能看到文章的時代背景和偉大的天才"。(31)"所以林彪同志說的很對，毛主席是列寧以後的二十世界最偉大的天才"。(32)

林彪黨內第二號人物以及接班人地位的形成，是由毛澤東本人最終拍板的。黨內軍內，也有不少人極力維護林彪的接班人地位(其目的不排除大部分是爲了抗衡以江青爲代表的文革極左派勢力)，如葉劍英的兩次講話，就是很好的例子，這些，都是不爭的事實。(2007年1月)

注釋：

(1)中共中央文獻研究室：《毛澤東傳(1949—1976)》下(中央文獻出版社，2003)，頁1429。

(2)《王力反思錄》下冊(香港：香港北星出版社，2001)，頁617。

(3)《建國以來毛澤東文稿》第十三冊(北京：中央文獻出版社，1998)，頁173。

(4)《建國以來毛澤東文稿》第十一冊(北京：中央文獻出版社，1996)，頁480。

(5)《人民日報》1966年5月11日，第一版。

(6)毛澤東在杭州同胡志明的談話，1966年6月10日。部分談話見(1)書，頁1418。

(7)見中共武漢市委文件武發(66)074號"市委關於轉發'中央轉發毛澤東同志給林彪同志的信'的通知"，1966年8月18日。

(8)見筆者首發於電子雜誌"楓華園" 2004年1月9日第401b期的《與戚本禹面對面》。

(9)《建國以來毛澤東文稿》第十二冊(北京：中央文獻出版社，1998)，頁96。

(10)王年一：《大動亂的年代》(鄭州：河南人民出版社，1996)，頁59。

(11)《江青同志在批林整風匯報會議華東組和中南組會上的講話》(中共北京市委辦事組1972年8月2日翻印)。

(12)以上及下文筆者與戚本禹的對話，見《與戚本禹面對面》。

(13)見何雲峰：《眾說紛紜解玄奧——毛澤東致江青的信研究評析》。

(14)同(3)書，頁174。

(15)同(9)書，頁86。

(16)類似材料，如《林彪同志談學習毛澤東思想(輯錄)》，見《福建通訊》1966年第13期(中共福建省委福建通訊編輯委員會編印，1966年8月1日)。

(17)《人民日報》1966年2月24日，第一版。

(18)〈中央轉發中南局、北京市委和上海市委關於加強學習毛主席著作的三個文件的批示〉《福建通訊》1966年第2期(1966年2月20日)。

(19)《羊城晚報》1966年2月3日。

(20)《羊城晚報》1966年4月5日。

(21)《羊城晚報》1966年5月29日。

(22)王年一：《大動亂的年代》(鄭州：河南人民出版社，1996)，頁60。

(23)席宣金春明：《"文化大革命"簡史(增訂新版)》(北京：中共黨史出版社，2005)，頁98。

(24)《人民日報》1966年8月19日。

(25)《人民日報》1966年8月20日。

(26)《在無產階級文化大革命中中央負責同志講話抄錄》第一集(佚名編，1966年10月)，頁152-153。

(27)毛澤東同蒙哥馬利談話記錄，1961年9月23日。見中共中央文獻研究室：《毛澤東傳》，下，北京：中央文獻出版社，2003，頁1173。

(28)同(22)書，頁189。

(29)〈林彪一九六六年九月十八日的講話〉《林彪反黨言論(部分材料)》(中共湖北省委辦公室，1972年7月2日翻印)。

(30)方厚樞：〈當代中國出版史上特殊的一頁——文化大革命期間"毛主席著作出版辦公室"始末記略〉，《出版史研究》第三輯，北京，中國書籍出版社，1995。

(31)〈周恩來同志在北京工人體育館首都大專院校紅衛兵司令部"北上"、"南下"、"西進"戰鬥軍團誓師大會上的講話(1966.9.10)〉，《在無產階級文化大革命中中央負責同志講話抄錄》第一集(佚名編，1966年10月)，頁120。

(32)〈周恩來同志接見"首都大專院校紅衛兵革命造反總司令部"全體紅衛兵大會上的講話(1966.9.26)〉，《在無產階級文化大革命中中央負責同志講話抄錄》第一集(佚名編，1966年10月)，頁159。

林彪在“二月逆流”前後

歐陽龍門

要點：

1967年一月下旬，爲了防止“一月風暴”引起的全國大亂影響到軍隊，林彪和幾位老帥制定了“軍委八條命令”，得到毛澤東的批准。

同時，幾位老帥和副總理在不同的場合對文化大革命的一些作法提出了指責。從1967年2月中旬開始，各地軍方以“軍委八條命令”爲依據，對造反派衝擊軍隊的過激行爲進行反擊，將大量的造反派群眾組織打成反革命，有的地方採取了開槍鎮壓、大規模逮捕等極端手段。因而形成了“二月逆流”，使文化大革命出現重大的逆轉。

毛澤東嚴厲地批評了幾位老帥和副總理對文化大革命的指責。當毛澤東發現文化大革命變成了“鎮壓反革命”運動時，他通過中央文革發動造反派群眾組織對“二月逆流”進行反擊。不久，林彪也表態支持文化大革命，並且配合毛澤東和中央文革的需要制定了“軍委十條命令”，在事實上否定了先前的“軍八條命令”。此後，文化大革命再度出現大的反復。

毛澤東在爲各地造反派群眾組織平反、迫使軍隊轉向支持造反派的同時，也考慮到穩定軍隊。鑒於林彪支持文化大革命的表態，毛澤東決定以林彪及其老部下爲依靠來實現穩定軍隊的目的。

一、"二月逆流"前的文革局勢
二、"二月逆流"在中央和地方的表現
三、反擊"二月逆流"
四、反擊"二月逆流"的後果和影響
五、結論

"二月逆流"在中共官方的話語中也稱爲"二月抗爭"(1)(2)。在中共《關於建國以來黨的若干歷史問題的決議》中是這樣定義的："一九六七年二月前後，譚震林、陳毅、葉劍英、李富春、李先念、徐向前、聶榮臻等政治局和軍委的領導同志，在不同的會議上對'文化大革命'的錯誤作法提出了強烈的批評，但被誣爲'二月逆流'而受到壓制和打擊。"(3)

現在人們說起"二月逆流"，直接想到的就是"大鬧京西賓館"、"大鬧懷仁堂"，但實際上並不僅止於此。事實上，由於"大鬧"的幾位老帥和副總理在當時還有一定的權力，還有一定的影響，尤其是在軍隊有實權和影響，更由於"二月逆流"之前、"二月逆流"期間軍隊的一些作法一度得到毛澤東的認可，林彪的支持，所以，"二月逆流"的在全國各地的影響比僅僅是"大鬧"要廣泛的多，波及到全國許多省，在很多地方"把無產階級文化大革命運動變成了'鎮壓反革命運動'"。(4)

接下來的"反擊二月逆流"同樣也不僅僅是毛澤東對"大鬧"的斥責，也包括中央和地方的各個方面的一系列的活動。

"二月逆流"和"反擊二月逆流"是文化大革命中兩個猛烈的急轉彎。造成這種反復的決定因素當然是毛澤東本人。在這段時間裡，林彪的所作所爲也是頗爲複雜的，決不是像中共官方所描述的那樣，是"林彪、江青一夥掀起的'反擊二月逆流'的浪潮"。(5)

一、"二月逆流"前的文革局勢

文化大革命進行到1967年1月中旬，各級黨政機關基本上全部癱瘓。在上海"一月風暴"的帶動下，奪權浪潮席捲全國，逐漸波及到軍隊。根據毛澤東"應派軍隊支持左派廣大群眾"的指示，軍隊開始介入各地的文化大革命。

軍隊要不要搞文化大革命，毛澤東對這一點地的態度是肯定的，他在《五一六通知》中指出"必須同時批判混進黨裡、政府裡、軍隊裡和文化領域的各界裡的資產階級代表人物，清洗這些人，有些則要調動他們的職務。"，"混進黨裡、政府裡、軍隊裡和各種文化界的資產階級代表人物，是一批反革命的修正主義分子，..."(6)

以後毛澤東本人不斷地重複自己的這個觀點。

1967年1月30日，毛澤東在一個批語中寫道："黨、政、軍、民、學、工廠、農村、商業內部，都混入了少數反革命分子、右派分子、變質分子。此次運動中這些人大部都自己跳了出來，是大好事。應由革命群眾認真查明，徹底批倒，然後分別輕重，酌情處理。"(7)

那麼軍隊中那些人是"走資派"呢？1967年2月3日，毛澤東在接見外賓時說："我們的軍隊也不是沒有問題的。像賀龍是政治局委員，羅瑞卿是書記處書記，總參謀長。"(8)

至於軍隊的文化大革命應該怎樣搞，衝擊和動亂達到什麼程度，毛澤東的態度則是猶豫的，常常是模棱兩可，前後不一。

例如，1966年10月5日，《中共中央批轉軍委、總政關於軍隊院校無產階級文化大革命的緊急指示》中指出："軍隊院校領導和教職員中，確實有一小撮反黨反社會主義的壞傢伙，一定要借文化大革命的東風，把他們揪出來，徹底鬥，徹底批。"(9)

這就使文革的動亂波及到軍隊，先是軍隊院校成立了各種造反組織，踢開黨委鬧革命，把矛頭指向本單位的當權派。隨後四處串聯，使部隊文體單位、機關、醫院紛紛動亂起來，衝擊上級軍事機關，以至於衝擊各軍、兵種司令部、國防部、中南海。

另一方面，毛澤東也明白搞文化大革命，需要軍隊的支持，因此軍隊需要一定程度的穩定。所以，也有“不准許衝進解放軍機關及所屬部隊，也不許到部隊串聯和散發傳單”的指示(10)，以及“我認爲十三個軍區不要同時搞，要有前有後”，“軍隊要支持地方革命左派進行奪權鬥爭，因此軍隊和地方文化大革命要叉開”的想法(11)。

基於毛澤東的不確定的態度，副統帥的林彪的辦法一是“口頭上緊跟”，二是“行動上推托”。

“口頭上緊跟”表現在“一切請示主席，一切遵照主席的指示辦事”，“對主席的指示要堅持執行，理解的要執行，不理解的也要執行”。(12)

“行動上推托”則是盡量少表態，盡量回避矛盾。對此，張雲生在《毛家灣紀實》中有具體的描述：

當北京航空學院的造反學生到國防科委揪鬥趙如璋的時候，國防科委副主任羅舜初請示林彪該怎麼辦，林彪的答復是：“不用答復。”(13)、(14)當秘書匯報各省、市委受到造反學生的衝擊時，林彪說：“不要再講了。”(15)當軍隊院校的學生衝擊國防部時，葉劍英和劉志堅報告林彪，希望林彪給出處理的指示，而林彪則對秘書說：“我沒什麼，就讓他們去處理吧！”(16)

儘管如此，林彪心目中的文化大革命與毛澤東心目中的文化大革命是不一樣的。林彪對於文化大革命的理解，可以用他自己的話來說是“升一批人的官，罷一批人的官，保一批人的官”(17)。林彪在以後的行動中處處體現出這一點。

毛澤東要的是“天下大亂”(18)，是“一個階級推翻另一個階級”的“一場大革命”(19)，這就不僅僅是要“升一批人的官，罷一批人的官，保一批人的官”，而且要將機構整個砸爛。中央文革、紅衛兵(保守的和造反的)(20)、造反派都是毛澤東實現“天下大亂”的工具。

林彪在這一點上與毛澤東有根本的區別。儘管林彪在口頭上緊跟毛澤東、附和毛澤東，儘管毛澤東砸爛了黨和政府的機構，軍隊的機構在整個文化大革命當中雖然受到衝擊，雖然有過局部的癱瘓，但是始終沒有整個地砸爛。要將機構整個砸爛，這一點是毛澤東和中央文革的文化大革命宗旨。具體到軍隊，毛澤東既有“砸爛”的一面，也有“穩定”的一面；林彪則始終是強調和堅持“穩定”的一面。

後來參與“二月逆流”的幾位老帥和副總理是積極支持文化大革命的，對於整肅劉少奇也是贊成的。從八屆十一中全會前後的人事變動可以看到：不僅僅是劉少奇從第二位降到第八位，林彪上升到第二位，還有除了陶鑄、陳伯達、康生上升到政治局常委以外，李富春也進入常委；徐向前、聶榮臻、葉劍英都進入了政治局(譚震林、陳毅、李先念已經是政治局委員)；(21)陳毅、葉劍英、徐向前在1966年1月由中央軍委常委升任軍委副主席(聶榮臻已經是軍委副主席)(22)。

隨著文化大革命的發展，他們對文化大革命的一些具體作法有些意見，而且用中央的官樣文章的話語公開表達出來(23)。

在“穩定軍隊”這一點上，林彪與幾位老帥和副總理的意見是一致的。所不同的是幾位老帥和副總理的傾向表現得比林彪要明顯一些，林彪在言詞上要更顯得“緊跟主席”。

林彪與幾位老帥和副總理的分歧在於“升哪些人的官，罷哪些人的官，保哪些人的官”。實際上幾位老帥之間也是有分歧的。例如下面我們會看到葉劍英和徐向前在這一點上的對立。基於中央領導層的這種態度，隨著文化大革命在全國的展開，軍隊在1967年1月開始受到越來越廣泛的衝擊。

從法律的角度來看，任何組織、團體、個人，不論出於何種原因，包圍、衝擊國家機關、軍事機構都是違法犯罪的行為，都應該受到法律的制裁。但是，由於毛澤東將政治淩駕於法律之上，認為"對反動派造反有理"(24)，於是任何行為只要帶上"革命"、"造反"的標簽就可以橫行無忌，就可以衝擊一切。

如果說對於1966年8月前後紅衛兵的暴行，毛澤東還可以贊賞、林彪與幾位老帥和副總理還可以沉默的話(25)，到了1967年的2月，從中央到地方各級領導被揪鬥的人已經不計其數，其中許許多多的人遭到毒打和虐待，省、部級以上的幹部中已有張霖之、趙爾陸、陶勇被鬥致死，閻紅彥、衛恒自殺。即使毛澤東還可以沉默，林彪與幾位老帥和副總理已經不能沒有憤慨之意了。

如果說對於1966年10月前後，各級黨政機關受到的衝擊毛澤東還可以拍手稱快、林彪還可以回避矛盾、幾位老帥和副總理還只能發點牢騷的話，到了1967年2月各級軍事機關受到衝擊，連吳法憲、李作鵬、邱會作都因造反派的揪鬥而"東躲西藏"，而且各地軍隊的負責人如許世友、韓先楚已經氣憤已極的時候，他們誰也無法袖手旁觀了。

二、"二月逆流"在中央和地方的表現

"二月逆流"在中央的表現有：

1967年1月19日和20日的"大鬧京西賓館"；

1月28日，"軍委八條命令"的頒布；

2月11日和2月16日的"大鬧懷仁堂"。

爲了表現“老一輩革命家同林彪、江青一夥的鬥爭”(26)，中共官方對這些事件進行了黑白兩極化的曲解，尤其歪曲了林彪在其間的作用。而對於幾位老帥和副總理以及周恩來的一些言行則作了掩飾，因爲這些言行在官方後來的觀點中是“缺點錯誤”或者“違心的話”。

“二月逆流”在全國各地則表現爲軍方對造反派的整肅和鎮壓。如果說中共官方對“二月逆流”在中央的表現作了曲解的話，那麼中共官方對“二月逆流”在全國各地的表現則是加以掩蓋，因爲這裡有許多複雜的矛盾、血腥的場面，即使完全按照中共官方的說法來看，也很難分清“敵我雙方”和“誰對誰錯”。

1967年1月19日和20日的“大鬧京西賓館”，其焦點是關於揪鬥總政治部主任蕭華，其實質是文革在軍隊中造成的動亂應當達到什麼程度。

毛澤東本人對於“文革在軍隊中造成的動亂應當達到什麼程度”是不十分確定的，對於是否要打倒蕭華也是猶豫的，這種猶豫一直持續到1967年的夏季才見分曉。

中央文革一方，出於自身的機構的利益，希望把文革的烈火燒到軍隊，把動亂的程度加大，所以支持揪鬥蕭華。而出席會議的軍隊的領導，則有不同的打算：軍方作爲一個整體，出於自身的機構的利益，希望軍隊穩定。在機構穩定的前提下，要“升一批人的官，罷一批人的官，保一批人的官”。那麼，升哪一批人的官，罷哪一批人的官，保哪一批人的官，不同的山頭又有不同的想法。在“大鬧京西賓館”的具體場合，葉劍英希望保蕭華，而當時擔任全軍文革小組組長的徐向前是站在中央文革一邊，贊成揪鬥蕭華的。北京軍區司令員楊勇以及其他一些人，由於過去的一些個人因素，也是這個態度。

因此，在“大鬧京西賓館”的過程中，既有軍方整體與中央文革的對抗，也有從徐向前和葉劍英的對抗體現出來的軍隊各山頭之間的矛盾。中共官方的說法是在與中央文革的對抗中"徐帥一掌拍在茶几上，把茶杯蓋震落在地。葉劍英怒不可遏，用拳頭連連捶擊著桌子"。(27)

實際情況是徐、葉兩人在是否要揪鬥蕭華的問題上拍茶几、捶桌子，相互對抗。

《葉劍英傳》中隱諱地寫到了這一點："過了一會兒，蕭華來了，徐向前問他，昨晚到哪裡去了。蕭華躲躲閃閃。徐向前生氣地對蕭華說：'你是膽小鬼！你怕什麼？他們能把你吃掉嗎？'他盛怒之下，拍了桌子，把茶杯蓋子和碟子都摔了。"葉劍英"也大聲地說：'他昨天半夜裡跑到我那裡去了，是我把他收留下來的，如果有窩藏之罪，我來擔當！'說話間接捺不住滿腔怒火，猛拍桌子，傷及右掌。散會回家以後，端茶杯覺得右手無力，秘書陪他到軍事科學院門診部拍了片子，才發現右手掌骨遠端骨折。"(28)

《徐向前傳》的描述是："蕭華到會後，講了頭天晚上被抄家的經過。徐向前氣得拍了桌子，茶杯蓋子摔到地上。葉劍英氣憤他說：蕭華是我保護起來的，如果有罪，我來承擔！說著，也拍了桌子，傷著了手骨。接著'大鬧京西賓館'一說就傳揚開了。"(29)

當時在場的吳法憲後來證實："作為全軍文革小組組長的徐向前出於責任，和陳伯達一起批評總政治部主任蕭華，於是引起兩位元帥之間的對抗。"(30)"與會的軍中高級將領見兩位老帥對拍桌子，誰也不敢說話，有的見勢不好乾脆溜走了，一時會場大亂。"(31)對此，王年一含蓄地說道："軍隊高級將領的抗爭極為複雜"(32)。

林彪的本意是保蕭華，認為"蕭華是總政治部主任，不能輕易點名打倒；這樣大的事必須請示主席"。但是由於毛澤東的態度不斷反復，所以代表林彪出面的葉群的態度也不斷反復，直到1月20日深夜毛澤東表態保蕭華(33)。

此後，林彪和江青大吵一場(34)，甚至說“叫他們也來打倒我好了”(35)。

1月22日，毛澤東接見了軍方高級將領，“一方面要求軍隊要站在革命派一邊，不要吃老本，要立新功；另一方面又耐著性子聽取了軍方將帥們訴說挨整被鬥的情形，表態說要抓緊戰備，要穩定，要團結，不要分裂。”(36)參加過接見的陳再道後來說他當時得到的印象是：毛主席“對造反派衝擊軍事機關是反感的，認爲這裡面‘一定有壞人’。”“我當時的理解，主席的意思是要我們以退爲進，做到有理、有利、有節，退避三舍、四舍還不行，就要硬一點，就要執行軍委八條命令，追究衝擊軍事機關的壞人。”(37)

在這種情況下，中央軍委在1967年1月28日頒布了“軍委八條命令”(38)。照中共官方的說法是：“經過老帥們的努力，終於起草了軍委八條命令，分送給毛澤東和林彪，毛澤東把葉劍英、陳毅、徐向前、聶榮臻四位老帥請去，一起對八條命令作了仔細研究。他認爲八條很好，並提出不准搞‘噴氣式’，不准戴高帽子的規定。林彪也表示同意。”(39)

王年一的說法是：“徐向前當時是全軍文革小組組長，提出要制定這個文件”(40)。然後引用了徐向前在他的自傳《歷史的回顧》裡的描述。徐向前的原話如下：

“我們心急如焚，幾次打電話找林彪，他都不見。我實在憋不住了，乾脆去‘闖宮’。一月二十四日晚飯後，坐車直趨林彪住地毛家灣。林彪的秘書見我突然到來，不便阻擋，領我去會客室，林彪、陳伯達正在交談。我開門見山，向林彪講了目前軍隊的混亂狀況，說：軍隊要穩定，這樣亂下去不行，要搞幾條規定，如不能成立戰鬥織織、不能隨意揪鬥領導幹部、不准奪權等。林彪連連點頭，說：是的，軍隊不能亂，我同意軍委發一個文件。當即由他口述，秘書記錄，整理了七條。接著，他說請葉、聶來研究一下。陳伯達便起身告辭。葉聶來後，都贊成七條。確定由葉、聶和我去釣魚台，徵求中央文革的意見。我還特意打電話給陳毅同志，請他到釣魚台開會，多一個人多一份力量嘛。

我們到釣魚台，中央文革的人都在，陳伯達也在。他們把周總理也請來了。我講了產生這個文件的因由，讓人念了文件內容，經反復討論獲得通過。”

“‘七條’送到毛主席那裡審批，毛主席提議交住京西賓館的各大軍區負責同志討論一下，徵求意見。大家討論中，鑒於昆明軍區曾反映過有的高幹子女參與抄民主人士的家，影響不好，建議增加一條嚴格管教子女的內容。我們採納，‘七條’遂變成了‘八條’。一月二十八日下午五時，林彪和我一起去中南海將‘八條’送毛主席審批。毛主席完全同意，當場批示：‘所定八條，很好，照發。’林彪拿到批示後，對毛主席說：‘主席，你批了這個文件，真是萬歲萬歲萬萬歲啊！’據我觀察，林彪當時有自己的算盤。他是國防部長，主持軍委工作，軍權在握，軍隊大亂特亂，向毛主席交不了帳，對他不利嘛！”(41)

張雲生的說法與此有很大的不同：林彪“於1月20日晚緊急約見葉帥、徐帥、聶帥和楊代總長，商量對策。根據大家的討論，林彪歸納了九條，經他口授，林辦秘書記錄並整理出來，交給當夜召開的中央軍委、中央文革聯席會議討論，準備以軍委命令的形式公開發布。”……“第二天早晨，葉帥打電話給林辦。葉帥說：‘我們昨晚在釣魚台討論軍委命令的稿子，爭論非常激烈。我們拿去的九條，通過了七條。’……”

“中午，釣魚台發來一份鉛印的軍委命令草稿清樣。這就是昨天釣魚台會議討論通過的那七條。林彪聽說後，立即約見主席。主席當面

表示同意這七條，並提議再加一條，加強對幹部子女的教育。這就是後來傳遍全國全軍的那個軍委‘八條命令’。”(42)

《徐向前傳》的說法與徐本人的說法大致相同，但是也指出草案最初時“九條”而不是“七條”，在釣魚台“經討論改爲七條”。“後來，林彪把七條報到毛澤東主席那裡，主席批示：‘所定七條很好，照發。’又批示：‘再加上一條關於管教幹部子女問題’。根據毛主席的指示，將修改後的八條交住在京西賓館開會的各大軍區領導人討論。1月28日，徐向前陪同林彪到毛主席住處，毛主席同意照發。林彪很高興，對毛主席說：‘你批了八條，真是萬歲，萬歲，萬萬歲！’”(43)

《聶榮臻傳》的說法：“作爲軍委文革小組組長的徐向前，這時實在坐不住了。1月24日晚，他和聶榮臻、葉劍英先後來到毛家灣林彪住地，向林彪陳述了軍隊不能再這樣亂下去的理由，要求規定出一些條條，以穩住軍隊。當晚，經反復研究，擬定了一個軍委命令初稿，林彪同意後，叫徐向前、葉劍英、聶榮臻三人拿著這個命令初稿去徵求中央文革的意見。中央文革的討論會一直開到夜裡3點多鐘，周恩來也參加了討論。江青等人知道這已經經過林彪的同意，沒有多說什麼。第二天，就將命令初稿送請毛澤東審定。1月28日下午，毛澤東特地把林彪、陳毅、徐向前、聶榮臻、葉劍英等兒位老帥請到中南海，詳細地進行了研究，並在命令初稿的基礎上又加上了‘要嚴格管教好高幹子弟，不得任意抄家’的內容。接著，毛澤東親自批發了這個文件。”(44)

《葉劍英傳》的說法是：“葉劍英主持軍委碰頭會議，同其他幾位軍委領導同志反復商量，一致認爲無論如何要穩住軍隊。葉劍英說：‘我們軍隊要搞個法，搞個命令，搞個章程，不能把軍隊搞亂了。’聶榮臻說：‘不能再亂下去了，軍隊要有個限制才行。’1月24日晚，徐向前、葉劍英和聶榮臻先後到毛家灣林彪住地，向林彪提出軍隊要有個限制，要盡快搞個條令和規定。林彪同意，擬定了一個軍委命令初

稿，送中央文革討論，又報請毛澤東批示。毛澤東親自找幾位元帥進行研究，最後審定批示'很好，照發'。"(45)

對比以上幾種說法：張雲生認爲"軍委八條命令"在林彪的積極倡導下形成的；徐向前本人、《徐向前傳》、《聶榮臻傳》、《葉劍英傳》都說是林彪在徐、聶、葉的要求下擬定的，其中關於每個人的作用，說法各有不同。雖然說法各有不同，但都認爲是林彪擬定在先，毛澤東批准在後，而不是中共官方說的幾位老帥擬訂、毛參與研究批准後，"林彪也表示同意"。而且從徐向前敘述的"萬歲萬歲萬萬歲"來看，林彪內心是非常希望有這麼一個命令的。

2月11日和2月16日的"大鬧懷仁堂"的直接誘因是：毛澤東在中央政治局常委擴大會議上就陶鑄被打倒一事批評了江青和陳伯達。會後李富春將消息傳播出去，再加上林彪與江青大吵，幾位老帥和副總理受到了鼓舞，也覺得該出出氣了。正如毛澤東後來所說的："大鬧懷仁堂，是借我批評文革小組的東風。"(46)

王年一、高文謙、紀希晨等人的書中均有關於這兩次會議的部分內容。

其中陳毅的話頗有意味。據王力說：在周恩來和康生對會議記錄作最後整理時，陳毅認爲記錄歪曲了他的一些話，要求刪去，被周恩來拒絕。(47)

"二月逆流"在全國各地體現爲軍方對造反派的全面回擊，在很多地方表現爲"二月鎮反"。中共官方對此完全不提，似乎文革中根本沒發生過這回事。王年一的書中略說了"二月鎮反"幾個例子(48)，但沒有指明"二月鎮反"是"二月逆流"在各地的表現。事實上"二月鎮反"是文革中有極大影響的事件。各地軍方負責人在面對文革初期的混亂局勢都感到非常的困惑，當軍隊受到越來越嚴重的衝擊時，他們的困惑已經變成了不滿和憤怒。"軍委八條命令"使壓抑已久的軍方拿到了反擊造反派的尙方寶劍，紛紛對包圍、衝擊軍隊的造反派進行回擊和鎮壓。除了“八條命令”之外，中央軍委常常還有針對但地具體問題的電報、命令或通知，支持當地軍方的打擊造反派的行動(49)。

各地軍方根據《軍委八條命令》和針對各地的具體命令，對造反派進行了不同程度的“鎮壓”，很多地方都抓了人。廣東、福建、安徽、河南、湖南都抓捕了造反派骨幹，取締了一些造反派組織。其中抓人較多的有湖北、四川：武漢抓了兩、三千人(50)，四川抓了近十萬，僅成都就抓了兩萬(51)。對抗最爲激烈的是青海，發生了“二二三流血慘案”(52)。

到目前爲止，我們沒有看到毛澤東對各地鎮壓情況的具體態度，但是據推測毛應該是默認的。因爲在這段時間裡，軍隊如此大規模的行動沒有毛的認可是不可能的；同時，官方的輿論工具也對軍隊的行動表示了支持：

2月18日，《解放軍報》發表社論《徹底粉碎反革命逆流》“對那一小撮反動的首惡分子，要堅決鎮壓，絕不留情。”

2月24日，《人民日報》發表社論《人民解放軍是無產階級專政的柱石》“以毛主席爲首的黨中央、軍委制定的方針政策，就是無產階級的最高紀律。”“必須嚴格地、堅定不移地遵守這個最高紀律。”

又例如，中央文革對於鎮壓湖南的造反組織“湘江風雷”是表態支持的(53)。

所有這些，在一個多月的時間裡，毛澤東是不可能不知道的。由於毛澤東沒有明確的表態，緊跟毛澤東的林彪也不明確表態。

對此，張雲生寫道：“主席最初對(趙永夫處理)青海事件是持肯定態度的。因爲主席已有過內部指示：對那些肆意以武力反對和衝擊解放軍的右派群眾組織，當一再的說服工作和忍讓態度不能奏效之後，可以進行鎮壓。”(54)

“‘二二三’當天，趙永夫通過電話向中央軍委副主席兼秘書長葉劍英元帥報告，說占據報社的人開槍尋釁，軍隊反擊，勝利地平定了‘反革命暴亂’。葉稱贊說：‘你們打得對，打得好。’但不知爲什麼消息到了西寧大街上，‘葉副主席’變成了‘林副主席’。秘書向林彪報告說，西寧傳說‘林副主席來電：你們打得對，打得好。’林彪聽了一笑了之，不加評論，不置可否。”(55)

軍方對造反派的打擊也是很極端的，造成不少的冤案。軍方照樣只有政治觀點，沒有法律概念。有時爲了誇大造反派的違法行爲，甚至採用栽贓陷害的手法。(56)、(57)

到了1967年的3月，各地的形勢顯得稍微平靜一些了。這時已經有上海、黑龍江、山西、山東、貴州五個省、市成立了革命委員會(58)。在一些激進的造反派被鎮壓的省份，軍方也在考慮解放一些領導幹部，依靠保守派或溫和的造反派來建立革命委員會。如果照當時這種局勢發展下去，文化大革命可以按毛澤東的預想，在“二、三、四月看出眉目來”(59)。

如果按1967年3月的狀態結束文化大革命的話，其結果與後來在1968年9月全國各省、市、自治區成立革命委員會的實際上的結果所差無幾：

軍方在革命委員會中起主導作用，配上一些文革前的領導幹部，群眾組織會在革命委員會中有一些代表，但沒有本質意義上的作用。略有不同的是：當時軍方選擇的群眾組織代表是來自保守組織或溫和的造反派組織；而後來實際上成立革命委員會的時候，群眾組織代表來自溫和的或激進的造反派組織，不過這並沒有什麼實際意義。群眾組織代表在革命委員會中起的作用實在是很有限。而且，不論是來自溫和的還是激進的造反派組織，大都在接下來的“清理階級隊伍”、“一打三反”、“清查五一六”等等運動中被清洗了出去，有的還又重新進了監獄。

然而毛澤東對這樣的結果並不滿意，認爲這樣的文革結局是“反革命復辟”，他要反擊這股“從上至下各級都有”的反革命復辟逆流。(60)

三、反擊“二月逆流”

第二次“大鬧懷仁堂”是2月16日下午，當晚張春橋、王力、姚文元整理了會議記錄，幾小時後，毛澤東召見了他們，聽取了匯報。2月19日凌晨，毛澤東召集部分政治局委員開會。會前曾“通知林彪去參加。林彪以‘身體不好’爲由請假，派了葉群作爲他的代表。”(61)

毛澤東在會上發了“無產階級的震怒”(62)，對譚震林等人嚴厲指責，說“你們就是要搞宮廷政變，你們就是要劉、鄧上臺，中央文革小組執行十一中全會的決議，百分之九十七八是正確的，誰反對中央文革，我就反對誰，十一中全會決議你們都舉手通過了。爲什麼執行起來有抵觸呢？要否定文化大革命，辦不到！大鬧懷仁堂，就是要搞資本主義復辟。要對文化大革命發難。”(63)其中有一句話的確是說到了點子上：“十一中全會決議你們都舉手通過了。爲什麼執行起來有抵觸呢？”毛澤東意味深長地說：“葉群同志你告訴林彪，他的地位也不穩當啊，有人要奪他的權哩，讓他做好準備，這次文化大革命失敗了，我和他就撤出北京，再上井岡山打游擊。”(64)

毛澤東此話的用意完全在於離間林彪與其他幾位老帥和副總理，將林彪拉到自己一邊。所謂“他的地位也不穩當”、“有人要奪他的權”，完全是子虛烏有的事。

爲了拉攏林彪，毛澤東在這次會議之前曾“特意把葉群找來單獨談話，作了工作”，“並特許葉群今後參加中央文革碰頭會”，而後“又專門指派江青代表他去做林彪的工作”。(65)毛澤東向林彪發出的這些信息，在一個月之後得到了林彪的回應。但在當時，林彪的反應仍然是被動的。例如：

在第二次大鬧懷仁堂之後，譚震林給毛和林彪寫了內容大致相同的表示對文化大革命的不滿(66)，而林彪也就只在上面批寫了“譚震林最近的思想竟糊塗墮落到如此地步。完全出乎意料之外。”(67)在當時的條件下，這並不是什麼嚴重的指責，並沒有上綱上線。

又例如：2月20日，當江青和王力向林彪匯報16日“大鬧懷仁堂”的情況時，林彪也就“只講了兩句話：‘徐向前不能代表解放軍。陳伯達只是一個書生。’”(68)

毛澤東在對幾位元帥和副總理的“大鬧”進行反擊的同時，也開始注意到全國各地出現的軍方鎮壓造反派的現象，認爲“從上至下各級都有這種反革命復辟的現象，值得注意。”(69)與此同時，中央文革也積極行動起來，發動造反派起來策應。

首先是在北京，3月14日，首都紅代會舉行十萬餘人的示威游行，主題是“痛擊自上而下的資本主義復辟逆流”，示威中的口號有：“堅決打退從上到下的資本主義復辟逆流”、“把反攻倒算的譚震林揪出來鬥倒鬥臭”、“誓死保衛中央文革”、“誰反對毛主席就打倒誰”、“打倒譚震林”。(70)、(71)

反擊浪潮隨後逐漸傳到全國各地，各地造反派紛紛喊出口號，要揪出當地的“譚震林式的代表人物”，例如：武漢要揪出“武老譚”陳再道(72)，廣州要“抓廣譚實際上就是抓黃永勝、劉興元”(73)。

當林彪明確地知道了毛澤東反擊“二月逆流”決心以後，不得不予以響應。1967年3月20日，林彪在軍以上幹部會議上發表了長篇講話。(74)。林彪在這次講話中沒有直接提到“復辟逆流”，也沒有直接對幾位副總理和老帥提出指責。林彪以他獨特的方式爲文化大革命作了辯護，講出了"損失是最小、最小、最小，成績是最大、最大、最大"的名言。顯然，林彪接受了彭德懷廬山會議上的教訓。

這篇講話應該是代表林彪本人的看法的，根據秘書張雲生的回憶：儘管秘書和葉群、林立果一起爲林彪的這次講話準備了稿子，但是，"林彪大都沒有照用。他有他自己的一套。"(75)筆者認爲：林彪"三二O講話"是支持毛澤東反擊"二月逆流"的表態。

毛澤東對林彪的"三二O講話"非常滿意。4月7日，中共中央、國務院、中央軍委、中央文革小組發出通知說："我們偉大領袖毛主席指示，林彪同志一九六七年三月二十日講話錄音，應向中國人民解放軍人員和全國紅衛兵播放。林彪同志的講話，是一個極其重要的馬克思列寧主義、毛澤東思想的報告，對指導當前的無產階級文化大革命運動，指導人民解放軍正確地介入地方無產階級文化大革命，推動無產階級革命派在兩條路線的鬥爭中進一步取得勝利，具有非常重大的意義。"(76)

4月24日，中共中央辦公廳又將這份講話的整理稿正式印發全國。

3月25日，在處理青海問題的會議上，林彪明確表態認爲"青海問題是一個大案件，是實行法西斯的大鎮壓"、"是一個反革命政變"、"是帶槍的劉鄧路線"。

在解釋前一段時間的不同態度時，林彪說："前幾天我們沒有調查清楚，只聽了趙永夫的謊言。原來他們把問題完全弄顛倒了。""趙造謠說：我給他們打電話，總理也打了電話，(總理插話：根本沒有那樣的事)。他說打電話'打得好'，都是捏造。"

與此同時，林明確地表明瞭自己對軍隊的看法："我們的部隊大多數是好的，但確有壞人，不但青海有，總政、總參、總後，各軍也有，……"，"三個總部、空軍、海軍確有壞人。如果不是文化大革命，空軍就會被壞人奪了權。他們不是把地位、人選都安排好了嗎？

海軍主持工作的幾個人也會被奪權。他們利用文化大革命向我們猛烈進攻。總後也是這樣，黃克誠，洪學智和他們的爪牙，就抓了邱會作同志的小辮子，邱會作同志小偷小摸的事有，應該燒，但邱會作是個好同志。總政也有，總參也有，都是壞份子。”“這場文化革命的鬥爭，是階級鬥爭，不是宗派鬥爭。空軍的成均就是要奪權的，這是賀龍搞的，這些壞傢伙，你不鬥倒他，他就鬥倒你，不是什麼宗派鬥爭。你想躲也是不行的，想防禦也是不行的，只有進攻，這是不以人們意志爲轉移的。我們一定要認真地進行文化大革命，把無產階級文化大革命進行到底。”(77)

這是林彪就“升哪些人的官，罷哪些人的官，保哪些人的官”向毛澤東發出的信息反饋。林的信息以後得到了毛的正面回應。

從三月下旬開始，文化大革命又出現了明顯的逆轉：1967年3月24日，中央發出了《關於青海問題的決定》，其中專門提到了“毛主席和林彪同志三月十一日對青海問題進行調查的批示”，決定爲造反派“八一八”平反，將“趙永夫隔離收審”(78)。3月27日，中央發出《關於安徽問題的決定》，4月1日又轉發該決定的附件，其中規定：“不得隨意宣布群眾組織是反革命組織”、“不得把群眾打成‘反革命’，不准亂捕人。僅僅因爲沖軍區和對軍區提意見，或對本地區、本單位的奪權有不同意見，而被打成‘反革命‘的，應一律平反，被捕的，應一律釋放，通緝令，應一律取消。”(79)、(80)4月2日，《人民日報》發表社論《正確地對待革命小將》(81)。4月6日，中央軍委發出的《十條命令》中規定“對群眾組織，無論革命的、或者被反動分子所控制的，或者情況不清楚的，都不准開槍，只能進行政治工作。”“不准隨意捕人，更不准大批捕人。”“不准任意把群眾組織宣布爲反動組織，加以取締。更不准把革命組織宣布爲反革命組織。”“對於過去衝擊過軍事機關的群眾，無論左、中、右，概不追究。”(82)這樣就在實際上否定了1月28日的《八條命令》。

“軍委十條命令”是林彪主動制定的。張雲生在《毛家灣紀實》中說是林彪當著黃永勝的面口述的，“他一邊思索一邊說，黃永勝也偶爾插上一句半句，我做了記錄”，最後，林彪“向我布置：‘把他整理一下謄清後給葉群，讓她送文革去討論一下。’”“這正中了釣魚台那些人的心意，因此中央文革很快就通過了。”(83)

面對中央的一百八十度大轉彎的態度，各地軍方開始顯得不知所措，隨後在執行中央決定的時候都有不同程度的抵觸情緒，但是大都還是執行命令，釋放了抓捕入獄的造反派。在面對毛澤東和中央文革要求他們承認“犯了方向路線錯誤”、並且要轉向支持造反派的問題上，行動各有不同，中央對他們的處理也各有不同。例如：福州軍區、廣州軍區和湖南省軍區、濟南軍區和山東省軍區都做了檢討，中央對他們的檢討都持肯定的態度。(84)對另外有些軍區則進行了改組，如內蒙古軍區(85)和成都軍區(86)。也有的軍區一直對中央的指示懷有抵觸情緒，其中抵觸情緒最大的當然是武漢軍區。直到5月中旬，武漢軍區雖然釋放了大部分被捕的造反派骨幹，但仍沒有釋放一些主要負責人。同時拒絕認錯檢討，並且仍然堅定地支持保守派。後來爲了解決武漢問題，毛澤東親自南下，終於釀成震驚中外的“七二O事件”。

四、反擊“二月逆流”的後果和影響

在毛澤東“無產階級的震怒”之下，幾位老帥和副總理“一個個面面相覷，沒人敢吭聲”。(87)“毛澤東責令：陳毅、譚震林、徐向前‘請假檢討’，並分別同他們幾個談話。”“2月9日，周恩來、李富春同陳毅談

話，傳達毛澤東的批評。由李富春、李先念、謝富治同譚震林談話；由葉劍英、李先念、謝富治同徐向前談話。”(88)

此後，“根據毛的決定，中央政治局從2月25日到3月18日，在懷仁堂連續召開了七次政治局生活會，批鬥譚震林、陳毅、徐向前等人。”(89)被批判鬥爭的甚至還包括這些人的家屬。

毛澤東和中央文革反擊“二月逆流”直接後果是幾位老帥和副總理“靠邊站”，“中央文革碰頭會”取代了周恩來主持的“政治局、國務院碰頭會”來決定黨和國家的大事。爲此江青曾取笑說：“你周恩來也得來開我們這個碰頭會，因爲你那個碰頭會已經不起作用了。”(90)周恩來也只好說：“以後你們做決定，我給你們辦事。”(91)

由於幾位老帥和副總理只是反對文化大革命中的某些作法，並不是反對文化大革命，所以毛經過考慮，認爲還是需要這些人：一來劉少奇的案子還沒最後搞定，二來這些人在各地軍方中還有相當的影響，所以，毛澤東接下來又對這些人做了一點安撫：請他們到自己家裡開“團結會”，說幾句安慰的話，讓他們於1967年的“五一節”在天安門亮相。

既然毛澤東要做好人，林彪也就沒有必要作惡人。在得到毛的同意之後，林彪派黃永勝和吳法憲到幾位老帥和副總理家去告知他們：毛已同意“解放”他們了。但是，譚震林仍然沒有得到“解放”。(92)除譚震林以外，其他六位在1969年的中共“九大”都進入了新的中央委員會。

毛的這些做法與他對各地軍方負責人的做法是一致的：儘管各地軍方對造反派的鎮壓要比文革初期的工作組厲害得多得多，打擊面也廣的多，但是毛對他們的態度卻是比對工作組緩和的多，只是說：“許多外地學生沖入中南海，一些軍事院校沖進國防部，中央和軍委並沒有斥責他們，更沒有叫他們認罪、悔過或者寫檢討，講清問題，勸他們回去就行了。而各地把沖軍事機關一事，卻看得太嚴重了。”(93)

又例如對成都軍區，毛澤東說：“犯錯誤是難免的，只要認真改了，就好了。四川捉人太多，把大量群眾組織宣布爲反動組織，這些是錯了，但他們改正也快，・・・現在另一種思潮又起來了，即有些人說，他們那裡軍隊做的事都錯了，弄得有些軍隊支左、軍管、軍訓人員下不得台，灰溜溜的。遇到這種情況，要沉得住氣，實事求是地公開向群眾承認錯誤，並立即改正。另外，向軍隊和群眾雙方都進行正面教育，使他們走上正軌。我看現在這股風，不會有二月那樣嚴重，因爲軍隊和群眾都有了經驗。偉大的人民解放軍一定會得到廣大群眾擁護的。”(94)

毛澤東在糾正各地軍方對造反派的鎮壓，爲造反派平反的同時，一面要求軍隊轉向支持造反派，一面要求造反派不要和軍隊對立，要求各造反派群眾組織團結起來實現“大聯合”“三結合”。儘管4月6日頒發的“軍委十條命令”在事實上否定了先前的“軍委八條命令”，毛澤東還是希望“過去的八條，現在的十條結合起來是對的。”(95)並且要求造反派：“我們要遵守‘八條’，解放軍得遵守‘十條’”。(96)

在這段時間裡，毛澤東不得不考慮穩定軍隊的具體辦法，首先要考慮的就是通過哪些人來穩定軍隊。王年一曾就此指出：毛澤東在1967年4月間定下了一個秘而不宣的決策：“借重林彪及其老部下吳法憲、李作鵬、邱會作等人，穩定北京軍內的局勢。意圖是：通過穩定北京軍內的局勢，達到穩定全軍的局勢的目的；通過穩定全軍的局勢，達到穩定全國的局勢的目的。……大概以1967年5月13日爲起點，實行了這個決策。”(97)

這個決策體現在對“五一三事件”的處理。“五一三事件”的經過情形，王年一、紀希晨、嚴家其(98)都有敘述，張雲生的《毛家灣紀實》

中專門有一章介紹(99)。王年一的文章《“五一三”事件—一場大有來頭的小型武鬥》(100)的分析尤爲精闢。

在處理“五一三事件”的過程中，最爲引人注目的是：林彪堅決地支持了保吳法憲、李作鵬、邱會作的保守派，即“三軍無產階級革命派”，而中央文革卻一反常態，沒有繼續支持他們以前一貫支持的反對吳、李、邱等人的造反派，即“三軍沖派”。如果沒有毛澤東的決策，一向“被動”的林彪不可能這麼堅決地支持某一派群眾組織，一向支持造反派的中央文革也不可能這麼迅速地轉向的。

本文要專門指出的是：毛澤東之所以作出這樣的決策、之所以決定“借重林彪及其老部下”來穩定軍隊，是和林彪積極支持反擊“二月逆流”的態度分不開的。林彪在支持反擊“二月逆流”的時候給毛澤東發出過信息，對於升哪些人的官、罷哪些人的官、保哪些人的官，表明了自己的態度。“五一三事件”前後，毛澤東對於林彪的信息給與了回應。回應的結果是：在空軍，保了吳法憲的官；在海軍，升了李作鵬的官；在總後，保了邱會作的官。(101)

不僅僅是如此，在各大軍區的人事變動中，我們也可以看到哪些人升官：

1967年3月，廣州軍區副司令員梁興初升任成都軍區司令員；

1967年5月，西藏軍區司令員張國華調任成都軍區政委；

1967年7月，沈陽軍區副司令員曾思玉升任武漢軍區司令員；

1967年7月，武漢空軍副司令員劉豐升任武漢軍區政委(連升三級)。(102)

毛澤東的這種有利於林彪的回應，是林彪堅決支持反擊“二月逆流”的結果。

所以林彪後來說：“壞人鬥好人，好人挨了整，邱會作同志被總後當權派中的一小撮壞人搞了一個多月，幾乎被整死。海軍的李作鵬、

王宏坤、張秀川也是被整。吳法憲也是這樣。過去你們吃了苦頭，現在嘗到甜頭。” (103)

我們也可以從這裡看出，毛澤東依靠林彪等人來穩定軍隊的重要性。如果當時不是依靠吳、李、邱等人，以及“三軍無革派”的話，軍隊各軍、兵種、各總部仍將是一片混亂，到“七二O事件”爆發時局面將變得無法收拾。

以後毛澤東和林彪的一段對話，頗有意思：毛澤東對林彪說“現在有一種說法，要抵制錯誤的領導。這在群眾中是可以的，但在軍隊中不能這樣。如果各人都按個人的意見辦，軍隊怎麼能打仗？軍隊各人都按個人的意見辦，這樣軍隊就不像個樣子了。還是你說的：‘理解的要執行，暫時不理解的也要執行。’”林彪回答說：“這兩句話是很普通的兩句話。還是主席說得好，‘在自己的意見被否決之後，不得在行動上有任何反對的表示。’要說對的就執行，每個人都覺得自己對，行動起來各行其是，不就亂了套了嗎？” (104)

但是，反擊“二月逆流”以後的文化大革命形勢並沒有按照毛的主觀願望發展，還真是“亂了套了”。毛的初衷是：軍隊支持造反派，造反派團結起來，解放一批幹部，實現“大聯合”、“三結合”，成立革命委員會，達到天下大治。然而，局勢的發展卻是：群眾組織並沒有團結起來，反而更加對抗，在“二月逆流”中受到鎮壓造反派組織與協助過鎮壓的保守派組織勢不兩立，例如在武漢；有些地方保守派組織已經瓦解，但是造反派組織又分裂成對立的兩大派，仍然勢不兩立，例如在成都。軍隊也捲入了群眾組織的紛爭，支持某一派，甚至不同的軍隊系統支持不同的群眾組織。在解放幹部的問題上，也是如此，不同的群眾組織要解放不同的幹部，有些幹部支持這一派，另外一些幹部則支持那一派。於是不同的軍隊系統之間的矛盾、不同派系的幹部之間的矛盾、與群眾組織之間的矛盾交織在一起，使局面更爲複雜。

軍隊和造反派的矛盾、造反派和保守派的矛盾、造反派中間不同組織的矛盾、不同的軍隊系統支持不同的群眾組織、不同的群眾組織要解放不同的幹部，所有這些都被冠以"階級鬥爭"、"路線鬥爭"、甚至"國共兩黨的鬥爭"，使對抗越來越激烈，一直發展到1967年七、八月的全國性大武鬥，真如林彪所說"'文化大革命'，變成武化大革命嘍！" (105)

五、結論

以上筆者簡述了文革中的"二月逆流"、以及林彪在這段時間的言行，綜上所述，筆者得出以下結論：

"二月逆流"既表現爲"政治局和軍委的領導同志，在不同的會議上對'文化大革命'的錯誤作法提出了強烈的批評"，也體現爲各地軍方對造反派實行的鎮壓。"二月逆流"的產生，在最初階段時得到了毛澤東的默許、林彪的支持。作爲各地軍方鎮壓造反派的依據的"軍委八條命令"，是在林彪的主導下、幾位老帥的參與和促成下擬定的，得到了毛澤東的肯定。

當毛澤東認爲"二月逆流"的結果將導致否定文化大革命時，他又對"二月逆流"進行了反擊，並且拉攏林彪加入反擊。林彪"被動"了一段時間之後表態支持文化大革命，具體表現有"三二O講話"、三月二十五日針對青海問題的講話、制定"軍委十條命令"。鑒於林彪對文化大革命的支持，毛澤東決定以林彪及其老部下爲依靠力量來穩定軍隊。"五一三事件"的處理結果體現了毛澤東這一決策。

注釋：

(1)金春明，《中華人民共和國簡史》(第二版)，北京，中共黨史出版社，2004年，第152頁。

(2)席宣、金春明，《“文化大革命”簡史》(第三版)，北京，中共黨史出版社，2006年，第130頁。

(3)《關於建國以來黨的若干歷史問題的決議》，中國共產黨第十一屆中央委員會第六次全體會議一致通過，1981年6月27日。

(4)《中共中央關於處理四川問題的決定》，中發(67)147號文件，1967年5月7日。

(5)同(2)，第145頁。

(6)《中國共產黨中央委員會通知》，中發(66)267號文件，1966年5月16日。

(7)毛澤東《對譚震林關於國務院農口幾個單位情況報告的批語》，1967年1月30日。

(8)毛澤東《接見卡博和巴盧庫時的談話(節錄)》，1967年2月3日。

(9)《中共中央批轉軍委、總政關於軍隊院校無產階級文化大革命的緊急指示》，中發(66)515號文件，1966年10月5日。

(10)《中央軍委轉發毛澤東、林彪同意南京軍區黨委緊急請示中的三條意見》，1966年12月3日。

(11)毛澤東《對軍隊文化大革命的指示》，1967年1月27日。

(12)林彪《在中央工作會議上的講話》，1966年8月13日。

(13)張雲生，《毛家灣紀實》北京，春秋出版社，1988年，第26頁。

(14)王年一《大動亂的年代》鄭州，河南人民出版社，1988年，第80頁。

(15)同(13)，第40頁。

(16)同(13)，第58頁。

(17)同(12)

(18)毛澤東《給江青的信》，1967年7月8日。

(19)毛澤東《對中央文革小組就〈文匯報〉、〈解放日報〉奪權事件的談話》，1967年1月8日。

(20)“天下大亂”最初是由紅衛兵“破四舊”、抄家、揪鬥“牛鬼蛇神”開始的，後來在衝擊各級黨政機關的過程中，紅衛兵分化為主動衝擊的“造反派”，和反對大規模全面衝擊的“保守派”或稱“保皇派”。

(21)《中共中央關於八屆十一中全會選舉結果的通知》，中發(66)400號文件，1966年8月14日。

(22)《中國共產黨歷屆中央委員大辭典1921－2003》北京，中共黨史出版社，2004年。

(23)同(14)，第123至125頁。

(24)毛澤東《給清華大學附屬中學紅衛兵的信》，1966年8月1日。

(25)雖然林彪在毛澤東接見紅衛兵的幾次天安門講話中都贊揚了紅衛兵的行為，但本文並不認為這些講話就是林彪本人的意思。這些講話都是毛澤東授意、別的人寫成、林彪照本宣讀。

(26)同(2)第139頁。

(27)同(2)第133頁。

(28)軍事科學院編寫組《葉劍英傳》北京，當代中國出版社，1995年，第409頁。

(29)國防大學編寫組《徐向前傳》北京，當代中國出版社，1991年，第321頁。

(30)金秋《權力的文化－文革中的林彪事件》(英文本)斯坦佛大學出版社，1999年，第95頁，Jin Qiu, *The Culture of Power: The Lin Biao Incident in the Cultural Revolution,* Stanford University Press, 1999.

(31)高文謙，《晚年周恩來》紐約，明鏡出版社，2003年，第196頁。

(32)同(14)，第207頁。

(33)同(13)，第65至68頁。

(34)同(13)，第163頁。

(35)同(31)，第197頁。

(36)同(31)，第196頁。

(37)陳再道，《武漢"七二〇事件"始末》載國防大學編《"文化大革命"研究資料(上冊)》北京，1988年。陳再道的說法不確切，軍委八條命令在這次講話之後。不過從這裡也可以看出：各地軍方打擊造反派也曾得到過毛的許可，至少在陳再道是這樣理解的。

(38)《中央軍委八條命令》1967年1月28日。

(39)同(1)，第153頁。

(40)同(14)，第195頁。

(41)徐向前，《歷史的回顧》北京，解放軍出版社，1987年， 第828頁。

(42)同(13)，第76頁。

(43)同(29)，第322頁。

(44)北京軍區編寫組《聶榮臻傳》北京，當代中國出版社，1994年，第344頁。

(45)同(28)，第410頁。

(46)紀希晨《史無前例的年代》北京，人民日報出版社，2001年，第269頁。

(47)麥克法奎爾、沈邁克《毛的最後革命》(英文本)哈佛大學出版社，2006年 Roderick MacFarguhar and Michael Schoenhals, *Mao's Last Revolution,* Harvard University Press, 2006年，第541頁。

(48)同(14)，第202頁。

(49)例如：在1月28日命令頒布的當天，軍委發出了給新疆軍區的電報，而後有在2月11日在此發出措辭頗為強硬的電報，說："新疆軍區對公然違抗毛主席批准的中央軍委命令的分子執行紀律是完全正確的。全體指戰員、革命師生、革命工人、革命幹部都必須支持這個正確措施。希望所有包圍新疆軍區機關的革命群眾都自覺地回到本單位去，向違抗中央軍委命令的現象作堅決鬥爭。否則，一切後果，由衝擊新疆軍區的人員負完全責任。"(《中央軍委給新疆軍區黨委的二封電報》1967年1月28日、1967年2月11日)

三天以後，"福建前線部隊"發表公告，表示要"對那些證據確鑿的反革命組織和反革命分子，堅決採取專政措施！對不執行中央軍委命令者，堅決實行紀律制裁！"2月6日，中央軍委將此公告轉發各軍區"望參照執行"。(《中央軍委轉發福建前線部隊公告》1967年2月6日)

2月8日，中共中央軍委發出《對衝擊廣州軍區各造反派的命令》，命令衝擊廣州軍區領導機關的造反派"立即撤退。……否則，一切後果由你們負責。"

2月15日，中共中央軍委發出《制止昆明各軍事學校機關衝擊軍區的通知》指出：昆明軍區"所採取的措施，是完全正確的。你們應當堅決捍衛和不折不扣地貫徹執行軍委的八項命令，立即退出後勤大院。・・・否則，你們中間的負責人，要對這一行動負責。"

2月17日，中央軍委公布《給成都工人革命造反兵團，川大"八二六"戰鬥團的信》，信中指出："如果你們繼續圍攻成都軍區，一切嚴重後果，由你們完全負責。"

(50)《戚本禹王力接見湖北代表座談紀要》，1967年5月15日。

(51)《中央首長接見四川地區代表時的講話》，1967年4月3日。

(52)丁抒《文革首次血案——青海“二二三事件”》，載《華夏文摘》第三三八期ｚｋ0305ａ。

(53)《全軍文革辦傳達中央文革小組關於湖南“湘江風雷”、“紅旗軍”的批示》，1967年2月4日。

(54)同(13)，第96頁。

(55)同(13)，第92頁。

(56)同(52)

(57)《中央首長第四次接見青海代表會議紀要》，1967年3月24日。

(58)同(2)，第167頁。

(59)周恩來《在軍級幹部會議上的講話》，1967年3月13日。

(60)毛澤東《關於要注意反革命復辟現象的批語》，1967年2月28日。

(61)同(13)，第95頁。

(62)同(31)，第207頁。

(63)同(46)，第278頁。

(64)同(14)，第216頁。

(65)同(31)，第205頁。

(66)同(13)，第71頁。

(67)同(46)，第274頁。

(68)同(46)，第280頁。

(69)同(60)

(70)首都大專院校紅衛兵代表大會《首都紅衛兵》，1967年3月15日。

(71)北京大學文化革命委員會《新北大》，1967年3月16日。

(72)同(37)

(73)葉曙明《遲澤厚訪談(節錄)》，載《華夏文摘》增刊第四六六期ｚｋ0511ｅ。

(74)林彪《軍以上幹部會議上的講話》，1967年3月20日。

(75)同(13)，第101頁。

(76)中共中央、國務院、中央軍委、中央文革小組《關於播送林彪同志講話通知》，中發(67)123號文件，1967年4月7日。

(77)林彪：《關於青海問題的指示》1967年3月25日。

(78)《中共中央、國務院、中央軍委、中央文化革命小組關於青海問題的決定》，中發(67)110號文件，1967年3月24日。

(79)《中央關於安徽問題的決定》，中發(67)112號文件，1967年3月27日。

(80)《中共中央轉發中央關於安徽問題的決定及附件》中發(67)117號文件1967年4月1日。

(81)《人民日報》社論《正確地對待革命小將》，1967年4月2日。

(82)《中央軍委十條命令》，1967年4月6日。

(83)同(13)，第106頁。

(84)例如：從1967年4月30日中共中央《關於福建問題的意見》可以看到："福州軍區黨委和韓先楚同志最近表示，．．．：除證據確實的現行反革命分子外，'盡速放出被押人員，從速為被取締的革命組織平反'"，所以"中央認為，韓先楚同志採取這個措施是好的。革命群眾組織應該歡迎韓先楚同志的這些表示和措施。"同時，告訴造反派："不要組織群眾沖軍區。沖軍區是不宜的，不對的，"但對以往的衝擊事件"不予追究"。

針對廣州軍區和湖南省軍區、濟南軍區和山東省軍區的類似文件：《中共中央、中央軍委、中央文革小組、全軍文革小組批發"廣東省軍管會關於前段支左工作的教訓和下一步的做法"和"湖南省軍區關於貫徹廣州軍區首長指示的情況報告"》中發(67)151號文件1967年5月14日

《中共中央、中央軍委、中央文革小組、全軍文革小組批發的山東省軍區黨委"關於向革命群眾公開檢討支左工作中的錯誤的情況報告"》，中發(67)175號文件，1967年6月4日。

《中共中央、中央軍委、中央文革小組、軍委文革小組批發"濟南軍區黨委給山東省革命群眾的一封信"》，中發(67)182號文件，1967年6月12日。

(85)《中共中央關於處理內蒙問題的決定》，中發(67)126號文件，1967年4月13日。

(86)《中共中央關於處理四川問題的決定》，中發(67)147號文件，1967年5月7日。

(87)同(31)，第207頁。

(88)同(46)，第279頁。

(89)同(31)，第209頁。

(90)同(30)，第105頁。

(91)同(31)，第212頁。

(92)同(30)，第106頁。

(93)毛澤東《在中央關於安徽問題決定稿中加寫的一段話》，1967年4月1日。

(94)毛澤東《印發四川省釋放被捕、拘留、收容審查人員情況報告的批語》，1967年4月23日。

(95)毛澤東《無政府主義是對機會主義的懲罰》，1967年4月20日。

(96)毛澤東《對上海市革委會的指示》，1967年5月。

(97)同(14)，第286頁。

(98)高皋、嚴家其，《"文化大革命"十年史》，天津人民出版社，1986年。

(99)同(13)，第112頁－第124頁。`

(100)王年一《"五一三"事件：一場大有來頭的小型武鬥》，載《華夏文摘》增刊第二五五期ｚｋ0104ａ。

(101)"九一三事件"以後梁興初、劉豐受牽連而罷官，見(22)。

(102)1967年6月，李作鵬任海軍第一政委，見(22)。

(103)同(2)，第157頁。

(104)林彪《關於加強軍隊組織紀律性的指示》，1968年5月28日。

(105)同(13)，第108頁。

1969：對蘇戰備中的軍委辦事組、林彪與毛澤東

余汝信

1969年，文革演義翻到了第三個年頭。這一年年初的中蘇邊界衝突、號稱“團結、勝利”的中共“九大”以及隨後中共外交戰略的調整，於今似乎早已不是什麼新鮮的話題。中國大陸的不少學者，自上世紀九十年代，即對諸如中蘇邊界衝突及其影響等問題進行過卓有成效的研討，這方面的成果，主要體現在如下著述中——楊奎松：《1969：中蘇戰爭即將爆發？——從珍寶島事件到緩和對美關係》、牛軍：《1969年中蘇邊界衝突與中國外交戰略的調整》、李丹慧：《1969年中蘇邊界衝突：緣起和結果》、徐焰：《1969年中蘇邊界的武裝衝突》、劉志男：《1969年，中國戰備與美蘇關係的研究和調整》，等等。

囿於軍事方面材料的缺乏，大陸學者對此一時期研討的重點不得不放在外交戰略的調整之上，而對於主持戰備工作的中共核心高層尤其是毛澤東、林彪及其執行班子——軍委辦事組，在軍事準備方面的主要意圖、具體措施及其影響，探討卻未必是充分、足夠的。本文試圖利用國內已披露的有關確切材料(尤其是官方實際已公開的材料)，補充這一方面的不足，同時，更試圖通過一系列具體事例，對這一時期軍委辦事組的重要舉措以及毛、林關係的演變，作出盡可能客觀的剖析和判讀。

一、大事本末

1—1、軍委辦事組明確規定部隊調動使用權限

1月10日，軍委辦事組重申北京衛戍區部隊調動使用權限的八條規定。其中有關部隊調動的主要內容有：北京衛戍區部隊和民兵武裝的任務、部署、兵力調遣、臨時警衛勤務等，都必須報告總參謀部，經呈毛澤東主席、林彪副主席、中共中央、中央文革、中央軍委作出決定後，由衛戍區具體組織實施。衛戍部隊的部署調整、兵力調遣、執行會場路線警衛和押解勤務等，不足1個排的兵力，由衛戍區決定，報總參備案；2個排的兵力，報請總參批准；2個排以上至2個連以內的兵力，由總參報請軍委辦事組批准；2個連以上的兵力，一律報請毛澤東、林彪、中共中央、中央文革、中央軍委批准。

1月11日，軍委辦事組對1968年4月26日下發的《關於部隊調動使用權限的規定》作出補充(《規定》要求，執行各種任務的陸、海、空軍部隊，營(相當於營)以上部隊的行動和部署變更，一律呈請毛澤東主席、林彪副主席審批後才能行動；凡執行作戰任務的部隊，無論部隊大小均報請毛澤東、林彪批准後方可行動；執行生產、施工、野營訓練任務的部隊和執行"三支兩軍"任務的部隊換防，連以上、不足1個營，由軍委辦事組批准，連(含)以下分隊的行動，由各軍區、軍兵種批准。)補充規定稱：凡屬部隊調動，必須由各級黨委集體討論，主要軍政首長簽署文電才有效，等等。

1—2、組建各地生產建設兵團

1月21日，中共中央、國務院、中央軍委、中央文革批復南京軍區1月8日請示，同意組建中國人民解放軍南京軍區安徽生產建設兵團，

歸安徽省軍區建制。該兵團於9月組成。同時，南京軍區組建江蘇生產建設兵團，歸江蘇省軍區建制。

此前，1968年3月9日，中共中央、國務院、中央軍委、中央文革決定，將農墾部所屬東北農墾總局，改建爲黑龍江生產建設兵團，劃歸沈陽軍區建制。

此後，中央同意各地組建生產建設兵團，計有：蘭州軍區生產建設兵團(1月22日)、內蒙古生產建設兵團(1月24日)、廣州軍區生產建設兵團(3月19日)、雲南生產建設兵團(10月6日)福建、江西生產建設兵團(12月7日)。翌年，再同意組建山東、浙江、湖北生產建設兵團及廣西軍區生產師。

1—3、毛澤東批准軍委辦事組關於軍隊院校調整方案

2月19日，軍委辦事組以軍委 (69)1號文件，發出關於軍隊院校調整方案的通知，內稱："偉大領袖毛主席批准了軍隊院校調整方案"。

通知所附《軍隊院校調整方案》稱：遵照偉大領袖毛主席教導：軍隊就是一個大學校，現在的學校應當減少。現將軍隊院校調整方案報告如下：

一、軍隊現有學校(含飛行學校)一百二十五所。按學校的性質區分計：指揮、政治學校四十五所，技術學校六十五所，飛行學校十五所。

二、調整學校的原則：①指揮、政治、體育、藝術學校一律撤銷；②技術學校：凡是在部隊能學到技術，一律在部隊培養，高級技術學校(含維護修理學校)基本上保留；③撤銷各軍區的步兵學校，陸、海、空軍的軍、師建立小型教導隊(機構很少，十人左右)；擔任爲毛澤東思想學習班輪訓部隊幹部。

三、根據調整學校的原則，全軍擬保留學校四十三所，減少八十三所，占百分之六十五點六。保留的學校計：軍政大學一所，工程技術學校二十所，醫務學校六所，獸醫學校一所，飛行學校十五所，共計四十三所。(1)

1—4、毛、林、周同意1969年度國防經費預算

2月30日，軍委辦事組向毛澤東、林彪、周恩來報告稱：呈上總後勤部關於1969年國防費報告，軍委辦事組討論後，擬原則同意。其中關於部隊營房工程經費使用問題，我們意見，1969年原則上不新建營房，特殊需要的報總後勤部特殊解決，1968年已開工的工程，在節約原則下完成繼建，但不准擴建。該報告經周恩來批示："擬同意"，毛澤東、林彪均圈閱同意。

總後前於2月16日就1969年國防費預算安排向軍委辦事組報告稱：1969年國防經費、國家預計撥款130億元。今年經費開支的重點是：人馬生活費、裝備購置費、國防工程費和裝備維修費。行政事業費盡量節約。

11月11日，總後供應部《情況簡報》稱：今年國防費預算，年初經偉大領袖毛主席和林副主席批准爲130億元，9月27日中央批准裝備購置減少撥款10億元，國家撥款成爲120億元，9月份我們曾預計可能開支110億元左右，現在，根據戰備需要增開支達8億餘元，這樣年終開支可能達117億元，但現金不會全部支出去。

據總後年終有關資料，1969年全年國防費開支總額預計比1968年增長38%，其中裝備購置費增長18%；人馬生活費增長7%；國防工程建設費增長73%；裝備維修費增長10%；油料購置費增長20%；戰備物資貯備費增長32%；行政事業費增長29%。(2)

1—5、珍寶島事件：規模有限的邊界小仗

據中方資料，珍寶島位於黑龍江虎林縣境內，烏蘇裡江中游主航道中心線中方一側，歷來是中國領土。惟蘇聯方面認爲，在烏蘇裡江的邊界線應劃在中方江岸邊，故珍寶島(蘇方稱之爲達曼斯基島)在1947年被蘇劃入其警戒線以內(中方一直未有承認)。1963年，中蘇兩國政府曾達成維持邊界現狀協議，惟自1964年後邊境事端趨增，文革中尤烈。

1969年2月，沈陽軍區令黑龍江省軍區加強合江軍分區的指揮和防禦(珍寶島在合江軍分區轄區範圍內)，又令陸軍第46軍133師兩個偵察排，第23軍67師兩個連，加強合江軍分區所轄虎、饒地段邊防力量。省軍區決定，在公司邊防站成立“公司臨時指揮所”，由合江軍區參謀長王子良負責，統一領導邊防鬥爭。

2月7日，中方兩巡邏組登島巡邏，與蘇方發生武裝衝突，中方巡邏組撤回。

2月19日，總參謀部和外交部向沈陽軍區、黑龍江省革委會、省軍區發出指示：同意暫時推遲在綏芬河邊境架設鐵絲網的鬥爭，選擇珍寶島作爲邊防鬥爭目標。2月7日事件以後，必將有新的鬥爭。要求按既定巡邏線進行不固定的正常巡邏，一次派出2—3個組，兵力不少於1個加強排。自衛還擊嚴格控制在主航道中心線中方一側，行動突然，動作迅速。不糾纏，不戀戰，取得勝利後，立即撤至有利地區。同意增調1個偵察連參戰。由合江軍分區指定一名主要軍政幹部負責。

沈陽軍區決定，由副司令員蕭全夫率領一個工作組，前往虎、饒方向檢查戰備工作。稍後，軍委指示沈陽軍區成立虎、饒前指，由副司令員蕭全夫、副政委李少元統一領導，黑龍江省軍區、合江軍分區、陸軍第23軍抽調部分幹部組成。

爲保障邊防巡邏，在珍寶島我岸派出2個步兵連、1個偵察連、3個偵察排、1個無後座力炮排和1個重機槍排進行掩護。

3月2日上午，公司邊防站30人分兩組到珍寶島巡邏，與蘇軍發生衝突。中方死傷52人，並估計蘇方死傷60餘人(據蘇官方公布數字爲死亡31人，負傷14人)，雙方各自從島上撤回。此後，中方據觀察判斷蘇軍向珍寶島方向增兵，中方亦加強了兵力，並在縱深增調陸軍第67師1個步兵團、2個偵察連作爲機動部隊，以2個加農炮營和1個高炮營組成炮群，支援作戰。

3月15日、17日，中蘇在珍寶島再有兩次武裝衝突，惟自17日後，局勢明顯緩和。據中方資料，三次作戰共毀傷蘇坦克裝甲車17輛，卡車、指揮車各1輛，斃傷蘇軍250餘人(據蘇解體後俄羅斯公布的數字，蘇軍亡58人，傷94人)。(3)

1—6、珍寶島衝突之後中方的公開姿態

據新華社訊：3月2日，中國外交部照會蘇聯駐華大使館，稱："一九六九年三月二日晨，蘇聯邊防軍侵入中國黑龍江省珍寶島地區，開槍打死打傷我邊防軍人員多名，製造了一次極爲嚴重的邊境武裝衝突。爲此，中華人民共和國外交部奉命向蘇聯政府提出最強烈的抗議。""中國政府堅決要求蘇聯政府懲辦這次事件的肇事凶手，立即停止侵犯中國領土和武裝挑釁，並保留要求蘇方賠償我方一切損失的權利。中國政府再次嚴正警告蘇聯政府，中國的神聖領土是不容侵犯的，如果你們一意孤行，繼續挑起中蘇邊境武裝衝突，必將遭到中國人民堅決的回擊，由此產生的一切嚴重後果，只能由蘇聯政府承擔全部責任。"

3月4日，《人民日報》、《解放軍報》發表社論《打倒新沙皇》。社論稱："蘇修叛徒集團不斷武裝侵犯我國領土，製造邊境事件，這個事實又一次使全世界人民看清，這一小撮叛徒是徹頭徹尾的社會帝國主義者，是地地道道的新沙皇。”

3月13日、15日，中國外交部連續兩次照會蘇聯駐華大使館，就蘇軍多次“侵入珍寶島”分別提出強烈抗議及緊急強烈抗議。

據新華社訊，自3月4日起，北京、天津、上海等二十幾個城市軍民舉行游行示威和聲討大會，“抗議蘇聯邊防軍入侵珍寶島”。在4日至12日不足十天時間裡，全國參加示威游行的軍民已過四億人次以上。

1—7、毛澤東：既準備打，又準備談

3月3日、7日，中央文革碰頭會成員到毛澤東處會議，談及中蘇邊境衝突等問題。

3月15日，毛澤東與中央文革碰頭會成員談話，首先談了打仗問題：一個縣成立一個團，全國都要搞。大縣三個營，中縣兩個營，小縣一個營。平時堅持地方，戰爭起來了就補充野戰軍。戰爭打起來，依靠一年一度的徵兵工作是不行的。東北，華北、西北要準備一下。準備好了，他不來也不要緊。大敵當前，動員、準備一下有利。蘇聯知道我們不會到他那裡去，他們那裡很冷。我們是後發制人，原子彈基地要有準備，防止他用飛機轟炸。(林彪：今天的行動(指3月15日的武裝衝突)是莫斯科指揮的，不是前面人指揮的。)抗議他不聽，雙方都在搶時間。他們是要面子的。人不犯我，我不犯人。

3月21日，周恩來召集軍委辦事組成員黃永勝、吳法憲、溫玉成及沈陽軍區司令員陳錫聯、總參作戰部有關人員開會，針對蘇軍可能強占珍寶島的態勢，商定加強我岸兵力，大力部署，以逸待勞，準備後發制人。同時，就柯西金通過載波電話要求同毛澤東、周恩來通話事，召集外交部有關負責人商定以備忘錄形式複蘇駐華臨時代辦：“從當前中蘇兩國關係來說，通過電話的方式進行聯繫已不適用。如果蘇聯政府有什麼話要說，請你們通過外交途徑正式向中國政府提出。”

3月22日，周恩來向毛澤東、林彪書面報告3月21日商定的措施，毛澤東批：同意備忘錄的立場，即準備外交談判。(4)

1—8、入越作戰部隊全部離越回國

3月14日，入越作戰的空軍高炮部隊最後一批回國。4月，陸軍野戰高炮部隊全部回國。從1965年中起，空軍先後有8批7個高炮師部、26個高炮團、8個高炮營、9個探照燈營、14個雷達連入越作戰；陸軍高炮部隊先後有9個高炮師、37個高炮團、80個隊屬高炮營入越作戰。

11月下旬，昆明軍區組織的援越工程部隊全部離越回國。

1—9、軍委同意空軍本年部隊組建計劃

3月20日，軍委批復空軍，同意1968年12月21日《關於空軍一九六九年部隊組建計劃》。據此，空軍年內組建了2個軍部、6個殲擊機師、2個高射炮兵師。即：將空軍興寧指揮所改建為1個空軍軍部，稱空軍第12軍(5月4日)；在西安組建1個空軍軍部，稱空軍第11軍(11月10日)。組建空軍第40至45師及空軍高射炮兵第18、19師。

1—10、林彪在中共"九大"被確立為"接班人"

4月1日，正在主持中共"九大"開幕式的毛澤東突然宣稱：大會選舉一個主席、一個副主席、一個秘書長。林彪同志當主席(這時，林彪、周恩來站起來說：我們偉大領袖毛主席當主席)。毛又向著林說：林彪同志當主席、我當副主席好不好？(林彪：不好，不好，偉大領袖毛主席當主席，同志們贊成的舉手。林帶頭舉手，全場舉手，熱烈鼓掌)。毛：也可以。那林彪同志當副主席好不好，同意林彪同志當副主席的舉手(全場舉手，熱烈鼓掌)。

4月14日，周恩來在"九大"全體會議發言時稱："這次在新的黨章中明確寫上：'林彪同志一貫高舉毛澤東思想偉大紅旗，最忠誠、最堅定地執行和捍衛毛澤東同志的無產階級革命路線。林彪同志是毛澤東同志的親密戰友和接班人。'這是從林彪同志四十多年的革命奮鬥中自然引伸出來的最正確的結論，是完全符合事實的。它得到全黨、全軍和全國各族革命人民的熱烈擁護，也得到全世界廣大革命人民的支持。我們不僅爲有著我們的偉大領袖、當代最偉大的馬克思列寧主義者毛主席而感到無限幸福，我們還爲有了眾所公認的毛主席的接班人林副主席而感到很大幸福。"

林彪在現場聽了周恩來發言後即稱：我沒有準備講話，我插幾句話。總理的講話，我事先不知道內容。我個人很慚愧！年輕時上井岡山，和毛主席在一起，那時不知道什麼事，只知道跟毛主席幹就是了。講老實話，從我接觸的領導人中間看，毛主席比其他人高明。那時我僅僅是這點樸素的感情，不是自覺的、高瞻遠矚全面的認識，工作上取得的一些成績，是毛主席教導的結果。我們的一切勝利，都是毛主席英明領導的結果。若是跟賀龍、若是跟張國燾搞下去，我的腦袋沒有了，不是可能沒有，是一定的沒有。我能存在完全靠毛主席，每個時期都是毛主席指引方向，跟著幹就是了。一切都是靠毛主席英明領導這個偉大的政治因素。我個人起的作用，是很微小，很微小的。

4月28日，中共九屆一中全會選舉毛澤東爲中央委員會主席，林彪爲唯一的副主席，毛澤東、林彪、陳伯達、周恩來、康生爲政治局常委。(5)

1—11、"九大"期間毛澤東談準備打仗

4月14日，"九大"全體會議上，在"九大"解放軍代表、公司邊防站站長孫玉國發言後，毛澤東稱：所有一百多人都沒有打過仗，只有一個副營長打過仗，還負了傷下去了，可見沒有打過仗的也可以打勝仗。對方有飛機，有裝甲車，有坦克、指揮車，我們一沒有飛機，二沒有坦克，三沒有裝甲車，四沒有指揮車，我們就是步兵，結果3月15

日，打了五個鐘頭，對方三次衝鋒都給打垮了。他們躲在“烏龜殼”裡，把人的勇氣都搞掉。當然我們也有點，但我們主要不靠那些東西，我們主要靠人的勇敢，靠抬得走的槍和炮，靠近距離作戰，就是林彪同志提倡的二百米過硬功夫。三百米不打，二百米不打，一百米也不打，五十米左右才開火，他的“烏龜殼”一翻就沒有辦法了。我們打了幾十年仗，抗日戰爭沒有烏龜殼，沒有飛機大炮，解放戰爭沒有飛機，但卻打勝仗。

當然我們不是不要裝甲兵，也不是吳法憲同志那個空軍也不要了，大炮、坦克、裝甲車、飛機都要一點，但我們主要靠我們的勇敢，靠破除迷信，這次珍寶島打了一個小仗，破除了一個迷信。

4月28日，毛澤東在中共九屆一中全會上稱：此外，過去講過了的，就是要準備打仗。無論那一年，我們要準備打仗。人家就問了，他不來怎麼辦呢？不管他來不來，我們應該準備。不要造手榴彈都要中央配發材料，手榴彈到處可以造，各省都可以造。什麼步槍、輕武器，每省都可以造，這是講物質上的準備，而主要的，是要有精神上的準備。精神上的準備，就是要有準備打仗的精神。不僅是我們中央委員會，要使全體人民中間的大多數有這個精神準備。我在這裡講的，不包括專政對象，什麼地富反壞那套人。因爲那套人是很高興帝國主義、修正主義打來的，他以爲打來了，這個世界就翻身了，他就可以翻身了。還要準備這一條，社會主義革命過程還要革這個命。

人家打來，我們不打出去。我們是不打出去的。我說不要受挑撥，你請我去我也不去，但是你打來呢，那我就要對付了。看你是小打還是大打，小打就在邊界上打，大打，我主張讓出點地方來，中國這個地方不小，他不得點好處，我看他也不會進來。要使全世界看到我們的打仗是有理的，有利的，他進來了，我看比較有利，不僅有

理，而且有利，好打，使他陷在人民包圍中間。至於什麼飛機、坦克、裝甲車之類，現在到處經驗證明可以對付。(6)

1—12、通過新軍委組成人員及軍委辦事組成員名單

4月28日，中共九屆中央委員會政治局第一次會議通過新的中央軍委主席、副主席、委員名單及軍委辦事組成員名單。

主席 毛澤東

副主席 林彪、劉伯承、陳毅、徐向前、聶榮臻、葉劍英

委員 丁盛、王秉璋、王樹聲、王效禹、王輝球、韋國清、葉群、皮定均、劉興元、劉賢權、許世友、陳士榘、陳先瑞、陳錫聯、李天佑、李作鵬、李雪峰、李德生、吳法憲、張達志、張池明、張國華、張春橋、楊得志、杜平、蕭勁光、鄭維山、冼恒漢、袁升平、梁興初、黃永勝、曾紹山、曾思玉、彭紹輝、韓先楚、粟裕、溫玉成、謝富治、譚甫仁、潘復生

軍委辦事組

組長 黃永勝

副組長 吳法憲

成員 葉群、劉賢權、李天佑、李作鵬、李德生、邱會作、溫玉成、謝富治

5月27日，中共中央以中發(69)34號中共中央文件向黨內公布了以上名單。

1—13、軍委辦事組召開座談會研究設防等問題

5月2日—6日，軍委辦事組在北京召開座談會。參加會議的有各軍區、各軍兵種及三總部的負責人。會議由黃永勝主持，學習了毛澤東等軍委領導人關於設防和防空降等問題的指示，討論了準備打仗等工

作。該次座談會的紀要，經毛澤東、林彪批准，於6月18日以軍委(69)9號文件下發各大單位執行。

紀要還稱："遵照毛主席關於精簡機構的指示，會議還討論了各軍區、各軍兵種、各總部機關精簡和體制調整問題。機關精簡方案，根據討論的意見，待綜合研究整理，報毛主席和中央批准後實施"。

1—14、毛澤東離京，長時間逗留外地

5月29日，毛澤東乘專列離京到外地，隨衛人員150人。歷經邯鄲(5月30日)、鄭州(5月31日)、武漢(5月31日—6月26日)、長沙(6月26日—27日)、南昌(6月28日—29日)、杭州(6月29日—9月18日)、上海(9月18日—21日)、南京(9月21日)、濟南(9月21日—22日)、天津(9月22日)，至9月23日方返抵北京，合共在外地時間長達118天。這是文革以來毛澤東離京外出時間最長的一次，也是隨衛人員最多的一次。(7)

1—15、北京軍區所屬部隊改編、組建

6月6日，經毛澤東批准，軍委辦事組批復北京軍區，同意組建守備第33、34師，分別歸陸軍第69軍和內蒙古軍區領導。12月22日，根據軍委辦事組決定，守備第33、34師依次改稱守備第1、2師。

此前2月24日，經毛澤東批准，軍委通知北京軍區，將陸軍第38軍改編爲摩托化軍。軍部轄3個摩托化師，軍直炮兵團、火箭炮團、高炮團各1個。每師轄3個摩托化步兵團和1個坦克團、1個地炮團、1個高炮團。

10月14日，軍委批復北京軍區9月14日請示，同意以第3、2、4、5、6工區和13個工程兵建築團，給陸軍第24、63、65、66、69軍各組建1個步兵師。北京軍區於12月底完成組建任務。該5個陸軍師依次稱陸軍第71、186(後改189)、195、198、206師。爲統一番號排列順序，陸軍第69軍現轄第28、107師，依次改稱陸軍第205、207師。

1—16、三大總部機關精簡整編

6月13日，經毛澤東批准，軍委辦事組公布總參謀部、總後勤部機關精簡方案。據此，總參、總後機關進行精簡整編。

總參原編15個部、局，精簡整編爲13個部、局。即：辦公廳(軍委辦公廳兼)、作戰部、情報部、三部、軍訓部、軍務部、防化學部、政治部、機要局、測繪局、外事局、氣象局、管理局。

根據中央決定，將中央調查部與總參情報部合並，中央氣象局與總參氣象局合並，國家測繪總局與總參測繪局合並。

總後原編13個部、局，精簡整編爲9個部、局。即：司令部、政治部、供應部、衛生部、裝備部、軍事運輸部、企業部、營房部、管理局。

11月28日，軍委辦事組公布總政治部機關精簡方案。據此，總政機關由原編的13個部、院，縮編爲6個部、室。即：辦公室、組織部、幹部部、宣傳部、保衛部、群眾工作部。

此前，總政機關於1967年7月後陷於癱瘓狀態。1968年10月，總政被軍事管制。1969年10月，黃志勇、田維新被任命爲總政副主任。12月，總政恢復辦公，李德生任總政主任(正式任命時間爲1970年4月)。(8)

1—17、組建三個陸軍軍部

6月16日，軍委電複福州軍區，同意將閩北指揮部改編爲陸軍軍部，稱陸軍第29軍，轄陸軍第84、85(獨立第1師改稱)和守備第7師。

10月22日，軍委電複蘭州軍區8月9日請示，同意從軍區機關和步兵學校抽調人員，組建1個陸軍軍部，稱陸軍第19軍，將陸軍第55師、守備第32師和步兵第3團劃歸該軍建制領導。

11月14日，軍委電複昆明軍區10月30日請示，同意在滇西地區組建1個陸軍軍部，稱陸軍第11軍，轄陸軍第49師和新建的1個陸軍師(12

月8日，軍委電各軍區《變動部分陸軍師的番號》，公布該新組建的陸軍師稱陸軍第32師)。

至此陸軍軍部達至36個，爲自1952年全軍精簡整編以來最高峰。

1—18、鄭維山等任職

6月17日，經毛澤東批准，軍委任命：北京軍區副司令員鄭維山爲北京軍區司令員，北京軍區副政委陳先瑞爲北京軍區政委；濟南軍區副司令員陳宏爲裝甲兵司令員；中共陝西省委第一書記李瑞山爲蘭州軍區政委兼陝西省軍區第一政委。

鄭維山的任命，結束了北京軍區自1967年2月以來沒有正職司令員的不正常局面。

此前，5月8日，經毛澤東批准，軍委任命：鐵道兵司令員張翼翔爲第二炮兵司令員；鐵道兵政治委員劉賢權爲鐵道兵司令員，政治學院革委會主任宋維栻爲鐵道兵政委。

此後，7月12日，經毛澤東批准，軍委任命廣州軍區副司令員丁盛爲廣州軍區司令員。8月2日，任命冶金工業部副部長周赤萍爲福州軍區政委。11月12日，任命蘭州軍區司令員張達志爲炮兵司令員；福州軍區副司令員皮定均爲蘭州軍區司令員。

1—19、軍委辦事組召開"三北"地區作戰會議

6月20日—7月4日，軍委辦事組在北京召開"三北"(東北、華北、西北)地區作戰會議。參加會議的有沈陽、北京、蘭州、新疆4個軍區主管作戰的領導人和各軍兵種、三總部及有關部門的負責人。會議研究了防止蘇軍突然襲擊的作戰思想準備、作戰設想、部署調整和邊防鬥爭等問題。這次會議紀要，於8月16日呈報毛澤東和中央審批。8月20日，毛澤東批示：已閱照辦。9、10月間，總參、總後組織聯合檢查

組赴北京、蘭州、新疆軍區檢查部隊落實軍委辦事組座談會和“三北”地區作戰會議的情況。

1—20、內蒙古：從分而治之到全面軍管

7月5日，中共中央發出關於變更內蒙古自治區行政區劃的決定。內稱：“經偉大領袖毛主席、林副主席批准，爲了便於領導和加強對蘇(蒙)修作戰的戰場準備，以便戰時更好地支援對修作戰，將內蒙古自治區東、西兩段的部分行政區劃作了跨區調整，即：東段的呼倫貝爾、哲裡木、昭烏達三盟全部劃歸東北；西段的巴彥淖爾盟的額濟納旗、阿拉善左旗、阿拉善右旗劃歸甘肅、寧夏”。“整個交接事宜，責成北京軍區負責召集蘭州、沈陽軍區及有關省、自治區革命委員會、省軍區共同研究商定，並將交接情況報告中央”。“全部交接工作，應爭取在一九六九年八月底前完成”。

12月19日，中共中央發出毛澤東批示“照辦”的關於內蒙實行分區全面軍管的決定。決定“責成北京軍區對內蒙實行分區全面軍管，並由北京軍區組成前線指揮所，領導這一軍管”。具體部署主要爲：“一、北京軍區由鄭維山司令員、杜文達副司令員、黃振棠、張正光副政委組成前線指揮所，進駐呼市。以上四人組成前指黨的領導小組，以鄭維山爲書記，黃振棠、杜文達爲副書記，實行對內蒙的一元化領導。內蒙古自治區革命委員會在前指黨的領導小組下進行工作。從北京軍區抽人組成前指辦事機構。二、在北京軍區前指的統一指揮下，包頭市、巴盟、錫盟、烏盟、呼和浩特市、伊盟等地區的革命委員會和軍分區(警備區)，分別由六十三軍、六十五軍、六十九軍、二十七軍組成前指，實行分區全面軍管。所有軍管單位，均以戰備爲綱，抓好革命和生產”。

1—21、新疆鐵列克提戰鬥失利

8月13日，新疆鐵列克提戰鬥失利。鐵列克提位於新疆裕民縣巴爾魯克山西部地區。據中方資料稱，1967年7月，蘇邊防軍多次入侵該地區。1969年6月，蘇邊防軍人在該地區私設國界標誌，構築工事，綁架並打死中國牧民。7月3日，總參謀部、外交部批准新疆軍區塔城軍分區邊防分隊進入該地區巡邏。8月13日，邊防分隊共25人(含掩護分隊11人)進入該地區巡邏。蘇邊防軍300多人在裝甲車和直升機配合下，對中方巡邏隊進行突然襲擊。由於中方邊防部隊戰前缺乏周密準備，寡不敵眾，後援不濟，造成戰鬥失利。巡邏分隊25人及隨同執勤的3名民兵全部陣亡。

1—22、北京軍區：野戰軍的調入和調防

8月20日，軍委命令："經偉大領袖毛主席、林副主席和中央批准，爲了防止蘇修突然襲擊，加強張家口地區的兵力部署，決定調27軍進駐宣化、張家口地區，歸北京軍區指揮，協同65軍在張家口地區現有部隊，擔任阻止敵人沿二連、張家口方向向北京突然襲擊的任務"。9月8日，該軍軍部率第79、80師全部到達宣化、張家口地區。第81師奉命暫留鎮江，後於同年11月調防至河北邯鄲地區待命。

10月16日，軍委命令，陸軍第28軍於12月底前由福建調往山西地區，歸北京軍區建制 (12月9日，該軍全軍到達山西洪洞、臨汾、侯馬、運城一線地域)。同日，軍委命令坦克第9師、高炮第67師分別由江蘇、山東調往山西地區，歸北京軍區建制領導。上述部隊列入全軍總預備隊序列。

10月21日，軍委命令，陸軍第24軍由河北唐秦地區移防承德地區。11月下旬，該軍各部隊到達指定地域。

10月28日，軍委命令，陸軍第63軍從河北移防山西，接替陸軍第69軍防區。同時，陸軍第69軍北移，該軍軍部從山西太原北移至大同。

至本年年底，北京軍區達8個野戰軍的兵力，分別爲：第24、27、28、38、63、65、66、69軍。至此，加之沈陽軍區6個軍(16、23、39、40、46、64軍)、蘭州軍區2個軍(19、21軍)，“三北”地區共有16個陸軍軍，爲全國陸軍軍部總數的44%，這表明了戰略防禦重心的北移已成爲不爭的事實。

1—23、轉發軍委辦事組《關於加強全國人民防空工作的報告》

8月27日，經毛澤東、林彪和中央批准，中共中央、中央軍委轉發軍委辦事組8月8日《關於加強全國人民防空工作的報告》。

報告提議，全國人民防空領導小組由國務院、軍委辦事組負責人並吸收軍隊和地方有關單位和部門的領導人組成。在領導小組之下，在總參謀部設立精幹的辦事機構，根據領導小組的意圖，對全國人防工作進行督促檢查。

報告對各省、市、自治區，省(自治區)、地轄大中城市以至各大中廠礦、企業人防領導小組的建立、健全亦提出具體意見。

報告規定人防領導小組的基本任務是：組織進行戰備思想教育和防空常識教育；擬制對空防禦計劃並組織實施；擬制城市人口疏散計劃並組織實施；組織和訓練群眾性的消防、救護、搶修、治安等隊伍。

報告建議全國性的人民防空領導小組“由周總理任組長，永勝、富治、法憲、仲川同志任副組長”。

此前，8月10日，經毛澤東批准，國務院、中央軍委發出通知，決定成立以謝富治爲組長的首都人民防空領導小組，在北京衛戍區設立精幹的辦公室，負責辦理日常業務工作。(9)

1—24、批准成立國防工業各領導小組

8月31日，國務院、中央軍委批准，成立航空、電訊、常規兵器工業3個領導小組和造船工業科研領導小組。

10月30日，國務院、中央軍委同意成立“Ｏ九”工程領導小組，該小組由李作鵬、余秋里、吳瑞林、錢學森、趙啓民等18人組成，李作鵬任組長。

12月22日，中共中央通知，經毛澤東、林彪、中央批准，爲了加強國防工業的領導，決定在軍委辦事組之下，成立國防工業領導小組，邱會作、曹裡懷、周希漢、李如洪、周世忠、封永順、吳信泉七人爲領導小組成員，由邱會作任組長，李如洪、封永順任副組長，並兼領導小組辦公室正、副主任，“自即日起開始辦公”。(10)

1—25、各大單位機關精簡整編

9月4日，軍委辦事組公布《大軍區機關精簡方案》。據此，各大軍區機關進行精簡整編，統一設司令部、政治部、後勤部。

9月5日，軍委分別批復海軍7月2日和空軍6月22日請示，同意所報直屬機關精簡方案，據此，海、空軍機關進行精簡整編。海軍直屬機關由原來6個部合並精簡爲司令部、政治部、後勤部，人員比原編制數減少50.1%，空軍直屬機關由原來11個部合並精簡爲司令部、政治部、後勤部，比原編人數減少45.3%。

12月5日，軍委公布《軍委各兵種機關精簡方案》和《軍區炮兵、裝甲兵、工程兵機構的精簡方案》。據此，軍委各兵種機關和軍區炮兵、裝甲兵、工程兵進行了精簡整編。

1—26、中蘇關於邊界問題的接觸和談判

9月11日，在蘇方的主動要求下，中方同意，從河內參加胡志明葬禮後回國途中的蘇聯部長會議主席柯西金與中國總理周恩來在北京首都機場貴賓室會面，雙方舉行了會談。周恩來在會談中稱：一、中蘇之間的理論和原則問題爭論不應影響兩國的國家關係，不應妨礙兩國國家關係的正常化。二、中蘇邊界問題是目前中蘇兩國關係的中心問題，雙方可以通過談判最終找到解決問題的辦法。在解決之前，雙方應共同採取如下幾項臨時措施：(一)維持邊界現狀；(二)避免武裝衝突；(三)在有爭議地區雙方武裝力量脫離接觸。在周恩來提出三項臨時措施後，柯西金提議，在邊界問題解決以前，雙方共同採取的臨時措施還加上一條：雙方邊防部門有事可預先聯繫。會談中雙方還討論了有關保持和發展兩國貿易、恢復互派大使等問題。

9月13日，周恩來將有關中蘇會談內容報毛澤東，認爲：中蘇這樣政府性質接觸還是第一次，我們爭取和緩邊境局勢四條協議實現，發表外交文件，促進邊界談判。毛澤東批"同意"。

9月18日，周恩來致柯西金信：1969年9月11日，在北京機場的會見中，我們雙方同意長期懸而未決的中蘇邊界問題，應該在不受任何威脅情況下，通過和平談判解決；在解決前，雙方採取臨時措施，維持邊界現狀，避免武裝衝突。這些臨時措施如能得到你來信確認，即作爲中蘇兩國政府之間的協議，立即生效，並付諸實施。我相信，如果這個協議能夠達成，將有助於兩國邊境局勢的和緩和中蘇邊界談判的舉行。該信內容於16日經中央政治局會議討論修改並於17日報毛澤東。

9月26日，柯西金復信周恩來，稱：我方已採取實際措施旨在使邊境局勢正常化，其出發點是中國政府將根據相互原則採取類似措施來實現已達成的有關協議，我方已任命以庫茲涅佐夫爲首的談判代表團，建議自10月10日起在北京開始中蘇邊界問題談判。

9月29日，由周恩來審定的外交部副部長喬冠華給蘇聯駐華代辦葉裡扎維金的“口頭通知”中說，柯西金的信正在研究中；邊界談判改到10月20日開始。

10月14日，柯西金再致信周恩來，告之蘇談判代表團於10月20日前抵京。(11)

1—27、軍委辦事組召開全軍戰備工作會議

9月20日，經毛澤東批准，軍委辦事組在北京召開全軍戰備工作會議。參加會議的有各軍區、軍兵種司令員、政委。會議研究了蘇聯的戰爭動向和對付蘇軍突然襲擊的措施。會議開至月底，因國慶在即，決定休會，各軍區負責人即返回各地。休會期間，軍委辦事組爲檢查戰備工作落實情況，於11月15日至21日，組織北京、蘭州、新疆軍區和華北、西北8省、市、自治區以及空軍、總參、總後領導人赴東北參觀見學落實戰備的經驗。

12月11日—23日，會議繼續在京召開。與會人員認真分析形勢，檢查了戰備落實情況，交流了戰備工作等方面的經驗，提出了今後的戰備工作任務。

會議期間，周恩來等中央領導人接見了全體與會人員，並作了指示。會議最後產生了全軍戰備工作會議紀要，經毛澤東批准，軍委辦事組於翌年1月7日印發全軍。

1—28、林彪有關戰備的指示與活動

9月30日，林彪視察空軍第34師所屬的西郊機場。據稱，林彪視察後即令軍委辦事組負責人到其住處談戰備問題。林彪稱：這個仗看來八成是打不起來，但要作八成可能打起來的準備。明天就是國慶節。在節日舉行大型群眾集會，在人們正歡歡樂樂的時候，說不定戰爭就打響了。如果敵人知道我們過節，對我們來個突然襲擊怎麼辦？蘇聯

設在外蒙的空軍基地，距北京只有幾百公里，飛機用不上一個小時就到了。如果打導彈，只要幾分鐘。我剛才坐車到西郊機場去轉了一下，看見飛機還一排排地在那裡明擺著，似乎沒有一點應付意外的準備。這不行，也很危險。因此，要立即採取措施，改變這種等著挨打的狀況。第一，北京附近幾個機場的飛機，除留下作戰值班的以外，其餘的一律要在今日夜間轉移到外地的機場去；第二，要在機場跑道上設路障，以防止敵空軍實行機降；第三，留在機場的值班人員，要全部配發武器，準備打敵人的傘兵。另外，節日的其他戰備工作也要搞好。關鍵是10月1日、2日、3日，1日又是關鍵中的關鍵。只要在這關鍵的幾天裡不出什麼事，問題就不大了。(12)

林彪的指示，空軍當日即以"一等緊急戰備演習"的名義進行了落實。

10月9日—10日，林彪在吳法憲、鄭維山、閻仲川等陪同下，乘飛機到張家口、宣化地區視察，接見了駐當地的陸軍第65軍、第27軍和空軍部隊的有關負責人。(13)

10月14日，林彪在住處聽取了鄭維山、陳先瑞有關北線設防問題的匯報。(14)

1—29、空軍進行"一等緊急戰備演習"

9月30日，空軍所有部隊、學校、機關和民航進行"一等緊急戰備演習"。除擔負戰鬥值班的飛機外，其餘飛機全部進入洞庫或就地疏散；大部分師以上指揮機構開設了預備指揮所；所有機場緊急配發了武器；70多個機場連夜挖了掩體、防空洞；"三北"地區臨時不使用的機場全部設置了障礙；建立了空司指揮所與"三北"地區一線雷達站和技偵分隊的直接聯絡。10月3日演習結束。這是空軍自組建以來規模最大的一次"戰備演習"。

10月14日，軍委公布空軍戰備值班部隊，共有9個高炮師、16個殲擊機師、6個轟炸機師、4個強擊機師、1個運輸機師、2個地空導彈師等。

10月31日，軍委批准空軍反空降作戰措施，即：(一)加強反空降作戰的思想準備；(二)充實反空降作戰力量；(三)研製改進射擊、轟炸武器；(四)加強反空降訓練；(五)加強空軍機場的防禦。

1—30、海軍組建三個軍級基地

10月4日，中央軍委批復海軍9月8日請示，同意所報艦隊機關精簡方案和組建海軍廣州、上海、煙台基地。基地機關由南海、東海、北海艦隊分別組建，番號依次稱中國人民解放軍海軍廣州、上海、煙台基地，行使軍級權限，分別歸南海、東海、北海艦隊建制領導。

上述基地的組建，使海軍軍級基地由原來的4個(旅順、舟山、福建、榆林)增加至7個，增幅爲40%強。

1—31、建立全國防止敵人突然襲擊警報系統

10月7日，國務院、中央軍委轉發總參10月2日關於建立防止敵人突然襲擊警報系統的報告，要求迅速組織落實。

總參該報軍委辦事組並報周恩來的報告稱：“一、向全國範圍發出防止敵人戰略突然襲擊警報的權力，必須集中於偉大統帥毛主席和副統帥林副主席。在緊急情況下，可授權軍委辦事組決定，由總參謀部組織實施。局部地區的防突襲警報，授權大軍區首長決定，同時上報、下發。

二、防止敵人戰略突然襲擊警報，由統帥部直接發到各大軍區、省、市、自治區革命委員會，以及軍一級部隊。通信手段：(略)。

三、軍隊的各級司令部和省、市、自治區人民防空領導小組辦事機構，必須建立晝夜值班制度，保證及時、準確地接收和發出警報。

統帥部防止敵人戰略突然襲擊警報設備，設在總參謀部作戰部，警報信號由總參謀部統一規定(附後，略)。

此前，9月22日，軍委批准總參關於防止敵人突然襲擊小組成員調整的報告，同意由副總參謀長閻仲川任組長。總參作戰部副部長範天恩、總參二部副部長徐敏輝和總參三部副部長馮維精任副組長。

1—32、毛澤東、林彪及中央其他“老同志”等疏散外地

10月14日，毛澤東乘專列離京。這是毛澤東在本年內第二次長時間離京到外地，隨衛人員150人。10月15日，專列抵達武昌，毛在此間居留至翌年4月11日返京。(15)

10月16日，林彪乘專機抵達江蘇碩放機場，下午乘汽車轉抵蘇州。次日下午，南京軍區司令員許世友乘軍用吉普到蘇州晉見林彪。林彪在蘇州居留至翌年4月26日返京。(16)

10月17日，周恩來與中央政治局成員分批會見在京的一些“老同志”，向他們宣布毛澤東和中央關於戰備疏散的決定，說：主席根據當前形勢，決定一些老同志在20號或稍後從北京疏散到外地。主席指定了每個人的去處。各地安置工作，均由我打電話安排，中央辦公廳負責準備專機或專列。據此，朱德、董必武、葉劍英等前往廣東，陳雲、王震等前往江西，聶榮臻、陳毅前往河北，徐向前等前往河南。與此同時，已被“打倒”的劉少奇、鄧小平、陶鑄、張聞天也被疏散到河南、江西、安徽、廣東等地。(17)

1—33、軍委下達建立全軍戰略預備隊的命令

10月16日，經毛澤東批准，軍委向有關軍區和空軍下達建立全軍戰略預備隊的命令。戰略預備隊由若干個陸軍軍、空降軍和坦克師、地炮師、高炮師組成。

同日，軍委命令，調陸軍第43、47軍編入戰略預備隊序列。第43軍於11月20日前進駐鄭州、洛陽地區，歸武漢軍區指揮；第47軍於翌年適當時機進駐靈寶、潼關、渭南地區，歸蘭州軍區指揮。

1—34、總參傳達林彪的"緊急戰備指示"

10月18日，遵照軍委辦事組指示精神，總參謀部向各軍區，海、空軍和北京衛戍區傳達"林彪副主席緊急戰備指示(第一個號令)"。"指示"指出，近兩天來，美國、蘇聯有許多異常活動情況。特別是蘇聯的所謂邊界談判代表團，預定19日來京，要求全軍必須百倍提高警惕，防止蘇聯搞欺騙，尤其19、20兩日應特別注意。"指示"還要求，各軍區、特別是"三北"軍區對重型武器要立即疏散；沿海軍區也應加強戰備，防止敵人可能突然襲擊；要立即組織精幹的指揮班子進入戰時指揮位置；各級都要加強首長值班，及時掌握情況。"指示"還要求迅速抓緊布置反坦克兵器的生產。

同日，總參還傳達林彪給第二炮兵的指示(第二個號令)，要求二炮部隊要加強本身防護，同時待命，必要時參加戰鬥。

同日，總參還傳達軍委辦事組給各總部、各兵種、國防工辦、國防科委和總參各有關部局的指示(第三、四個號令)，要求按照國慶期間戰備工作要求轉入戰備狀態。凡已組織精幹指揮班子、有隱蔽指揮位置的單位，應立即進入指揮位置；全部人員要做好就地疏散的一切準備。

1—35、中央、軍委頒發部隊調動使用權限的規定

10月22日，中共中央、中央軍委頒發《關於部隊調動使用權限的規定》。規定指出，部隊執行生產、施工、訓練、助民勞動任務和正常部署調整的調動，營以下由各軍區、軍兵種批准，報總參謀部備案；團(不含)以下由軍委辦事組批准；團以上報毛澤東及林彪審批。部

隊執行搶險救災任務，仍按以前規定執行。師、團機關離駐地野營訓練，一周以內由各軍區、軍兵種批准，報軍委辦事組備案；一周以上報軍委辦事組審批。執行作戰任務的部隊行動、原則上仍按軍委辦事組1968年4月26日規定執行；對中蘇、中印邊境地區，無論大小部隊的作戰行動，均報毛澤東及林彪或中共中央常委批准後方可行動。爲不失戰機，可預先報告方案。對內地的平叛剿匪和東南沿海以及中緬邊境的國民黨軍殘部小股襲擾的反擊作戰，可邊行動邊報告。對執行“三支兩軍”任務部隊的調動，營以下由各軍區、軍兵種批准，報中央軍委備案，營以上報毛澤東、林彪或中央常委審批。

1—36、軍委辦事組下達做好疏散部隊工作的指示

10月23日，總參向各軍區、海、空軍和北京衛戍區傳達了軍委辦事組《做好疏散部隊工作，繼續保持良好戰備狀態》的指示。指示指出，疏散出去的部隊，可能還要持續一段時間；天氣逐漸轉冷，要做好疏散部隊的工作，減少非戰鬥減員，繼續保持良好的戰備狀態。指示要求，所有疏散的部隊不要露營，搞好行政管理和物資保障；抓緊時間進行戰備訓練，保持常備不懈。

1—37、改建、組建和擴編部隊

10月27日，軍委發布各軍區組建和擴編部隊的命令。根據該命令，北京軍區組建1個榴炮師(炮兵第16師)；沈陽軍區以該區野戰高炮群爲基礎，組建1個高炮師(炮兵第74師)；南京軍區以該區野戰高炮群爲基礎，組建1個高炮師(炮兵第75師)，在安徽霍丘城西湖農場和江蘇泰州紅旗農場各組建1個陸軍師(陸軍第73、74師)；濟南軍區將陸軍第26軍第76師改歸福州軍區建制，另給26軍組建1個陸軍師(陸軍第78師)，組建1個坦克師師部(坦克第13師)，蘭州軍區騎兵第2師改爲陸軍師(陸軍第20師)；廣州軍區陸軍第55軍第215師改歸福州軍區建制，另

給55軍組建1個陸軍師(陸軍165師)，另組建4個陸軍師(陸軍第142、143、145、146師)，分別負責接管調防部隊遺留的潼湖、臺山、南灣、西湖等大型生產基地；昆明軍區組建1個陸軍師(陸軍第32師)。

1—38、軍委決定城市改設警備區

11月15日，軍委發布《關於城市改設警備區問題的決定》。決定指出，爲加強城市警備工作和便於野戰部隊隨時機動，對一些重點城市改設警備區。各省、自治區機關所在城市和重慶、鞍山、青島、湛江等重要城市均可根據需要設立警備區機構。其它城市的警備工作，由當地軍分區或市人武部負責，不專設警備區機構，必須時對外挂警備區牌子。警備區機構由當地軍分區或市人武部改建(行使師級權限)，或由當地省軍區兼任。現由野戰軍兼任的城市警備工作，逐步移交。

1—39、北京軍區有關戰備工作

11月24日—29日，經中央政治局批准，北京軍區在北京召開華北地區第一次戰備工作會議。參加會議的有北京軍區各軍、省軍區和華北地區各省、市、自治區的領導人。會議由北京軍區司令員鄭維山主持。會議傳達了東北地區戰備工作的經驗，並針對華北地區戰備工作狀況，提出了加強戰備工作的措施。此前，沈陽軍區、新疆軍區在10月份分別召開了戰備工作會議。

12月1日—4日，北京軍區在北京召開國防工程會議。參加會議的有內蒙古軍區、各軍主管施工的領導人和擔負施工任務的師、工區以及建築工程團的負責人。會議總結了1969年國防施工情況，部署了1970年國防施工任務。

12月17日—19日，北京軍區爲檢查坑道內戰備設施配套情況，研究解決人員在坑道持續工作、生活所遇到的問題，在軍區指揮所組織了坑道密閉演習。參加演習的有軍區司令員鄭維山、政委陳先瑞等。

二、簡要剖析

2—1、毛澤東利用珍寶島事件大做文章

珍寶島的歸屬以及由此產生的邊界武裝衝突的成因，中蘇雙方歷來各執一詞。在文革那種反修熱浪推波助瀾之下，在邊境地區，“成千的中國人被帶到蘇聯的領土上，按軍人的指示舉行反蘇示威，敲鼓並高呼反蘇口號，向蘇聯人員、汽車和快艇投石頭”以至發展到雙方武裝人員衝突，蘇方指責的此一情景，並非全無可能發生。(18)

無論如何，珍寶島事件僅僅是一場小規模的邊界衝突。雙方投入直接交戰的兵力，僅相當於營一級(中方處於縱深地帶的1個步兵團、3個炮兵營作爲機動支援部隊待命，並未直接參戰)。毛澤東在“九大”上說，珍寶島打了一個小仗。“小仗”一詞，倒是恰如其份。

此外，當年有蘇軍在中蘇邊境“陳兵百萬”的普遍說法。現有學者指出，從1990年代的有關研究成果分析，蘇軍部署在中蘇邊境的軍隊，其實不足當年所說的一半。(19)

聰明莫如毛澤東。深知中蘇之間的全面戰爭根本打不起來，卻需要利用兩國之間的一場規模十分有限的邊界小仗，大做文章。故而，也就有了毛類似的講話：“東北、華北、西北要準備一下。準備好了，他不來也不要緊。大敵當前，動員、準備一下有利。”“無論那一年，我們要準備打仗。人家就問了，他不來怎麼辦呢？不管他來不來，我們應該準備。”

所謂動員、準備，除卻如本文所述軍事上的之外，大概還包括了如下兩方面。

其一，虛張聲勢，大造輿論，以期將全國的注意力轉移集中至對外的“反帝反修”(主要是反修)之中。認定“蘇修叛徒集團”已墮落爲“徹頭徹尾的社會帝國主義者，是地地道道的新沙皇”，“企圖建立沙皇式的殖民帝國。他們的胃口比沙皇還大。” (20)毛澤東甚至公開呼籲“全世界人民團結起來，反對任何帝國主義、社會帝國主義發動的侵略戰爭，特別要反對以原子彈爲武器的侵略戰爭！如果這種戰爭發生，全世界人民就應以革命戰爭消滅侵略戰爭，從現在起就要有所準備！”(21)

其二，以文革以來前所未有的強力態勢，穩定國內部分地區仍然嚴重的武鬥、動亂局面。7月23日及8月28日，中共中央連續發布毛澤東指示“照辦”、措詞強硬的《中國共產黨中央委員會布告》和《中國共產黨中央委員會命令》。《布告》針對山西地區指稱：混在各派群眾組織中的一小撮階級敵人和壞頭頭，利用資產階級派性，蒙蔽一部分群眾，犯下了一系列極其嚴重的反革命罪行，而“武力強占地盤、拒不執行本布告、負隅頑抗者，由人民解放軍軍事包圍，發動政治攻勢，強制繳械。逃跑流竄者，由人民解放軍實行追捕，歸案法辦”。《命令》則針對邊疆地區稱：絕對不准任何人衝擊人民解放軍，不准搶奪軍隊的武器、裝備和車輛，不准妨礙軍隊的戰備行動，不准泄露和盜竊軍事情報。如有違反，以現行反革命論處。

2—2、在戰備問題上毛、林之間並無重大分歧

根據目前公開的材料，中蘇之間通過談判解決邊界問題爭端的建議，是蘇方首先提出來的，而中方亦一直未將談判大門封死。

3月29日，蘇聯政府在交予中國政府的一份聲明中，“呼籲如果發生分歧，要在心平氣和的氣氛中通過談判解決”，並提議蘇中兩國官方代表在最近恢復1964年在北京開始的協商。

4月11日，蘇聯外交部致中國外交部的照會中再次建議恢復協商，並表示願意在4月15日或對中方合適的另一個最近時間在莫斯科開始協商。4月14日，即中共“九大”期間，中方答復稱，“正在研究”蘇有關緩

和邊境局勢的建議，並且將給予答復。5月24日，中國政府回應蘇聯政府3月29日的聲明，原則上同意舉行談判建議。

6月13日，蘇聯政府再次發表聲明，提出瞭解決邊界問題並使蘇中關係全面正常化的意見和建議。7月底，蘇方再建議舉行蘇中雙方高級會晤。9月，柯西金在河內參加胡志明葬禮時，表示願意在飛經中國時在北京機場作短暫停留以同周恩來會晤。這次，中國方面明確表示接受蘇方的建議，並因此有了9月11日兩國政府首腦的高級會晤。(22)

毛澤東解決中蘇邊界問題爭端的方針，如前所述，是兩手準備——既準備打，又準備談。打，具體工作依靠軍隊，依靠軍委辦事組；談，具體工作依靠周恩來。根據目前的材料，沒有任何可靠的證據表明，林彪對毛兩手準備的方針、策略有原則性的、重大的分歧意見。

在與蘇聯既準備打，又準備談的同時，謀求打開中美關係的歷史僵局，被認爲是符合當時中國利益的、毛澤東的"重大戰略決策"。熊向輝在1990年代初著文首先提出，打開中美關係"它的前奏是1969年在陳毅主持下，四位老帥(陳毅、葉劍英、徐向前、聶榮臻)對國際形勢的研判和建議。"(23)熊對四帥作用的評價，已有過譽之嫌(毛本人對外部世界的瞭解程度難道還不及四位老人的"研判"？)部分學者更有完全脫離客觀事實的臆測，如關於"要準備打仗"，"中央內部實際上存在兩種不同意見。以林彪爲首的、以黃永勝、吳法憲、葉群、李作鵬、邱會作爲主要成員的軍委辦事組認爲戰爭危險迫在眉睫。以陳毅牽頭，有葉劍英、徐向前、聶榮臻參加的國際形勢小組，則認爲蘇聯不敢挑起反華大戰。"(24)

實際上，無論是對外"戰爭危險迫在眉睫"的緊張氣氛還是內部進行的與蘇美之間的談判，都是毛澤東一手所導演。目前並沒有任何可靠的證據表明，在關於戰爭準備問題上，林彪及軍委辦事組主要成員與毛澤東、中共中央有任何重大的分歧。相反，據稱是林彪在9月30日對軍委辦事組負責人所說的"這個仗看來八成是打不起來，但要作八成可能打起來的準備"，卻是十分符合毛澤東"準備好了，他不來也不要緊。大敵當前，動員、準備一下有利"的一貫方針。

同樣，也沒有任何可靠的證據表明，在謀求打開中美關係的決策過程中，林彪及軍委辦事組成員有任何與毛澤東不一致的意見。相反，僅舉本文前述一例：在軍委辦事組組織之下，1969年4月，中國在"援越抗美"時期秘密入越作戰的空軍、陸軍高炮部隊已經奉命全部回國。這不能不說是打開中美關係之結的一個重要步驟(可以相信，中方此主動行動美方的情報機構不會毫不知情)，此際，四位老帥的"研判"報告還遠未成文！及後，11月下旬，昆明軍區組織的援越工程部隊全部離越回國，翌年7月9日，中國援赴工程、後勤保障等非作戰部隊亦全部返國。

2—3、毛澤東對軍隊是大權獨攬的

1969年，毛澤東已是76歲高齡。這一年，林彪雖則在中共"九大"上被確立爲"接班人"，當選爲中央委員會唯一的副主席，然而，他的權力不僅未有因此而獲得實質上的增加，相反，卻有被架空的態勢。"九大"不僅沒有建立起中共最高權力和平轉移的制度性安排，反之，毛這位老人一系列的舉動，更凸顯了他對權力的病態性戀棧。

在4月1日的"九大"開幕式上，毛澤東出乎意料地突然宣布要林彪當大會主席團主席。在一個嚴肅場合的這番舉動，到底是對一千五百名大會代表開的一個並不好玩的玩笑，還是對林彪的一種試探？還是兩者兼而有之？沒有人能猜得透毛的心思。惟無論是前者抑或後者，毛在做這番舉動時卻顯得有點兒笨拙，有點兒不那麼自然。

4月28日九屆中央政治局第一次會議通過的新軍委組成人員名單，軍委副主席共六人，即除卻朱德以外，在世而又未被打倒的六位元帥(包括林彪)。相對於林彪在中共黨內唯一一位副主席的"獨一無二"的名份(暫且勿論其是有權的或是形同虛設)，他在新軍委中的位置就顯得不怎麼耀眼，他不過是六位副主席之一，不僅沒有被授予第一副主席的名份，更未被授權主持軍委日常工作(而在文革前，他是有這樣的授權的)。

如果說10月以後被疏散到外地的那幾位副主席其實都是失去實權的擺設，難道林彪又不是一個擺設嗎？作爲軍委副主席，林彪除卻發表一些並不具多少實質性內容的談話、指示之外，還有些什麼權力？

本年5月29日至9月23日，及10月14日至翌年4月11日，毛澤東兩度離京長時間逗留外地，以本年計長達196天，占全年總天數的53%。在外出期間，毛澤東未有指定任何一位他在政治局常委會內的"同志"，比如說他的"法定接班人"林彪，主持中共中央的日常工作(而在文革前，毛不在京時，中央日常工作通常指定由劉少奇主持)。愈是晚年，毛與其黨內同志的關係就愈似是君臣關係。

在軍隊調動使用權限問題上，毛澤東大權獨攬。軍委辦事組1968年4月26日下發的《關於部隊調動使用權限的規定》嚴格要求：執行各種任務的陸、海、空部隊，營(相當於營)以上部隊的，行動和部署變更；及凡執行作戰任務的部隊，無論部隊大小，均須報請毛澤東、林彪批准後方可行動。換言之，林彪沒有獨立於毛澤東之外的任何一個等級的批准權限。"九大"林彪成爲"接班人"，這一規定並沒有原則性的變動。1969年10月22日中央軍委重新頒布的《關於部隊調動使用權限的規定》只不過將上述"營(相當於營)以上部隊"放寬至"團以上"(團以下由軍委辦事組批准)，林的權限依然與毛捆綁在一起，林依然沒有獨立於毛之外的部隊調動使用批准權。

在軍隊幹部任免問題上，林彪亦沒有獨立於毛澤東之外的權限。1968年5月28日，軍委辦事組向毛、林、周等建議並經批准：副軍長、軍副政委以上幹部任免，報毛、林、中央文革碰頭會議批准；軍參謀長、軍政治部主任、軍後勤部長、師長、師政委，由軍委辦事組批准。1969年4月底"九大"閉幕後，副軍職以上幹部任免，改報中共中央主席、副主席和其他三名政治局常委批准。值得注意的是，上述規定對比1967年5月10日軍委批准的《關於師職以上幹部任免權限和審批手續的規定》中各軍區、軍種、兵種和三總部軍政第一、二把手的任免，軍委常委討論通過，報林彪同意後，再呈報毛、中共中央，經毛批准後公布命令；其餘正軍職以上幹部的任免，經軍委常委討論批准後，呈報中共中央，經林彪批准後公布命令的規定，對於林彪而言，權限尺度不是隨其"接班人"地位的"確立"放寬了，相反卻是收緊了。(25)

10月中旬以後，"最高統帥"毛澤東遠在華中的武昌長駐，所謂"副統帥"林彪戰備疏散至華東的蘇州，所謂戰備狀態下的統帥和副統帥，相隔千里，這是一個什麼統帥部？說白了，武昌決策，北京執行，蘇州還不是被晾在一旁嗎？

2—4、軍委辦事組一切重大舉措均經毛批准

1969年4月組成的新軍委，並未如文革前的軍委般設立其常務委員會。十年前於1959年9月批判彭德懷之後組成的軍委會，委員僅有21人，亦設立了一個13人組成的常委會，而本屆軍委委員前所未有地擴充至49人，成員眾多又分散於全國各地，不設常委會如何有效運作？其實如此設計是否就是毛的本意呢——軍委會不能有效運作，這樣，軍隊的權力，不就高度集中於毛一個人手中？

1969年4月批准的軍委辦事組成員共10人，其中政治局委員6人，政治局候補委員1人，整體政治地位表面很高，起碼高於林彪之外的其他軍委副主席(林彪之外的其他軍委副主席中，政治局委員2人，即葉劍英、劉伯承，而陳毅、徐向前、聶榮臻則因文革中"犯錯誤"降為中央委員)。有論者稱，此時的軍委辦事組行使軍委常委職權，事實上並

非如此。文革前的軍委常委會組成人員包括了軍委主席、副主席，擁有實權，現毛不設常委會，可謂一石兩投，其一，使副主席一干人只得名份，沒有實權；其二，使軍委辦事組權力受制約，使其地位如文革前的軍委辦公會議，只是處理日常事務性工作的執行機構而非決策機構。

綜觀本文列舉的有關事例，軍委辦事組的一切重大舉措，均經毛澤東本人同意，下達的重要命令，甚至重要會議紀要，亦均呈報毛澤東本人審批，經其同意後方予下發實施。在執行中央有關戰備問題決策的過程中，軍委辦事組總的來說是遵守紀律、盡職盡責的。有論者指責軍委辦事組負責人黃永勝、吳法憲於1969年6月"提出了龐大的國防建設計劃。邱會作等人先後在會上提出要搞'獨立的、完整的國防工業體系'，'要比洋人還要洋'。他們還指出：'什麼比例不比例，打仗就是比例。'由於他們盲目擴大軍工生產，造成了工農業之間、輕重工業、沿海地區與內地之間的比例失調，嚴重影響了國民經濟的正常發展。"(26)

而據本文所披露的史實，1969年的國防經費預算，軍委辦事組早於2月30日已呈報毛澤東、林彪、周恩來，該報告不僅經周恩來及林彪分別批示、圈閱同意，且毛澤東本人亦已圈閱同意。該年度的國防經費預算安排是總後勤部提出、軍委辦事組上報的，軍委辦事組充其量只有建議權而無決策權，姑且勿論該預算合理與否、龐大與否，軍委辦事組僅充當建議者、執行者的角色而非決策者，最終的決策者是毛澤東本人。

需要說明的是，批評者大多以"1969年的國防費用比1968年猛增XX%"指責軍委辦事組。實際上1969年的國防經費預算130億元與過往年份相比並不突出。1967年度國防費預算爲120.6億元，1968年度原定131億元。問題在於該兩年的國防費實際支出與預算相比較有頗大下降幅度(1967年度實際支出爲81億元，爲年初預算的67%。1968年度實際支出爲90億元，爲年初預算的68%)，究其主要原因，是國民經濟因動亂遭致嚴重破壞，生產形勢惡化，國家給予軍隊的物資供應嚴重不足。而1969年的預算實際執行情況較前兩年大爲改善，如此而已。(27)

2—5、為什麼林彪的"緊急戰備指示"會令毛十分不爽？

"913"事件之後，1969年10月18日總參向軍內傳達的"林彪副主席緊急戰備指示(第一個號令)"，成了林彪"反革命政變"的一個重要罪狀。官方當年標準的指控詞是："一九六九年十月十八日，林彪趁毛主席不在北京，擅自發布所謂'林副主席指示第一個號令'，調動全軍進入戰備狀態，這樣的大事，竟不請示毛主席，黨中央，實際上是一次篡黨奪權的預演"。

根據目前已披露的較爲可靠的材料，林彪於10月16日由北京抵達蘇州，10月17日，口授了"關於加強戰備，防止敵人突然襲擊的緊急指示"，10月18日晚，黃永勝向軍委辦事組其他成員及閻仲川作了傳達。

據閻仲川之子閻銘後來著文稱，林的緊急指示，黃永勝"讓父親用電話迅速向部隊傳達。父親隨即到作戰室進行文字整理。父親考慮，這是前指開設之後發出的第一個指示，便要值班參謀將擬編爲"第一號號令"的文字稿送黃永勝審查。但很快被告知，黃永勝已服安眠藥睡下了，黃的秘書說，黃平時睡眠困難，服藥後不宜打擾。閻看了看手錶，此時已是21時30分。明天上午蘇聯代表團即將入境，距他們的入境時間只剩下十幾個小時了。軍人的直覺和職責告訴他，如果蘇聯真的要發動突然襲擊，那麼最大的可能就是在這段時間。責任重大，時間緊迫，不容延誤，應立即向各大軍區、各軍兵種及有關部門傳達。"(28)

林彪的緊急指示全文，官方從未披露過。本文根據上世紀八十年代官方《中國人民解放軍軍事工作大事記》所載作了引述的"第一號令"和"第二個號令"，應是緊急指示的大致內容。應注意的是，黃永勝本來僅要求閻用電話口頭傳達而已，而閻仲川在傳達前對林的指示作了文字整理。而我們今天能看到的緊急指示大致內容，大體上是號召性的，偏重於精神上、思想上的準備，未有涉及實質性的部隊調動事宜。

1972年6月，時任軍委辦公會議成員、副總參謀長的張才千，在中央批林整風匯報會議上發言時稱：1969年10月17日，林彪從蘇州打電話，交待黃永勝下令部隊進入戰備狀態，黃、吳、李、邱根據林彪的旨意，於18日晚向閻仲川作了布置，傳達了林彪的所謂緊急指示，閻仲川當即到"前指"作戰組，將林彪的指示命名爲"第一個號令"，口述經作戰組同志記錄下來，連夜用電話向各大軍區，海、空軍和北京衛戍區作了傳達，接著又分別向二炮、情報部、三部和各總部，各兵種等單位下達了三個指示，閻仲川並要作戰值班員連夜搜集反映，此後由他每天直接向林彪(代號二ＯＯ號)報告情況。像這樣重大的問題，他事前不報告毛主席，也不報告中央政治局，這完全是一次篡黨奪權的預演，是一個大陰謀。

張才千又說：直到10月19日，林彪一夥才用電話記錄的形式，把這個號令的內容報告了偉大領袖毛主席，當他們知道毛主席批示不發，要燒掉時，他們做賊心虛，慌了手腳。爲了繼續掩蓋罪行，欺騙群眾，黃、吳、李、邱於10月20日在京西賓館又造謠說："第一個號令"毛主席看了，說很好，燒掉。(29)

1972年7月中共中央下發的《粉碎林彪反黨集團反革命政變的鬥爭(材料之三)》，將"林彪擅自發布的所謂第一個號令"，作爲"林彪反黨集團準備發動反革命武裝政變的罪證"，討伐口徑與張才千發言相同。

根據本文引述的材料，9月30日，林彪就緊急戰備問題也作過與10月17日類似的指示(指示內容比10月17日更具體)，據此，空軍當日即以

“一等緊急戰備演習”的名義進行了落實。對於林彪9月30日的指示，張才千等人爲什麼就一字不提呢？同樣是有關緊急戰備問題的指示，爲什麼10月17日的就是“篡黨奪權的預演”而9月30日的就不是呢？

又比如，10月7日，國務院、中央軍委轉發的總參10月2日關於建立防止敵人襲擊警報系統的報告規定：“向全國範圍發出防止敵人戰略突然襲擊警報的權力，必須集中於偉大領袖毛主席和副統帥林副主席。在緊急情況下，可授權軍委辦事組決定，由總參謀部組織實施。局部地區的防突襲警報，授權大軍區首長決定，同時上報，下發”。既然“在緊急情況下，可授權軍委辦事組決定，由總參謀部組織實施”，甚至“局部地區的防突襲警報，授權大軍區首長決定”，那麼，由總參傳達一個沒有多少實質性內容的“林副統帥”有關緊急戰備的指示，又有什麼理由大興問罪之師呢？

有關林彪“緊急戰備指示”有沒有報告毛澤東？是誰、以什麼形式、什麼時候報告毛澤東？直到今天，還是眾說紛紜，莫衷一是。

依張才千的說法是“直到10月19日，林彪一夥才用電話記錄的形式，把這個號令的內容”報告了毛。“林彪一夥”具體指的是誰？“這個號令的內容”是未經閻仲川整理的林彪原話還是經過閻整理的“第一個號令”？卻都語焉不詳。筆者倒認爲，如果以林彪“緊急戰備指示”爲題報告毛，毛應不會有什麼過敏反應，問題應出在閻仲川所命名的“第一個號令”幾個字上。“第一個號令”的標題觸動了毛過於敏感的神經。在毛的心目中，能發出對全軍“第一個”的(無論是“號令”或是“命令”或是別的什麼)，當然是他本人而不是其他任何人，包括所謂的“副統帥”，“法定接班人”。

文革以來的毛澤東，並不希望有任何人與他分享好不容易從劉少奇等“一線”的人手中奪回的權力。尤其是最高軍事指揮權，毛是牢牢緊抓不放的。文革以來打倒地方走資派形成的權力真空，以及1969年對蘇備戰形成的客觀情勢，使中國的最大部分權力歸集於軍隊，這恐怕並非林彪及軍委辦事組諸人的主觀願望，恐怕也不是他們個人的本意。而恰恰是客觀因素造成的權力過分集中於軍隊的狀況，使毛澤東對林彪等軍隊領導人形成戒心，類似閻仲川命名林彪“第一個號令”這樣的無心之失，無意中加劇了毛的疑惑，這卻是類似閻仲川這樣長於軍事而拙於政治的當事人所始料不及的。

注釋：

(1)(2)(27)總後財務部、軍事經濟學院：《軍隊財務史料(1967-1969)》(1986年整理，1994年印刷)。

(3)陳忠龍：《中國人民解放軍1950-1979年戰史講義》(1987)；徐焰：《1969年中蘇邊界的武裝衝突》(1994)。

(4)(16)中共中央文獻研究室：《周恩來年譜》1949-1976下卷(北京：中央文獻出版社，1997)；陳東林、杜蒲主編：《中華人民共和國實錄》第二卷 上(長春：吉林人民出版社，1994)。

(5)《中國共產黨第九次全國代表大會精神傳達提綱》(1969年5月)；《周恩來同志的發言——在一九六九年四月十四日“九大”全體會議上》(中共中央辦公廳秘書局，1969年5月2日印發)。

(6)《中國共產黨第九次全國代表大會精神傳達提綱》(1969年5月)。

(7)(15)鐵道部專運處：《鐵道部專運處四十五年》(北京，1998)。

(8)總政組織部：《中國共產黨中國人民解放軍組織史資料》第五卷(北京：長征出版社，1995)。

(9)仲川，即閻仲川，1969年5月經毛澤東批准，由廣州軍區司令部參謀長調升任解放軍副總參謀長兼總參作戰部部長。

(10)“○九”工程，即核動力潛艇工程；李如洪，前任國務院國防工業辦公室副主任；封永順，時任總後副部長。

(11)《周恩來年譜》1949-1976，下卷(北京：中央文獻出版社，1997)。

(12)林彪視察事，見《批林整風匯報會議簡報》總138號(1972年6月10日)。林講話內容引自張雲生，張叢堃：《"文革"期間，我給林彪當秘書》(香港：香港中華兒女出版社，2003)。

(13)林彪視察張家口地區具體日期，目前有多種說法。張雲生早期的《林彪秘書回憶錄—毛家灣紀實》(香港：存真社出版公司，1988年初版)並無具體日期記載；後來的《"文革"期間，我給林彪當秘書》一書，"正式動身的這一天"，注明為10月5日；張家口地區檔案綰編《張家口地區大事記》(北京：檔案出版社，1987)記載為"10月8—10日，林彪、葉群、吳法憲等人由北京軍區司令員鄭維山陪同到我區進行活動"；《陸軍第二十七集團軍軍史(1935.11-1998.10)》記載林彪視察該軍日期為10月9日。本文從10月9日—10日說。

(14)《批林整風匯報會議簡報》總212號，陳先瑞發言(1972年6月22日)。

(17)黃厥明：《關於林彪及其死黨葉群來蘇活動情況的揭發》(1974年5月)。黃1969年為林彪在蘇州住地南園的上級主管部門——蘇州市革委會外事組主要負責人，負責林在蘇州期間的接待工作。不少著述(如張雲生的《"文革"期間，我給林彪當秘書》)將林彪到達蘇州的時間誤為10月17日，應不確。

(18)(22)(蘇)A.普羅霍夫：《關於蘇中邊界問題》(中譯本，北京商務印書館1977年內部發行)。

(19)楊奎松：《1969：中蘇戰爭即將爆發？——從珍寶島事件到緩和對美關係》。

(20)《人民日報》、《解放軍報》社論：《打倒新沙皇》(1969年3月4日)。

(21)毛澤東審閱周恩來等1969年9月8日送審的國慶二十周年口號時所加的一條口號。見《建國以來毛澤東文稿》第十三冊(北京：中央文獻出版社，1998)。

(23)熊向輝：《打開中美關係的前奏——1969年四位老帥對國防形勢的研判和建議》，《中共黨史資料》第42輯(北京：中共黨史出版社，1992.6)。

(24)(26)鄭謙：《六十年代末中國備戰秘聞》。

(25)總政幹部部、軍科院軍制研究部：《中國人民解放軍幹部制度概要》(北京：軍事科學出版社，1988)。

(28)閻銘：《我的父親與"一號號令"》，《老照片》第24輯(濟南：山東畫報出版社，2002.8)。前指，據後來的揭發材料稱：1969年10月，"黃、吳、李、邱不經總參黨委討論，就急急忙忙地組織了一個'前指'黨委"。閻仲川在"9.13"後被視為"上了賊船"遭致審查，時間長達七年半之久，1979年4月方解除監管，1983年按正兵團職待遇離休。新華社於2002年7月19日發布了"閻仲川同志"於6月22日病逝的消息。

(29)《批林整風匯報會議簡報》總222號(軍委直屬組35號)，張才千發言(1972年6月23日)。

下篇

「林彪事件」與林彪罪名之再考釋

爲林彪元帥辯護

舒 雲

1980年審判“兩案”時，明確宣佈對死者不再起訴。但是，林彪頭上那些罪惡之極的“帽子”一頂也沒有少。雖然林彪已經“蓋棺”36年，但至今在某些中共黨史專家的心目中以及坊間，依然是20世紀70年代初妖魔化的“論定”。借林彪百年之際，筆者謹以此文爲林彪元帥辯護。

引言：林彪女兒林豆豆為父親辯護

九一三事件後，林彪女兒林豆豆就認定“四人幫”長不了，林彪冤案一定能翻案。1976年10月，毛澤東逝世還不到一個月，果然“四人幫”就倒了台。林豆豆以爲出頭之日到了，鄧穎超可能也這樣認爲，她專門委托河南省委書記和副書記來看望林豆豆，並把她和她的愛人張清林接到省委談話(後來鄧穎超就躲著林豆豆了)。

1980年9月28日，《光明日報》刊登最高人民檢察院檢察長黃火青在人大常委會第16次會議上建議審判“兩案”的消息，林豆豆和愛人張清林立即行動起來。10月20日，他們通過鄭州汽車製造廠的劉書記轉給黃火青一封長長的措詞激烈的信。首先表示熱烈歡呼對江青集團提起公訴，但對把林彪冤案仍說成“反革命集團案”感到震驚和遺憾。信中說：林彪沒有發動反革命政變，謀害毛澤東，但你們不僅把林彪冤案與江青反革命集團案相提並論，而且把林彪列爲“反革命集團”之首，卻一筆勾銷了江青、康生一夥用法西斯手段蓄意製造林彪冤案這一最駭人聽聞的罪行，這不是違反了事實和混淆了是非嗎？根據我們掌握的大量事實，根本就不存在所謂的林彪"反革命集團案"的問題。如果林彪是所謂"反革命"，那就是抵制和反對封建個人迷信時期，江青、康生他們搞的那一套的"反革命"。根據我們的親身經歷和我們掌握的真實情況，林彪沒有觸犯法律。林豆豆和張清林要求出庭爲黃吳李邱辯護，當面與汪東興對質，並回答法庭提出的任何問題。如果不實，寧肯坐牢殺頭。

"兩案"中林彪一案由軍隊審理，林豆豆的信轉到總政治部，取證組專門到鄭州找她和張清林談話。由張清林主講，林豆豆補充，毫無顧忌的談話持續了五天。取證組的三個人(1)大驚，覺得和他們在以往的檔案材料上看到的不一樣。說你們說得很實際，但說服了我們沒有用，你們要說服中央。取證組委託河南省委組織部召集滿滿一會議廳的人來聽，叫他們放開講，講什麼都行。張清林主講，林豆豆補充，什麼都講了，在座者目瞪口呆，甚至有的聽眾嚇得鑽到厠所不敢再出來。

張清林說：謊言重複一千遍就會變成"事實"。歷史常常這樣，人們習慣於對假的信以爲真。何況九年來，"三人成虎"、"曾參殺人"之類的謊言每天重複千百次，又不斷有"新"的"內容"，由謊言編成的九一三事件就可想而知了。取證組最後搬出葉劍英的"令箭"：這個案子我們搞不清楚，留給下一代。張清林馬上批駁：當代能解決的問題，爲什麼要留給下一代？就像今天考古學家去發掘猿人頭蓋骨，能看出頭蓋骨裡想什麼嗎？這是不負責任！什麼搞不清？羅瑞卿一事葉帥最清楚不過了。

林豆豆和張清林決定給時任中央組織部部長的胡耀邦寫信，要求根據法律和事實，對林彪冤案的製造者及僞證罪者提起公訴。信中寫道：林彪冤案是中國最駭人聽聞的冤案，迷霧重重籠罩，是1965年以來最富有迷惑、最複雜的歷史案件。最高人民檢察院和最高人民法院在沒有全部聽取他們的申訴材料之前，將很難避免對林彪冤案的錯判，從而很可能損害社會主義民主和法制的尊嚴與權威。神聖的法律，神聖的職責 ，此關重大，誠望慎之！慎之！我們知道，這封信不會使您信服，我們也無意使您信服。因爲重要的是事實，可是我們不可能在這樣一封信裡陳述我們所有的事實，我們只是提請您關注我們提出的問題或要求。

胡耀邦回信，約他們到北京來談，具體時間另行通知，但又未果。

1980年11月15日，林豆豆和張清林決定自己闖北京。那時規定他們離開鄭州要報告，他們留了個紙條，請工人等火車開了以後再交，這樣順利到了北京。在與胡耀邦的秘書交談中，張清林明顯感到他很爲難(以後才知，胡耀邦、陶鑄夫人曾志等都曾向鄧小平建議給九一三事件平反。鄧小平對曾志說得還客氣，軍隊的事情你們不清楚。說胡耀邦可就嚴厲了，軍隊的事你不要插手)，讓林豆豆找鄧小平辦公室。張清林一天一個電話打到“鄧辦”，鄧小平秘書說：你們的事太大，不是一天兩天可以解決的。張清林還聽到“鄧辦”和“胡辦”在電話裡吵起來，到底是軍隊管還是地方管？中央組織部幹審局局長代表胡耀邦與林豆豆談話，不談軍事方面，談別的事。林豆豆說，我們談大事，不談個人待遇。幹審局局長說：你們現在要顧全大局，看遠一點，你們還年輕，主席這面旗幟還要舉，不能倒。孔子、三民主義、鄧小平的旗幟現在不能舉。張清林說：一塊紅布染黑就不可能再重新染紅。(2)

轉眼到了1989年，九一三事件仍然沒有冰封雪化，林豆豆寫信給時任總書記的趙紫陽，托曾志轉交。趙紫陽和胡耀邦一樣，對九一三事件特別關心，叫他們再進北京，由中央紀律檢查委員會第二辦公室主任段志安(後任北京市公安局局長)找他們談話，說這事不是一兩個人可以解決的。先把生活搞好，要有個小孩。張清林頂他：我們不是來要計劃生育指標的(3)。有意思的是，鄧小平秘書說不是一兩天可以解決的，現在又說不是一兩個人可以解決的。其實一兩天，一兩個人怎麼不可能？關鍵是不想做，鄧小平強調要把林彪和江青綁在一起。

林彪的"帽子"有哪些不實之詞

1971年9月18日，九一三事件僅僅五天，《中共中央關於林彪叛逃出國的通知》發布，9月28日擴大傳達範圍。接著9月29日、10月3日、10月6日，連發了四個毛澤東同意或照辦的"紅頭文件"，其中有一個是成立中央專案組。11月14日，在毛澤東指示下，中共中央印發影印的《"571工程"紀要》。這之後，又陸續下發了三批林彪的材料。

1973年7月10日，中央專案組向中央提交《關於林彪反黨集團罪行的審查報告》：查獲了大批的罪證，建議開除林彪等人的黨籍。這個報告毛澤東沒有出面，而是在8月20日由中共中央一致通過並批准。不要說坊間對林彪有諸多如吸毒、不讀書不看報之類的無稽之談，就是在這些權威的"紅頭文件"中，有相當大一部分在1980年審判"兩案"時都不再提起。

例一：1969年10月18日，林彪擅自發布"林副主席指示第一個號令"，調動全軍進入戰備狀態。這樣的大事，竟不請示毛主席、黨中央，實際上是一次篡黨奪權的預演。

篡黨奪權的預演？好嚇人的罪名！首先林彪這個疏散全軍的命令是毛澤東的意思，林彪只不過是照"章"辦事罷了。汪東興說毛澤東看了以後說燒掉。如果林彪的這個命令真是篡黨奪權，爲什麼毛澤東不讓撤銷，而只說燒掉呢？燒掉一張紙有什麼用，命令還不是照樣在執行？看來毛澤東不滿意的不是疏散的行動，而是"第一個號令"這個詞。在文化大革命中，"第一個"是毛澤東的專有名詞。可是這個"第一個號令"並不是林彪"擅自僭越"，而是副總參謀長閻仲川按慣例編的作戰編號。"兩案"審理時，總參作戰部堅決頂住，認爲這是正常的作戰程式，決不是陰謀。取證組調出當時的作戰記錄，果然每一分每一秒都合情合理，最後這個"第一個號令"不算罪行。

例二：林彪妄圖篡奪毛主席的統帥地位，炮製人民解放軍的締造者不能指揮軍隊的謬論，狂妄地提出軍隊要由他"直接指揮"。反對毛主席提出的"黨指揮槍，而決不允許槍指揮黨"的原則，要從根本上篡改我軍的無產階級性質。

林彪什麼時候說過軍隊要由他"直接指揮"？有直接指揮權的是軍委主席毛澤東，人民解放軍調動一個排的權力都牢牢掌握在毛澤東手裡。例如1966年5月，林彪在大連療養，毛澤東爲發動文化大革命，決定成立首都工作領導小組，保證中央和首都的安全，小組長是葉劍英，辦公室主任是總參副總長王尚榮，副主任是作戰部副部長雷英夫。6月3日，召開周恩來主持的六三會議。周恩來在會上宣布毛澤東的決定：北京衛戍區擴編成兵團級，以加強北京的防衛。葉劍英在會上講話，說毛主席和黨中央決定加強保衛首都的安全，決定北京衛戍區擴編成兵團級，以加強北京的防衛。6月初24軍最強的機械化70師和63軍189師到達北京長辛店、清河、南苑。這樣北京衛戍區從一個師另一個團猛擴到三個師另一個團。北京衛戍區擴編後，第一件事是按照毛澤東、周恩來的指示，清理整頓首都治安。在文化大革命期間，北京衛戍區人數達到十萬多人。高碑店的112師，天津的196師，宣化的193師，必要時也可以由北京衛戍區調動(4)。再例如，九一三事件前一天下午，南巡剛回到北京的毛澤東沒有和任何人商量，在專列上向北京軍區司令員李德生交代，讓他調38軍的一個師到南口(5)。

誰給毛澤東這樣沒有制約的權力，讓他隨便調動軍隊？！

而林彪從來沒有調動過一兵一卒。

例三：1971年2月，林彪、葉群、林立果在蘇州繼續策劃反革命政變，通過他兒子林立果糾合一小撮死黨在北京、廣州、上海等地成立十分秘密的法西斯特務組織。在林彪一夥操縱下，建立了以林立果爲頭子的"聯合艦隊"。林彪說，林立果不但要指揮空軍的聯合艦隊，全軍的大聯合艦隊也要歸他指揮。2月下旬，林彪派林立果到上海、杭州搞"571工程"，密謀殺害毛澤東，另立中央。

這是真實的嗎？九一三事件發生的當天，八三四一部隊北戴河負責人張宏含淚對林豆豆、張清林等人說：看來事情就是一個小孩林立果受了什麼壞人的影響，鬧起來的，就是空軍幾個人的事(6) ……

林彪不依靠掌握軍中大權的黃吳李邱，成天坐在屋子裡，不會見客人，也不打電話，孤家寡人就能搞成政變嗎？特別法庭判決書中羅列的種種，很多都是正常的軍事行動。直到現在，也沒有林彪知道"兩謀"的任何證據(7)。

例四：1971年9月18日中共中央通知：現已查明，林彪背著毛澤東和中央政治局，極其秘密地私自調動三叉戟運輸機、直升機各一架，開槍打傷跟隨多年的警衛人員越出國境

這更是笑話了。林彪是寫進黨章的接班人，中國第二號人物。毛澤東不坐飛機，專機保證中林彪是第一號，他要專機就像要專車一樣隨便，還用私調嗎？誰都知道，毛澤東說走就走，甚至連身邊的工作人員都不知道他要上哪裡，更不要說中央政治局了，這算不算私調？林彪沒有槍，何以開槍？警衛參謀李文普是自傷，看過他傷口的張清林可以證明，北京軍區北戴河療養院給李文普治傷的醫生也能夠證明。自傷很容易鑒定，但當時爲什麼不做鑒定報告？就在九一三事件發生的半夜，在毛家灣值班的林彪秘書于運深聽到房頂上有人在咚咚

地跑，一大早他就軟禁在屋裡，連到院子裡拿曬乾的衣服也不許(8)。毛家灣被迅速查抄，嚴重破壞和精心僞造，一切都多麼像事先策劃好的一樣！

例五：林彪與蘇聯聯繫，爲叛國做準備，與勃列日涅夫和格列奇科遙相策應。

這更是連影子也沒有的事情。蘇聯人雖然是在蒙古人之後到的墜機現場，但在九一三事件後好幾天還沒有搞清楚怎麼回事，更不知道林彪在飛機上。否則，他們也不會在事隔幾個月後，又專門去尋找林彪的屍骨。

例六：70年代的“紅頭文件”中說林彪提出“帶槍的劉鄧路線”，“揪軍內一小撮”等反黨亂軍的口號。其實恰恰相反，林彪不同意軍隊介入文化大革命，而毛澤東卻說不介入也介入了，要求軍隊大規模地“三支兩軍”。林彪要求軍隊加強保護和解放老幹部，無情鎭壓打砸搶的首惡分子，被江青、康生批爲“走資派的防空洞”，“帶槍的劉鄧路線頭子”，“搞復舊”，“鎭壓造反派”等，由此掀起衝擊軍隊，揪軍內一小撮，反復辟和重新奪權等惡浪。

……

1980年“兩案”審理中，對劉少奇的定案，文藝黑線專政，七二O事件，楊余傅事件、軍委辦事組取代中央軍委等“13件大事”，因爲有毛澤東拍板，或證據不足，沒有寫進特別法庭的起訴書。但坊間，甚至特別法庭判決書仍有意無意把這些罪名扣到了林彪頭上，所以也有必要在此辯護。

毛澤東提議林彪擔任中共中央副主席

8341部隊警衛毛澤東的一中隊中隊長陳長江回憶：1951年我隨毛主席到杭州。一天晚上，林彪和葉群來見主席，天氣並不冷，林彪穿著厚厚的棉大衣，脖子上纏著圍巾，頭上戴著帽子，臉上沒有一點血色，下車走幾步還要人攙扶著。以後我還見過林彪幾十次，都是被人扶著，先到値班室脫大衣，去套褲，解圍巾，摘帽子，整理好再進去見毛主席。走時又一一穿戴好。有時毛主席要林彪陪他會見外賓，還要等林彪身體稍好的時候。

這個問題很値得考慮：毛澤東爲什麼要把病號推到接班人的位置？

林辦工作人員王淑媛崇敬林彪，但林彪奇特的生活習慣和病弱的身體常使她困惑，這樣的身體怎麼可以當接班人呢？其實毛澤東十分清楚林彪的身體狀況，那爲什麼還硬要把林彪推到接班人的位置上呢？葉群曾對林豆豆說：幸虧你爸爸身體不好。什麼時候身體好了，什麼時候垮臺，我們都得倒霉(9)。

從1954年起，林彪連續在一屆、二屆、三屆全國人民代表大會上當選爲國務院副總理、國防委員會副主席。中央人民政府委員會第13次會議通過決議，增補林彪爲中央軍委副主席。1954年10月31日，周恩來主持國務院常務會議，再次研究分工問題，由於林彪還在養病，沒有安排具體工作。

1955年4月4日，黨的七屆五中全會補選林彪、鄧小平爲中央政治局委員。

1956年9月28日，黨的八大一次會議上，林彪當選中央政治局委員，名列第六。這一段時間，林彪頻頻亮相，先陪毛澤東接見共青團代表，隨後出席第四次全國民兵工作會議、全國司法工作會議、教育工作會議。7月林彪出席軍委擴大會議，參加研究建軍原則、建軍方針和戰略方針問題。8月他又參加毛澤東與赫魯曉夫會談的公報簽字儀式。但也僅僅是露個面而已。

1958年5月25日，黨的八屆五中全會在中南海懷仁堂舉行，毛澤東突然提議補選長期養病的林彪爲中共中央副主席、政治局常委。十大元帥中第一個成爲中共中央副主席的是朱德，林彪是第二個。早在1959年廬山會議前四年，林彪的位置已經在彭德懷前面了。但林彪很尊重彭德懷，1958年中央軍委會議上，林彪要求"軍隊以彭德懷同志爲中心，服從彭德懷同志的領導"。

毛澤東啓用多年來一直在養病的林彪，卻沒有分配他具體工作，給他的主要任務是準備應付第三次世界大戰。

高饒事件中沒有林彪的事

林彪是如何對待高崗的呢？1980年高崗的夫人和兩個兒子曾對林豆豆說，彭德懷對劉少奇不滿意，當時帶頭搞劉少奇的是彭德懷。彭德懷和高崗搞到一起，毛澤東很惱火。打倒高崗不會有什麼問題，但打倒彭德懷還不是時機，彭德懷率兵在朝鮮打了勝仗，在軍內外威信很高。這時林彪靠邊了，朱德靠邊了，毛澤東怕引起軍隊的連鎖反應，所以七屆四中全會批判高(崗)饒(漱石)，根本就沒提彭德懷(10)。

高崗確實拉過林彪。他給林彪一封信，提出林彪出任部長會議主席(國務院總理)。林彪將信撕碎扔進馬桶。葉群說這是證據，趕快從馬桶裡撈出來，晾乾後貼好。高崗看林彪沒有動靜，專門來找林彪談話。林彪連夜"逃"出北京，並對毛澤東說了這件事(11)。1965年劉亞樓逝世後，從他的文件中發現林彪1954年2月初從杭州給劉亞樓的一封信。信中說：劉亞樓同志：我對高崗的意見，請你轉達。我不同意他的意見，並請他考慮。毛主席對我非常重視，非常信任，他的意見不妥。我不會考慮。林彪的意見，劉亞樓立即向高崗轉達(12)。

批判高饒的會議，曾任過林彪秘書的譚雲鶴參加了。他說只有朱德、陳雲揭發高崗串連他們的材料，沒有林彪揭發高崗串連他的材料(13)。打倒高崗是林彪沒想到的，他認爲高崗有野心，但並不贊成打倒。這是林彪一貫的思想，早在延安時期，林彪對"搶救運動"就"敬"而遠之，沒有整過一個人。一直到文化大革命，林彪除了事後表態性的公開講話，沒有在背後整過任何人。在他身體和精神狀況能自負其責時，總是盡一切可能保護同志。這是"林辦"工作人員王淑媛、劉文儒、張益民、張雲生以及衛生員等眾所周知的(14)。

林彪1959年終於"出山"

1959年7月2日，中央政治局擴大會議在廬山召開，林彪沒有上山。7月16日，毛澤東在收到彭德懷的批評信後，請北京市市長彭真、總參謀長黃克誠、中央組織部部長安子文上山。並特別說：如果林彪同志身體還可以，也請他來。這樣林彪才受命上山"幫忙"。

林彪贊成彭德懷的意見，反對毛澤東的大躍進言論。他認爲1958年的大躍進是"憑幻想胡來"，彭德懷的意見書是正確的，就是"急了點兒" (15)。 8月1日林彪在大會上發言：拋掉個人過分自信，拋掉個人英雄主義，只有毛主席能當大英雄，你我離得遠得很，不要打這個主意。我有暮氣，但沒有這個野心，這種雄心、信心沒有。主席講元帥中有暮氣，這樣大局面，理論知識、精力只有毛主席有。(我們)都是丘八，就是那麼個材料，那麼大作用。在林彪的整篇講話中，沒有揭發彭德懷什麼，更沒有將彭德懷一棍子打死，反而在替他解圍，說國防部長還要你來當。後來在中南海召開的軍委擴大會議上，主持會議的林彪仍然沒有批判彭德懷，只是號召大家批判彭德懷的“軍事俱樂部”(16)的錯誤。

50年代林彪因病休養，門庭冷落，正“紅”的國防部長彭德懷一年要登門拜訪好幾次，問寒問暖。表面冷默的林彪，內心卻十分正直。毛澤東翻出長征中會理會議的舊賬，說林彪那封讓毛、朱、周離開軍事指揮崗位，由彭德懷指揮的信，是彭德懷指使的。林彪立即澄清，說我當時給中央寫信，沒有與彭德懷商量過，與彭德懷無關。這種時候，不順水推舟，不落井下石，有幾人能做到？難怪彭德懷感激不盡了。

文化大革命剛開始，彭德懷就被關押。1970年9月17日，彭德懷專案組上報《關於反黨頭目、裡通外國分子彭德懷罪行審查綜合報告》，建議撤銷彭德懷黨內外一切職務，永遠開除出黨，判處無期徒刑。彭德懷專案組組長、時任總參謀長的黃永勝在這個報告上沒有表示任何意見，只批了個“已閱”，上報周恩來。周恩來也沒有表態，批“呈主席閱”，毛澤東批“政治局各同志閱”。林彪和中央政治局的每個人都在自己的名下畫了圈，沒有人表示意見。“球”又踢回周恩來那裡，“狡猾”的周恩來批了個“存檔”，彭德懷的“命運”就被存了檔。直到彭德懷去世，他仍然是中國共產黨黨員，而且沒有任何處理意見。

1959年8月17日，毛澤東主持為時一天的中共中央工作會議，決定撤銷彭德懷的職務，提議林彪任國防部長。林彪不願意管“婆婆媽媽”的事情，要給毛主席寫信推掉。葉群攔住了林彪，說你說了也沒用，還是幹吧，我幫助你(17)。

9月17日，第二屆全國人民代表大會常務委員會委第九次會議，國家主席發布命令：任命林彪兼國防部長。9月26日，中央軍委發出《關於軍委組成人員的通知》。中央政治局決定：軍事委員會主席為毛澤東，副主席爲林彪、賀龍、聶榮臻。林彪作爲中共中央軍委副主席，主持軍委日常工作。

中華人民共和國建國十周年大慶舉行了建國以來第一次大規模的閱兵。10點整，身著元帥服的林彪以國防部長的身份首次亮相。他在閱兵總指揮、北京軍區司令員楊勇的陪同下，檢閱了天安門廣場和東長安街列隊的人民解放軍陸海空三軍，並宣讀《中華人民共和國國防部命令》。之後林彪出現在天安門城樓上，陪同毛澤東接見參加十年大慶的軍隊代表。

林彪在他主持的第一次軍委常委會議上，宣布新軍委實行集體領導，一切問題經過討論研究後，報毛主席審定。並宣布了軍委常委的分工，林彪、賀龍、聶榮臻負責軍委日常工作，劉伯承主管軍事院校，葉劍英負責軍事訓練和科研，徐向前負責民兵工作，陳毅分管外交，羅榮桓主管軍隊政治工作。林彪說，我的身體不好，具體處理日常工作有困難，我委托給羅瑞卿和譚政他們。總而言之，具體事情由他們管，需要的話我過問一下。重大問題要集體討論，最後都要請示毛主席，由毛主席定。希望各位元帥、各位常委給予支持。

從此林彪被推上政治舞臺，結束長長的"冬眠"。

上海會議"倒羅"是毛"文革"部署的第一步

打倒羅瑞卿沒有列上"兩案"的"13件大事"。因爲查到1965年上海會議討論羅瑞卿的問題，是毛澤東聽了林彪、葉群的彙報後決定的。九一三事件後，官方甚至包括吳法憲的說法，都是這樣。吳的說法表面上爲林彪開脫，但還是把打倒羅瑞卿的責任推到了林彪頭上。

實際上打倒羅瑞卿是毛澤東先提出來的。

打倒羅瑞卿不是打倒羅瑞卿一個人。所以羅瑞卿的問題對軍隊來說，是非常重要的問題。1962年以後，處於二線的毛澤東感到大權旁落，對一線的劉少奇、鄧小平日益不滿，1965年他就決定拿掉劉少奇。打倒劉少奇要掃清周邊，羅瑞卿把持了十年公安部，現在軍權在握的他又和賀龍搞到了一起，賀龍和劉少奇、鄧小平搞到一起。毛澤東感到極度的威脅，所以首先要揪出"槍桿子"羅瑞卿。毛澤東說：羅瑞卿把林彪同志實際當作敵人看待。他當總長以來，從未單獨向我請示報告過工作。羅瑞卿不尊重各位元帥，他又犯彭德懷的錯誤，在高(崗)、饒(漱石)問題上他實際是陷進去了。羅瑞卿個人獨斷，是野心家，凡是搞陰謀的人，他總是拉幾個人在一起(18)。

林辦秘書說：毛澤東下決心打倒羅瑞卿不是一天兩天了。

1965年夏天，"倒羅風"已經在小範圍掀起。5、6月間，葉劍英、聶榮臻兩位元帥就議論過拿掉羅瑞卿 (19)。 總參作戰部副部長雷英夫交代：毛主席知道他與羅瑞卿關係不錯，暗示羅瑞卿有問題。所以他才寫了揭發羅瑞卿的材料。總政落實政策辦公室經過調查，認爲雷英夫是理解毛主席的意圖才揭發羅瑞卿的，他的揭發並不是什麼要害問題，也沒有誣陷。雷英夫本人沒有什麼問題，中央領導之間有鬥爭，雷英夫只是個犧牲品。總政落實政策辦公室寫報告，爲雷英夫落實了政策(20)。

在打倒羅瑞卿的同時，毛澤東派江青到上海，組織張春橋、姚文元密謀《評新編歷史劇〈海瑞罷官〉》的文章。經毛澤東修改，1965年11月10日突然由上海《文匯報》拋了出來。它以重新評價"三面紅旗"和充分肯定對彭德懷的批判，作爲文化大革命清算劉少奇"修正主義"的突破口。毛澤東還爲文化大革命採取了組織措施。11月10日中共中央通知：中央辦公廳主任楊尚昆到廣東任職。11月15日，中央軍委辦公廳主任蕭向榮被停職審查。兩隻“死老虎”彭德懷和黃克誠也以安排工作爲由被騙離北京。

這一切都與以休養爲主的林彪無關。

羅瑞卿為什麼對林彪說“棒打不走”

1959年總參謀長黃克誠倒臺後，林彪推薦羅瑞卿擔任中央軍委秘書長兼總參謀長。爲什麼林彪推薦羅瑞卿？總參謀長是個具體職務，既要身體好，又要能幹，還要能服眾，所以資歷還要講。以前徐向前、聶榮臻、彭德懷(21)擔任過總參謀長，現在元帥們有的身體不好，有的在地方任職，不可能再當，只有從大將中選。十個大將中，譚政是總政治部主任，粟裕、黃克誠都是當過被拿掉了。張雲逸身體不好，陳賡、許光達是賀龍的部下，徐海東是四方面軍的，早就靠邊，王樹聲文化不高，只剩下海軍司令員蕭勁光和公安部長羅瑞卿兩個人選。如果選蕭勁光，還要再選海軍司令員，所以林彪向毛澤東建議由羅瑞卿擔任總參謀長。黃永勝曾聽葉群說過：毛主席深知羅瑞卿“霸道”，對林彪說羅瑞卿渾身是刺，你不怕刺嗎？毛澤東是不願意羅瑞卿重返軍隊，還是要警告林彪一下，林彪也沒有多想，說不怕。周恩來說，林副主席身體不好，軍隊具體工作總要有人幹(22)，毛澤東點頭。於是，中央軍委任命羅瑞卿爲軍委秘書長、總參謀長。

林彪的大撒手，使羅瑞卿擁有很多重要的軍內外職務，中央書記處書記、國務院副總理、軍委秘書長、總參謀長等，集黨政軍大權於一身，以前和以後的總參謀長從來沒有過這麼多、這麼高的位置。

1962年秋天，累病了的林彪多次提出不當國防部長，並向毛澤東建議由賀龍主持。1963年9月，毛澤東決定由賀龍主持軍委日常工作，並讓羅瑞卿多向賀龍彙報。劉少奇認爲，毛主席提出培養接班人，每個人都要培養，國防部長的接班人是羅瑞卿，並把這個意思告訴了羅瑞卿。羅瑞卿誤認爲林彪要下臺，下屆國防部長可能要換人，所以1963年、1964年羅瑞卿的"工作方針"是"冷林(彪)熱賀(龍)"(23)。至此羅瑞卿很少再登林彪的門，有些大的事情也不向林彪請示報告了(24)，甚至在突出政治的問題上公開與林彪唱對臺戲。賀(龍)鬍子也同樣領錯了情，沒想到1964年12月三屆人大公佈，國防部長、第一副總理仍然是"老病號"林彪(25)。

1965年2月，羅瑞卿奉命向林彪打招呼，關於劉少奇在中央會議上的檢討。林彪說：我垮了，一個不牽連，你們都走開，還可以揭發批判我，只要對黨的事業有利。羅瑞卿立即表態，跟林總在一起，彈打不飛，棒打不走，我羅瑞卿燒成灰都忠於林總(26)。羅瑞卿爲什麼說"棒打不走"？正因爲你前面走了，所以才趕快說"棒打不走"。

林彪對羅瑞卿的疏遠並不在意，本來就是他讓羅瑞卿放手工作的嘛，而葉劍英、聶榮臻、劉伯承等老帥對羅瑞卿卻很有意見。聶榮臻和賀龍因分管的科研和軍工有交叉，在人員、經費等方面產生了很大的矛盾，甚至在會上當面大吵過(27)。而羅瑞卿站在賀龍一邊，聶榮臻當然對他就有了看法。葉劍英對羅瑞卿也是一肚子意見，吳法憲聽葉劍英說過，羅瑞卿對他不夠尊重。葉劍英分管軍事訓練，所需要的經費羅瑞卿就不那麼支持，因此產生一些矛盾(28)。最讓葉劍英生氣的是他在南京軍區抓的大比武，卻被羅瑞卿"搶"走。1964年6月毛澤東到北京軍區觀看大比武，元帥只來了賀龍和陳毅。不僅林彪沒有參加，葉劍英、聶榮臻等老帥也躲了。

這中間羅瑞卿肯定有自己的問題，楊成武曾親耳聽羅瑞卿說，林總批評他了，說第一顆原子彈爆炸的電影解說詞只提周總理和羅總長領導，沒提毛主席、劉少奇，黨中央、中央軍委和其他老帥。林總還批評說，慶祝原子彈爆炸成功的宴會上，羅瑞卿將自己安排在第一桌，把老帥安排在第二、第三桌(29)。還有兩件沸沸揚揚的事。1965年軍委擴大會議上羅瑞卿代表軍委作總結發言，好多人向林彪告狀。林彪認爲狀告得對，那麼多老帥呢，怎麼輪到你羅瑞卿代表軍委做報告。接著全軍五級幹部定級名單出臺，軍隊部分高級幹部意見更大，而林彪卻一無所知。羅瑞卿說是秘書忘了送給林彪(30)，怎麼可能忘了呢？而且也不能一而再，再而三地忘啊。老帥們到毛澤東和林彪處告狀，說羅瑞卿不把他們放在眼裡。林彪對羅瑞卿大發脾氣，說羅瑞卿封鎖他，今後要加強通氣，多尊重和請示其他老帥，並規定了五條(31)。

林彪是個自尊心極強的人，他不願意自己分管的工作搞不好。羅瑞卿當總參謀長是他推薦的，面對上上下下這一大堆意見，別人會以爲羅瑞卿依仗他而不把別的老帥放在眼裡。實際上羅瑞卿也不和他通氣，他也不瞭解羅瑞卿的工作狀況。所以林彪要求羅瑞卿來彙報，一旦老帥來找，我好幫你說話。否則老帥來了，我只能聽他們說，我說不出話來(32)。不能否認羅瑞卿"代理"林彪的權力後，飄飄然起來，沒注意謙虛謹慎，對老帥尊重不夠，尤其在方法、技術上簡單、草率、欠妥。林彪批評他，甚至狠狠地批評，都無可厚非。但批評和打倒是兩個完全不同的概念，批評並不意味著打倒，林彪一直想保羅瑞卿，直到最後還想保他。羅瑞卿被打倒後，林豆豆曾問過父親：爲什麼打倒羅瑞卿？林彪反問爲什麼打倒羅瑞卿(33)？從歷史上看，羅瑞卿是林彪的老部下，林彪任紅4軍軍長，羅瑞卿是紅4軍保衛局長。到延安林彪是紅軍大學校長，羅瑞卿是教育長，相處融洽。平津戰役結束，羅瑞卿曾提出到林彪領導的四野，因毛澤東讓他出任公安部長才作罷。在林彪眼中，羅瑞卿有工作能力，身體又好。如果羅瑞卿被撤，還有誰能當總參謀長呢？所以林彪希望羅瑞卿改正缺點，繼續工作。

1965年8月，葉劍英來看望林彪，林彪有些不好意思。平時不管誰來，林彪很少先開口，這次他主動說，他這個總長盡在外面惹事，羅長子這人，他對你們不尊敬，我要不斷地“刮”他鼻子。葉帥笑了，說林總，今天主席叫我來，羅瑞卿的事你以後不要管了，以後由中央解決(34)。

1965年11月，葉劍英突然又來到蘇州，向林彪傳達毛澤東的指示，說不要再保羅瑞卿了，再保對你沒好處。葉劍英沒想到葉群和林豆豆在屏風後面全聽到了。毛澤東說：如果林彪身體不好，可由葉群代為彙報(35)。11月30日，毛澤東主動將葉群從太倉召到杭州，想就羅瑞卿與林彪的關係問個究竟(36)。當時和葉群一起“四清”的空軍副參謀長王飛聽葉群說，是接到毛主席秘書的電話，她才去杭州向毛主席彙報羅瑞卿的問題的(37)。

在葉群之前，早有葉劍英、楊成武等人向毛澤東彙報過了。

毛澤東向林彪發出打倒羅瑞卿的信號後，再裝“聾”作“啞”，林彪也可能成為“羅瑞卿”。1959年廬山上黃克誠等人不就是因為支持彭德懷而被打成反黨集團的嗎？葉群生怕牽連林彪，匆忙準備了“批羅”的11份材料(38)，包括李作鵬等人、雷英夫等人揭發羅瑞卿的材料，楊成武轉來的蘭州軍區的材料等。以後這批材料作為12月上海會議的文件秘密印發。

林彪不得不同意葉群去向毛澤東彙報。但“倒羅”並不是林彪的本意，他也不想背“倒羅”的黑鍋。所以在葉群去杭州彙報的當天，林彪寫了附和毛澤東意願的短信，特別說明是在“好幾個重要的負責同志”向他報告後他才寫的信。

有了林彪這個“擋箭牌”，毛澤東決定召開上海會議。

林彪對打倒羅瑞卿是什麼態度

1965年12月8日至15日，中央政治局常委擴大會議在上海召開，毛澤東主持(39)。他怕羅長子在雲南搞"政變"，還怕他逃到國外，要求對雲南加強控制。除葉劍英、楊成武等極少數幾個人，其他中央領導包括主持中央日常工作的劉少奇、周恩來、鄧小平等，以至主持軍委日常工作的賀龍事前都不知道這個上海會議的內容，林彪也不知道。

林豆豆回憶：突然召開上海會議，林彪事先毫無所知。他從來沒有對毛主席和其他中央領導說過總長任何不好，毛主席等人也從來沒有對林彪說過總長有任何問題。我聽葉群對總理說，她在搞"四清"，林彪同志在蘇州養病，他們不知道出了什麼大事，很緊張，上海會議開始後才知道是關於羅長子的事。葉群在上海會議上的發言內容，林彪和我並不知道。上海會議後，我聽林彪對葉群大發雷霆，誰叫你發言的？葉群說她不是中央委員，哪有資格參加會議，在會上發言？是主席指名叫她參加會議。她本來只帶耳朵不帶嘴，又是主席親自點名，專門通知並催了她好幾次，叫她發言。她一直拖著，根本沒打算發言。上海會議後葉群帶著我到上海錦江飯店去看周恩來，談了七八個小時。葉群說她本來不願意在會議上發言，總理通知她講一講。周恩來說是主席親自點的名，叫他一定通知葉群講一講。我還聽見葉群對林彪說，到會的同志都表了態，好多人批羅長子批得很厲害，就是你沒有出席會議，我們沒有表態。主席又強調一定通知她發言，逼得她實在沒辦法了，後來葉群就講了講。因爲事先毫無準備，連個稿子也沒有，就邊想邊講林彪和羅瑞卿的關係。葉群說她要是不講，也使總理等領導同志爲難了。但葉群堅決不同意將她的發言作爲會議文件(40)。

在揭發羅瑞卿的所有材料中，重磅炸彈是劉亞樓臨死前說的“四條”。

1965年2月14、15日，羅瑞卿要劉亞樓向林彪轉達四條意見，希望勸林彪接受。(1)一個人早晚要出政治舞臺，不以個人的意志爲轉移，不出也要出，林總將來也要出政治舞臺的；(2)要好好保護林總身體，這一點就靠你們了；(3)今後林總再不要多管軍隊的事情了，由他們去管好了。軍隊什麼都有了，主要是落實問題，不要再去管了；(4)一切交給羅去管，對他多尊重，要放手讓他去管。劉亞樓對葉群講，羅總長說只要她辦好了這件事，羅總長決不會虧待她。

葉群爲向毛澤東彙報，要劉亞樓夫人翟雲英寫證明。翟雲英寫了，並簽了名，但以後她又說她不知道“四條”(41)。九一三事件後，有人說林彪在劉亞樓生前爲什麼不說？非等劉亞樓死後才揭發？認爲這“四條”是子虛烏有。

其實，這正從一個側面說明林彪保護羅瑞卿。葉群在上海會議發言時說，劉亞樓不敢向林彪轉達，壓了好幾年才對她說，而林彪一直沒有把這“四條”彙報給毛澤東。到1965年8月“好幾個重要的負責同志”四處打招呼，林彪仍沒有端出這“四條”。直到上海會議前一個星期，打倒羅瑞卿已成定局，葉群才向毛澤東說出了劉亞樓的“四條”。

林彪沒有出席上海會議的小組會，也沒有任何形式的發言。從目前披露的材料看，林彪從來沒有表示過要打倒羅瑞卿，也從來沒有召集任何人談過羅瑞卿的情況。批判羅瑞卿好多天了，葉群還在對林彪搞封鎖。一位秘書“不慎”念了部隊“批羅”的反映，林彪問怎麼回事，葉群立即把這位秘書趕走了。關於羅瑞卿的悲劇，還有一些情節，更令人難以置信(42)。毛澤東始終沒有找林彪談過羅瑞卿，自上海會議後，也再沒有徵求過他的意見。

那麼林彪對打倒羅瑞卿到底是什麼態度？林彪曾哭著要去找毛澤東，被葉群強按在沙發上。林彪全身顫抖，悲憤得直跺腳，流著淚大聲說：羅長子到底有什麼錯嘛？主席到底為什麼要整羅長子？到底為什麼？到底為什麼啊？這樣做，到底有什麼好處？為什麼要背著我？為什麼又硬要把我的名字拉在一起整羅長子嘛？林彪搖頭長嘆，泪流不止，說主席事先找我談一分鐘的話也好嘛(43)。毛澤東幾次半調侃地說，文化大革命是我發動的，成績是我的，缺點也是我的。林彪一聲不吭，周恩來接過話頭，說缺點是我們幹具體工作的。下來邱會作曾問林彪為什麼不接毛澤東的話頭，林彪說，總理可以接，我是不能接的，我一接又要按到我的頭上(44)。

1966年3月4日至4月8日，毛澤東決定在京西賓館繼續揭批羅瑞卿。與會者包括軍委常委、各總部、公安部、國防工辦、國防科委、軍事科學院和大部分軍區、軍兵種負責人，會場氣氛非常激烈，除了揭發羅瑞卿反黨、反對毛澤東的問題外，就是表示自己和羅瑞卿劃清界限。

林彪、葉群都沒有參加京西賓館的會議。直到最後，林彪還是想保羅瑞卿。葉群出點子，林彪採納，讓羅瑞卿自己寫報告辭去軍事職務，這樣還可以保留國務院副總理的職務。羅瑞卿寫了辭去軍職的報告，所以上海會議對羅瑞卿的組織處理，只撤掉羅瑞卿的軍事職務，保住了兩項地方職務。這也是林彪當時所能做的最大努力了(45)。半年後，中共中央才決定停止羅瑞卿的中央書記處書記、國務院副總理兩個地方職務。

中共中央批轉的《關於羅瑞卿同志錯誤的報告》有六個附件：葉劍英《徹底粉碎羅瑞卿同志篡軍反黨的陰謀，高舉毛澤東思想的偉大紅旗奮勇前進》；謝富治發言《高舉毛澤東思想偉大紅旗，肅清羅瑞卿同志在公安工作中散布的資產階級毒素》；蕭華發言《堅決保衛毛澤東思想，徹底粉碎羅瑞卿同志的資產階級軍事路線和篡軍反黨的陰謀》；楊成武、王尚榮、雷英夫聯名發言《堅決捍衛偉大的毛澤東思想，徹底粉碎羅瑞卿同志篡軍反黨的陰謀》；《羅瑞卿同志3月12日的檢討》；1966年4月24日，葉劍英、蕭華、楊成武、劉志堅聯名給毛澤東、中共中央的信《彭真同志在批判羅瑞卿會議過程中的惡劣表現》。

果然沒有葉群在上海會議上的長篇發言。確實上邊要葉群把她的發言整理成大會文件，葉群知道上當了，讓林豆豆應付，最後也沒有弄成。如果說葉群的發言是重磅炮彈的話，為什麼不把葉群的發言列到其中呢？

強加在林彪頭上的《紀要》

1965年12月，毛澤東在杭州對陳伯達等人說，《海瑞罷官》的要害是"罷官"，即罷了彭德懷的官。毛澤東本來以為批判《海瑞罷官》的文章可以橫掃天下，沒想到北京市"針插不進，水潑不進"。不僅北京市的彭真、中宣部的陸定一等抵制，政治局常委中除毛澤東外，在一段時間內也都在抵制。毛澤東決定另闢蹊徑。1966年1月21日(春節)，他派江青到蘇州面見林彪，提出要在部隊召開一個文藝工作座談會。江青打著毛澤東的旗號，林彪當然不能拒絕，叫葉群打電話給總政主任蕭華組織座談會。

1966年2月2日至20日，江青在上海召開部隊文藝工作座談會。說是座談，其實是江青的一言堂。與會者為了彙報，搞了個座談會紀要，江青拿到後馬上轉給毛澤東。此時毛澤東正為文化大革命的強大阻力而心急如焚，他如獲至寶，並親自三次批改，加上諸如"黑線"之類的重磅"炸彈"(46)，並特意給標題加上"林彪同志委托"幾個字。

這怎麼是林彪委託呢？明明是毛澤東委託。爲了表示自己在這個《紀要》中是局外人，林彪也動了一番腦筋。3月19日，林彪收到江青的信和他"委託"的《紀要》。按照毛澤東要中央軍委介入的批示，他要劉志堅和總政文化部部長陳亞丁代爲起草致賀龍等軍委常委的信：這個紀要，經過參加座談會的同志們反復研究，又經過主席三次親自審閱修改，是一個很好的文件，用毛澤東思想回答了社會主義時期文化革命的許多重大問題，不僅有極大的現實意義，而且有深遠的歷史意義。儘管毛澤東把"委托"這頂"帽子"強扣到林彪頭上，林彪仍在信中只說"江青同志召開"，並強調《紀要》經過毛澤東三次修改。

1966年4月10日，經毛澤東批准，中共中央轉發《林彪同志委托江青同志召開的部隊文藝工作座談會紀要》(47)。1966年國慶日過後不久，中央軍委正式下文，任命江青爲全軍文化工作顧問。慢慢地，江青的翅膀硬了，和林彪平起平坐，再不用"低三下四"請林彪"這尊神"了。

林彪關於政變問題的五一八講話

1966年5月18日，林彪在中央政治局擴大會議講話。這個關於政變的講話，不僅被與會的大多數人所接受，會後不久在黨內傳達，並在社會上廣泛流傳(48)。

但不知爲什麼，九一三事件後公佈的毛澤東給江青的信，卻對林彪的五一八講話是另一種說法。毛澤東的信是1966年7月8日寫的，談到對我朋友(林彪)的講話感覺不安，像他這樣的講法過去還沒有過。說這是他第一次在重大問題上違心地同意別人。毛澤東把這封"家書"給正在武漢的周恩來、王任重看過，還委托周恩來到大連向林彪傳達(沒有給林彪看原件)。信的原件燒了，爲什麼要燒掉？到底原信的內容是什麼？中共黨史界還有爭論。有人認爲這封信是僞造的，有人認爲這封信在九一三事件後增加了某些內容。

如果1966年的毛澤東就看到了1971年的林彪，爲什麼三個月後到八屆十一中全會，毛澤東對林彪換成了迫不及待的笑臉？這個一百八十度的大轉彎也太快了吧？爲了讓林彪"出山"，毛澤東完全肯定了林彪的五一八講話，並決定將此作爲八屆十一中全會的文件印發。中共中央認爲，這是一個極爲重要的指導文化大革命的馬克思列寧主義的文件。

林彪的五一八講話到底有些什麼內容呢？

林彪說：這次揭發、解決彭羅陸楊問題，是防止反革命政變、防止顛覆的大事。毛主席最近幾個月，特別注意防止反革命政變，採取了很多措施。羅瑞卿問題發生後，談過這個問題。這次彭真問題發生後，毛主席又找人談這個問題，調兵遣將，防止反革命政變，防止他們占領我們的要害部位，廣播電臺、軍隊和公安系統都做了部署。毛主席爲這件事，多少天沒有睡好覺，這是很深刻很嚴重的問題。林彪還說，我們過去幾十年來，解放以前，想的做的就是奪取政權。革命勝利以後，我們已經奪取了政權，許多同志就不大注意政權本身的問題，只是搞建設，搞教育，對付蔣介石，對付美國，沒有想到奪取了政權還可能喪失政權，無產階級專政還可以變成資產階級專政。在這個消極方面，我們，至少是我，沒有去多想這個問題，更多想到的是打仗、發生戰爭的問題。我們取得政權已經16年了，我們無產階級的政權會不會被顛覆，被篡奪？不注意，就會喪失。蘇聯被赫魯曉夫顛覆了。南斯拉夫早就變了。匈牙利出了個納吉，搞了十多天大災難，也是顛覆。這樣的事情多得很。現在毛主席注意這個問題，把我們一向不注意的問題提出來了，多次找負責同志談防止反革命政變問題(49)。

林彪的這個講話很明確，怕反革命政變的是毛澤東，他林彪連想也沒想過這個問題。5月21日，在林彪五一八講話三天後，周恩來在中央政治局會議上講了三個問題，第一個就是防止反革命政變。林彪的五一八講話和周恩來防政變的講話，爲什麼如此一致？這更說明防止反革命政變是毛澤東的意思，而不是林彪的意思。林彪怎麼可能動員周恩來在講話時與他"一致"呢？

毛澤東爲加強首都警衛，讓軍中無職的周恩來負責，調兩個野戰師到北京周圍(50)。毛澤東還指示周恩來和葉劍英組建首都工作組，取代舊北京市委，直接對中央政治局常委負責。李雪峰說：看來搞掉羅瑞卿，不等於說毛主席就十分信任林彪。主席考察幹部是反復的、長期的。本來把羅瑞卿搞下去，林彪就突出了，但主席對林彪也不完全放心，自己一直牢牢掌握著軍隊。不然爲什麼定了一條文化大革命期間不准調動軍隊，調一個排也要軍委主席簽字，就是必須由毛主席簽字。可見毛主席還是不完全放心，不讓林彪有權調動軍隊(51)。

林彪半截才出席八屆十一中全會

1966年7月18日，毛澤東從武漢回到北京，提出召開中央全會，以中央的名義正式就文化大革命做出決定。毛澤東認爲，5月政治局擴大會議以來，在發動文化大革命的過程中遇到兩個問題，一是運動的阻力很大，主要來自中央和各級領導幹部；二是運動的方針政策還不夠明確，需要具體化。

會前幾個月，林彪一直在大連休養，北京電令急如星火，頻頻催林彪到會。北京派來的專機等在大連，而林彪堅決不肯走，由他口述，林豆豆和秘書趙根生、李春生記錄，向北京請假(52)。

8月1日，毛澤東主持的中共八屆十一中全會匆忙開幕。8月5日，本是全會閉幕的日子。不但沒有閉幕，還發生了幾件大事，使會議又延長了整整一個星期。出乎大多數與會者的意料，毛澤東突然提出改組中央領導機構，並寫了《炮打司令部》的大字報。但他沒有急於拿出來，他需要“援兵”。8月4日，毛澤東讓秘書給林彪打電話，叫林彪回北京。晚上林彪讓秘書回電話，表示擁護毛主席的意見，但是他身體不好，不能出席會議。8月5日，毛澤東讓他的機要秘書徐業夫把他的大字報內容告訴林彪，堅決要林彪來。林彪還是藉口有病，不能出席會議(53)。周恩來親自勸，江青也給葉群打電話，叫葉群和兒子林立果一起回北京。

1967年5月，毛澤東在與外賓談話時說：(發動文化大革命)當時有很多人思想仍然不通，我只好將我對文化大革命的看法帶到八屆十一中全會上去討論，通過爭論我才得到半數多一點的同意。確實，從8月4日到8月6日，八屆十一中全會的小組會上沒有對毛澤東8月4日講話的熱烈擁護，也沒有有分量的自我批評、批評和評論(54)。8月6日上午，毛澤東辦了兩件事，一是休會，大家學習，什麼時候林彪來了什麼時候開會；二是讓機要秘書徐業夫再給林彪打電話，一定要林彪來！葉群弟弟葉鎮回憶：國防工辦常務副主任趙爾陸參加八屆十一中全會，突然回來上班了，我有些奇怪。趙爾陸說會議停了。以後葉群不去開會，毛澤東也採取同樣的辦法，你不來，我就休會，讓大家和我一起耐心等待(55)。

在這種休會的情況下，在幾天幾夜的催逼下，林彪爲了顧全和穩定黨和國家的大局，才勉強回到北京，而這時全會已經進行一個星期了(56)。

8月6日晚上，林彪一到北京，立即被接到人民大會堂。一向不串門的毛澤東親自登門看望，說讓林彪當接班人，林彪還是說身體有病，一再叩頭求免(57)。毛澤東罵林彪裝病稱疾，想當明世宗(58)，你不想介入運動是假的！當也要當，不當也要當(59)！8月7日，毛澤東在全會上親自念了他的第一張大字報，並印發全會。

按照毛澤東的意圖，周恩來出面向全會提議，全會一致通過，“把毛澤東思想偉大紅旗舉得最高、活學活用毛主席著作最好”的林彪作爲惟一的中共中央副主席(60)。8月12日，八屆十一中全會閉幕式上，“躍”到第二位的林彪講話，希望選舉結果不對外公佈，不見報(61)，這個意思寫進中共中央通知(62)。但8月18日毛澤東第一次接見紅衛兵就泄了“密”，林彪站在毛澤東身邊，“朗讀”經過毛澤東審閱的重要講話。會後新華社公布了重排的座次，林彪成爲中國第二號人物就這樣滿世界皆知了。

打倒賀龍、劉少奇，與林彪無關

彭羅陸楊被打倒後，手握兵權的賀龍成了毛澤東的下一個目標。

1964年11月7日，在蘇聯政府舉辦的慶祝十月革命47周年的招待會上，蘇聯國防部長、元帥馬林諾夫斯基對中國黨政代表團副團長賀龍說，我們現在已經把赫魯曉夫搞掉了，你們也應該仿效我們的榜樣，把毛澤東搞下臺，這樣我們就能和好。賀龍立即嚴加駁斥，並立刻向中國黨政代表團團長周恩來彙報。周恩來向蘇方提出抗議。雖然賀龍立即彙報給周恩來，周恩來又立即彙報給毛澤東，但毛澤東還是懷疑，爲什麼蘇聯人偏偏要對賀龍說這樣的話？1965年10月10日，毛澤東在與各大區第一書記談話時提到“兵變”(63)。

關於賀龍的問題是毛澤東親自決定的(64)。

1966年9月6日，林彪受毛澤東委託，就賀龍問題在中央軍委會議上正式“打招呼”。林彪說，軍內開展文化大革命以來，軍委各總部、各軍兵種以及某些大軍區都有人伸手，想在那裡製造混亂，企圖亂中奪權。他們的總後台是賀龍，因此主席說要在軍內高級幹部中打招呼，對賀龍的野心要有所警惕。賀龍缺席，到會的幾位老帥紛紛表態，擁護毛澤東的決策(65)。

1966年9月10日，賀龍到人民大會堂浙江廳與林彪談話。因為是毛澤東的意思，葉群不好拒絕，但極度擔心林彪的安全。她佈置眾多的警衛，由她躲在幕後"指揮"。葉群如臨大敵，隨時準備沖出去保護林彪，直到賀龍離開(66)。為什麼葉群如此緊張？在一次接見造反派領袖的談話中，毛澤東說，這個賀龍，到哪裡都帶著槍嘛。因為是林彪在中央軍委會議上傳達的毛澤東警惕賀龍的指示，葉群怕賀龍拿槍對林彪不利。

1967年1月，毛澤東決定隔離賀龍，他和周恩來在中南海專門研究，要周恩來親自去落實。周恩來問賀龍，聽說你身上帶了手槍？賀龍說有一支，周恩來要他立即交出來(67)。然後警衛部隊把賀龍夫婦送到北京西郊的山區，從此賀龍失去自由。林彪、葉群看到賀龍病危的報告，要求盡一切努力大力搶救，並急報毛澤東。1969年8月9日，賀龍在北京301醫院逝世。林彪不禁仰天長歎：一個元帥去世了，難道連個追悼會也不開了？我們這些人也快了(68)！

陶鑄在東北解放戰爭時期是林彪的部下。1948年底東北野戰軍進關途中，林彪讓秘書譚雲鶴給東北局發報，調遼寧省委書記陶鑄來東北野戰軍政治部當副主任，東北局當即同意。此前，譚雲鶴感覺政治部主任譚政很少到林彪這裡來彙報，好像林彪對譚政有看法(69)。而林彪與陶鑄的關係就不一樣了，解放後林彪多次到廣州開會或休養，作為東道主的陶鑄都是熱情接待。

1967年元旦前，林彪特意告訴快要倒了的陶鑄，要被動、被動再被動 (70)。1月4日，江青宣稱第四號人物陶鑄是中國最大的保皇派。

陶鑄給林彪寫了一封信，說來北京後辜負了毛主席和林副主席的信任，工作沒做好，本想過年後去各地搞點調查研究，但萬萬沒想到頃刻之間變成“罪人”。林彪看信後默默不語，葉群怕被釣魚臺發覺招來大禍，叫內勤偷偷把信燒掉了(71)。

林彪同情賀龍、同情陶鑄，那麼他是怎樣對待劉少奇呢？

表面看，是林彪占據了劉少奇的位置，但打倒劉少奇與林彪無關。除了毛澤東，誰能給劉少奇定案？林彪沒有說過劉少奇的壞話，秘書從他的隻言片語中，卻能覺察到他對劉少奇處境的同情和對“文革”某些現象的不滿。

文化大革命前夕，雷英夫給毛澤東一份秘密報告，列出許多理由，判斷劉少奇要奪毛澤東的權。據雷英夫的五個筆記本記載：1966年8月11日至14日，林彪、葉群談話梗概，即“有關少奇同志的材料”。特別法庭判決書確認：1966年8月11、12日，林彪指使葉群兩次找雷英夫，口授誣陷劉少奇的材料，由雷英夫寫成文字。8月14日，林彪告訴雷英夫，用寫信的形式，由他批轉毛澤東，並說這樣更政治化些。雷英夫寫了劉少奇的“六大問題”，主要是王光美的“桃園經驗”。當天，被稱作對劉少奇的“第一封誣告信”(72)由林彪批給江青酌轉毛澤東。毛澤東在雷英夫的材料上畫了圈，總理和葉(劍英)副主席也知道。

“四人幫”倒臺後，雷英夫到處訴苦，當年他的那份報告是被別人逼出來的(73)。看過雷英夫五個筆記本的徐厚田說：雷英夫是個很聰明的人，他的五個筆記本上，每件事都是三兩個字，別人看不懂，要由他自己解釋。也就是說，雷英夫想怎麼解釋都行(74)。這中間有一個問題，雷英夫說林彪指使葉群口授給他揭發劉少奇的材料，林彪閉門不出，他怎麼可能知道雷英夫有揭發劉少奇的材料？總政落實政策辦公室認爲：雷英夫揭發劉少奇不是什麼大問題，而且沒有捏造。如果有捏造，那就有問題了。1981年春，雷英夫因有毛澤東的“圈”被無罪釋放，安排在後勤學院訓練部任副教育長。揭發劉少奇的雷英夫都無罪一身輕了，把雷英夫的揭發材料轉報上去的林彪爲什麼還背著黑鍋呢？

林彪歷史上沒有與劉少奇共過事，與劉少奇無冤無仇。劉少奇夫人王光美回憶：解放初林彪從蘇聯治病回國，到中南海萬字廊看望劉少奇，還送給我們一本精美的蘇聯畫冊。我對林彪說，原以爲你是個很威武的軍人，沒想到你像個文弱書生。林彪當上國防部長後，到我們家來過。當時我們感覺，他對少奇同志特別謙虛，畢恭畢敬。每次林彪送來報告都像老式呈文，毛筆字寫得很大，完全是國防部長向國家主席呈報的那種樣子，我們都不習慣。

至於說捏造材料，蓄意對劉少奇進行政治陷害和人身迫害，並把一大批黨政軍領導統統打倒等，這不是林彪搞的，更不是林彪要搞的。1965年的一次中央會議上，錯誤地組織和批判劉少奇，林彪請假，說我就是不去！後來陶鑄和羅瑞卿被先後派來給林彪打招呼，林彪仍我行我素。他和葉群同劉少奇、王光美見面，談得很好(75)。……八屆十一中全會劉少奇檢討完，林彪說好，並站起來與他握手(76)。劉少奇被打倒後，林彪還去看望過劉少奇。林彪曾隨口說過一句：劉少奇是黨中央的副主席，蒯大富反劉少奇，實際是反黨(77)。林彪私下對林豆豆說：劉(少奇)、鄧(小平)是好同志，拿掉劉少奇沒有道理(78)。

江青千方百計想拉林彪和葉群參加劉少奇專案，被多次拒絕。林彪還嚴禁葉群、林立果去參加中央專案組和中央文革的任何活動，也不許與他們來往。劉少奇專案組的組長是周恩來，實際上一直由江青把持。林彪對江青負責劉少奇專案非常震驚，說這在中外歷史上是罕見的，是站不住腳的。當葉群把中央專案組關於劉少奇的審查報告拿給林彪，林彪只翻了第一頁，就扔到地上，說什麼叛徒、內奸、工賊，我就不相信！人一垮，什麼古怪罪名都安上了！我看主席心裡也不信，弄得這個是叛徒，那個是叛徒，難道中國革命是一群叛徒搞的？林彪還說，劉少奇的最大功勞是在白區工作，抵制了左傾。葉群告訴林彪，毛主席說劉少奇的《論共產黨員的修養》是反馬列主義的。林彪說，這本書是主席親自提倡全黨學習的嘛，我們一直要求部隊黨團生活日作爲必讀書嘛，幹部戰士都非常歡迎這本書，走到哪裡帶到哪裡，對部隊政治思想工作很管用嘛(79)。

林彪在中央專案組關於審查劉少奇的報告中批了這樣一句話：完全同意，向出色地指導專案工作並取得巨大成就的江青同志致敬。林彪這樣寫用意極深，表明劉少奇專案是江青搞的，與他毫無關係。"九大"會議上，毛澤東大聲宣布劉少奇快死了，一直不知道劉少奇被關在何處的林彪和葉群震驚不已(80)。

軍委八條的及時出臺

文化大革命初，國防工辦常務副主任趙爾陸被造反派批鬥，服過量的安眠藥致死。趙爾陸是四野最後一任參謀長，林彪聽到這個消息後，身體顫抖了一下。之後內部文電中有閻紅彥自殺的消息，林彪聽後，身體也顫抖了一下，但他什麼也沒有說(81)。文化大革命開始後，林彪與絕大多數老幹部一樣，不參加不行，參加又很不理解，他的情緒非常壞。不愛聽文件，也不愛"轉車"，平時就悶坐在沙發上，常常一天也不說一句話……。

面對文化大革命的混亂局勢，林彪決定以軍委名義向全軍發一個"開槍"的指示，大意是部隊如受少數群眾衝擊，因情況不明，只能耐心宣傳教育，決不能開槍，如確認是反軍罪行，開槍前必須報軍委批准方可實施。林彪聽秘書講了一遍，又戴上老花鏡，細細看過，才叫秘書送給葉帥。

1967年9月5日，經毛澤東批准，中共中央、國務院、中央軍委、中央文革小組發布《關於不准搶奪人民解放軍武器、裝備和各種軍用物資的命令》。遇到拒捕和抵抗時，人民解放軍有權實行自衛反擊。在海防、邊防、沿海島嶼和國防、機要重地值勤的戰士遇有人奪槍時，有權進行自衛反擊(82)。

毛澤東發出“三支兩軍”的指示後，不管是造反派，還是保皇派，都要求軍隊支持。從各部隊報的《軍委收電》和中央文革的文件看，軍隊支持的大多是“老保”(83)。於是，造反派把軍隊當成造反對象。

1967年1月中旬，包括北京軍區、廣州軍區、瀋陽軍區在內的各大軍區和省軍區基本上都受到了衝擊。福建軍區不斷告急，韓先楚說，如果再這樣搞下去，我要上山打游擊去了(84)。南京軍區許世友當面對林彪說，他手下還有一個連，如果造反派敢來，他就開槍！林彪說，你告訴紅衛兵，誰讓軍區司令員下跪，就是讓他林彪下跪(85)……許世友非常感激，曾專門打了幾百隻野兔子凍後送給林彪。爲了把各地的軍隊高級幹部保護起來，林彪建議中央軍委在京西賓館召開軍委擴大會議。林彪規定：不經過他、葉劍英和徐向前的批准，任何人不得返回單位。會議委托葉劍英主持，周恩來也常來參加。林彪雖然不出席會議，但他每天都要聽葉劍英彙報。在周恩來支持下，會議首先制定《中共中央關於不得把鬥爭鋒芒指向軍隊的通知》，任何人、任何組織都不得衝擊軍事機關(86)。

但是，衝擊軍隊的壞消息一個接一個傳來。1月下旬，新疆石河子發生流血事件，部隊官兵被打死打傷，林彪聞訊如坐針氈。一天下午，他讓秘書打電話請葉、聶、徐幾位老帥和楊成武來商量對策。大家一致認爲穩定部隊是當務之急，再發一道軍委命令(87)。林彪當即口授9條，保證軍隊的絕對穩定，不准隨便揪鬥軍隊領導人，不准衝擊軍事機關，不准泄露軍事秘密，不准影響戰備和正常工作，不准到基層部隊"串連"，不准搞打砸搶……。第二天葉帥來電話，說昨晚釣魚臺的聯席會議爭論得非常激烈，一條一條地吵，最後還不錯，通過了7條。還有兩條，軍內運動必須由黨委領導，不准成立跨單位、跨系統的戰鬥組織，暫時還很難通過。不過我們都認爲，通過這7條就很不容易了，應當爭取儘快發下去，剩下兩條，可以等以後再爭取機會。林彪很滿意，對秘書說如果稿子退回來，要及時向他報告，一刻也不能壓。中午釣魚臺發來鉛印清樣。1月28日下午，林彪午休起來，二話沒說就去了中南海，回來說主席已經同意這7條，又親筆加了一條加強對幹部子女的教育。草稿退中央文革，讓他們稍加整理，再由我轉主席正式簽發。林彪再次強調千萬不能壓(88)。 下午5點，林彪和徐向前到中南海請毛澤東審批。毛澤東當即批示：所定八條，很好，照發。林彪拿到批示後說，主席，你批了這個文件，真是萬歲萬歲萬萬歲啊(89)！

林彪不止一次不同意軍隊介入文化大革命(90)，要求全軍除軍事訓練外，開展農副業大生產運動，他爲穩定軍隊做了大量的工作(91)。1967年2月至4月，在林彪領導下，中央軍委連續發了十幾個穩定軍隊的文件，《關於軍以上領導機關文化大革命的幾項規定》及《補充規定》、《關於軍隊奪權範圍的規定》、《關於外出人員串聯限期返回本單位的通知》、《關於重申切實執行軍委2月8日決定的通知》。自上海一月風暴造成全國各級政府和黨組織癱瘓後，如果沒有軍隊這個柱石，中國不知會亂成什麼樣子。

五一三事件體現了林彪穩定軍隊的思想

文化大革命中，在京的軍隊文藝團體分成兩派，一派支持總參、總政、總後、空軍、海軍等軍隊領導機關，是保持部隊穩定的"老三軍”，他們反對衝擊部隊，反對打砸搶，反對把部隊搞亂。另一派是中央文革支持的軍隊造反派“新三軍”，他們衝擊軍隊機關，批鬥老幹部，惟恐天下不亂。空軍保吳法憲的“老三軍”是少數派，只有空政文工團的劉素媛、邵錦輝等五個人。別看她們人少，卻能通天，“文革”前她們就經常到中南海陪毛澤東等中央領導人跳舞。劉素媛問毛澤東，要不要保吳法憲。毛澤東說，吳法憲可以炮轟、火燒，但不要打倒。毛澤東給葉群寫了一封信，要葉群支持她們。“劉司令”、“邵政委”提出要搞一場演出。當然演出只是藉口，主要是“老三軍”想“示威”，我們雖然人少，但我們還在，我們有“後臺”。可是人少怎麼演出呢？葉群出主意，你們人少，可以找海軍、北京軍區等單位嘛。

1967年5月13日，為紀念毛澤東《在延安文藝座談會上的講話》發表25周年，北京軍區文工團、海軍政治部文工團、空軍政治部文工團和第二炮兵文工團在北京展覽館聯合演出。“新三軍”帶著傢夥，有備而來。正在演出的“老三軍”慘敗，各種樂器被毀壞，設施被砸爛，演員被打傷。海軍第一政委李作鵬帶著人馬趕去支持 “老三軍”，吳法憲在空軍大院也集合了人馬，隨時準備出動。因為有最高指示，很少干涉具體事務的林彪公開表示支持“老三軍”。之後林彪要葉群和軍委各總部和各軍兵種的負責人，到醫院慰問“老三軍”的傷員，並贈送《毛主席語錄》和毛主席像章。

5月23日，“老三軍”再次在天安門廣場舉行紀念演出，林彪不僅派葉群前來觀看，還派北京衛戍區嚴加保護。這一次，“新三軍”沒敢來搗亂。6月9日，“老三軍” 以駐京陸海空三軍革命文藝戰士的名義，再次在人民大會堂聯合演出，林彪、周恩來、陳伯達、江青、康生等都來了。這一下子，軍內的造反派垮了，“老三軍”一下子翻過身來。中央文革依靠北京“五大領袖”一手遮天的時代成為了過去，“老保們”的日子也好過多了(92)。

七二O事件的真相和幕後

1967年7月14日凌晨3點，毛澤東坐專列去武漢。

所有的人都勸，說武漢形勢動盪，不安全。毛澤東卻一意孤行。毛澤東爲什麼不顧一切要去武漢？表面上是要去游長江，實際上是爲了……

7月17日，毛澤東聽取西南地區和武漢地區文化大革命的情況彙報，對軍隊支左時抓了一些造反派頭頭不滿意，批評陳再道不高明，不動腦子。

7月18日晚8點，毛澤東在武漢東湖賓館梅嶺一號召集會議，指責武漢軍區支持保守派"百萬雄師"，陳再道表示了不同意見。毛澤東整陳再道，不是整陳再道一個人，而是殺"雞"給軍隊看。

當晚中央文革小組成員王力送周恩來返回北京後，從機場直接到武漢水利電力學院造反派總部，發表講話。說毛主席堅決支持你們造反派，還說武漢軍區在"三支兩軍"中犯了方向路線錯誤，"百萬雄師"是保守組織等(93)。由此點燃了"百萬雄師"的怒火，幾萬人上街遊行。7月20日上午，"百萬雄師"幾百人集體沖東湖賓館，高喊抓住那個胖子！打死那個胖子！其實群眾喊的"胖子"是王力。他們只知道王力住在東湖賓館，並不知道"紅太陽"也住在裡面。陳再道爲了保證毛澤東的安全，親自帶著部隊勸阻，也挨了打。簡單說，這就是武漢的七二O事件。

雖然沒有人沖梅嶺一號，但汪東興以爲群眾喊的"胖子"是毛澤東，連連向北京告急，毛主席在武漢的安全沒有保證，請中央採取措施。江青請求毛澤東離開武漢，毛澤東不同意。江青無奈，急著要見林彪。釣魚臺的陳伯達、張春橋、關鋒、戚本禹、姚文元都來了，周恩來也來了，葉群來得最晚。這是林彪第一次在人民大會堂浙江廳會見這麼多人。江青說她想到武漢去一趟，勸毛主席離開武漢。好像江青不知道毛澤東爲什麼執意去武漢，林彪知道，說你去怕有困難，你還是與總理商量一下，派個人去勸主席離開武漢。周恩來也知道，說林副主席的話是對的，你不能去。可以寫封信，派一個可靠的人送去(94)。江青哭哭啼啼對葉群說：反革命分子快沖到主席住處了，死活要林彪、葉群親自到武漢保證毛澤東的安全。周恩來提議由林彪出面給主席寫封信，勸他及時離開武漢。

周恩來讓林辦秘書給吳法憲打電話，空軍火速準備飛機，他準備去武漢，保護毛主席轉移。林彪和周恩來商量後，仔細查看了武漢地區的軍事地圖，然後親筆給毛澤東寫了一封短信：武漢形勢不好，主席的安全受到威脅，應儘早離開武漢爲上策。這不是我個人的想法，而是中央各位同志的一致請求。信由陳伯達、戚本禹、關鋒等修改後簽名，江青也簽了名。林彪叫邱會作帶信飛往武漢。臨行前林彪、葉群與邱會作談話，要求他們保證主席、總理的專機絕對安全，同時一定要絕對保證好總理和鄧大姐的安全(95)。

7月20日下午，邱會作乘專機到武漢，把信交給楊成武。毛澤東拆開看了，同意馬上離開武漢(96)。

從事後看，七二Ｏ事件完全是虛驚一場。

本來七二Ｏ事件是武漢軍區和群眾反對文化大革命的一次大的鬥爭，當時卻被錯誤定性爲"黨內、軍內一小撮走資本主義道路當權派的極端狂妄的進攻"。7月25日，北京天安門廣場召開百萬人大會，歡迎謝富治、王力勝利返回北京。江青以毛澤東的名義讓林彪出面並講話。林彪去了，卻沒有講話，他得知毛澤東爲什麼不離開武漢的真相後氣得站都站不起來，扶著欄桿，臉色極不正常。林彪說儘是鬼怪事！弄得動用這麼多的軍隊。因江青他們都在天安門城樓上，蕭華等人不便靠近林彪，叫林豆豆拿一把椅子請林彪坐下。別人都站著，只有林彪一人坐著，蕭華乘江青不注意，跑到林彪身邊，問需不需要服藥。當時蕭華快倒了，林彪叫記者給他和蕭華照了一張相，後來這張照片被江青嚴查，蒯大富等人氣勢洶洶地責問葉群和林豆豆，爲什麼把蕭華拉到林彪身邊(97)？

1967年毛澤東南巡發生的一系列風波，使林彪從幕後走到前臺。但過了八一建軍節，他又躲進黑屋子。像總政軍管，圍攻中南海，火燒英國代辦處，他都沒有什麼表示。每天講文件也只是聽，從不評論。但林辦秘書們感覺，毛主席認爲形勢大好，而林彪卻似有憂慮，軍隊怎麼辦？

1967年8月9日，浙江省軍區軍械一庫、二庫的大批槍彈被造反派搶奪。林彪問：搶槍的情況仍然很多嗎？張雲生說：從文件中看，發生搶槍情況比較嚴重的有五個省，看來還在蔓延。林彪口述給毛澤東的信，大意是武漢事件後，亟待處理的一些問題正在處理。對於武漢軍區司令員陳再道等人的處理，已按主席指示的方針辦。……當前的問題仍然是兩派對立，武鬥升級；特別是搶奪部隊槍枝，急需設法制止……。毛澤東親筆批示：對於群眾搶槍的事，不必看得過於嚴重。有些地方實際上是部隊向他們所支持的一派發槍。因此，對此事的處理似可不急，待時機成熟後再去從容解決。因爲毛澤東說：左派要準備犧牲幾千人，換取右派幾十萬(98)。以後據有關部門統計，大約有500多萬支槍被“搶”，與當時全軍的兵力相當。林彪聽到各地武鬥的報告，無可奈何地說：文化大革命變成“武化大革命”嘍(99)。

“揪軍內一小撮”的來龍去脈

1967年7月22日，毛澤東考慮如何處理武漢問題，快還是慢？快是趁熱打鐵，但總要準備一下，進行動員，用一個星期。慢一點就是暫不動。這類事情已經搞了青海、內蒙、四川幾個軍區，同時還有江西、湖南、河南等軍區處於武漢的狀態，如果能在武漢內部解決，是最好的了。武漢的問題牽扯得相當大，影響到南京軍區、福州軍區(100)。林彪跟著說：武漢不單是武漢的問題，而是全國性的大問題。

同一天，《人民日報》頭版頭條加編者按，發表空軍司令部紅尖兵(林立果)的文章《從政治思想上徹底打倒黨內一小撮走資本主義道路的當權派》。

7月25日新華社關於北京百萬人集會的報導，其中有“堅決打倒黨內、軍內一小撮走資本主義道路當權派”的話，這是關鋒加上、康生審定的，康生說他請示了毛澤東。

7月27日，中共中央、國務院、中央軍委、中央文革小組發表《給武漢市革命群眾和廣大指戰員的一封信》。信中說：你們英勇地打敗了黨內、軍內一小撮走資本主義道路當權派的極端倡狂的進攻。

“揪軍內一小撮”早在1966年文化大革命的第一個綱領性文件《五一六通知》中就有了：批判混進黨裡、政府裡、軍隊裡和文化領域各界裡的資產階級代表人物，清洗這些人。1967年1月10日，關鋒、王力和《解放軍報》兩位領導聯名寫了《關於解放軍報宣傳方針問題的建議》，上送全軍文革小組並林副主席，其中第一條就說：要大力宣傳毛主席的革命路線，徹底批判資產階級反動路線，徹底揭穿軍內一小撮走資本主義道路的當權派。

8月1日，《人民日報》紀念中國人民解放軍建軍40周年社論《無產階級專政最堅強的支柱》，《紅旗》雜誌第12期社論《無產階級必須牢牢掌握槍桿子》，還是提到了"揪軍內一小撮"。而楊成武跟著毛澤東南巡，得知毛澤東的態度，所以在慶祝建軍40周年的國防部招待會上，他只講"黨內一小撮"，不講"軍內一小撮"。

毛澤東本來是同意"黨內、軍內一小撮"提法的，但在武漢七二O事件後，毛澤東認爲1967年7月和8月，兩個月不行了，天下大亂了(101)。8月12日，毛主席的指示才傳到北京，說"黨內、軍內一小撮"這種提法不策略，還是提"黨內一小撮"，還我長城。江青、康生都慌了手腳，急忙爲自己開脫，改口說沒請示(102)。江青明明同意《軍報宣傳方針》中關於"揪軍內一小撮"的提法，並囑"速送林彪同志批示"，這時她也"義正詞嚴"地批起來。

林彪對"揪軍內一小撮"保持沉默。葉群則趕快爲林立果開脫，把紅尖兵的文章推到周宇馳等身上，由周宇馳等人寫了檢討交給江青。

從1967年8月10日《人民日報》開始，"揪軍內一小撮"的提法才無影無踪了。8月22日淩晨，周恩來接見廣東兩派赴京代表，說不要再提"軍內一小撮"了，這是七二O事件後宣傳機關提錯了的，毛主席批評了這個事，提出奪軍權是錯誤的(103)。

"九大"期間，周恩來在人民大會堂布置宣傳工作。康生、張春橋坐在吳法憲身邊，說"揪軍內一小撮"的口號是周恩來提出來的，《人民日報》社論也是周恩來審閱過的，所以周恩來要負責任。林彪當面對吳法憲說：胖子，你不要上當，他們的目的，是想慫恿你出來反對總理，你千萬要注意，這個話對誰都不能再說。"揪軍內一小撮"是中央文革他們提出來的，總理即使看過了，也可能是一時的疏忽，不能怪總理(104)。

林彪不知道為什麼打倒楊成武

樹欲靜而風不止，1968年3月，楊(成武)余(立金)傅(崇碧)事件又被製造出來了。楊余傅事件是文化大革命打倒王(力)關(鋒)戚(本禹)後的又一個重要事件。有學者認爲，這是毛澤東打倒王關戚後，爲平衡以江青爲首的"文革"派和以林彪爲首的軍隊派而採取的措施。

羅瑞卿倒臺後，楊成武的權力大起來。1967年楊成武跟著毛澤東南巡。毛澤東故意拿幾件小事讓楊成武和余立金回北京單獨向周恩來彙報，並囑咐不能告訴別人。周恩來聽了楊成武的彙報，馬上就轉告了葉群。葉群故意問楊成武，楊成武卻怎麼也不說(105)。表面看是楊成武腳踩兩隻船，疏遠林彪造成的。但實際上有更深層的原因。

打倒楊余傅就是毛主席主持的會議上定的。

1968年3月24日，林彪在人民大會堂軍隊幹部大會上講話，傳達中共中央3月22日的命令。林彪說：今天這個會是要向同志們宣布中央最近的一個重要決定。中央在主席那裡，最近接連開會，開了四次會，主席親自主持的。會議決定撤銷代總參謀長楊成武的職務，把余立金逮捕起來，撤銷北京衛戍區司令員傅崇碧的職務(106)。毛澤東把楊成武從林彪那里拉過來，爲什麼又打倒他？在打倒楊余傅三四天後，黃春光曾經問過父親黃永勝，爲什麼打倒楊成武？黃永勝說，是毛主席親自召開會議定的，開了幾次會，主席和江青要打倒楊成武。黃春光問，楊成武到底有什麼問題？黃永勝說，那誰說得清楚(107)！據黃永勝的大兒子黃春光所知，他父親還保過楊成武。

葉鎭回憶：楊余傅事件前，姐姐葉群叫我來毛家灣住了幾天。我在國防工辦常務副主任趙爾陸那裡當秘書，以後又管黨辦。葉群說國防工辦的文化大革命挺亂，你的工作要調動一下。我表示一直在國防口，沒幹過別的，別的也不會幹。葉群說我對你說實話，聶帥在天安門城樓上說，七機部兩派鬥得很厲害，他不太滿意。我說我沒有參加，葉正光(葉挺的兒子)是七機部造反派的頭頭，老想拉我，我沒見他。葉群聽我說得有理，把我調動一事暫時放下了。1968年3月初，林彪說話了，還是讓我離開國防工辦，我不得已同意。由楊成武安排我到北京軍區66軍，任團副政委。報到後我先開了半個月的會，剛回到楊村，林辦秘書郭連凱就打來電話，說你在哪，馬上回北京。我說我剛到部隊，明天再回北京。郭連凱說，不准再拖，趕快來毛家灣。原來這時發生了楊余傅事件，葉群不願意我與楊成武有瓜葛，於是把我又調到北京軍區空軍的高炮師。我想我才走十幾天，既然如此，何必當初。葉群說，中央沒有討論過(楊余傅)這件事，很突然，她也不知道要整楊成武(108)。

拿掉楊成武，是江青按照毛澤東的意思辦的，與林彪毫無關係。這件事保密程度非常高，不要說林彪，就是汪東興、陳伯達對打倒楊余傅也毫不知情。甚至奉命去帶楊成武的李作鵬、邱會作也對此不甚了了(109)。

毛澤東真想讓林彪當接班人嗎

談到召開“九大”，毛澤東說：接班人當然是林彪。

“九大”開幕式推舉大會主席團主席，毛澤東提議林彪。林彪急了，站起來大喊，偉大領袖毛主席當主席。毛澤東再次說，林彪同志當主席，我當副主席，好不好？不等代表們反應過來，林彪搶過話筒：不好，毛主席當主席，大家同意請舉手，全場代表的手都舉起來。毛澤東立即提議林彪當副主席，周恩來爲秘書長，大會一致通過。

雷英夫回憶：文化大革命初，總參作戰部到處找我，說毛主席打電話叫我到人民大會堂。毛主席對我說：雷英夫啊，準備要林彪接班，但他在全國人民中的威望還不夠，你寫篇東西，提高提高他的威望。我遵照毛主席的話去找林彪，林彪不見我，葉群說些什麼東西，最後我沒寫成(110)。

1968年11月25日，《中央關於徵詢對召開"九大"意見的通報》下發。其中有這樣一段：許多同志建議，"九大"要大力宣傳林副主席是毛主席的親密戰友，是毛主席的接班人，並寫入"九大"的報告和決議中，進一步提高林副主席的崇高威望。林彪認爲對他的評價太高，提出把這一段全部刪去，或者改寫得輕淡一些爲好。毛澤東當天批示：刪去不好，也不必改寫。

於是，"九大"黨章第一次寫上接班人的名字：林彪同志一貫高舉毛澤東思想偉大紅旗，最忠誠、最堅定地執行和捍衛毛澤東同志的無產階級革命路線，林彪同志是毛澤東同志的親密戰友和接班人。

其實，"九大"前毛澤東和林彪就爲"九大"政治報告是抓革命還是抓生產發生了重大分歧。林彪和負責起草的陳伯達認爲革命抓得差不多了，現在應該抓生產了。但毛澤東認爲，還是應該抓革命，他藉口陳伯達沒有按時交稿讓張春橋和姚文元重新起草。雖然九大會議上還是林彪念的政治報告，但整個報告的中心思想是毛澤東的，與林彪沒有任何關係。林豆豆說，林彪對張春橋起草的九大報告根本就不屑一顧，因爲它與林彪抓生產的初衷格格不入(111)。

所以林彪的罪名裡有"九大"前結黨營私，夥同陳伯達妄圖破壞"九大"政治報告的準備工作。而現在"九大"政治報告和文化大革命一樣被徹底否定，證明林彪和陳伯達是對的。陳伯達按照林彪的思想起草的"九大"政治報告《爲把我國建設成爲強大的社會主義國家而奮鬥》，不正是現實中國的寫照嗎？

關於“九大”，還有很多疑問。“九大”爲什麼遲遲開不了？“九大”會上的鬥爭爲什麼那麼激烈？林彪爲什麼深惡痛絕江青、張春橋？……

“九大”後，毛、林的關係開始變化。這時劉少奇已經被打倒，江青集團的羽翼也已經豐滿，毛澤東再也不像文化大革命初期那樣，迫切需要林彪幫一把了。在毛澤東眼中，軍隊的權力越來越大，占據了一半以上的省級第一把手。毛澤東連著做了幾件事，甚至當著林彪的面，讓周恩來把人民大會堂挂的語錄牌統統摘下來，說這些王八蛋的東西沒有了。本來毛澤東並不是只想要林彪一個接班人，他讓周恩來也作黨的副主席，只是被周恩來本人堅決反掉了。此時毛澤東又刻意扶植張春橋，以此造成與林彪爭鋒的態勢。毛澤東對付林彪的第二張牌是長期將鄧小平“冷藏”，他始終不同意將鄧小平開除出黨。爲了打破林彪紅一方面軍的一統天下，毛澤東安排紅四方面軍的兩個大軍區司令員許世友和陳錫聯進入政治局，還準備把張春橋塞進總政治部。只是林彪堅決不同意張春橋“染指”總政。在激烈的抗爭中，林彪咬牙“軟頂”了整整三年，最後林彪推薦李德生擔任軍委辦事組成員兼總政主任。九一三事件後，李德生被趕走，張春橋才擔任了總政主任。

林彪保護自己的絕招

林彪深知高處不勝寒，他小心地保護自己。政治上“緊跟”，言不離主席，手不離語錄。事事處處突出主席，主席畫圈我畫圈等。爲了保護自己，他什麼事情都不表態。紀坡民回憶：父親紀登奎對我說：中央無論討論什麼問題，都聽不到(林彪)這位副統帥的意見。毛主席的意見很多，各方面的問題都能聽到他的指示。可是這位副統帥，中央討論工業，討論農業，討論財貿，都沒有他的意見。討論政治問題，比如整黨，也沒有他的意見。中央的文件上，林彪的批示也總是“完全同意主席意見”幾個字。也許林副統帥在考慮什麼重大的軍事戰略問題吧？可是父親到軍隊工作後，發現還是這樣。中央和軍委無論討論戰備、訓練、科研、軍工，還是討論軍隊的政治工作，都沒有這位副統帥的指示，聽不到他的任何意見。1971年夏天，周恩來帶著黃永勝、張春橋和我父親一起到北戴河向林彪彙報工作。父親向林彪彙報：軍隊現在冗員太多，一個司令七八個副司令，一個政委七八個副政委，軍師團營一直到基層，也都是一個正職，好多個副職，林總，您是打過仗的人，軍隊現在這個樣子，真的有了戰爭，還能打仗嗎？林彪說：就是啊，那怎麼辦呢？就這麼一句，沒有下文了(112)。

林彪對葉群說：記住，我們在黨內的立場和態度必須採取“三不”政策：不建言，即不干涉毛主席的決心，以免自己負責任，落個和他爭領導之嫌；不批評毛主席和主要領導人以及與他們有關的任何問題；不報壞消息，以免影射之嫌。與此相反，要響應他的號召，要多表揚他的決策和領導，要報一切好消息。這個“三要三不要”你可不能違反，違反了就會出大問題。

基於這個原則，林彪不管大事小事能推就推，從不主動表態。用他自己的話就是“大事不麻煩，小事不幹擾”。氫彈試驗成功的深夜，周恩來將新聞公報送審稿請林彪批，說明主席已經同意。現在外電已有初步反應，早一點發表對我有利。葉群堅決反對，林彪一貫維護毛主席的最高權威，還是送主席最後審定(113)。

別看林彪不聲不響，實際上他的腦子非常清醒。林彪在室內掛著“勉從虎穴暫棲身”等條幅，還寫道：他先爲你捏造一個“你的”意見，然後他來駁。並無。這是老毛的慣用手法，今後當注意他這一著。在辭典“個人崇拜”的條目旁，林彪寫道：他自我崇拜，自我迷信，功爲己，過爲人。對毛澤東發動的反修鬥爭，林彪認爲“罵絕了，做絕了，絕則錯”。對毛澤東本人，林彪的批語則是“言行不一”(114)。但表面上，林彪對毛澤東極盡歌功頌德。精神好時林彪也練練毛筆字，有一段時間他題詞成了“癮”，題詞的內容幾乎全是頌揚毛澤東的。

九一三事件後，林彪被極度妖魔化，至今仍被很多人認爲有野心。就算野心不是一個壞詞，林彪也是一個沒有野心的人。他爲了不連累別人，不顧親密同志的誤會而長期獨往獨來，聽憑個人集權的“宮廷衛隊”嚴密控制。從這種不與任何人交往的怪異行動中，誰能找到林彪的半點野心呢？

文化大革命開始後，林彪在自己的房間裡，甚至連出聲說話的自由也沒有。更不要說看書了，他作過眉批的馬列著作不得不藏在他自己坐的沙發墊子下面。林豆豆回憶：當林彪聽到文化大革命的事，總是憤慨不已，想要去找毛澤東，要找江青他們……我不知多少次見葉群急得慌忙撲過去，攔住他……林彪總是這樣憂憤交加，氣得大病不斷發作，以致葉群不敢給他講什麼事情，並動員“林辦”所有的工作人員長期對林彪說謊。林彪無力盡責，更無法忍受封建專制利用和糟蹋他的聲名。幾次恨不欲死，以致我寧願陪他同歸。我和工作人員商量過怎麼冒死幫助他服毒品自盡，以便永遠結束他那令人不忍目睹的被摧殘、被折磨而被人得以利用的無法形容的痛苦狀況！新調來的秘書第一次見到林彪那痛苦的狀況，簡直不敢想像，回到自己臥室哭了一夜(115)。葉群對林豆豆和林立果說：你爸爸的病是精神系統的病，是惡劣的政治環境造成的，看來是沒法治了。要治其實也不難，只要讓他再像戰爭年代那樣工作，或者是辭職，完全脫離政治環境，他的身體就會很快好起來，可是這怎麼可能呢？既不可能讓他像戰爭年代那樣工作，同時主席也不會讓他辭職，因爲主席需要一個挂名的“接班人”，像你爸爸這樣穿軍裝的病號(116) ……

確實，林彪的接班人是個空架子。與劉少奇不同，他沒有一點實權，決策權在毛，執行權在周。這一方面是林彪的身體和性格，使他除了打仗，別的事情都不願意管。另一方面也是他在蘇聯養病多年，深知政界的複雜多變，以及"狡兔死，走狗烹"的古訓，所以自覺自願地把權力拒之門外。

毛澤東知道林彪不管事，便利用林彪的家人。林彪家分"爸爸黨"和"媽媽黨"，毛澤東不僅直接與葉群聯繫，還越過葉群，抓住林豆豆和林立果。毛澤東多次召見林豆豆和林立果，還對林豆豆和林立果各有一個批示。林立果那時搞遠端雷達天線，可以提前七分鐘發現蘇聯發射的導彈。這就給在天安門城樓上開會的黨和國家領導人留下鑽地道的時間。空軍寫成材料上報，毛澤東有個批示：不要提技術革命，而是技術革新。林豆豆在《空軍報》上發表一篇《三訪九廠》，毛澤東聽說是林彪女兒寫的，說好，又有個批示(117)。拿林彪的話說，毛澤東的話一句頂一萬句，他給林家的一兒一女都有批示，好幾萬句了吧？似乎有些不正常。吳法憲在法庭上說，任命林立果爲空軍作戰部副部長是林彪和葉群的授意。吳法憲在他回憶錄中改口，說是葉群授意的，沒聽林彪談起過。其實，林立果的高升和對林立果極不正常的吹捧都是毛澤東親自交代吳法憲辦的(118)。吳法憲當時那麼吹捧林立果，連葉群都反對。這是吳法憲的本意，還是背後有高人指點？總之，這非常不正常。

已經"騎"上去了，怎麼辦

1966年9月，毛澤東讓林彪看《三國志》中的《郭嘉傳》和《宋書》中的《範曄傳》(119)。郭嘉是曹操的功臣，38歲時去世。范曄因謀反被宋文帝殺掉。林彪心裡很清楚，毛澤東雖然選中了他這個接班人，卻極不放心。

林彪筆記中有一句話：西漢故人以權貴不全、南陽故人以悠閒自保。剛解放林彪曾提出到貴州當省長，避開政治漩渦。林彪在《曹操》一書關於曹操當宰相後成"騎虎難下之勢"旁批：不要輕易騎上去。

林彪幾次向身邊工作人員流露過不想當接班人(120)。八屆十一中全會期間及以後，林彪一再含泪向毛澤東磕頭求饒，免戴"接班人"這頂桂冠。毛澤東不准，叫林彪不要唱"對臺戲"。以後林彪又不斷提出辭職，多次被毛澤東批爲"裝病"(121)。毛澤東專門派江青對林彪、葉群說：副統帥老是提辭職，主席很生氣，叫我轉告你們，以後再也不准提這個事了！主席說不當也得當，副統帥有病，葉群爲什麼不能參加會議？總不會也有病吧？汪東興等人也勸過葉群，說主席對副統帥辭職的事很惱火(122)。

按林彪的本意，他是不想出山的。可是身不由己，已經"騎"上去了，怎麼辦？林彪會見越南的武元甲和範文同時說，面對強大的美國，你們的辦法就是熬，熬就是勝利(123)。1966年8月13日在中央工作會議上，林彪的講話透露了他的心聲：我最近心情很沉重，我的工作和我的能力是不相稱的，是不稱職的，我意料是要出錯誤的，但是要力求減少錯誤，依靠主席，依靠常委同志、全體同志、文化革命小組的同志，以主席爲軸心，我們做磨盤，一切按主席指示辦事，不能有另外做法，不能有兩個方針，兩個司令部，不能以想當然代替主席的想法，不能唱對臺戲，要一元化，緊跟主席，中央給我的工作，我自知水準、能力不夠，懇辭再三。但是，現在主席和中央既已決定了，我只好服從主席和黨的決定，試一試，努力做好。我隨時準備交班給更合適的同志(124)。

林彪成爲接班人後，頭腦依然十分清醒，深知伴君如伴虎。他晚上出去“轉車”，看到北京街頭有頌揚他的標語，下令連夜撕掉。北京衛戍區把撕標語的車號抄下來，一查，是毛家灣的，才沒再追究(125)。1967年3月20日，林彪在軍以上幹部會上講話，說最近我發現有什麼林彪同志語錄，是學生搞的，一個是一個中學校搞的，另一個是一個什麼紅衛兵組織搞的，我們就收到兩種。另外，我們總政過去也搞了我的一個政治工作語錄。我看不要搞。你們看到的時候，請你們代爲沒收。總政，我是給他們講了，我這個意見是雷打不動的，你們不要搞。現在我們的任務就是要善於活學活用毛主席的思想。毛主席思想是全中國人民的思想財富，而且是全世界人民的思想財富 (126)。

1967年6月16日晚上，毛澤東和林彪在人民大會堂小禮堂觀看上海京劇院的革命樣板戲《智取威虎山》，這是以林彪指揮東北解放戰爭爲素材的一場戲。演出前，報幕員高喊祝毛主席萬壽無疆！祝林副主席永遠健康！關鋒坐在後一排，他注意到毛澤東轉過頭對林彪說：你聽，喊你呢！林彪沒有說話(127)。 但林彪回到家中，立即口述給周恩來和中央文革小組的信：總理、伯達、康生、江青同志及中央文革小組全體同志：近一個多月來，我看了三次演出，每次演出中，都有“祝毛主席萬壽無疆”和“祝林副主席永遠健康”這兩個口號並提的情況。我認爲“祝毛主席萬壽無疆”這個口號是完全正確的，非常必要的。爲了在黨內黨外、國內國外突出毛主席的偉大作用，樹立毛主席絕對威信，不宜提“祝林副主席永遠健康”的口號。今後一切演出、一切會議、一切文件、一切報刊以及其他各種宣傳形式都應突出毛主席，不要把我和毛主席並提。盼總理和中央文革小組的同志們今後幫助注意掌握這一點(128)。林彪叫秘書張雲生把信拿到中央辦公廳的印刷廠印幾千份，請求周恩來幫助散發。周恩來認爲完全用不著這樣，林彪決定自己散發。他對李文普說：只要人民大會堂有集會，就分發這封信，叫他們必須照辦。

中央文革小組專門討論了林彪的這封信，有人說爲什麼不能宣傳？這是對林副主席的敬愛和尊重。關鋒說：我管宣傳，我的意見是，既然林副主席這樣講了，恭敬不如從命！此後，報刊上基本上沒有再這樣宣傳了(129)。

林彪召集工作人員開會，說今後我這裡要有這樣的紀律，我們在任何情況下，任何時候都要記住，我們談黨的工作和我們這裡的工作，都要提毛主席的領導。沒有毛主席，就沒有我林彪今天的一切。毛主席才是真正的大英雄、大統帥，其他的人都不行，都不夠格。我們眼睛裡就是要只有一個統帥，一個領袖，一個天才，這是歷史的選擇，時代的選擇。這個觀點，你們到外面可以廣泛地宣傳，廣泛地說。葉群交代得更細，林彪上天安門陪毛澤東檢閱，警衛要提醒他帶《毛主席語錄》，而且一定要走在毛主席的後面。林彪批文件，不能寫“送”，只能寫“呈”。葉群還說：現在對首長的提法很多，這是好事。但提法不當，就可能幫倒忙。所以你們幫助把好關，今後凡是文件中出現對首長的新提法，你們就要提醒，特別是首長批送主席的文件，凡是遇到不適當的提法，必須將它們刪去。

高處不勝寒，過去毛澤東和劉少奇兩位主席經常在報紙上並列亮相。現在劉少奇說倒就倒了，林彪擔心吹捧自己可能釀成大禍。

林彪的憂慮不無道理。1967年南巡時毛澤東對當時流行的“祝林副主席永遠健康”表示強烈不滿。在上海虹橋賓館，毛澤東非常煩躁地說：什麼永遠健康，難道還有不死的人嗎？毛澤東要楊成武回去報告周恩來，不要宣傳個人，否則將來要吃大虧，要犯錯誤。現在把個人崇拜推到林彪身上，實際上是毛澤東要搞個人崇拜。如果毛澤東像林彪一樣，堅決反對宣傳個人，還能有那麼多的個人崇拜嗎？

林彪為什麼堅持設國家主席

林彪講過軍隊不要介入文化大革命的意見，以及關於文藝復興的講話，加強軍隊訓練的講話等，不是遭到否定就是挨批。林彪雖然是名義上的接班人，但他和絕大多數政治局委員一樣，并沒有戲什么實際的權力。林彪也一直謹言慎行，幾乎沒有表達過自己的意志，都是同意毛澤東的意見。他並不願意當傀儡，中央的會議即使特別通知，多次催逼，他都不想去。以致他在文化大革命中的所作所為只是公開講講話，內容大多是中央文革起草、毛澤東審閱過的稿子。而林彪口述、林豆豆或秘書記錄的林彪講話稿也被刪改得面目全非(130)。

1970年4月，體重僅40多公斤的林彪增加了5公斤。醫生說這是精神憂鬱好轉的兆頭。從這時起，林彪始終堅持設國家主席，並因此遭到惡毒誣陷，這是林彪維護國家憲法的舉國共睹的明證之一(131)。

"913事件"後都說林彪未經毛澤東同意在九屆二中全會開幕式上擅自發表講話。不經過毛澤東同意，林彪怎麼敢私自講話？他在九屆二中全會上的講話，毛澤東就坐在臺上聽，如果毛澤東不同意，為什麼會後要同意全會再聽林彪講話的錄音？事先明明是毛澤東同意的，這是很多人都知道的事實(132)。

陳伯達證實：林彪在九屆二中全會開幕式上的講話經過毛澤東同意(133)。葉群也說過，毛澤東說可以講，但不讓點張春橋的名。這怎麼是背著毛澤東呢？更何況設國家主席早就寫入1954年中華人民共和國第一部《憲法》，文化大革命結束後，國家重新設立國家主席，直到現在不是仍設著國家主席嗎？設國家主席怎麼是反黨綱領呢？至於"天才論"完全是吹捧毛澤東的，怎麼就成了反黨綱領呢？九屆二中全會議程的改變，是毛澤東改變的，林彪怎麼有權力改變？就算是林彪改變的，又怎麼樣？改變議程的會議多了，1959年廬山會議，八屆十一中全會，毛澤東都改變了會議議程，他從來沒有說過自己半句。

1970年廬山會議上的這場鬥爭實質究竟是什麼？爲什麼說林彪堅持設國家主席是廬山會議鬥爭的核心問題？主張設立國家主席就是篡黨奪權嗎？就是自己想當嗎？林彪爲維護中華人民共和國第一部憲法以及這部憲法中設立的國家主席的條款，堅決反對把他作爲接班人寫進憲法，並聲明在自己不當國家主席和不宜擔任國家副主席的前提下，堅持要設國家主席。林彪爲什麼說不設國家主席，不適合黨內外、國內外人民的心理狀態？而毛澤東爲什麼不同意設國家主席？中國原本就有國家主席，但是文革中劉少奇被無端打倒迫害而死，可劉少奇致死都未被剝奪國家主席的職務。四屆人大如果召開必然會涉及這一問題。而毛澤東恰恰不希望看到這一現象的出現，既然自己不想再當，還不如乾脆不設爲好，那就不會出現“天有二日、國有二主”的事情發生了。

難道國家憲法就這樣不知不覺地變成了“文革”憲法，毛氏“憲法”？一言廢法，一言立法，一個人濫用權力。設國家主席並不簡簡單單是設國家主席的問題，難道這不是權與法，堅持封建個人專制和恢復國家法制的鬥爭嗎？究竟是誰在踐踏黨紀國法？是誰在欺騙全體中央委員，是誰在搞突然襲擊？

廬山會議後不久，王洪文等人說“槍桿子”在廬山“搞了一次未遂的反革命政變”。江青派毛遠新和李訥到毛澤東那裡告狀，說“槍桿子”在地方搞軍政權，搞復舊，有野心，這樣下去很危險等。強行把林彪寫進“九大”黨章的康生也換了一副嘴臉，跑到毛澤東那裡，誣陷林彪“篡黨奪權”，說不搞掉林彪，我就不出來工作。林彪被扣上資產階級野心家、陰謀家等一大堆帽子，然後嫁文化大革命的大禍在林彪身上，這難道不是個大陰謀和玩弄封建權術嗎？

不是林彪不見毛澤東，而是毛澤東不見林彪

林彪不認爲自己有錯，堅決不檢討。毛澤東見不到林彪的檢討，很不甘心。縱觀中共黨史，不管是不是違心，凡是被打倒者幾乎都寫過檢討，只有林彪是個例外，他不寫一句檢討。

1971年8月15日，毛澤東開始南巡。一路上，他說盡了林彪的壞話：他們心裡有鬼，雖然在北京開了工作會議，幾個大將作了檢討，但吞吞吐吐。林彪不開口，這些人是不會開口的……廬山這件事還沒有完，還沒有解決……陳伯達後面還有人，林彪當然要負責任……林彪犯的錯誤，全軍的高級幹部還不知道，他應當做檢討，我已經向政治局建議。

這符合黨的章程嗎？這不是在背後搞陰謀嗎？

毛澤東在南巡中反復說對林彪還是要保，還是教育的方針，回北京後我還要再找他談談。他們不找我，我去找他們。而實際情況呢？林彪雖然不寫檢討，但還是很想與毛澤東好好談談的。九屆二中全會後，“林辦”有傳聞，林彪心情不好，曾要求面見毛澤東，談一談，但毛澤東一直沒有答復(134)。林彪秘書也說：毛主席說林彪不見他，可是據我們所知，林彪找了他好多次，就是見不上。

羅瑞卿1965年受批判後想見毛澤東的那一幕，在林彪身上重演。

彭德懷彌留之際要見毛澤東，也沒有見上。

爲了能見到毛澤東，林彪不得不“討好”江青。江青借機提出給林彪照相。一向討厭照相的林彪不得不答應。走得太急，他的臉都沒刮，到了釣魚臺，借江青秘書楊銀祿的刮胡刀刮了刮臉。可江青“麻煩”，頭天晚上照，第二天晚上又叫去。林彪煩了，葉群反復勸，這才照了那張看“寶書”的大照片，分別登在《人民畫報》和《解放軍畫

報》7、8期合刊上(135)。有意思的是，九一三事件當天，這期《解放軍畫報》剛送到西郊機場候機室，東一本西一本，到處都是“林彪”。

林彪讓江青擺拍了照片，但他還是沒能見上毛澤東。

有人說，毛澤東不是說還要讓林彪留在政治局嗎？如果林彪不走，毛澤東會放他一馬。說這話的人忘了，毛澤東不是東郭先生(136)，他是個“痛打落水狗”的人。林立果看得很清楚，如果林彪不走，他將是劉少奇第二。

在毛家灣，只有林豆豆敢在林彪面前說葉群的“壞話”。1968年9月，林彪身體好一點，林豆豆邊哭邊給林彪講上海會議以來的情況。林立果不敢講，他鼓動林豆豆講，並幫助她說話。但林豆豆說得太嚴重了，林彪氣得渾身顫抖。林立果怕林彪又去揍葉群，邊哭邊拉著林豆豆一起跪到林彪面前，替葉群辯解。說媽媽也知道過去錯了，正在糾正，爸爸心裡有數就行了，可千萬不要對媽媽發脾氣，不然我們倆又要挨整了。林辦工作人員和空軍一些人都知道此事。林彪震怒之下，還是揍了葉群一頓。並向工作人員規定，從此不准葉群見他。過了一段時間，毛澤東要葉群傳達指示，秘書不敢阻攔，葉群才闖進去見了林彪(137)。

林立果被葉群送到空軍，當上了空軍作戰部副部長，林彪一年後才從林豆豆嘴裡得知，頓時大怒，臭罵了葉群一頓。葉群馬上把所有的火都撒到林豆豆身上，視她爲眼中釘。從此葉群嚴格限制林豆豆去見林彪，以免再向林彪透露“情報”。林豆豆回憶：我很想多給父親講些情況，開始還可以。後來越來越不行，葉群限制得越來越嚴，而且林立果知道了也不高興。所以我有時去北戴河看父親，都不敢在那裡多住。多住幾天，李文普他們就催我走，說再不走，林立果有意見。還有就是你給父親講什麼，過一會兒他就忘了，忘得乾乾淨淨。有一次我告訴他一件事，囑咐他千萬不要對葉群講。我剛走他就忘了，把葉群叫來問是怎麼回事。葉群一聽就知道是我講的，對我又罵又打，把我整了一頓。從那以後，我就更不敢給他講點什麼了(138)。

林彪有什麼理由到蘇聯去

中將蘇靜說，林彪這個人，打仗還是很厲害的，一個是巧，一個是細，而且很有創意，包括哪裡有幾挺機槍，哪裡配備多少火力，哪裡埋伏一支預備隊，他都考慮得仔仔細細。這一點確實厲害，你想想，那個年代人的文化水準，他能得心應手地擺放千軍萬馬，很不容易呀。林彪打仗前怕狼後怕虎，小心極了，方方面面都考慮得特別成熟，才一錘定音(139)。可是在九一三事件中，林彪似乎是個提線木偶。1972年8月23日下午，專案組向關押中的彭德懷傳達林彪機毀人亡的中央57號文件。彭德懷不相信，這樣把林彪殺了我有意見，我不同意！彭德懷要打電話給周總理，叫周總理來親自參加這個審查，我相信他(林彪)是革命的。彭德懷對林彪一事極爲憤慨，甚至說我不活了。專案組很難辦，叫彭德懷的侄女彭梅魁來勸。彭梅魁問：林彪的事你不信呀? 伯伯笑了笑說，林彪難道連半點馬克思主義的常識也沒有嗎？我不知道林彪的情況，又怎麼能信呢？

九一三事件疑霧重重，林彪給黃永勝的親筆信，是林彪的親筆嗎？林彪手令是林彪的手令嗎？林豆豆回憶：文化大革命中，林彪的許多書信都不是林彪的手筆，連簽名也是工作人員摹仿的。江青、張春橋、姚文元等按照他們的政治需要隨意修改林彪的講話記錄。九一三事件後，“四人幫”掌握著林彪專案，毛家灣的所有物證都經過江青等人的篩選和僞造。材料之三第19條說林彪、葉群倉惶逃命時丟下準備帶走的我黨我軍大批絕密文件。所附的照片就是嚴重違反事實的，根本不能成罪證(且不說其他)。我很熟悉照片中的兩個文件箱和資料箱，文化大革命開始後，被葉群隨身携帶，鑰匙由她親自掌握。裝的是1959年以來保存的文字資料，如毛澤東叫秘書徐業夫等寫給葉群的信件，汪東興、劉素媛對吳法憲和葉群傳達的"最高指示"，以及葉群的會議記錄。葉群還嚴格規定，對書信、電話記錄存檔。也許這兩個小箱子是解開黨內許多怪事的謎底，但至今未見披露，很可能早被銷毀了 (140)。

在九一三事件後的幾年中，林彪專案組把所有"林辦"人員都關到亞洲療養院，先是個人揭發，再集體排查，毛家灣邊邊角角翻了個底朝天，卻沒有揭發出林彪的什麼罪狀。只有李文普在關押很長時間後揭發林彪說"伊爾庫茨克有多遠"。首先這是孤證，其次林彪作爲著名軍事家，怎麼會問這種小兒科的問題？林彪如果真的要逃往蘇聯，早就研究好路線，怎麼可能臨上飛機才問"有多遠"？更何況林彪兩次到蘇聯治病都曾在伊爾庫茨克落地，他在1969年又"監視"了蘇聯談判代表團經伊爾庫茨克飛往北京，他怎麼能不知道"伊爾庫茨克有多遠"？九一三事件發生，山海關機場的不少人都看到了，是林彪自己爬上的飛機。但是林彪這個被寫進黨章的接班人，爲什麼要逃跑？他到底知不知道逃往蘇聯？包括林豆豆在內，沒有任何人向林彪說明真相。葉群和林立果可以把林彪騙上飛機，但過了國境線，又遭遇"彈盡糧絕"，林彪如何反應？也許蘇聯拿走的黑匣子會開口"說話"？就是林彪知道要逃到蘇聯，又怎麼樣？他好好一個接班人，爲什麼要逃亡蘇聯？是誰逼的？

林豆豆批駁中央57號文件

林豆豆說：中央57號文件說我在九一三事件的緊張關頭揭發林彪"私調飛機，叛國投敵"，是謊言之一。在"材料之三"第7頁又改成中央根據我向八三四一部隊的報告。這段含糊其辭的文字同樣嚴重篡改了事實。第一，雖然把"揭發"改成"報告"，但仍然維護了57號文件的謊言。第二，57號文件和"三批材料"隻字不提我"報告"的內容究竟是什麼。第三，我找八三四一部隊，是爲了請求他們採取緊急措施，確保林彪的安全。我們那樣急切地五次報告和請求受到了怎樣的對待？！這些事實統統被謊言所掩蓋和抹殺了！周恩來在我第一次找八三四一部隊後就迅速採取了非常符合實際情況的攔阻措施。按照慣例，林彪上飛機前，八三四一部隊派人和先行車到機場佈置安全措施，先上飛機檢查，然後武裝守衛飛機，在舷梯兩邊保護林彪登機。最後還要派警衛幹部和戰士同機跟隨，並派部隊乘另一架飛機護送。但奇怪的是，這次周恩來採取的保證林彪安全的緊急措施，完全負有專門責任的八三四一部隊有關領導居然始終不執行！我們第五次請求採取緊急措施後約莫30多分鐘，林彪飛機"順利"起飛了 (141) ……

即使林彪叛國投敵，從黨和人民的最高利益出發，也應該立即逮捕。林豆豆五次報告到三叉戟起飛，有近三個小時的時間，爲什麼不攔住，反而讓林豆豆和張清林也跟著上飛機？八三四一部隊倒是採取了"措施"，持槍"夾道歡送"，並下令快追，這兩個命令所起的作用是什麼？明明是打草驚蛇、欲擒故縱嘛。八三四一部隊也追到了機場，卻沒有接到攔截的命令，而眼睜睜地看著林彪爬上了飛機。明知林彪飛出國境，爲什麼毛澤東卻說"天要下雨，娘要嫁人"，任其飛往國外？

林豆豆曾多次口頭或書面聲明：所謂林彪"發動反革命政變"，"妄圖謀害毛主席"，"叛國投敵"是江青一夥製造的駭人聽聞的冤案，同時聲明她在九一三事件的緊要關頭揭發林彪"私調飛機，叛國投敵"的罪行是江青及其一夥蓄意製造的彌天大謊(142)。九一三事件後，林豆豆和張清林被長期秘密關押，要他們提供"兩謀一叛"的證據，達不到目的，又幾次把林豆豆置於死地。更蹊蹺的是，直接參加調查和處理九一三事件的中央辦公廳副主任王良恩和公安部長李震在見過、詢問過林豆豆和張清林後，突然辭世，至今這兩個大案仍不明不白。

九一三事件到底是怎麼一回事，還有待於大量的謎底被破解。有人說九一三這個謎底永遠解不開了，不可能！雖然有的證據被燒掉了，有的製造了假證據，證人們也陸續走了，但歷史仍然會留下蛛絲馬迹，誰也不可能一手遮天。

1973年3月20日，林豆豆在專門批鬥她的會上說，以謠言殺人，但造謠者也往往被謠言所殺。你們的專案搞反了，總有一天要還歷史的本來面目！也許我等不到這一天，但這一天終究會來到(143)！

林彪應該像馬思聰一樣被恢復名譽

九一三事件後，周恩來在電話裡對林豆豆說，對林彪還是要一分爲二。在新中國歷史上，周恩來曾爲兩次"叛逃"事件說話。20世紀60年代初，全國連續三年經濟困難，深圳一帶的農民紛紛逃亡香港，形成舉世震驚的難民潮。國務院總理周恩來親自安排從香港購買糧食，並對出逃的大陸難民有一個放寬不究的指示。文化大革命初，中央音樂學院院長馬思聰被打成反革命，剃光頭、遊街，他沒有選擇自殺，而是選擇了逃跑。1967年1月15日，馬思聰一家四口捂上大口罩，化裝成農民，乘機帆船逃過五道關卡，逃往香港，引起國內外強烈震動。馬思聰在紐約舉行中外記者會，發表《我爲什麼逃離中國》的演講，我背叛的不是祖國，而是那些背叛祖國的人。中央音樂學院前黨委書記陳自明說，這是聲討"文革"最早、最有力的檄文。周恩來臨死有兩件憾事，其中一件就是馬思聰離鄉背井，至今仍沒有回來。1984年12

月30日，公安部爲馬思聰徹底平反。2001年5月17日，在馬思聰逝世四年後，他的藝術館在廣州落成。

林彪的"叛逃"和馬思聰有什麼區別？只不過一個是坐船活了，一個是坐飛機死了。對於林彪的"出逃"，我們是不是也應該像看待馬思聰一樣呢？

註釋:

(1)取證組由總參、總政、總後各一人組成，總政是檢察院的于淩寬，總後是管理局處長李喚勞。筆者曾採訪于、李二人，說法與林豆豆、張清林基本一致。

(2)2007年2月23日，採訪林彪女婿張清林筆記。

(3)2007年2月23日，採訪張清林筆記。1989年，林豆豆被安排在中國社會科學院近代史所，張清林被安排在北京衛生局。

(4)《傅崇碧回憶錄》，中共黨史出版社，1999年12月版，241-242頁。

(5)《李德生回憶錄》，解放軍出版社，1997年8月版，415頁。

(6)1996年10月11日，採訪林彪女兒林豆豆筆記。

(7)"兩謀"，即謀殺毛澤東，到廣州另立中央。

(8)2006年9月，採訪林彪秘書于運深筆記。

(9)1996年10月11日，採訪林豆豆筆記。

(10)2007年2月23日，採訪張清林筆記。

(11)2007年2月23日，採訪張清林筆記。

(12)《吳法憲回憶錄》上卷，香港北星出版社，2006年9月版，518頁。

(13)2007年1月13日，採訪林彪秘書譚雲鶴筆記。

(14)1996年10月11日，採訪林豆豆筆記。

(15)1996年10月11日，採訪林豆豆筆記。

(16)軍事俱樂部一詞是毛澤東批彭黃的話。

(17)2000年9月9日，採訪林彪秘書關光烈筆記。

(18)參見宋永毅主編《中國文化大革命文庫》，香港中文大學中國研究服務中心2002年版。

(19)2000年11月16日，採訪總後勤部部長邱會作筆記。

(20)2005年10月27日，採訪總政落實政策辦公室處長徐厚田筆記。

(21)中華人民共和國成立初期到1954年以前，總參謀部隸屬於中央人民政府人民革命軍事委員會，先後擔任總參謀長的有徐向前、聶榮臻(代)、彭德懷(兼)。參見《當代中國人民 解放軍》上，當代中國出版社，1994年版，351頁。

(22)2006年10月24日，採訪黃永勝大兒子黃春光筆記。

(23)2006年10月24日，採訪黃春光筆記。梁必業在1966年3月京西賓館揭發羅瑞卿會議的發言中提到羅瑞卿的工作方針是"冷林熱賀"。

(24)2006年1月5日，採訪邱會作大兒子邱路光筆記。

(25)2000年11月16日，採訪總後勤部部長邱會作筆記。

(26)2006年10月24日，採訪黃春光筆記。

(27)2006年3月12日，採訪葉群弟弟葉鎮筆記。

(28)《吳法憲回憶錄》下，香港北星出版社，2006年9月，540頁。

(29)陳虹，《楊成武談揭批羅瑞卿實情》，載《炎黃春秋》2005年10期。

(30)1996年10月11日，採訪林豆豆筆記。

(31)陳虹，《楊成武談揭批羅瑞卿實情》，載炎黃春秋2005年10期。

(32)2006年10月24日，採訪黃春光筆記。

(33)2006年10月24日，採訪黃春光筆記。

(34)2000年11月16日，採訪邱會作筆記。

(35)1996年10月11日，採訪林豆豆筆記

(36)張雲生、張叢堃，《"文革"期間，我給林彪當秘書》，香港中華兒女出版社，2003年7月版，64頁。

(37)2006年8月10日，採訪空軍副參謀長王飛筆記。

(38)2006年9月10日，採訪張清林筆記。

(39)《周恩來年譜》中，中央文獻出版社，1997年5月版，768頁。

(40)1996年10月11日，採訪林豆豆筆記。

(41)2006年9月，採訪林彪秘書于運深筆記。

(42)官偉勛，《我所知道的葉群》，中國文學出版社，1993年5月版，224頁。

(43)1996年10月11日，採訪林豆豆筆記。

(44)2000年11月16日，採訪邱會作筆記。

(45)2006年8月10日，採訪王飛筆記。

(46)《建國以來毛澤東文稿》第12冊，中央文獻出版社，1998年1月版，24頁。

(47)1979年5月3日，中共中央批准總政治部的建議，撤銷《紀要》。

(48)王年一，《大動亂的年代》，河南人民出版社，2005年9月版，14頁。

(49)王年一選編《"文化大革命"研究資料》上，國防大學黨史黨建政工研究室，1988年10月版，17-18頁。

50)《周恩來年譜1949-1976》下，中央文獻出版社，1997年5月版，31-32頁。

(51)《回首"文革"》下，中共黨史出版社，2000年1月版，605頁。

(52)1996年10月11日，採訪林豆豆筆記。

(53)官偉勛，《我所知道的葉群》，中國文學出版社，1993年5月版，215頁。

(54)王年一，《大動亂的年代》，河南人民出版社，2005年9月版，44頁。

(55)2006年3月12日，採訪葉群弟弟葉鎮筆記。

(56)1996年10月11日，採訪林豆豆筆記。

(57)1996年10月11日，採訪林豆豆筆記。

(58)明世宗：明嘉靖皇帝，虔誠道教，不問政事。

(59)1996年10月11日，採訪林豆豆筆記。

(60)據文革史專家余汝信研究：八屆十一中全會選舉結果，中央1966年8月14日已發通知(中發 (66)400號中共中央文件)，林彪在11名常委中排名第二，原中央副主席全為常委，林彪也不例外。實際上中央宣傳部門1966年提及林彪時的口徑一般稱"林彪同志"，"林副主席"是1967年中以後提法，因林仍是軍委副主席，所以"林副主席"的稱謂可視為軍委的，不一定是指中共中央的，這是一個長期的誤傳，似應糾正。

(61)圖門、孔弟，《共和國最大冤案》，法律出版社，1993年8月版，19頁。

(62)王年一編選《文化大革命研究資料》上，國防大學黨史黨建政工研究室，1988年版，85頁。

(63)參見王年一《大動亂的年代》，河南人民出版社，2005年9月版，13-14頁。

(64)《吳法憲回憶錄》下，香港北星出版社，2006年9月版，637頁。

(65)張雲生、張叢堃，《"文革"期間，我給林彪當秘書》，香港中華兒女出版社，2003年7月版，95-96頁。

(66)張雲生，《毛家灣紀實》，春秋出版社，1988年7月版，35-39頁。

(67)《吳法憲回憶錄》下，637頁。

(68)1996年10月11日，採訪林豆豆筆記。

(69)譚雲鶴，《我的回憶遼瀋、平津戰役中的林彪》，香港文化中國出版社，2006年4月版，78頁。

(70)權延赤，《陶鑄在文化大革命中》，中共中央黨校出版社1991年11月版，214-216頁。

(71)張雲生、張叢堃《"文革"期間，我給林彪當秘書》，香港中華兒女出版社，2003年7 月版，79頁。

(72)圖門、孔弟，《共和國最大冤案》20-25頁。

(73)司馬璐，《中共歷史的見證》，明鏡出版社，2004年版，565-566頁。

(74)2005年10月27日，採訪總政落實政策辦公室處長徐厚田筆記。

(75)1996年10月11日，採訪林豆豆筆記。

(76)黃崢，《王光美訪談錄》，中央文獻出版社，2006年1月版，10、202、406頁。

(77)張雲生、張叢堃，《"文革"期間，我給林彪當秘書》，香港中華兒女出版社，2003年版，239頁。

(78)1996年10月11日，採訪林豆豆筆記。

(79)1996年10月11日，採訪林豆豆筆記。

(80)1996年10月11日，採訪林豆豆筆記。

(81)張雲生、張叢堃，《"文革"期間，我給林彪當秘書》，香港中華兒女出版社，2003年版，79頁。

(82)張雲生、張叢堃，《"文革"期間，我給林彪當秘書》，144-149頁

(83)張雲生，《毛家灣紀實》，86頁。

(84)張雲生，《毛家灣紀實》，76頁。

(85)官偉勛，《我所知道的葉群》，中國文學出版社，1993年5月版，212頁。

(86)《周恩來年譜》下，中央文獻出版社，1997年5月版，113頁。

(87)據元帥徐向前回憶，是他主動去林彪那裡商量《軍委八條》的。

(88)張雲生《毛家灣紀實》，76-77頁。

(89)徐向前《歷史的回顧》，解放軍出版社，1987年7月版，829頁。

(90)1967年1月21日，毛澤東批示：實際上已經介入(如材料送到軍隊保管，有的幹部去軍隊)，在現在的形勢下，兩條路線鬥爭非常尖銳的情況下，不可能不介

入，介入就必須支持左派。1月23日，毛澤東又給林彪一封信：應派解放軍支持左派廣大群眾。以後凡有真正革命派要求軍隊支持援助，都應這樣做。所謂不介入是假的，早就介入了。此文應重新發出命令，以前命令作廢。

(91)1996年10月11日，採訪林豆豆筆記。

(92)《吳法憲回憶錄》下，672-675頁。

(93)張子申，《楊成武將軍訪談錄》，中國文聯出版社，1994年10月版，174-180頁。

(94)《吳法憲回憶錄》下，687頁。

(95)1996年10月11日，採訪林豆豆筆記。

(96)張子申，《楊成武將軍訪談錄》，182頁。

(97)1996年10月11日，採訪林豆豆筆記。

(98)張雲生《毛家灣紀實》，41頁。

(99)張雲生《毛家灣紀實》，108頁。

(100)張子申《楊成武將軍訪談錄》，184頁。

(101)《1970年12月28日，毛澤東會見美國友好人士斯諾談話紀要》。見王年一編《文化大革命研究資料》中，國防大學黨史黨建政工研究室，1988年版，493頁。

(102)閻長貴，《揪軍內一小撮的來龍去脈》，《黨史博覽》2006年第六期。

(103)《周恩來年譜1949-1976》下，181頁。

(104)《吳法憲回憶錄》下，749-751頁。

(105)2000年11月16日，採訪邱會作筆記。

(106)王年一編選《文化大革命研究資料》中，國防大學黨史黨建政工研究室1988年版，87頁。

(107)採訪黃春光筆記，2007年1月27日。

(108)2006年4月21日，採訪葉鎮筆記。

(109)王年一，《大動亂的年代》，233頁。

(110)2005年10月27日，採訪徐厚田筆記。

(111)1996年10月11日，採訪林豆豆筆記。

(112)紀坡民，《上臺下臺，任職辭職——聽父親紀登奎談往事》，載《南方週末》，2003年11月6日。

(113)張雲生，《毛家灣紀實》，299頁。

(114)官偉勛，《我所知道的葉群》，121頁。
(115)1996年10月11日，採訪林豆豆筆記。
(116)1996年10月11日，採訪林豆豆筆記。
(117)2007年2月23日，採訪張清林筆記。
(118)2007年2月23日，採訪張清林筆記。
(119)張雲生、張叢堃，《"文革"期間，我給林彪當秘書》上，445頁。
(120)李文普，《林彪衛士長李文普不得不說》，《中華兒女》1999年第二期。
(121)1996年10月11日，採訪林豆豆筆記。
(122)1996年10月11日，採訪林豆豆筆記。
(123)張雲生，《毛家灣紀實》，329頁。
(124)王年一編選《文化大革命研究資料》上，國防大學黨史黨建政工研究室，1988年版，85頁。
(125)2006年9月，採訪林彪秘書于運深筆記。
(126)王年一編選《文化大革命研究資料》上，317頁。
(127)閻長貴，《林彪不讓祝他"永遠健康"的內情》，《黨史博覽》2004年第10期
(128)閻長貴，《林彪不讓祝他"永遠健康"的內情》，《黨史博覽》2004年第10期
(129)1996年10月11日，採訪林豆豆筆記。
(130)1996年10月11日，採訪林豆豆筆記。
(131)1996年10月11日，採訪林豆豆筆記。
(132)2007年3月21日，採訪陳伯達兒子陳曉農筆記。
(134)李文普，《林彪衛士長李文普不得不說》，《中華兒女》1999年第二期。
(135)楊銀祿，《九屆二中全會時的林彪》，《黨史博覽》2006年第一期。
(136)東郭先生，中國寓言中的人物，他救了被獵人追捕的狼，狼卻要吃掉他。
(137)1996年10月11日，採訪林豆豆筆記。
(138)1996年10月11日，採訪林豆豆筆記。
(139)1994年4月2日，採訪中將蘇靜筆記。
(140)1996年10月11日，採訪林豆豆筆記。
(141)1996年10月11日，採訪林豆豆筆記。
(142)1996年10月11日，採訪林豆豆筆記。
(143)1996年10月11日，採訪林豆豆筆記。

1970年廬山會議背景的研究

程 光

中國共產黨1969年4月召開的“九大”確定了“團結勝利路線”，1970年8月就發生了九屆二中全會的鬥爭。其激烈之程度，被毛澤東說成“大有炸平廬山，停止地球轉動之勢。”(1)突然而來的變化令人始料不及，但正如每個重大歷史事件一樣有著它的必然。以“九一三事件”爲其後果的廬山會議絕不能簡單地說成是“林彪和江青反革命集團相勾結的結果”，我們只能從事實中探求歷史的真相和發生原因。

“九大”後中央工作的新格局

1969年4月28日舉行的九屆一中全會新選出的中共中央領導機構如何工作？5月初，周恩來代表毛澤東和中央政治局常委會宣布，“決定不設書記處，由在京的部分政治局委員處理中央日常事務。”(2)這個改變了1967年反擊“二月逆流”以後中央碰頭會處理中央工作的決定，無疑是非常重大的政治變化，卻由於某些人爲因素被“遺忘”了。然而，它正是理清那段歷史、解開許多謎團的一把“鑰匙”。

人們研究“九大”之後中國政局時多注意了林彪——這位被寫入中國共產黨黨章的毛澤東的“接班人”，而忽視了周恩來。其實“九大”後周恩來的地位和權力變化要比林彪大得多，他從碰頭會時期處處受掣肘、左右爲難的“名義主持人”變成了中央日常工作的真正領導者。用文革時期流行語來說，周恩來是黨和國家的"總管"、"無產階級司令部的總參謀長"，是毛澤東的"大管家"。

我們只要看看周恩來在中央碰頭會的處境，就能更好地瞭解這個變化。

吳法憲1967年夏參加了碰頭會，他說"在碰頭會中，總理孤家寡人，江青很凶，動不動就拍著桌子批總理，多次威脅說：你周恩來不要忘記，要不是我保你，你早就被打倒了，並要大家表態。當時沒有什麼人爲總理講話。總理總是一聲不吭，很可憐，叫人看不下去。"(3)

王力是中央文革成員兼辦公室主任，他看到的周恩來，那時在碰頭會上只能對中央文革一夥人謙卑地恭維說"你們作決定，我給你們辦事。"(4)

邱會作1967年參加軍委辦事組，多次列席碰頭會，"九大"後成爲中央政治局委員，他把周恩來此前與以後的狀況作了比較：

"過去的中央碰頭會，名義上是周恩來在主持，事實上是江青在主持。'九大'以後的政治局會議，才真正由周恩來主持了。周因故不能到會，陳伯達、康生也主持過政治局會，但從來沒有讓江青主持過會議。

過去的中央碰頭會，江青不到不能開會。'九大'以後的政治局會，江青不到照樣開會。過去碰頭會開始之前，周恩來總要謙恭地問江青一句：'江青同志，我們開會嗎？'江青不點頭不答話，周恩來一般不會馬上宣布開會。'九大'以後的政治局會，周恩來仍習慣地問一句：'江青同志，我們開會吧！'不管江青回不回答，照樣開會。周恩來這句話僅僅是形式上的禮儀了。

過去的中央碰頭會，最早在中南海懷仁堂開。1967年反對'二月逆流'後，江青不願意在那兒開，於是周恩來遷就她，碰頭會改在了釣魚台開，會址固定在中央文革辦公處十六號樓。那樣對江青方便，對周恩來不方便，但周恩來一點辦法也沒有。‘九大’後江青幾次提出，政治局會‘仍在十六樓舉行，不能改變’。幾經周折，政治局開會很快就離開了釣魚台，並固定在人民大會堂福建廳了。這對周恩來方便，對江青沒有以前那麼方便。江青提了幾次回釣魚台開，周恩來不理她。周恩來不再去迎合江青的口味。

過去的中央碰頭會，是江青這個‘霸王’逞威風的地方。凡是要經過碰頭會處理的事情，無論大小，江青不點頭不能算數。‘九大’後的中央政治局會，周恩來變成了真正的主持人，周恩來很尊重大家的意見，特別是提出問題的人的意見，只要多數人同意的事情，不管江青同意不同意，周恩來就拍板決定，從來不讓江青專權。”(5)

“九大”後周恩來成爲名副其實的黨和國家日常工作的領導者，在毛澤東確定的路線內，周恩來又是執行中的決策人，成爲了集國務院總理、黨的總書記、“半個”國家主席權力於一身之人(董必武代國家主席，不問事，對國外交往用其名義)。有學者說，文化大革命“謀事在毛，成事在周。”(6)周恩來“成事”不能泛指文革十年，應當是他“九大”後真實情況的寫照。

爲什麼周恩來有如此重大變化？除了毛澤東的信任之外，他有了組織基礎，那就是中央政治局工作班子(又稱政治局工作會議，簡稱政治局)。

同樣作爲處理中央日常工作的機構，此時的政治局工作會議和彼時的中央碰頭會有什麼不同呢？

一是名義地位不同。“九大”前的“中共中央”實際上是“碰頭會”。這個沒有組織委托、憑借反擊“二月逆流”後由毛澤東認可的機構很難說它“合法”，由它主持中央日常工作有悖中共組織原則，既沒有法定的授權決議，也沒有在八屆十二中全會和“九大”上正式追認，多少有些“名不正、言不順”。而“九大”後的政治局工作班子，是經毛澤東提議、中央政治局常委會決定組成的，符合“九大”黨章第九條“在主席、副主席和中央政治局常務委員會領導下，設立若干必要的精幹的機構，統一處理黨、政、軍的日常工作”的規定。其成員均爲中央政治局成員，它的合法性、權威性毋庸置疑。

二是組織基礎不同。中央文革是中央碰頭會的主體，其成員占碰頭會12名成員中的8名(陳、康、江、張、姚、王、關、戚)，其他人是零散的。碰頭會成員後來有所變化，王、關、戚等人垮臺，黃、吳、葉、溫進入，但是碰頭會以中央文革爲其組織基礎沒有改變。軍委辦事組是“九大”後政治局工作會議的主體，其成員占了政治局工作班子13名成員中的7名(黃、吳、葉、李、邱、李德生、謝富治)(7)，其他人是零散的。後來成員略有變化，但是政治局工作會議以軍委辦事組爲其組織基礎沒有改變。

“九大”後的中共中央軍委辦事組絕非楊成武時期的軍委“看守小組”或“辦公機構”了。1968年3月黃永勝代替楊出任軍委辦事組組長之際，毛澤東宣布：“今後軍委辦事組由林副主席直接管。軍委就是辦事組，軍委常委可以不開會了。”(8)中共九屆一中會會上通過了中央軍委、軍委辦事組的組成 (9)，既是新的任命，也是此前的追認。值得注意的是，中央軍委副主席中包括了在“二月逆流”中因爲反對中央文革而遭受批判的幾位元帥，四十九名中央軍委委員中只有張春橋等極個別“文革派”骨幹。中央文革的力量被排斥在軍委領導機構之外，林彪對軍隊的控制力加強了。

對於周恩來主持中央日常工作，林彪的態度非常明確，多次要求軍委辦事組參加政治局工作班子的同志全力支持周恩來，說“你們要把總理(周恩來)當作軍隊的領導。總理的事就是軍隊的事，他對你們說的話就是對軍隊的指示，一定要照辦。”(10)

周恩來在毛澤東的信任、林彪爲首的人民解放軍的支持和政治局工作班子大多數成員的協助下，開始了他主持中共中央日常工作和全面處理中國黨、政、軍日常事務的"執政"生涯。

中央裡"江青問題"突現

1966年以來江青"一鳴驚人"成爲"文化大革命的旗手"，不僅參與中國高層政治決策，很快又把持了中央碰頭會，權力曾不可一世。"九大"後中央改變了日常工作方式，江青就成了"重要閑人"。政治上不甘寂寞的她在中央裡經常惹事生非，"江青問題"突出了。

爲什麼江青不能以中央領導中普通一員的身份工作？因爲她心中有氣。

中央碰頭會被取消了，江青沒有了"稱王稱霸"、耍逞威風的"衙門"。

中央文革名存實亡了，江青"嘔心瀝血"搞文革的歷史功績被人忽視。

中央領導機構重建了，江青爭取政治局常委的努力失敗，反到爲他人做"嫁衣裳"。軍隊領導幹部各據要職，黨內元老也留在了中央委員會裡，而造反派頭面人物卻很少有人占居高位，真是"白忙活"了一場。

江青和她中央文革的幾位"戰友"表示了對中央新的工作方式的不滿。

其一，江青等人遲到、亂鬧，讓周恩來無法領導政治局正常辦公。

據筆者向當時參加中央辦公的人瞭解，政治局基本上每日開會辦公，一般晚上九點開始，翌日淩晨三時結束。起初江青次次遲到，張春橋、姚文元也好不了多少，他們一起遲到兩小時以上是常有的事，更長的時間也有。過去碰頭會江青不到不開會，現在周恩來是准時開會不等待。江青來了，周恩來頂多客氣一句“江青同志，我們已經開始了。”江青有時凶狠地沖撞一句“我是多餘的”，然後就與周恩來糾纏、叫政治局無法開會。有時她叫人弄飯來吃，工作人員爲侍候她進進出出，江青一個人坐在會場中享受著美餐，叫大家不能辦事。江青折騰了幾次後，看周恩來忍讓不理睬，有時索性就不來了，張春橋、姚文元也效仿，使一些需要他們參與討論和表決的事辦不成。

過去江青稱身體不好而滯壓中央辦公的文件是常事，無人敢問，但這時有人敢對她說“不”了，黃永勝很早就有過抵制，此時更是如此。有一次，江青推說身體不好，一個月沒看文件，黃永勝則在一份文件上畫了一個圈，寫了“擬同意”。江青卻罵道：“黃永勝有什麼資格閱批我批的文件，這是奪我的權，是政治野心！”(11)江青罵也罵了，鬧也鬧了，卻無可奈何。

其二，江青等人用各種繁瑣雜事干擾政治局處理主要業務工作。

政治局工作會議上討論的絕大多數問題是中國政治、經濟、外交、軍事方面急需處理的大事。江青等人總是插進別的議題空談，只要江青感興趣的事，說上半天也不嫌煩。比如“樣板戲”裡的角色、台詞、唱腔、服裝、化妝、道具等瑣事，也要在政治局會上探討細微，至少說了幾十次，每次都要有幾小時，談一個晚上的時候也有多次。周恩來有涵養從不去打斷他們，就和其他政治局委員很默契地“各自爲戰”，在會場上大家分別閱讀處理自己分管的文件和事情。大家雖然是在一起集體坐著，卻是個人分別辦公，以此對江青等人進行抗議。

久而久之，一些人對江青開始抵制。比如，江青搞樣板戲常常在天橋劇場現場辦公，爲了方便，要在那兒安裝一部軍用直通電話。黃永勝不同意：“不是軍營，怎麼能裝軍用電話？”(12)堅決不給江青辦。

江青曾在1966年底爲她的“革命樣板劇團”爭取到了可以列入人民解放軍建制，並公開向外宣布，但事後卻不了了之。江青的“革命文藝戰士”只好和紅衛兵小將一樣穿著沒有帽徽領章的軍裝，顯得不倫不類。此時，江青又提出讓“革命樣板戲劇團”正式加入軍隊建制，卻遭到軍委辦事組的堅決抵制。江青退了一步，至少讓他們穿上文革中引爲榮耀的配有紅五星紅領章的解放軍正式軍裝。邱會作反對江青的要求說：“又不是軍人，怎麼能隨便發軍裝？”(13)硬是讓江青碰了一鼻子灰。江青不時插手軍隊工作，黃永勝屢予抵制，有時甚至在會議上發生沖撞。(14)

筆者所知軍委辦事組抵制江青之事不勝枚舉，爲尊重當事人對史實敘述的優先，這裡只從已經公開發表的文章中簡要摘錄一二。

其三，江青等人仍想以中央文革名義發文件，維持他們固有的“領地”。

江青把持的中央碰頭會停止了，可是中央文革名義上還在。江青想借中央文革這張牌“唱戲”，以中央文革名義辦事。但此一時非彼一時也，陳伯達向毛澤東的一個請示讓中央文革“壽終正寢”。陳伯達回憶道：

“江青的卑鄙野心，作了不少‘天開異想’。九大一結束，她即要把她個人突出在中央之上。她還要用‘中央文革’名義重新發表她在上海的那個‘座談會紀要’，‘要大家學習’，文件送到我處，我寫上：‘凡是中央文革小組文件都必須由毛主席批’。毛主席一見文件，就把‘江青同志’四個字勾掉了。總之她在北京並不如意，她和張春橋、姚文元在一段時間裡回到上海去議論他們在九大後的各種計謀。他們爲什麼不在北京呢？因爲中央的會，中央的事，還是周恩來同志主持，他們的陰謀詭計遇到了阻力。”(15)

從那以後再沒用“中央文革”的名義發中央文件。幾經周折，“九大”後中央政治局呈報毛澤東的“中央和國家機關精簡方案設想”中排在黨中央機關第一位的中央文革，並未作爲黨中央的一個常設機構保留下來。(16)

陳伯達一直擔任中央文革組長，爲什麼倒是他主動“停止”了中央文革的活動？爲什麼江青等人對陳伯達有著近乎“刻骨”的恨？這些費解的事一經點破內幕，頓時令人恍然大悟。陳伯達即便作爲“徒有虛名”的中央文革小組組長，也不能爲江青所容，多受江青等人排擠打擊，曾幾次流露出不想再幹的念頭，都被林彪勸止。“九大”前很早的時候，林彪對想辭去中央文革組長一職的陳伯達說，“你不占住這個位子(中央文革小組組長)，她(江青)就會上去，禍害的人會更多。”(17)

“九大”之後，參與中央日常工作的任何人都回避不了受“江青問題”的影響，要麼你反對她，要麼你與她合流。

迄今爲止中國史學界缺乏對江青的深入研究，多把她概念化成一個政治小丑。筆者認爲，對任何歷史人物都不能人爲地美化，也不能刻意地醜化，只能科學地研究。對毛澤東、鄧小平如此，對林彪、江青亦如此，對蔣介石、國民黨也要如此。他們是時代的產物，只能把他們當成歷史上重要的政治家(哪怕是失敗者)。他們是社會發展和矛盾衝突的關鍵人物，離開了他們的真實的活動和思想，就不能從科學的角度審視過去，就像一部歷史“劇”中的對手戲“主角”沒了表演和台詞一樣，那不是歷史，只是勝利者自己的聲音。

“江青問題”的實質是什麼？

一般的人認爲江青是作風不好，有野心。而林彪認爲她只不過是個“老婆”而已。林彪對江青的態度，他身邊工作人員的回憶中多有記載，無需贅述。且不說林彪對江青的蔑視出於什麼心理，但他是對江青等文革派的一種政治制約。誰要是繼續重用文革派，就得打破這種制約。

“周恩來對江青的認識與眾不同，認爲‘江青問題’是關係到全黨的‘政治大問題’，一定要處理好，否則會影響全黨全國的大局。因此，周恩來對江青處處關照，愛護，幫助，忍讓，甚至有時有些放任，只要她不鬧事就好。”(18)。

江青是毛澤東發動文化大革命的主將，是文化大革命的旗幟，是衝鋒在前不回頭效死力的“過河卒”。不僅江青如此，張春橋、姚文元等人亦然。許多事看似張姚表演，實爲江青所爲，說到底還是毛澤東。有文革史的研究學者說，毛澤東和江青的關係是“夫妻店”裡他和“文革女老闆”的關係(19)，此言有所誇張，卻也形象生動。

周恩來長期在毛澤東身邊工作，善於窺視毛的內心世界。“江青問題”的實質就是“如何對待文化大革命的問題”，就是“如何對待毛澤東的態度問題”。很多人對此疑惑不清(至今亦然)。周恩來那時便有如此清醒頭腦和見地，實屬不易，何況他還認真落實於實踐。對此，邱會作回憶到：

“周恩來在主持中央政治局工作班子的過程中，終於形成了一個‘模式’，其核心就是中央政治局和毛主席個人的關係問題。文化大革命前，中央政治局常委們是平等的(至少在口頭上是這樣)，實行的是民主集中制，毛主席是中央常委會一班人的‘班長’。雖然中央政治局常委會以毛主席爲主，常常是他一個人說了算，但形式上毛主席只是一票，在名義上並沒改變成員之間的‘平等’地位。但是周恩來執政後，他正式地把毛主席放在高高淩駕於中央政治局之上的位置上了，政治局及其常委會成了毛主席的‘從屬’，黨的政治局領導集體要向毛主席個人請示工作，聽從他的指示。那個時候，周恩來對重大問題是向毛主席寫書面報告(同時也報林彪)。他在參加毛主席接見外賓等活動時，有些事還當面請示，有時還約毛主席面談。在周恩來主持政治局處理問題時，凡他認為有必要的，討論後會請汪東興、葉群分別向毛主席、林彪口頭匯報。毛主席的批示和汪東興帶回來的口信，很快就在政治局內傳達學習。政治局起草的中央文件，只有在毛主席批准或劃圈後才能發出。”(20)

在毛澤東親自發動和領導的文化大革命中，周恩來極力“保持晚節”，遵循“順守”之道，緊跟毛澤東的“戰略部署”，經過不懈的努力，終於使中央政治局工作會議取代碰頭會處理中央日常事務的工作方式運轉了起來。

文化大革命的亂局得到扭轉

“九大”後周恩來主持中央日常工作和原來的碰頭會相比，議行政事務多了，議國家的實際工作多了，議經濟建設問題多了，對於那些僅僅是江青等人感興趣的事，議得少了。如果你用心地翻閱一下《建國以來毛澤東文稿》中毛、周之間那時的來往請示和批復，再細讀《周恩來年譜》中他的工作記錄，對此肯定會有深刻體會。

盡快把國家穩定下來，抓好經濟建設，是包括周恩來在內的中央大多數領導成員的想法，陳伯達為“九大”準備的題目為《為把我國建成強大的社會主義國家而奮鬥》的政治報告，不僅和林彪商議了，也和周恩來交換過意見(21)。毛澤東沒有採用它，另擇張春橋等起草的報告，更多是從政治上考慮。討論政治報告稿時，陳伯達堅持“還是要發展生產，搞好生產，提高勞動生產率。不能盡搞運動、運動”張春橋反駁說那是“唯生產力論”。而毛澤東說“考慮在報告上添進陳伯達的意見”(22)

周恩來主持中央日常工作後，常把經濟建設當成中央的重要議題之一。引人注目的是，1969年9月中央政治局爲慶祝國慶二十周年提出口號時，周恩來把"鼓足幹勁，力爭上游，多快好省地建設社會主義！"這個五十年代大搞經濟建設時的"總路線"列入其中。(23)幾天之後，周恩來在軍委戰備工作會議談到"九大"後國內的新形勢、新任務時說："要發揮黨的領導作用，不能再搞奪權。我們還應努力實現第四個五年計劃和第五個五年計劃，在不遠的將來，把中國建設成爲一個偉大的社會主義強國。"(24)周恩來強調的是那個沒有被採用的政治報告裡的思想，並大膽地進行了貫徹。

"九大"後以周恩來爲組長的國務院業務組立即得到充實，其成員都是有實際經驗的老幹部，如李先念、謝富治、李富春、余秋里、粟裕等(25)，沒有一個文革派"空談客"。國家機關進行了大刀闊斧的改革，各項業務都在恢復。曾一度受到嚴重衝擊而亂了的中央領導機構得到精簡和重建。作爲國家政治穩定重要象徵的外交，中國取得了長足的進步。在中國支持下，開展"抗美戰爭"的越南等國於1970年4月在廣州召開"三國四方會議"，中國的力量深入了東南亞。"九大"至1970年8月之前的一年多時間裡有二十多個國家的元首和政府首腦訪問了中國，朝鮮領導人金日成的來訪修復了中斷多時的兩國之間的傳統盟國關係。法國總統戴高樂正醞釀的訪華將是中國打開西方大國圍堵的一個缺口。中國和與之緊張軍事對恃的蘇聯坐在了談判桌上，邊境武裝衝突已經停止。中國和另一個爲敵二十年的對手美國正通過秘密渠道進行了聯繫，打開中美關係大門的實質性接觸已經開始。

從1969年開始，中國扭轉了1966年文革發動後國民經濟下滑的趨勢，工農業生產全面開始恢復和上升，鋼鐵、石油、煤炭、鐵路建設、軍工生產、科學技術多方面均取得了舉世矚目的成績。1969年工業總產值創建國後的新高，農業獲得了歷史最好收成。9月23日中國第一次地下核試驗成功，有了具有實戰意義的核武器，1970年4月24日發射了第一顆人造地球衛星，幾個月後第一艘核潛艇又試驗成功，標誌著中國在高科技領域上歷史性的突破，成爲僅次於美國、蘇聯之後的又一個同時掌握核威懾力和能探索外層空間的大國。那時中國可以說是工業發展、農業豐收、火箭成功發射、人造衛星上天。二十年後鄧小平坦誠地回顧說："如果六十年代以來中國沒有原子彈、氫彈，沒有發射衛星，中國就不能叫有重要影響的大國，就沒有現在這樣的國際地位。"(26)

我們把中國文革十年裡的經濟發展速度做一個圖表，數據來自中國國家統計局的《中國統計年鑒》(27)。

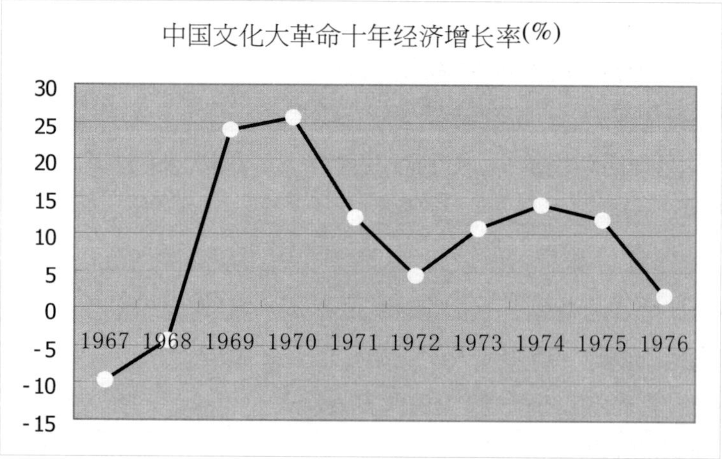

從圖中的曲線我們發現，1969至1970年、1974至1975年是十年文革裡中國經濟發展最快的兩個階段。1969增長爲23.8%，1970年達25.7%，雖然這種增幅含有對前兩年國民經濟的負增長進行補償和恢復的性質，但畢竟在快速增長。1972年中國經濟又開始向下滑，跌到了

4.5%，至1974年鄧小平復出後主政時再次上升，達到了14%，“批鄧”以後又下跌到1976年的1.7%。文革十年中國經濟增長的兩次高點與中間的低谷形成了一個“馬鞍形”(M形)。如果懷疑那時統計“虛假”不足采信的話，可以再看一下《中國統計年鑒》中記載的同時期的能源消耗變化，它的年增加情況和國民經濟走勢相同，1970和1975年也是“馬鞍形”的“前鞍”和“後鞍”。

在這張經濟增長速度圖的背後我們能悟出什麼嗎？當然有！

凡是江青等文革派權力小、受制約時，中國經濟就發展；凡是江青等人得勢、干擾多時，中國經濟就進入低谷。進而研究，凡是毛澤東器重文革派時，江青權勢就大，文革就搞得歡；凡是毛澤東冷落他們時，江青的權勢就小，國家就較爲安定。這個人們不易看見的“政治圖”也是“馬鞍形”，只不過是隱藏在經濟發展背後的“倒馬鞍形”罷了(W形)。如此分析，就不難理解渴求經濟發展、盼望過上美好生活的中國人民在打倒“四人幫”時歡天喜地、舉國歡騰的心情了。

中國政治和經濟形勢的迅速好轉使得一些重要問題急需解決。1967年“一月風暴”後“革命委員會”成爲了中國的地方政府，其形式多少有些“違憲”；大批造反派靠“四大”走上政治舞臺，連個合法的“名分”都沒有。毛澤東想到了召開全國人民代表大會，完成對憲法的修改，國家機構的重建，新領導人的任命，以此來鞏固文化大革命的“偉大成果”。於是召開第四屆全國人民代表大會和中共九屆二中全會便擺在中央的議事日程之上了。

對於中國經濟的回升，多數人把它歸結爲社會安定、以經濟建設爲中心的結果。1967年毛澤東曾說文革“一年開張；二年看眉目，定下基礎；明年結束。”(28)1970年來臨之際，文化大革命已經取得了“偉大勝利”(實際是混亂結束)。或許有人認爲，如果沒有後來發生的廬山會議鬥爭和“九一三事件”等，文化大革命也許會以進行三年之久而畫上了它的句號。

然而並不是所有的人都那麼看，至少有一個重要的人物不那麼看，他就是掌握中國政治走向的毛澤東。毛澤東認爲只有“抓革命”才能“促生產”，只有無產階級文化大革命才能解放生產力、推動中國的社會進步。這個細微不易爲人所察覺之處，邱會作有一個很好的回顧。他於1970年夏天陪同來訪的朝鮮軍事代表團到上海去接受毛澤東的接見，之後毛澤東留住邱談了一會兒，說“你(邱)到上海來瞭解一些社會情況吧！這樣你對於文化大革命的理解會多一些、深一些。上海文化大革命是好的，社會秩序比較好，生產每年增長百分之二十以上。‘工總司’起到很大的作用。對造反派不加分析的看法是不對的。”“毛主席知道我們厭惡造反派，總是把造反和動亂視爲一體，他就硬是要搞個‘革命造反促生產’的典型給我們看，以此教育我們提高認識，端正對文化大革命的看法。”(29)

爲何此時此刻毛澤東向林彪等人發出這樣的“信號”？

重讀張春橋主筆、受到毛澤東好評的“九大”政治報告裡一段話或許會有啓發，那是對集中力量搞好經濟建設觀點的反駁，“毛主席總是教育我們：‘政治工作是一切經濟工作的生命線。’列寧曾經這樣痛斥那些反對從政治上看問題的機會主義者：‘政治同經濟相比不能不占首位。不肯定這一點，就是忘記了馬克思主義的最起碼的常識。’”(30)沒有想到毛澤東的憂慮和告誡居然成了對“九大”後中國形勢的一次“成功預言”。

那時，中國曾有過一個經濟發展的“春天”。然而，減少江青等人干擾而來的安定團結是脆弱的，用“革命”促成的經濟發展不能持久，因爲經濟只能按著它自己的客觀規律運行，不以人的主觀意志爲轉移。脫離中國社會實際的文化大革命所造成的“大好形勢”會帶來什麼，是光明美好的前程嗎？歷史昭示我們，在“以階級鬥爭爲綱”的年代裡，凡是中國的經濟發展好了，其後必有一場政治風波。上個世紀五十年代中期經濟上的進步帶來的是“反右鬥爭”、“大躍進”及隨後的“三年災害”。六十年代中期中國經濟好不容易從複蘇達到繁榮，緊跟而來的是文化大革命。中國七十年代初經濟上的“春天”會帶來什麼呢？一場什麼樣的政治角逐正在醞釀之中呢？讓我們從經濟再回到政治中去看一看。

“文革派”的政治勢力逐漸縮小

“九大”後中央裡一度體現了“團結”。其內因是“團結勝利路線”爲民心所向，黨心所求；其外因是大敵當前，蘇軍陳兵百萬於中蘇中蒙邊境，軍事壓力巨大。中央內部兩派摩擦不斷，倒也相安無事，達到某種暫時的政治平衡。

隨著全國局勢的穩定、經濟全面好轉和國際環境的寬鬆，中央裡兩派之間矛盾鬥爭再次突顯。也許一時還談不上是“路線鬥爭”，卻可以用一句文革流行語來描述，那就是“派性”。

中國共產黨幾十年的發展史上派別鬥爭不斷，常寓於“路線鬥爭”、“山頭主義”之中，尤以毛澤東和“國際派”王明、和紅四方面軍張國燾的鬥爭最爲激烈。新中國成立後黨內派別依然，至少有三個特殊理由：其一，中國沒有政黨輪替，不同政見多以派別形式在唯一的執政黨裡體現；其二，中國革命是從獨立分散、各有其領袖的根據地逐漸走向統一，歷史的慣性不可低估；其三，那時的中共高級幹部多出身於落後地區的農民，封建農耕文化裡的地域、族群和宗派思想深植於他們頭腦之中。

在中國高層權力的複雜關係中，誰是幫，誰是派？誰是錯，誰是對？在缺少法理觀念的中國人心目中，常用傳統文化中的一個思想進行判定，那就是"名份"。"名份"在中國人心目中的重要遠非外人可以想像，通常是判別是非的首要標準。

如對文化大革命中參與中央工作的人以"名份"而論，文革興起之初，身居要職的元勛們參加碰頭會是"名正言順"，而初涉政壇的中央文革小夥計們是幫派。1967年反擊"二月逆流"後，碰頭會成了"無產階級司令部"，中央文革當家"名正言順"，其他人若不服從便是幫派。"九大"後中央政治局工作班子執政是"名正言順"，如有人背後再搞活動應當是幫派。然而，中國那時還有個最大的"名份"，毛澤東是具有無上權威的最終裁定者，他支持的才是"名正言順"的革命派，而另一派遲早要垮臺"敗爲寇"。

鄧小平打破了這個法則，以極大的政治勇氣把毛澤東生前欽定的"接班人"華國鋒拉下馬，胡耀邦擔任了黨的總書記，無私無畏，開展"思想解放運動"，打破"兩個凡是"束縛。實踐是檢驗真理的標準，它讓任何思想禁錮在科學和事實面前顯得那樣蒼白無力，使我們今天能夠把中國政壇風雲人物當成歷史科學研究的對像予以公開評論，各抒己見，百家爭鳴。

爲了闡述觀點，請先看一下"九大"前後中國的"政治版圖"——全國各省、市、自治區革命委員會主任一覽表。(31)，筆者在其中略加了附注：

全國各省、市、自治區革命委員會主任一覽表

（以成立時間為序，黑體字加星號者為現役軍人）

1	黑龍江	潘復生 原黑龍江省委第一書記	16	吉林	**王淮湘** **陸軍十六軍政委 少將 ***
2	山東	王效禹 原青島市副市長	17	江蘇	**許世友** **南京軍區司令員 上將 ***
3	上海	張春橋 原上海市委書記處書記	18	浙江	**南萍** **浙江省軍區政委 少將 ***
4	貴州	**李再含** **貴州省軍區副政委 大校 ***	19	湖南	**黎原** **陸軍四十七軍軍長 少將 ***
5	山西	劉格平 原山西省副省長	20	寧夏	**康健民** **寧夏省軍區司令 少將 ***
6	北京	**謝富治** **公安部部長上將***	21	安徽	**李德生** **陸軍十二軍軍長 少將 ***
7	青海	**劉賢權** **青海省軍區司令員 少將 ***	22	陝西	李瑞山 原陝西省委第二書記
8	內蒙古	**滕海清** **北京軍區副司令員 中將 ***	23	遼寧	**陳錫聯** **沈陽軍區司令員 上將 ***
9	天津	解學恭 原天津市委書記	24	四川	**張國華** **成都軍區政委 中將 ***
10	江西	**程世清** **福州軍區副政委 少將 ***	25	雲南	**譚甫仁** **昆明軍區政委 中將 ***
11	甘肅	**冼恒漢** **蘭州軍區政委 中將 ***	26	福建	**韓先楚** **福州軍區司令員 上將 ***
12	河南	劉建勛 原北京新市委書記處書記	27	廣西	**韋國清** **廣州軍區政委 上將 ***
13	河北	李雪峰 原華北局第一書記	28	西藏	**曾雍雅** **西藏軍區司令員 少將 ***
14	湖北	**曾思玉** **武漢軍區司令員 中將 ***	29	新疆	**龍書金** **新疆軍區司令員 少將 ***
15	廣東	**黃永勝** **廣州軍區司令員 上將 ***	30	台灣	——

“一元化”領導的各省革委會主任、省委書記中現役軍人占了七成多，而各省的縣級革委會由軍人擔任主任的多在80%以上，最多的雲南和湖北省居然占到了97% 。(32)有人詬病那是軍人參政，是國家政治生活極不正常的表現。的確如此！但是對於中國共產黨來說，這是走“以武裝鬥爭奪取政權”之路所要付出的必然代價，也是文革發起“天下大亂”後想穩定局面的無奈之舉，更是毛澤東利用了承擔捍衛獨立主權職能的國家武裝力量幹預內政、保障文革的“創舉”。若要評論軍委辦事組在文革中發揮的作用，借1981年《關於建國以來黨的若干歷史問題的決議》對“三支兩軍”的評價到也合適，“對穩定局勢起了積極的作用，但也帶來了一些消極後果”。“三支兩軍”於1972年後迅速收縮、收尾，用以上論述評價此前的工作正當其實。

研究這份中國的“政治版圖”會發現，“九大”之後不久有幾個省的“第一把手”換了人：山東的王效禹為濟南軍區司令員楊得志所取代，山西的劉格平為山西省軍區司令員謝振華所取代，貴州的李再含為昆明軍區副政委蘭亦農所取代，黑龍江的潘復生為沈陽軍區副司令員汪家道所取代。這些重大的人事調整，除黑龍江省稍晚些外，大多在九大結束後不到一年之內就完成了。

後來有人評論，“九大”後林彪急於向文革派“奪權”，因為這四個省份是1967年1月與上海造反派同時發起“一月風暴”奪權而在全國成立的最早的五個“革命委員會”。何況自文革開始以來，王效禹、劉格平、李再含、潘復生都是較早領會和積極擁護毛澤東的文革路線，在反對“劉少奇資產階級司令部”的鬥爭中有過不凡的表現並率先在當地支持造反派奪權的領導幹部。他們因而深得毛澤東的賞識，成為當時中國政治舞臺上幾顆耀眼的“政治明星”。

王效禹等人下臺主要是他們自身的問題，因爲那四個省到彼時仍然混亂不止，工農業發展停滯，各派力量矛盾重重，地方和軍隊的關係緊張。周恩來主持中央政治局多次開會，採取種種措施，仍然不能解決問題，於是就提名所在地的軍隊領導幹部取代他們，請示毛澤東得到批准。

在那些敏感地區的敏感人事變動中，清一色地由軍隊幹部主持一方政務，使那份全國"政治版圖"更爲偏激，難道不會"物極必反"？與其說林彪於此失策，還不如說是毛澤東在對軍隊充分"利用"。利用過後如何限制和削弱，毛澤東心中自有謀略，從九屆二中全會後要求軍隊"反驕破滿"開始造輿論，或借有人去世更換(如譚甫仁、謝富治等)，或因故進行撤職(如龍書金、程世清、蘭亦農等)，最後再突然來了那個有名的"八大軍區司令調動"，那些軍隊的領導再也不擔任地方的"第一把手"職務，從而改變了原來的那個"政治版圖"。

然而在當初，要想作爲一個負責任的政治家，林彪必然要有自己的組織準備。儘管林彪以悲劇告終，但並非不能對他進行研究。筆者認爲林彪至少有兩個重大失誤：一是輕視了"江青問題"，以爲把"接班人"寫進黨章，事情就會當真，猶如他的前任劉少奇一樣犯了毛澤東的大"忌"。二是他不是用"團結"的方法，"韜晦"的謀略，而是極力壓制文革派，想盡快把自己的政治對手逐出政壇，太露鋒芒。歷史證明，像葉劍英、鄧小平那樣韜光養晦，把事情放到毛澤東身後去辦才是大謀略的政治家。

爲什麼林彪那時會有如此表現，原因固然很多，筆者在這裡提出三個過去少爲人們注意、然而卻十分關鍵的因素。

其一是周恩來的合作。

"九大"後周恩來和林彪良好關係加強了，這一點爲很多史學家不願說，或不敢說。林周關係遠比現在人們所見深得多，不僅可以追溯歷史的久遠，文革中表現亦十分豐富。周恩來在“九大”全體大會上公開對林彪頌揚，把那個中國家喻戶曉的“朱德上井岡山與毛澤東會師”的故事演繹成林彪是領導部隊走上井岡山的“光榮代表”，可謂是歌頌林彪的一曲“絕唱”。

周恩來是如此地說，又是如何地作呢？對於周恩來和軍委辦事組的關係(實際就是和林彪的關係)，邱會作回憶道：

“周恩來與我們軍隊幾個領導同志的關係非常融洽，對軍隊的工作非常支持。軍委辦事組向中央的報告一般有三種：1、例行報告；2、軍事報告；3、特殊問題的報告。前兩種報告直接送汪東興呈報中央軍委主席毛澤東，第三種報告直送周恩來，周是能批的則批(周對此很肯擔責任，與他辦其他事大不一樣)，不能批的周恩來就請示毛主席批(送批本身已有了傾向態度)，批回來再在政治局傳閱，有些不方便的事就不傳閱，因此軍隊內的許多事情文革派那一邊不知道。周恩來給了軍隊最大限度的支持。文化大革命中，軍委辦事組能夠開展很多方面的工作，能把各項任務完成好，和周恩來的大力支持是分不開的。”(33)

周恩來主持中央日常工作，受到林彪的支持，反過來，也給以林彪領導的人民解放軍開展各項工作、抵制江青等人予以支持或配合。

其二是陳伯達向林彪的靠攏。

陳伯達在文革中的表現頗具戲劇性，身爲中央文革組長卻成了反對文化大革命的“林彪死黨”，長期掌管中共思想理論戰線的權威突然變成“國民黨反共分子、托派、叛徒、特務、修正主義分子”。 這是爲何？

陳伯達1937年到延安開始與毛澤東合作，長達三十三年之久。文革開始之際，陳伯達緊跟毛澤東出了力，但是仍然被毛澤東感到有些“不配合”。我們略舉幾例說明。

文革醞釀之際，毛澤東對劉少奇已極爲不滿，陳伯達卻想讓他們和好，說“少奇同志是很純的共產主義者，現在主持中央工作，整他，對黨對國家不利。”(34)文革伊始，陳伯達並不想當中央文革組長，周恩來代表毛澤東對他施加壓力說“如果你不幹，中央就沒法安排你的工作了”。(35)陳被迫上了任。經歷過文革的人會記得，陳伯達常說自己是“小小老百姓”、“劉盆子”。人們對此很不理解，但是知道了中央文革和碰頭會的“霸王”是江青，就能體諒陳伯達難於直言的苦衷了。然而人們又何曾想到，讓“陳老夫子”擔此要職，正是盡快給羽翼尚未豐滿的江青等文革派以極大的權力和發展空間的好辦法。偉人謀略之深，至今令人驚嘆！

1967年“一月風暴”上海造反派奪權，陳伯達表示了反對，說它是資產階級反動路線的新形式，自下而上，只應監督，不要奪權。(36)受到毛澤東的批評陳才改了口。1月25日，爲了防止軍隊混亂，林彪親自口述制定的《軍委命令》在中央文革那裡過關，江青明顯流露出不滿。全軍文革組長徐向前回憶道，“陳伯達把文件塞到我口袋裡，對我說：‘已經通過了，你快點走吧！’”(37)防止了江青等人的阻攔。3月份，中央軍委召開了軍以上高級幹部會議，中央文革要集體到會一次，由康生傳達毛澤東對“劉少奇問題”的交底。陳伯達居然稱有其他事不想參加，惹得毛澤東發出一聲怒罵，“不願意幹的人，給我統統滾！”(38)

至於後來陳伯達聽從林彪的建議，不讓江青取得中央文革組長位置；準備“九大”政治報告，強調要搞好經濟建設；壓制江青，不許再用中央文革名義發文件等等，本文上面已經論述。下面還要談到陳伯達幾次與江青等人作對，直到廬山會議上發動“倒張”。如此種種，陳伯達已經成爲林彪制約文革派的重要力量。

陳伯達爲文化大革命出力時，頗受毛澤東器重；當他對文革消極時，則受到毛澤東冷遇；而陳伯達不願再和江青等人爲伍時，則被毛澤東拋弃。他們三十三年合作中的如此最後三年，被毛澤東誇大說成是"共事三十多年，在一些重大問題上就從來沒有配合過"(39)毛澤東這樣待人，難怪周恩來文革之初就對老幹部們提了醒，"晚節不忠，一筆勾銷！"(40)

九屆二中全會期間，江青等人中間傳著毛澤東對陳伯達一句很重的話，"我這條船還沒有沉，你這頭老鼠就跑走了！"(41)毛澤東的"船"即"文化大革命"之船，1976年毛澤東去世，人去船沉，文革結束。如果陳伯達還在那條"船"上的話，也逃脫不了政治"殉葬品"的命運。

其三是汪東興成爲林彪的親信。

汪東興投向林彪成爲其心腹，是透析汪東興在1970年廬山會議中表現的關鍵，爲此頗需筆墨，這裡舉邱會作回憶的一件事便可讓人信服。

"汪東興1969年底1970年初和毛主席一起在上海，曾受命去東北地區檢查戰備工作，汪東興來往經過北京時，均邀請黃、吳、李、邱到他中南海的家中長談，每次都在四、五個小時以上，談的核心話題就是反江青，反上海幫。汪東興向我們交了毛主席那裡的'底'，主要是：1、主席對林彪是絕對信任的；2、主席對高級幹部厭惡中央文革一夥人很清楚，對張春橋欣賞但不信任；3、主席對江青是又厭煩又無奈，當成政治上的包袱，生活上的累贅，想甩，一時又甩不掉，厭煩得連見她的面都不肯(汪講了毛、江的不少非常秘密的隱私)。可以說，汪東興那兩次和我們的聚會，是爲廬山會議上我們打擊上海幫進行思想準備的一次重要活動。"(42)

林彪和周恩來、陳伯達、汪東興等人的關係，加上中央軍委辦事組的政治和組織力量，毛澤東絕不會忽視。他1970年8月在廬山上說的那個“軍事俱樂部”，應當早就在他的政治視野之中。

從某種意義上說，那個“軍事俱樂部”是被逼出來的，僅一例即可說明。1968年秋中央決定黃永勝率中國黨政代表團訪問阿爾巴尼亞，江青不許他去，毛澤東表態批准了，但周恩來還要帶著黃永勝去向江青“賠罪”。周恩來再三叮囑黃、吳二人要忍耐，不管江青講什麼，你們都不能當面頂撞，要講團結。到了好一會兒，江青才從樓上姍姍下來，站在樓梯上就指著黃、吳劈頭蓋臉地罵起來，說：你們帶著紅五星，兩面紅旗(指帽徽、領章)，不以爲恥，反以爲榮，紅五星是老娘我給你們爭來的！(43)在毛澤東早年井岡山起家時就追隨他的老將軍尚且經常受江青如此欺辱，眾多的軍隊老幹部怎麼能不聚在一起來抵抗她呢？

以前江青把持中央碰頭會，周恩來不得不屈從忍辱，其他人更是怕她。“九大”之後情況截然不同。那時中央裡老幹部作爲一個政治群體已被中央文革打散了，只有軍隊沒有亂，軍隊主要領導幹部是唯一可以與江青等人抗衡的整體力量。林彪等人的抵制，不論出於何種目的，即使沒有結夥，也會被毛澤東看成是和以前的彭德懷一樣，是個以軍人爲主的“俱樂部”式的政治集團。

於文化大革命發起後形成、在碰頭會時期結幫的康生、江青等人在“九大”後並沒有“散夥”。有人說他們是在廬山會議上才形成四人幫(44)，筆者認爲要早得多，成員先後有異，幫派早已存在。只不過“九大”後江青等人的派別活動在林彪等人的壓力下更加緊密罷了，因爲他們不那樣，就無法抗衡那個“軍事俱樂部”。

中央裡兩個派別的爭鬥一開始就帶有著政治色彩或是"路線"問題。在毛澤東領導打倒劉少奇的鬥爭中它一度被掩飾，此時已經開始激化並逐漸清晰，讓人一目瞭然。

江青等人不搞文化大革命就沒有政治前途，就不會被毛澤東器重，就不可能在中國高層保住其地位，而且一旦丟掉權勢，還要承擔"禍國""亂黨"的罪名。他們還要發動一個又一個的運動，鞏固文化大革命的偉大成果，堅決把"無產階級專政條件下的繼續革命"進行到底。

對於另一些人來說，"文化大革命"更多是他們表示擁戴毛澤東而經常要喊、不得不跟的政治口號。林彪對無休止的運動已經厭倦，而在考慮國家如何盡快轉入正常的建設。那時林彪正爲他在四屆人大講話做準備，先搞調查研究，題目是怎樣抓革命促生產，(45)並想促成和推動"九大"後中央的工作走入這個方向。然而，中國歷史上因爲沒有政治力量而無所作爲甚至死於非命的"接班人"比比皆是。毛澤東對林彪談到今後的接班人時"曾提到張春橋"(46)林彪不願意文革派強大而取代他，就不能讓他們沒完沒了地搞文革而受寵。我們不應當過多地指責毛澤東、劉少奇、林彪、江青等人在那場接班人角逐中的對與錯，因爲文革混亂中的中國沒有法制化的、程序化的、民主公開的國家最高權力傳遞制度，才是事情的真正根源。

文化大革命進行到彼時，中央裡的軍隊派和文革派已經失去了團結的基礎。雙方矛盾繼續加深成爲必然。那時江青等人多少有些害怕林彪，尤以張春橋、姚文元爲甚，無論是聽老人們說起，還是從那時的新聞電影和照片看，他們和林彪在一起的場合，很是拘束，甚至有些懼怕，有時連靠近林彪都不敢，離得遠遠的。

毛澤東寵愛的文革幹將們這麼害怕林彪，無疑是林彪的災難。因爲這是挑戰毛澤東絕對權威的一個側影。身居政治局委員高位的張春橋、姚文元等人尚且如此，那麼黨內眾多的高級幹部，特別是那些靠文革起家的人心目中就有了另一個決定他們命運的主宰。這實爲封建文化爲基礎的中國歷朝歷代統治游戲規則的大忌！

然而，“九大”後已經被過分削弱的江青等人從中得到了一個“實惠”，他們成文化大革命眾多象徵人物中僅存的碩果，成了取得打倒劉少奇“偉大勝利”的光榮代表，成爲毛澤東繼續堅持文化大革命最可信賴的中堅力量。於是，對江青等人的態度最終演繹成了對待文化大革命的態度，演繹成了對待毛澤東的態度。

那時江青等人曾一度被制約，有人誤以爲文革派會逐漸淡出政治舞臺(後來鄧小平復出1975年執政時情況亦然)。持這樣觀點的人忽視了一個最爲重要的因素——毛澤東，忽視了治國者的權謀藝術——政治平衡。

在毛澤東領導中國共產黨取得巨大革命勝利的過程中，黨的幹部隊伍中涌現出大批優秀人才。他們在革命戰爭、經濟建設、國務活動中有過非同凡響的出色表現。但是，在中國這個特殊的“政治大舞臺”上，在中國革命“長劇”文革這“一幕”中，“謀事在毛”！讓哪些“角色”上臺表演，哪些“角色”下臺靠邊，哪些“角色”謝幕離場，哪些“角色”坐冷板凳聽候再次亮相只有毛澤東才有權決定。而毛澤東運用這種權力時，常爲人們不易察覺，難以琢磨。若是有人敢於攪了毛澤東的局，想以自己的好惡來干擾“角色”的進退，一定會受到毛澤東的迎頭痛擊。當那些想有所作爲的政治家在撲朔迷離的“劇情”中發現毛澤東仍然是堅持文化大革命，支持文革派，反對任何可能的復辟和翻案時，已經爲時晚矣，只能當個失敗者的“角色”聽從毛澤東的擺布了！

江青向中央工作新格局挑戰惹起爭端

1970年來到了，在人們沒有預料它是多事之秋時，情況有了微妙的變化。

江青等人是文化大革命中毛澤東扶植起來的重要政治派別，難道就這樣淡出政治舞臺？他們再和陳伯達糾纏，和軍委辦事組去爭鬥難以改變局面，於是“文化大革命的旗手”江青親自上陣，矛頭直指主持中央日常工作的周恩來。

江青在文革中多次整過周恩來，在中共黨史研究中多被重筆提及，爲的是把周恩來和江青劃分開來，把周恩來與文革的責任劃分開來。可是“九大”後江青對周恩來的幾次攻擊，常常被人忽略。我們看到《周恩來年譜》1970年5月17日有這樣的記載：“江青私自召集姚文元、黃永勝、吳法憲、李作鵬、邱會作、謝富治等開會，誣稱周恩來‘在亂中看不清方向，作不出決策’，吹噓自己是很成熟的領導幹部，可以掌握國家的全盤領導。”(47)

筆者從幾位當事人那裡得知，江青那天對周恩來的誹謗是前所未有的惡毒，從周恩來歷史上的“罪行”說到文化大革命嚴重錯誤，不僅亂說事，還誹謗周的人格和個人品質，實在令人發指。但《周恩來年譜》只是簡單地一筆帶過，爲何如此？是江青誹謗周恩來不夠厲害嗎，是她整周恩來不夠狠毒嗎？

1969年底到1970年5月，江青背著周恩來曾經四次和在京部分政治局委員“談話”發泄對“九大”後中央工作的不滿，後兩次是專門誹謗周恩來的。對此深做研究，有助於瞭解那一段歷史真相，好在有人給我們留下了難得的史料。邱會作回憶，江青5月17日那天攻擊周恩來，黃永勝當場於以反駁，帶頭中途退場抗議，並立即到林彪那兒作了匯報。以後的情況是這樣的：

“林彪說：‘最近以來，江青攻擊了中央政治局常委的大多數，是嚴重的違紀行爲，應當向毛主席匯報’汪東興立即安排了黃永勝、吳法憲當日晚七點到毛澤東處，而我(邱)則到了周恩來那裡。江青前幾次談話都涉及到周恩來。每次講過之後，我都利用和周恩來一起工作的機會，及時地向周恩來‘透風’。他聽了以後總是表情凝重，壓抑不語。這一次我把下午江青講的詳細地說了一遍，周恩來一聽就覺得有份量，一邊聽一邊做筆記。他非常難過地說：‘唉！這個人呵，幾十年我對她是仁至義盡，能做的都爲她做了，可以說是無微不至，堅持照顧她幾十年呵，人不能不講良心呀！我很感謝軍委辦事組的同志們。你及時的通報，對我有很大的幫助。你們都是老同志，歷史上的事，你們雖然不在中央領導崗位上，但是事情的內容，中央的結論，你們是知道的。老同志就是老同志呀！老同志好哇！’”

“晚上黃永勝說，他們大膽地向毛主席匯報了江青的胡說八道，但毛主席似乎對江青沒有太大的憤怒，僅僅有些‘小責備’，主要還是爲江青‘開脫’。毛主席說：‘對總理的問題，她(江青)是隨便說說的。政治局委員之間談些問題是可以的，但不能專搞攻擊別人的活動。你們(黃、吳)到我這裡來，我不會向她講的，你們也不要說出去。要是她知道了你們來我這裡，講過她的問題，那今後你們的日子就不好混了！’” (48)

林彪和周恩來的關係迄今爲止仍是文革史研究中的“禁區”之一。林彪在周恩來受到攻擊的危難之時挺身而出，仗義執言，不怕得罪毛澤東和江青，可見林周關係之密切遠非人們現在的想像。

毛澤東當然心知肚明，黃永勝到他那兒去告江青的狀，就是林彪在告江青的狀。毛澤東“批評”了江青幾句後，又告誡黃永勝(也是對林彪)，不要把與江青的矛盾擴大，也不要把事情公開，否則“黃永勝”們就會“混”不下去。

周恩來是聞名世界的政治活動家、中國政府總理、中共中央日常工作的主持人，江青爲何敢向周恩來叫板？對此，邱會作記得江青5月17日那天說了幾句他印象很深的話。“‘我(江青)同主席的關係，你們能見到的當然就是夫妻關係了，你們看不到的又是什麼呢？同樣，主席同總理的關係，你們能看到的好像是挺好的，但實質上並非如此，你們看不到的又是什麼呢？’多年以後我(邱)想過，江青如此膽大妄爲，攻擊周恩來，整周恩來，一點沒有‘背景’是不可能的。”(49)

江青等人對周恩來的攻擊沒有奏效，就把矛頭指向了林彪。

林彪和江青的矛盾衝突早在1966年10月造反派衝擊軍隊院校時就明顯了，其發生和發展不在本文論述之中。但是要提請人們注意是，每到文革關鍵時刻，林彪和江青的衝突就會爆發一次。比如1967年“一月風暴”奪權正是江青得勢之時，2月初，林彪與來訪的江青發生激烈衝突，林氣得臉色紫青，身上一陣陣發抖，大叫“葉群！葉群！”並對聞聲趕來的秘書張雲生說：“叫葉群，快把江青給我趕走！”(50)又如，八屆十二中全會把劉少奇永遠開除出黨，文化大革命取得了“決定性的偉大勝利”，而林彪在講話中卻提出人類自古以來有四次“文化大革命運動”(即希臘羅馬的古典文化、資產階級的意大利的文藝複興、馬克思主義、中國文化大革命)。江青認爲這樣講有問題，在林彪的講話稿上做了一些批示後送給林彪，說林彪如果同意，請把她對林彪講話的批語轉給毛主席。林彪一看就氣炸了，大罵江青算什麼東西！當著秘書的面說：“我聽見女人的聲音就討厭！”(51)爲何江青挑釁林彪，而林彪又發如此大火，常人難於理解。原來林彪說“有人(江青)把文化問題當作自己的專利，別人不許解釋。且不論我講得對不對，我敢講，就是對那個‘霸王’的否定！”(52)

林彪是“九大”黨章中寫入的“毛主席的親密戰友”。江青親自出馬對林彪攻擊多有不便之處，於是上陣了另一個文革派人物——張春橋，他出手的頭一拳就對准了林彪的“要害”，那就是人民解放軍的“指揮權”。

1970年7月中央政治局討論中央“兩報一刊”的“八一”社論稿，張春橋修改了執行多時的“偉大領袖毛主席親自締造和領導的、林副主席直接指揮的中國人民解放軍”的標準提法，插進了“毛主席和”四個字，成爲“毛主席和林副主席直接指揮的中國人民解放軍”。陳伯達要按過去幾年的一貫提法辦，張春橋則主張按著他的新提法寫，互不相讓。周恩來表示要請示。結果毛澤東讓汪東興代其圈掉了“毛主席和”四個字，(53)暫時“平息”了雙方的爭論。

張春橋此次出手未成，另外打出重拳。8月份張春橋主筆憲法修改稿時，對二處已實行多日的官方“標準政治用語”進行了刪除，一是“毛澤東思想是一切工作的指導方針”，二是“毛澤東同志天才地、創造性地發展了馬列主義”。這些都是中央的正式提法，也用在了以林彪名義發表的一些文章當中。此時的毛澤東已經戰勝了劉少奇，不必再爲自己“大樹特樹絕對權威”了，大家修改討論或是刪去這些用詞，本屬正常。可是張春橋卻用挑釁的口吻影射林彪說，“赫魯曉夫天才地、創造性地發展了馬列主義，這是個諷刺。”(54)吳法憲說“我聽了氣得發抖，如果是這樣，就是要推翻八屆十一中全會，是推翻林副主席的《毛主席語錄再版前言》，要警惕和防止有人利用毛主席的偉大謙虛來貶低偉大的毛澤東思想。”(55)

吳法憲和張春橋爆發了爭吵，吳拍桌子大罵了張。在場的陳伯達回憶說，他們吵得“聲震屋瓦”(56)會後，吳到陳處詳談了爭吵的情況，並通過黃永勝報告了林彪。向周恩來也報告了此事。(57)

四天之後的8月17日，中央政治局召開了離開北京前往廬山開九屆二中全會前的最後一次會，對憲法修改問題可能的爭吵並沒有發生，因爲"毛澤東思想是一切工作的指導方針"已經寫進了憲法草案中。據憲法起草小組的具體工作人員回憶，請示康生後加的，加在序言裡。(58)

毛澤東自己刪去了"天才"的副詞，爲什麼林彪還要提？因爲這已經不是一般的"文字推敲"了，林彪要對江青等人的一系列活動進行批評，只不過這是他說話的"由頭"。爲什麼林彪不能與毛當面一談？1970年夏天毛澤東在上海、杭州住，林彪在北戴河，他們沒有機會相見，只能靠秘書在電話上傳話。他們久別後的面談，是8月21日林彪上了廬山後拜會毛澤東時。林彪說了他的想法，就是後來那篇含有不點名批評張春橋內容的開幕式講話，事先告訴了毛澤東。

1970年8月23日九屆二中全會開幕，林彪在講話中不點名地批評了"張春橋"們，是前不久"八一"社論和十天前吳法憲和張春橋爭吵的繼續，是林彪直接對江青等人一系列挑釁行爲的回答。是對文革派在"九大"後抵制周恩來主持中央工作、干擾和破壞團結的批評。事情是文革派挑起來的，對江青不便明著說，只好指向張春橋。廬山之爭已成必然，只是以什麼題目、用什麼方式爆發出來而已！

然而，林彪有了失誤，他沒料到中央委員會裡厭惡文革派的人居然那麼多，一點火星就燃起"烈火"，群情激起要揪張春橋。形勢使林彪多少有些盲目，忘掉了整那個"文革紅人"會導致對張某近幾年來所作所爲的追問，難免要觸及到文化大革命的敏感之處，從而會引起毛澤東的過激反應。

同樣，毛澤東也有失誤，他沒有想到林彪想批評的"那些事"會引起大家如此共鳴，同意了去講，忽視了林彪、周恩來、陳伯達在對付江青等人過程中形成的關係。形勢使毛澤東警惕，敏銳地發現了廬山上大家群情激起"揪張"的背後是什麼？那是隱藏在人們心中對文化大革命的嚴重情緒。

林彪盲目和毛澤東敏銳之處，正是廬山會議上鬥爭的焦點。它既不是通常所說的"設國家主席之爭"，也非批判反動的唯心主義"天才論"，而是毛澤東爲了維護他視爲自己一生政治生命中最重要的兩件大事之一，他親手發動和領導的文化大革命。

"九大"後中央裡軍隊一派和文革一派的矛盾越演越烈，終於在九屆二中全會上爆發了出來。然而，中國那時的政治走向必須在一個人的左右之下運行，那就是已經被"神化了"的毛澤東。被尊爲"世界革命人民心中的紅太陽"、"中國各族人民偉大領袖"的毛澤東是那麼地自信，那樣地執著，雖然無法抗拒的自然法則給他來日已經不多，但是文化大革命在毛澤東的心中是多麼地重要啊！即使面對著不可逆轉的歷史發展潮流，他也"要敢於反潮流"(59)，傾其生命最後精力拼力一博，把這場史無前例的"大革命"堅持到底。從1970年廬山會議起，到1971年"九一三事件"、1973年"批林批孔批'周公'"、1975年"反擊右傾翻案'批鄧'"、1976年"天安門'四五事件'"中國現代史上那驚心動魄的一幕又一幕，無不在毛澤東股掌之中演繹著發展著，直到這位中國歷史上的政治巨人1976年9月去逝。中國歷時十年的轟轟烈烈的文化大革命終於因爲沒有了親自發動領導者和摯意堅持者而落下了它的幃幕。

從此，中國人民獲得了"第二次解放"，邁出了"改革開放"的堅定步伐，翻開了中華民族的偉大歷史新篇章。

——作於2006年3月

注釋：

(1)《建國以來毛澤東文稿》中央文獻出版社1998年1月 第十三冊，頁114。
(2)邱會作回憶稿、談話稿。
(3)《吳法憲訪談》，轉引自高文謙《晚年周恩來》，香港明鏡出版社，2003年，頁234。
(4)《王力反思錄》，香港北星出版社，2001年10月，頁984。
(5)出處同注(2)
(6)《說不盡的毛澤東》"訪金沖及——毛澤東與周恩來來"，張素華等編著，中央文獻出版社、遼寧人民出版社，1995年5月，頁526。
(7)《周恩來年譜》，中共中央文獻研究室編，1997年5月，關於中共中央政治局日常工作會議組成人員的注①，頁305。
(8)出處同注(7)，頁227。
(9)王年一，《大動亂的年代》，河南人民出版社，1988年12月，頁325。
(10)出處同注(2)
(11)陶朱問，《大起大落溫玉成》，《中華兒女》2003年7月總第194期，頁48。
(12)出處同注(11)，頁48。
(13)出處同注(11)，頁48。
(14)遲澤厚，《我所知道的溫玉成》，《南方周末》2005年7月28日。
(15)《陳伯達遺稿—獄中自述及其它》陳伯達，香港天地出版公司1998年，頁114。
(16)出處同注(7)，關於中央文化革命小組的注①，頁307。
(17)出處同注(2)
(18)出處同注(2)
(19)高文謙，《晚年周恩來》，頁263。
(20)出處同注(2)
(21)出處同注(15)，頁114。
(22)出處同注(15)，頁114。

23)出處同注(7)，頁321。
24)《出處同注(7)，頁323。
25)出處同注(7)，頁307。
26)《鄧小平文選》第三卷，人民出版社，1993年10月，頁279。
27)《中國統計年鑒——1992》，中國統計出版社，1992年8月，頁55。
28)《毛澤東傳》下卷，中央文獻出版社，2003年12月版，頁1490。
29)出處同注(2)
30)《中國共產黨第九次全國代表大會政治報告》，1968年4月。
31)席宣、金春明，《"文化大革命"簡史》，中共黨史出版社，1996年7月，頁183。
32)《中國人民解放軍的七十年》，軍事科學出版社，1997年，頁561。
33)出處同注(2)
34)出處同注(4)，頁574。
35)出處同注(15)，頁81。
36)出處同注(4)，頁？378
37)徐向前，《歷史的回顧》，解放軍出版社，1985年10月，頁828。
38)出處同注(4)，頁377。
39)毛澤東《我的一點意見》，1971年8月31日。
40)《周恩來5月21日在中央政治局擴大會議上的講話》，參見宋永毅主編《中國文化大革命文庫》光盤2002年，香港中文大學中國問題服務中心出版。
41)徐景賢，《十年一夢》，香港時代國際，2004年2月版，頁217。
42)出處同注(2)
43)出處同注(3)，頁266。
44)出處同注(41)，頁218。
45)張雲生，《毛家灣紀實》，春秋出版社，1988年7月，頁375。
46)出處同注(9)，頁325 。
47)出處同注(7)，頁367。
48)出處同注(2)
49)出處同注(2)
50)出處同注(45)，頁163。
51)官偉勛，《我所知道的葉群》，中國文學出版社，1993年5月，頁211。

(52)出處同注 (2)

(53)出處同注 (7)，頁381。

(54)出處同注 (19)，頁286。

(55)《林彪反革命集團罪證材料之二》，中共中央辦公廳，1972年。

(56)出處同注 (15)，頁97。

(57)出處同注 (7)，頁367。

(58)楊福雲，《圍繞設不設國家主席的一場鬥爭的序幕》，《中國人大》2003年1
期，全國人大常委會辦公廳主辦，半月刊2003年6月，頁41。

(59)出處同注 (1)，頁138。

論汪東興與林彪事件之關係
——評《毛澤東與林彪反革命集團的鬥爭》

丁凱文

1997年11月當代中國出版社出版了一本汪東興的回憶，該書的書名爲《汪東興回憶——毛澤東與林彪反黨集團的鬥爭》。這是汪東興以歷史事件當事人用第一人稱所作的長篇回憶，全面地敘述了汪自己所瞭解的毛林衝突的起源和林彪事件的全過程。汪在該書的前言中聲稱"中國共產黨第九屆中央委員會第二次全體會議，於1970年8月23日，在廬山開幕，於9月6日勝利閉幕。在這次會議的前後，比較充分地暴露了林彪反革命集團的篡黨奪權的陰謀，毛澤東主席及時識破並給予了嚴重的打擊。我親歷這次會議的前後過程，有些事並與我個人有關係。因此，我把所知道的有關這次會議前、會議中和會議後的一些情況寫出來，使讀者能夠較爲全面地瞭解這段歷史的情況，對於黨史部門和史學工作者也有一定的參考價值。"(1)汪東興甚至在首頁題詞中標榜自己"尊重歷史，實事求是，研究歷史，總結、提高、發展"。然而歷史的真相真如汪東興在自己的回憶錄所說的那樣嗎？汪東興這位當年歷史的見證人在林彪事件中扮演的又是什麼角色？汪東興回憶裡的各項結論是否經得起歷史事實的檢驗？這些都是我們要予以考證和澄清的。汪東興原書較長，本文只能擇其要點予以剖析，目的就是要揭穿汪東興的謊言，還歷史以本來面目。

一．汪東興與"設國家主席"問題的淵源

汪東興在九屆二中全會前後的一段時間內扮演了極爲突出重要的角色，與"設國家主席"這個議題有著密不可分的關係。搞清這個關係有助於我們更清楚地認識汪東興的真面目，更有助於澄清九屆二中全會所發生的激烈鬥爭。

汪東興在自己的回憶中特別列了一個完整的章節："林彪想當國家主席"，並說："在廬山召開的黨的九屆二中全會上，林彪集團陰謀利用召開四屆人大和修改憲法之機，妄圖實現由林彪擔任國家主席的野心。"(2)汪東興將自己在廬山會議上的所作所爲撇得一干二淨，似乎汪在廬山上的活動只是不小心上了陳伯達的當，被林彪集團所利用。歷史事實真如汪東興自己所言那樣嗎？現在有關的歷史資料披露得越來越多，汪東興的面目也越來越清晰。揭示汪在廬山會議上的行徑是本文一個重要目的。

論述汪東興與"設國家主席"這個問題，就不能不論及汪東興與軍委辦事組的關係，以及汪東興與林彪的關係。在中共九大上，汪東興一躍而成爲成爲中央政治局候補委員，政治行情大幅竄升，處於"黨和國家領導人"的地位。由於林彪在九大上成爲黨章規定的接班人，軍委辦事組的黃永勝、吳法憲、李作鵬和邱會作都成爲政治局委員，軍隊在黨中央高層的比重大大增強。汪東興原本在毛澤東的"一組"行走，而現在汪東興則及時向林彪積極靠攏。汪東興向林彪和軍委辦事組靠攏有兩個方面的原因：

(1)林彪在中共九大後成爲名副其實的接班人，黨內地位更形鞏固，再加上軍委辦事組的力量和周恩來的大力支持，如果不出意外，林彪將來很可能會接了毛澤東的班。中國的歷朝歷代從來都是"一朝天子一朝臣"，將來林彪一旦接了毛澤東的班，汪東興這位"前朝御前行

走"能否保住自己的地位是很難說的，因此聰明如汪東興者此時要及時向林副主席表忠心，向林副統帥輸誠，找到一個新的靠山。

(2)汪東興長期在毛澤東身邊工作，與毛澤東的夫人江青關係並不和睦，時有衝突發生。據毛澤東的醫生李志綏先生回憶，汪東興曾經開罪過江青，1956年被毛下放江西當副省長四年，1960年10月才又回到毛的身邊。汪對此耿耿於懷，曾恨恨地對李志綏說："過去可上了不少江青的當。好多事都是聽她聽壞了。……1956年主席批評我時，是江青煽風點火，加油加醋。這次江青可別再想順心了。我走的時候使壞。我沒死，回來了，看你江青還能不能使壞。"(3)可以想見，江青如果掌權，汪東興一定不會有好果子吃，而一旦林彪上臺，汪東興則有擁戴之功而能繼續得到重用。

汪東興積極靠攏林彪一事過去常常爲人們所忽略，而汪東興自己的回憶錄中更是隱匿不談，似乎汪與林彪的接觸都是工作上的關係，以此有意誤導人們的視聽。我們不妨再引一下李志綏醫生的回憶，看看汪東興是怎樣積極靠攏林彪的。李醫生寫道：

"一九六六年八月，我陪汪去探望過林彪，汪告訴我，他又到毛家灣去了一次，這次是毛叫汪去看看林好了沒有。汪說乘這個機會，將自己在毛處工作這麼些年的情況，都向林講了。汪特別向林談了他自己和江青的尖銳矛盾，和文化革命運動以來，江青利用一些機會攻擊汪的情況。林告訴汪，不要憂心，林會照顧他，以後毛處有什麼消息要及時告訴林。"李醫生對此頗爲擔憂，但汪東興卻說："江青這個人，我不將她扳倒，我這個汪字倒寫。走露風聲，誰會走露？我不會，你也不會。"李醫生說："從此以後，汪凡是遇到林彪和葉群的時候，他們總是親熱地打招呼。"(4)

時任軍委辦事組副組長吳法憲回憶說："至於汪東興和林彪接近的起因，是因爲林彪對汪東興的工作經常給予支持。……正是由於林彪對汪東興的工作給予了支持，汪東興和林彪之間的來往也逐漸多了起來，有了難事，就經常來找林彪幫忙。這樣，也就基本上與我們站到了一起。”(5)

汪東興對軍委辦事組也同樣如此，汪時常到軍委辦事組所在地“三座門”神吹海聊，甚至還多次透露毛澤東與江青之間的隱私。據邱會作將軍回憶“有一次，汪東興從東北出差回來，還沒有休息，就把黃、吳、李、邱請到汪東興家裡來‘侃大山’，一侃就侃到第二天天亮。這一次林立果也去了，數汪東興和林立果興致最高，言談最多。大家問：主席和江青究竟是一回事還是兩回事？汪東興說：完全是兩回事！汪說主席也有不方便之處，也有短，所以江青有些要求、有些提議，主席有反對的，也有默認的。江青要反周揚、田漢、夏衍、陽翰生四條漢子，這本是江青的私心，但主席還是同意了。江青又在主席面前提出要批蘇聯的車爾尼雪夫斯基，主席未置可否。汪東興說：如果江青在政治局會議上提出批車爾尼雪夫斯基，你們不要表態。林立果與汪東興一唱一和，林戲稱：蘇聯的‘司機’(諧音)批什麼勁的，在座的哄堂大笑。汪說：張春橋最不是東西，他以爲巴結上江青就能接近毛主席。其實，上海‘一月風暴’是主席、總理、伯達他們指揮的，張春橋又滑膽子又小。張春橋想在上海搞什麼衛星中心，主席沒有同意。汪東興還說：穩定全國的局勢就靠軍隊了，你們幾位老總是重任在肩啊！九大以後，不怎麼提中央文革了，這個江青、張春橋，就是念念不忘中央文革……如果張春橋能靠邊站，江青也很難有什麼搞頭。”(6)正是由於有了汪東興提供的“情報”，林彪遂增添了在廬山會議上敲打張春橋的決心。

1970年8月19日，汪東興陪同毛澤東乘專列抵達廬山腳下的九江市。當時的空軍司令吳法憲和江西省委書記程世清前去迎接。吳法憲回憶說：“八月二十日，我約江西省革命委員會主任程世清一道下山，一起去接中央和各省市來的人。程世清是東道主，我管飛機。我和程世清過去就很熟悉，所以在下山的路上他同我說起，前一天他陪毛澤東上廬山，汪東興對他講：'這次修改憲法，要堅持設國家主席，毛主席當國家主席，林副主席當國家副主席。如果不設國家主席，毛主席怎麼當我們的國家主席呢？不設國家副主席，林彪同志往哪裡擺？'我聽到這句話感到很高興，我想汪東興傳的話，就是主席的意思吧。這一下，我感到心裡更有底了。"(7)根據程世清未正式發表的回憶錄，汪東興類似這些話，是時為江西省軍區副政委文道宏轉告給程世清的，文道宏當時參與廬山會議接待工作，與汪東興住在一起。(8)這時，22日的政治局常委會還沒開，23日的開幕式還沒有舉行，林彪還沒有講話，汪東興的勁頭卻這麼大，汪這股勁頭是從哪裡來的呢？進一步聯繫到廬山會議上汪那些激烈發言，堅決擁護支持林彪的講話，要"揪人"等等，這些能僅僅用"我的情緒也比較激動，把毛主席多次向中央提出的在憲法中不設國家主席的建議忘得一干二淨了"(9)就能搪塞過去嗎？面對這些事實，汪東興難道還能自稱是受了陳伯達的騙上了陳伯達的當嗎？

二．汪東興在廬山會議上是如何表演的？

汪東興在自己的回憶裡說："我當時沒有看出林彪、陳伯達等人積極主張設國家主席的險惡用心。在華北組的討論會上，我一聽陳伯達的發言就激動起來，沒有認真分析考慮修改憲法時毛主席講不設國家主席的意見的實質，更不顧自己的身分，以極不慎重的態度，說了一些不該說的話。"(10)在這裡汪東興將自己打扮成無知的受騙上當者，似乎是陳伯達的發言才使得汪東興義憤填膺，忘乎所以。汪東興在此又試圖掩蓋事實，歪曲歷史。

那麼林彪在廬山會議上的講話到底是什麼內容？其核心實質是什麼？爲什麼林彪的講話得到了與會兩百多中央委員的熱烈響應和支持？爲什麼張春橋等人在會上狼狽如喪家之犬，惶惶不可終日？而毛澤東爲什麼又雷霆震怒，乾綱獨斷，一舉扭轉全會的批張浪潮，在廬山會議後迫不及待地將陳伯達打成“國民黨反共分子、叛徒、特務、托派、修正主義分子”？然而，更爲值得人們深思的是爲什麼汪東興會站在林彪和陳伯達一邊，旗幟鮮明，立場堅定，成爲廬山會議上支持林彪打擊張春橋的一個最積極最重要的骨幹分子？

關於上述林彪與廬山會議的關係，筆者對此有詳盡深刻的分析，請參見《再論1970年廬山會議及其影響》一文(11)，這裡不再贅述。而有關汪東興在廬山會議上的表演，該文並未涉及。在此，我們有必要予以詳細論述。

汪東興是廬山會議上發言最激烈，調門最高的人。汪東興在華北組的發言說：“我完全擁護林副主席昨天的講話。林副主席的講話是很重要的，對這次會議有很大的指導意義。林副主席是我們活學活用主席思想的光輝榜樣，毛澤東思想偉大紅旗舉得高，學得好，用得好。在關鍵的時刻，林副主席的態度是正確的。這種態度代表著我們的心意，代表全黨、全軍、全國人民的心意。我很受感動，堅決向林副主席指出的這個方向前進，並且努力緊跟。……我們黨內還有這樣的野心家，這是沒有劉少奇的劉少奇路線，是劉少奇反動路線的代理人。我看，這種思想是最反動的。我們不容許這種思想在我們黨內泛濫。誰反對毛主席，反對毛澤東思想，我們就和他拼到底。”汪還說：“根據中央辦公廳機關和八三四一部隊討論修改憲法時的意見，熱烈希望毛主席當國家主席，林副主席當國家副主席。有的說不當國家主席可以減少些事務，如接見外賓等，事實上凡到中國來訪問的外賓，絕大多數主席都接見了，到中國來的外賓，主席不接見他就不走。主席的接見，影響是巨大的。建議在憲法中恢復"國家主席"一章。毛主席當國家主席，林副主席當國家副主席。這是中央辦公廳機關的願望，是八三四一部隊的願望，也是我個人的願望。"汪繼續說："有的人不僅不要毛主席當國家主席，連毛澤東思想都不要。用毛澤東思想武裝起來的人民，可以識破這些壞蛋。(伯達同志：有的反革命分子聽說毛主席不當國家主席，歡喜得跳起來了。)經過無產階級文化大革命，我們把劉少奇篡奪去的權奪回來了，這個權如果再被壞蛋奪走，我們是不甘心的。我們的權一定要掌握在以毛主席爲首、林副主席爲副的黨中央。"(12)

汪東興的這個發言有三重含義：(1)汪東興堅決支持林彪的講話，堅定地站在林彪一邊，是鐵桿的林派；(2)汪堅決支持"設國家主席"，並由毛澤東擔任；(3)汪東興明確指出黨內還有"野心家"，是"劉少奇反動路線的代理人"，而汪東興則是堅定地站在林彪一邊與這種"野心家"和"劉少奇反動路線的代理人"鬥爭到底的。汪東興在這裡雖未點名，而"野心家"和"劉少奇反動路線的代理人"在此呼之欲出，舍張春橋其誰？汪東興的這個發言猶如重磅炸彈，對與會代表產生了巨大震撼。既然黨內第四號人物陳伯達和毛澤東的"貼身總管"汪東興都這麼信誓旦旦說有人要反毛，那還會有錯嗎？董保存和范占英的《九屆二中全會上的鄭維山將軍》還爲我們披露了如下極爲精彩的一幕：

"在華北組，有人曾經猜疑林彪、陳伯達等人所指的'壞人'是陳毅等曾被污蔑爲'二月逆流'的老帥。與很多人一樣，鄭維山也曾有過這樣的疑惑。因此，在陳毅發言後，立即有人批評陳毅故作姿態。

鄭維山對陳毅說：'老總啊，少說兩句吧。'汪東興指著陳毅說：'這次沒你的事！'

會間休息，汪東興在和李雪峰、解學恭、吳德小聲說話。幾位仍然信守著會前通知而對陳伯達等人持懷疑態度的老將軍湊過去向汪東興打聽消息。他們認爲，作爲中央辦公廳主任，汪東興每天呆在主席身邊，最瞭解毛主席的真實想法。鄭維山也有著同樣的看法。

蕭勁光問汪東興：‘汪主任，會前不是傳達過不設國家主席嗎？現在又主張設，是不是風向真的變了？’

汪東興說：‘蕭老，在這種大是大非問題上可不能糊塗啊！’

鄭維山走近汪東興，問：‘汪主任，事情有變啦？’

汪東興指著鄭維山，嚴肅地說：‘你這個鄭維山，再也不要糊裡糊塗的。同志，你要知道，問題嚴重呢。我們林副主席真是了不起。要不是他發覺得早，又一次出來捍衛主席，問題可就嚴重了。’

李雪峰追問：‘那主席知道這件事？’

汪東興：‘知道，就是不讓點名。’

聽了汪東興的話，代表們更加確信，反毛主席的野心家出在中央。中央要在這次全會上改變議題，進行捍衛主席的領袖地位、捍衛毛澤東思想的鬥爭。代表們知道，他們在大事大非面前必須旗幟鮮明。

於是，大家紛紛表態。緊張、濃烈的氣氛籠罩著華北組會議。幾乎所有代表都要求發言，爭著表態，調子越來越高，情緒越來越激動。” ……

鄭維山當晚對此還有不安，於是鄭“再次問汪東興：‘你說有人反對主席當主席，這樣講，主席知道嗎？’汪東興的回答與先前一樣：‘知道，就是不讓點名。你知不知道，現在是筆桿子壓槍桿子，可厲害著呢！’鄭維山進一步確信了堅持要‘主席當國家主席’意見的正確。”(13)

8月23日會後，陳伯達爲了配合林彪在開幕式上的發言，臨時湊編了幾條“偉大導師稱天才的語錄”。汪東興在自己書中如此描述：“二十四日上午散會時陳伯達在禮堂門口塞給我一份材料，他對我說：‘這份材料請打印5份。’我問：‘你是要發給常委嗎？’他說：‘是。’我一看要打印的材料是幾條語錄，我考慮常委看完後，可能要發給政治局委員，就交代會議秘書處打印20份”(14)。汪東興此處又在說謊了，汪東興當時打印的是25份！正因爲汪東興考慮“可能要發給政治局委員”，才打印了25份，九屆中央政治局委員、候補委員正好是25人。汪東興打印好了語錄，親自給了吳法憲5份，讓軍委辦事組“近水樓台先得月”，先睹爲快了。有人給汪東興開玩笑說：“老汪呀，你搞得真快呀”，汪東興甚爲得意的說：“我管會務，我有辦公廳嘛！方便得很。”(15)由此可知，汪東興及時打印有關“語錄”表示了對陳伯達的支持，同時也再一次表明汪對林彪講話的支持。然而，陳只讓汪打印5份，即只提供常委用。汪沒經陳同意就打印了25份並散發出去。這個責任是陳負呢？還是汪負呢？！汪還說：“24日晚上，各組的發言情況匯總反映上來了。我一看，有幾個人再發言中已經引用了陳伯達交給我要求印的發給常委的語錄。我馬上打電話把這個情況向周總理作了報告，並請示說陳伯達要打印的語錄還沒有發，怎麼辦？周總理在電話中說：這個語錄不能發，封存吧。我馬上將陳伯達提供的打印語錄的原稿和已印出來的20份語錄全部封存了”。(16)這又是不折不扣的謊言。當時是24日，包括汪自己下午都在熱烈地發言了(26日毛澤東才翻了臉，責令停止討論)，剛過幾小時，汪就主動封存偉大革命導師的“語錄”？！汪東興能自圓其說嗎？如果真如汪東興所言，“語錄”並未散發出去，隨即又在當晚被封存，吳、葉、李、邱等“有幾個人”拿什麼東西來宣講呢？毛澤東又何以事後給他們戴上“宣講員”的帽子呢？如果“語錄原稿和已印出來的20份語錄都全部封存了”，汪所說的“有幾個人”又是怎麼事先拿到並予以引用？！而毛澤東又是怎麼知道有這份“語錄”的存在呢？後來的“語錄”又是怎麼跑到毛澤東的手上呢？我們再深問一句，如果“語錄原稿和已印出來的20份語錄全部封存了”，該“語錄”自然也不可能產生什麼影響了，那麼，毛澤東在《我的一點意見》中說陳伯達選編的“語錄”“欺騙了不少同志”，這不是有意栽臟、陷害、造謠嘛！？讀者應該知道那個年代可沒有複印機！

那麼被毛澤東打成“反革命簡報”的“華北組第二號簡報”又是怎麼“出籠”的呢？據該簡報編寫人政治局候補委員李雪峰的秘書黃道霞的回憶，是“汪東興要快發簡報”，而汪東興身爲中央辦公廳主任，恰恰是汪掌握了印發簡報的大權。(17)當年參加廬山會議華北組討論的宋雙來後來在自己的回憶中說：“按照中央規定和職權範圍，華北簡報送大會秘書處後，由中央統一編號，統一印刷，統一分發。華北二號簡報，中央編爲六號，這就不關雪峰和華北組的事了。因爲怎樣編號、如何印刷、何時發出，與雪峰毫無干係，編號、印製、發出時間先後，雪峰也管不了。因此說雪峰‘搶先’出簡報是主觀臆斷。爲準確起見，當時我的這種看法、想法形成後，曾問過與會知情人和雪峰的秘書。他們都說我說的是實情，雪峰主簽二號簡報後，再無過問簡報印發的事。”(18)

華北組的“二號簡報”是這樣總結當時代表們的發言的：

“大家熱烈擁護林副主席昨天發表的非常重要、非常好、語重心長的講話。認爲林副主席講話，對這次九屆二中全會具有極大的指導意義。林副主席是我們學習毛澤東思想的光輝榜樣，把毛澤東思想偉大紅旗舉得高，用得好，在每個關鍵時刻，對毛澤東思想的態度最好、最正確，這種態度，代表了我們的心願，代表了全黨的心願，代表了全軍的心願，代表了全國人民的心願，代表了全世界革命人民的心願。使我們很感動，很激動，很觸動，是個極大的督促，極大的鞭策，極大的教育。大家表示要堅決按照林副主席指出的這個方向前進，努力活學活用毛澤東思想，緊跟毛主席。劉子厚同志說，學習林副主席講話，使自己對偉大領袖毛主席的態度感到更親。過去學習毛主席思想就是學得不好，就是有迷迷糊糊的思想，所以在文化大革命前以及文化大革命中犯了錯誤，今後自己要警惕，一定要努力學好毛澤東思想，改造好自己的世界觀。

大家聽了伯達同志、東興同志在小組會上的發言，感到對林副主席講話的理解大大加深了。特別是知道了我們黨內，竟有人妄圖否認我們偉大領袖毛主席是當代最偉大的天才，表示了最大最強烈的憤慨，認爲在經過了四年文化大革命的今天，黨內有這種反動思想的人，這種情況是很嚴重的，這種人就是野心家、陰謀家，是極端的反動分子，是地地道道的反革命修正主義分子，是沒有劉少奇的劉少奇反動路線的代理人，是帝修反的走狗，是壞蛋，是反革命分子，應該揪出來示眾，應該開除黨籍，應該鬥倒批臭，應該千刀萬剮，全黨共誅之，全國共討之。”(19)老實說，這份簡報深深地打上了汪東興的印記。

宋雙來後來在自己的回憶中特別記述了當時代表們發言的情景和自己的感受，宋是這樣描述的：

“對於陳、汪，特別是汪的發言，原來疑惑猜測、莫衷一是的與會者，信以爲真，以爲摸到了底，情緒一下激憤起來，以致出現了搶先發言的情形。此後的發言更集中到設國家主席，毛主席當主席，林彪當副主席和揪出反毛主席的人上來。記得汪發言一落音，一位要去開三北戰備會議的老同志，立即要求發言。他說：‘在這個大是大非的重大原則問題面前，我們決不能含糊，我先表個態，對於反對毛主席，否定毛主席思想的現行反革命分子應當揪出來示眾，應當千刀萬剮，全黨共誅之，全國共討之……；我完全擁護東興同志的發言，強烈要求毛主席擔任國家主席、林副主席擔任國家副主席。’就這樣，在陳、汪發言的蠱惑下，華北組討論會像開了鍋的水，鬧得一片沸騰。確定無誤地說，鬧成這樣，最直接的因由是陳伯達、特別是汪東興的發言引起的。與會者之所以受到汪東興同志發言的影響，還有一層原因，就是會前於三月下旬聽中央工作精神傳達與七月下旬接到中央徵求憲法修改意見通知時，兩次聽到的不設國家主席，毛主席不當國家主席的建議，都是毛主席在外地派汪東興同志回京向政治局轉達的。所以他違背常情的發言，人們自然特別看重。”(20)汪東興在會上的“精彩”表演和重要作用躍然紙上，栩栩如生。

8月25日前，汪東興與吳法憲、葉群等人天天電話聯絡，通消息。25日上午，江青帶張春橋和姚文元闖到毛澤東的住處“告禦狀”。汪東興還幸災樂禍地打電話給軍委辦事組的幾位老總說，張春橋和姚文元跪在毛的腳下，一人抱著毛的一條腿，放聲大哭，倆人的眼泪、鼻涕把毛的褲子都弄臟了。然而25日當天，當汪知道了毛澤東的態度，汪立即打電話給軍委辦事組說“暫停電話聯繫。”25日下午，毛澤東在自己的住處主持召開會議，林彪也前去赴會。林彪的坐車出發後，葉群才知道。葉群隨即調車去追林彪，追上林彪的車子後，未等車子停穩，葉群就急於下車，結果不慎摔了一跤，坐了個“屁股墩”，腿也受了傷。林彪遂問葉群何事這麼著急。葉群對林說：“如果會上有什麼情況，除了保吳、李、邱外，千萬要保汪東興。”(21)汪東興如果不是鐵桿林派，葉群怎麼會如此看重對汪的保護？事實上，廬山會議上的許多事都是汪東興煽動起來的，“情緒”也是汪東興挑起來的。在關鍵時刻，葉群還知道保護汪東興，可汪東興在二十多年後所寫的回憶不但不實事求是講真話，反而滿篇假話，不僅嫁禍於人，還顛倒黑白。

面對如此的事實，汪東興還有什麼理由在回憶裡將自己的所作所為歸結為一時情緒激動，輕描淡寫地將自己粉飾為“沒有看出林彪、陳伯達等人積極主張設國家主席的險惡用心”，“說了些不該說的話”呢？汪東興難道不是所謂“林彪集團”中一個地地道道的骨幹分子，一個“倒張運動”的林系大將嗎？汪東興在廬山會議後嫁禍於陳伯達，“913”事件時又百般陷害黃、吳、李、邱，而汪東興自己卻在毛澤東死後一躍成了中國共產黨的副主席！這真是對歷史的絕妙的諷刺。

三．廬山會議的結果是後來一系列冤案產生的根源

汪東興與陳伯達同在廬山會議上華北組作了發言，陳伯達僅僅是提了所謂"稱天才"的問題，其發言程序完全符合共產黨自己訂的章程規則，而汪東興的言論無論在激烈程度上還是影響力上都遠比陳伯達的發言更強有力，更具有震撼性。可汪陳二人最後的結局卻是那麼不同。汪東興的檢討在毛澤東那裡順利過關，可陳伯達卻被當成"反黨野心家"被徹底打倒了。毛澤東甚至不顧歷史事實，說什麼"我跟陳伯達這位天才理論家之間，共事三十多年，在一些重大問題上就從來沒有配合過，更不去說很好的配合。"連周恩來都不得不在事後替毛圓謊，在一次批陳會議上解釋說，陳"是在一些大的問題上沒有配合，不是在一切問題上沒有配合，還舉例說，在反對蔣介石的時候就配合了。"(22)廬山會議後，中共中央連續開了華北會議、軍委座談會和批陳整風匯報會，由此而衍生出李雪峰、鄭維山的倒臺和北京軍區的改組，李鄭二人被打成陳伯達反黨集團分子，後又成為"林陳反黨集團分子"長期遭受無端迫害，廬山會議的結果更引發了後來震驚中外的"913事件"。

汪東興在這期間又是怎樣活動的呢？首先，汪東興將一切責任推給陳伯達，避重就輕地在自己的第二次檢討中說："我在九屆二中全會中前三天被陳伯達利用欺騙有三件事：(一)在華北組他突然的又是有計劃的發言，利用我的無能，而心情非常激動，又不加分析，更不顧自己的身分，就起來發言，結果當了陳伯達壞人的炮手。(二)我懷疑陳伯達事先看過修改過華北組的簡報，他利用簡報來擴大到各組煽動欺騙

人。我建議中央派人追查陳伯達，事先是否看過修改過這期簡報，這期簡報發出最早最快，而且簡報內容中他的很少，我的很多。我看有陰謀，有鬼。(三)陳伯達利用聽林副主席錄音報告時，把論天才的語錄交我打印五份(當時我交代打印二十份，準備政治局同志要時免得再打印)，現在看來是陳伯達的陰謀詭計，可能是要我發言時引用，結果未得逞。"(23)

汪東興的所謂檢討完全掩蓋了他與林彪、葉群以及軍委辦事組的實質性關係，將"華北組二號簡報"的印發歸結到所謂"陳伯達的陰謀"，並由此將華北組負責人李雪峰、鄭維山牽連進去，轉移毛澤東的鬥爭視線，成爲李雪峰、鄭維山日後倒臺的根源。毛澤東在此有意開脫汪東興，在汪的檢討上批示說"此件請汪東興同志面交林、周、康及其他有關同志一閱，進行教育，詳由東興面談。""陳案另是一個問題，應弄清楚。"(24)毛澤東有意厚汪薄陳，對汪網開一面，而對陳痛下殺手，不僅將陳打成"反黨集團"，還戴上了"國民黨反共分子、叛徒、特務、托派分子"等帽子，使得陳伯達在政治上永無翻身之日。

毛澤東開釋了汪東興後，還指示汪東興："六號簡報(即華北組二號簡報－－筆者)要抓緊核實，你懷疑陳伯達看過、改過，應找會議主持同志，還有王良恩同志和記錄印發的人。爲什麼不經你看過，發出最早最快？由總理、康生和你一起查實爲好。"(25)上文我們已經論述了汪東興與該簡報的關係，現在毛授意汪東興去查簡報的來龍去脉，無異於讓汪東興賊喊捉賊，嫁禍於他人。而李雪峰、鄭維山的倒臺和中央辦公廳副主任王良恩被逼自殺，就是汪東興作惡的直接結果！

既然要追查陳伯達的所謂"罪行"，僅僅從陳早年的歷史上追根朔源並不能說服人，無法解釋陳伯達如何當了幾十年的"國民黨反共分子、叛徒、特務、托派分子"之後卻成了毛澤東第一號筆桿子達三十三年之久，而且還坐上了中共中央第四號人物的交椅，所以毛澤東還要從陳的現行活動中羅織罪證，找到突破口，特別是要與華北地區的李雪峰、鄭維山挂起鈎來才能進一步落實陳在廬山會議華北組發言等一系列現行"反黨行徑"。

1970年12月10日，駐華北保定地區的38軍給中央寫了《檢舉揭發陳伯達反黨罪行》報告。關於38軍的報告的出籠有兩種不同的說法，一個說法是三十八軍的老同志說，是當時他們看了中央的通知後，憑著自己的政治敏感寫出來的。另一種說法是，這份報告是江青授意他們寫的，要不然怎麼能直接到了毛主席那裡？現在雖然無法證實該報告是如何出籠的，但這份報告與當年的《第一張馬列主義大字報》有異曲同工之妙。這份揭發陳伯達的材料，揭發的是陳伯達在廬山會議前兩次在華北的"亂說亂動"。(26)毛澤東及時地在報告上批示說："林、周、康及中央、軍委各同志：此件請你們討論一次，建議北京軍區黨委開會討論一次，各師要有人到會，時間要多一些，討論爲何聽任陳伯達亂跑亂說，他在北京軍區沒有職務，中央也沒有委任他解決北京軍區所屬的軍政問題，是何原因陳伯達成了北京軍區及華北地區的太上皇？林彪同志對我說，他都不便找三十八軍的人談話了。北京軍區對陳伯達問題沒有集中開過會，只在各省各軍傳達，因此，沒有很好打通思想，全軍更好團結起來。以上建議，是否可行，請酌定"。(27)著名文革史研究學者余汝信先生對此有極爲深刻的分析："毛澤東口頭常言'實事求是'，這個批示，就十分不'實事求是'。其一，陳伯達以政治局常委、中央文革小組組長的身份去河北各地協助解決兩派紛爭，並非越權。平息地方兩派紛爭，不是北京軍區的"軍政問題"，北京軍區也絕無可能去阻止一位政治局常委的所爲，何況，陳的所爲符合當時'大方向'。其二，毛澤東一句'林彪同志對我說，他都不便找三十八軍的人談話了'，將原與此事無關的林彪扯了進來。林彪是否真的對毛說過這樣的話，大有疑問。對38軍，對北京軍區各軍的矛盾，林彪其實十分注意避嫌，從不表態。根據目前已知的材料，自38軍調至保定，林彪從未到過該軍，從未召見過該軍的任何幹部，該軍的負責人，亦從未單獨求見過林彪。”“無論如何，38軍的批陳報告，使毛澤東找到了一塊‘石頭’，砸向了陳伯達、鄭維山、李雪峰。”(28)由於毛澤東懷疑“華北組二號簡報”與李雪峰的“陰謀”有關，再加上李雪峰對傳達毛的《我的一點意見》不夠積極，被毛指爲華北會議批陳不痛不癢，李雪峰從此厄運難逃。北京軍區政委陳先瑞回憶說，江青在會議期間多次與會講話，胡言亂語，江青說“北京軍區也是企圖挾天子令諸侯，搞政變奪權，謀害毛主席。”江青一語道出了毛澤東心中想說但未出口的話。陳先瑞分析說“我多年思考的一個問題，就是38軍的報告和毛澤東的批示。陳伯達在北京軍區影響很小，毛澤東對他的活動的估計卻如此之高，對北京軍區作出如此嚴厲的批評，顯然包含著對北京軍區領導幹部的不信任。我覺得，這是廬山會議上“華北組第二號簡報”起了作用。”(29)會後李德生被任命爲北京軍區司令，紀登奎被任命爲北京軍區政委，李雪峰和鄭維山被雙雙免職，李後來被當成“林陳反黨集團分子”開除黨籍，關到安徽一農場，鄭維山也被弄倒安徽某農場勞動改造。這就是毛澤東日後自鳴得意的“挖墻腳”的由來。總之，毛澤東住在北京，北京在北京軍區的轄區內，毛澤東極其在乎自己的安全，他又不相信北京軍區的主要負責人李雪峰、鄭維山，搬掉李雪峰、鄭維山二人，換上自己信任的李德生、紀登奎是當務之急，李雪峰、鄭維山是否真有問題並不重要。這就是毛澤東，這就是雄才大略，這就是“路線決定一切”。

由於“華北組二號簡報”被毛澤東打成“反革命簡報”，與該簡報印發的相關人員事後都受到審查，而中辦副主任王良恩被逼自殺身亡則是突出的一例。筆者的《王良恩是林彪的死黨嗎？》一文對此作了詳細的辯述。(30)原中央警衛局副局長鄔吉成在自己的回憶錄《紅色警衛》一書中也有詳實的描述。(31)然而，王良恩被逼致死還有一層極爲重要關係應該予以揭示。“913事件”後“8341”部隊奉命查抄毛家灣林彪的住處，竟然查出廬山會議時南京軍區司令許世友、濟南軍區司令楊得志和福州軍區司令韓先楚寫給毛澤東的信，信中說：“犯錯誤的人不宜留在中央工作，應放到基層去鍛煉”。(32)當時這三封信由處理大會會務的王良恩轉給了周恩來。周恩來已知廬山會議的風向改變，不願這三位司令遭殃，周再三思考後將此三封信轉給葉群，並附了條子說“到此爲止，存你處”。事後葉群對吳法憲、邱會作說：“我撿到三個險球，你們要守口如瓶，我一定要保住三個司令。”(33)毛澤東和江青知道這三封信後大爲震怒，要求“一定要徹查這幾封信是如何到林彪那裡去的”。汪東興身爲中辦主任和廬山會議主持會務的負責人對此事的前因後果極爲清楚，但是汪爲了逃脫自己的責任，此時竟然對王良恩窮追猛打，羅織罪名，上綱上線，非要將王良恩打成林彪的死黨。王良恩最後含憤自殺。1973年1月29日，汪東興把持的中辦臨時黨委將王良恩定性爲“自絕於黨，自絕於人民”，1977年6月竟然宣布撤銷王良恩黨內外一切職務，並將王開除出黨。

我們通觀汪東興的回憶，汪對華北會議及其結果匆匆一筆代過，甚至根本不提李雪峰、鄭維山二人會後的結局，當然汪更不會談及王良恩的含冤而死以及汪東興本人應負的責任。汪東興難道就是這樣“尊重歷史，實事求是”嗎？它真構成了一個絕妙的諷刺。直到粉碎“四人幫”後，中共中央才先後爲李雪峰、鄭維山平反，恢復了李雪峰的黨籍，同時還爲九屆二中全會“華北組二號簡報”平了反。1979年11月王良恩也被平反昭雪恢復了名譽。現在讓我們再深一步追問，既然華北組二號簡報是按黨內規則發出的會議簡報，簡報本身不存在任何陰謀，而毛澤東定的“陳李鄭反黨集團”乃子虛烏有，李雪峰、鄭維山的倒臺屬中共自己製造的一大冤案，那麼陳伯達在廬山會議上的發言又何罪之有呢？毛澤東自鳴得意的“挖墻腳、摻沙子、摔石頭”不也是在搞無中生有，蓄意製造冤案嗎？汪東興賊喊捉賊嫁禍於人不也是充當毛澤東整人的幫凶？汪東興的真面目不也要予以徹底揭露嗎？

四·一個偽裝巧妙的“偽命題”——“設國家主席”之爭

毛澤東的南巡及其講話在汪東興的書中占了很大的篇幅，汪東興不厭其煩地敘述了毛澤東每到一地與當地大員們的談話。毛澤東南巡每到一處，就反復對各路“諸侯”宣講“要搞馬克思主義，不要搞修正主義；要團結，不要分裂；要光明正大，不要搞陰謀詭計”，特別強調黨內曾經發生的“路線鬥爭”，聲稱在這些路線鬥爭中，都是有人要分裂黨，但卻始終未能得逞。當然這種含混的提法並不足以揭示毛澤東內心的想法和底牌，不足以警示各路“諸侯大員”，毛有時還不得不透露一些玄機，讓聽者自己領悟。毛澤東南巡途中給廬山會議的定性是“有人急於想當國家主席，要分裂黨，急於奪權”。(34)這句話才是毛澤東整個南巡過程中拋出的重磅炸彈，直指黨內“有人”要篡黨奪權。而此人是誰？誰有資格奪權呢？毛此時雖未點破，卻已呼之欲出：舍林副主席其誰？

我們應該注意一個現象，即在毛澤東當政之時，凡被打倒之人中共必要深挖其歷史上的老根，也就是找出歷史上是否被捕，有否“自首”行為，或向敵人搖尾乞憐等。文革中最知名的案子就是劉少奇案、“六十一人叛徒集團案”以及陶鑄案等。他們共同的特點都是歷史上都曾有過被捕的事實，因此“叛徒”的帽子最容易加在他們的頭上。廬山會議上毛澤東打倒了陳伯達，口實是陳伯達宣揚了“反動的天才論”，畢竟，說陳伯達支持“設國家主席”就犯了滔天大罪實在不成理由，而“天才論”則屬於思想和意識形態方面的問題，可以被毛澤東任意解釋。然而用這些似是而非的罪名就可將黨內第四號人物打倒本身就極荒唐，所以毛澤東不得不在會後另辟蹊徑，將陳伯達的“歷史問題”突出出來，然後徹底打倒之。可是，用所謂歷史問題對付林彪似不太好用。林彪歷史上極爲清白，對敵鬥爭最勇敢，從無被捕記錄，連毛澤東都曾被地方土豪民團抓捕過，後靠自己的機智而走脫。換句話說，副統帥的歷史比正統帥還清白，所以，在這一點上毛實在找不出對手的瑕疵。既然要整垮對手，就要有相應的口實，然口實太輕則不足以構成打倒的理由，特別是毛澤東自己樹立起來的接班人，總要有一個合理的藉口方能成事。當然，這是難不住偉大領袖的，加你頭上一條罪名還不容易嗎？毛澤東的口實就是“有人急於想當國家主席，要分裂黨，急於奪權”。

爲什麼說“設國家主席”是個僞命題？因爲它本身是違背歷史事實的。陳伯達的兒子陳曉農曾這麼問過陳伯達：“既然毛主席說，他說過六次不設國家主席，那你們爲什麼還要提出設國家主席呢？……陳伯達長出了一口氣，說道：‘哪裡有這回事？什麼說過六次不設國家主席，我不知道，我只知道毛主席說過，中國農民多，要設國家主席，可以讓陳永貴當。’”(35)陳伯達這段回憶很關鍵，它涉及到毛澤東在所謂國家主席問題上的態度。雖然毛澤東的確說過自己不當國家主席，但並未就“設國家主席”一事最後封口，仍給大家留下了一定的討論空間。

1970年3月8日，汪東興從杭州回北京，帶來了毛澤東對憲法修改草案的意見。汪東興的回憶說：“3月7日，毛主席要我馬上回北京傳達他的意見：在憲法中不寫國家主席一節，堅決表示他不再當國家主席。”(36)然而，吳法憲回憶說，汪東興傳達的毛的意見是，“毛澤東說，‘還有一個問題就是要不要設國家主席，我的意見是不設，如果大家認爲要設的話，那麼由誰來當這個國家主席？我毛澤東是不當了。

如果要設國家主席的話，也只有林彪同志來當。'"會後汪東興還想去毛家灣向林彪匯報，但因爲林彪已經入睡，只好請葉群代爲轉達。(37)會後汪東興特別請黃永勝、葉群和吳法憲到家中暢敘。4月12日政治局討論此事。林辦的秘書于運深回憶說："當時討論林彪關於要毛澤東擔任國家主席的意見，大多數政治局成員同意仍由毛澤東擔任國家主席，周恩來沒有提出異議。江青在會上表示，毛主席還在，林彪如當國家主席，也不好，並將討論結果報告毛澤東。高必成(毛辦秘書)打電話給林辦，說他已向主席轉報，主席聽後笑了，說設國家主席，誰來當主席呢？反正我是不能再當了。你不當，我不當，那就讓董老來當吧！再找兩個年輕人當副主席，紀登奎和汪東興。"于運深一字不差地記了下來，報告了葉群。(38)由此可見，毛澤東堅持自己不當國家主席，但對於是否"不設國家主席"還是有所保留。毛澤東甚至說出可請林彪、董必武或陳永貴當國家主席之語。正是由於毛澤東沒有堅決否定設國家主席，中央政治局多數人還是傾向設國家主席並由毛澤東擔任之。這也是爲什麼直到廬山會議前的8月22日，政治局常委中除毛澤東外依然主張設國家主席的原因所在。

林彪自己有沒有意願要當國家主席呢？現在沒有一條材料證實林彪想當國家主席。相反，林彪多次明確表態不當國家主席、副主席。4月11日林彪給政治局的三條意見："一、關於這次'人大'國家主席的問題，林彪同志仍然建議由毛主席兼任。這樣做對黨內、黨外、國內、國外人民的心理狀態適合。否則，不適合人民的心理狀態。二、關於副主席問題，林彪同志認爲可設可不設，可多設可少設，關係都不大。三、林彪同志認爲，他自己不宜擔任副主席的職務。"(39)5月17日軍委辦事組向林彪匯報有關憲法中設國家主席問題時，林彪說："我不當這個主席，這個不妥。應該是毛主席當國家主席，這才是名正言順。一個十億人口的大國，沒有國家主席，沒有一個元首，這樣名不正、言不順。這個國家主席、國家元首，只有毛主席來當，別人都不合適。但是毛主席的年紀大了，當國家主席要出國訪問，別的國家元首來還要回訪，毛主席出國有困難，可以設副主席，副主席可以出國對其它國家進行訪問。我也不適合當這個副主席，我的身體不好，不能參加活動，不能出國訪問。要設國家主席還是毛主席來當。”(40)林彪的警衛參謀李文普回憶說：“我沒聽葉群說過‘不設國家主席，林彪往哪裡擺’這樣的話。我們倒是從林彪那裡聽過他連副主席也不願當，還有讓毛主席當國家主席，他不當國家副主席的交代，我記得是叫秘書于運深寫的。”(41)陳伯達回憶說，到廬山會議開會前，葉群曾去見過陳，葉群說的“大意是，江青說過，毛主席還在，林彪如當國家主席，也不好。我當時聽了以後說：沒有林彪要當國家主席這個問題吧？我倒了以後，有人以為我是擁護林彪當國家主席的，其實，我從來沒有提過林彪當國家主席。”(42)汪東興日後將自己說過的話“不設國家主席，林彪往哪裡擺”移花接木到葉群頭上。可不少當事人還都健在，這種謊言何能久長？

既然根本就不存在“林彪想當國家主席”這樁情事，為何毛澤東在南巡途中要拋出這一“莫須有”的罪名呢？為何幾十年過去了，上至中共中央，下至芸芸黨史工作者們還是眾口一詞指責林彪想當國家主席以達到所謂篡黨奪權的目的呢？其實，設不設國家主席本不是什麼嚴重的議題，完全取決於毛澤東的態度，毛澤東如果堅決不設，中共大員們也只好逆來順受，毛澤東不過是用“有人急於想當國家主席，要分裂黨，急於奪權”作為打擊整肅林彪的藉口。然而這個藉口在廬山會議上卻無法用來打擊陳伯達，一來陳伯達乃一介書生筆桿子，絕無可能取毛而代之，二來請毛澤東當國家主席是全體中共大員們的共同心聲，一時還無法將其單獨用以打擊陳伯達，所以整肅陳伯達只能用所謂"天才論"爲藉口，當然日後還需羅織出陳的歷史問題，再加以打倒之。

現在汪東興之流和國內黨史界依然秉持毛澤東給林彪的欲加之罪，誇大林彪在設國家主席一事上與毛澤東的分歧，其目的無非有兩個：

(1)繼續維護毛澤東給林彪頭上加上的一切"莫須有"的篡黨奪權罪名，掩蓋毛澤東大搞政治迫害的要害實質。作爲一個正常的國家，應不應該設國家主席？答案是不言而喻的，也是鄧小平以及後來當權者們無法否認的事實，可是爲什麼毛澤東、汪東興們卻偏偏要說林居心叵測呢？答案很簡單，沒有了林彪"想當國家主席"這一"環節"，如何證明林彪有野心？不能證明林彪有野心，也就不能證明林彪想謀反，不謀反，哪裡會來什麼謀殺和叛逃呢？沒有謀殺和叛逃，哪裡來的林彪反革命集團案呢？這裡是環環相套，缺一不可，而根源恰恰就是這個莫須有的林彪"想當國家主席"。

(2)以所謂林彪要當國家主席掩蓋毛林在對待文革一事上的根本分歧，即篡改了林彪在廬山會議上打擊"上海幫"張春橋的史實，弱化這一鬥爭的本來面目，致使原本毛澤東堅決維護江青張春橋保護文化革命成果的歷史被歪曲成毛澤東一舉"粉碎了林彪篡黨奪權"的陰謀，並以此轉移人們的視線，誤導視聽，真可謂"一箭雙雕"。

五．子虛烏有的"林彪政變計劃"

汪東興在自己書中最後一章裡，不厭其詳地列舉了林彪"反革命政變"的一系列活動。汪東興說："一九七三年三月三十一日，林立果根據《"571工程"紀要》建立'指揮班子'，在上海召集江騰蛟、王維國、七三五O部隊政治委員陳勵耘和南京部隊空軍副司令周建平秘密開會，指定南京以周建平爲‘頭’，上海以王維國爲‘頭’，杭州以陳勵耘爲‘頭’，江騰蛟‘進行三點聯繫，配合、協同作戰”。汪還列舉林彪的“九八政變手令”，以及武裝政變殺毛的八種實施計劃等。(43)

然而，汪東興的這些指控站得住腳嗎？讓我們對此來做個辨析。

(1)　汪所說的所有這些參與1971年3月31日“政變會議”的人，除江騰蛟因爲政治上的需要被當成“林彪反革命集團主犯”受審定罪外，其餘“參與反革命政變”的幾個人後來皆被“兩案特別法庭”“免與起訴”。請看周建平的《免予起訴決定書》：“被告人周建平，積極追隨林彪，參與林彪反革命集團陰謀活動，觸犯了《中華人民共和國刑法》第98條的規定，已構成參加反革命集團罪。鑒於被告人周建平所犯罪行情節較輕，根據《刑法》第24條的規定，決定免於起訴，予以釋放。”(44)再看陳勵耘的《免予起訴決定書》：“被告人陳勵耘積極追隨林彪，參予林彪的反革命集團的陰謀活動，觸犯了中華人民共和國刑法第十八條的規定，已構成參加反革命罪。鑒於未發現被告人陳勵耘參加“上海會議”後有新的犯罪活動，罪行較輕。根據《刑法第三十二條的規定，決定免於起訴。”(45)既然這幾個人都參與了“林彪的反革命集團的陰謀活動”，那麼他們是何時何地加入的這個“反革命集團”？他們到底又參與了哪些“犯罪活動”？如果犯罪活動屬實，爲何會被“免予起訴”？汪東興指責這些人是根據《“571工程”紀要》開會密謀，爲何這些人被捕前從未聽聞過這個《紀要》，迄今爲止，他們之中也沒有一個人作出過秘密會議是“按照《“571工程”紀要》的計劃而召開”的證詞。此外，沒有任何證據證實林彪指使林立果起草了這份《紀要》。這麼一個未能說清的“會議”怎麼能夠與“林彪反革命政變”聯繫起來呢？

(2)所謂林彪的“九八手令”是唯一一個林彪參與政變的證據。但是，以往人們卻忽略了一個事實，即這個“政變手令”實際上有兩個不同的版本，一個是橫寫的手令，一個是豎寫的手令。文革研究者舒雲女士對此有頗爲深入的研究和論述。請看舒雲的分析：

"九一三事件前見過林彪"手令"的人比見過《571工程紀要》的人多，而且現在不少人包括王飛、李偉信等都還活著。但是1980年審判"兩案"卻沒有注意到"手令"有兩個！這不奇怪，因爲除了林立果和周宇馳，再沒有人同時見過兩個'手令'。出現在法庭上的"手令"被公開在報刊上，是周宇馳拿的。有關部門在直升機迫降現場將搜集到的碎片拼對復原，拍成照片，作爲林彪'發動武裝政變'的'鐵證'。這個'手令'的字迹是'豎的'，以後于運深回憶，他看到的是'豎的'。魯珺、王飛等人看到的也是'豎的'。但林立果身上還有一張橫寫的'手令'，這個'橫的'看到的人很少，但至少胡萍和林辦老秘書關光烈看過。9月12日傍晚，林立果來到候機室，從上衣口袋裡掏出一個小紅書，從裡面拿出一張16開的白紙，遞給胡萍，這是首長的親筆'手令'，事關重大，要特別注意保密。胡萍記得很清楚，是'橫的'。胡萍後來因爲腦部手術雙目失明，所以他並不知道還有一個'豎的'。關光烈是從公開發行的書刊上發現那個'豎的'，他非常奇怪，這才使人們知道了還有一個'橫的'。 ……爲什麼'手令'會有'橫的'和'豎的'兩種？手令是真實的嗎？是誰寫的？寫給誰的？手令的內容是什麼意思？按照什麼命令辦？文革後林彪幾乎很少動筆，文件圈閱也常常由秘書代筆，怎麼可能一連寫兩張'手令'？就是林彪'手令'，也不可能寫兩個。就是寫了兩個，也會毀掉一個，不可能讓林立果把兩個都拿走。'手令'上寫兩個人的名字，與'手令'有兩個不同版本，對誰有利呢？不言而喻，一份'手令'不夠，因爲林立果和周宇馳要分開活動，需要一人拿一個當'聖旨'，於是再'創造'一份。那麼一模一樣不更好嗎？或許是忙，沒想到那麼多的細節？也可能是先寫了一個'橫的'，不太像，再模仿一個'豎的'。模仿也

不那麼容易，所以'橫的''豎的'都沒捨得丟掉。林立果卻沒有想到，由此露出了破綻。"(46)

我們再看著名的文革研究學者陳小雅女士的分析：

"從'手令'語氣來看，書寫者並非最高權威，而像是一個處在'上傳下達'地位的人的手筆。其奧妙就在'盼'和'命令'兩個用詞的矛盾上。既然是'命令'，就是絕對必須執行的。發布者自知具有這樣的權威，接受者也絕對承認這種'主屬關係'。所以，在這裡使用'盼'字，與絕對權威的身份不符。同樣，我們經常遇到的另一種狀態是，發布命令者具有一種謙虛的心態，事情也不甚緊急，在心理上沒有'命令'的意識，因此，他可能使用'盼'等一類語氣舒緩的'祈使句式'，但這時，他也會相應地把要布置的內容，看成自己的'話'、自己的'交代'、自己的'囑咐'，而不使用'命令'這樣的措辭。只有那種處在既不是絕對權威，也不是受命者之間地位的人，才會同時具有一方面感受'命令'的'威勢'，一方面又存在對受命者的'企盼'。這是'狐假虎威'的特點。"(47)

所謂林彪手令是"盼照立果、宇馳同志傳達的命令辦"。如果林彪要搞政變，林彪的"命令"最"盼"傳達給誰呢？當然是傳達給黃、吳、李、邱這幾位握有軍隊實權的人！可事實上，林立果、周宇馳根本沒有找過黃、吳、李、邱，也根本沒有想過去找黃、吳、李、邱。林立果、周宇馳拿著所謂的手令，一是在自己的小圈子裡壯壯膽，二是在西郊機場和沙河機場等地要求給他們派飛機等活動當了通行證。另外，林彪的命令究竟是什麼？沒有任何人提供出具體的證詞。這麼一個不清不楚的"手令"如何能證明林彪指使自己的兒子搞一場"殺毛政變"呢？

(3)汪東興提及的林彪參與殺毛的"八種辦法"，諸如"燒油庫"，"炸鐵路"，"飛機轟炸"還有"火箭筒、火焰噴射器、高射炮平射"等。這些所謂的"計劃"一看就是出自那些從未上過戰場，沒有實際軍事指揮經驗的人發出的臆語，根本不是久經沙場的林彪的指揮風格。林彪事件研究學者陳曉寧先生在《林彪參與謀殺毛澤東陰謀的罪名之證僞》一文中對其作了嚴謹充分的辨析(48)，此處不再贅述。筆者在此特別指出的是，所有對林彪參與指使政變的指控沒有任何可信的證據，毛澤東和以後的中共當局經過三十多年的反復審查，用了大量逼供信的手段，卻沒能找到一條可信的證據。僅此一條就足以駁斥那種林彪指使兒子搞"殺毛政變"的謊言。國內研究"913事件"多年的張聶爾女士亦對所謂"兩謀"有十分中肯的分析："當人們細細琢磨'謀殺'和'南逃'這'兩謀'時，不難發現這'兩謀'實際上只停留在倉促的狂想上就宣告流產，甚至連會還沒開完就宣布'作廢'了。事實上，誰真作出謀殺毛的動作了？例如拔出了槍、放了炸藥或點了火？沒有；甚至，誰真的動手作謀殺毛的準備了？例如準備了槍枝、準備了火種、準備了炸藥？沒有。那麼，誰真正南逃了？發表了講話了？也沒有。'兩謀'均未遂，一切只是林立果們的狂想。所以'五七一'陰謀倒更像幾位志大才疏、眼高手低者夢囈的'狂人日記'，或幾個蹩腳演員在密室裡表演的短命的《我的奮鬥》。"　(49)

汪東興們面對如此的事實，不僅依然重複這套說了三十多年的謊言，且沒有任何像樣的反思。說到底，汪東興就是要維護當年他自己參與的種種迫害活動，維護毛澤東搖搖欲墜的形象，並以此掩蓋自己曾經也是林彪集團中的一個積極分子！

六．"913事件"後汪東興的表演

"913事件"剛剛發生不久，一切情況還未徹底搞清之際，汪東興就迫不及待地落井下石，要搞"殺人滅口"。汪東興在自己的書中說："毛主席把我找到他的住處說：'黃永勝他們怎麼處理了？你去問一問總理。'於是，我馬上趕到人民大會堂新疆廳向周總理匯報，說毛主席催問對黃永勝等人的處理。……我當時向周總理建議不要在集體開會時解決，要分開來，一個人、一個人地辦。"(50)汪東興在此將自己的行爲說成是被動地執行了毛澤東的指示。

然而，事件的當事人之一吳德卻揭了汪東興的老底。吳德回憶說："9月23日的晚上，周總理通知讓我到人民大會堂，是什麼廳我記不住了。我進去時，看見汪東興、楊德中在那裡。汪東興和楊德中都說：黃、吳、李、邱這些人是軍權在握，再不動他們很危險，這個事應該處理。我們正說著，周總理來了，汪東興向周總理講了要處理黃永勝等人的意見。楊德中說：黃永勝在燒材料。周總理說，你們先等一等，說完他就同汪東興一塊出去了。過了不長時間，半個多小時的光景，周總理回來了。周總理告訴我們，毛主席已經批准了，把黃、吳、李、邱逮捕起來。"(51)

此外，《周恩來年譜》中一個記載值得注意。9月21日周恩來"致信毛澤東，擬同意汪東興的報告，在中共中央政治局下設一專案工作小組，掌管和整理有關林彪、陳伯達全部案件材料，分類擇要送毛澤東和政治局成員審閱。該專案工作小組以紀登奎爲主、汪東興爲副領導進行工作。毛澤東閱批：'同意。'"(52)10月3日中共中央發出通知，宣布成立中央專案組，由周恩來等十人組成，下設工作機構，由紀登奎、汪東興負責進行日常工作。(53)顯而易見，汪東興是非常積極地主動建議毛澤東周恩來抓捕黃吳李邱四人，"913事件"剛過就向毛周打報告要求設立專案組，專門負責處理林彪、陳伯達的案子。與此同時，汪東興還就如何抓捕黃吳李邱四人獻計獻策，主張"不要在集體開會時解決，要分開來，一個人、一個人地辦。"這與汪東興日後抓捕"四人幫"的辦法如出一轍，汪對如何順利"解決"中央內部的鬥爭與矛盾真是輕車熟路，老道異常！

順帶一提的是，中共對黃、吳、李、邱的審查在1973年底就基本結束了，此後到1976年底沒有再問過他們任何問題。當打倒“四人幫”的消息傳來時，黃、吳、李、邱欣喜若狂，鹹認爲當年他們反對文革極左派的倒行逆施終於有了好的結果。可是汪東興此時做賊心虛，一方面害怕黃、吳、李、邱揭他的底，另一方面爲了維護毛澤東的地位和形象，不僅提出了“兩個凡是”，同時還建議華國鋒把他們四人關進秦城監獄。1976年12月31日，黃、吳、李、邱經過了五年黨內審查後被送進了秦城。吳法憲在自己的回憶裡痛心地說：“但是汪東興，我們共事多年，無話不談。當時，我們十分支持你的工作，很多事情是你鼓動我們做的，在廬山上共患難。我們的情況你不瞭解嗎？到了這個時候，‘四人幫’倒臺了，卻把我們送進大牢，是出於什麼需要？是要把我們當作替罪羊嗎？憑良心自問，你內心裡不受到自責嗎？”(54)

人們不禁要問，爲何汪東興這麼積極主動對自己曾經的戰友同僚如此心狠手辣，落井下石，必欲置之死地而後快呢？

汪東興與黃吳李邱掌管的軍委辦事組曾經有過很密切的合作，特別是林彪成爲黨中央唯一的副主席後，汪東興更是積極向林系靠攏，互通消息，在對抗江青爲首的文革極左派一事上志同道合，九屆二中全會汪東興的表演實有其內在的深刻原因，絕非汪東興自己所言，是一時沖動上了陳伯達的當。但是，由於毛澤東打擊的目標是陳伯達以及陳背後的林彪，所以，雖然汪東興在廬山會議上跳得比誰都高，可毛澤東還是有意放了汪一馬，讓汪東興檢討過關，然後再壓軍委辦事組檢討。儘管軍委辦事組諸人的檢討比汪東興的檢討要深刻得多，但是毛故意不予過關，有意在批示上冷嘲熱諷，橫挑鼻子豎挑眼，存心要牽出黃吳李邱背後的林彪。所以，汪東興深知自己的老底，如果黃吳李邱們也將汪東興好好揭發一番的話，汪難免不會受到牽連而倒臺。但如果黃吳李邱因林彪事件倒臺，而汪東興又成爲專案組的負責人，則汪東興可以任意掩蓋自己當年的各種所作所為，甚至嫁禍於人，比如那句"不設國家主席，林彪往哪裡擺？"就被汪東興移花接木放到葉群的頭上，真是一舉多得！明白了這層道理，就不難明白汪東興在"913事件"後借刀殺人的真正動機了。

九．簡短的結論

綜觀汪東興在文革中的活動，汪有幸執行"毛主席革命路線"時間最長，貫穿了文革的全過程。整個十年動亂，也是汪東興政治生涯最輝煌的十年，汪從毛澤東的辦公廳主任最後成為了黨的副主席。毛澤東的每一項戰略部署都少不了汪東興的鞍前馬後。可以說，汪東興始終與毛澤東的重大錯誤乃至罪行緊密相聯。在文革結束後的撥亂反正年代裡，汪東興本應認真反省自己文革中的所作所為，反思文革浩劫給中國人民帶來的深重災難，思考如何避免類似的悲劇的重演，實事求是地記述這段歷史的全過程，從而記取歷史的深刻教訓，而不是文過飾非，繼續製造毛澤東的新神話，歌頌毛澤東的所謂"豐功偉績"。然而，令人遺憾的是，汪東興在自己的《毛澤東與林彪反黨集團的鬥爭》一書中不僅沒有絲毫像樣的反思，反而繼續其顛倒黑白的伎倆，通篇假話和謊言，不愧是一本精心剪裁，篡改歷史的偽回憶錄。通過上文對汪東興所作所為的揭示，我們可以清楚地看出汪東興的真實面目。我們可以說，汪東興這本書既沒有"尊重歷史，實事求是"，更談不上"總結、提高、發展"。汪東興的所謂回憶錄不過就是一部地地道道的充滿謊言的書。為了對歷史負責，我們有責任澄清汪東興書中所混淆的歷史真相，揭示歷史事件發展過程的原委，這樣才能真正做到總結歷史的經驗，分清責任，辨明是非。

注釋：

(1)汪東興，《汪東興回憶－－毛澤東與林彪反黨集團的鬥爭》，當代中國出版社，1997年11月版，第1頁。
(2)汪東興，《汪東興回憶－－毛澤東與林彪反黨集團的鬥爭》，第31頁。
(3)李志綏，《毛澤東私人醫生回憶錄》，時報文化出版企業有限公司，1994年10月版，第323頁。
(4)李志綏，《毛澤東私人醫生回憶錄》，第469頁。
(5)《吳法憲回憶錄》下卷，香港北星出版社，2006年9月版，第735頁。
(6)舒雲採訪邱會作將軍筆記，轉引舒雲《林彪事件完整調查》上冊，明鏡出版社，2006年版，第85－86頁。
(7)《吳法憲回憶錄》下卷，香港北星出版社，2006年9月版，第788頁。
(8)余汝信，《未可忽略的"一家之言"——〈吳法憲回憶錄〉述評》，見《華夏文摘》"文革博物館增刊"，第541期，2006年12月4日。
(9)汪東興，《汪東興回憶－－毛澤東與林彪反黨集團的鬥爭》，第44頁。
(10)汪東興，《汪東興回憶－－毛澤東與林彪反黨集團的鬥爭》，第44－45頁。
(11)丁凱文主編《重審林彪罪案》，下冊，第510－533頁。
(12)宋永毅主編《中國文化大革命文庫》光盤，香港中文大學中國服務中心，2002年版。
(13)董保存、范占英，《九屆二中全會上的鄭維山將軍》，原載《黨史博覽》2004年第11期。
(14)汪東興，《汪東興回憶－－毛澤東與林彪反黨集團的鬥爭》，第39頁。
(15)舒雲採訪邱會作將軍筆記，轉引舒雲《林彪事件完整調查》上冊，明鏡出版社，2006年版，第77頁。
(16)汪東興，《汪東興回憶－－毛澤東與林彪反黨集團的鬥爭》，第45頁。
(17)舒雲，《九屆二中全會後的李雪峰》，原載《黨史博覽》，2005年第2期。
(18)宋雙來，《我所知道的李雪峰在九屆二中全會上》，原載《黨史縱橫》，2005年第7期。

19)宋永毅主編《中國文化大革命文庫》光盤，香港中文大學中國服務中心，2002年版。
20)宋雙來，《我所知道的李雪峰在九屆二中全會上》，原載《黨史縱橫》，2005年第7期。
21)舒雲採訪林辦秘書于運深筆記，轉引舒雲《林彪事件完整調查》上冊，明鏡出版社，2006年版，第83頁。
22)陳曉農編著，《陳伯達遺稿－－獄中自述及其它》，香港天地圖書有限公司，1998年版，第123－124頁。
23)汪東興，《汪東興回憶－－毛澤東與林彪反黨集團的鬥爭》，第61頁。
24)汪東興，《汪東興回憶－－毛澤東與林彪反黨集團的鬥爭》，第62頁。
25)汪東興，《汪東興回憶－－毛澤東與林彪反黨集團的鬥爭》，第63－64頁。
26)董保存、卜算子，《華北會議與北京軍區大改組(上)》，原載《黨史博覽》，2006年第1期。
27)《建國以來毛澤東文稿》第13冊，中央文獻出版社，1998年1月版，第161頁。
28)余汝信，《文革旋渦中的38軍》，原載網絡雜誌《楓華園》，第439、440期，2004年2月。
29)陳先瑞，《批陳批林期間的北京軍區》，原載《百年潮》，2000年第5期。
30)丁凱文主編《重審林彪罪案》，下冊，第858－867頁。
31)鄔吉成、王凡《紅色警衛》，當代中國出版社，2003年1月版，第301－314頁。
32)赤男，《林彪事件後三位上將的信件風波》，原載《黨史博覽》，2004年第6期。
33)舒雲採訪邱會作將軍筆記，轉引舒雲《林彪事件完整調查》上冊，明鏡出版社，2006年版，第121頁
34)《建國以來毛澤東文稿》第13冊，中央文獻出版社，1998年1月版，第244－245頁。
35)陳曉農編纂，《陳伯達最後口述回憶》，陽光環球出版香港有限公司，2005年6月修訂版，第378頁。
36)汪東興，《汪東興回憶－－毛澤東與林彪反黨集團的鬥爭》，第20頁。
37)《吳法憲回憶錄》下冊，香港北星出版社，2006年9月版，第775－776頁。

(38)舒雲採訪林辦秘書于運深筆記，轉引舒雲《林彪事件完整調查》上冊，明鏡出版社，2006年版，第221頁。

(39)汪東興，《汪東興回憶——毛澤東與林彪反黨集團的鬥爭》，第21頁。

(40)《吳法憲回憶錄》下冊，香港北星出版社，2006年9月版，第778頁。

(41)《林彪衛士長李文普不得不說》，載《中華兒女》，1999年第2期。

(42)陳曉農編纂，《陳伯達最後口述回憶》，第373頁。

(43)汪東興，《汪東興回憶——毛澤東與林彪反黨集團的鬥爭》，第182－190頁。

(44)舒雲，《我沒有參加政變會議——原南京軍區空軍副司令員周建平訪談錄》，載《華夏文摘》文革博物館增刊，第466期，2005年11月22日。

(45)許寅，《未被起訴的人——訪原空五軍政委陳勵耘》，參見《“文化大革命”風雲人物訪談錄》，中央民族學院出版社，1993年8月版。

(46)舒雲，《回眸1971：再探“五七一工程”之謎》，原載《時代文學》，2004年第4期。

(47)陳小雅，《中國牛仔——毛澤東的“公案”及行為、心理分析》下冊，明鏡出版社，2005年7月，第416頁。

(48)陳曉寧，《林彪參與謀殺毛澤東陰謀的罪名之證偽》，見丁凱文主編《重審林彪罪案》上卷，第267－329頁。

(49)張聶爾，《風雲“九一三”》，解放軍出版社，1999年6月版，第320頁。

(50)汪東興，《汪東興回憶——毛澤東與林彪反黨集團的鬥爭》，第217－218頁

(51)吳德口述《十年風雨紀事》，當代中國出版社，2004年1月版，第145頁。

(52)《周恩來年譜》下卷，第484頁。

(53)《建國以來毛澤東文稿》第13冊，見《對成立中央專案組的通知稿的批語》注釋，第272頁。

(54)《吳法憲回憶錄》下冊，香港北星出版社，2006年9月版，第909頁。

林彪"南逃廣州，另立中央"罪名考釋

余汝信

一、延續三十餘年的官方說法

林彪"南逃廣州，另立中央"的罪名，始於1972年的中央正式文件。該文件指稱："在林彪直接指揮下，他們妄圖乘毛主席巡視南方的機會，謀害毛主席，並策動於同一時間，在北京謀害中央政治局同志，陰謀篡奪黨和國家的最高權力。當這一反革命計劃破產後，林彪又陰謀携帶黃永勝、吳法憲、葉群、李作鵬、邱會作等人，南逃廣州，另立中央。"(1)

1980年"兩案"審判時的最高人民法院特別法庭判決書則指稱："林彪反革命集團的謀殺計劃失敗後，林彪隨即準備帶領黃永勝、吳法憲、李作鵬、邱會作等人南逃到他當時準備作爲政變根據地的廣州，圖謀另立中央政府，分裂國家。根據林彪的命令，空軍司令部副參謀長胡萍安排了南逃廣州的飛機八架，於九月十二日將其中的256號專機秘密調往山海關供在北戴河的林彪、葉群、林立果使用。當晚十時許，周恩來總理追查256號專機突然去山海關的行動，命令將該機立即調回北京。……林彪得知周恩來總理追查專機去山海關的情況後，判斷南逃廣州另立政府的計劃已不可能實現，遂於十三日零時三十二分登機強行起飛，外逃叛國，途中機毀人亡。"(2)

上述相距八年的兩次官方指控，後者與前者的區別在於：1、略去了"謀害中央政治局同志"。所謂"中央政治局同志"，主要指代張春橋，而張本人在1980年已淪爲"兩案"要犯；2、將"另立中央"改爲"另立中央政府"或"另立政府"。修改的動機，恐怕是後者需要彰顯的是"國家審判"而非"黨的審判"。可見，罪名也是可以"與時俱進"的。

此後，官方批准出版的中共高層人士回憶錄、中共黨史，無不重複了官方定調的如上說法。具代表性的，如《汪東興回憶——毛澤東與林彪反革命集團的鬥爭》、《李德生回憶錄》以及近於今年1月出版的席宣、金春明所著《"文化大革命"簡史(增訂新版)》，等等。

因篇幅關係，本文除略有涉及外，並不準備對所謂林彪的整個"謀殺計劃"罪名詳加討論，冀圖理清線索的問題僅是：官方上述林彪率黃、吳、葉、李、邱"南逃廣州，另立中央"的指控是否屬實？如不屬實，事情的真相又是如何？

二、林立果與"小艦隊"

公正地說，根據目前已公開的資料，"南逃廣州，另立中央"一說並非全無緣由，惟此卻與林彪之子林立果及其周圍的幾個人有關。

2004年7月17日、24日，鳳凰衛視"魯豫有約"分兩期播出了"吳法憲的夫人——陳綏圻"專題。有觀眾看了以後說："鏡頭面前的陳綏圻老人一臉從容，寵辱不驚"，這位當年的"吳法憲同志辦公室主任"，將那個年代的一些內幕，心平氣靜，不疾不徐，一一道出。

在論及葉群與林立果時，陳綏圻說：

"主要是葉群，葉群跟林立果兩個壞"。

(魯豫：這是您現在覺得，還是當初就覺得這兩個人壞？)

"現在覺得"。

(魯豫：當初沒覺得？)

“當初我覺得葉群比較蠻橫，但是沒有發現其他的。對林立果，我根本不管，不聞不問”。

(魯豫：但是林立果來空軍，是吳老把他調進來的？)

“是葉群提出來，因為那個時候全國學校都停課鬧革命啊。林立果本是清華大學物理系的一個學生，他剛到空軍的時候，還比較老實，就是周宇馳、于新野這麼幾個人把他帶壞了。越來越不知道天高地厚”。

(魯豫：周圍人會捧著他是吧？)

“哎，周圍的人都捧著他，大家因為林彪的關係也不敢得罪他”。

(魯豫：他在空軍很短的時間，上升得很快。)

“是呀，這個事情呢，我們到現在也鬧不清楚，葉群告訴吳法憲，說是林彪的意思，因為林立果是在空軍工作的，他想要林立果在空軍學習一些東西。當時吳法憲意思就是要把林立果提一提。吳法憲想，他說那個時候，毛遠新已經是遼寧省的革委會主任，是沈陽軍區的政委，李訥是解放軍報社的總編，那都是副軍級以上的幹部了。既然葉群提出這個問題，他也不好直接去問林彪，他說那就把林立果安排在毛遠新跟李訥的職位下面一點，當個空軍作戰部的副部長吧，就這麼提了這個問題，當時經過空軍黨委常委討論的，由他跟王輝球兩個人共同簽署的，下達了這麼一個命令。實際上林立果從來沒到空軍上過班，總是在外頭，一會到這，一會到那，隨他自己的意。管不了，真是管不了”。

(魯豫：空軍司令也管不了他？)

“管不了的，林立果誰能管他呀！”

(魯豫：這個人的個性怎麼樣？林立果的個性？)

“林立果的個性，林立果比較聰明，他看的書比較多，因為有林彪那個關係吧，他們辦公室很多的文件，他都能看。他跟葉群的關係也比較好，所以一些事情，林立果都知道，後來發展到好像是有野心。對林立果的講用報告，吳法憲跟葉群說過，說林立果的口氣太大。他說，這個報告，要是林彪來做，那就合適，但是出於林立果之口，就覺得不太適合。但是當面又不能不吹捧幾句，這也是兩面作風吧，也算是吳法憲的錯誤"。(3)

陳綏圻今天是以一位離休老幹部的身份與目光去回眸過去(1992年空軍直屬政治部通知陳綏圻按副師職離休，離休時間從1988年算起)。以此標準衡量，陳綏圻所表述大體上是客觀得體的。陳綏圻今天說葉群"壞"，筆者不表異議，惟說林立果也"壞"，包括筆者在內的一小部分觀眾可能有不同意見。林立果恐怕是一位有自己獨立見解、卓爾不群的孤傲青年，他那逾常的思維是對、是錯(或換一個說法，有多少是對的，多少是錯的)，直至今日，似尚難論定。此外，陳綏圻的回憶因年代久遠在史實上不免也小有偏差。如說林立果是清華的即不確，入伍前，他其實是北京大學的學生。另林立果1969年10月被任命爲空司辦公室(兼空軍黨委辦公室)副主任兼作戰部副部長時，毛遠新是遼寧省革委會的副主任(不是主任)，且尚不是沈陽軍區政委(毛遠新任此職遲在1974年3月)，另準確地說，李訥(肖力)曾任解放軍報社臨時總編輯小組組長(1969年8月已離任)。惟從職級上說，毛遠新、李訥已是省軍級而林立果不過是師級則倒沒錯。

所謂林立果小圈子的人，據瞭解內情者稱，主要是王飛(空司辦公室主任，1969年9月升任空司副參謀長，仍兼前職)、周宇馳(與林立果同時被任命爲空司辦公室副主任)、于新野(空司辦公室副處長)，加上劉沛豐(空司辦公室處長)。按陳綏圻的說法，是他們這幾個人帶壞了林立果。而有研究者卻認爲，是林立果帶領著並利用了這幾個人。筆者倒認爲，究竟是前者"帶壞"了後者，還是後者利用了前者，尚可繼續討論，惟他們之間非同一般的密切關係，卻是無可置疑的。

所謂“小艦隊”，指的就是空軍中以王、周、于、劉爲核心的一小群中青年軍官。其核心成員的思想體系及行動綱領，已充分體現在由于新野執筆的《“571工程”紀要》之中。以今日的視角去閱讀《“571工程”紀要》，無疑可以發現其超越同時代人的、銳利的批判精神！惟更深入地以政治及歷史道德的立場去評述《“571工程”紀要》，此一任務遠非本文所能承擔。筆者唯一可以指出的是，從目前披露的材料觀之，林立果及王、周、于、劉反毛的目標是明確不過的，但囿於當時的政治氛圍，他們給“艦隊”其他成員所灌輸的，恐怕只能是對張春橋、姚文元的不滿(甚至還未敢提毛的夫人江青)。真正知道謀劃的最終目的和真實意圖的，正如陳綏圻所判斷：“王飛應該算一個，周宇馳一個，于新野一個，劉沛豐一個，可能也就這麼幾個人，他們的範圍很小”。

三、林彪、葉群與“小艦隊”活動有關嗎？

魯豫年輕，她將林立果那個小圈子，視同林彪的小圈子。又問：“吳老還算不上是林彪他們的親信嗎？”

陳綏圻：“是不是親信，反正長期在林彪領導下工作。談這些事情，沒有談過。你想啊，黃、吳、李、邱都掌握著軍隊的大權，一個是總參謀長，一個是空軍司令，一個是海軍政委，一個是總後的部長。假如要發動這麼幾個人來搞政變的時候，就不會是現在這個情況。林立果搞這個政變，大家都說，簡直像小孩玩家家似的，能成嗎？能行嗎？

“林彪對一些問題的處理，一向很慎重。林彪假如真要搞政變，肯定要跟黃、吳、李、邱他們商量，當然他也估計黃、吳、李、邱不會同意，所以他也不跟他們商量，也可能的，究竟怎麼一回事，林彪已經死了，我們也無從證實。但是他(原注：指林立果)，也確實想把黃、吳、李、邱弄到廣州去，那是王飛說的。王飛供詞上有這麼一段，說他們在南下的時候，準備了飛機，也準備好了要打電話給黃永勝，說林彪在什麼地方開會，要他們去，要黃永勝先到機場，然後由黃永勝通知吳法憲、李作鵬、邱會作一塊上飛機，假如他們順從了這個意思，那就大家平平安安地走了，要不上這個飛機，他們就綁架著也要把他們綁走。吳法憲最後跟我講，他說我絕不會走，他說你放心，我不會走的。"

關於黃、吳、李、邱，且後再議，先討論一下林彪、葉群。

不應諱言，葉群與後來是"小艦隊"核心成員的王飛等，早在文革前已經認識。1965年下半年，葉群和林辦數人到江蘇太倉參加社教運動，湊巧與王飛所率的空軍直屬機關社教隊同駐一個大隊。期間，空軍司令員吳法憲亦曾專程前往探望。葉群在當時的一次發言中曾說："我們在這裡和空軍同志的團結搞得也很好，空軍同志對我們很關心，吳司令員來了以後對空軍來的全體同志和我們也特別關照，給我們很大鼓勵"。發言中，葉群褒揚了空軍來的王飛、劉沛豐、于新野、何汝珍以及韓喆勤、蘇天中等人。(4)從葉群的發言可以意會到的是，她對空軍這一班人的好感是顯而易見的。文革中葉群將林立果送至空軍"培養"，其原因恐怕相當大程度上緣自於社教運動中的這次相識。

然而，葉群與"小艦隊"等人的活動有關係的"證據"，目前看到的只是王飛、胡萍的兩份"親筆供詞"。王飛稱："十一日夜，葉群、周宇馳打電話告訴我，毛主席已離開上海，解除任務。"胡萍則供稱，9月10日晚11時以後，他與葉群有一段對話，葉群說："那位小將(原注：指林立果)都給你談了吧，談的好吧？"我說："談得很好"。葉說："要你準備飛機是不是還有難處？"葉接著又說："這件事我和胖司令(原

注：吳法憲)都說好了，用不著想的太多。”葉還說：“再說立果和胖司令也都作了安排的。你要抓緊準備。”(5)

王飛、胡萍的“供詞”，都是屬於“口供”。問題在於如果遵循“重證據，輕口供”的原則，光憑上述口供，是否就能將葉群“入罪”？況且，王飛、胡萍的供詞本身疑點就很多。如王飛就沒有講清楚電話到底是葉群本人親自打的，還是周宇馳傳達葉群的意思？又抑或兩個人一起打的？9月11日晚，葉群與周宇馳是在一起嗎？胡萍的供詞，將吳法憲也拉了進來，則更懸乎，事後的清查結果表明，吳法憲對“政變”一無所知。胡萍這一段有關葉群的供詞，本十分重要(如果它是確實的話)，但1982年“兩案”審理期間審判胡萍時，就沒有重提此事，可見官方後來對胡萍的此一口供也不敢再認可。(6)

至今沒有任何有力的證據表明，林彪本人與空軍這一小群人的關係達到了共同策劃於密室以謀反的程度。目前，所謂林彪與他們之間來往的“證據”，只是空軍幾個人後來的“供詞”，加上兩份據說是林彪所書、已撕碎後再拼合、殘缺不全的“手令”。(7)而這些“供詞”和“手令”，我們倒可以作如下分析。

1、根據王飛的兩份供詞，1971年9月8日晚，是林立果、周宇馳(注意，不是林彪、葉群本人)要王飛給黃永勝送東西。是林立果拿出一張紙給王飛看，上面寫著“希望按照立果、周宇馳傳達的命令辦事。林彪九月X日”(具體話王飛說他記不准了)。11日下午，是林立果在西郊機場召集會議，“確定在南方動手謀害毛主席，釣魚台留給黃永勝他們去搞。會後，林立果、周宇馳提出要我當林立果和黃永勝之間的聯繫人，並交給我一封林彪給黃永勝的親筆信”，“十二日上午，劉沛豐把這封黑信拿回去。十二日晚，林立果、周宇馳向我談了林彪南逃廣州，另立中央的反革命計劃之後，我召集魯珸、賀德全、劉世英、朱鐵錚等研究執行這一反革命計劃時，于新野在黑會的中間，把這封黑信又交給了我。十一點多，周宇馳電話告訴我‘暴露了，不搞了’。我把這封黑信還給了于新野。”

以上供詞反倒表明，王飛得到的所有口頭指令及所謂林彪“手令”，均來自林立果、周宇馳而並非直接來自林彪。由此，不能斷定這些指令、“手令”到底是否出自林彪本人的真實意願，還是林立果、周宇馳假借林彪名義行事。

更令人生疑的是，王飛雖與葉群相識，但與林彪、黃永勝素無往來，他如何能取得林、黃兩人的共同信任，充當林、黃之間的聯繫人？林彪與黃永勝完全可以直線聯繫(即使不便電話聯繫，黃也有充足的理由隨時可以見到林彪)，爲什麼林、黃之間要多了這麼一個中間人呢？

2、根據魯珺(時任空司作戰部部長)、江騰蛟(前空軍政治部黨委書記)、劉世英(時任空司辦公室副主任)等人的供詞，他們在“913”前這一段時間都沒有直接見到林彪(甚至也沒有見過葉群)，所有所謂林彪的指示、計劃，都是出自林立果、周宇馳之口。9月12日晚“南逃廣州，另立中央”的會議，是王飛召集的，“南逃廣州”的方案，也是王飛布置的，時至今日，沒有林彪知道並同意這一計劃的直接證據。

3、中發(1972)24號文，有所謂“林彪反革命政變手令”、“林彪給黃永勝的親筆信”復原照片各一及對照片的說明。說明稱“手令”和“親筆信”，“都是周宇馳、于新野、李偉信等乘直升機外逃時隨身攜帶的。直升機被我迫降後，周宇馳爲毀滅罪證，將這兩個反革命文件撕碎，後由我有關部門將在現場搜集到的碎片拼對復原”。(8)

“手令”搜集到的碎片並不完整，專案組根據據說是看過“手令”的江騰蛟、胡萍、李偉信等十幾人交代，認爲原文是“盼照立果、宇馳同志傳達的命令辦。林彪九月八日”。“林彪給黃永勝的信”比較完整，內稱："永勝同志很惦念你，望任何時候都要樂觀保護身體有事時可與王飛同志面洽敬禮林彪。"

已有不少研究者對這兩張據說是林彪本人手書的便條提出過質疑。疑問主要集中在：(1)、沒有林彪其他類似用鉛筆所書的真迹以作比照，難以判斷此兩張便條是否真的出自林彪本人之手；(2)、便條爲林立果、周宇馳所出示，便條的來源因林立果、周宇馳兩人均已死去，無從考證；(3)、並不排除該兩便條有摸仿林彪字迹加以僞造的可能。

筆者更認爲，周宇馳爲什麼在迫降後將這兩便條撕碎？其心態值得探究。當時周宇馳並不知道林彪的情況，當飛機迫降走投無路時，撕碎便條的動機很大程度上是爲毀滅其假傳"聖旨"而僞造的證據。

四、"小孩玩家家"

《"571工程"紀要》(以下簡稱《紀要》)的批判精神是銳利的，惟其行動的計劃，尤其第(七)部分"實施要點"，卻又是非常粗糙的。換言之，如此粗疏的"政變"行動計劃(不管它的性質是正面抑或反面)，成功的機率幾乎等於零！(9)

據李偉信交待，"571"計劃(即《紀要》)由于新野執筆，"于新野在一九七一年九月十一日，曾誇耀自己說，林立果把計劃及一本于新野最近摘錄的關於武裝起義的事例，都還留在北戴河'首長'(原注：林彪)'主任'(原注：葉群)那裡"。

李偉信交待的可靠程度如何？不得而知，無論如何，這都僅是李偉信的"口供"，不足以採信，除此"口供"之外，並沒有其他足夠的證據表明林彪知道這一計劃。退一萬步來說，即使林彪看到這一計劃，作爲現代中國最具謀略的傑出軍事家，他會認同這麼一份小兒科的計劃嗎？

1、《紀要》承認，"目前我們的力量準備還不足"，"群眾對B-52(筆者注：指毛澤東)的個人迷信很深"，"由於B-52分而治之，軍內矛盾相當複雜，很難形成被我們掌握的統一的力量"，"B-52身(深)居簡出，行動神秘鬼(詭)窄(詐)，戒備森嚴，給我們行動帶來一定困難"。按林彪的軍事思想，完全沒有把握的仗不能打，既然承認力量準備不足，那麼對毛澤東發動政變，就是完全沒有把握的一仗，林彪會下決心去打嗎？

2、《紀要》列舉了進行"571工程"(武裝起義)的"基本力量"和"借用力量"。"基本力量"是：△聯合艦隊和各分艦隊(上海、北京、廣州)△王、陳、江掌握的四、五軍△九師、十八師△二十一坦克團△民航△三十四師。"借用力量"分國內和國外，國外的十分空泛，不必討論，國內的是：△二十軍△三十八軍△軍委辦事組△國防科委△廣州、成都、武漢、江西、濟南、福州、浙江、西安。

《紀要》所指"基本力量"，除二十一坦克團外，全部是空軍的。據目前已披露的材料，除"聯合艦隊和各分艦隊"(小艦隊)一小部分個人成員外，林立果等並不能控制掌握空軍中的成建制部隊。也沒有證據顯示，林立果曾經在這些部隊中做過什麼爭取工作(即使他們有過這樣的企圖，但已是心有餘而力不足)。更沒有證據表明，林彪本人曾對這些部隊進行過任何策動工作。至於"借用力量"中的陸軍部隊，同樣沒有證據顯示林立果或林彪曾做過任何策動工作。林立果連歷史上與林彪最有淵源的一個師(一二七師)的師政委、曾任林辦秘書的關光烈都說服爭取不了，何以能去利用一個軍呢？！而林彪關於作戰指揮的一個重要原則是"在戰役戰鬥上形成兵力對比的絕對優勢，才能保證進攻作戰的勝利"，軍力對比如此懸殊，林彪能去冒這個險嗎？！

3、《紀要》提出動員群眾的口號，綱領是"打倒當代的秦始皇—B52""推翻挂著社會主義招牌的封建王朝"等。眾所周知，林彪是鼓吹毛及其思想最爲得力的，他給全國人民的印象是把毛澤東思想的紅旗舉得最高，是毛的親密戰友和黨章法定接班人。如果《紀要》是林彪同意的，他必須解決如何令全國接受他從"堅決擁護"到"打倒"的巨大反差，如何對全國人民交待？一旦明確反毛，以毛當時如日中天的威望，願意弃毛而跟著林走的有多少人？筆者倒認爲，林一旦公開主動翻臉，可能連時刻緊隨在他身後的8341的人也擺脫不了！

4、《紀要》的"實施要點"中，指揮班子是江、王、陳(即江騰蛟、王維國、陳勵耘)。江、王、陳到底有多少號召力及指揮能力？這樣的指揮班子，只有林立果才用，林彪怎麼能用？此外，《紀要》中提出，在第三階段要在軍事上：△盡力堅守上海，占領電台、電信局，交通，把上海與外界聯繫卡斷。△力爭南京方面中立，但做好防禦。△固守浙江、江西。△掌握空降、空運。這裡並沒有提出在廣州另立中央的方案設想(廣州方向是在很倉促的情況下臨時匆忙決定的)。無論在上海或廣州另立中央，在當時都是絕無可能的空中樓閣，這個"中央"總不能就是林彪一家加上空軍的江、王、陳及"小艦隊"幾個人吧？這樣的"中央"能有號召力嗎？能堅持多少天？林彪從不打無把握之仗，如何會贊成去建立這樣的一個"中央"？而且是今日到廣州，明天就宣布"另立中央"？

陳綏圻說的沒錯，這樣的計劃，"簡直像小孩玩家家似的，能成嗎？能行嗎？"這樣的計劃，當然不行！而且，它只可能是林立果的而決不可能是林彪的！

五、“小艦隊”關於“南逃廣州，另立中央”的策劃(上)

有關“小艦隊”“南逃廣州，另立中央”的策劃經過，以1980年11月27日下午“兩案”審判時第二審判庭“開庭審問”江騰蛟時的問答記錄最爲詳細。以下文字，即出自該次審問的官方記錄。(10)

審判員任成宏問江騰蛟：“你們知道毛主席離開上海以後，又開會策劃什麼陰謀活動？”江騰蛟答：“九月十二日策劃南逃廣州。”“可能是周宇馳召集的，參加人有周宇馳，有王飛，有于新野，有我，有李偉信，另外還有兩個人在裡面收拾房子，我不認識。”問：“在什麼地點？”答：“在空軍學院後面一個小樓上。”問：“周宇馳在會上講林彪在什麼時間，怎麼去廣州？”答：“我一到樓上，他們已經到齊了，王飛他們都在場，我一坐下以後，周宇馳就宣布說，我們決定，他說他們決定，明天早上八點鐘，林彪的飛機從北戴河起飛，直飛廣州沙堤機場。”問：“明天早晨是哪一天？”答：“就是十三號早晨。”“第二講，明天早上七點鐘，周宇馳講他本人帶一部分工作人員和一部分家屬從北京西郊機場起飛，直飛廣州沙堤機場。第三講，明天早上六點鐘，由王飛、于新野和我三個人，先到西郊機場那個平房子，就是我們密謀的平房子，要王飛打電話給黃永勝，說是林彪請他來有點事情，黃永勝到了以後，叫黃永勝打電話把吳法憲、李作鵬、邱會作找來，說是林彪在某地要開一個會議，要他們到機場來，等他們到機場來之後，用二個人招呼一個，要他們上飛機，你們一塊從西郊機場起飛，到廣州沙堤機場。”問：“林彪到廣州以後，準備幹什麼？”答：“說等林彪到廣州之後，首先召開師以上幹部會議，把問題揭開。”“接著講還可以利用廣州廣播電台廣播，說全國老百姓對林彪的聲音是很熟悉的。”問：“講到爭取外援的問題嗎？”答：“那是最後講的，中間有一段講成立臨時中央以後講的，說必要的時候還可以爭取外援，說林彪在蘇聯還是有他的威望的。”副庭長黃玉昆問：“你們開會除周宇馳說的以外，你們還說了些什麼？”答：“第三架飛機要王飛、于新野、我，帶著黃、吳、李、邱從西郊機場飛廣州沙堤機場，他講在飛機上警衛工作你管行不行哪？我說好嘛。他說，但是不准你出面，這是一句話。第二句話，他說由王飛出面跟幾位老總去談問題，攤開，談什麼他沒有說。第三句話，說你們的飛機如果到了，林彪的飛機沒有到沙堤之前，你們不要先下飛機，等林彪的飛機到了以後再下飛機。”問：“他要你不要出面，要你負責安全是什麼意思？”答：“沒有講。”

江騰蛟的回答中值得十分注意的是，整個過程都是周宇馳一個人在說話。隨後法庭宣讀了王飛一九七二年一月四日的供詞：

“九月十二日傍晚，周宇馳找江騰蛟和我，到空軍學院傳達林彪關於南逃廣州另立中央的反革命計劃，周說，情況緊張，剛從上海得到消息說，主席回來就開三中全會，要動手了。林副主席決定立即轉移廣州，要軍委辦事組的黃、吳、李、邱去廣州談話。到那裡以後，召集師以上幹部緊急會議，宣布另立中央，進行割據，形成南北朝的形勢，和蘇聯等國建立外交關係，要動武就實行南北夾擊。黃、吳、李、邱明天早晨七點到八點起飛，要江騰蛟負責警衛，保證他們安全到達廣州，江答應抓緊去辦。”法庭接著出示、投影和宣讀《“571工程”紀要》第四頁和王飛等人研究制定的南逃廣州人員名單。名單上注：“這個名單是從周宇馳、于新野等外逃乘坐的直升飛機上繳獲的。”宣讀後，江騰蛟說：“名單我不知道。”“因為周宇馳講完了以後，要王飛、于新野和我三個人回到司令部組織力量，組織哪些人南逃。我說你們去吧，我不去，我沒去，我沒參加，我直接回家了。”審判員任成宏說：“這裡講的是王飛等人研究的南逃人員名單，裡面有江、江家。”

王飛供詞中所謂林彪關於南逃廣州另立中央的“反革命計劃”，是周宇馳傳達的，所謂“林副主席決定立即轉移去廣州，要軍委辦事組的黃、吳、李、邱去廣州談話”，也是周宇馳說的，這與江騰蛟的說法是一致的——全部計劃都是周宇馳一個人在那兒自說自話。

接著，法庭傳原空軍黨委辦公室副主任劉世英出庭作證。他說：“一九七一年九月十二日晚上，王飛根據林彪妄圖南逃廣州陰謀另立中央的罪惡意圖，他召集我、魯珉，還有賀德全、朱鐵錚、鄭興和等，在空軍大樓西三樓南側最西頭的一間辦公室召開黑會的時候，研究了南逃廣州的名單，開始由我負責記錄並抄寫的……我們剛剛提出一份黑名單以後，林彪死黨于新野就到了會，他看了一下名單馬上就說，這是去廣州的第一批人員，要精幹，說接著還要組織第二批人員去廣州，並且帶家屬去。他特別強調，第一批人員，除了空司的人員以外，還要把江騰蛟和隨他一塊兒去的隨員張發雲、朱鐵笙也寫到第一批名單裡去……以後，于新野把我負責記錄並抄寫的一份黑名單拿去，他又在一個地方特別的又寫了一個‘江’字，江騰蛟那個‘江’字，而在另一方地方又特別增加了‘江家’兩個字。這個‘江’字和‘江家’兩個字都是指江騰蛟和他所謂由他直接通知江騰蛟的內容的一個備忘錄……”審判員任成宏讓法庭工作人員再出示一下南逃人員名單影印件，並問劉世英：“這個名單是你寫的吧？”劉世英答：“這個名單是我寫的，其中除我寫的以外，都是于新野增加的。”審判員任成宏問被告人江騰蛟：“你聽清楚了沒有？”江騰蛟答：“聽清楚了。那個‘家’我剛才不是講了，周宇馳他帶一部分工作人員和一部分家屬，包括他的，于新野的，我的，魯珉的，包括這幾個人。”劉世英退庭後，法庭又傳原空司辦公室處長朱鐵笙到庭作證：“一九七一年九月十二日晚飯以後……王飛說，主席的身體現在很不好，有人企圖借機搞鬼，要把林彪、黃永勝等人打成林黃反黨集團，所以林彪有命令，要黃、吳、李、邱出去一下。”“他說，黃、吳、李、邱出去要人保護、護送，要我們護送，這幾個人不夠，要從機關各單位選一些人，列個名單接著又說，要帶些槍枝，他讓鄭興和去搞三十支手槍來。”“王飛把這次反革命行動作了分工，他指定賀德全負責到機場後的現場指揮，魯珺負責掌握飛機的航向，王飛要我負責瞭解機關去的人員的思想情況，鄭興和、李二坤安排車輛。”朱鐵笙退庭後，審判員任成宏問江騰蛟：“你們安排了南逃的飛機嗎？”江騰蛟答：“我沒有安排，是周宇馳已經安排了三架了嘛，安排第四架是叫當天晚上李偉信坐一架到上海，把上海那一攤子拉到廣州。我在場的時候他只安排了四架飛機。”

劉世英、朱鐵笙所說的9月12日晚上的會議，似乎與周宇馳主導的同一個晚上的會議不是一回事，而是接下來另一次由王飛主持的會議。劉、朱的證詞表明，王飛在“南逃”一事上也是一個主角。所謂“林彪有命令，要黃、吳、李、邱出去一下”，其實也只是王飛說的，不能證實，這是林彪本人的意圖。

六、“小艦隊”關於“南逃廣州，另立中央”的策劃(下)

以下繼續是審問江騰蛟的官方記錄，主要爲胡萍及江騰蛟兩人的說法。

法庭傳空軍司令部副參謀長兼航空兵三十四師黨委書記胡萍到庭作證。他說：“要我安排飛機一共是兩次。第一次是九月八號，大概是晚上九點多鐘，林立果從北戴河到了西郊機場，下飛機以後，他就對我說林彪為了安全起見要準備離開北戴河。這個時候林立果就掏出林彪的黑手令給我看……接著周宇馳就說，為了林彪的安全，要給林彪準備兩架飛機，一架準備三叉飛機，一架準備多座的伊爾-18飛機研究確定三叉飛機是256號，機長是潘景寅，伊爾-18飛機確定是703號……到了十號的晚上，吳法憲給我打電話，他說葉群她那裡最近準備動一動，要用飛機，叫我把林彪平常用的一些飛機很好準備一下。這是第一次叫我安排飛機的情況。”“第二次叫我安排飛機是這樣的，是十二號的下午，在西郊機場的工字房，周宇馳告訴我，說林彪準備十三號從北戴河到廣州去，當天晚上林立果就準備坐上256號飛機去北戴河，第二天走的時候(指十三號林彪要從北戴河坐飛機到廣州)，林彪就坐這架飛機到廣州去。”“另外要我安排一架伊爾-18飛機，是多座位的，他說準備到北戴河接上林彪的警衛部隊到上海落個地，說上海有人搭這個飛機，然後再從上海飛廣州這是一架。再叫我安排一架多座的三叉戟，他說這個飛機準備是機關的人坐，他所說的機關，通常說的是黨辦這一夥，是從北京直飛廣州，並且叫我交待機長，這架飛機由王飛負責，有事要聽王飛的指揮。再叫我安排一架安-24飛機，由北京經過上海後到廣州落地。這架飛機他說留給林彪到小機場時好用。再一個他要我安排一架安-12飛機，準備拉上兩架雲雀小直升飛機從北京飛到廣州去……”“他給我交待了之後，我就按這個進行了安排。”審判員任成宏問胡萍：“你剛才講了八架飛機，三叉戟256號，伊爾-18飛機703號，三叉戟254號，伊爾-18飛機902號，安-12飛機231號，安-24飛機024號。是事實吧？”胡萍答：“是事實。”接著，審判員任成宏要胡萍把一九七一年九月十二日晚，周總理追查256號飛機的情況，向法庭提供證言。胡萍說：“大概是在十二號晚上的十點半左右這個時間，吳法憲第一次給我打電話，是這樣說的，他問我三叉戟飛機到山海關去是怎麼回事，怎麼我不知道啊，總理追查來了我才知道啊，事情鬧大啦！你知道不知道！我當時一聽這個事不好了，就吱唔，我說我不知道，我光聽說他們搞訓練。接著他就質問我，訓練為什麼現在還不回來？我說我查一查吧。這是第一次吳法憲給我通電話。我一聽這個事不好，我怕吳法憲直接打電話到山海關追問潘景寅，一追問，我說的假話就全部暴露了。所以，我趕快打電話告訴潘景寅，我把吳法憲與我通話的情況全部告訴了他，為了掩蓋我自己，為了應付吳法憲追查，我對潘景寅說，吳法憲打電話給你，你就說三叉飛機到山海關機場去是你們自己安排訓練的，我並不知道這個事，如果他再問你訓練為什麼現在還不回來，你就說飛機有點毛病，所以還沒有回來。”“過了一些時間，吳法憲就打了第二次電話，頭一句話就問我，他說，你在哪打電話？我說我在候機室打電話。他停了一會兒，再沒說什麼，接著說總理有二點指示，你馬上傳達給潘景寅，第一條指示，就是這飛機沒有命令任何人不准動，第二條是這架飛機今天晚上準備飛回來。我當時就請示吳法憲，我說是不是叫潘景寅馬上飛回來，他說，叫他在那裡聽命令。接著我馬上就給潘景寅打了第二次電話，我把吳法憲傳達給我的關於總理的二條指示都給潘景寅作了交代，告訴了他，並且叫他在山海關那地方等命令……我怕吳法憲進一步追問，所以我就給潘景寅說，如果吳法憲再追問你飛機到底有什麼毛病時，你就說發動機有點故障。這就是追問飛機前面打電話的情況。接著以後，吳法憲就到了西郊機場當時就追問我，什麼毛病？我說我聽潘景寅說是發動機有點故障。"審判員任成宏問："也就是說，在總理指示之後，你們說發動機有毛病，是訓練去的，你就是這樣給潘景寅打了電話？"胡萍答："唉。這是當時造的假，沒有這個事。"又問："給周宇馳打電話沒有？"胡萍答："吳法憲給我打了第一次電話之後，我首先第一個電話是打給潘景寅，接著第二個電話打給周宇馳的，我告訴他剛才吳法憲正追問我三叉戟飛機256號到山海關的事，我說剛才應付了他一陣，聽吳法憲說是總理追查這個飛機為什麼到山海關的，周宇馳問我是什麼時候的事，我說剛才一會兒。"審判員任成宏問："就是說，周總理這個指示你也打電話告訴了周宇馳？"胡萍答："是的。"副庭長黃玉昆問胡萍，到山海關去是三叉戟256號，為什麼變成了252號？胡萍答："林立果十二號下午七點鐘從北京起飛到山海關，周宇馳交待，說林立果今天走一定要好好保密，他上飛機不在候機室門前，而在停機坪上飛機……為了保密，我把256號說成252號……"副庭長黃玉昆問："256號飛機，252號飛機與林立果保密有什麼關係？"胡萍答："因為256號是專機，252號是個普通飛機的號碼，因為這個專機不是目標就大嗎，不容易保密嘛，所以改個普通飛機的號碼，容易保密，是這個意思。"胡萍退庭後，公訴人檢察員沈家良問江騰蛟："九月十二日晚上周宇馳給你們宣布了林彪決定十三號，他和你們一起南逃廣州，另立中央，你聽了以後是什麼態度？"江騰蛟答："我別話沒有講，他安排飛機的時候，讓我擔任第三架飛機黃、吳、李、邱的警衛，我說好。”又問：“對南逃另立中央，你同意還是不同意？”答：“我沒有表態，沒有講話，可以請他們作證。”副庭長黃玉昆問：“你願意不願意去呀？”答：“我答應好了，我當然就是願意去了嘛。”副庭長黃玉昆說：“那你等於表態了嘛，那你還是表態的嘛。”審判員高斌問：“十二號晚上你參加陰謀策劃南逃的秘密會以後，回到家你又進行過什麼準備？”江騰蛟答：“回到家第一件事，我是告訴我的老婆，我說現在情況很緊張，林立果的意思要我們暫時出去，離開北京，到外面一段時間，你可以準備一點東西，準備一點孩子穿的衣服。因為周宇馳講帶家屬是不准帶多的，還告訴我說上海的二個孩子帶不帶由王維國決定，不准我打電話。”“第二個是秘書，究竟是準備帶誰走我也沒有定，就是張發雲，朱鐵笙，我思想上是準備帶張發雲的，但我找張發雲來以後，我同他們倆人講，說今天晚上葉群準備見見我的孩子，想要你們兩位也參加一下，時間、地點等候通知。”問：“你當時為什麼這樣給他們說？”答：“我欺騙他們，要他們當時住在我家裡……”“這個講完了以後，于新野就給我來電話，說現在一切活動都停止，消滅一切痕迹……所以，南逃這個事情我始終沒正面和張發雲、朱鐵笙講，也沒有正面跟我老婆講。”法庭宣讀了江騰蛟的妻子李燕平一九七一年十二月二十七日寫的揭發材料(節錄)和江騰蛟的原秘書張發雲一九七一年九月二十日寫的揭發材料(節錄)。宣讀後，審判員高斌問江騰蛟：“你接到于新野電話以後，給什麼人打過電話？”江騰蛟答：“我首先是接到周宇馳老婆給我打來的電話，說吳法憲派人來查她，周宇馳最後住在哪些地方？她答復不清楚，問我這樣答復可不可以，我說可以。”“我想問問究竟于新野他們到哪裡去了，周宇馳他們下落。我向西郊那個平房要了好幾次電話，結果要不通，我就找王飛，王飛說他在指揮所，他就不准我講話了，連講了三句在指揮所。我就問魯瑨，是不是王飛值班，他說不是，這時我產生懷疑，懷疑究竟出了什麼事情。”

關於胡萍是否"小艦隊"活動的知情人，目前在研究者中頗有爭議，本文不準備展開討論。惟可以肯定的只是，根據以上胡萍的證詞及江騰蛟的審問答話，不僅說明胡萍聽到的所謂林彪要去廣州的事是林立果、周宇馳告訴他的，而且胡、江兩人都證實，吳法憲其實連調動飛機也不知情，更不用說"南逃廣州，另立中央"了。

七、黃、吳、李、邱俱不知情

關於吳法憲9月12日晚上的情形，陳綏圻老人回憶道：

"大概到十一點多鐘，周總理就來了電話，他說你們是不是調了架飛機到北戴河去了？當時林彪住在北戴河，吳法憲說沒有啊。總理又問說，究竟有沒有？吳法憲說，絕對沒有。總理說，那你再查一查吧，看看究竟有沒有。他聽了總理的話呢，就打電話到三十四師，當時我們西郊機場住了一個師，那是個專機師，凡是國家領導人出訪，比較重要的人出訪，坐專機都在三十四師。他就打電話到三十四師，問時念堂，當時時念堂剛從阿爾巴尼亞回來，他就說我沒有，可能是胡萍參謀長把這個飛機調走的，他(原注：吳法憲)說，胡萍不是在三零一醫院住院嘛，說有前列腺癌，在那裡住院，他怎麼來了？他(原注：指時念堂)說，這個飛機就是他調的。後來他(原注：吳)就直接找到胡萍，問胡萍：你怎麼把一架飛機調到北戴河去了？胡萍就說，是訓練飛行，所以我沒有報告，現在發動機有毛病，正在修理，修理好了就回來。吳法憲就把這個情況，又打電話告周總理。

"接著，周總理又來了一個電話，他說跟葉群已經通了電話，他說葉群告訴他，說林彪準備要動一動，動到那裡去呢？動到大連，要上大連去住一段時間。總理說你(原注：葉群)調了飛機嗎？她說還沒有，她說我馬上就給胖子(原注：吳法憲)打電話，讓他準備飛機。後來總理就又告訴吳法憲，他說調動飛機呀，這個事情你就告訴葉群，要請示我，要請示周總理，後來接著葉群就來電話了，他(原注：吳法憲)就說，調飛機的事情，我要請示周總理。

"這個時候，他覺得問題有點不大對頭，他就跟總理說，我要到西郊機場去直接地再查查這件事情，看看這個究竟是什麼事，究竟是怎麼一回事？他就到了西郊機場，這個時候大概十二點多了，十二點多到那裡看，胡萍還沒有回三零一醫院，就在西郊機場的一個候機室，當時跟他一塊談話的，還有三十四師的一個參謀長，他們兩個人在那裡談話，看見吳法憲去了，那個參謀長就走了，那個吳法憲就問那個胡萍，調飛機究竟是怎麼一回事？他說的呢，還是跟頭一次在電話裡說的一樣。

"吳法憲就要張叔良(筆者注：吳的秘書)，就是給他帶去的那個秘書，他說你跟潘景寅打通電話，我要跟他講話，吳法憲就告訴潘景寅，他說這架飛機呀，先不要起飛，潘景寅說好，吳法憲就把跟潘景寅談話的情況，就報告了周總理，周總理說，現在葉群跟林立果已經帶著林彪坐了一輛車，已經要到北戴河去了，臨走的時候還開槍打傷了一個警衛人員。吳法憲一聽覺得事情比較嚴重了，但是他估計從北戴河到山海關機場，大概還有個把小時的路程，所以他又找潘景寅，但是這個時候潘景寅已經不回話了。"

陳綏圻所說的與胡萍的交待，大體對得上號。總而言之，當晚，吳法憲是在事前不知情的情況下，追查三叉戟256號專機調到山海關一事。到1980年"兩案"審判，官方指定的律師馬克昌、周亨元爲吳法憲辯護時也明確表示："法庭調查證明，吳法憲當時並不知道林立果利用他交給的權力，組織聯合艦隊，此外，起訴書第四十二條指控的林彪、葉群陰謀帶領吳法憲等'南逃廣州，另立中央，分裂國家'的反革命活動，吳法憲當時也不知道，這一情況已爲法庭調查所證實"。(11)

當年出任“兩案”辯護小組負責人的張思之，是官方爲李作鵬指定的辯護律師之一(另一位是蘇惠漁律師)，張、蘇亦爲李作鵬辯稱：“(三)起訴書指控林彪反革命集團犯有南逃廣州，另立中央，分裂國家的罪行，涉及到李作鵬。經庭審調查，同案被告人江騰蛟在1980年8月31日南逃活動的供詞中證明：周宇馳等人按照林彪命令策劃的南逃具體行動計劃和實施步驟是由王飛以林彪名義，電約黃永勝去機場，再由黃出面電告李作鵬等人到機場會齊，然後南逃廣州。這個安排，由江騰蛟、王飛等人負責實施。江騰蛟的供詞，在王飛1971年12月8日的供詞中得到證實。可見，在‘南逃廣州，分裂中央’這個犯罪活動中，不能證明李作鵬參與了策劃。”(12)

請注意“吳法憲當時也不知道”，“不能證明李作鵬參與了策劃”這兩句話。1980年“兩案”審判中官方指定的律師，在當時的政治氛圍中，能爲吳法憲、李作鵬作出這般比較事實求是的辯護，已屬殊爲不易！辯護詞在“南逃廣州，另立中央”的問題上爲吳、李兩人辯護所體現的理性精神和原則，同樣適用當時未有延請律師的黃永勝、邱會作。

八、顧同舟、丁盛談“南逃廣州，另立中央”

顧名思義，“南逃廣州，另立中央”的落腳點就是廣州。那未，廣州方面有何動靜？有何症候？答案很簡單：沒有任何動靜，沒有任何症候。

如果真有專機要落地，首先涉及的就是廣空。

“913”之後，廣空參謀長顧同舟隔離審查。除“將毛南巡在長沙講話內容密報北京‘小艦隊’成員”這一罪名外，就是懷疑他準備接林彪的

專機。有人說，9月12日那天顧主動要求在司令部值班室值班，就是準備接機。爲此，筆者專門詢問過顧同舟。(13)

關於“主動值班”，顧說，我值班是確實的，但說我與周宇馳聯繫是不確實的，說我接林彪更子虛烏有，我與林彪根本沒有任何聯繫。

顧說：“913”後審查階段，紀登奎與李震親自找我談話，已經明確，說星期天(9月12日)那天值班與北京通電話，給空司作戰部打電話，是爲確定紅旗三號地空導彈試驗靶場的事。紀登奎說，你今天算是坦白了，我們已經查過，算結束了(李震沒有說話)。你的問題，要學習華北的李雪峰，劉子厚，你上了賊船，也允許你下賊船。林彪外逃，與你無關；刺殺主席，與你無關；林彪南下，與你無關，三條可以排除。三條不沾，你可以給總理打報告，說明情況。

顧再三申明：不知道南逃，絕對不知道。林彪出行，一般只是兩架飛機。七八架飛機，那麼大的舉動，那是超歷史的，不是我一個人能解決的問題。我可以負責任地講，可以用人格擔保，我對此一點也不知情，不瞭解，沒有人通知過我，也沒有人打過電話。

(余：專機來，要不要預先告訴你？)

“我是廣空管專機的，要告訴”。

(余：一般提前多少時間通知？)

“一天到半天。爲保密，時間不能太長，但又不能太短，因爲要有所準備”。

(余：通常情況下是誰通知？)

“胡萍或空司航行局。胡萍是管專機的副參謀長，航行局管具體操作”。

“我要管的話，到值班室還不行，要到現場，親自到機場去。凡中央來人，我都要到現場，大軍區的領導也要到現場，必須到現場，到值班室幹什麼？”

(余：現場怎麼聯絡？)

“有紅機子”。

(余：還有說你準備了白雲山的房子？)

“白雲山上那房子能住林彪嗎？林彪的住處，能輪到我管嗎？！”

筆者認爲，顧同舟所言，並非沒有道理。

至於大軍區方面，筆者擬引用時任廣州軍區司令員丁盛的回憶錄作答。《丁盛回憶錄》是金光先生將其1990年代數年間訪問丁盛的錄音整理成文，由丁盛親自校改增刪後自印成書(唯印量極少，僅在老戰友間分發，未對外發行)。該書灌注了丁盛將軍與整理者金光的經年心血，披露了不少內情，體現了丁盛獨特的談話風格，正如金光先生所言，讀之“如見其人，如聞其聲”。筆者不敢掠人之美，現征得金光先生同意，謹將有關“913”前後涉及“南逃廣州，另立中央”罪名的部分章節，選刊於本文之後，以饗讀者。

正如丁盛所言：“我今天有責任說，我當時是廣州軍區主要負責人之一，我是司令，劉興元政委，孔石泉，任思忠，他們都是政委、副政委，還有其他的人，所有的人，都不知道。絕對不知道！林彪南逃，他怎麼想，這個我們不知道，什麼都不知道。

“我向中央負責，向全國人民負責！廣州軍區領導就是不知道林彪南逃。你們搞了這樣多的大的運動，翻箱倒櫃，七四年、七七年、七八年、七九年，搞得這麼厲害，你們搞到什麼證據沒有啊？沒有任何證據。這樣多的人有人知道沒有啊？領導沒有知道，有人說他知道，後來他又翻供了，他說他不知道，他是逼的。那麼我們怎麼會知道呢？”

“我今天鄭重聲明：不知道！我不知道！劉興元不知道！孔石泉、任思忠不知道！軍區領導同志不知道！我的秘書，辦公室主任，作

戰、司令部、政治部都不知道！沒人知道。因爲沒有的事情他到哪兒知道啊！沒有嘛！”(14)

九、簡短的結語

筆者認爲，《“571工程”紀要》無疑出自於“小艦隊”之手。在《“571工程”紀要》中，“小艦隊”視上海爲行動基地。“南逃廣州，另立中央”是“小艦隊”核心成員非常倉促的臨時決定，未及付諸行動便已夭折。從目前已公開的材料來看，“小艦隊”打著林彪的旗號，但沒有充分的證據表明，林彪(以及葉群)事前知道“小艦隊”的計劃，更不用說同意他們的計劃了。根據現代法學“疑罪從無”及“疑點利益歸於被告”的原則，所謂“林彪又陰謀携帶黃永勝、吳法憲、葉群、李作鵬、邱會作等人，南逃廣州，另立中央”的指控，不能成立。而更無任何證據表明，黃、吳、李、邱以及廣州軍區、廣州軍區空軍的領導人知曉“南逃廣州，另立中央”的計劃。(2005年12月)

注釋：

(1)(5)(7)(8)《粉碎林彪反黨集團反革命政變的鬥爭(材料之三)》。

(2)<中華人民共和國最高人民法院特別法庭判決書(特法字第1號)>1981年1月23日，《中華人民共和國最高人民法院特別法庭審判林彪江青反革命集團案主犯紀實》(北京：法律出版社，1982)，頁52-53。

(3)本文所引述陳綏圻的談話，均出自視頻錄像資料：鳳凰衛視"魯豫有約——陳綏圻"(2004年7月17日)，以下不再一一注明出處。

(4)葉群：<主動同地方幹部搞好團結，虛心向地方同志學習>，《葉群等同志向總參黨委的報告》(北京：總參謀部政治部印，1965)。

(6)《審判顧同舟、胡萍、王維國材料匯編》(北京：中國人民解放軍軍事檢察院、軍事法院，1982年4月)。

(9)《"571工程"紀要》及李偉信筆供，見《粉碎林陳反黨集團反革命政變的鬥爭(材料之二)》附件二、三。

(10)《中華人民共和國最高人民法院特別法庭審判林彪江青反革命集團案主犯紀實》(北京：法律出版社，1982)，頁138-148。

(11)馬克昌、周亨元：<為被告人吳法憲辯護的辯護詞>，《歷史的審判(上)》(北京：群眾出版社，2000)，頁135。

(12)張思之、蘇惠漁：<為被告人李作鵬辯護的辯護詞>，《歷史的審判(上)》(北京：群眾出版社，2000)，頁139。

(13)以下談話，摘自筆者訪問顧同舟談話記錄(2005年10月25日)。

(14)丁盛口述金光整理：《丁盛回憶錄》(自印本，2001年2月)。

"三國四方會議"真相揭秘

令狐淵　丁凱文

一、搞清"三國四方會議"真相的三大要點

今天的人們，對於三十多年前發生的林彪事件中的"三國四方會議"，或許漸漸淡忘了。但是當年，作爲林彪反黨集團"有組織、有計劃、有綱領"地進行反革命政變準備工作的重要證據之一，中央文件對此進行過濃墨重彩的渲染。因此而受到審查、迫害、株連的各級幹部、家屬，也真可謂是滿目哀鴻、血泪斑斑呀！

1972年1月13日中共中央下發了《中發(1972)4號》文件，即：《中共中央關於組織傳達和討論〈粉碎林陳反黨集團反革命政變的鬥爭(材料之二)〉》的通知及附件(以下簡稱"材料之二")，該附件說："三月底，林立果在上海召集江騰蛟(南京軍區空軍前政委)、王維國、陳勵耘、周建平(南京軍區空軍原副司令員)，開了一個所謂'三國四方會議'(所謂'三國'，是指王，陳，周；'四方'，指江，王，陳、周。)，開了一整夜。據陳勵耘交代，這次會議，討論了政變問題。"該文件還說："按照《'571工程'紀要》的計劃，一九七一年三月底在上海召開的所謂'三國四方會議'，對執行反革命政變計劃作了組織上的準備和分工。據繳獲的程洪珍的工作日記記載：這次會議，'組織上明確了三點，每點的頭：上海—王(維國)，杭州—陳(勵耘)，南京—周(建平)，互相配合。江(騰蛟)進行三點聯繫，配合、協同作戰。'"(見筆者注)

1972年7月2日，中共中央下發了《中發(1972)24號》文件，即：《中共中央關於組織傳達和討論〈粉碎林彪反黨集團反革命政變的鬥爭(材料之三)〉的通知及材料》，(以下簡稱"材料之三")對此也有過類似的描述。

1980年9月29日，最高人民檢察院特別檢察廳關於審判林彪、江青反革命集團案的《起訴書》中對此是這樣描述的，"1971年3月31日，林立果根據《'571工程'紀要》建立'指揮班子'的計劃，在上海召集江騰蛟、王維國、空五軍政治委員陳勵耘和南京部隊空軍副司令員周建平秘密開會，指定南京以周建平爲'頭'，上海以王維國爲'頭'，杭州以陳勵耘爲'頭'，江騰蛟'三點聯繫，配合、協同作戰'"。

時隔多年後，爲了搞清林彪事件中所謂的"三國四方會議"的真相，筆者分別走訪了江騰蛟、王維國、陳勵耘、周建平和其他有關人員。經過多次訪談，筆者瞭解到：王維國在法庭上的"九天抗辯"過程中，從沒有承認"那是個會"，"只不過是幾個人坐下來，扯扯"，"如果坐下來扯扯，就算是會，那麼，文革中太多了"。"就是大家坐下來，解決一下團結問題"。陳勵耘出獄後說，不過是扯扯，"根本沒有人說開會的事"。江騰蛟、周建平也都異口同聲地說，"那根本就不是一個會議。只是爲了解決團結問題，幾個人坐下來扯扯亂談"。

"三國四方會議"的真相，究竟如何？要搞清楚這個問題，有三個關鍵要害。

第一，"三國四方會議"的背景和目的究竟是什麼？是否如中共中央文件以及特別檢查廳起訴書中所說的，是"林立果根據《'571工程'紀要》建立'指揮班子'的計劃"，在上海召開的？

第二，江騰蛟、王維國、陳勵耘、周建平，他們知不知道《"571工程"紀要》？在談話中，他們有沒有討論過"武裝政變"問題？

第三，所謂的“南京以周建平爲‘頭’，上海以王維國爲‘頭’，杭州以陳勵耘爲‘頭’，江騰蛟‘三點聯繫，配合、協同作戰’”，是不是策劃武裝政變的“指揮班子”？是不是爲“執行《‘571工程’紀要》的反革命政變計劃，作了組織上的準備和分工”？

只有搞清楚上述三點要害問題，才能弄清楚林彪事件中所謂的“三國四方會議”究竟是一個什麼性質的事件？

二、所謂“三國四方會議”的真實背景

所謂的“三國四方會議”，是在江騰蛟、王維國、陳勵耘、周建平之間的矛盾關係已到了劍拔弩張的背景下進行的。

首先，我們介紹一下以上四位的簡歷：

江騰蛟是紅四方面軍的“紅小鬼”。1955 年被授予少將。1957 年任上海空四軍政委。1962 年任南空副政委仍兼空四軍政委，1966 年 1 月後曾免兼(政委張少虹)，1966 年 12 月任南空政委兼空四軍第一政委。江當時以軍區空軍副政委、政委，仍兼空四軍政委，第一政委職務，是空軍中絕無僅有的。1968 年文革中，在南京，因反對許世友，被林彪、吳法憲調到北京，任空軍政治部黨委書記，保護起來。

周建平1969年由上海空四軍軍長任內，調任南京空軍副司令員，南空黨委副書記。周在空四軍，工作時間長達12年。有很好的工作基礎。少將銜。

王維國在文革初，由杭州空五軍副政委任內，調上海空四軍任政委，書記，上海“革委會”副主任，南空黨委委員，九屆中央候補委員。大校銜。

陳勵耘時任杭州空五軍政委，書記，浙江省“革委會”副主任，南空黨委委員，九屆中央候補委員。大校銜。

其次，我們從他們幾個人的關係入手，介紹一下所謂“會議”的背景。

談到江、王、陳、周之間的緊張關係，主要是指江騰蛟、王維國，以及文革中的南空機關“左派”與周建平之間的矛盾和王維國與陳勵耘之間的矛盾。這些矛盾，當時在空四軍和空五軍內已是公開的秘密。

“文革”期間，由於空軍黨委“兩條路線鬥爭”的影響，特別是1968年的“楊、余、傅”事件，南空機關原已存在的激烈的派性鬥爭，使得機關工作走到了崩潰的邊緣。爲此，毛澤東親自簽發了改組南空領導班子的命令：將南空司令員聶鳳智隔離審查，政委江騰蛟調離南空。任命劉懋功爲司令員，于應龍爲副政委。但是由於江騰蛟等人的直接干擾，南空機關的派性鬥爭，非但沒有緩和，反而日趨惡化。劉、于二人幾乎到了無所適從的地步。在這種情況下，空軍黨委再次採取組織措施。周建平就是在這種複雜的背景下，由空四軍調往南空，任副司令員、黨委副書記的。

周建平到南空以後，一方面，南空機關“左派”根本不聽招呼。以政治部主任胡立信、副參謀長牛潤五爲首的機關“左派”，自恃有林立果、江騰蛟爲後臺，攻擊周建平：“與劉、于靠得緊”，不支持“左派”。胡立信說：“我與他(周)，在路線上有很大分歧，今後要同他鬥爭到底。”江騰蛟夥同牛潤五專門給林立果寫信，告周的狀。說“周是假‘左派’，真‘右派’，不可信任”。對這封告狀信，林立果批示：“完全同意江政委和左派同志們的意見”。江騰蛟對“上海小組”成員說：與周“生活上可以來往，政治上只能分道揚鑣了”。另一方面，于應龍也在背後說，周與我們貌合神離。于還在黨委會上公開指責周：支持機關“左派”，拆他們的台。周在南空成了風箱裡的老鼠，兩頭受氣。

在上海空四軍方面，王維國爲了消除周建平在空四軍長期工作的影響，在上海巨鹿路，專門舉辦機關處以上幹部的骨幹學習班，公開要求大家旗幟鮮明地和周建平劃清界限。江騰蛟的秘書張發雲，在會上逼迫與會者揭發周的問題，與周劃清界限。王維國曾對空四軍黨委的同志說："周就是把林副部長當小孩子看待(指周不尊重林立果)"。軍長鄭長華說："周手伸得太長，誰反對林副部長都不答應"。王維國的夫人等人，則利用下部隊宣講"路線鬥爭"的機會，攻擊周："到南京後就變了，與劉、于靠得很緊，許世友還請他吃飯、喝酒"等等。在空五軍方面，陳勵耘則以空五軍黨委的名義，給南空和空軍黨委正式發電報：要周作出檢討。

因此，周建平在南空機關的處境，十分困難。周不得不直接向空軍黨委表示：要求"查清事實，作出組織結論，否則無法工作。"在這種情況下，周建平被迫在1970年夏，到上海空軍第三醫院住院，治療耳疾，時間長達數月之久。與此同時，南空機關的派性鬥爭，還由於陳勵耘通過胡立信以及王維國通過牛潤五的插手，變得更加撲朔迷離。

原空軍作戰部部長魯珺多年後回憶說，"1969年周建平到南空當副司令，論能力、威信，都很強，許多幹部都樂意找他。周建平上任後又抓機關，又抓四軍、五軍，王維國無所謂，陳勵耘比較霸道，不樂意別人插手他的部隊，對周建平很不熱情。最不高興的是江騰蛟，他認爲周一來，自己說話不靈了。就告訴四軍、五軍，部隊不能讓周建平抓到手。然後，他調幾個人，寫了材料，說周建平是假左派，真右派，外靠許世友，內靠吳法憲。具體內容就是什麼周建平給許世友拜年之類"，"被江這麼一整，誰也不理周建平了，周一看這種情況，到上海住院去了。周住院，王維國還派了醫院的人盯周建平，誰去看周，都要向王報告。"

事實上，周建平本人不僅算不上林立果那個圈子裡的人，甚至還受到嚴重的排擠。

陳勵耘與王維國的矛盾，起自"十支白蛋白"的風波。陳勵耘夫人曾向上海空軍455醫院領導要十支白蛋白。但是，陳勵耘派人去取時，被王維國婉言推拒了。陳勵耘對此極爲不滿。以王維國對他照顧不周爲由，在空五軍，對王維國大興"親不親，線上分"的討伐。有一次，空四軍黨辦秘書處處長龔著顯和保衛處副處長唐劍鳴到杭州時，陳勵耘在劉莊接見了他們，說："你們回去對王維國講：他拉攏南萍搞我，是不會有結果的。你們就這麼轉告他！"

江騰蛟與王維國亦有矛盾。江騰蛟在南空當政時，對葉群的某些要求予取予求，一些藥品也由空四軍報銷。後來王維國接手後產生了困難，江騰蛟讓王向上海市委伸手，王維國頗爲爲難，甚至空四軍以前對江騰蛟的補助也被卡掉，江騰蛟自然頗有意見，認爲這是"人走茶涼"的表現。與此同時，江騰蛟越過王維國直接遙控空四軍的下層幹部，還繞過王爲林立果找女朋友。爲此，王維國也很不滿。

有些事以現在的眼光來看，似乎是"鷄毛蒜皮"的問題，但在路線鬥爭的"弦"綳的很緊的1971年，就成了"刀光劍影"的階級鬥爭了！

由此可見，"三國四方會議"之前，周建平與江、王之間，王與陳之間的緊張關係，已經到了分道揚鑣的地步。

林立果面對江、王、陳、周之間複雜的人際關係背景，怎麼敢把這樣劍拔弩張、矛盾重重的四個人，拉倒一起，拼湊成政變的"指揮班子"呢？！又怎麼敢將"571"政變的"核心機密"捅給他們呢？這不是拿自己的身家性命當兒戲嗎？！

事實上，林立果只不過是把他們召集起來，解決一下他們相互之間的團結問題。這就是所謂"三國四方會議"的真相和實質！

關於這個問題，《中華人民共和國最高人民法院特別法庭審判林彪江青反革命集團案主犯紀實》第110頁，是這樣記述的，江騰蛟說，"19號下午，我到他(林立果)那去，開始他並沒有講要開會，他說陳勵耘和王維國的關係很緊張，他在杭州給陳勵耘做了他應該做的工作，你現在到上海來養病，要趁這個機會也給他們做做工作，可不可以？我說可以。"在程洪珍的筆記中，也有會議"團結氣氛比較好"的記錄。

其實，要搞清"三國四方會議"的真相和實質，並不復雜。在江、王、陳、周和所有相關工作的人員的全部交代材料中，都異口同聲地說："那是個解決團結問題"的談話。在空四軍、空五軍和南空機關的專案"學習班"裡，有大量證據，印證了當時他們之間的"路線鬥爭"有多麼激烈。可是，歷屆專案組的人和那個"正義的法庭"，對這些"堆積如山"事實都視而不見，一門心思地硬要把"三國四方會議"往"政變"上挂，結果，弄得牽強附會，漏洞百出，邏輯混亂，不堪一擊。這是一起"疑罪從有"的典型冤案。

要搞清"三國四方會議"的真相和性質，除了要弄清上述背景外，還必須進一步弄清"三國四方會議"的全部過程和內容。這就是下面我們要探究的問題。

三、所謂"三國四方會議"的真實過程和談話內容

(1)當時，江騰蛟、周建平到上海，都沒有林立果事前專門召集的背景。

關於江騰蛟去上海的原因和時間，《審判紀實》第110頁是這樣敘述的，"公訴人沈家良問：'71年3月14日你(指江騰蛟)到上海，怎麼去的？'江騰蛟答是去治病，吳法憲派的安－24飛機，晚上去的。"從時

間上說，法庭查明，林立果3月18日，即在江騰蛟到滬後4天，才從杭州到上海。沒有事先相約謀定的跡象。

關於周建平去上海的原因和時間，周建平是這樣說的，“我到‘南空’報到時，沒有把家搬去。一方面因爲愛人(夫人)戴慧英在上海虹口區黨辦工作，另一方面意識到南京是個是非之地，亂糟糟的，不願意去湊熱鬧。再一方面王維國、江騰蛟等人，出於好意，都不同意我把家搬去南京。後來，由於戴慧英同志的身體一直不好，再加上虹口區‘造反派’，把她也當作‘走資派’看待，經常要她去陪鬥，到幹校(實際上是牛棚)去勞動，下放工廠勞動，受到許多侮辱和折騰。我向空軍幹部部提出，能否將戴慧英調回軍隊，得到空軍政委王輝球的批准(將戴調南空後勤部工作)。出於對戴的照顧，我決心把家搬往南京。七一年三月二十六日，我得到南空黨委同意，去上海搬家。後因戴慧英被醫生誤診，動了大手術，戴住院治療，才未能同我一起搬到南京。”事實證明，他的敘述屬實。

因此，此次江、周二人到上海，都沒有林立果幕後策劃的背景。

3月31日下午5點，陳勵耘從杭州出發去上海。如《審判紀實》第110頁敘述的，也是爲了解決與王維國的矛盾，才把他請來的。據陳勵耘自己的回憶，陳勵耘原本推托身體不佳，不願再出頭露面，可是後來因爲林立果盛情難卻，只好在31日下午5點才隨于新野一同去了上海，抵達上海時已是晚上9點鐘左右。爲了向陳勵耘表示“解鈴尚需系鈴人”的誠意，王維國親率空四軍骨幹，組織車隊奔赴閔行，擺出了“十裡長亭”歡迎的架式。可見，其中已無任何秘密可言。

關於江、王、陳、周，是不是林立果專門爲組織“指揮班子”，而召集到上海來的問題，專案組和檢察院，進行過反反復複的調查。事實證明，他們去滬，既不是林立果事先安排的，也沒有預謀。關於這一點，《超級審判》第383頁中說，“這個問題一直沒有取得證據”，“只好忍痛放弃”。

(2)關於開會準確的起始時間和結束時間

必須指出的是，專案和審查搞了十幾年，竟沒有弄清楚，這樣一個事關案件發生時間的簡單問題。

1972年，在中央相繼公布的“材料之一、之二、之三”中，雖然多次提到會議的時間問題，但都是採用“1971年3月底”，這樣一種籠統的“口徑”，回避點明會議準確的起、止時間。在《審判紀實》第107～111頁，關於“三國四方會議”的庭審調查過程中，也沒有給出會議準確的起、止時間。直到1982年，在中國人民解放軍軍事檢查院給陳勵耘、周建平的免予起訴書和軍事法院給王維國的判決書中，仍採用的是“一九七一年三月三十一日晚至四月一日晨”，這樣一些時間概念相當模糊、寬泛的措詞。這使人感到其中有那麼多“猫膩”！後來，在蕭思科、圖們等原專案組人員寫的《超級審判》和《特別審判》中，對會議準確的結束時間也沒有點明。在這個時間問題上，官方文件顯然不是“一時疏忽”，而是刻意所爲。其中的要害就是：周建平算不算“與會者”？如果把周建平排除在外，“三國四方會議”的故事，豈不就不攻自破了？！

事實是，1971年3月31日晚10點開始，林立果、江騰蛟、王維國、陳勵耘在上海岳陽路少科站吃飯，談話，時間爲3、4個鐘頭。4月1日淩晨3點半，蔣國璋才把周建平接到少科站。談到4點多，吃了早點。5點前，各自回家。

爲此，周建平曾多次向軍檢院申訴，他到達上海岳陽路少科站的確切時間是“1971年4月1日3點半左右”。屆時，會議已經結束。他到少科站後，談話內容根本沒有涉及政變，他既不知道什麼“三國四方”，也不知道什麼《‘571工程’紀要》，他更不是571紀要中的“指揮班子”成員。“南空左派，以周建平爲主”，是爲解決他與王、陳之間的團結和南空機關派性問題，採取的權宜措施。與“指揮班子”，不是一回事。所以，周建平沒有參加所謂的反革命政變會議，至今不服。

江騰蛟在1980年11月25日下午3點的庭審中說：“3月31日開了一個所謂‘三國四方會議’嘛，我參加了”；“有林立果，有我，有王維國、陳勵耘，加起來有四個人”。“足足開了三、四個鐘頭吧。”(見《審判紀實》第107頁和《超級審判》－審理林彪反革命集團親歷記　第453頁)

作爲刑事辦案，搞清案件發生的確切時間，不僅是必須的，而且也是最起碼的常識。因爲這直接關係到界定有哪些涉案嫌疑人的問題。一個人，如果沒有“作案時間”，馬上就可以排除他的作案嫌疑。

(3)關於所謂“三國四方會議”的過程和內容

關於這個問題，要話分兩頭。一頭是3月31日晚10點，到4月1日淩晨3點半，林立果、江騰蛟、王維國、陳勵耘在一起，說了些什麼。一頭是淩晨3點半，周建平到達後，又談了些什麼？

江騰蛟在1980年11月25日下午3點的庭審中說：“開始，陳勵耘吃完飯後，林立果講了幾句話，他說你們先談談情況吧，要他兩個和我先談情況，他說他有點事情出去一下，辦完了再來。”江騰蛟好像十分吃力地回憶道。江騰蛟不知是有意把內容簡單化，還是確實忘記了。(見蕭思科的《超級審判》第453頁)

請注意，這就是說，在這段談話中，林立果基本不在場。

王維國在十幾年的審查過程和法庭的“九天抗辯”中，從沒有承認“那是個會”，“就是大家坐下來，解決一下團結問題”。還扯扯大家對“四人幫”的看法和文革中上海、杭州的情況。從來沒有談到什麼“政變”問題。王維國說，他不習慣“夜戰”，瞌睡得很。期間，七～八次下樓，到厨房去看看炊事員準備夜餐的情況。這說明，談話中，缺乏“密謀政變”的那種特有的緊張空氣。

《超級審判》第383頁中說，“江騰蛟說到1971年到上海的問題時，據理力爭說到上海確實是爲了治病，不是去搞陰謀的。‘三國四方會議’之前，林立果先找他談，並說到上海找陳勵耘、王維國談談，沒想到搞陰謀等等。”

也就是說，江騰蛟和王維國都沒有說，在這段談話中，“討論了政變問題。”

但是，“材料之二”第3頁中，有這樣一句非常重要的話：“據陳勵耘交待，這次會議，討論了政變問題。”至於如何討論政變問題，文件上沒有任何詳細的描述。

陳勵耘出獄後，筆者曾有幸走訪過他，問及了會議內容。他說：“那就是個解決幾個人團結的談話”。筆者特別向陳勵耘及其子女問到那句至關重要的“會議討論了政變問題”的來歷。他們告訴筆者，1972年元旦前，陳勵耘和夫人陸才、女兒陳平，都關在南空專案“學習班”。專案組用威逼女兒的口供，去誘供陳勵耘。陳不願累及家屬子女，被迫作出了“你們怎麼寫，我就怎麼簽字”的權宜之計。後來，隨著問題的升級，陳勵耘被轉到北京。在中央專案“學習班”，陳推翻了在南京作出的關於會議“討論了政變問題”的交代。爲此，中央專案組負責人紀登奎氣急敗壞地向陳施壓，還拍了桌子。但是，陳沒有爲之所動。這就是爲什麼從此以後，中共中央文件中，再也沒有關於會議如何“討論了政變問題”的詳細描述的原因。

據和陳勵耘一起參加南空專案“學習班”的一些人的回憶，有這樣一個情節：直到1972年元旦，南空範圍內是否涉及“兩謀”的問題還沒有重大“突破”。“學習班”再三召開“動員大會”，說：“年不要過了，要加班加點地深挖”。之後，連續發生了被審查的幹部相繼自殺事件。元且後，"學習班"突然宣布，"南空兩謀突破"。於是就有了"材料之二"中陳勵耘關於會議"討論了政變問題"的交代。這段回憶，爲陳勵耘在南京專案學習班，被逼無奈作僞證的事實提供了有力的旁証。

1988年11月15日，陳勵耘出獄後，記者許寅採訪過陳勵耘，談及了"會議內容"。歸納起來三條。一是杭州的"704工程"，這是浙江省爲林彪修建的一個戰時指揮所，主要是爲了防備前蘇聯的進攻所用；二是有關戰備問題，主要是原有老舊飛機的改裝，此外，還談了空五軍爲應付外敵空降、機降等戰備方案和組織戰備營等；三是談到反對和防範江青、張春橋搶班奪權的事。陳說，不過是扯扯，"根本沒有人說開會的事"。這就是說，陳勵耘出獄後，推翻了"這次會議，討論了政變問題"的口供。

陳勵耘在專案審查期間，確實講了一些"查無實據"的話。在1980年11月25日的庭審中，法庭播放了陳勵耘的一段錄音："林(筆者注：指林立果。)說，廬山會議都是幾個老總，指黃、吳、李、邱搞壞的，丘八鬥不過秀才，現在軍隊的日子難過啊。接著，他陰險地說，沒有暴露的不能再暴露了。林說，現在的鬥爭是爭奪接班人的鬥爭，就是爭奪領導權的鬥爭。"

但是這段話，沒有得到在場的江騰蛟和王維國證詞的印證。

從另一個角度看，如果陳勵耘真的討論了"政變"問題，軍檢院給他的"免予起訴書"，在犯罪事實方面，就不會對這個關鍵問題隻字不提。軍檢院也不會對他作出"罪行較輕"，"免予起訴"的決定。

事情已經很清楚，中央文件那句"據陳勵耘交待，這次會議，討論了政變問題" 至爲關鍵的話，是陳勵耘在不能"客觀地充分地"陳述案情的環境下，逼、供、信的產物。因此，得不到與會其他當事人證詞的支持。之後，陳本人對此也翻了供。

下面，我們再對4月1日淩晨3點半以後，周建平到岳陽路少科站後的談話內容，作一番研究。

原本沒有打算叫周建平去少科站。江、王、陳談完以後，江騰蛟提出說，“周建平在上海，是不是把他叫來扯扯”。於是，由原空四軍軍務處處長蔣國璋開車到地處上海東北角的空四軍軍部，把已經睡下的周建平叫起來，於4月1日淩晨3點半，接到地處上海西南角的少科站。這一點，有江、王、陳和蔣國璋的證詞爲證。從這裡，我們也可以看出談話進行的相當隨意，完全沒有“政變會議”所必須的那種“肅殺”的氣氛。

關於這段過程，周建平說，“蔣國璋來接我時，根本沒說開會，就是去扯扯。(筆者注：這一點，和王維國，陳勵耘的說法是一致的。陳勵耘說，九屆二中全會後，我心裡一直不踏實。所以，總和他們疏遠一些。如果跟我說明要去上海開會，我決不會去。還說，要扯，不能和周混在一起談)寒暄之後，林立果要我，向陳勵耘他們談談南京的情況，即下樓去了。期間，一個來小時的談話，林立果都不在場。我向他們講了，南空機關貫徹空軍爲解決南空機關派性問題，專門在北京舉辦學習班的情況。指出學習班後，兩派矛盾並沒有解決，對立情緒遠沒有緩和；介紹了南京市地方清查“5．16”的情況。鑒於王維國和陳勵耘都是‘九大’中央候補委員和南空黨委委員的情況，我還向他們介紹了即將召開的南空黨代會的準備情況。希望他們能夠顧全大局，搞好團結，開好黨代會，上屆的黨委書記、副書記，不能落選。並就怎樣開好黨代會的問題，徵求他們的意見。陳勵耘首先發言，講了五點意見：一、要高舉團結大旗，不能讓對立面把這個旗子拿走；二、要充分發揚民主，讓大家把要說的話講完；三、上屆黨委所做的工作報告要通過；四、上屆的黨委書記劉懋功、副書記于應龍與常委都要選上，不能落選；五、要保證會議開完，不能中途夭折。江、王都表示同意陳的意見。扯完之後，林立果回來了，對他們說，你們在談什麼？江騰蛟說，我們正在扯南空黨代會的情況，現在已經完了。之後，林立果說：空四軍由王政委負責，空五軍由陳政委負責，南空機關'左派'由周副司令爲主負責，江政委是你們的老政委，負責協調拉總。隨後，大家到樓下吃早餐，清晨五點左右離散。我到少科站，前前後後總共就1個來小時。從來沒有涉及到'武裝政變'，'指揮班子'之類的話題。"以上情節，與江、王、陳的回憶相同。

以上事實說明，在這段過程中，所有的談話內容都沒有涉及南空正常工作範圍以外的問題。

通過周建平的講述，我們非常驚訝地發現一個重要情節，在這段過程中，林立果又是基本不在場。如果這個會議，確是林立果爲組建政變"指揮班子"的極其重要的會議，那麼，他作爲會議主持人，怎麼會兩次長時間地離開現場呢？換一個角度考慮，如果僅是爲了解決王、陳、周之間矛盾，那麼，讓老政委江騰蛟出面做他們的工作，林立果回避一下才是最妥貼的安排。他本人在不在場，也就無關緊要了。因此，從上述兩段談話過程中，林立果基本不在場的事實出發，就可以排除該會是他爲組建政變班子而召開的可能性。

那麼，林立果說的"三點的頭"，究竟是什麼意思呢？是不是與政變"指揮班子"有聯繫呢？

爲此，筆者專門走訪了周建平，他說，那就是從團結出發，相互之間劃一條線。要王維國、陳勵耘支持我在南京的工作，不要再插手南空事務。當然，上海與杭州之間，也不要互相干擾。這一點，在《超級審判》第491頁中，江騰蛟愛人李燕平，在枕邊聽到江的一段話，可以印證，"會開得不錯，大家說得很好，南京這裡確定以周建平爲頭，陳、王兩個表態支持"。

關於“三點的頭”的問題，王維國是這樣說的：當時空四軍、空五軍都有宣傳“樣板戲”的文藝小分隊。小分隊要到杭州、上海、南京進行巡迴演出。這幾個地方的派性鬥爭形勢，很複雜。所以，就作了上述規定，到南京，就找周；到杭州，就找陳；到上海，就找王。防止小分隊在巡迴演出的過程中，走錯“門子”，犯路線錯誤。

爲什麼周建平和王維國對重要的“三點的頭”問題的理解，相差這麼大呢？這只能說明一個問題，林立果對“三點的頭”的含義，當場沒有作任何解釋和部署，更沒有向大家說明，這是武裝政變的“指揮班子”！所以，他們只有根據談話的內容，自己理解。客觀地看，如果“三點的頭”確系林立果政變的“指揮班子”，那麼，他一定要進行詳細的布置和交代，如此輕描淡寫地一筆帶過，顯然有悖常理。相反，如果“三點的頭”，僅是爲解決他們矛盾的權宜之計，當他們談完之後，林立果出來順理成章地擺擺平，自然無須多說什麼。這才是合乎情理的。

這裡，筆者還注意到一個細節。關於“三點的頭”的表述，在官方發表的文件中，竟然有好幾個版本。在《審判紀實》第107頁，江騰蛟用的是“頭”，在第108頁，陳勵耘用的是“指揮官”，程洪珍筆記本裡寫的是“頭都”。周建平當庭作證時，用的是“爲主”。這再一次印證了，當時，林立果對“三點的頭”的表述，相當含糊，根本沒有賦予所謂的“指揮班子”的明確定義。這一點，還可以從程洪珍的日記本中，那句“沒有授予指揮權”的話得到印證。

周建平爲了說明“南空左派，以周建平爲主”，與政變“指揮班子”根本不是一回事，多次向中央申訴冤情。周於1986年5月，親自上訪北京，向接待他的軍事檢察院李宜俊處長說，《“571工程”紀要》中，寫的是“‘指揮班子’，江、王、陳”，明明沒有周，爲什麼要冤枉我？李回答說，“也許，就這麼協調協調，把你給協調進去了吧。”周氣憤地說，難道就不需要任何證據？李宜俊無言以答。全部申訴過程，檢方都有錄音存檔。爲此，周建平還走訪了當時一位總政治部副主任，向他反映了自己的冤屈。那位副主任感到言之有理，指示“予以複查”。但是，被原負責專案的人員壓了下來。

最重要的是，經過十多年的反復審查，始終沒有發現江、王、陳、周四人知道“兩謀”，並“互相配合，協同作戰”的確鑿証據。

爲了進一步搞清“三國四方會議”，究竟是爲了解決“團結問題”，還是爲反革命政變，進行“組織上的準備和分工”的真相，筆者還走訪了事情當天在少科站的“上海小組”主要成員。

空四軍軍務處處長蔣國璋說，“我看見王維國出來時，低著個腦袋，好像不高興。我問李偉信：王政委怎麼好像不高興？李說：副部長批評他了。當時主要是要開南空黨代會了，如果在會上大家意見不統一，鬥起來，就不好辦了。所以把他們找來。當時王、陳的矛盾很尖銳，連宮健(空軍上海第一醫院政委)這些人都捲進去了。當時王維國當上了中央候補委員，又是上海市革委會副主任，管公檢法，我認爲他是尾巴翹上天了，和陳矛盾尖銳。”

空四軍秘書處處長龔著顯說，“以前主要是說周建平到南京後，跟許世友好。我以前跟周比較好，去看他一次，就讓我寫檢討，一次通不過，還要好幾次，我是通宵寫檢討。這次就是解決團結問題。當時林立果對我們說，會開得不錯，主要是解決了他們幾個人的團結。這些問題，我在專案組都講過，只要是實事求是，完全是很清楚的事情。怎麼可能在半年前就搞政變？”

空四軍保衛處副處長唐劍鳴說。“‘三國四方會議’前後，我們都在林立果身邊，他整天和我們在一起，有時講話也很隨便。當時我們知道王(維國)、陳(勵耘)之間有矛盾，王和周(建平)之間有矛盾。後來，林立果在吃夜宵時，對我們講：這次解決了個大事，他們幾個團結問題，各人管各人的，江騰蛟從中協調協調。"

在這裡，我們看到一個基本事實，就是儘管江、王、陳、周對所謂"頭"的問題的理解各有不同，但是，沒有一個當事人承認這就是林立果政變的"指揮班子"。因此，當年的中央文件中認定"三點的頭"就是"政變指揮班子"的論斷，僅是專案組根據《"571工程"紀要》中的"指揮班子"的說法，移花接木的結果，而沒有任何人證的支持！

事情到此，已經很清楚了。

(1)所謂的"三國四方會議"，不是"林立果根據《'571工程'紀要》建立'指揮班子'"的預謀，在上海召開的。

(2)當時，江騰蛟、王維國、陳勵耘、周建平，都不知道《"571工程"紀要》。在兩段談話中，根本沒有討論過"武裝政變"問題。談話的目的，就是解決互相之間的團結問題。

(3)沒有證據證明，所謂"三點的頭"與政變"指揮班子"，有任何直接的關係。所謂"三點的頭"，就是爲瞭解決他們之間的矛盾所採取的措施。各人管各人的，互不幹擾，江騰蛟從中協調。

據當時在少科站的空四軍黨辦秘書處副處長郭永誠回憶說，所謂"三國四方會議"的說法，不過是林立果下來後，自鳴得意地對他們說的一句戲言。

四、所謂"三國四方會議"辨析

在對"三國四方會議"的三大要點，背景，過程和內容等真實情況，有了基本瞭解的前提下，我們還需要對"三國四方會議"，到底與政變有沒有關係的問題，再從內在邏輯上做進一步深入的分析。

(1)我們注意到這樣一個基本事實：所謂的"三國四方會議"，是1971年3月31日晚進行的。按照官方的說法，林立果企圖實施"反革命政變"的時間，卻是在1971年9月8日之後。也就是說，兩者相隔將近半年之久。必須指出：歷史上的任何一次政變，最怕的就是"走漏風聲"。因此，爲了嚴守機密，只有在發動政變的前夕，才能向參加者公布組織者的決心。否則，必遭殺身之禍！這是進行軍事政變的起碼的常識，也是一條鐵的戒律。

作爲久經沙場，且親身參加過堪稱"軍事政變"經典之作的"南昌起義"的林彪，怎麼會愚蠢到不顧兵家大忌，指使林立果在距913政變半年之前，到遠離政變中心－－北京數千里之外的上海，把幾個矛盾重重的人搞在一起，大談什麼反革命政變，還拼湊什麼政變的"指揮班子"？！難道他就不懂夜長夢多，日久生變的道理嗎？！實在有悖常理！事實上，這幾個人，身邊都有直通中央的"紅色保密機"。難道林立果就不怕有一天，其中某個人突然向黨中央和毛澤東去舉報嗎？此其不合情理之一。

僅此一條，就足以排除1971年3月在上海進行的"三國四方會議"，與913事件前林立果的言行有任何關聯的可能性。遺憾的是，當年中共那麼多久經沙場的"老幹部"和"法學專家"，竟然連這樣一個常識性的破綻都看不出來。

(2)"材料之二"認定："三國四方會議"是"按照《'571工程'紀要》的計劃，在上海召開的"。這個"認定"的證據是什麼呢？事實證明，江騰蛟、周建平不是事前應林立果的召見而專程到上海的。所有的直接當事人，沒有一個人知道《"571工程"紀要》。談話過程中，沒有人涉及"武裝政變"的話題。至今，他們之中也沒有一個人作出過："三國四方會議"，是"按照《'571工程'紀要》的計劃，召開的"的證詞。連李偉信，這個"紀要"的"半個孤證"，也沒有作出過這樣的供述。在程洪珍的日記本中，也沒有這種記載。最爲蹊蹺的是，林立果在談話當中兩次長時間離開現場，基本上沒有參與談話過程。因此，“材料之二”的“認定”，只是“推理”和“假設”，沒有任何事實根據！此其不合情理之二。

(3)“材料之二”指出，林立果按照林彪“先搞個計劃”的“授意”，在1971年3月22日至24日，寫出了“571工程紀要”。也就是說，這個“紀要”的草案，是在“三國四方會議”前一個星期才寫好。至今，沒有任何證據表明，林彪當時已經知悉並批准了這個“紀要”的草案。試問，在沒有林彪首肯的情況下，林立果怎麼就能按照《‘571工程’紀要》的草案，擅自在上海召開“三國四方會議”，組織實施，甚至作出了“組織上的準備和分工”，任命了政變的“指揮班子”？！此其不合情理之三。

(4)關於那個“三點的頭”，究竟是不是《“571工程”紀要》中“指揮班子”的問題。事實證明，所有當事人都不知道《“571工程”紀要》，更不知道有所謂的政變“指揮班子”。迄今爲止，也沒有任何一個直接當事人承認那個“三點的頭”， 就是《“571工程”紀要》中“指揮班子”。

更爲蹊蹺的是，《“571工程”紀要》明確寫著：“指揮班子：江、王、陳”。但是，不在“指揮班子”中的原南空副司令員周建平，竟也被“中央文件”，圈定爲“指揮班子”成員。根據墨迹未幹的《“571工程”紀要》，周建平既不是“指揮班子”成員，也不在大、小艦隊的“骨幹”名單之列，甚至還被排除在《“571工程”紀要》規定的“保密範圍”之外，那麼，林立果怎麼會在未經林彪首肯的情況下，擅自擴大“指揮班子”的範圍？！

“會上明確了‘三點的頭’”的說法，最早的出處是1972年1月10日的中發4號文件。即在“材料之二”第5頁中，原空軍黨辦秘書程洪珍日記本中的一句話。應該指出的是，程洪珍當時根本不在現場。他既不是與會者，也不是場外的工作人員。采信這樣一個人的話，本身就不可取。但是，即使程洪珍，30多年來，也從來沒有作出過"三點的頭"，就是《"571工程"紀要》中的"指揮班子"的證言。相反，他的日記本中，卻明明白白地寫著："沒授予指揮權"！

事實證明，那種把"沒授予指揮權"的"三點的頭"，說成和政變"指揮班子"是一回事的指控，是沒有任何人證和物證根據的，是缺乏事實根據的政治"武斷"。

(5)最關鍵的要害是，要搞清楚："三國四方會議"上，他們究竟談了哪些有關"兩謀"的實質性內容？

"材料之二"，第3頁中，有這麼一句耐人尋味的話："據陳勵耘交待：會上討論了政變問題"。這才是問題的要害。人們不禁要問，與會的人，活著的有四位爲什麼只有陳勵耘一個人，作出這樣的"交代"呢？而且，怎麼看不到陳對這個敏感問題的詳細供述呢？

請注意，打倒"四人幫"後，在法庭審判的過程中，再也沒有提到陳勵耘交待的這一關鍵問題的細節。陳勵耘出獄後，推翻了"會上討論了政變問題"的"交待"。軍檢院在給陳的"免訴書"的犯罪事實部分，對於"會上討論了政變問題"的重要情節，隻字不提。僅作出"情節較輕"，"免予起訴"的決定。這說明法庭也放弃了"會上討論了政變問題"的指控。江騰蛟、王維國、周建平在以後的一切場合中，對於"會上討論了政變問題"的情節，都予以了明白無誤的否認！

有充分證據證明，"會上討論了政變問題"，不過是陳勵耘在當年逼、供、信的環境下被迫作的僞證。

(6)質疑程洪珍日記本的出處

縱觀林案的證據結構，有一個重要特點：凡是關鍵的證據，往往不是出自直接當事人，而是出自一些"小人物"。這個 "日記本"，就不是出自在上海與會的當事人，而是出自遠在北京的，沒有參加會議的空軍黨辦秘書程洪珍。

關於這個重要的"日記本"的"出處"問題，我們不妨做一個考證。

1972年6月26日，中發72，24號文件，即所謂的"材料之三"第41頁中指出：程洪珍的"日記本"影印件原文說：會議是成功的，達到預期效果。團結的氣氛比較好，解決了對當前東南形勢看法，認識。(1)主要矛盾在上海，在張、姚，統一了認識。(2)加速我們的準備。(3)組織上明確了三點，每點的頭是上海——王，杭州——陳，南京——周，互相配合。江進行三點聯繫，配合，協同作戰，沒授予指揮權。"

請注意，在該文件第41頁，有一個不起眼的注解："程洪珍的親筆日記，是在林立果在北京的秘密據點中繳獲的。"

人們可能還記得，在這個神奇的"林立果在北京的秘密據點"，曾"出土"過著名的《"571工程"紀要》。而且是李偉信等三人，經一個多小時，反復清理了據點內林立果的遺留物後，由一位普通工作人員王某某，在一片狼藉的灰燼中，"意外"地在桌子上找到了那本絲毫沒有燒毀痕迹的《"571工程"紀要》。對此，我們曾提出過"李偉信等人走後，到老王發現《紀要》之間，有67個半小時的"時間真空"的重要質疑。

現在，還是在這個神奇的"林立果在北京的秘密據點"，又"繳獲"了聯合艦隊"小司令"程洪珍的日記本，這種無巧不成書的偶然，不能不令人疑竇叢生！看來，林立果、李偉信，不僅沒有燒掉《"571工程"紀要》，而且，留下了程洪珍的"日記本"，以備後查！

必須指出的是，關於"《'571工程'紀要》是由王某某，在秘密據點的一片狼藉的灰燼中找到的"說法，是在世人對中央文件中關於"《'571工程'紀要》，是從秘密據點的'保險櫃中'找到"的描述，提出嚴重質疑的情況下，才"突然冒出來"，以正視聽的。但是，人們發現，在編造"老王秘密據點意外覓寶"的故事時，顯然忘記了"材料之三"第41頁，那條不起眼的注解。那麼，人們不禁要問："程洪珍的日記本"，又是什麼人，在什麼時候，從"秘密據點"的灰燼中，"搶救"出來的呢？！總不會又是王某某偶然"繳獲"的吧？！這樣，問題就出來了：這個日記本，究竟是從哪裡繳獲的？！

還有一個疑點，既然是"日記本"，就應該有日期。如果是"記事本"，就應該記明何人，何時來電。即使當時沒有寫明，程洪珍本人曾出庭作證，那麼，爲什麼法庭不讓程洪珍就這些重要細節當庭作證呢？

可見，如果不能合理地解釋程洪珍的日記本，是什麼人，什麼時候，如何從"秘密據點"中繳獲的問題，人們有理由懷疑，這個日記本是程洪珍被關押審查後，精心僞造的。

(7)至於"三國四方會議"名稱的由來，這個頗具傳奇色彩的"三國四方會議"的名稱，王維國、陳勵耘、周建平"連聽都沒聽到過"。在程洪珍的日記本上，也沒有出現過"三國四方會議"的說法。據場外的工作人員說，"那不過是林立果吹牛時的一句"戲言"。所以，後來爲了避免"嘩眾取寵"之嫌，法院和檢察院在正式法律文本中，也不再沿用文革時期杜撰出來的"三國四方會議"的說法了，而是改用"秘密會議"。

以上所列七條，恰恰是官方版"三國四方會議"說辭當中無法自圓其說的重要關鍵之處。

五、"兩案"審判留給人們的啟示

所謂的"三國四方會議"，到底是怎麼一回事，事實上，並不難搞清。說到底無非就是南京軍區空軍內部一些領導幹部之間有矛盾，對文革極左派張春橋等人有不滿，在上海閑聊侃山而已。事情就是這麼簡單而又平常。參與者隨意聊天，談的內容不過就是涉及在杭州爲林彪修建的戰時指揮所、部隊的一些軍事戰備問題，以及南空內部黨代會等問題。林立果有意設法彌平南京空軍內部存在的矛盾，以便搞好部隊的工作，同時也是爲了共同對付江青、張春橋等人。談話過程中，林立果還基本不在現場，根本談不上任何具體的“反革命政變”部署，最多也就是口頭上發發牢騷而已。說他們存心“搞政變”、拼凑“政變指揮班子”，更是既無證據，又不合情理邏輯，純屬子虛烏有。中共通過幾年的審查，並非搞不清事實真相，但是爲何在1980年的“兩案”審判中依然罔顧史實，任意入人以罪呢？

林彪一案說到底本身就是一個冤案。中共費了九牛二虎之力卻找不到任何可信的證據證明林彪涉案“武裝政變”。爲了彌補這一缺失，“兩案”審查機構不得不在所謂林立果“小艦隊”身上打主意，在《“571工程”紀要》問題上作文章。如何將《“571工程”紀要》中的政變問題與林彪挂鈎，就成爲“兩案”審理中的關鍵一環，只有坐實林立果、江騰蛟、王維國、陳勵耘、周建平等人召開“秘密會議”商討“政變”事宜，才能坐實《“571工程”紀要》是林彪授意林立果制定，才能進一步坐實林彪策劃的“反革命武裝政變”，是“蓄謀已久”的，是“有組織、有計劃、有綱領”的陰謀活動，也才能坐實林彪是因爲“武裝政變”陰謀敗露，才“叛國投敵”的“完整”的故事情節，從而擺脫因爲林彪突然出走，而在全黨、全國，以至全世界造成的極大的政治被動和思想混亂。

造成這種局面的原因很簡單。一方面，審判人員受制於中央文件框框的限制，以及“欽定判決”的壓力，另一方面，審判人員又不能不看到“三國四方會議”與所謂的“政變”無關的事實。在政治權力與法律的天平上，審判人員出於自身利益的考慮，正義和公正，無可奈何地向權力傾斜了。這就是造成"三國四方會議"冤案和林彪冤案的真正原因。

在此，我們可以清楚地看出當初"兩案"的審判是多麼荒謬，罪名之下可以沒有事實來支撐，即使罪名與事實明顯不符，法庭依然可以入人以罪。這就是政治先行，這就是"疑罪從有"，這就是法律爲政治服務，爲當權者的利益服務。這樣的審判是對法律的踐踏，對公理、正義的褻瀆，它不僅未能澄清事實，分清是非黑白，反而以中共中央的名義公開地製造新的冤案！我們有理由相信，這場"正義法庭"的巨大敗筆必將被歷史所推翻！

筆者注：1970年4月24日至25日由柬埔寨、老撾、越南南方、北越領導人在中國廣州舉行的"印度支那人民最高級會議"，會議通過關於印支當前局勢及印支三國反美的聯合聲明。史稱"三國四方會議"。一年之後，林立果不過是對此的一句借喻而已。

參考書籍：

宋永毅主編，《中國文化大革命文庫》光盤，2002年，香港中文大學出版。

圖們、蕭思科，《特別審判——林彪江青反革命集團受審實錄》，中央文獻出版社，2003年1月版。

熊華源、安建設，《林彪反革命集團覆滅紀實》，中央文獻出版社，1995年6月版。

張聶爾，《風雲九一三》，解放軍出版社，1999年6月第1版。

舒雲，《我沒有參加政變會議——原南京軍區空軍副司令員周建平訪談錄》，見《華夏文摘》"文革博物館增刊"第466期，2005年11月22日。

舒雲，《林彪事件完整調查》，明鏡出版社，2006年版。

許寅，《未被起訴的人——訪原空五軍政委陳勵耘》，見《"文化大革命"風雲人物訪談錄》，中央民族學院出版社，1988年12月。

《中華人民共和國最高人民法院特別法庭審判林彪江青反革命集團案主犯紀實》，法律出版社，1992年4月版。

蕭思科，《超級審判》，濟南出版社，1992年10月版。

卜占亞上下“賊船”記

遲澤厚

1973年3月中旬，一份中共中央文件在廣州軍區繼“九一三”事件之後，再次引發了一場強烈的政治地震。這份文件的標題是：《湖南省關於深入開展批林整風運動的報告》。編號爲“中發(1973)12號”，簡稱“中央12號文件”。

湖南省開展“批林整風”與廣州軍區何干？原來這份文件講的是廣州軍區副政治委員兼湖南省軍區第一政治委員卜占亞“在第十次路線鬥爭中的嚴重問題”，認定卜占亞上了林彪的“賊船”。

楔 子

卜占亞原是廣州軍區政治部主任。1970年春，他被派往湖南，接替因部隊移防西北而不再擔負在湖南“支左”任務的第47軍軍長黎原，擔任湖南省革委會第一副主任；與此同時，他在軍內的職務也作了相應調整，升任廣州軍區副政委兼湖南省軍區第一政委。

要軍隊介入“文化大革命”，參加“支左”，是毛澤東爲奪取“文化大革命全面勝利”所採取的“偉大戰略部署”。不過，軍隊參加“支左”之初的表現，卻使毛澤東深感失望。在對立的兩派群眾組織中，被稱爲“保守派”的組織，一般以出身成份好，黨團員多，比較注意政策和擁護軍隊，而使軍隊產生好感。“保守派”的長處正是“造反派”的短處。“造反派”動輒打砸搶的行爲尤使軍隊反感。結果，絕大多數部隊沒有“支左”

而支了“保”。“造反派”可是不好惹的，何況又有“無產階級司令部”的全力支持，他們馬上還軍隊以顏色。於是，全國出現了衝擊軍事機關的高潮。湖南的情況尤其嚴重。從1967年初開始，隨著全省黨政機關的全面癱瘓，湖南省軍區和它下屬的十幾個軍分區、上百個縣市武裝部，就成爲矛盾和鬥爭的焦點，承受著一波接一波的猛烈衝擊。在一些“造反派”得勢的地方，有的軍隊領導幹部被拉到群眾大會會場，強制他們跪在主席臺前，接受“造反派”的批鬥淩辱。到了七八月份，武鬥全面升級，有些地方的“造反派”乾脆進駐軍事機關，並在營區任意抄家抓人。更有甚者，“造反派”竟把他們在武鬥中被對立面打死的所謂“烈士”的已經發出惡臭的尸體運進營區，停放在他們認爲是“支保”領導幹部的床上，再強制這些領導幹部跪在床邊，爲“烈士”守靈。在湖南省軍區機關，被整得最慘的是省軍區司令員龍書金、副司令員劉子雲、參謀長段秉善和政治部副主任崔琳。段秉善被“造反派”稱爲“狗頭軍師”，家中的個人財物被洗劫一空，他不但個人飽受皮肉之苦，被打得吐血，直不起腰，老婆也被抓走，不知關到了什麼地方，幾個孩子全都跑得下落不明，真個是妻離子散。一時間，幾十年來一直以共產黨的形象出現在人民群眾面前並深受群眾擁戴的中國人民解放軍風光不再，在像長沙這樣的地方，軍人的人身安全都成了問題。

關於湖南“文化大革命”的情況，各個方面都有自己上報的渠道，結論卻是“好得很”和“糟得很”兩種截然不同的看法。奇怪的是，湖南省軍區在這方面卻總打敗仗。他們敵不過“造反派”和中央文革小組派駐湖南那些記者的生花妙筆，他們的一切陳述、申辯都被作爲堅持錯誤立場的明證，一再受到中央文革小組甚至毛澤東本人的嚴厲批評。

1967年8月10日，經毛澤東批准，中共中央發出《關於湖南問題的若干決定》，公開宣告湖南省軍區在“支左”工作中犯了“方向和路線錯誤”，點名批判了省軍區的領導人，宣布改組湖南省軍區，成立以47軍軍長黎原、原湖南省委書記處書記華國鋒和原湖南省副省長章伯森爲首的湖南省革命委員會籌備小組，負責"領導全省的無產階級文化大革命和工農業生產"。軍隊在湖南的"支左"任務改由駐湘的47軍負責。《決定》發表後，湖南省軍區的各級領導和廣大"支左"幹部的處境更加悲慘。因爲，按照當時的理論，"保守派"是"走資派"的社會基礎，而"走資派"與無產階級之間的矛盾是敵我矛盾，湖南省軍區既然站到了敵人一邊，就得狠狠打擊，絕不能手軟。

47軍接手湖南的"支左"任務之後，儘管他們認真吸取了湖南省軍區的經驗教訓，表示堅決和"保守派"劃清界限，堅定地支持"造反派"的"一切革命行動"，但是，"造反派"卻並不買帳。有個連隊全副武裝到長沙火車站執行任務，"造反派"一擁而上，不消幾分鐘，這個連隊就被全部繳械。47軍以在遼沈戰役中死守黑山、大虎山，全國解放後以很短時間徹底平息湘西嚴重匪患，隨即又參加抗美援朝戰爭而聞名。但是，他們現在得到的指示是：對待革命群眾，要罵不還口，打不還手，死不開槍。這樣，他們在"造反派"面前就只有打敗仗的份兒了。當然，就總體而言，由於47軍對待"造反派"的態度確實與湖南省軍區不同，"中央文革小組"也不斷說47軍的好話，他們的日子還是比原來的湖南省軍區好過得多。

1968年4月8日，由軍隊代表、"革命領導幹部"代表和"革命群眾組織"代表組成的"革命三結合政權"——湖南省革命委員會成立，47軍軍長黎原任革委會主任，華國鋒任第一副主任。其中的"革命群眾組織"代表，絕大多數是"造反派"的頭面人物，加之還有一些領導幹部站在他們一邊，所以當時人們把這樣的地方和革委會叫做"一派掌權"。

這就是卜占亞去湖南"支左"所要面對的現實環境。

"上 船"

1970年3月，由於中國和蘇聯之間持續已久的緊張關係繼續加劇，中共中央軍委決定將原屬廣州軍區的第47軍調往蘭州軍區，加強西北防務。47軍調離湖南，兼任湖南省革委會主任的黎原如何安排？廣州軍區未嘗不可以建議中央把黎原留在湖南。但是，從軍隊一開始介入“文化大革命”，47軍對其駐區湖南和廣西桂林地區“文化大革命”的看法及對一些問題的處置常與廣州軍區相左，引起廣州軍區主要領導的不快。作爲下屬部隊，廣州軍區對47軍的工作不能不管；但對地方上的事情，軍區又不便多管。軍區領導認爲，在這兩難局面中，47軍對軍區意見不夠尊重，有時甚至打出中央旗號，抵制軍區指示。特別是當年年初，在貫徹中共中央“一打三反”(打擊反革命破壞活動，反對貪污盜竊、投機倒把、鋪張浪費)運動中，湖南曾想一次處決300多名罪犯。廣州軍區首長聞訊大吃一驚，認爲其中難免失誤，倘若草率行事，後果極爲嚴重，不得不緊急制止。黎原是在47軍任職時間最長的主要領導，又是省革委會第一把手，自然難辭其咎。讓黎原隨部隊移防自動離職，不失爲解決矛盾的一種辦法。

讓誰去接替黎原呢？廣州軍區黨委常委經過反復研究，最後選定了卜占亞。

卜占亞原任42軍政委，1968年8月升任廣州軍區政治部主任。調軍區後先在廣州“支左”，任廣東省革委會副主任兼政工組組長，半年多後回到軍區機關，專任軍內職務。這年他50歲。在研究接替黎原的人選時，曾是卜占亞老上級的廣州軍區司令員丁盛和副政委任思忠，認爲卜占亞從部隊基層幹起，既有豐富的實際工作經驗，又熟悉機關情況，“文化大革命”中又曾在廣東惠陽地區和廣州“支左”，對地方工作也不算陌生，而且他有較高的文化程度，正値年富力強，工作中敢說敢幹敢負責。湖南的情況比較複雜，需要一個像卜占亞這樣有能力又有魄力的領導幹部，才能促進安定，打開局面。軍區黨委第一把手、政委劉興元對卜占亞也很器重。提名通過。

卜占亞本人對此一無所知。這時他正帶著一個工作組，在海南島一個連隊蹲點。

廣州軍區的提名報到北京，很快得到批准；廣州軍區在報告中還主動提出，鑒於湖南的形勢正逐步趨於穩定，不宜再由軍隊幹部擔任第一把手，建議由華國鋒任省革委會主任。3月中旬的一天，廣州軍區幹部部長王之明打電話，通知卜占亞立即返回廣州。不知底細的卜占亞面見丁盛請示任務，丁盛還對他保密："我也說不清楚，過兩天到北京去談。"

3月19日，北京派來一架軍用專機，先到廣州接上丁盛和卜占亞，飛返北京途中又在長沙降落，接上湖南省軍區司令員楊大易和47軍政委劉玲、副軍長韓曙。抵京後，他們住進了軍委京西賓館。當晚7時，軍委辦事組成員黃永勝、吳法憲、李作鵬、邱會作在京西賓館會議樓接見他們。講話的主要是黃永勝，他主要講47軍的移防問題。先講理由，接著講要求，要47軍交好、走好、接好；到蘭州軍區後要尊重蘭州軍區領導；參加"支左"工作要與21軍分片包乾，不要混在一起。他又要求湖南省軍區對47軍留下的幹部要關心愛護。吳法憲和李作鵬也簡單講了幾句，主要說47軍是原四野部隊，到蘭州後要注意保持和發揚四野優良作風，爲"林總"爭光。

47軍移防的問題講完了，這時黃永勝宣布："47軍調走之後，湖南的'支左'工作由省軍區接過來；中央決定卜占亞同志去湖南，協助華國鋒同志工作。"卜占亞這才明確了他的任務。但是黃永勝並沒講卜占亞以什麼身份去湖南工作。接著，黃永勝又講了一些到湖南工作應注意的問題。趁著黃永勝講話的當兒，卜占亞拿過擺在他面前的便箋，寫了幾行字：我喜歡部隊工作，希望我在湖南工作一段時間後，仍讓我回部隊去。卜占亞把便箋遞給坐在他右邊的邱會作。邱會作是卜占亞的老上級，卜在東北野戰軍8縱隊任團政委時，邱是縱隊政委。他看了卜占亞遞給他的便箋，沒有任何表示，便又傳給他右手的黃永勝。黃永勝看後同樣沒有表態，又交給了吳法憲。吳法憲照著黃永勝的樣兒，又傳給李作鵬。李作鵬看後稍猶豫了一下，然後又給了邱會作。就這樣，便箋在四個人手裡轉了一圈兒，誰也沒有態度，甚至連個示意的眼神兒都沒有。更讓卜占亞想不到的是，只見邱會作拿起擺在他面前的火柴盒，擦著一根火柴，然後用左手拿起便箋點著，很熟練地放進煙灰缸裡燒掉了。看來誰也不想答復，事情就這麼不了了之。

黃永勝講了一陣之後，把丁盛、劉玲、韓曙叫到一張地圖前，具體指示47軍移防後的部署。卜占亞坐在原處等候。劉玲、韓曙受領任務後走了。

黃永勝和丁盛回到座位上，這時丁盛提了個問題："卜占亞同志到湖南後，他的政治部主任職務怎麼辦呀？"

黃永勝說："你們軍區研究一下，報個意見來嘛！"

於是丁盛和卜占亞退出。整個接見過程約1個小時。這中間卜占亞一言未發。

3月20日晚，中央政治局成員在人民大會堂接見廣州軍區和湖南省軍政負責人，到場的中央領導人有周恩來、康生、張春橋、江青等人。周恩來代表政治局講話。他說，爲了加強"三北"地區戰備，決定47軍調往蘭州軍區。黎原隨部隊北調，但他的革委會主任職務不免，以防人事變動頻繁，引起外界猜疑。黎走後由華國鋒代理省革委會主任。爲了不削弱省革委會領導力量，另調卜占亞任省革委會副主任。他問大家有什麼意見？

黎原首先站了起來："總理，我既然不在湖南，就不要再挂名了。"

卜占亞接著說：“總理，我水平低，又缺少地方工作經驗，恐怕難以勝任。”

華國鋒也謙遜一番：“總理，現在兩派之間還有不少遺留問題，我代理主任怕不合適。我建議還是由軍隊的同志擔任省革委會主要領導好。”

周恩來並沒有對他們的意見和問題一一表態，又講了幾句勉勵的話，並要求他們第二天返回湖南，便宣布散會。接見過程不過半小時。3月21日，空軍又派了一架專機，先把黎原、華國鋒、楊大易、劉玲、韓曙送到長沙，再把丁盛、卜占亞送回廣州。

在廣州等了幾天，還不見中央的正式文件。丁盛對卜占亞說：“中央文件不知什麼時候來，你不要等了。你可以先以軍區工作組的名義到長沙去，瞭解一下47軍移防的情況。”丁盛和任思忠在卜占亞走前同他正式談了次話，幹部部長王之明也參加了。丁、任分析了湖南的形勢，囑咐他一定要謙虛謹慎，多向地方幹部學習，要當好華國鋒的助手。

3月27日，廣州軍區派值班飛機把卜占亞送去長沙。

卜占亞就是這樣去湖南“履新”的。但是，1973年的中央12號文件則說，卜占亞是“秉承林彪及其死黨黃、吳、李、邱的旨意來到湖南”奪權的，“大量的事實證明，卜占亞早就上了賊船，陷得很深，……積極參與了林彪反革命政變的陰謀活動”。“文件”開列了卜占亞4個方面的罪狀，不下40條之多。問題嚴重，駭人聽聞。而更令人吃驚的是，隨同這份中央文件下發的還有卜占亞個人的一份檢查報告，或曰認罪書，他在報告一開頭就交代說：我是坐著賊船到湖南的！這句話自然會引起人們的許多猜想：卜占亞是坐船的，船是哪裡的？廣州軍區的。這就不是唱卜占亞一個人的戲了。滑稽的是，卜占亞的“船票”卻是北京給的，而且來自“無產階級司令部”。

風光歲月

卜占亞一到長沙，就住進了湖南省軍區大院。當晚，省軍區副司令員、省革委會辦事組組長苟先學邀請他去省革委會蓉園賓館洗個熱水澡。省革委會有兩個高級賓館，一稱九所，是專供毛澤東使用的；蓉園則用於接待中央其他領導人。兩個賓館都與省革委會大院相連，距省軍區步行也只需十來分鐘。進入蓉園，經過一幢樓房，卜占亞見裡面燈火明亮，便問住的是什麼人？

"噢，是葉帥，你是不是進去看看？"

卜占亞考慮到他和葉劍英不熟，又沒事先聯繫，而且還提著些換洗衣服，儀容不整，便說："今晚算了，以後再找時間吧。"

從3月底到5月初，卜占亞主要是檢查47軍各個部隊的移防準備工作情況。5月7日晚，華國鋒通知卜占亞到九所4號樓開個小會。黎原也在那裡。華國鋒講，他接到汪東興從武漢打來的電話，毛澤東明晚要來長沙，要求明天上午便把毛住的6號樓準備好。他特別提出："汪(東興)主任講，聽說葉帥現在住在蓉園，萬一主席要到那裡散步，碰見怕有不便，最好把他遷出長沙。"

有人問：是不是今晚就請他搬家？

華國鋒稍遲疑了一下："今天太倉促了，主席明晚才到，時間還來得及，明天再說吧。"

隨後，華國鋒又把接待、保衛等部門的負責人找來，具體研究接待、警衛工作。卜占亞沒有參加研究，因爲他還沒有正式接手省革委會的工作，再說汪東興的電話也不是打給他的。但他心裡卻有些想法：叫葉劍英搬出蓉園，不知他會有何感想？汪東興考慮問題可真是滴水不漏，只是他說說容易，這得罪人的事兒，可就難爲下面了。卜占亞以後聽說葉劍英去了湘潭，究竟是誰和他談的，如何走的？他一概不知。

卜占亞更沒有想到，後來這些事兒會和他挂上鈎。

毛澤東於5月8日抵達長沙，汪東興要華國鋒和卜占亞去車站迎接。次日晚，毛澤東在他的住處接見黎原、華國鋒和卜占亞。他講了軍隊許多好話，特別是肯定了軍隊在"文化大革命"中的巨大作用，說只要有了解放軍，他就什麼都不愁。華國鋒也說，要發展湖南的大好形勢，離不開解放軍，他衷心歡迎卜占亞到湖南工作。

5月10日，卜占亞收到中央關於調整湖南省領導班子的命令。此時剛好47軍移防完畢，黎原隨最後一列專車離開長沙。他正式接手地方工作。從這時起到1972年10月他被"揪"出來，卜占亞在湖南省革委會第一副主任的崗位上工作了整兩年半。對卜占亞個人來說，這是他充分展示個人才華，幹得轟轟烈烈、風風光光的兩年半；也是他從人生事業的巔峰意外鎩羽跌入深淵的兩年半。

卜占亞上任後連踢三"腳"，一炮打響。

第一，正確處理兩派關係。全國絕大多數地方都是所謂"保守派"占大多數。他們是工農業生產的主力軍。但在"文化大革命"初期，他們卻因跟不上革命形勢而遭受傷害。卜占亞深知，要發展湖南的工農業生產，維護社會安定，關鍵在於能否把這些人的積極性調動起來。他學習劉興元在廣東處理兩派關係的作法：既要依靠多數派，又不過於苛薄"造反派"，要給他們出路，盡量減少他們的干擾。卜占亞的作法很快奏效，廣大基本群眾的心氣順了，幹勁來了；那些過去動輒惹事生非的"造反派"也偃旗息鼓，服服帖帖。當然，這也與全國的形勢有關。那些"造反派"明白，他們的歷史使命已經完成，現在是"新生的革命政權"，鬧事對他們並無好處。

第二，修了一座大橋。寬闊的湘江縱貫長沙市區西部，日夜流淌。解放20多年了，江上竟然沒有一座橋，廣大市民深受坐船渡江之苦。隨著經濟建設的發展，過江的汽車不斷增加，汽車渡江更是讓司機們頭痛的事情。無論是什麼人，只要一到江邊等船不順，沒有不罵娘的。他們罵湖南省和長沙市的官兒吃了人民的飯不管人民的事，不關心群眾疾苦。民間盛傳，湖南並不是沒錢，中央也給過錢，但是卻讓省裡把這些錢拿去修賓館了。卜占亞到湖南後聽到這些反映，馬上拍板：修橋！消息傳出，群情振奮，八方支援；但也有人表示懷疑。卜占亞對這項工程抓得很緊，他還帶領機關幹部到工地參加義務勞動，工程的進度、質量盡在他的掌握之中。只不過年把工夫，一座橋面寬近20米的鋼筋水泥大橋便在寬闊的湘江之上如長虹飛架。20多年的難題居然一年就解決了。大橋通行之日，長沙民眾扶老攜幼擁來，比盛大節日還要熱鬧。橋雖修在長沙，影響卻遍及全省。“卜政委”從此名聲大振，大家都認爲他是個幹實事的人，說話算數的人。

第三，抓典型。這是毛澤東大力倡導的工作方法，卜占亞自然積極響應，身體力行。農業方面，他在全省最貧困的地區抓了兩個點：一個是龍山縣洛塔公社，一個是邵東縣野鷄坪大隊，作爲學大寨的樣板；在工業戰線，他抓了漣源鋼鐵廠和湘潭鋼鐵廠，作爲工業學大慶的樣板；政治思想教育方面，他把汨羅縣作爲學哲學的先進單位。當然，典型單位是要長期抓的，但是卜占亞在這方面從一開始思想便很明確，故也算作他的前三腳。

卜占亞很快贏得廣大地方幹部和軍隊支左幹部的信賴與尊敬。厭惡了長期動亂的人，企盼這樣有膽有識有魄力的領導幹部。卜占亞實際上成了湖南省的領導核心。同卜占亞相比，華國鋒未免相形見絀。當年11月底召開中共湖南省第三次代表大會，選舉成立新省委。雖然中共中央已經示意要華國鋒當第一書記，廣州軍區主要領導的態度也很明確，還是有不少代表主張選卜占亞當第一把手。當然，最終還是按中央的指示辦：華國鋒任省委第一書記，卜占亞爲省委書記，省軍區司令員楊大易爲副書記。

可是，卜占亞哪裡料到，就在他幹得正歡的時候，一張無形的大網，正一點一點地向他兜來。

風乍起

卜占亞到湖南"支左"，在各級革委會都已建立的情況下，首先要處理好與地方幹部的關係，特別是與處在兩派夾縫之中缺乏足夠權威的華國鋒的關係。廣州軍區首長的態度是明確的，一再提示卜占亞是協助華國鋒工作。

湖南原來的幾位省委書記，在"文化大革命"中，不是被打成叛徒、特務，就是"走資派"，統統倒臺，只有原來排在後面的華國鋒卻被保護過關，參加了"三結合"的"新生革命政權"。他當然明白，沒有軍隊的支持，他寸步難行。他對卜占亞表現出少有的尊重。省革委會領導開會，他常常是講了個人意見之後再說一句"卜政委看怎麼辦好？"或者乾脆說："請卜政委定。"華國鋒對廣州軍區政委劉興元和司令員丁盛，更是表現出極大的敬意，實際上當作是上級領導。1970年11月，醞釀選舉成立新省委時，華國鋒再三提議要當面徵求一下廣州軍區首長對軍隊幹部參加新省委的意見。在廣州，華在劉、丁面前講了卜占亞許多好話，並提議由卜占亞擔任新的省委書記。 劉興元當即表態由華當第一書記，卜當書記，楊大易當副書記；丁盛馬上附議，卜占亞也表示堅決支持華國鋒當第一把手，華才不再謙讓。

華國鋒生來一副善相，胖敦敦的臉上常常挂著憨厚的微笑，再配上他那口不緊不慢不高不低的山西官話，給人留下的第一印象就是厚道。當然，厚道的消極面也可能是懦弱、無主見、優柔寡斷。

同華國鋒相比，卜占亞就顯得有些無拘無束了。這位胸無城府的軍隊幹部，自認爲自己早晚要回部隊，與華國鋒並不存在什麼矛盾，大家的目標應當是一致的，工作中彼此配合也是不錯的。對自己不懂的問題，他很重視向地方幹部學習，但隨著對地方情況的日漸熟悉，他信心也越來越足，華國鋒讓他拍板的事，他認爲有把握的，就會當仁不讓地拍板。他沒想過什麼“僭越”、“避嫌”之類的問題。總之，他自我感覺良好。

1970年8月末至9月上旬，中共九屆二中全會在廬山舉行。華國鋒參加了會議。在這次會上，毛澤東與他的“親密戰友”林彪徹底決裂。會後，毛澤東的專列經長沙返京，在長沙停了兩天。毛澤東沒有下車。車到長沙時，華國鋒和卜占亞上車謁見。後來二人便在車站附近找個地方住下，隨時聽候召喚。第二天，毛澤東單獨召見華國鋒，不知談了什麼。不久，卜占亞自汪東興處得知，毛澤東決定華國鋒到國務院“業務組”工作，成爲周恩來的助手之一。但是，他在湖南的職務不免，以後他三分之一的時間在中央，三分之一時間在湖南，三分之一時間跑全國。

1971年初，華國鋒在參加全國計劃會議之後便留在北京，不久又把家搬到北京，這樣他就實實在在地成了中央首長了。對卜占亞來說，華國鋒從此具有雙重身份。但是，卜占亞似乎並不覺得他與華國鋒的關係和以前有什麼不同。他工作更加放手。他指示機關：只要華國鋒不在長沙，凡發省委常委的文件，都給他寄一份去；遇有需徵求華國鋒意見的問題，他也通過機關辦理，從未與華直接通過電話；華國鋒也沒給卜占亞打過電話，以後華曾解釋說這是爲了避嫌。

大約在華國鋒去北京半年之後，通過一個具體問題，卜占亞開始感到，現在的華國鋒已經不是過去的華國鋒了。

1970年11月，華國鋒和卜占亞當面徵求廣州軍區首長對湖南新省委人選意見時，華國鋒還提了另一個問題：汪東興曾多次向他建議，將九所和蓉園合並，組成接待處，並劃歸軍事系統。華國鋒說，他認爲這樣做好，便於統一領導，加強管理。華國鋒希望廣州軍區支持這一方案。如果軍區考慮經費問題，那麼原有的供應調撥關係一律不變，包括工作人員的軍服，都由省裡出錢購買。丁盛當即表示，將來省委的接待機構是否納入軍隊系統，主要不是經費問題，而是看哪種形式更有利於工作，這事還需要認真研究一下再定，而且還需報請軍委批准。廣州軍區領導實際上不贊成這一方案，但是不便當場駁回。這事一直拖著。1971年4月，汪東興經長沙去海南，看到他提出意見後湖南並未行動，多少有些不快，他又對卜占亞說："你們還是早些把接待處成立起來並劃歸軍隊領導爲好。"

卜占亞說："對這件事我們沒有不同意見，主要是要經廣州軍區批准。是否請汪主任也向廣州軍區首長講講？"

過了不到兩個月，湖南省軍區和湖南省委便接到到廣州軍區通知：同意成立湖南省接待處，團級單位，歸省軍區司令部領導。不久，丁盛又給卜占亞打電話交代：接待處工作人員不必都改爲軍人，只把經常接近毛澤東的人改爲軍人就可以了。省委和省軍區指定省軍區副司令員徐芳春負責接待處組建工作。兩個賓館共有工作人員170多人，經逐個摸底研究，決定將34人改爲軍人。關於接待處的幹部配備，經與華國鋒研究，決定以省公安廳原副廳長高某爲處長，軍隊幹部王信爲政委，原九所接待幹部高紹英和卜占亞的妻子譚淑珍爲副處長。計劃於8月1日建軍節時正式宣布接待處成立。

誰也不曾料想，就在一切準備就緒之時，卻發生了一件讓省委領導極爲尷尬掃興的事：7月30日晚，一向風流成性的高某，被他老婆從一個女人的床底下拖了出來。叫這種人來負責偉大領袖的接待警衛工作，顯然太不突出政治。偏偏這時華國鋒不在長沙，事情又不能拖，卜占亞只好與楊大易和省軍區副政委、省委常委李振軍等人研究，決定暫由政委王信兼任處長。李振軍把研究意見用電話向華國鋒作了匯報，華也只好同意。

兩個多月之後，華國鋒回到長沙。省委常委羅秋月、李振軍又向華詳細匯報了撤換高某的情況。華聽了雖然無話可說，心裡還是老大不快。幾天之後，華國鋒突然向卜占亞提出：譚淑珍是卜的妻子，在接待處擔任副處長也不合適，應當回避。卜聽了先是一楞，然後馬上表示贊同華的意見。不久，譚淑珍調往省軍區後勤部政治處工作。

從此，卜占亞所熟悉的那個和和氣氣甚至多少有些窩囊的華國鋒，已經成爲歷史了。

通天小人物

成立湖南省委接待處，想的是件好事，做起來卻一波三折，多災多難。沒有想到，在誰穿軍服的問題上，又鬧出了大亂子。因爲丁盛已有指示，不要所有人都穿軍服；卜占亞和在省委“支左”的幾位軍隊幹部也考慮，既然改爲軍人，就總要講點條件，就應該盡可能按軍隊規矩辦。於是他們議定：改爲軍人的工作人員不宜太多，除不接近毛澤東的人一般不改之外，即使直接爲毛澤東服務的人，個別年紀較大，已經有了小孩，文化水平又低，沒有發展前途的女服務員，也不要改。因爲她們級別低，按其職務只能改爲戰士，而戰士津貼很少，勢必使她們降低收入，無法養家。

卜占亞等人滿以爲他們的決定既堅持了原則，又考慮到了工作人員的實際情況。豈不知，他們卻犯了主觀主義的錯誤，他們和大多數工作人員沒有想到一起去。

在“文化大革命”中，軍隊是維護社會穩定的決定性因素，受到廣大人民群眾的擁戴，軍人無限榮耀，軍裝也成了最美的服裝。服務處那些決定改爲軍隊幹部的人員，個個興高采烈，而不能改爲軍隊幹部甚至連戰士也當不成的則牢騷滿腹。其中意見最大的是九所6號樓服務員小Z、小G和另一個樓的服務員小L。小Z和小G都是直接爲毛澤東服務的。小Z年輕，穿了軍裝，但是只能領戰士津貼；小G年紀較大，一切照舊。兩人都很不滿。而更不滿的是小L。她已經30多歲，又有孩子，按她的條件要改只能享受戰士待遇，無法養家，所以決定不改。汪東興每次來長沙都由小L接待，她與汪的關係自然非同一般。當年8月27日，汪東興隨毛澤東南巡住進九所，小L便向汪東興告了卜占亞等人的狀。當卜占亞去看望汪東興時，汪竟故意當著卜占亞的面問道：“小L呀，人家都穿上軍裝了，你怎麼沒穿呀？”

小L瞥了卜占亞一眼，繃著臉，陰陽怪氣地說：“人家不讓我們穿唄，我們有什麼辦法！”

卜占亞在一旁聽了心裡很不是滋味。他心想，你汪東興是政治局候補委員，也算得上是黨和國家領導人了，你有什麼想法可以直接跟我講嘛，幹嗎和一個女服務員演雙簧？他暗罵一聲：卑鄙下流！

汪東興對卜占亞的提示並未引起他的警覺和醒悟，事後他並沒有採取任何補救措施。

服務處的工作人員中，個別人對職務安排也有意見，其中最突出的是X。此人專管毛澤東的副食供應。毛澤東喜歡吃家鄉菜肴，九所就專爲毛澤東在所內劃出一塊副食生產區，派專人喂養鱔魚、泥鰍、青蛙、鴿子，還修了一座冬天種菜的暖房，這些統由X負責。只要毛澤東住在北京，每隔幾天，X就親自往北京送一次副食。中南海他走得爛熟，毛澤東身邊工作人員以至毛的親友，他無不熟識。X自認爲他多年照顧偉大領袖生活有功，成立接待處他應該當個副處長，結果卻只安排他當了個科長，也是滿腹怨氣。

在卜占亞眼裡，幾個女服務員和那位X科長，都是一些小人物，鬧點個人情緒又有啥了不起？誰想，沒過多久，這幾位小人物就給他這個大政委、大書記好好地上了一課，讓他目瞪口呆，大跌眼鏡。

吹風

廬山會議之後，毛澤東決心採取一系列措施，削弱在他看來已經尾大不掉的林彪集團的勢力和影響。從1970年12月至1971年4月，先後召開華北會議、軍委座談會、批陳整風匯報會，名曰揭批陳伯達，實則指向林彪，林彪手下的幾員大將個個一再檢討，林彪處境極爲尷尬。

8月14日，毛澤東由汪東興陪同，乘專列南下巡視，開始對各路"諸侯" "吹風"。第一站是武漢。在那裡，毛澤東先後5次召見武漢軍區政委劉豐等湖北、河南黨政軍負責人，點了林彪的名，指出："廬山這件事，還沒有完，還沒有解決"。

8月27日晚，毛澤東到達長沙。汪東興提前半天到達，檢查接待準備工作。毛澤東抵長沙時，汪東興、華國鋒、卜占亞三人登車迎接。毛澤東卻不急於下車，而是叫大家坐下，問這問那。問了一陣，就是大家聽毛澤東講了。他講了"三要三不要"： 要搞馬克思主義，不要搞修正主義；要團結，不要分裂；要光明正大，不要搞陰謀詭計。又講要唱《國際歌》，唱《三大紀律八項注意》。接著他還親自指揮大家唱《三大紀律八項注意》歌。幾個人五音不全，各唱各的，汪東興便把隨行的醫生、護士都叫來，參加合唱。唱完歌後，毛澤東問那位醫生：一個月多少工資？

“117元。”

“你這麼多錢，會不會變修呀？”毛澤東很認真地問。

“不會，”醫生笑著說：“還有比我錢多的呢。”

毛澤東最後好像挺高興似地說：“今天我們開了個六級幹部會議。”然後由華國鋒、卜占亞陪同去九所住下。

同日，廣州軍區根據汪東興的通知，派值班飛機把韋國清、劉興元、丁盛送到長沙，等候毛澤東接見。他們三人，既是廣州軍區的主要領導，也是兩廣的黨政主要負責人。

8月28日，毛澤東在九所6號樓單獨接見韋國清。

29日，接見劉興元、丁盛。

30日是集體接見。被接見的有韋國清、劉興元、丁盛、華國鋒和卜占亞，汪東興列席。毛澤東照例好似漫無邊際地閑談說笑好一陣子。他問劉興元是哪裡人？劉答是山東莒縣。他笑著說：“噢，‘毋忘在莒’啊！”

毛澤東爲什麼要講兩千多年前齊桓公的這個典故？是信手拈來還是意有諷焉？事後得知此事的人見仁見智，莫衷一是。

毛澤東還扯起劉興元穿的的確涼軍服的衣襟，問這是什麼料子？

他又問丁盛是哪裡人，參軍前讀過書沒有？

輪到卜占亞，毛澤東說：“你的野心太大，你要占有整個亞洲呀？”他又問卜是哪裡人？卜答河北薊縣。毛澤東說：“我有個警衛員也是薊縣人。你們薊縣當年可是安祿山造反的根據地呀！”

輪到韋國清了，毛澤東說：“你這個人哪，面善心狠。當年打糞邊府，要不是你下決心，糞邊府是打不下來的。”

寒暄過後，轉入正題。毛澤東從廬山會議上的鬥爭講起，說他與林彪有矛盾，“不過，林彪同志固然不對，但主要還是他的老婆不好。”“這次鬥爭是黨的第十次路線鬥爭，現在鬥爭還沒有結束。”“我有三條對付他們的辦法：甩石頭，挖牆腳，摻沙子。”“回到北京我要找他們談話。他們不來找我，我找他們。”

話鋒一轉，毛澤東又提到了黃永勝。他問劉興元、丁盛與黃的關係如何？關係當然密切，劉興元坦率地說：“我們還是兒女親家咧！”毛澤東馬上“將”了劉興元、丁盛一“軍”：“你們和黃永勝關係這麼密切，黃永勝倒了，你們怎麼得了！”

毛澤東的這句話極大地傷害了丁盛的自尊心。28年之後，丁盛在同筆者談起這件事時，依然憤憤不平地說：“怎麼能這樣說話！你得弄清我們是什麼關係！我又不是沖著黃永勝才幹革命的。我是1944年和黃永勝來到一個部隊的，以後在東北，又在一個縱隊，他當司令員，我是師長。這都是組織的安排，和我有什麼關係？1968年，我到廣州軍區工作，黃永勝已經去了北京。過去我對他的印象確實不錯，我尊敬他，是因爲更高的領導和黨中央信任他；而且，他有能力，能打仗，我在他的直接領導下，確實打了不少勝仗。現在又說他不革命了，反革命了，你上面都沒辦法，我有什麼責任！他真的不革命是他的事，該倒就倒，與我何干！”

當然，這是丁盛歷經磨難之後，對長期鬱積心中的憤懣之情的一次宣泄。而在當時，儘管他深感委屈和不平，也只能唯唯而已。

毛澤東還提到了葉劍英，說他在歷史上有功，以後大家要尊重他。看來這也是毛澤東在解決林彪問題中的一步“棋”。

接見結束時，幾個被接見者幾乎同時提出：毛的講話精神可否在一定範圍內作傳達？

“不！沒有傳達任務。但是你們可以吹一吹風。”

傳達和吹風究竟有什麼區別？分寸如何掌握？那就看個人領會了。

毛澤東於31日離開長沙去南昌。汪東興指定華國鋒和卜占亞到車站送行。

9月1日，韋國清、劉興元、丁盛、華國鋒、卜占亞五人一起去韶山滴水洞，在那裡住了兩天，大家共同回憶幾次接見時毛的講話，由卜占亞執筆寫出記錄整理稿，共複寫6份，五人每人一份，作爲內部"吹風"的依據；另一份寄給汪東興。

毛澤東這次南巡吹風，對他與林彪之間的矛盾性質以及他的態度、決心，應該說已經交代得比較清楚了。但是，幾十年來林彪在卜占亞心目中樹立起來的甚至帶有若干神秘色彩的崇高威望，並沒有使他從根本上對林彪產生懷疑。他像很多人一樣，長期以來都把林彪看成是"毛主席革命路線"最偉大的身體力行者，甚至是毛澤東的化身。他希望問題最終能得到讓全黨滿意的解決。即使是黃永勝，卜占亞對他也寄以希望。他是參加了4月間召開的"批陳整風匯報會"的，他對一些人把廬山會議上發生的問題任意上"綱"，深感不解。黃永勝在會上作檢討，他也感到奇怪：黃永勝根本沒上廬山，作什麼檢討？毛澤東講：黨內無派，千奇百怪。卜占亞自己承認，他對黨內鬥爭的尖銳性和複雜性缺乏思想準備。他絕沒想到，就在毛澤東接見他們十幾天之後，便發生了舉世震驚的"九一三"事件。

尷尬人與尷尬事

"九一三"事件發生時，卜占亞正在汨羅。

根據年初制定的工作計劃，湖南省委於1971年8月7日舉辦了一期地、師職幹部哲學學習班，參加學習的約140人，計劃學習1個月。9月

10日，卜占亞和學習班全體成員按預定計劃去汨羅縣參觀訪問，考察當地群眾學哲學的情況。

9月13日清晨，卜占亞突然接到長沙打來的電話，要他立即回長沙接丁盛的保密電話。什麼事情這樣緊急？他估計是戰備方面的問題，當時東南沿海地區正在緊急備戰。他不敢怠慢，急忙帶上秘書葉子鴻和黨委辦公室副主任、地方幹部沈瑞庭上路。回到長沙，趕緊接通丁盛電話，對方正焦急地等著他呢！

電話那邊傳來丁盛高亢急促的聲音："喂！老卜嗎？總理叫我告訴你：在廬山會議上第一個講話的那個人，帶著他老婆和兒子，坐飛機往北面跑了！你聽明白了沒有？"

雖然雙方用的是保密電話，但丁盛卻不肯講"那個人"的名字，因爲周恩來給他打電話就是這樣講的。卜占亞腦子一時沒有轉過彎兒來，啊啊了幾聲，也不明白丁盛講話的意思。丁盛只好重複一次，而且在講到"那個人"時，特別把聲調加重、拖長。這回卜占亞終於明白了：林彪出事了！

丁盛又交代了注意事項，主要是：密切注視形勢發展，加強戒備，保持安定，防止意外。他如同下達作戰命令，沒有一句多餘話，隨即挂上電話。

一時間，卜占亞腦子裡簡直一鍋粥。這樣的劇變，這樣的結局 ，他連想都不敢想！這真是天大的災難，全黨和國家的大不幸！這時華國鋒又去了北京，卜占亞於當晚在省軍區黨委會議室，向省委和省軍區黨委常委傳達了丁盛的電話，研究了加強戒備、保持局勢穩定的措施。到會的每一個人都表了態；會議決定加強領導值班，立即派1個營進駐大托鋪機場，停止一切飛行活動。

"九一三"事件曾被說成是"文化大革命"的又一"偉大勝利"。但是，沒有哪個正直的共產黨員會因這個勝利而歡欣鼓舞，更不希望再有這樣的"勝利"。相反，許多人開始對"文化大革命"的理論和實踐進行認真反思，逐漸擺脫迷信與盲從的羈絆。

對廣州軍區而言，"九一三"事件無疑是一場飛來橫禍。廣州軍區的前身、當年林彪領導的第四野戰軍，曾被稱爲"紅四野"、從白山黑水打到天涯海角的鐵軍。"九一三"之後，不但林彪被批得臭不可聞，原來的第四野戰軍和廣州軍區也受池魚之殃：第四野戰軍過去的戰績被打折扣，或被移花接木、張冠李戴；廣州軍區被公開稱爲林彪的"黑窩"、"老巢"——雖然林彪從來不曾在廣州軍區工作過，他早在二十幾年前就離開了這個部隊；最終廣州軍區被戴上了十次路線鬥爭"重災區"的緊箍咒。從此，對廣州軍區從機關到部隊，從軍區領導到一般幹部，進行了長達八年之久的拉網式"清查"。這是"壓倒一切的中心任務"，一切部隊建設、戰備工作等等，都要服從這一中心。廣州軍區從此元氣大傷，成爲名副其實的重災區。1979年2月中越邊境的自衛還擊作戰，廣州軍區部隊首次蒙羞，與此有重大關係。

"九一三"事件對廣州軍區的"支左" 工作不可免地帶來很大衝擊。特別是對參加"支左"的一些軍區領導幹部，地方幹部難免懷疑他們是否從"黑窩"裡帶來了什麼"黑貨"。卜占亞在湖南就感受到了這種懷疑。但是他卻無法表白，越表白越說明你心裡發虛。他早就想回部隊，可是這時候卻走不得，一走豈不證明你心中有鬼？更何況廣州軍區和中央也不會同意。咳！沒有虧心事，不怕三更鬼叫門，林彪出事與我何干？卜占亞的勁頭又來了：哼！我倒要幹出個樣兒來叫你看看！

但是，儘管卜占亞自己毫不心虛泄氣，他卻發現省委機關有些人逐漸同他疏遠了，或者同他接觸時不太自然了，特別是接待處有的工作人員對他居然怠搭不理的了。這種局面實在令人尷尬。

1972年9月的一天，省軍區副司令員、省革委會辦事組組長荀先學突然神色慌張地向卜占亞報告：九所5號、6號樓的3個女服務員失踪了！卜占亞吃了一驚，這事非同小可，萬一出了事情，可不好向北京交代！他要荀先學立即組織力量查找。荀先學面帶困惑之色說道："我問了接待處副處長高紹英和X科長，他們也都說不知道。可是他們卻一點也不著急，我看這事兒有點奇怪！"

過了幾天，荀先學又急匆匆地來找卜占亞："哼！我們叫人家耍了。3個女服務員上北京了！"

"她們上北京幹嗎？"卜占亞不解地問。

"人家到中南海告狀去了！"

卜占亞聽著有些玄乎："中南海？她們能進中南海告狀？向誰告狀？告誰？人回來了就好。你瞭解一下，她們到北京到底幹什麼去了？有什麼情況再告訴我。"

可是荀先學並沒再向卜占亞報告新情況，卜占亞也沒再追問。

攤牌

1972年10月21日晚，省軍區政委張立憲來到卜占亞家，說他接到北京通知，明天中午有中央首長來長沙，指定他去迎接，並特別囑咐要注意保密。張問卜是否也去迎接？

來的是中央首長，卻繞過他通知張立憲，這顯然有違常規。卜占亞雖然感到有些奇怪，但他還是不假思索地說："既然沒通知我，我就不便去接，你自己去就可以了。"

第二天，並沒人通知他來了什麼中央首長，這又有些反常。下午，卜占亞接到通知，要他晚上到蓉園1號樓開會，卻又不告訴他會議內容。這就更加奇怪，華國鋒不在長沙，他是最高領導，怎麼反而是別人叫他去開會？這葫蘆裡到底賣的是什麼藥？

當晚，滿腹狐疑的卜占亞來到會場，一進門他便目瞪口呆：會場鴉雀無聲，參加會議的是省委常委和省軍區領導，大家都把異樣的眼光投向他的身上；只見華國鋒繃著臉端坐在主席位上，原來他就是張立憲迎接的中央首長；而更讓卜占亞驚訝是，廣州軍區司令員丁盛和政委任思忠居然也和華國鋒坐在一起！

沒人和卜占亞打招呼，他在有意留給他的座位上剛坐下，華國鋒便開腔了："我和丁司令員、任政委受中央委托，專程來長沙解決卜占亞同志的問題。卜占亞同志在第十次路線鬥爭中，追隨林彪反黨集團，犯有嚴重錯誤和罪行。'九一三'事件後，中央耐心等待了他一年多時間，可他執迷不悟，始終不肯主動交代自己的問題 ，企圖蒙混過關。現在中央不得不直接處理他的問題，最後給他一個機會。希望他認清形勢，丟掉幻想，老實交代，不要自絕於黨和人民！"

華國鋒宣布要卜占亞交代的主要問題是：積極參加林彪的反革命政變陰謀活動；向李作鵬泄露毛澤東南巡講話內容；仇恨"毛主席無產階級司令部"成員，刁難、趕走葉劍英元帥，苛薄毛澤東的表兄王季范，冷落、仇視張春橋；拉山頭，搞宗派；捂蓋子，不批林。他給卜占亞一天準備時間，要求他24日在省委常委和省軍區黨委常委會上作交代。

華國鋒請丁盛和任思忠講話。丁盛首先說明，他和任思忠是去北京受領任務後，奉命和華國鋒一起來解決卜占亞問題的。他雖然對具體情況瞭解不多，但從華國鋒揭露的許多情況看，卜的問題確實很嚴重。他代表廣州軍區堅決擁護中央對卜占亞進行審查；支持華國鋒對清查工作的領導；軍區將積極配合湖南把卜占亞的問題徹底查清。他希望與會人員積極對卜占亞進行揭發批判，也希望卜占亞端正態度，老老實實交代問題。

任思忠在講話時，除了表示贊同丁盛的意見外，還特別指出了卜占亞的驕傲自大問題："你卜占亞同志犯錯誤絕不是偶然的，這和你的驕傲自大是分不開的。你這個老毛病要不徹底改正，將來還要摔大跟頭！"

丁盛、任思忠講的顯然是應付差事的官話。他們也確實有苦難言，處境尷尬。10月19日，汪東興給丁盛打電話，說是"毛主席有事和你們商量"，並隨即派專機把丁盛、任思忠接到北京，住進中央的新六所。剛住下不久，汪東興便來了。他告訴丁、任：卜占亞在湖南出了問題。他交給丁、任幾份揭發卜占亞的材料，要他們認真閱讀。稍後，周恩來、葉劍英也來了，交代他們兩人這次來京的任務，要求他們協助中央解決好卜占亞的問題。

汪東興帶來的幾份材料都不很長。其中一份是湖南省委接待處工作人員寫的，控告卜占亞不重視接待處的建設，對工作人員態度惡劣，而接待處是爲以毛澤東爲首的無產階級司令部服務的，這表明他對無產階級司令部缺乏感情。另一份材料也是接待處工作人員寫的，說毛澤東的表兄王季范在蓉園休息時，卜占亞對老人漠不關心，很不尊重，卜的妻子、接待處副處長譚淑珍又偷看老人的筆記本，惹得老人很生氣。還有一份材料，據說是從林彪之子林立果"小艦隊"成員李偉信筆記本上摘抄下來的，其中提到卜占亞是他們"信得過的人"。幾份材料只用個把小時便看完了。丁盛和任思忠悄悄議論：前面兩份材料實在上不了大"綱"，李偉信的筆記也不難查明，對卜占亞的審查值得這麼興師動眾嗎？這是否有些小題大作呢？

第二天，由華國鋒出面召集丁盛、任思忠還有剛從朝鮮訪問歸來途經北京的湖南省軍區司令員楊大易，研究如何解決卜占亞的問題。

周恩來、葉劍英、汪東興也來參加研究。華國鋒和楊大易揭發了卜占亞的一些問題。丁盛和任思忠什麼也沒揭發出來，只是一再表示堅決擁護中央決定，積極配合中央把卜占亞的問題早日查清。

第三天晚，周恩來和葉劍英又來到丁盛、任思忠住處，說毛澤東今晚要接見他倆，稍候就會有電話通知。電話果然來了，周恩來去接。幾分鐘後，周恩來回來對丁、任說："主席認爲你們兩人對卜占亞問題的態度很明確，他很高興，覺得沒有什麼可談的了。但是他還要我徵求一下你們的意見：還有沒有必要接見？"

任思忠認爲見一見好，有些問題可以當面請示明確一下；但丁盛卻認爲，"毛主席傾向於不再接見，我們盡量不要干擾他老人家，不接見也可以"。丁盛過去是任思忠的上級，任思忠不好再堅持自己意見，於是周恩來馬上又按丁盛的意見與毛澤東通話，決定不再接見。

大局已定，周恩來便來組織落實。他把華國鋒、丁盛、任思忠、楊大易召到一起宣布：對卜占亞問題的討論到此結束。下一步回湖南具體解決他的問題。決定此事由華國鋒牽頭，丁盛、任思忠協助，共同負責領導；湖南省委負責具體工作。

沒想到，丁盛首先提出了問題："總理，我參加領導怕不合適。"

"爲什麼？"

"我和他是20多年的上下級關係，參與領導對他的審查多有不便。"

"噢！你這是要避嫌哪！"

"該避的還是避一避好。再說，我參加進去效果也未必好。"

周恩來遲疑片刻："那丁盛同志就不參加了。任思忠同志，你可以吧？"

又是一個沒想到："總理呀，我和丁盛同志的情況是一樣的，我同卜占亞也是長期在一個部隊工作的老上下級關係。我也不參加了吧。"

周恩來真有些爲難了。但是兩個人反映的情況不能不予重視。他終於不得不改變原來的決定："那就都算了吧。不過，你們兩人要和華國鋒同志到長沙走一趟，和省委、省軍區的同志見見面，講講話，表示對華國鋒同志的支持。中央明天就派飛機送你們回去。"

毫無思想準備、一下子被推上被告席的卜占亞有些發懵。一向自我感覺良好的他，這時才如夢方醒，感到過去太單純了。他方寸大亂，不知道此時此地該怎樣說才好。最後，他終於言不由衷地表示：擁護中央對他的審查決定，他決心老老實實檢查交代自己的問題。他也只能這樣表態，因爲華國鋒一行是代表中央的，這裡有個組織觀念和政治態度問題。

會後，任思忠對華國鋒說："卜占亞態度還不錯嘛！"

華國鋒顧左右而言他。

交鋒

卜占亞從蓉園回到家裡，把開會的情況一講，他的妻子、一向剛強的女共產黨員譚淑珍也毛了。"文化大革命"的經驗，只要給你戴上政治帽子，你渾身是嘴也休想說清。

她還是盡力安慰丈夫："別急，別急，今晚先休息，明天再好好想想，咱們有啥說啥唄！"

她給丈夫服了兩片安定。平時睡眠一般不需吃藥的卜占亞還是一夜沒睡，譚淑珍也陪了一夜。

天亮之後，卜占亞把"九一三"以來的批林和檢討材料全都找來，按照華國鋒的提示，把有關自己的問題一一列出，除了不承認有政治陰謀，盡量給自己"上綱"，總算寫出一個交代稿。

第二天吃過早飯，他剛要到會場去，接待處的一名地方幹部副處長坐著汽車來了。一見面便開門見山：“卜占亞！帶上洗漱用具和換洗衣服，跟我走！”

一個過去鞍前馬後整天臉上挂著笑容的接待幹部，現在卻毫不客氣地對已往敬若神明的領導發出命令，讓卜占亞百感交集。

來到會場，卜占亞驚奇地發現，到會的除省委和省軍區黨委常委外，接待處的X科長和3個女服務員居然也大模大樣地坐在那裡！他馬上有一種不祥之感。

華國鋒又講了一遍卜占亞問題的性質、重點和對他的政策以及會議開法，便要卜占亞作交代。還沒容他講完一個問題，那位X科長突然大喝一聲：“不要講了！你講了半天，根本就沒涉及要害問題！你不是什麼思想認識問題，更不是工作中的錯誤，你的要害問題是投靠林彪反黨集團，積極參與林彪的反革命政變陰謀，你到湖南來就是爲林彪集團奪權的！”可是X科長卻又拿不出卜占亞參加政變陰謀的事實來，於是話鋒一轉，舉了個卜占亞“仇恨毛主席”的例子：“去年冬天，偉大領袖毛主席的表兄王老住在蓉園1號過九十大壽，你不准給老人家生暖氣，差點兒把王老給凍病了，你這是什麼階級感情？你還限制王老的行動，不准他接觸群眾，怕群眾向王老揭發你的問題；你老婆譚淑珍也怕王老搜集整理你的罪行材料，居然偷看王老的筆記本……。”

王老即毛澤東的表兄王季范。一提到這件事，卜占亞就感到窩火，氣不打一處來。1971年冬，華國鋒從北京打電話給省委布置任務：王季范要到長沙過九十大壽，省委要把他安排到蓉園，保證他住好，吃好，休息好；老人家年事已高，湖南又是他的家鄉，熟人多，爲了老人家的健康，對來看他的人要作必要限制，別累壞了他老人家……。卜占亞不敢怠慢，親自布置接待處做好接待工作。王季范到長沙時，陪同的親屬有他的兒媳(即在毛澤東身邊工作的王海容之母)、孫子王起華和一個四五歲的小男孩。人還沒到，取暖鍋爐就燒起來了。直到老人離開長沙，暖氣一天沒斷。因爲老人怕冷，鍋爐燒得旺，暖氣溫度高，年輕人都感到不太習慣。老人的小玄孫熱得臉蛋兒通紅，只穿件單衣滿屋跑。省軍區門診部一位醫生，來給老人檢查身體，熱得滿頭大汗。接待處專門安排了兩名服務員服侍老人一家。飯菜由客人點，沒有標準限制。晚上放專場電影，想看哪部放哪部。老人生日那天，卜占亞和省委常委于明濤、孫國治、萬達等人，特到賓館向老人祝壽，辦了壽宴。譚淑珍作爲接待處負責人，在現場照料。參加宴會的領導人都勸她入席，按說她也可以入席作陪，但因爲是卜占亞主持宴請，她堅決不肯。開始上菜之後，她便搬個椅子坐在老人住房門內，就近觀察監督。她見老人的桌上放著一本詩集，便隨手拿起翻了翻。若干年後，譚淑珍在和筆者談起此事時氣憤地說：“王海容的爺爺已經是90歲的人了，哪裡還記什麼筆記！我又怎麼會知道他的筆記本裡有卜占亞的材料！”她還把自己的丈夫挖苦了一番：“卜占亞受審查以後，我對他說：你把王季範簡直當成太上皇了，你對你爹也沒這樣呀！結果怎麼樣？好心換個驢肝肺！”

X科長把卜占亞揭批了一通，還沒容他辯解，三個女服務員又爭先恐後地接上來。她們講的都是穿軍裝問題，說不讓她們穿軍裝，要害是想把她們“一窩端”，“換上你們的人”，“把毛主席控制起來”。她們毫無顧忌得意洋洋地講了去北京“告狀”的情況。據說，是王海容出面請她們去北京的。王海容是兼管毛澤東內外事務的工作人員，同毛澤東又有親戚關係，受到格外信任，是可以直接向毛澤東進言的極少數幾個人之一，連飛揚跋扈的江青，對她也畏懼三分。據說，王海容安排她們向毛澤東匯報了卜占亞的問題。毛澤東聽了她們的匯報後說，卜占亞“不是無產階級司令部的人”。她們臨走時，毛澤東送她們每人一部當時還是稀罕玩藝兒的半導體收音機，握著她們的手說："回到長沙，你們把收音機音量開得大大的，向他們示一示威！"

卜占亞聽幾個女服務員的發言，猶如天方夜譚，將信將疑。但是，旁邊坐著"中央首長"華國鋒，他臉上並沒有絲毫訝異和不快之色，卜占亞又不能不信。

當天散會之後，卜占亞便失去了人身自由。他被指定住在會場旁邊的一個房間，吃飯由服務員送到房內，樓門口站有崗哨，只允許他在樓內活動。

初次交鋒下來，卜占亞便明白，這次他輸定了。今天只是接待處的幾個小人物，已經顯示出這麼大的能量，誰知道人家後面還有什麼撒手鐧！現在雙方"底牌"的差距太大，除非按對方定的調子把問題全部承認下來，否則休想過關。可是，真要不顧事實承認自己參加什麼政變陰謀，那豈不是跳進萬丈深淵嗎？今後……

心亂如麻，實在想不出好的出路。最後，他橫下一條心：算了！走著瞧吧。

加溫

會議連續開了9天。到會的省委和省軍區的領導幹部都發了言，華國鋒向卜占亞提出的所有問題都講到了。一些重點問題，反反復復被提出。不出卜占亞之所料，他對任何一個問題的交代檢查，都未被認可、通過。卜占亞很想和華國鋒個別談談，講講自己心裡話，但是，華國鋒卻沒有在私下同他講過一句話，他只有在開會時才能見到華國鋒。

會議結束了，問題並沒有完。散會前，華國鋒作總結講話，認爲卜占亞態度很不老實，企圖蒙混過關，要他打掉幻想，認真思考，準備在更大的范圍檢查交代。

兩天後，召開省委、省革委會“兩委”擴大會議。與會人員說是地、師級以上幹部，卻有不少“造反派”頭頭參加。會議開始時，又是華國鋒以中央代表身份講話，然後叫卜占亞上臺交代。開會的人多了，又有“造反派”參加，這次會議的氣氛、溫度自然與前一個會議有很大不同。卜占亞上臺講了還不到10分鐘，便被轟了下來，稿子也被搶走。於是轉入揭發批判。有幾位領導幹部帶頭。有人雖然沒有掌握卜占亞多少材料，但爲了表示與他劃清界限，只好盡量把調門兒提高。省軍區W副司令員在會上將苟先學的軍，說苟與卜占亞的關係密切，瞭解情況多，應該帶頭揭發。苟先學是個紅軍幹部，文化程度不高，不善言談，從座位上站起來，憋紅了臉，不知說什麼好，吭哧了半天，才說了一句：“卜占亞，你和你的臭老婆可把我坑苦了！”W副司令員還不肯放過他：“你光罵有啥用？揭點實際問題嘛！”苟先學最終也沒揭出啥問題來。

那些“造反派”頭頭可就不同了。他們爭先恐後地登臺，個個激昂慷慨，聲色俱厲，揭發的問題也頗具煽動性，但經不起推敲，很少得到地方幹部的響應，最後草草收場。這些人只能造造聲勢，打打態度。在參加會議的造反派頭頭中，最活躍的當屬“文化大革命”中以打、砸、搶和製造武鬥聞名全國的唐忠富、胡勇。唐忠富當時還是中共中央委員。

“兩委”擴大會議開了10天，卜占亞仍然只肯承認錯誤，拒不承認和交代陰謀、罪行。華國鋒決定進一步發動群眾，召開全省縣團以上幹部會議，深揭狠批。

在“兩委”會期間，卜占亞被轉移到九所5號樓，並改由公安人員看管。與此同時，他的妻子譚淑珍也被軟禁在九所1號樓，要她交代卜占亞的問題。但是，這位15歲參軍，經歷了整個解放戰爭，又到過朝鮮戰場的女兵，卻很難對付。她只談自己，對卜占亞的問題一概不知。鬥了幾場毫不改口，對她無可奈何。開始不許她出屋，由工作人員送水送飯，後來通知她可以自己去食堂吃飯，她卻說：“你們把我弄來，就得給我送飯，不然我就不吃！”沒有辦法，軟禁20多天，只好放她回家，但不准她自由行動。省軍區派了兩名女戰士住到她家，又安排一名男幹部白天到她家中“值班”。

縣團級以上幹部大會在省軍區禮堂舉行，參加會議的有一千多人。除縣團級以上幹部外，到會人員中還有幾年來卜占亞所到過的各大小單位領導或代表，他們的任務是來揭發卜占亞在這些單位的“放毒罪行”。會議的開法與前兩次相仿，只是“溫度”更高。爲了製造氣氛，會場樓上樓下安了很多擴音器，不斷有人搶喇叭筒，對卜占亞連揭帶批加質問，有的還要求當場交代、表態。但是，每當卜占亞作說明、解釋時，往往不等他說完，幾個喇叭就同時哄起來，轟他下臺。有個別過去頗受卜占亞重用的中高級幹部，爲了表示與卜占亞劃清界限，在發言中揭出一些尖端材料，引起轟動效應。如一位省委常委、省革委會副主任，原在廣東工作，安排不甚理想，卜占亞聽說他是位能人，通過黃永勝將他調到湖南。此人在大會上宣布：經他向48個人調查，可以斷定卜占亞與林彪五員大將之一的李作鵬進行過3次密談，泄露了毛澤東南巡談話的內容，導致林彪提前發動政變。

而最令到會人員驚訝的是省軍區兩位主要領導人楊大易、張立憲的揭發。1969年底，在全國加強戰備聲中，經毛澤東批准，廣州軍區新組建了4個陸軍師，其中的145師、146師部署在湖南。在揭批卜占亞的高潮中，大約對廣州軍區主要領導失去政治信任的這兩位省軍區首長，突然宣布這兩個師是林彪準備用於政變的“黑部隊”！此言一出，一片嘩然，有人高興，有人氣憤。146師師長蔣金流是個不肯吃啞巴虧的人，非要較一較真兒！他和師政委陳懷琛一合計，以師黨委名義給省軍區和廣州軍區首長發了一份電報，要求對兩個師的性質加以澄清，否則他們無法保持部隊的穩定。與此同時，部隊也反應強烈，紛紛向省軍區提出質問。在這種情況下，這兩位領導人又被迫承認他們講錯了話。20多年之後，蔣金流在同筆者談起此事時，依然忿忿不平地說：“一個高級幹部，在運動中為了過關，竟把自己領導的部隊說成是‘黑部隊’，真沒水平，沒有一點原則性！”楊大易原是著名的“萬歲軍”——38軍的一員虎將，曾在朝鮮戰場狠狠教訓過美國軍隊。而在這場政治運動中，他卻亂了方寸。

在與會人員發言時，華國鋒不時插話，引導會議方向。他在一次插話時說，林彪有一個反革命戰略布局：西面的負責人是雲南的雷遠高(省軍區政委)和貴州的藍亦農(昆明軍區副政委、貴州省革委會主任)；東面有江西的程世清(省革委會主任、省軍區政委)；北面是河南的王新(省軍區政委)；卜占亞在中間，連接東西，貫穿南北，地位最為重要；再加上北京有個韋統泰(七機部軍管組組長)，是林彪的“情報部長”。這是林彪進行政變陰謀的基本班底。華國鋒指名道姓地點了林彪在全國東、西、北、中各處的黨羽，南面是誰？也許時機未到，他打了個啞謎。但是，誰不知道湖南的南面是哪兒！

除了會上引導，華國鋒更重視會外的動員組織工作。參加會議的省委、省軍區領導，他都一一談話——談話內容因談話對象與卜占亞關係的不同而各有側重。他還把145師、146師和湖南省軍區獨立師的師長召到一起，講卜占亞的問題，動員他們揭發批判。省委黨委辦公室主任閻文超，是隨卜占亞一起從廣州到湖南工作的幹部，列席省委常委會議，是重要的“知情人”，華國鋒對他尤其寄予厚望。他親自找閻談話，和顏悅色，叫閻把工作先放一放，“一般的事情就叫老沈(地方幹部、黨委辦公室副主任沈瑞庭)去管吧，你就集中精力參加運動”；又給閻交代政策，要他打消顧慮，大膽揭發，多多提供罪證。怎奈閻文超這人書生氣重，不諳權變，令華國鋒大失所望。他參加的是地、師級幹部會議，會上有人揭發卜占亞一條罪狀，要求知情人閻文超當場予以證實。豈料，據他陳述的情況，卜占亞竟然毫無問題，令揭發者大爲尷尬，在場的華國鋒也深感不快。第二天便取消了閻文超參加會議的資格。

焦點：“三專一通”

大會開了十多天，雖然會議溫度很高，對卜占亞造成很大壓力，他也陸陸續續交代了一些問題，但在錯誤與罪行之間，他卻一直死守著那條防線，拒不接受會議對他的批判定性。總不能這樣僵持下去，於是轉入小組質問、交代。小組按專題設置，每組三五人不等，卜占亞輪流到各組交代問題。要求卜占亞交代的中心問題是參與林彪政變陰謀，而其中最主要的問題被概括爲“三專一通”。

“三專”即專列、專線、專人。據揭發，卜占亞早就得知林彪要南逃廣州，另立中央。他想當林彪的“開國功臣”。1971年9月10日，他率全省地、師級以上幹部去汨羅參觀，唯恐誤了“大事”，爲了保證能及時趕到廣州，他特地下令調用一列專車，停在汨羅火車站隨時待命，這即所謂“專列”。在汨羅期間，他爲了與林彪處保持不間斷的通信聯絡，特地架設了專線電話，這即所謂“專線”。與此同時，他又把自己的老婆譚淑珍先期派往廣州，準備接待林彪，這即所謂“專人”。

“一通”即卜占亞向李作鵬通風報信，泄露了毛澤東南巡講話內容。李作鵬又將此事火速密報林彪，引起林彪恐慌，提前發動政變，事敗，倉皇駕機出逃，成爲“九一三”事件！

專案組抓住“三專一通”這個要害問題窮追不舍。只要這一條能夠落實，卜占亞的案子就完全可以定性了。專案組在要卜占亞交代的同時，又根據揭發線索，展開調查取證。但是，卜占亞死不承認，取證工作也很讓專案組泄氣。

“專列”問題。專列的主要組織者之一，是省委黨委辦公室主任閻文超。據他提供的情況，去汨羅參觀，原計劃乘坐汽車。臨出發前兩天，卜占亞把李振軍和閻文超找去商量：8月底、9月初因爲接待毛澤東，接著又是將毛南巡講話精神向幹部“吹風”，致使學習班的學習時間超出計劃。去汨羅參觀，如乘汽車，因這段公路路況差，又要耽誤半天時間，而且汽車多了容易出事，不如改乘火車，可以晚間出發，在車上睡覺，省出半天時間。閻文超認爲汽車已備好，改乘火車組織準備工作也很麻煩，以不變爲好。李振軍沒有吭聲。卜占亞最後決定：“這樣吧，你們把鐵路局軍代表找來，請他們根據情況決定，爭取坐火車去。”李振軍隨即把長沙鐵路分局軍代表召來學習班。軍代表表示改乘火車無大困難。於是李振軍當即決定改乘火車，並叫閻文超與軍代表具體落實乘車計劃。兩天後，長沙鐵路分局按要求挂了幾節車廂，把學習班全體人員送往汨羅。在汨羅期間，卜占亞再未過問火車的事，更未指示將火車留在汨羅“待命”。此事的4名主要經辦者說法一致。

“專線”問題。卜占亞的秘書葉子鴻證明：卜占亞作爲湖南省委的主要領導和省軍區第一把手，外出到一個地方住下，爲了保持與機關的順暢聯絡，照例都要溝通專線電話，不需首長交代。卜占亞在汨羅期間住縣武裝部。出發前，葉子鴻主動通知省軍區司令部通信處張處長，要求溝通汨羅縣武裝部與省委、省軍區的專線電話。這條專線不通北京，更不知道與時在北戴河的林彪如何聯絡。

“專人”問題。這個問題在“九一三”之後的一段時間裡，傳得十分邪乎，讓卜占亞的妻子譚淑珍一下子成了名人。事情最引人注目的是，譚淑珍確實在9月13日這天，帶著幾名接待人員到了廣州。單從時間上看，倘若林彪真的如文件所說，按預定計劃南逃廣州，另立中央，她們倒真能趕上參加接待。此事不但湖南作爲揭批卜占亞的一個突破口，窮追不舍；由於譚淑珍到了廣州，廣州軍區也列爲重大事件，調查了數年之久——不是查不清楚，而是因爲清查結果與上面的預想和論斷差距太大，只好長期擱置，每次運動來了，翻出來再炒一炒。就這樣，從“批林整風”到“批林批孔”，又從“批林批孔”到“揭批查”，反反復復查了八九年，始終沒有拿出一個公開的結論來。這是政治需要，只能如此。

據事件的主角譚淑珍本人陳述，她到廣州帶有很大偶然性。9月初，她們剛剛完成接待毛澤東的任務，廣州軍區招處處長張小軍便帶著兩名幹部，到湖南省接待處參觀。他們主要是學習湖南接待毛澤東的經驗。其實廣東的接待任務比湖南重，經驗自然也比湖南豐富。卜占亞多次對接待處負責人講：廣東的接待工作比你們強多了，你們要去學習學習。汪東興也說過，廣東的房子修得好，接待工作也有很多好經驗，值得湖南借鑒。湖南接待處的工作人員都很想到廣州看看。張小軍等人回廣州前，湖南接待處領導爲他們餞行。張小軍向他們發出邀請，說歡迎他們到廣州“送經”。張小軍走後，大約是9月11日，接待處政委王信對譚淑珍說：“老譚，你對廣州熟悉，就由你帶幾個人去廣州參觀學習吧。”譚淑珍共帶了4人：X科長，九所6號樓服務員小Z，還有兩位廚師。他們於9月12日夜乘火車出發。

當譚淑珍一行於13日中午抵達廣州時，丁盛已經接過周恩來的電話，整個軍區進入緊急戰備狀態。她們被安置在緊靠軍區機關的珠江賓館。當天下午，還蒙在鼓裡的譚淑珍喜孜孜地去拜訪丁盛夫婦。丁盛一早便進入軍區指揮所，丁盛妻子孟文虹和C秘書在家。C秘書早就從張小軍處得知譚淑珍要來廣州，一見到她，便"唉"了一聲："你這時候到廣州來幹啥？"譚說是來參觀學習的。C問："卜政委知道你來廣州嗎？"譚說："他到汨羅去了，我沒告訴他。"C說："他已經回長沙了，你也早點回去吧！"雖說彼此都是熟人，譚淑珍還是因C秘書這番沒頭沒腦的話而深感不快。不料，緊接著孟文虹又讓她一頭霧水。沒有寒暄幾句，孟文虹便小聲囑咐她："你早點回去吧，今晚哪兒也不要去！"C秘書和孟文虹都神秘兮兮地和她打啞謎，她知道對方定有難言之隱。她滿腹狐疑地回到住處，和幾個隨行人員研究了一番，最後決定，既然來了，總不能空手回去。

9月14、15兩天，張小軍陪同譚淑珍等人先後參觀了白雲山下老虎洞爲林彪修的房子，新建的南湖賓館和珠島賓館毛澤東、江青的住所。這中間，譚淑珍還帶領她的幾個部下參觀了農民運動講習所，看了廣州市容。在參觀過程中，張小軍悄悄告訴譚淑珍，最近戰備形勢緊張，軍區首長都進了指揮所，以後他也可能沒有時間陪她們了。15日晚，軍區副司令員楊梅生夫婦請譚淑珍吃飯，她就便在那裡給卜占亞打了電話，卜占亞也催她趕快回去。當天夜間，譚淑珍便帶著X科長和小Z返回長沙。參觀活動草草結束。兩位厨師則留在珠江賓館學習粵菜技藝，半個多月後才回長沙。

"專人"事件的重要見證人之一張小軍，從另一個側面對譚淑珍的陳述作了補充。他說，大約是9月3日，劉興元、丁盛從韶山滴水洞來到衡山他屬下的一個單位視察。他事先得到消息，從廣州趕去接待。劉、丁只在那裡住了一夜，便返回廣州。在送劉、丁上火車時，劉興元對張小軍講，毛澤東對湖南九所這次的接待工作很滿意，他們在這方面有不少經驗，你們可以派人去學習學習。張小軍於是在劉、丁走後便帶上兩名幹部去了長沙。在九所參觀了幾天，回廣州前確曾邀請湖南省接待處的領導到廣州參觀。"九一三"事件發生後，張小軍隨軍區首長進入郊區指揮所，但他並不瞭解內情，還按預定計劃安排了譚淑珍的參觀活動。14日清晨，他見軍區政委任思忠在指揮所外的廣場邊兜著圈子散步，邊聚精會神地聽著半導體收音機。他知道任思忠與卜占亞關係非同一般，便湊上去向他報告了譚淑珍已到廣州的消息。不曾料想，任思忠竟勃然變色，大聲說道："現在這個時候，她們來湊什麼熱鬧！看完了叫她們趕快回去！"張小軍對任思忠的無名火大惑不解，但他明白譚淑珍這次來得不是時候，因而在陪同她們看過幾個主要場所之後，便表示不能繼續陪同參觀，卻又不安排他人陪同，實際上下了"送客令"。

據"專人"事件的另一重要知情人、"九一三"事件後組建的廣州軍區清查辦公室副主任王之明說："所謂譚淑珍來廣州參加接待林彪問題，當時是個大案，我們查得也最仔細。譚淑珍在廣州一共呆了50多個小時，經過反復排查，從頭到尾，幾點幾分，她在哪裡，幹什麼，都查得清清楚楚，都有人可以證明。結果什麼可疑問題也沒發現。她就是來廣州參觀學習的，時間上純屬巧合，偏偏天下就有這麼巧的事情！可是有人就是不信，非要那麼說不可，你又有啥辦法！"

也不妨聽聽卜占亞本人的申辯。他說："譚淑珍到廣州帶了4個人：一個就是X科長，一個是6號樓服務員小Z，還有兩個廚師。X科長和小Z都自稱是'毛主席的身邊人'，是不惜犧牲自己'捍衛毛主席革命路線'的人，而且當時正因爲由職員改軍人和定職問題在鬧情緒。譚淑珍就是真的去接待林彪，也不能帶這兩個人去呀！"

如果不懷有政治偏見，應該承認卜占亞講得合乎邏輯。所有官方材料，在提到這個問題時，都採取了“打馬虎眼”的筆法。中央12號文件寫的是：“他老婆譚淑珍帶著服務員和厨師匆忙趕往廣州，準備參加‘接待工作’”。一般人自然會理解爲：帶的是可靠班底，起碼也是聽話的人。文件根本不提譚淑珍一行中有位X科長。可見執筆人是很知底細，很有心計的。

“一通”問題。1971年9月4日，中共中央政治局委員、被稱爲林彪五員大將之一的李作鵬，陪同外賓去韶山參觀。卜占亞作爲地主去大托鋪機場迎接。10時左右，專機降落。從這時算起，到次日晨李作鵬離湘，他共在長沙、韶山停留22個小時。有人揭發，卜占亞在這段時間裡，共與李作鵬進行了4次密談，向李泄露了毛澤東在長沙的談話內容，導致林彪決定提前發動武裝政變；李作鵬也向卜占亞作了“路線交底”，甚至告訴他“林副主席最近可能到廣州”，叫卜占亞“思想要有準備”。卜占亞辯解說，專機降落後，他便以主人身份陪同外賓趕赴韶山，李作鵬乘坐另一輛車，兩人根本沒機會說話。下午從韶山返回長沙，李作鵬和外賓都住湖南賓館，卜占亞把他們送進房間便告辭了。但以後有人揭發卜占亞就在這時同李作鵬進行了“第一次密談”。當晚舉行宴會，卜占亞到李作鵬房間請他赴宴，免不了又講些套話。有人說這是“第二次密談”。宴會之後參加晚會，晚會結束時卜把李送回住處。李已相當疲勞，卜匆匆辭出。又有人說這是“第三次密談”。次日8時左右，卜占亞去賓館送行，這時李已吃過早飯，正坐在大廳的沙發上休息。卜也坐到沙發上和李閑談，一起等候外賓。大約十多分鐘，外賓來了，卜便陪他們一起去機場。卜和李在賓館大廳的這次閑談，有人認爲是“第四次密談”。卜占亞說，他與李作鵬過去沒在一起工作過，也沒有私人交往，這次李陪外賓到湖南來，幾次短暫交談都是禮節性的，李從未向他打聽毛澤東來湖南巡視情況，他又何必主動透露？更何況毛澤東已經交代過不要將他的講話原封外傳，他豈能置若罔聞？對於有人揭發說譚淑珍還曾陪李作鵬觀看演出，卜占亞尤感不值一駁："外賓中根本沒有女賓，譚淑珍怎會出場？再說，出席晚會的人很多，眾目睽睽，譚淑珍到沒到場瞞得了誰？有些人就敢瞪著眼撒謊！"

若干年後，當復查卜占亞案的專案人員向李作鵬瞭解卜占亞向他泄密的問題時，他平靜坦率地承認：他在"九一三"前確已知道了毛澤東南巡講話的主要內容，但他是在武漢聽武漢軍區政委劉豐講的；專案人員又向劉豐調查，他說的同李作鵬一樣。

"怠慢葉帥"和"仇視春橋同志"

在大小會揭發批判中，卜占亞的罪狀不下四五十條。"三專一通"之類屬要害問題，但有些看似一般的問題，對卜占亞的影響卻不可小看。例如所謂慢待毛澤東表兄王季范問題，中央12號文件寫得極爲簡略隱晦，說是"一些革命老同志回湖南，卜占亞怕察覺他的問題，就百般刁難，甚至派他老婆譚淑珍進行監視"，竟然連王季範的名字都沒提到，但是局內人一看就知道講的是誰；還有組建接待處和工作人員定職、穿軍裝等問題，文件也不提單位名稱，籠統稱之爲"某要害單位"，對發生的問題，則高度概括爲"極力排擠原來的革命幹部和革命職工"。這兩個問題的性質和嚴重程度很難同"三專一通"相提並論。豈知，正是這兩個看似不起眼的問題，卻引起日理萬機的毛澤東的警覺和重視，成爲對卜占亞立案審查的導火線。

"怠慢葉帥"和"仇視張春橋"也屬看似一般而實際卻對卜占亞的定案至關重要的問題。

卜占亞過去與葉劍英沒有接觸，他對葉劍英的瞭解是抽象的。1970年春他剛到湖南時，葉劍英住在蓉園1號，他沒有主動謁見。5月8日，因爲毛澤東要來長沙，華國鋒按照汪東興的要求，將葉遷往湘潭。卜占亞一直沒有過問此事，也一直沒有見過葉劍英的面。7月上旬的一天，卜占亞接到廣州軍區電話，說朱老總將於次日乘專機從廣州飛往北京，中途在長沙降落小憩，要卜去機場接送。卜占亞去機場不久，一輛橋車開來，沒想到裡面走出的竟是葉劍英。卜占亞趕緊上前敬禮問候，作自我介紹。葉劍英依然是人們熟悉的一張慈祥的笑臉，他像是見到老朋友、老部下似地握著卜占亞的手說，他是來搭朱老總的便機回北京的。卜占亞請他對湖南的工作作指示，葉說，他在湘潭鋼鐵廠考察時，聽到工人對生活方面有些意見，希望省委解決一下。不久，卜占亞便派黨委辦公室副主任許賢文帶著一個工作組，去湘潭鋼鐵廠，根據葉劍英的提示，對問題作了調查處理。

在批鬥卜占亞時，有人說，因爲葉劍英“是毛主席無產階級司令部的人”，所以卜對他特別仇恨。有人揭發，卜剛到長沙去蓉園洗澡時，別人問他去不去看葉劍英？他鄙夷地說：“看他幹啥，不看！”聽了這條揭發，卜占亞心想，到蓉園洗澡，陪他的只有荀先學，你又不在場，這話是怎麼知道的？又有人揭發，葉劍英離開長沙，是被卜占亞趕走的。葉走時少交了2兩糧票，卜還派人到機場追討。類似這樣的事例，雖然不是什麼驚人的重大政治問題，卻很能引起公憤，使會議保持濃濃的戰鬥氣氛。

卜占亞與張春橋可謂素昧平生，如果不是到湖南“支左”，也許永遠和他挂不上鈎。

1971年7月14日，卜占亞正在漣源鋼鐵廠參加現場會議，準備第二天由他作總結。忽然省外事辦公室打來電話，說張春橋將於次日陪同朝鮮黨政代表團訪問湖南，外交部指定由卜占亞出面接待。卜占亞考慮會議已到最後一天，總結不能不作，而總結稿又是他自己寫的，不能由別人代講，便提議改由楊大易出面接待。省外辦將他的意見上報，外交部不同意。他不甘心，要省外辦再次請示。外交部終於勉強同意。

兩天後當他返回長沙時，張春橋已經走了。倒是譚淑珍比他敏感，覺得他對這件事很欠思考，處理草率。她用戲文譏諷卜占亞說："你是金牌調銀牌宣，全都一概不理。出頭露面的事你不幹，偏要去得罪人，你那個鋼鐵廠的事就那麼重要呀？"

卜占亞不以爲然地說："一個外事活動，楊大易去還不是一樣！"譚淑珍反駁說："若是一樣，上面爲什麼三番兩次指定要你去？"

楊大易向卜占亞匯報張春橋來湖南後的一些指示。在韶山參觀時，張春橋指著展覽館正中墻上懸挂的油畫《遵義會議》說，畫面上的周恩來太突出了，"總理知道了也不會同意"，要求把這幅畫撤下來。楊問該怎麼辦？

卜占亞稍加考慮後說："這類事情要慎重。再說，把這幅畫撤下來，一時又沒有別的畫補上，牆上空一大塊，參觀者問起來也不好解釋。我看暫時先不要動。"

在批鬥卜占亞時，有人說，他不肯出面陪同，是因爲張春橋是"毛主席革命路線的堅決捍衛者"，他"仇視春橋同志"。對於不肯撤換韶山展館的油畫問題，說他是"抗拒中央首長指示"，實際上還是愛誰恨誰的問題。

楊大易在批卜占亞對張春橋態度問題上調門兒很高。一再要卜占亞交代："你到底對上海、對春橋同志有什麼看法？"

事隔26年，卜占亞同筆者談他當時的心情："我對張春橋、王洪文這一幫子人當然有看法！我感到這些人左得出奇，對他們沒有好感，避之唯恐不及。但是，要說什麼仇視，老實講，當時我也沒有這個覺悟。爲什麼？很簡單，因爲毛主席說他們好，毛主席喜歡他們，信任他們。那時候你能和毛主席唱對台戲嗎？”

邱會作“路線交底”

1971年5月中旬，中共中央政治局委員、中央軍委辦事組成員邱會作，陪同越南勞動黨中央第一書記黎筍去韶山參觀。卜占亞出面接待。專機在大托鋪機場降落後，卜占亞與邱會作和外賓稍作寒暄，便陪同黎筍乘車直奔韶山，邱會作則乘另一輛車隨後跟進。中午在韶山宴請後稍事休息，邱會作召集陪同參觀的楊大易和省軍區副政委盧文新匯報湖南國防工業生產情況。爲表示對邱的尊重，卜占亞也作陪旁聽。匯報之後，又閑談了一陣兒。邱會作和黃永勝都是解放戰爭時期卜占亞的老領導，卜占亞提了個百思不解的問題：“黃總長根本沒有參加廬山會議，爲什麼他也要作檢查呀？”邱會作似乎沒有聽見，顧左右而言他。卜占亞也識時務，沒有再問。當晚邱會作和外賓到長沙休息，第二天一早返回北京。有人揭發邱會作這次向卜占亞作了“路線交底”，點明了廬山會議前後黨內兩條路線鬥爭的要害和實質，卜占亞則表示“堅決效忠林彪一夥”。中央12號文件寫的是：在韶山，“邱與卜深夜長談，進行密謀”。但是，他們並未在韶山過夜；批鬥會也沒有認真追查，卜占亞和邱會作究竟進行了什麼“密謀”。

與閻仲川“串連”

批鬥會還揭發了卜占亞與曾任副總參謀長的閻仲川的不正當關係。中央12號文件說：“(1971年)7月，閻仲川來長沙，他積極串連，他對閻說：‘未遂的政變啊！提得那麼高！’再次攻擊中央批陳整風匯報會議”。批鬥卜占亞時，閻仲川也正因爲“一號號令”問題被關押審查。“一號號令”在“九一三”事件之後很長一段時間裡，被定性爲林彪進行“反革命政變的預演”。但以後查明，“號令”實際是執行毛澤東關於加強戰備指示的產物。此案在拖了七八年之後，不了了之，閻仲川也隨之被解除監管。

閻仲川與卜占亞過去都曾在廣州軍區工作：1969年前，閻仲川任廣州軍區參謀長；卜占亞則在1968年任廣州軍區政治部主任，二人大體旗鼓相當。他倆又都在廣東省革委會任副主任，閻協助劉興元、孔石泉抓全面，卜占亞則兼任政工組長。但是，卜占亞是1963年才到廣州軍區所屬42軍工作的，所以閻對他並不熟悉。卜到廣州軍區機關和廣東省革委會工作後，閻感到此人有些氣盛，兩人只有工作關係。

對1971年7月同卜占亞的接觸，閻仲川是這樣說的：“1971年7月召開全國人防工作會議，會後我率與會人員去幾個人防工作先進城市參觀，第三站是長沙。我住在蓉園賓館。卜占亞曾來看望，純屬禮節性的活動。我簡單問了他長沙的一些情況，又問了長沙市革委會主任景林的工作情況，因爲景林原是廣州軍區司令部機要局長。他只坐了一二十分鐘便告辭了。他沒有單獨請我吃飯，我也沒有回訪。說他和我‘攻擊中央批陳整風匯報會議’，不知從何談起，何況我也沒有參加這個會議。”

進京“匯報”

冬盡春來，不覺三四個月過去。對卜占亞的批鬥，儘管不斷加溫、打態度，大會、小會、個別交代各種形式都用過了，但是戰果卻很不理想，卜占亞對涉及政變陰謀的問題死不認帳，形成僵持局面。

看來在湖南是不可能解決問題了。華國鋒經過請示中央，拿出了撒手鐧——進京！

1973年2月4日，楊大易、于明濤、萬達3人一起通知卜占亞：準備第二天去北京，向中央匯報他的問題。省委和省軍區幾乎傾巢進京，除卜占亞外，計有：華國鋒、楊大易、張立憲、萬達、劉善福、趙廣恩、羅秋月、趙處琪、唐忠富、劉春樵、程啓文、孫正乾、徐芳春、陳新，共14人，後期又加了個張平化。

2月5日到達北京後，除華國鋒在北京有家外，與會人員均住軍委所屬京西賓館。卜占亞在到北京當天住的是套間。第二天，華國鋒、楊大易、萬達同卜占亞談話，主要是華國鋒講，他說："你在湖南表現很不好，什麼也沒交代。你是王八吃秤鉈——鐵了心了。現在你來到毛主席身邊，可不能再像過去那樣執迷不悟，繼續頑抗了。你現在交代還不算晚，還算你主動坦白，可以請求毛主席對你寬大處理。你想賴是賴不過去的，你不承認也一樣可以定案！你要好好考慮一下後果！"

還沒等卜占亞表態，華國鋒又說："組織上關心愛護你，怕你一時思想不通，發生'一念之差'，你就不要一個人住一個房了。現在就請你搬個家！"

卜占亞被搬到靠北面的一間三人房：最裡面睡的是省軍區副司令員徐芳春，外面是另一位副司令員孫正乾，卜占亞夾在中間。再一看：靠街窗子的把手都用粗鐵絲牢牢地纏死，廁所門的把手也卸掉了。

徐芳春是解放戰爭時期的英雄團長。1950年3月，他親率1個加強營，偷渡瓊州海峽，爲解放海南島立了大功。以後他調往總參謀部作戰部工作，是見過大世面的人。他是個典型的山東漢子，豪爽樂觀。孫正乾則是個以厚道著稱的領導幹部。這兩人都和卜占亞關係不錯。

挽上房門一關，三個人什麼都講。徐芳春半開玩笑似地對卜占亞說：“喂，老卜 ，你可要想開一點。”卜占亞說：“你們放心吧，我還怕死咧！”徐芳春以後對筆者說，他照樣睡覺，孫正乾不行，他睡不著，身體又不好，幾天以後，副司令員陳新和他換了班。

到北京後的最初幾天，主要是大家反復做卜占亞的思想工作，勸他端正態度，打消顧慮，徹底把自己的問題都交代清楚，爭取寬大處理，重新做人。但是，不管眾人如何開導，對利害的陳述多麼明白深刻，卻始終無法使卜占亞豁然開朗。他把最後一點希望寄托在中央首長的接見上。

中央首長第一次接見就在京西賓館會議樓。卜占亞心中有些莫名其狀的苦澀：三年前他正是在這裡受到黃永勝等人的接見，受領去湖南“支左”任務的，那時哪裡想到三年後會以獲罪之身又回到這裡？歷史有時可真會捉弄人哪！

這次接見主要是向卜占亞交代政策。參加接見的中央負責人有張春橋、葉劍英、李先念、李德生、汪東興、華國鋒等人。主講是葉劍英。

葉劍英表情嚴肅地說：“卜占亞同志的問題本來在湖南就可以定案了，不需要到北京來。爲什麼又來了呢？就是要給卜占亞最後一個機會。毛主席、黨中央要樹立一個坦白從寬的典型，挽救那些在路線鬥爭中犯錯誤的人，對全黨進行教育。希望你能徹底坦白交代，爭取寬大處理。這是決定你政治命運的最後機會。希望你好好考慮，認真對待。”

話雖不多，力重千鈞。卜占亞陷入沉思之中。

徐芳春對筆者說：“我們參加會議的人，一看這次接見的架勢，就感到卜占亞不承認是不行了。”

突破

接見之後，借助中央領導講話的威力，華國鋒又連續召開會議，給卜占亞打通思想；並積極準備向中央政治局匯報。

匯報會仍在京西賓館舉行，到會的中央領導人仍是第一次接見時的陣容。省軍區政委張立憲代表湖南省委和省軍區，把經過整理的大小會議揭發的卜占亞幾十條罪狀逐一匯報，華國鋒有時作些補充。聽者都很認真，不時提問、插話。卜占亞則一臉木然，像是個聽候宣判的罪犯。而他的心裡，卻如油鍋翻滾，備受煎熬。這些日子，葉劍英和華國鋒的講話一直在他耳際回響，他深知這些講活的份量。在湖南，他已經頂了3個多月，到北京來，還能繼續頂下去嗎？華國鋒已經講得十分明白，不承認同樣可以定案，而且還會加上"態度惡劣，死不悔改，對抗中央"的新罪名，成爲"不齒於人類的狗屎堆"，不但幾十年的革命歷史、榮譽地位都將付之東流，很可能還要關進秦城監獄，一家大小都要跟他受罪！這樣的先例，卜占亞已經看得多了。想到這裡，他不寒而栗。咳！今天這個政治局面，是非曲直有誰知？不是有人說，要他坦白交代，是"批林" 的組成部分，是同林彪反黨集團作鬥爭的需要嗎？也就是說，頂既無用，也無益。既然如此，那就把會議提出的全部問題都承認下來吧！這也算自已對"批林"的貢獻！他想認命了。就在這時，又一個聲音在他耳邊響起：卜占亞！你的原則性哪能裡去了？你可是受黨的教育幾十年的革命領導幹部啊　！你不顧事實，胡亂招供，這會造成什麼後果？給黨的形象造成什麼影響？你的親人、戰友會怎樣看你？！卜占亞心亂如麻，不知所從。他感到自己猶如曠野之中迷向的夜行人，不知路在何方，不知如何邁步，不知腳下何處是陷阱。他偷眼環視左右，但見與會者有的臉色嚴峻，宛若判官；有的一臉不屑，大義凜然；也有的目光凝滯，表情木然。卜占亞明白，不論在座者心裡是如何想的，在這種場所，絕不會有人爲他辯護，爲他開脫。就在他苦思冥想六神無主之時，張立憲已經匯報到他與李作鵬密談問題。突然，張春橋從座位上站起來厲聲喝道："卜占亞！這個問題你到底有沒有？"卜占亞一震，張春橋從眼鏡後面射出的兩道凶光逼視著他，活像撲食的餓狼。兩種對立的思想在他的腦子裡飛快地轉動：承認，還是不承認？如果承認……，如果不承認……，現在可是必須立即作出決斷的時候了。終於，他一狠心：算了！由他們去擺布吧！於是，他說出了4個月來別人要他說而他一直沒說出的一個字："有"。他的聲音不大，卻令全場震驚：這個頑固碉堡終於攻下來了！

一個"有"字，成了卜占亞歷史上的一個轉折點，成爲他心中永遠抹不平的創傷！十幾年之後，他在同筆者談起此事時，依然痛心疾首，悔恨不已。他說："這是我一生中犯的最大政治錯誤！經過幾個月的連續折磨，我的精神確實有些承受不住了。在關鍵時刻，我發生了動搖。這一念之差，造成了嚴重後果，產生了惡劣影響，因爲這並不只是我個人榮辱得失的問題，而是牽涉範圍很廣的重大政治問題，甚至是關乎黨的形象和歷史的重大問題！"

張春橋不容卜占亞喘息，又追問一句："你跟李作鵬都講了些什麼？"

卜占亞稍作思考後說："講了'三要三不要'，還講了毛主席對付林彪集團的三種辦法。"

李先念對卜占亞答話不夠乾脆而深感不快，他不耐煩地說："你講痛快一點嘛！我問你：黃永勝的問題 ，你講了沒有？"

"講了。"

"卜占亞同志這次一定要竹筒倒豆子——一點不留，徹底講清。"葉劍英給卜占亞鼓勁。

當張立憲匯報到刻薄葉劍英問題時，剛才還和顏悅色的葉劍英，臉色驟變。他伸手指了指楊大易說："楊大易！你也算個老同志了。那年毛主席叫我到湖南搞點調查研究，我盡量不麻煩你們。我在湘潭鋼鐵廠搞調研時，住在湘潭賓館。那天湘潭軍分區司令員陪著你到湘潭賓館，經過我樓下。分區司令員告訴你：葉帥住在樓上，要不要去看看？你把手一甩，說：'不看！看他幹啥，老機！'後來你們在樓下客廳裡吃桃子，我都知道。你看我一下，我多不了什麼；你不看我，我也少不了什麼。我笑你水平如此之低！"

這段意外的插話，使會議氣氛爲之一變。楊大易滿臉通紅，很快沁出了汗珠，他結結巴巴地檢討："我對不起葉帥，我向葉帥請罪……"。他還想作解釋，張春橋打斷了他的話頭："我們今天主要解決卜占亞的問題，楊大易同志的問題以後再說！"

匯報繼續進行。

在葉劍英斥責楊大易時，卜占亞心想，顯然是有人打了楊大易的"小報告"，不然葉劍英哪能知道得那樣具體？而這中間其實有不少添油加醋的東西。但正是這些東西，有時在一些領導那裡卻很起作用，甚至可以決定一個人的命運。他聯想到自己，誰知道一些反對自己的人，又往上面打了多少"小報告"呀！

當匯報到拒不接待張春橋問題時，張春橋忽地從座位上站起來，走到卜占亞的面前，憤憤地揮動著右手高聲叫道："你們誣蔑我反對軍隊，可是真正敗壞軍隊形象的，恰恰是你們這些人！"

當匯報到"三專"問題時，張春橋再次走到卜占亞面前，兩道嚴厲的目光死死地盯著卜占亞，厲聲說道："卜占亞！你現在要好好考慮考慮，究竟還想不想要黨籍！你罪行累累，鐵證如山，按現有材料，馬上就可以給你定案！現在不是中央有求於你，而是你如何老老實實地主動交代認罪，爭取中央寬大處理的問題。中央對你是仁至義盡給出路的，對大家揭發你的問題、特別是‘三專’問題，只要你老實承認，我們就解放你。我們講話是算數的！”

“是啊，春橋同志是代表毛主席的，他說話是算數的。這次你一定要竹筒倒豆子，一點不留，不要再有什麼顧慮。”葉劍英也在一旁幫腔。

“三專”是決定卜占亞一案的核心問題，張春橋不滿足於匯報的內容，他要親自審問。

“你說，你在長沙是什麼時候得到林彪要南逃廣州的通知的？”

張春橋的提問是在肯定有其事的前提下提出來的。他不容卜占亞有半點退路，只能按照他設計的路子走。

“9月12號24點。”其實這時卜占亞正在汨羅。

“是誰打來的電話？”張春橋窮追不舍。

這可把卜占亞給難住了，北京適合打電話的人他一個也不認識，看來撒謊要撒得圓也不容易呢！

“你注意聽！我來給你提醒一下。”張春橋拿起一個小本子，念了“黃辦”幾個秘書的名字。卜占亞搖了搖頭，這些人他都不認識。

張春橋接著念軍委辦事組工作人員的名字。當念到宋城時，卜占亞小聲說：“好像是宋城。”宋城原是空軍司令部辦公室的處長，後調軍委辦事組，曾參加“批陳整風匯報會”會務工作，負責中南大組簡報，所以卜占亞對他有些印象。

“你肯定是宋城嗎？”

“我記得是他。”

這可是宋城料想不到的飛來橫禍！下一步自然要有宋城的供詞。宋城在“九一三”事件之後便被從辦公室抓走關了起來。華國鋒親自跑到秦城監獄提審宋城。宋城當然不能承認，於是採用疲勞戰術，審了他兩天兩夜。

再回到會場。張春橋越問越細："你用哪部電話接的？"

"用秘書屋裡的電話接的。"

"誰叫你接的？"

"秘書回家了，是公務員叫我接的。"

"是保密電話嗎？"

"不，就是普通電話。"

張春橋突然抬高了聲音："你不老實！這麼重要的問題，他敢用普通電話？"

卜占亞說他也弄不清爲啥這樣。

這時李先念插話了："這麼重大的問題，我們不會光聽你說的。你要老實交代。我們還要查問39局(注)的。"

匯報會在高溫高壓下繼續進行。既然要害問題都承認了，其他問題也就沒必要再躲躲閃閃了，匯報中提到的問題，只要有人提問，卜占亞都一概承認。

(注)39局：專司接轉中央領導機關電話的內部電話局

小反復

臨散會時，參加接見的中央領導對卜占亞的表現表示基本滿意。但是張春橋留了一個尾巴，他說，如果卜占亞還有什麼問題想個別談談，他們也願意聽。卜占亞表示，沒有什麼可講的了。

散會之後，楊大易等人攛掇卜占亞說："哎呀，你這人真傻。中央首長願意和你個別談談，這樣的機會上哪裡找去？你怎麼能放弃呢？"

經楊大易等人這樣一說，卜占亞忽然產生了一種想法：自己在匯報會上承認的那些問題，都是在高壓之下不得已的招供，眼前是"過關”了，以後可怎麼落案呢？自己總得對歷史負責呀！如果中央領導單獨接見，也許可以講講心裡話，把錯誤糾正過來。正好，稍後華國鋒和楊大易等人又來到他房間。華國鋒高興地說：“這次進京，時間不長，你進步還挺快。原來我們還真擔心你還像在湖南那樣，王八吃秤鉈——鐵了心。不過，你交代的還不徹底，以後想起什麼來還可以繼續交代。”

“專案組就要起草我的結案材料了，要不要我參加？”

“不必了，反正寫好了還要給你看的。”華國鋒說。

“春橋同志講，中央領導同志還可以單獨接見我一次，我希望能早點安排。”

“那你寫個書面報告吧。”

卜占亞當即寫了一個簡短報告交給華國鋒。華國鋒又提醒他：要給毛澤東寫個報告，談談自己對錯誤的認識和今後的決心。第二天，卜占亞寫了一頁多紙，交由華國鋒轉呈。

卜占亞希望中央領導單獨接見的請求，很快得到落實。出席的中央領導只比前次少了李德生。人到齊後，葉劍英先問卜占亞是否是中央委員？卜說不是。

“你爲什麼不是呢？”葉劍英略帶神秘地說：“因爲呀，林彪過去看不起你，所以你沒當上中央委員。以後哪，他又看中了你，便把你安排到湖南了。”

葉劍英講得似乎知根知底。卜占亞心想，你既然知道，還問我幹啥！

“還有一件事，”又是葉劍英發問：“1969年你們廣州軍區組建了4個陸軍師，是怎麼回事？”

卜占亞解釋說，那是根據當時的戰備形勢需要，經毛澤東和中央軍委批准成立的。他心想，你是中央軍委副主席，會連這麼大的事情都不知道？

在葉劍英與卜占亞對答之際，張春橋一臉不快，聽得很不耐煩。卜占亞看在眼裡，感到事情不好，心情十分緊張。葉劍英不再提問了，他正想怎樣開口把憋在肚子裡的話講出來，只見張春橋忽地從座位上站了起來，高聲叫道："卜占亞！你今天的表現太讓我們失望！你今天還不如昨天，你這是倒退！我們今天到這裡來，是想聽聽你還有什麼新的交代，不是聽你作詭辯的！我看你根本就沒有誠意，照你這樣解釋，連以前承認的問題也可以推掉了！"

在座的多是中央政治局委員，而且都比張春橋資歷老，但他根本沒把這些人放在眼裡，也沒徵求任何人意見，便一揮手，喊了聲："散會！"頭也不回，悻悻而去。其他人也尷尬地散去。

卜占亞終於恍然大悟，原來張春橋說願意聽他個別談談，是希望他在沒有其他人在場的情況下，可以免除顧慮，交代出更"尖端"的問題。什麼尖端問題？顯然張春橋對廣州軍區就極感興趣，此前在這方面已有許多暗示。卜占亞和張春橋想的是南轅北轍。

定案

匯報會進行中間，又增加了一名與會人員：張平化。此公在"文化大革命"前原是湖南省委第一把手，"文化大革命"開始不久，便被"造反派"打下馬來，以後"落實政策"，調往外省安排工作。與會人員都心中有數，讓張平化參加會議，顯然是準備叫他接替卜占亞到湖南主政的。張平化以前曾是華國鋒的頂頭上司，現在兩人的關係變了，到底經受過"文化大革命"的洗禮，張平化對華國鋒極爲謙恭。

3月初的一天，張立憲、于明濤、萬達三人把一大本結案材料交給卜占亞，要他看過之後簽字。這材料是以卜占亞個人名義寫的一份檢查報告，完全是由列席會議的幾位"秀才"捉刀而成。卜占亞把材料拿在手裡掂了掂，稍猶豫了一下，便對三人表示，他相信組織，材料他不看了，現在就可以簽字。他毫不遲疑地在材料上簽上了自己的名字。以後卜占亞對人說："讓我看純屬走過場，不要說大改不行，小改也通不過；何況這材料也不是修修改改的問題。所以，我根本不看，反倒比較主動。"

簽字之後，卜占亞像是在賣身契上畫押一樣，心裡如同打倒了五味瓶，腦子一片空白。偏偏那位主要捉刀人S秀才這時還來調侃他，笑嘻嘻地問道："卜政委，這回你徹底放下了包袱，心裡該痛快了吧？"卜占亞一陣苦笑，比哭還難看。

"下船"

在湖南整了3個多月、卜占亞死不承認的問題，到北京只用20多天便徹底解決了，卜占亞的認罪材料也寫出來了，按照慣例，中央領導還有一次接見。

這次接見於1973年3月5日在人民大會堂舉行。中央政治局成員幾乎全部到會，周恩來親自主持會議。周恩來要葉劍英先講。於是，葉劍英又從林彪的罪行講起，然後講"批林整風"的偉大意義和已經取得的成績，最後才講到卜占亞的問題。卜占亞特別注意聽對他問題的定性。葉劍英用了"罪惡"二字。他說："卜占亞的罪惡很大。按照他的罪過，應該夠槍斃了。但是，他認罪態度好，毛主席寬恕了他，還是給他出路。卜占亞同志，你應該幡然悔悟，重新做人，你年紀還不大嘛！"卜占亞坐在後面最不引人注意的地方，低垂著頭。細心的周恩來忽然發現卜占亞還戴著帽子，他站起來指了指卜占亞："卜占亞同志，你把帽子脫掉，讓大家看看你。今天來的有些同志還不認識你咧！"

卜占亞站起來脫下軍帽，露出滿頭白發。

"喲！"周恩來有些驚訝："你的頭發怎麼全白了呀？今年多大年紀了？"

"55歲。"

"還是白得早了點。你恐怕老是戴著帽子，捂白了。"

周恩來的話既風趣，又可作多種理解，不少人笑了。

周恩來在講卜占亞的白頭發，那邊張春橋卻觸景生情，誇起了江青的黑頭發。他說江青真會保養，快60歲的人了，還是一頭濃密的烏發，實在少見。江青沒有吃飯，一進會場便召來服務員點了一份飯菜，擺在她沙發前的茶几上，旁若無人地吃起來。張春橋的恭維自然令她高興，她說，她的頭發不白，主要得益於遺傳，她有個姐姐，比她大好幾歲，也是一頭黑發。這天江青和張春橋的興致全都不錯，看來江青對卜占亞的案子也不太感興趣，卜占亞沒再受到他們二人的訓斥。

周恩來講話時宣布，鑒於卜占亞回湖南工作有所不便，決定由中央另行分配工作；爲了加強湖南省的領導，決定調張平化任湖南省委書記、湖南省軍區政委。他還對湖南省的領導班子、對卜占亞講了一些勉勵的話。

散會之後，周恩來叫住卜占亞，握著他的手說："卜占亞同志，回去以後希望你好好看看最近的中央文件，還希望你認真讀一讀恩格斯的《路德維希·費爾巴哈和德國古典哲學的終結》。"周恩來又轉過身去對時任總政治部主任的李德生說："德生同志，卜占亞同志就交給總政吧。"

周恩來的話雖不多，卜占亞卻感到很親切，很受感動。但是，他不明白周恩來爲什麼要他讀《路德維希·費爾巴哈和德國古典哲學的終結》這篇文章。以後，一位一直關注著卜占亞並認真研究過恩格斯這篇著作的人說，恩格斯在他的文章中引述了德國哲學家黑格爾的一句名言："凡是現實的都是合理的，凡是合理的都是現實的。"這句話也許有助於爲卜占亞祛疑解惑，讓他瞭解客觀現實就是如此，從而減少一些煩惱吧！

經過中央政治局這次集體接見，卜占亞就算是正式"解脫"，從那條不知什麼時候上去的"賊船"上又下來了。湖南省進京匯報團成員回到長沙之後，有人在省委辦公室說："這次在北京，我們是用起重機把卜占亞從賊船上吊下來的。"

汪東興領導下的中共中央辦公廳工作效率很高，在中央政治局接見的當晚便把中央關於卜占亞問題的文件、即中央12號文件及附件卜占亞的檢討材料都印出來了，並發給卜占亞一份。

回到住所，華國鋒又來到卜占亞的房間，對他到京後的"進步"加以肯定。這是他們兩人此生最後一次見面。就連造反派頭頭唐忠富也來到卜占亞的房間，對他表示祝賀："這下好了，你的問題都解決了。"

1973年3月7日，湖南省委和湖南省軍區進京匯報團的全體成員加上重回故地的張平化，帶著鬥爭卜占亞大獲全勝的戰果，返回長沙。卜占亞則被安排到總政治部西直門招待所，聽候組織處理。丁盛在京工作的長子丁克林聞訊來看望他，卜占亞拿出定案材料給他看，並向他介紹定案經過情況。講著講著，他再也控制不住自己的感情，這位也曾打過不少硬仗，不止一次與死神擦肩而過的老戰士，竟在一個晚輩面前老泪縱橫，不能自已！

後話

1973年8月，在總政招待所住了將近半年的卜占亞，終於等來去蘭州軍區當副政委的任命。當面向他傳達命令的李德生問他還有什麼意見，他哪裡還敢有意見？趕緊挈婦將雛到蘭州赴任去了。

卜占亞的內心當然不會平靜。他的心境不免有所表露。終於，有人出來揭發他心懷不滿，企圖翻案。於是又招來一輪批鬥。1976年"四人幫"倒臺，對於許多在"文化大革命"中挨整的人來說，這是改變命運難得機遇。但是，在卜占亞案中起重要作用的華國鋒卻又成了領導粉碎"四人幫"的"英明領袖"，華國鋒放出話來：即使全國的案都翻了，卜占亞的案也休想翻！1979年初，卜占亞改任顧問；1980年1月，連顧問職務也被免掉，而且被趕出軍區大院，搬進一套團職幹部住房，裡面只有1張木板床，1個衣櫃，1個書桌和三四個小凳。專車也被撤銷。直到華國鋒失勢之後，才又出現轉機。經過反復申訴，在胡耀邦的幹預下，卜占亞的問題終於得以解決。

1982年12月7日，根據中央紀委的批復，由湖南省委和湖南省軍區黨委聯署，以湖南省委 (1982)63 號文件發出《關於卜占亞同志問題的復查處理情況的通知》。《通知》稱："卜占亞同志在湖南工作期間有錯誤，但不是參與陰謀活動的問題，並經中央書記處批准，同意撤銷中發(1973)12號文件，原結論予以否定。"

就這樣，當年轟轟烈烈，興師動眾，甚至驚動了最高領導，策劃經年，又經面對面激烈交鋒五六個月，才取得的"批林"鬥爭的一項"偉大成果"，只短短的一紙通知，便煙消雲散了！

後記

1973年3月，筆者在廣東省委“支左”，任辦事組副組長，看到中央12號文件，並負責向機關幹部作傳達。以筆者多年參加廣州軍區上層活動的經歷，對中央文件認定的卜占亞的罪狀以及卜占亞本人的交代深感懷疑，當時便產生了有朝一日揭開謎底的強烈願望。機會終於到來：1988年春，卜占亞來廣州休息，筆者去拜望他時，提出想瞭解他在湖南的那段經歷，他欣然允諾。他同筆者進行了4次長談。筆者將他的談話整理出一份近3萬字的記錄稿，經他審閱修改後，便束之高閣。卜占亞去世後，筆者又產生了把此稿整理出來，待適當時機公之於世，以正視聽的願望。爲了盡可能做到兼聽，在卜占亞談話之後，筆者又先後採訪了原廣州軍區政委、廣東省委第一書記劉興元，卜占亞的老領導丁盛、任思忠，原廣州軍區參謀長、副總參謀長閻仲川，原北京衛戍區司令員、廣州軍區副司令員吳忠，原廣州軍區參謀長孫幹卿，曾參加揭批卜占亞所有大小會議的原湖南省軍區領導徐芳春、陳新，原廣州軍區司令部副參謀長劉如、原廣州軍區政治部副主任李維英、曾參與領導湖南省委爲卜占亞平反工作的原湖南省軍區司令員蔣金流，曾任湖南省委黨委辦公室正副主任的閻文超、曹蔚如、許賢文，原長沙軍分區副政委、長沙市革委會保衛部主任楊崇義，曾參加對卜占亞案復查的文海萼，原廣州軍區幹部部長王之明，原廣州軍區招待處處長張小軍，原廣州軍區支左辦公室負責人李爽，曾任丁盛秘書的陳宏康，曾任卜占亞秘書的葉子鴻，卜占亞夫人譚淑珍，湖南省接待處原副處長趙福和，連同八十年代初曾訪問過的原廣州軍區政治部主任于厚德等，共20餘人。其中有的曾採訪數次。本文即是根據卜占亞的談話記錄稿，對上述20餘人的採訪所得以及筆者本人掌握的第一手材料綜合整理而成。筆者曾想採訪華國鋒和湖南省委的S秀才，但遭婉拒。這對筆者廣泛聽取各種不同意見，力圖多方位反映卜占亞一案概貌的願望受到一定影響，實感遺憾。本文在編寫過程中，得到多方關懷支持，特別是許多同志積極提供珍貴資料，在此一並致謝。

2001 年 9 月 3 日晚完成初稿

2002 年 1 月 18 日晚完成二稿

“913事件”中的李文普及其他

袁策祥

“913事件”中一個最讓人疑惑不解的問題是，以中共精銳強悍的“8341”警衛部隊竟然未能阻止林彪一家的外逃出走，而作爲林彪貼身保鏢的警衛處副處長李文普不僅沒有善盡職守，反而臨陣逃脫。這裡蘊藏著一個未被人們深入揭示的巨大疑問。爲什麼會出現這種情況，其背後又是什麼因素在起作用？以前曾有人對這個問題作過論述，但是本人一直未見令人滿意的答案。筆者試圖根據已披露的有關資料，對這一事件，特別是李文普的角色作一深入的分析。

一、李文普回憶中的疑點

李文普在“913事件”中扮演的角色極其複雜。一個最根本的矛盾就是，如果不是林彪的死黨，他卻一手促成了林彪的逃跑；如果是林彪的死黨，他卻半途跳車，還被林彪兒子林立果“擊傷”。但有一點可以肯定的是，如果不是他當機立斷、果斷跳車，幾個小時後就會變成游蕩在異國他鄉的孤魂野鬼。縱觀其在“913事件”中的行爲表現，可謂深沉詭秘、高深莫測。

作爲警衛處長，李文普的職責就是保衛林彪的安全。“913事件”發生之前林彪的女兒林立衡已經預感山雨欲來，對李文普千叮嚀萬囑咐，寄予了極大的希望。李文普在林家工作了近二十年，林立衡沒有任何理由懷疑李的立場和能力。最後林彪的逃跑行動以機毀人亡而告終、以叛國投敵爲定論。對此，林彪辦公室的秘書們以及林彪家人親友對李文普的言行頗不諒解。李文普針對張寧女士《塵劫》一書的描述，事後也寫了一些回憶自辯：《林彪衛士長李文普不得不說》，這應該是他自己親筆所作。但是我們稍作分析便可發現其中有不少言不由衷、語焉不詳和故意編造的情節，文章不足采信，無法還原事實真相。

首先關於林彪的座車從北戴河96樓出發後有沒有受到阻攔，雙方各執一詞。現在已經弄清楚的事實是，林彪的座車不僅受到了阻攔，而且還被8341部隊二大隊六中隊的中隊長蕭奇明打了兩槍。這個細節有當時在場的呂學文提供證明。呂爲六中隊一分隊隊長，著有回憶文章《我所親歷的林彪出逃》。據呂學文回憶，轎車受到阻攔，先減速後加速，沖過了第一道人墻，在通過第二道人墻被蕭隊長打了兩槍。李文普卻說："那時，我在林彪乘坐的車上，從96樓下來，經過56樓、57樓到58樓，根本沒有看到'黑壓壓堵滿武裝士兵'的'人牆'。天那樣黑，車速那樣快，路邊的人能看清緊閉車窗的車裡面坐的是林彪'行注目禮讓它過去'嗎？"完全否認了林彪座車衝擊人墻和被槍擊兩項事實。汽車夜間行駛是要開車燈的。不管天怎麼黑，李文普當時坐在副駕駛的位置，在汽車大燈光柱強烈地照射下，前方幾十個人排成的人墻是絕不可能看錯的。而且林彪等人遺留在山海關機場的紅旗轎車上的有明顯彈痕，表明蕭奇明射出的子彈都打到了汽車後擋風玻璃上。轎車是防彈的，車裡面的人不會受傷，但子彈打在玻璃上的巨大的聲音他們不可能聽不見。李文普描繪出一幅汽車在寧靜祥和的夜色中快速行駛的景象，對這兩項事實全部否認，分明是撒謊。

這個謊言拙劣無比，因爲現場有幾十號人，未來得及統一口徑，事實早就擴散到不可控的地步了。但此事李文普非撒謊不可，因爲他如果承認林彪座車被阻攔、被槍擊的事實，就等於承認了自己的失職。作爲負責林彪安全的警衛處長，李文普應在出發前做好一切調度和協調工作，確保安全後才能行動。實際上此程序按部就班，各單位已經是滾瓜爛熟，只要一聲號令就會自行行動起來。據林立衡913後寫給中央的材料，當時8341部隊二大隊副隊長姜作壽已經坐在先行車上，只等一聲命令就可以出發。結果命令沒來，林彪的車先上來了，他們只好把路讓開讓紅旗車通過。問題很清楚，並不是8341部隊和所有的工作人員不願意服從指揮護衛林彪出行，而是負責指揮的張宏、李文普違反條例，未採取必要的行動，從而將黨和國家領導人的人身安全置於巨大的危險之下。李文普爲何放弃職守、一反常態，這是他無論如何也解釋不清、而且一直竭力回避的問題。如果是他的工作受到干擾，無法履行職責，在安全沒有保障的情況下他可以拒絕發車；如果拒絕發車做不到，他至少可以做到自己不要主動上車。實際情況表明，李文普當晚的行動完全是積極的、主動的。林彪座車發生被阻攔、被槍擊這種意外，完全是李文普的責任。如果林彪當晚不出意外，李文普至少是擅離職守，乃瀆職是也。問題是發車之前，按李文普的說法，他並不知道林彪這一走一定會發生意外，那麼誰借給他這麼大膽子敢冒天下之大不韙？

要回答這個問題，我們必須先搞清楚另外一個問題：李文普何時得知林彪一家逃亡的消息的？

二、李文普何時知悉林家逃亡之計劃？

李文普在自己的回憶文章中說，他是於9月12日下午才得知這一情況的："就在這天下午，我在平臺上乘凉，林立衡突然對我說，'林立果盡幹壞事，要害毛主席，他們還要去廣州。萬一不行就讓首長去香港，你不能讓首長上飛機走。'"林立衡在913事件後寫給中央的材料中說："我從9月7日便分別找林彪的警衛參謀劉吉純、李文普及林彪身邊的兩個衛生員陳占照、張恒昌談話，其中和李文普談的最多。"林立衡說的時間是9月7日，比李文普的說法提前了5天。到底誰在撒謊，必須調查清楚。因爲這個時間實際是破解913之謎的關鍵。913事件到底是一個突發事件，還是早就在有關部門的控制和掌握中，這個時間是一個重要判定依據。

林立衡材料中提到的劉吉純是八三四一部隊警衛副科長，事後發表過回憶文章，證明林立衡的說法是正確的。劉吉純在《難忘的"九一三"前夜——一個警衛人員的回憶》裡回憶說："晚上(9月7日，筆者注)，林立衡要我到她那裡去，問我，他們(張、楊(張：張清霖，林立衡的未婚夫；楊：楊森，空軍保衛部副處長))對你說了些什麼？我把張、楊講的情況告訴了她。她問，你和別人說了沒有？我沒敢說和李文普講過。我問，到底出了什麼事？"除了劉吉純的回憶，林辦秘書宋德金在《我在林彪辦公室的前前後後》中也提到了此事："大約9月10日，八三四一部隊警衛副科長劉把我拉到僻靜處，悄悄地對我說：'豆豆(林立衡)說，主任(葉群)與林立果要挾持首長(林彪)外逃，怎麼辦？'我聽了之後，大吃一驚　"

可見，林立衡的說法有多個證人支持，撒謊的還是李文普。

李文普知道林立果外逃陰謀的時間應該是9月7日。熟悉國內保衛制度的人都知道，李文普這類保衛幹部接受的是雙重領導。除了直接服務的首長之外，他們還必須接受另外一套體制的領導，定期、不定期地匯報工作、接受檢查。這套制度可以防止警衛部隊蛻變成私人武裝，防止軍隊首長擁兵自重，成爲不受監督、不受約束的軍閥。此制度是解放軍不同於舊軍隊的一個重要標誌，實踐證明是行之有效的。李文普是黨的幹部，受黨的派遣爲林彪服務，不是林彪的家臣。在利益發生衝突時，黨的利益高於一切。在大是大非的問題面前李文普不會爲首長保守什麼秘密，即使他想保，別人也會報告，上面遲早會知道。所以晚報不如早報、別人報不如自己報。從林立衡的材料中透露的情況看，劉吉純從林立衡那兒得到消息後，馬上就向上匯報了。林立衡12日晚去找張宏的時候，跟張宏說："我是提著腦袋來找你們的，我講的情況你相信不相信？要是不信，你就問問他(指劉吉純)和李文普。"張宏點頭說："我們相信，劉科長已經對我說了。"張宏對林立衡匯報的情況並不感到意外，因爲"劉科長"早就跟他說過了。李文普不是傻瓜，世上沒有不透風的墻，林辦的保衛幹部不止他一個，知道消息的也不止他一個，不管他個人意願如何，要說他守口如瓶、沒有向上級領導報告恐怕難以令人信服。

所以，中央接獲林彪一家意圖外逃的時間不可能晚於9月7日。包括李文普在內的不同來源、不同渠道的情報都證實了同一件事情，此事不可能不引起最高領導的關注，毛澤東在南方的行止由此變得更加詭秘。從此以後，林辦表面上雖看不出什麼變化，還是那些人、還是那些面孔，但一隻看不見的手已經悄悄地控制了局面，必要的時候會讓一些人做出身不由己的舉動，也令不明真相的的人們事後百思不得其解。這也難怪，因爲這只看不見的手將自己隱藏得非常完美，只在不經意間露出一點蛛絲馬迹。張宏是中央警衛團副團長，是當時8341部隊在北戴河地區的最高領導。9月12晚，林立衡多次央求李文普未果，不得已去找她並不認識的張宏，希望張採取措施保障林彪安全。張宏先是滿口答應，林立衡才放心地離開。在葉群通知林立衡拿行李準備馬上出發飛廣州時，林立衡趕緊跑到大隊部找張宏。張宏此時態度大變，對林立衡的央求置若罔聞，反倒叫林立衡"中央指示你們跟著上飛機，跟著走"。這只看不見的手顯然沒有料到林立衡會直接到8341部隊告發林立果和葉群，所以有點應對失措，張宏前後判若兩人。其態度的明顯變化和那句"中央讓你也上飛機"的命令，幾乎是"913事件"

中唯一的破綻。唯在此處，這只看不見的手一閃即逝、羞澀地現出一點點行跡。

所以，“有關部門”絕不是9月12日才恍然大悟“林彪要跑”，放棄對林彪的保衛也不是李文普一時心血來潮。謊言之所以是謊言，因爲它總是需要更多的謊言來掩蓋。李文普爲了掩飾自己的雙重身份、否認這只看不見的手的存在，不得已編造了很多謊言。有的捏造的痕迹是如此之明顯，簡直到了荒誕可笑的地步。

三、李文普為何中途跳車？

李文普爲什麼中途跳車？按照李文普的說法，他聽見林彪問“伊爾庫茨克有多遠”之後，“腦子裡第一個反映就是叛逃，所以，在這一瞬間，我思想上產生了激烈的鬥爭。跟著跑，這不是當叛徒了嗎？自己的老婆、孩子不成了叛徒的家屬了嗎？便決心下車。”保衛幹部最基本的信念是以國家利益、首長安全爲重，自己的生命尚在其次，老婆孩子就更不用說了。李文普在林辦當了近二十年警衛處長，恐怕沒少背誦這個教條教育別人；可到了關鍵時刻，別的沒想起來、先想起自己的老婆孩子，這個情節編造得實在是滑稽可笑。何況當時有很多辦法可以阻止林彪叛逃。李文普跳車時，林彪的座車剛剛跑出沒多遠，後面就是荷槍實彈的8341部隊官兵，李文普只要使個眼色叫司機大楊一同跳車，林、葉等人來不及應變，唯有束手就擒，叛逃計劃立刻成爲泡影，叛徒一說從何談起？

就算李文普一時糊塗，關鍵時刻只想起了老婆孩子，跳車以後爲什麼沒有及時向中央報告？在此之前，所有的人都以爲林彪一夥準備逃往廣州、香港。林彪突然泄露逃亡的目的地爲伊爾庫茨克，這是敵情的重大變化，有關部門還無從知曉。如果不及時報告中央，採取有效措施，林彪一夥可能僥幸逃脫，黨和國家將面臨嚴重的危機。作爲保衛幹部，李文普應該非常清楚這個情報的重要性和不採取措施可能導致的嚴重後果。這時的李文普已經完全脫離了林彪的控制，安全保障沒有問題，可以從從容容向北京最高當局報告。可是李文普自己的回憶卻說："我提著槍流著血走回到58樓2大隊隊部，盧醫生馬上找了一個急救包給我包扎，十幾分鐘後就送我去軍區療養院作檢查治療。"報告了沒有？沒有，連報告的念頭都沒有！豈不是怪哉？李文普難道有未卜先知的功能，提前知道毛澤東準備放林彪一馬，所以把這個重要情報爛在肚子裡？

李文普跳車後，左臂受傷。醫生問他受傷的原因，他當時說是"槍走火"。大約半年以後，在審查中他改變說法，稱是被林立果從車裡開槍擊中的；當時林立果已變成溫都爾汗的一抔黃土，無法提供證明。自傷、他傷都是李文普自己說了算。但他傷之說，推敲之下實在是漏洞百出。首先，李文普出爾反爾，可信度就是個問號。其次，依常理推測，李文普並沒有參與林、葉等人的逃亡計劃。作爲中央派到林彪身邊的保衛幹部，李文普不僅隨身配備槍枝，必要的時候也可以調動部隊。他恰恰是林彪、葉群一夥叛逃路上最大的障礙、最直接的威脅。林、葉等人如果事先有預謀地叛逃蘇聯，第一個要考慮的問題就是如何擺脫甚至除掉李文普。現在李文普一聲"停車"，自己跳了出去，林立果、葉群等人松了一口氣，拍巴掌還來不及，怎麼會打他一槍？

李文普描述當時的細節："楊振剛把車停下來，我立即開門下車。葉群氣沖沖地說：'李文普！你想幹什麼？'我說：'你們究竟要到哪裡去？當叛徒我不去！'我轉身朝58樓喊了一聲：'來人哪！'與此同時，我聽到了車門響聲和槍栓聲，林立果就向我開槍。當時距離很近，只一米左右，我側著身，手揚著，所以子彈從前胸擦向左臂。受傷後，我倒在路邊，先後聽到三輛車通過”。李文普描述的場景聲情並茂、十分生動。但有一個問題，這個“車門的響聲”是開門還是關門？如果是關門，說明門原來是開著的。林立果先關門後開槍豈不要打在門上？如果是開門，說明原來門是關著的，那李文普和葉群的對話是如何進行的？

其實，這段場景當時在場的呂學文也有一段描述，顯得更爲可信：“汽車開出七八十米後，突然來了個急剎車，緊接著車上的李文普跳了下來，並向車後跑了幾步，他好像還向後面喊了幾句什麼話，接著車上有人(林立果)就向他開了一槍，連著又打了好幾槍，李文普應聲倒下。我們警衛人員飛快地向汽車追去，但追到離汽車三五米遠時，汽車風馳電掣般地逃出了北戴河。”呂學文是現場目擊者，跟誰都沒有利害關係，沒有撒謊的動機。所以他的描述比較客觀。從他的敘述看，李文普跳下車後，並沒有跟車裡面對話的動作。李朝車後跑了幾步，朝後面喊話。此時他的位置已經超過了後車門，甚至超過了車尾，林立果位於他後方，開槍只能擊中他的後背，絕無可能“子彈從前胸擦向左臂”。

根據舒雲對張清霖的採訪，張清霖回憶說：“我們給李文普脫下軍裝。血流得不多，貫通傷，傷口位於左臂內側，內下外上，前面的傷口細，後面的傷口粗，因爲子彈出口比進口要大，這說明是從前面打進去的。我注意到李文普的胸前有擦傷的血迹，看來子彈是貼著前胸的衣襟穿過去，左臂傷口的袖子上有一圈黑印，明顯是被火藥熏的。李文普說，叛徒打我了，叛徒打我了。我一邊包扎一邊問，誰是叛徒？李文普說，就是林立果。我一看就是自傷，我說了一句，李主任，你自己打的啊。李文普低著頭，不再吭氣。包扎很快，只有兩三分鐘，副團長張宏問我，怎麼打的？我說自傷。”

綜上所述，李文普這一槍不可能是林立果打的。李文普後來改口只能是根據專案組的需要，乃應景之作。李文普中槍是事實，但不是李的槍枝走火，的的確確是李文普自傷!

四、李文普為何自傷？

李文普自傷一說由來已久，但對李文普的動機，到目前爲止還沒有令人十分信服的解釋。一般認爲，李文普的這一槍是爲了嫁禍於林立果，與林彪一夥劃清界限、表明自己的立場。可實際情況是，李文普雖然在受傷伊始曾試圖嫁禍林立果，但由於很快就被張清霖等人識破，所以以後就非常謹慎，在北京軍區療養院，醫生問他怎麼受的傷，他只說是自己"槍走火"，並沒有一口咬定此傷乃林立果所爲。只是後來林彪事件被中央定了性，李文普才"理直氣壯" 地聲稱那一槍是林立果所致。其實仔細想來，李文普跳車已經表明了立場，這一槍並非完全必要。如果想表現更堅定的立場，這一槍打在林立果身上效果比較好，若打在他自己身上，似乎沒有特別強的說服力。這一槍代價十分巨大，左臂粉碎性骨折，一條胳膊終身殘廢，不是萬不得已，李文普絕不會出此下策。

什麼萬不得已的情況令李文普不得不自傷？要解釋這個問題，還是得引入看不見的手的概念。這只手外人雖然看不見，但張宏、李文普等系統內的人士卻是看得見、摸得著的。張宏前後態度迥異，顯然是受了這只看不見的手指揮的結果。他傳達給林立衡的指令是"中央讓你也上飛機"，可以看出中央的策略是"欲擒故縱"。9月12日晚，林立果、葉群蠢蠢欲動，林立衡心急如焚，李文普其實也是緊張萬分。要說李文普不想保護林彪，那不是事實。他服侍林彪二十年，畢竟有一份感情；何況林彪有個三長兩短，他也沒什麼好果子吃。但他若真想保護林彪，也不是沒有辦法；當時就連警衛科長劉吉純也感覺出氣氛緊張，建議採取措施防患於未然："我和李文普一同看過林立果的房間之後，回到96樓院子裡。我見李文普不說話，便說，我覺得老虎回來有點不對勁，是不是要出事呀？李文普說，等上飛機後再說。我說，上了飛機可就晚了，工作人員中就咱倆有槍，是不是從部隊挑選幾個人上去？他沒表態。"林立衡在9月12日提出了很多具體措施，都被李文普拒絕。可見，當晚林彪的座車失去保護，未出大門便受到阻攔和槍擊，絕對不是李文普的一時疏忽。以李文普的性格和工作性質，他也不敢膽大妄為到把林彪的安全當兒戲。這一切，都是那只看不見的手在背後操控的結果。從9月7日有關部門接到線報後，林辦的一舉一動都涉及到黨和國家的安全。李文普一個小小的警衛處長，哪有權力決定如此重要的事情？

看起來，林彪一家的一舉一動自始至終都在有關部門的掌控中，最終的結局也在其預料之內。整個行動幾乎完美無缺，唯有兩個微不足道的瑕疵：有關部門高估了林立衡的忠誠，低估了李文普的智力，致使這兩個應該上飛機的人都沒有上飛機，留下了兩個可能泄露黨和國家最高機密的缺口，只好事後再做彌補了。

林立衡的所有要求都被李文普拒絕，只好孤注一擲，直接到58號樓的8341部隊二大隊隊部揭發其弟其母。李文普對此舉相當鼓勵，派劉吉純陪同林立衡前往。從這件事可以看出李文普的矛盾處境，並不是他不願意保護林彪，而是沒有上面的命令，他不能擅自行動。一旦林立衡的告密起了作用，上面發下話來，他一定會積極執行，不會有半點猶豫。根據林立衡的描述，葉群派人四處尋找林立衡準備馬上出發時，林立衡正與李文普在一起。"李文普神情緊張地點著頭，當著劉吉純的面急促地說：'你快去，叫張宏快和我聯繫！快，快去！'"可見李文普也緊張到了極點，在最後一刻依然沒有放弃希望，期盼張宏能帶來新的指令。李文普在臨安排林彪一行上車前還給張宏打電話，希望得到指示，但卻被林立果所制止。

林立衡在大隊部親眼看見張宏與張耀祠通了電話，消息直接傳達到了頂層，不存在任何中間環節作藉口，反饋回來的指令都具有最高效力，這是林立衡、李文普的最後一線希望。當時大隊部的情景十分尷尬，張宏都不好意思，躲出去了，楊森找了好一陣才把他找回來。如果周恩來在旁邊，一定會重複當初對羅瑞卿說過的話："你們太天真了，太天真了！"張宏支支吾吾、百般拖延，就是不採取任何實質性的行動；相反，"放下電話後，他慢條斯理地對我說：'中央指示你們跟著上飛機，跟著走'"最後一線希望的破滅，令林立衡極度失望和憤怒，乃至對"中央"的忠誠立時打了一個折扣，對"跟著上飛機"的無理要求也就置之不理了。張宏在一旁催促和威脅也無濟於事。林立衡往大隊部值班室的床上一坐，說："我坐在這兒就是不走了，要上，你們自己上！"

李文普的失望和焦慮應該不在林立衡之下。但多年的職業生涯帶給他更多的是思考而不是沖動。林立果自以爲計劃周密、神不知鬼不覺，其實一舉一動都在別人的掌握中。以李文普的身份，他對這個局面十分清楚。林立果的一些小動作，在幹了一輩子革命、從驚濤駭浪裡滾出來的老傢伙眼裡猶如兒戲一般，他的逃跑計劃絕不可能成功。爲了防患於未然，防止局面不可收拾，最直接的辦法就是把林立果抓起來。當時並不是沒有動手的理由，林立衡絕對願意大義滅親、提供證據。林立果在北戴河也沒什麼力量，李文普帶幾個人就可以把他擺平。可是中央就是按兵不動，連一點聲色都不許露。看樣子林立果並不是最終目標，中央的胃口是林立果背後更大的魚。聯想到最近一段時間林彪和毛澤東的關係，莫非……李文普驚出一身冷汗，不得不面對一個嚴酷的局面。9月12日，隨著氣氛越來越緊張，疑問不幸得到了證實。李文普得到了明確的指令：不得對林彪採取任何保護措施，看樣子林家是要被一勺燴了。

有關部門給李文普的指示具體是什麼內容，我們不得而知。但是根據這段時間發生的情況，我們至少可以分析出以下幾點：(1)對林彪一行不作任何攔阻，任其自我暴露；(2)密切監視林彪一家的一舉一動；(3)隨時聽從中央的指示，以採取下一步行動。但是還有一點我們卻可以肯定，中央絕不會大發慈悲，主動替李文普安排出路；相反，李文普知道太多內情，永遠閉上嘴巴是最理想的結果。"中央指示你跟著上飛機，跟著走" 應該同樣是給李文普的命令。這條命令林立衡可以不執行，但李文普不可以。林立衡表示拒絕上飛機時，張宏威逼道："這是中央指示。"可是中央指示對林立衡並沒有什麼效力，是否遵從完全憑林立衡的意願，違抗了也無法追究其責任。但李文普是系統內的幹部，對於正式下達的命令如果不執行，就是抗命，沒有充足的理由交代不過去。9月12日，李文普已深知此行凶多吉少，跟著走肯定是死路一條。思來想去，爲了保命只好耍無賴、裝死狗了。

當晚，李文普聽從葉群和林立果號令，安排林彪、葉群等上紅旗轎車，約11：55分從96樓駛出，完成了中央交代的主要任務，開始尋找自己脫身的機會。車到56樓，蕭奇明打響了913事件的第一槍，這一槍並沒有對紅旗防彈轎車造成任何損害，卻給李文普送上了一個絕好的機會。李文普對大楊說："停車，我去問問怎麼回事！"下了車，李文普朝後跑了二步，喊道"不要開槍，首長在車上！"一邊就地臥倒，掏出手槍，"砰" 。李文普懸崖勒馬、果斷跳車，成功地挽救了自己的生命，但他違背了保衛幹部的信條、放弃了保衛首長的責任，因此擔上了一世的惡名，這是他必須承擔的後果。不過，相比慘死在溫都爾汗的256機組和司機楊振剛等人，這已經是非常幸運的結局了。

五、跳車之後

“913事件”後，林立衡的生存比李文普容易得多。首先她並沒有掌握什麼核心機密，其次她的身份使她得到更多人的關注，當局不得不考慮一點公眾影響。更重要的是林立衡在8341部隊眾多官兵面前大義滅親，以實際行動表現了對毛主席、黨中央的信任和忠誠，當局不好硬來。李文普可不一樣。正反兩方群眾都是群情激憤、對他沒有一絲憐憫。拿他祭旗有冠冕堂皇的理由：放棄職守、放跑林彪，給黨和人民的利益造成重大損失等等。在這種情況下生存，沒有堅強的意志、超凡的智慧和過人的膽略是不可能成功的。

李文普是913行動的具體執行人，瞭解核心秘密，也是首當其沖被考慮滅口的對象。根據計劃，林彪一家包括林立衡和李文普都應該悄悄地上飛機、共赴“瑤池仙會”。如果計劃成功，就沒有任何知情人留下，更不會有鳴冤叫屈的情況發生。張宏和8341部隊本來不應被牽涉進來。可實際執行的時候，林立衡在李文普的慫恿下不顧一切的大鬧，使整個計劃出現了一點偏差，讓“913事件”多出無數個活的見證。張宏、楊森、姜作壽、蕭奇明以及眾多8341部隊的官兵不同程度地被牽涉進來，對事後林、李二人的生存起了極爲重要的作用。

從很多方面可以看出李文普的過人之處。比如在出逃前最緊張的幾個小時裡，李文普一方面鼓勵林立衡直接向8341部隊報告，以最大的努力改變中央的決定；同時他總是當著林立衡、楊森等人的面，叫劉吉純傳口信：“你叫張宏與我聯繫”，其實他直接給張宏打電話也是可以的，他卻故意叫人傳口信，原因就是爲自己多拉幾個證人，日後好說話。同時，多幾個證人也可以分散當局的目標，準備殺人滅口時多一點顧忌。

李文普自傷一槍還有一個重要作用，就是給他營造一個避免開口說話的環境。李文普深知他掌握的秘密足以使人欲除之而後快，如想生存唯有證明留他比殺他更有價值；首先他必須讓人相信他會守口如瓶。中槍後往醫院一躺，盡可能地不說話、不與人接觸，就很好地表明了態度，保護了自己。有一個很有意思的細節，李文普回憶說：“受傷後，我倒在路邊，先後聽到三輛車通過。後來，是8341部隊二大隊的盧醫生給我包扎的。他們要送我去空軍療養院。我想女兒剛去那裡，不好說話。我說去軍區療養院。到那裡檢查”。軍醫要把李文普送到空軍療養院，李文普堅決不去，理由是“女兒剛去那裡，不好說話”。這個理由一看就很牽強。一般受傷、生病的人都希望有親人在身邊，一方面讓親人安心，另一方面自己可以獲得更好的照顧。李文普選擇回避，有點不合常理，真正的原因是怕禍從口出。到底說沒說別人是不知道的，可一旦有人懷疑，他女兒便有無窮無盡的麻煩，弄不好會有殺身之禍。李文普機警之至，斷然拒絕，可見其心思縝密，不愧是中共培養出來的合格的保衛幹部！

李文普在“913事件”中的角色屬於絕密，本來連張宏、劉吉純、姜作壽等人都不應該知道。林立衡突然跳出來攪局的結果，使他們不由自主地被牽涉進來。這使策劃者十分被動，一旦張宏領導的8341部隊二大隊出現自發行動，整個計劃就面臨失敗的危險。爲了使計劃繼續進行，這只看不見的手不得不出面協調張宏與李文普的行動。李文普正是利用了這點，不管“上面”是否願意、張宏是否願意，就叫劉吉純找張宏“讓張宏與我聯繫”，這等於明明白白地告訴劉吉純和張宏等人，他的一切行動都是在執行命令。這就是李文普的生存策略。張宏等人很快瞭解李文普的真實處境，知道李文普原來是同一個戰壕裡的戰友，這是李文普事後能夠僥幸生存最重要的一點。在這種情況下，當局如果一意孤行，對自傷逃生的李文普處置太過嚴厲，未免會使已經瞭解內情的張宏等人兔死狐悲，心理上產生負面影響。最高領袖的安全畢竟還得依靠這些人來保護，李文普只要不自己惹是生非，各方面只好對他睜一隻眼、閉一隻眼，不予追究了。李文普事後確實表現得體，不僅沒有泄露半點機密，而且爲專案組提供了林彪叛逃的"重要證據"，挖掘出了豐富的剩餘價值，當局自然也投桃報李，根據舒雲的《林彪事件完整調查》，張耀祠說："我沒有檢查'大紅旗'，這事過去就懶得檢查。那個情況下不能說自己打的，那時懷疑他(李文普)是自己打的。"張宏說："走火，不說什麼事，不要鑒定。中央已經發了文件，與中央一個口徑。"汪東興說得更乾脆："算了，小節，不再干擾。" 系統內的領導競相爲李文普開脫，並不是這些人良心發現，也不是李文普燒香拜佛的結果；而是李文普的身份已經穿幫，若不保護，難以維持秘密戰線上無數個張文普、馬文普繼續賣命的積極性。

六、解讀李文普

李文普在《林彪衛士長李文普不得不說》中說："9月12日，是我一生中最緊張、思想鬥爭最激烈的一天。"他緊張什麼？林彪的安全面臨威脅，這種實實在在的威脅在李文普的職業生涯中可能還是第一次遇到，他可能被迫採取行動，導致某種無法預知的後果。面對這種局面，任何人都會緊張。所以，前半句話"我一生中最緊張"很正常，不正常的是後半句"思想鬥爭最激烈"。關於自己思想鬥爭，李文普在文章裡並沒有過多的描述。爲什麼會有思想鬥爭，是什麼思想跟什麼思想鬥爭，他沒說；不過這不經意的半句大實話背後卻是大有文章。

按理說李文普的職責就是保衛林彪的安全，其它的一切都不重要。在這個前提下，他應盡其所能，增派人手、加強警戒，二十四小時不離林彪左右；必要的時 候不惜犧牲自己的生命換取林彪的安全，這對李文普來說不是什麼難事。戰士在臨上戰場之前，應該只有拋卻生死、壯懷激烈的豪情，激烈的思想鬥爭從何說起呢？顯然另有一股力量掣肘他的行動，阻止他履行固有的使命，令他左右爲難、難以抉擇。這個力量是什麼？是對家人的牽挂？不像！是對林立果、葉群的投鼠忌器？也不是，如果按照劉吉純的建議，拉上七、八個帶武器的小戰士不離林彪左右，林立果、葉群就不敢輕舉妄動，李文普也用不著擔心與他們撕破臉皮、大打出手了。

只有二種可能，一種是林彪有想法。如果林彪自己想跑，確實會令李文普左右爲難，產生激烈的思想鬥爭。攔還是不攔？李文普後來的實際行動排除了這種可能性。因爲李文普後來沒有攔，放了。如果這是他的本意，林立衡晚上準備向中央報告時，他就會全力阻止；因爲一旦林立衡報告上去，到時候自己不想攔也得攔，還添了個隱瞞不報的罪名，對他自己豈不是大爲不利？根據林立衡所述，李文普對林立衡的告密行爲相當鼓勵。顯然，這種解釋會導致自相矛盾：李文普不想放，可最後他放了；他想放，卻讓林豆豆去報告，無論如何是解釋不通的。

第二種可能，也就是唯一的可能，就是他的雙重身份。這兩個身份分別對應兩個不同的服務對象，一個是直接首長林彪，另外一個是最高領袖毛澤東。一直以來，這兩個對象的利益是完全一致的，所以這兩個身份也是完全重合的。直到1970年8月中共九屆二中全會在廬山召開，以林彪爲首的軍人集團與文革極左派長期積累的矛盾終於爆發，由於林彪帶頭打擊文革極左派張春橋，觸及了毛澤東的文革底線，引發了毛澤東的強烈反彈。張春橋一夥實際是毛澤東的嫡系真傳，毛澤東在文化大革命這個原則問題上是絕不妥協的。林彪雖然安坐家中消極抵抗，但在個人進退問題上也是絕不妥協的。兩位服務對象產生的矛盾使李文普雙重身份發生了分裂，令李文普極爲痛苦，因爲無論如何選擇都意味著對另一方的背叛。

思想鬥爭固然令人痛苦萬分，該何去何從卻很容易選擇。9月12日下午，李文普傍晚時分從林辦消失了一段時間，他在《林彪衛士長李文普不得不說》中說是去空軍療養院了。此時，毛澤東已經完成了一切部署，率領一行人從容回到了中南海。筆者推測，此時一定有人給李文普傳了個口信，讓他與剛剛歸來的中央警衛團領導單獨聯繫了一下，匯報了一下近期的工作。電話裡，李文普接受了此生以來最想不通，但是又不得不完成的特殊任務。

李文普瘟頭瘟腦回到林辦，和劉吉純一起給林立果準備房間。劉吉純提出了一個切實可行的方案，可惜不符合中央精神。李文普當時心情很不好，又出於保密，什麼話也沒說，也說不出什麼話。對於中央的決定，李文普完全不能理解，可是以他的身份，即沒有申辯的機會，更沒有討價還價的餘地。林立衡準備向中央報告的時候，李文普又燃起了一線希望，希望中央不同的領導聽到報告，也許會對"上面"施加一點影響、改變一點策略。所以李文普對林立衡的舉動非常贊同，並吩咐劉吉純陪同前往："你叫張宏馬上和我聯繫"。可惜他得到的是再一次的嚴厲督促。最後，葉群吩咐備車，馬上要走了，李文普還不死心，幻想張宏會在最後一刻傳達中央的命令，改變原先的決定，急切地叫劉吉純通知張宏與他聯繫，甚至還直接給張宏打電話。可惜，掌握世間命運的黑手不會退縮，必殺之利器一旦啓動也不會無功而返。一切，無可更改。

本來，李文普也是應該隨著林副主席上飛機的。中央雖然有一套措施，但最後會不會起作用，誰也不敢打保票。李文普是中央楔在林彪身邊的一棵釘子、最後一道屏障。可惜，中央低估了李文普對林彪的感情和李反抗的決心，這棵釘子還沒有派上用場就提前失去了作用。

一夜之間，林辦秘書們和林彪的家人親友跌下神壇，飽嘗世態炎涼。這些人對李文普的所作所爲當然不會有任何好感；然而，憑心而論，把一切責任都推到李文普頭上也是不公道的。林彪倒臺對李文普只有壞處沒有好處；他根本沒有加害林彪的動機，相反，他在暗地裡肯定也試圖做了一些挽救的工作，只是不爲外人所知。林立衡、張寧等人有一件不依不饒的事，就是李文普交代的一句“伊爾庫茨克有多遠？”根據張寧等人的說法，李文普以此換取了三項條件：保留黨籍、保留軍籍和不株連家人。這句話成了林彪叛逃的權威性鐵證，李文普也成了一個貪生怕死、賣主求榮的典型代表。實際上，中央對林彪事件的定性是由《中發(1971)57號文件　關於林彪叛國出逃的通知》確定的。此文件首先在黨內高級幹部中間開會傳達，然後逐級傳達到全國各級幹部群眾。57號文件發出時間是1971年9月18日，是孫一先等人勘察完現場，從烏蘭巴托向國內發回電報，確認林彪死亡的第二天；也就是913事件發生後的第六天。李文普交代那句話是什麼時候？根據林立衡、張寧等人的說法，是在事發半年之後。可見，中央定性在先，李文普交代在後，時隔半年之久。李文普的交代只是給林彪案件的定性加了一個注腳，並沒有起決定性的作用。

李文普如果不跳車，溫都爾汗徒添一具死尸，中國徒添一對孤兒寡母，“913事件”從此被掩蓋得天衣無縫，內幕永遠也不會被人知曉。李文普能在紛繁複雜的環境中生存，成爲“913事件”唯一瞭解某個核心機密的知情人士、活的見證，實在大智大勇，超出常人。若有一天他能暢所欲言，厘清913之迷霧，那將是普天之下所有關心此事的熱心人士的造化。

七、幾句題外話：墜機現場的再辨析

幾十年來，“913事件”的真相一直眾說紛紜。256號墜毀後，當時中國駐蒙古使館的許文益大使、孫一先秘書等四人曾奉命到蒙古溫都爾汗東北的現場勘察。近年，孫一先出版了《在大漠那邊》一書，披露了一些當年現場勘察的情況，爲我們瞭解256號的墜機現場提供了寶貴資料。

根據孫先生的描述，現場有一個情況令他極感意外，就是雖然飛機嚴重解體，但機上九位乘員的遺體完整、分布有規律。256號最後像香蕉皮一樣被撕成了上、下二瓣，機頭部分連在一起。9具遺體的位置差不多都在下半片機身與艙內物品殘骸的分界線上，大概就是客艙地板附近。根據現場痕迹判斷，256號落地後沒有發生翻滾，機腹滑行比較平穩，飛機運動軌迹比較規則，所以飛機在迫降過程中機上乘員的位置應該沒有很大改變。9具遺體的位置基本反映了他們生前在飛機上的位置：潘景寅和葉群在駕駛艙內，三位機械師邰起良、張延奎、李平和林彪在離駕駛艙不遠的位置，林立果、劉沛豐和楊振剛三人在一起，大約在機身中段。

這個位置分布極其怪異。不合理之處在於，爲什麼沒有其他機組乘員在駕駛艙內幫助潘景寅實施迫降？

正常情況下，飛機在起飛和降落的過程中必須由正、副駕駛共同駕駛，因爲操作繁多而且不能有半點差錯。當時256號的機組沒有到齊，副駕駛不在飛機上，但有機械師可臨時替補。256號之所以能在山海關機場緊急起飛，就是機組進行了重新分工的結果。康庭梓分析：“李平是坐在右邊副駕駛的位置上，完成他分工做的起飛動作。張延奎可能是坐在副駕駛座位後邊空勤機械師的座位上，邰起良則可能站在中央操縱台的後面，這樣從艙頂到操縱台的任何位置的開關，他都可以夠到；憑他對各種特種設備熟悉的程度，會準確無誤地完成起飛前的各項工作”。256號當時進行野外迫降，比正常降落更是危險萬分，稍有不慎就會機毀人亡。潘景寅至少可以採用起飛時的組合，充分發揮每一位機組人員的作用，避免任何遺漏或錯誤，增加自己和所有乘員的生存機會。可實際情況居然是沒有任何一位機械師幫助潘景寅，反倒是對飛行一竅不通的葉群呆在駕駛艙內，這是一個極爲反常的現象。

從遺體的分布來看，飛機被林立果劫持的可能性是可以排除的。因爲三位機械師離駕駛艙更近，林立果等三人反而比較遠。而且孫一先根據現場情況認定：“沒有發現可能導致搏鬥的跡象。”不僅沒有任何對抗，反而有三位機械師齊心協力保護林彪的痕迹：“令人詫異的是，四、六、七號尸體成一弧形，拱衛著5號尸體，而5號尸體頭部朝東略偏北，其餘三人頭部統統朝西，相互之間幾乎是等距離的三至四米。”其中的6號是張延奎，其遺體有一個極其明顯的特徵：“上肢上伸，兩小臂及手心內扣，像是要抓什麼東西。兩腿斜叉開，膝蓋向上，腳心朝下，作蹬地狀。這具尸體翻身朝下時，便溺約二十秒鐘，證明尸體的膀胱和尿道都沒有燒壞。”這個明顯的特徵說明張延奎生前緊緊抱著什麼東西，而且正因爲這個東西的保護，使得他的下腹部的燒灼較輕，器官保存比較完好。四個人中只有邰起良是趴著的：“4號尸體，個子瘦高，趴臥在地。上身穿著皮夾克，只後襟邊燒掉，腰間皮帶尚在，但褲子全部燒光。兩腿叉開，腳心朝上。兩臂下彎，右臂肘朝外，手心朝上”，非常像是背著什麼東西的姿勢。7號是李平“兩臂橫伸，小臂上擎，右手心向上，左手心下扣”，也是保護什麼東西的架勢。不難猜測，三個機械師圍成半圈，一個背、一個抱、一個護著的正是位於三人中間的林彪。三個機械師在最後關頭，完全不顧自己的危險，用肉體當盾牌嚴密地保護林彪，令人感慨。特別是邰起良背負林彪，必須用自己身體的正面抗擊烈焰、碎片和沖撞等致命打擊，受傷最重。“面部全被摔爛，血漿沾著沙土，非常難看，在軟地面上摔成這個樣子，足見飛機爆炸時被拋得較高。”邰起良的面部應該不是在軟地上摔爛的。因爲摔得這麼重，臉的一半應該都陷到地裡面去了。更大的可能，是在飛機的不規則運動中與艙壁等硬物沖撞造成的。真正的勇士，敢於面對致命的傷害，做出捨己救人的壯舉，無論在什麼價值體系下，都是值得人們敬仰的英雄。

四個人中林彪和邰起良有非常明顯的外傷，林彪左腿折斷、邰起良“面部全被摔爛”。我們有理由相信，飛機迫降前，這四個人不在座位上，也沒有系安全帶。不僅如此，後面的三個人林立果、劉沛豐和楊振剛在飛機迫降前也不在座位上，而是擠在一起躲在機身中段一個相對寬敞一點的地方；這三個人與前面四個人的情況相似，劉沛豐和楊振剛都有嚴重的外傷，只有林立果稍好一點。在這兩堆人中，林彪和林立果被夾在中間，顯出極其明顯的被保護特徵。這些人在飛機迫降前，不在座位上坐好、系緊安全帶，反而離開座位，這也是極爲反常的現象。

乘坐汽車、飛機等高速運動的交通工具一定要系好安全帶。據統計，汽車事故中，系不系安全帶事故死亡率相差四倍。因爲不系安全帶，事故發生時乘客很容易被甩出座位，即使沒有當場撞死，也會因爲昏迷、骨折或內臟受傷，導致失去自救能力，一旦現場著火就會因無法快速脫離而失去生存的機會。飛機速度比汽車更快，即使是正常降落乘客也有強烈的衝擊感。如果不系安全帶就有可能被撞傷。所以在飛機的起、降階段，如果沒有特殊情況，沒有人會不系安全帶。

特別是飛機遇險迫降，第一道保護措施就是系好安全帶；如果這一條做不到，其它的措施恐怕都沒機會用上了。因爲迫降的飛機往往會引起火災甚至爆炸，所以飛機落地後所有乘客必須盡快脫離現場。

無論你坐過多少次飛機，空姐在起飛前都會強調系好安全帶，並示範一種雙手抱頭、蜷縮身體的姿勢。這道必不可少的手續，就是爲了教會乘客保護自己，在發生緊急情況時保留一定的行動能力，增加生存的機會。

林彪等人在飛機迫降前違反常規、離開座位，如果不是生命已經受到更直接的威脅，絕不會如此。很多現場證據以及不止一個目擊者的證詞都表明，256號在空中已經起火。飛機上的乘客爲了躲避機艙內燃起的大火和濃煙，不得已離開座位躲到兩個稍微安全一點的地方。林彪年事已高、身體虛弱，沒有行動能力，三位機械師背負肩扛，把他轉移到了某個火勢稍緩之處。因爲飛機著火，發動機或其它機件失靈，飛機已經無法用常規的方法操縱。256號在茫茫黑夜中如飄零的落葉，危在旦夕。潘景寅只能憑本能與死神進行無望的較量，機械師在駕駛艙內也起不了多大作用，所以進入客艙幫助已處於極度危險和困難中的林彪等人。這是唯一能對現場的遺體分布作出合理解釋的推論。

筆者根據256號艙內布置圖判斷，這兩部份人分別躲在前、後登機門處。因爲這二個地方比較空曠，沒有可燃物，火勢稍緩。艙門上還有一扇小舷窗可以打開，有新鮮空氣吹進來可以沖淡濃煙和毒氣，暫供呼吸。而且一旦飛機成功迫降，他們能夠迅速打開艙門、脫離現場，盡力逃生。可惜元帥之命早已天定，溫都爾汗注定是他的長眠之地。血肉之軀畢竟難當毒煙的熏灌和烈焰的燎烤，在迫降過程強烈的衝擊和顛簸中，機艙內的人全部昏迷，並在減速過程末期從支離破碎的機體中滾落到地面，彼此分開了幾米的距離，然後在大火引起的高度缺氧中就直接窒息身亡了。

從9位成員的遺體分布看，機上並沒有發生任何對立或衝突；相反，機組和其他成員對林彪、林立果二人採取了嚴密的保護措施，所以劫機與反劫機鬥爭一說是站不住腳的。可能的情況是，當時飛機上只有潘景寅一人知道當時他們的大致位置，其他人毫不知情，死也不知道自己做了異國他鄉的孤魂野鬼。但是，只要這個世界上善良的人沒有死絕，沉冤必會得雪，真相終將大白。盼此日早點來臨，以告慰林彪元帥和"913事件"中的枉死之人。

參考書目：

舒雲，《林彪事件完整調查》，明鏡出版社，2006年8月版。

孫一先，《在大漠那邊》，中國青年出版社，2001年1月版。

張寧，《塵劫》，明報出版社，1997年6月版。

林立衡，《"913事件"後寫給中央的材料》，見《華夏文摘》"文革博物館增刊"，第426期，2005年4月5日。

李文普，《林彪衛士長李文普不得不說》，原載《中華兒女》1999年第2期。

呂學文，《我所親歷的林彪出逃》，見《文史精華》，2005年4期。

劉吉純、丁醜，《難忘的"九一三"前夜——一個警衛人員的回憶》，原載《歷史學家茶座》，2005年第1輯，山東人民出版社出版。

宋德金，《我在林彪辦公室的前前後後》，見《百年潮》2000年第9期。

● 附錄

走近林彪夫人——葉群

羅浮山

長期以來，林彪與江青的關係被說成是相互勾結，相互利用，以達到篡黨奪權的目的，但卻故意模糊了他們之間的重大矛盾和鬥爭。“９１３事件”後，江青集團操縱專案，極盡顛倒黑白指鹿爲馬之能事，不僅在政治上對林彪處以極刑，在生活上也將其妖魔化。他的夫人葉群也被視爲壞女人。多年來，一些報刊雜誌以訛傳訛不負責任的將葉群的個人生活進行惡意炒作，使許多真實被謊言所掩蓋。更何況：三人成虎，眾口鑠金。隨著知情人越來越少，葉群的真實一面更少爲人們所瞭解。

但是歲月的流逝並沒有阻擋人們對真相的探尋。壓制和掩蓋更激發人們尋找歷史真相的決心。作爲知情人，經過多年的耳聞目睹，亦通過對眾多知情人士的采訪，筆者想通過此文，展現給讀者另一個葉群。

(一)

葉群，原名葉宜敬，1920年12月出生在北京，祖籍福建閩侯。葉家是當地望族。

葉群父親葉元愷早年因父母雙亡，便和另外兩個親戚由閩侯老家前往北平，投靠當時在北洋政府擔任海陸軍總監(中將銜)的叔叔葉樂平，考入北洋政府軍需大學，並拿到畢業文憑。

葉元愷長女葉宜敬(葉群)，葉群母親在1923年前後病故。那時，葉群年齡尚小。葉元愷北洋軍需大學畢業後，曾在海軍供職，後到北平平綏鐵路局當職員，主管財務工作，一直幹到葉群去延安之後。

葉群的小學是在北平黃城根小學就讀的，後以優異成績考上師大附中。在學校，她喜歡和一些成績好和進步的同學接觸，一起做功課，探討問題。師大附中當時已有黨、團、民先等組織，有一批革命和進步的師生。葉群較早地接受了革命思想。弟妹們發現，葉群的屋子裡，經常會放有《新青年》、《共產黨宣言》之類的書刊，她不僅自己看，還在家裡做宣傳。那時，弟妹們都曾聽葉群說過：蘇聯是個沒有剝削、沒有壓迫的國家，人民當家作主。工人夏天輪流進療養院休養，老了有國家養。農民搞集體農莊，用機器收割。她還跟弟妹們說：中國有個共產黨，他們個個都是英雄豪傑，在北平這個地方就有！

在王光美訪談錄中也曾有這樣一段話：小學畢業後，我報考了師大男附中。男附中本來都是招男生的。可是這一年加招了個女生班……葉群當時和我同班，叫葉宜敬，曾到我家一起做作業。

葉群學習很刻苦，博覽群書，知識面廣。愛讀書愛學習，一直貫穿了葉群的一生。1971年"9.13"事件的前一天，葉群還請歷史教員給她講《世界通史》。30年代自來水剛剛進入北平尋常百姓家。她告訴弟妹們，自來水可以直接喝。但必須先放掉一些，因爲水頭不幹淨；她還說，西紅柿是好東西，有很多維生素，勸弟妹用白糖拌著生吃……。那時，弟妹們對大姐非常崇拜，覺得她什麼都知道。葉群在天津讀書回家休假時，不給弟妹們帶好吃的，而是給他們買學習用品，有一次給每人一打“巴拿馬”牌的鉛筆，弟妹們感到比吃天津大麻花還開心。葉群參加革命離家出走前，大弟大妹幫她把家中的進步書籍，用油布包捆起來埋在了後院。解放後大約是1961年，葉群還對她弟弟提及此事，讓弟弟將這些書籍找回來。但由於年代久遠，物是人非，只能作罷。

（二）

1935年的12.9運動，是在中國共產黨領導下，反對日本侵略者和漢奸賣國賊的一次愛國學生運動。葉群是這次運動的積極參與者，並在運動中受到歷練。於1935年末1936年初，葉群被吸收加入民先(中華民族解放先鋒隊)，加入共青團。不久，接上級通知，共青團員自動轉爲中國共產黨正式黨員。葉群是在師大附中轉爲黨員的。當時的地下黨員，師大附中共青團支部書記傅英豪(曾任延安廣播電台首任台長，建國後軍委空軍雷達兵部部長)提供了充分證據，他說：我是葉群入黨介紹人。這是歷史事實。

當時葉群年僅16歲，對中共領導下的12.9運動傾注了滿腔熱情。運動開始後，葉群每天在外奔波，很少回家。她聯絡同學，組織遊行、開會、在街頭和郊區演講。在演講者中，她年齡不大，卻很有感染力。在講到日本侵略者變本加厲地吞食中華民族的主權，國民政府的無力抗敵時，葉群常常聲淚俱下，無法自已。周圍群眾一片稀噓。一天，葉群父親的一個同事慌慌張張地跑到葉家對葉元愷說：“葉先生，我在外邊看見你家大小姐在演講，嚇死我了，趕快叫她別去了。”

葉群在12.9運動中表現突出，遭到國民黨和校方的嫉恨，把她視爲危險分子。1936年7月葉群被師大附中開除學籍。她去找傅英豪想辦法，正好傅英豪的姐姐傅玉珍在場。傅玉珍是天津師範學院地下黨的支部書記。她對葉群說，天津師範學院有高中部，你如果想繼續學習，去那報考還來得及。於是傅英豪找了一張志誠中學(現北京第35中學)的空白畢業證，填上葉宜敬的名字，並刻了一枚志誠中學的印章蓋上。葉群拿著這個畢業證明去報考，並被錄取。1936年秋天，葉群去天津上學。據傅英豪回憶：36年秋末冬初，我把葉群的組織關係轉到了天津。事後瞭解，天津黨組織收到了轉來的組織關係後，立即安排葉群參加了黨的組織生活。

此後，葉群的組織關係沒有中斷過。在延安長期從事黨的組織工作和幹部管理工作。延安整風中，組織已有明確肯定的結論。

“9.13”事件後，在專案組逼供的殘酷高壓和謊言欺騙下，傅英豪精神幾近崩潰，一度在材料中寫了失實的內容，旋即反悔，堅決要求收回自己寫的材料，但爲時已晚。無奈之下，他只有採取其他方式說明真相，留下真實的歷史鐵證。

傅玉珍得知傅英豪寫了不實材料後非常生氣，責怪弟弟不應該這樣做。她對傅英豪說，葉群被師大附中開除後轉到天津師院附中讀高中，是你將她的黨組織關係轉給我的，同時還有其他人的證明。你怎麼會不記得呢？傅英豪悔恨不已，多次申訴翻案，沒有結果。他生前多次對親友表示，這是他一生中的大錯。其實，顛倒是非，炮製冤案的不是他，他也是受害者。在專案組橫行時期，這類胡作非爲，無法無天的現象司空見慣，屢見不鮮。

在這裡我還透露一個小小的秘密。由於葉群在學生運動中出色的表現，博得了許多男同學的好感。傅英豪是其中之一，他曾給葉群寫信表達愛慕之情。實事求是地說，在當時那種白色恐怖環境下，年青人產生的朦朧愛情是很純潔的，是一種在爲共同理想而奮鬥中產生的真愛。葉群很尊重像兄長一樣愛護自己的這位學長，但她還是以年紀太小，應以學習事業爲重，婉言拒絕了。隨後，傅英豪考取了清華大學無線電系，葉群去了天津。此後，葉群和傅英豪除了在去延安的路上有一次短暫的見面(在濟南)外，再見面時已是三十年後的事了。1964年全國進行社會主義教育運動，葉群在江蘇太倉蹲點，發現和培養了一個叫顧阿桃的學習毛主席著作典型。1966年葉群陪同顧阿桃在空軍推廣經驗(講用)時，無意中遇到了在雷達兵部工作的傅英豪。兩人都非常高興。此時，葉群已是林彪夫人，傅英豪也是空軍頗有身份的領導，加之歲月的磨礪，兩人完全是一種同志式的正常交往，不像一些小報那種刻意下流地炒作。在這之後，逢毛家灣放電影，葉群有時請傅英豪偕夫人唐旦到家中做客。

九十年代，傅英豪曾把豆豆叫到家中對她說："12.9運動時，我們都還年輕，我對你媽媽有愛慕之心，但後來爲革命各奔東西。我和你媽媽的感情只是同志情、戰友情、兄妹情。"

(三)

1937年剛入夏，北平的天氣就十分悶熱。城外的盧溝橋畔不時傳來日軍挑釁的槍炮聲，攪得百姓終日惶恐不安，北平城被一種不祥的氣氛籠罩。在那些日子裡，葉群夜裡經常被噩夢驚醒。母親擔心地問她怎麼了？她說：夢見日本人來追殺我了。我絕不能坐以待斃，寧可死在戰場上，也不能死在倭寇的屠刀下。以後她多次對家人嘮叨，北平沒法呆了，並開始做離家出走的准備。

葉群是"七七"事變前夕離開北平的。走的時候，葉群是在住家附近坐人力車悄悄離去的，走出很久，又轉回來，叫正在門口玩耍的弟弟把她晾在窗臺上的一雙白布鞋取來。再三囑咐弟弟，不能讓家人知道。由此看來，她身上的錢不多。否則不必走後又回來一趟。葉群出走，母親和弟妹都不清楚她幹什麼去了，但父親葉元愷心裡卻十分明白，大女兒去延安投奔共產黨了。

葉群出走的路線大致是天津——濟南——南京——武漢——延安。一路上千辛萬苦，受盡磨難。那時沿途一些大城市雖然有地方政府設的流亡學生接待站，但吃飯還需自己花錢。好不容易熬到南京，所帶的錢已告殆盡。正趕上南京廣播電台招播音員，葉群試著前去報考，由於普通話較好，一試中第。當時正值國共合作，平型關大捷的消息就是她播出的。看到共產黨領導的八路軍在抗日戰爭中取得了這麼大的勝利，葉群在播音中興奮地不免有些失態。這讓電台台長很不高興，訓斥葉群：又不是國軍打勝仗，你高興個什麼！台長的訓斥，更加堅定了葉群盡快投奔延安的決心，不久便辭職不幹了。

葉群從南京到武漢，遭遇到日軍飛機的大轟炸，武漢軍民死傷慘重。此後葉群與家人失去聯繫。家裡都以爲她在大轟炸中遇難了。在從武漢到延安的途中，葉群曾參加過軍事委員會第六青年戰地服務訓練班的活動。在青訓班裡，有不少共產黨員，優秀的流亡學生和進步人士，其中就有林爽(七機部四院負責人)，薛明(賀龍的妻子)，劉野亮(建國後曾任軍委辦公廳副主任)等等。除了在戰爭中犧牲的，原青訓班學員文革中擔任司局級和師級以上幹部的尚有一二十人之多。在青訓班裡，葉群的口才是被大家公認的。在訓練班舉辦的辯論會上，葉群還拿過第一名。時至今日，仍然有許多不負責任的書刊將葉群在南京中央廣播電臺的短暫工作以及青訓班的事情大作文章，似乎只要與國民黨沾了邊就有歷史問題，依然不顧當時的特殊條件和背景，戴著有色眼鏡看待這段歷史。其實，當時國共已經組成抗日民族統一戰線，大批青年在前往延安或前方參加抗日的途中，在青訓班只是短暫停留，進行休整。據知情者反映，葉群在那期間表現良好，以共產黨自己的標準來看也無任何不妥。

葉群到延安後，先在延安女大學習，後進入延安馬列主義研究院學習，結業後又回到女大。據詩人郭小川愛人杜惠說：郭小川與葉群認識大概是在1941年秋天……葉群那時在女大擔任幹部科科長(另有說任組教科科長)。杜惠老人回憶當年與葉群交往情景：我跟葉群關係不錯，來延安時，黨的介紹信就是交給她的……她在延安算是一個挺漂亮的女子……到1949年底，在武漢中南局宣傳部，那時郭小川在宣傳處。有一天，宣傳部長趙毅敏把葉群領到辦公室，交待小川，只讓葉群翻譯蘇聯報刊上的宣傳文章，業務由部裡負責……。

聽許多老人說，延安的幹部那時男多女少，比例嚴重失調，大概18：1。多年的戰爭環境，使許多中央級領導幹部都急需解決個人問題。葉群確實有她的魅力，這倒不是因她長得如何出眾，主要是她聰明，比較有學識和風度。在學校組織的宣傳演講中經常博得滿場掌聲，被譽爲延安“四大才女”之一。她很有人緣，古道熱腸，非常樂於助人，自然吸引了不少男同志的目光。

一日，葉群正在延河邊上洗衣裳。忽然，遠處一人策馬飛奔而來，跑到跟前突然勒馬收韁翻滾落地，沖到葉群面前舉手給她敬了個軍禮，並主動搭訕，搞得滿手肥皂沫的葉群一時不知所措。在以後，有不少人追求過葉群，一些老人調侃地說，當時追求葉群的高級幹部有十八路軍。但都被她以戰爭期間，應以工作學習爲重而婉言推脫。由此看來，葉群對待戀愛、婚姻的態度是嚴肅的。

1942年2月林彪從蘇聯養病回到延安。此時他與前妻張梅因性格不合而分手。由於這段感情經歷，使林彪很孤獨。前方需要他爲中華民族的獨立自由去作戰，他的身體和生活也急需有人照顧。在這種情況下，經毛澤東、朱德、董必武做介紹，由組織出面，林彪與葉群結合。結婚那天，擺了兩桌飯，毛澤東等在延安的中央領導都來吃喜酒，大家喜氣洋洋，好不熱鬧。英雄找美女，一時在延安被傳爲美談。

有些回憶曾說，在延安整風中，薛明揭發葉群在南京當廣播員和參加青訓班的事情，葉群很抵觸。這些回憶還繪聲繪色地說，爲此林彪很生氣，專門從前線趕回延安，在毛澤東面前摔了馬鞭子。這純屬子虛烏有。林彪在42年9月受黨中央委派赴重慶與蔣介石爲首的國民政府進行協商談判，次年7月底才返回延安。在這期間，延安整風當中搞了一個搶救運動，名義上是幫助同志，但卻普遍存在極左的方式，搞了許多逼供信，甚至搞到柯慶施、陶鑄和曾志等人的頭上。葉群實際上也是搶救運動的受害者。現在有些書刊大肆贊揚賀龍的夫人薛明如何積極揭發葉群歷史上的問題，而葉群又是如何抵觸云云。殊不知薛明對葉群的揭發很大程度上就是受了極左思想的影響，也不排除有可能是爲了撇清自己，甚至還可能是出於女人間的嫉妒。現在回首再看此事，搶救運動是黨內極左思想的產物，傷害了一大批人，薛明對葉群的所謂揭發明明是薛明的錯，事後不僅薛明沒有道歉、反思，賀龍對此也沒有深刻的認識，甚至現在寫文章寫回憶錄的人也依然故我，就因爲葉群是林彪的老婆。“搶救運動”搞到別人頭上是不對的，是左傾思潮的錯。搞到葉群頭上，難道就是對的嗎？

（四）

葉群與林彪的結合，將他倆的生命和國家的命運緊緊地連在一起了。婚後的生活是溫馨的。他們互敬互愛，一起養育了兩個孩子，豆豆(林立衡)、老虎(林立果)。他們對孩子都非常疼愛。解放初期，葉群在寫給家裡的信中說：離家後生活艱苦，幾經磨難，但革命勝利了，而且有兩個美麗的像花一樣的孩子在身邊，我很滿足了……。

解放戰爭時，林彪在東北前方打仗，葉群在後方哈爾濱養育孩子。聽老人們說，有時前線戰事稍顯穩定，葉群就會帶著孩子到前線看望林彪。當時，林彪的臥室和作戰室只有一牆之隔。由於戰局瞬息萬變，夜裡收到前方急電，免不了要去打擾林彪休息。林彪讓參謀人員隔著門簾讀電報，自己披著大衣，在裡屋踱著步子，一、二、三條的下命令。葉群和孩子在炕上靜悄悄的，從來不影響林彪作戰指揮。

在遼沈戰役最緊張的日子裡，遠在後方的葉群和所有軍人的妻子一樣，爲前方浴血奮戰的親人牽腸掛肚。但她決不像有的官太太那樣，安於享受，無所事事，甚至還要無端的生出些是非來。除了養育兩個孩子，在哈爾濱、佳木斯，她跑遍了那裡的圖書館、書店，甚至地攤，收集一些軍事、政治和歷史方面的資料，讓人帶到前線給林彪做學習參考。

在東北，葉群最大的收獲是自學了俄語。葉群沒有俄語基礎，爲了學習，每天早上，孩子們還在睡夢中，她就爬起來背單詞，練習發音。白天要工作，她請了個白俄保姆帶孩子。晚上下班回家就和她反復練習口語，往往練到深夜。

除了練習口語外，爲了提高俄語水準，葉群還翻譯了許多有關蘇聯黨的建設、共產主義運動，黨員修養的文章。在解放初期曾被收入一些出版社出版的政治教材和整風文件中，後面均注明：葉群譯自蘇聯某某報刊。《人民日報》在1948年5月3日刊登了葉群翻譯的《在批評和自我批評的精神上培養幹部》，這是一篇聯共"黨的生活"社論，1949年4月3日刊登了葉群翻譯的《蘇聯軍官的強有力的思想武器》，該文是蘇軍政治部動員幹部加強理論學習專論，9月21日刊登了葉群翻譯的克·希達列夫的《必須要學會總結經驗》，11月23日刊登了葉群翻譯的蘇·克夫丹諾夫 《怎樣提高知識分子和科學工作者的思想政治水準》。以上僅僅是《人民日報》上所刊登的部份葉群譯作，還有許多散見其他報刊的文章，這裡無法一一列舉。

葉群學習非常刻苦，也很見成效。50年代林彪去蘇聯養病，隨行沒有翻譯。到醫院查體敘述病史、對外應酬，包括一些蘇聯領導人來探望，林彪與"老大哥"們的交流，都是葉群做翻譯。隨行人員說，葉群任務完成得很好。

解放戰爭中四野南下，在武漢，葉群還擔任過第四野戰軍編譯科長。在此期間，她翻譯了蘇聯紅軍解放東北的紀錄片，還翻譯了幾部蘇聯的原著，其中有列寧的《怎麼辦》。

（五）

葉群與林彪的家庭生活充滿了溫情卻又經歷磨難，甚至是驚心動魄。首先是林彪的病。長期艱苦的革命戰爭嚴重地摧殘了林彪的身體，尤其是抗日戰爭中的槍傷，傷及了他的中樞神經。隨著革命的節節勝利，林彪的病卻越來越重了。四野打過長江後，林彪就沒離開過擔架，許多戰役都是在擔架上指揮的。據林彪身邊的工作人員說，病情最嚴重的時候，林彪會全身抽搐，雙目緊閉，冷汗淋漓，牙關咬得咯咯響，且長期發低燒。不僅生活不能自理，連行走都困難。去醫院要靠工作人員背上背下。這原本是中國革命戰爭留給林彪的光榮印跡，理應贊揚才是。但國內的一些報刊雜誌卻用林彪得怪病，來挖苦諷刺他，甚至編造出林彪"吸毒"的謊言。並牽強附會地將林彪的病和他的個人品質聯繫起來，以達到貶低他的目的。這是人格污辱，是對歷史不負責任的態度。

建國初期的很長一段時間裡，葉群的主要工作就是幫助林彪與病魔做鬥爭。林彪的病引起了中央領導的極大關注。當時毛澤東明確指示葉群：你現在的工作，就是負責林彪同志的身體。那陣子，林彪的身體很糟糕，時好時壞，沒有規律，一旦犯病就非常嚴重。葉群可以說是不惜一切，甚至透支生命，從病魔的手中搶救林彪。即使這樣，葉群還盡量堅持上“自己的”班。她當時的職務是教育部普教司副司長。她熱愛這份工作，認真投入。她覺得教育是強國之本，普教又是前提和基礎。

葉群的一個弟弟解放戰爭中在南京參加革命，1952年冬出差途經北京。葉群自1937年離家出走後，姐弟倆已有15年沒見面，實在是太想念了。他敘述了當時與姐姐見面的情景：客廳裡很昏暗，四周的窗戶被厚厚的窗簾遮擋，只有一盞昏黃的小燈泡亮著……坐在面前的姐姐，滿臉倦色，顯得非常憔悴，甚至還有些蓬頭垢面。姐姐問了些家裡的情況後說：“你看，首長身體不好，不能好好招待你了。”看到這種情況，知道不能久留，時間不長就告辭了。離開時，大姐送了三樣東西：一隻她用的派克筆；一瓶天津產的鴕鳥牌純藍墨水；一本當時流行的中文版蘇聯小說《曙光照耀著莫斯科》。

在葉群和眾多工作人員的精心照顧和調養下，林彪的身體逐漸好轉。從五十年代後期，病情趨於穩定。50年代，葉群陪林彪常住廣州養病。廣州舊社會有句老話：有錢住西關(現在的上下九路，那裡資本家多)，有勢住東山(東山是原國民黨黨部所在地)。建國後，廣州軍區和省委進駐，在珠江邊的東山湖開辟了一片休養區。每年冬天，許多領導會像候鳥似的來這裡冬休。湖中心的小島是給毛澤東的，江青長期霸佔著，那裡戒備森嚴。留園和珠江賓館臨水，可以垂釣，還能看見珠江上的白帆。那裡是朱德、葉劍英的喜愛。林彪不喜水，軍區管理局在軍區作戰部和警衛營中間的“老虎洞”爲林彪安排了一棟房子，據說是廣東軍閥陳濟棠的舊宅。這裡離水遠，但離部隊近，早上能聽到部隊出操的軍號和口令聲，林彪比較滿意。這期間，葉群除了照顧林彪，還擔任廣州教育局副局長(分管普教)。有時晚上林彪發病，無論多辛苦，第二天一早，葉群仍舊抓個乾饅頭匆匆去上班，從未間斷過。

林彪同樣深愛著自己的妻子。葉群無微不至地照顧，使林彪深感妻子對自己的付出。年輕時葉群喜歡活動，尤其愛游泳。爲了照顧自己，她幾乎拒絕了一切，根本沒功夫鍛煉。儘管林彪因神經官能症怕水，他還是用自己的積蓄，在毛家灣自己辦公室不遠的室內，爲愛妻修了一方小小的游泳池，讓她在繁忙中能有適當的運動。

1970年"五一"勞動節，林彪贈給妻子一幅題字：

髮不同青心同熱，生少同衾死同穴。
書贈戰友葉群
林彪
1970年5月1日

葉群請來名師將這幅字刻在一方石上。

葉群是一個充滿親情的人。對自己的孩子疼愛有加卻不盲目溺愛。50年代，國家經濟困難，中央領導和全國人民一樣，布票都是定量的。1959年葉群帶著孩子隨林彪第三次上廬山。老虎14歲，正是長個頭的時候，工作人員看見老虎的褲子短了一大截，便對葉群說："老虎是林彪元帥的獨子，怎麼叫他穿這個？"葉群爲難地搖搖頭說："你不知道，老虎穿衣服費，我們的布票早用完了。首長又不准我開口，只好委屈孩子了。"當工作人員找來幾尺布票，讓葉群給老虎做條新褲子時，葉群也僅是買了一小塊新布爲孩子接上一節褲腿。

葉群少小離家參加革命，深感對弟妹們沒有盡到做大姐的責任。建國以後，她對這些同父異母的弟妹們傾注了一片深情。尤其在學習上，葉群追得很緊，經常將一些學習材料贈予弟妹。解放前，家裡因經濟困難，幾個弟妹失了學，最小的妹妹還在老家當了童養媳。解放後葉群鼓勵他們恢復學業，弟妹們都很爭氣，有四個弟妹考上了大學，其中一個妹妹還被選送蘇聯留學。

葉群的大弟解放初期隨二野進軍西南，在重慶執行任務時不幸犧牲，被定爲烈士。弟媳帶著幼小的兒子處境十分困難。葉群得知後，雖然當時自顧不暇，還是盡力幫助弟媳解決工作和生活上的困難。對弟弟留下的孩子小麟，更是關懷備至，時時關注他的進步成長。

林彪和葉群的日常起居極其簡樸，在中央領導中是被公認的。林彪平日裡一身軍裝或中山裝，四季如此。葉群的穿著也很樸素，穿軍裝或翻領的便衣。在棉毛衫外套一個“假領子”，替代襯衣。葉群的弟妹說，從來沒見過大姐穿裙子，更不用說什麼“奇裝異服”了。她長年穿長褲，不穿高跟鞋，也從沒見葉群塗脂抹粉擦口紅。擦臉油一直就用上海產的百雀靈。葉群有幾條別人給的花圍巾統統送給了弟媳和年輕的同事們。林彪不喜歡跳舞，葉群就從來不去跳舞。所有這些，都與性格張揚且生活誇張的毛夫人－－江青形成鮮明的對照。

林彪葉群的飲食非常簡單。沒有客人時，兩菜一湯，很少吃肉。蒸上一小盆米飯或雜糧什麼的，很清淡。親戚來了，最多再加一個扁豆炒肉絲之類的葷菜。這些親戚裡有的是半大小子，吃完飯，胃裡空落落的，總有吃不飽的感覺，恨不能到附近的小攤再來碗鹵煮火燒！

1958年秋天，葉群陪林彪去上海養病，帶走了包括炊事員在內的所有工作人員。那時豆豆和老虎都在上中學，爲了不影響孩子們的學習，他們將孩子託付給在京工作的弟弟。爲了照顧孩子，她弟弟帶上妻子，連同蜂窩煤爐子一起搬進毛家灣。頭一頓飯是打鹵麵，兩個孩子吃得很香。老虎連吃幾大碗後，對舅媽說：“真好吃，還有嗎？”他們平時的伙食平淡，鹵麵就是難得的美食。他們從不大吃大喝，從不飲酒，也從來不見有飲料上桌。

葉群對待家裡的工作人員如同對待自己的親人一樣，在思想、工作和生活方面去關心他們。許多同志的婚事和家屬的工作，都是葉群經手操辦的，爲工作人員設想周到。

(六)

不論是戰爭年代還是和平時期，林彪和葉群都酷愛學習。應該說建國以後，結束了動蕩生活，學習更加系統了。他們喜歡讀書，甚至是苦讀書。把讀書學習作爲生活中的一個重要部分，學習貫穿了他們一生。在“批林”中所謂林彪不讀書不看報的說法，根本是無稽之談。

林彪、葉群讀書廣泛，涉及中外軍事、政治、哲學、歷史等，甚至還包括文學作品，連舞臺戲劇也是他們經常交流的內容。葉群對許多中外名著，如《紅樓夢》的一些段落都能背下來。她在讀書中，曾經爲林黛玉和安娜·卡列琳娜流淚。文革中，林彪讀了托爾斯泰的《安娜·卡列琳娜》後對葉群說：“安娜是個真人，做個真人不容易。”這段話足以反映出林彪當時真實的心境。他們讀書不光是爲自己的興趣和愛好，更多的是系統地充實知識，是爲了適應形勢和工作的需要。

葉群長期做林彪辦公室主任，除了照顧林彪的生活起居，她把大量的時間和精力用在讀書學習上。她不僅自己讀書，還組織林辦工作人員學習。她在林辦建了一個資料庫，把當時經濟、哲學、軍事、文史學習中遇到的重要事件、精彩內容、名句名言，分門別類地摘抄到資料卡片上，注明資料的來源和日期。那時沒有電腦，全靠手工一字一字抄寫，工作量十分龐大。葉群發動大家一起幹，把它作爲林辦建設的一項重要工作來抓。葉群爲此付出了不少心血。這個資料庫，使她引以自豪，有時還情不自禁地炫耀：首長需要什麼資料，隨時都能拿出來。

建國初期，林彪的老秘書夏桐搞到一本《辭海》，林彪發現後愛不釋手，反復翻看。後來夏桐去蘇聯學習，把這本《辭海》留了下來，長期放在林彪的案頭，便於使用。

林彪從小上私塾，《三字經》、《千字文》、《朱子治家格言》、直到《四書五經》都讀過。由此奠定了他的古文基礎。他特別喜歡讀古文，先後買過三套《諸子集成》，可見其喜愛之深。《古文觀止》中的一些篇章，如諸葛亮的《前出師表》、李密的《陳情表》他都背得很熟，在講話中常常隨機引用。他借古諷今，古爲今用，常有獨到之處。比如他曾指示秘書從四書(《論語》、《孟子》、《大學》、《中庸》)中摘抄有關"組織觀念"方面的語句，以加強紀律性。

林彪的老秘書李德在《林彪讀書見聞》一文中曾披露林彪、葉群1960年1月—11月的學習情況。內容詳盡，恕我長篇轉述：

> 1960年1月，林彪在廣州珠江賓館主持召開全軍高級幹部會議。作為新仕國防部長的林彪，要在會上就形勢與任務發表講話。新年伊始，有許多問題需要明確地回答，特別是戰爭與和平問題被國際上某些人攪得十分混亂。雖然林彪並不是發表公開講話，但是面對幾百萬解放軍官兵在這個大是大非上必須旗幟鮮明亮出自己的觀點，林彪決定從列寧的著作中看一看列寧對戰爭與和平問題的基本觀點。因為列寧的話更具有權威性。他向秘書交待，"從廣州軍區政治部借一套《列寧全集》來，現在就要！"秘書把書找來之後，他數了數共有38卷。林彪問："就這些嗎？"秘書回答，現在已經出版這麼多。於是林彪和秘書分了工，第1卷到第19卷由秘書看，第20卷到第38卷由他自己讀。他指示秘書，把列寧著作中凡是講到戰爭問題的語句都摘抄下來做成卡片。他自己讀的部

分由他用紅筆劃出，找別人幫助摘抄。並且要求兩天之內完成。秘書擔心，《列寧全集》後19卷份量大，是不是秘書多承擔一些，林彪回答說："從1914年到1918年正是第一次世界大戰時期，這一段時間，有關戰爭與和平的問題列寧的論述最多，還是我自己來看。"兩天過去了，林彪的辦公桌上放著200多張卡片。

他一邊翻撿，一邊分類。有的還用紅筆在旁邊加注，顯然他已經胸有成竹。為了回答一個問題，為了對"戰爭與和平"的問題做出權威性的回答，竟然把《列寧全集》全面複習了一遍，這種嚴謹的態度確是不同尋常。隨後林彪在會上作了長篇發言。

會議結束了，大政方針基本上定下來了。於是如何帶兵、愛兵、用兵的問題又提到議事日程，會上確定的大政方針也要一項一項落實。林彪讓公務員找秘書來。秘書一進屋，林彪就說："你再給我找一些書，主要是古代的兵書。這些書裡有許多帶兵之道、養兵之道、用兵之道，很有用處。能借就借，不能借就買。"這時，已進入2月，臨近春節，林彪正是想利用假期，較少日常公務的干擾，多讀些書。秘書從廣東省圖書館古籍書刊部查出一部《五經七書直解》，是清代末年的木刻本，一共10冊，看起來還未曾借出過。秘書立刻請廣州軍區政治部協同辦了借書手續，把書借到手。《五經七書直解》是從先秦到唐朝初年先後刊行的七部兵書的合編。有《孫子》、《吳子》、《司馬法》、《尉繚子》、《黃石公三略》、《六韜》、《唐李對問》等。林彪看到這部書，十分高興，像得到什麼寶物似的。馬上喊叫道："葉群、葉群！"葉群正在她自己的小辦公室裡，聽到喊聲，不知發生了什麼事，立即跑出來。林彪沒等葉群問話就說："葉群我告訴你，今天借到一部好書，我們兩個一起看。"就這樣，整個2月份，林彪從早到晚，除了吃飯、睡覺，一直埋頭讀這部書。葉群也跟著讀。辦公室也忙起來，兩個秘書，一個尉官，還有兩個只有初中文化的內勤，一齊動手，都來參加抄兵書語錄。按照林彪紅筆勾畫的記號，一句或一段話抄一張。然後，分別按堅定正確的政治方向，艱苦樸素的工作作風，靈活機動的戰略戰術，團結、緊張、嚴肅、活潑這七個專題分類匯集。從林彪的神情看，這段時間，他顯得輕松、愜意，一有空就和葉群談這部書，說這是“中國古代兵家重要遺產”，還說：“要是都翻譯成白話文就好了，可以讓幹部都讀一讀。”後來有一天，葉劍英元帥來看林彪，林彪向葉帥推薦了《五經七書直解》並且向他建議：是不是可以組織一些專家，把《五經七書》翻譯成白話文。事過20多年到80年代，由中國人民解放軍軍事科學院編譯成的古文和現代文對照的《五經七書》終於出版了。這是後話。

提起這部《五經七書直解》還有一段插曲。林彪有個習慣，凡是他讀過的書就單獨保存，其他人員甚至葉群都不能隨意翻動。這部書是借圖書館的，只能用一個月。40天過去了，圖書館向廣州軍區政治部經辦人催要。秘書向葉群請示，看怎麼辦好？葉群知道林彪的習慣，又何況林彪十分珍愛這部古籍，就讓秘書以國防部辦公廳秘書的名義同圖書館商量，再延期三幾個月歸還，但一定不要透露是林彪正在用這部書，等回了北京想辦法買一部。秘書也只好這樣辦了，重新給圖書館開了借條，確定了廣州軍區政治部的聯繫人，圖書館終於同意了。後來回到北京，秘書幾乎跑遍了所有書店的舊書門市部，都沒有找到，而且許多老營業員都不知道有這麼一部典籍。秘書犯了難，幾乎絕望了。每天都抱著試試看的心情去逛舊書店。一天偶然在隆福寺小街，發現一家門面很小的舊書店，就進去詢問有沒有這樣一部書。營業員回答說沒有，但又說我們店後面有兩間書庫，你要有興趣可以自己找找，秘書當然願意。一個人在書庫足足翻了兩個小時，終於發現了一部《五經七書直解》，與廣州借的那一部同一版本。只花了十元錢就買下了。秘書向葉群匯報了買書的經過，葉群也喜出望外，急忙向林彪作了報告：“101，我們又買到一部《五經七書》。這回好了，可以還給廣東省圖書館了。”葉群讓秘書趕快請辦公廳托人把書給廣州軍區政治部送去，歸還圖書館。從此，林彪給秘書交待了一個任務：“有空的時候多去舊書店走走，發現好書就買下來，就算是你們替我逛書店。”這裡需要說明的是，“101”是林彪在東北野戰軍任司令員時的代號，葉群幾十年來一直用“101”稱呼林彪。

3月，林彪看到葉群通讀《五經七書直解》以後，打下了一定的讀古籍文獻的基礎，就讓她趁熱打鐵，讀《綱鑒易知錄》。林彪讓秘書給北京家中打電話，送文件時同時帶《資治通鑒》和《綱鑒易知錄》來。他自己讀《通鑒》，葉群讀《綱鑒易知錄》。林彪讀書很快，他有自己獨特的方法。秘書們有時也一起議論，首長看書速度怎麼這麼快？後來有一次林彪與秘書閑談時談到如何讀大部頭書。他說：每讀一本書都要有明確的目的，有重點，有針對性，有些章節要精讀，有些章節可以粗讀，有些章節索性不讀。讀書切忌平均使用力量。有時一目一頁，有時一目十行，有時則一目一行，這樣就可以大省精力。為了讓秘書提高讀書效率，事半功倍，林彪曾多次重複過他的這些話。

4月，林彪回到北京，他讓秘書到書店買一些古代名家論述政治方面的書。秘書聽了他的話後有些發愣，不知該買些什麼書。林彪覺察到這一點，立刻補充說：比如：賈誼有《過秦論》、諸葛亮的《前後出師表》等等都屬於這一類。秘書恍然大悟，於是到書店給他買回了一部線裝的《昭明文選》。林彪連連說：對，對，我想找的就是這一類的書。一連十多天，他就讀這部《文選》。

在讀書上，林彪還有一個習慣，他的書桌平時只擺一部書，其他書刊統統不能放。這部書讀完，再換另外一部。他曾引用一位古人說過的話：“心中書不可少，案頭書不可多”，這樣才能專心致志做學問。

這一年4、5月間，林彪圍繞“政治工作是我軍的生命線”這個命題，反復研讀了毛澤東主席有關政治工作方面的論述，在這個基礎上林彪提煉了“政治工作是提高我軍戰鬥力諸因素中的首要因素”這句話，以題詞的形式公開發表。值得一提的是就在這段時間，林彪讓秘書搜集當時連隊的政治教材。他說：“我很多年沒有接觸部隊了，現在連隊指導員是怎麼做工作的？還講不講政治課？講些什麼內容？教材有沒有？教材是哪裡發的？你到附近的連隊轉一轉，直接和指導員見面，同時把連隊的政治教材要一些來，不管是總政治部編寫的，還是軍區編寫的，還是軍一級編寫的都要，不怕多，搜集的越多越好。我要自己讀一讀，看一看。”秘書在北京附近走訪了不同軍兵種的幾個連隊，搜集了從不同角度編寫的十幾種連隊政治教材。林彪一本一本讀，一本一本看。很明顯，他的調查所得，凝聚在9月份發表的《四個第一》的講話中。

7月，林彪全家到廬山度假。林彪帶了兩本書，一本是《曹注孫子》，也就是曹操對孫子兵法的評注。這本書不知已經讀過多少遍了，封面都破了。林彪在書上作了不少眉批和腰批。另一部是克勞塞維茨的《戰爭論》。這是一部在世界上享有盛名的軍事理論著作，而克勞塞維茨也因這本書成為歷史上最著名的軍事戰略理論家之一。林彪是圍繞克氏的主要命題：“戰爭無非是政治交往通過另一種手段的繼續”來研究這部名著的。順便提一下，林彪讀過西方許多名著，他的小圖書室內，陳列的書可說明這一點。但是他常常掛在口頭上的，也是它比較喜歡的西方名著有“四論”，即赫胥黎的《天演論》、達爾文的《進化論》、克勞塞維茨的《戰爭論》和馬克思的《資本論》。有一次林彪自言自語：“四論四論，都是學問”。林彪涉獵的範圍之廣，由此可見一斑。

8、9月間，林彪閱讀馬克思的《費爾巴哈論綱》、《政治經濟學批判——序言》、恩格斯的《費爾巴哈與德國古典哲學的終結》、列寧的《哲學筆記》、史達林的《辯證唯物主義與歷史唯物主義》和毛澤東的五篇哲學著作。這是林彪正在醞釀他准備在9月召開的全軍高級幹部會上的一篇講話。他讓秘書“幫助”他圍繞物質第一性、意識第二性、在一定條件下意識對物質有巨大的反作用；這三個命題，從馬、恩、列、斯、毛的著作中找出有關論斷。林彪說：“不要怕重複，即便是字句完全相同，只要在不同的段落、不同的著作中出現，都要摘抄，這樣就自然顯示出他的重要性。”林彪擅長於從他自己的閱讀中，從他反復地推敲這些語錄中，提煉、凝聚出他自己的觀點。

10月，就在緊張忙碌的全軍高級領導幹部會議上，林彪主持起草了《關於加強軍隊思想政治工作的決議》草案寫好。後來這個決議在指導全軍思想政治工作建設、改善部隊的政治面貌、提高部隊戰鬥力方面，起了重大的作用，成為人民解放軍建軍史上一篇重要的歷史文獻。

11月，林彪帶著葉群到廣州。到廣州的第二天，林彪就讓秘書搜集東西方各發達國家軍隊的各種條例、條令。如步兵操典、野戰條令、內務條例、訓練綱要等等。林彪說：“這些東西過去黃埔軍校、保定軍官學校、雲南講武堂都有一些，現在大都散失，廣州也許能找到一些，不然就花錢到香港舊書店、舊書攤找找看。”這次秘書費了九牛二虎之力總算搜羅到幾本。林彪也顯出幾分驚喜，拿出放大鏡，一本一本看。因為這些東西只有小學生字典那麼大，字體也小，翻譯得很粗糙。葉群擔心林彪把眼睛看壞了，幾次勸阻他不要再看了。“讓秘書給你讀一讀吧，”但是林彪沒有理會她。原因是中央軍委要召開條令條例會議，研究制定人民解放軍的內務、紀律、戰鬥等條令，只有親自摸一摸這方面的材料，到了會上才有發言權。

以上是1960年一年間林彪讀書的大致情況。

林彪利用在廣州養病的機會，帶領葉群到陸軍42軍下面幾個師搞調查研究。他們找連長、指導員開座談會，深入到戰鬥班、伙房、甚至豬圈和戰士、飼養員、炊事員談心，掌握了大量的第一手材料。針對當時連隊幹部文化程度低，工作方法少的狀況，幫助陸軍372團基層幹部總結出，做好連隊政治思想工作的60多個怎麼辦？在此基礎上創造出軍隊建設的"四個第一"、"三八作風"。現在部隊裡實行的"先進連隊"和"優秀士兵" ，實際上是那時"四好連隊、"和"五好戰士"的翻版。後者比前者更具體化！許多那個年代走過來的老同志都說，60年代的部隊建設是我軍革命化、現代化最好的時期。

葉群的智商很高，又有紮實的國學底子，在林彪的影響下她讀了不少中國古代軍事家和思想家的著作，而且頗有心得。

60年代初期，中國的局勢很糟糕。共和國經歷了十多年的建設，經濟基礎極其薄弱，又趕上連續多年的困難時期；國內上層鬥爭頻繁，傷及許多人，可謂是天災人禍一起來。加之毛澤東把自己的鬥爭哲學運用到外交領域，使中國周邊四處冒煙。東邊，老對手蔣介石叫囂反攻大陸，並不斷派遣小股敵特進行騷擾；西邊，中印軍隊在邊境發生實質性衝突，雙方打得頭破血流；南邊，美國侵越戰爭逐漸升級，美國飛機多次越境進行挑釁，中央人民廣播台抗議聲音不斷；北邊，和"老相好"蘇聯翻了臉，先是打口水仗，隨後蘇聯重兵壓境，雙方進入軍事對峙。對於如此嚴峻的國際形勢，中國軍隊將實施怎樣的防衛政策，是當時中央領導層和軍事理論界亟待解決的問題。

1962年6月3日，人民日報發表署名文章《古代的一位優秀戰略家——陸遜》，作者葉群。文中詳盡客觀地分析了赤壁之戰後，魏、蜀、吳"三國鼎立"，各國的政治、經濟狀況和軍事態勢。面對強大敵國，東吳名將陸遜輔佐孫權，提出富國、強兵、慎戰，愛民的戰略思想。強調富國強兵才能克敵制勝。在戰術上，利用敵人的弱點，用空間換時間，大膽誘敵深入，尋找捕捉戰機，集中優勢兵力，選擇主攻方向，注重調查研究，做到“知己知彼，百戰不殆”“不知彼不知己，每戰必殆”。文章引用了大量古代戰例，並突出了毛澤東總結前人，發展自己的軍事思想，確立了毛澤東軍事思想在中國革命鬥爭的地位作用。這篇近萬字的文章，揚揚灑灑，現在讀起來仍感到受益匪淺。一些史學專家很有感觸地說，憑這樣的條件，葉群完全可以稱爲一名學者。60年代，在中國領導層，當了首長夫人的女人，有幾個能如此鑽研學問，提出極有價值的見解呢？

文革期間，一次中央碰頭會上，毛澤東突然詩興大發，吟起了唐代詩人李商隱的《無題》。毛吟道：“相見時難別亦難”後，讓大家接讀下句，無人響應，毛指著陳伯達說：“老夫子，你來接下一句。”可能事出突然，沒有准備，陳伯達憋得滿臉通紅，接不上來。這時毛澤東又指著葉群說：“葉群你接！”葉群猶豫了一下，用目光征詢了一下周圍的意見，便接道：東風無力百花殘。毛又吟：春蠶到死絲方盡，葉接：蠟炬成灰淚始幹。毛吟：曉鏡但愁雲鬢改，葉接：夜吟應覺月光寒。毛吟：蓬山此去多無路，葉接：青鳥殷勤爲探看。

林彪葉群對知識的追求也直接影響了孩子。豆豆老虎有事沒事到他們那翻書看，或自己在外面找書看，從小養成了愛好讀書的習慣。1958年老虎在北京讀初中。下午放學回家後，經常鑽進小圖書室，一個人坐在乒乓球案上看書。舅舅見他全神貫注，走近身邊問他看什麼書，怎麼這麼大的興趣。多次見他捧讀的書，是克勞塞維茨的《戰爭論》。那時他還只有13歲。

（七）

林彪葉群一生都在維護毛澤東，但與毛澤東共事卻難上加難。毛澤東一生都在爲自己的政治需要與天鬥，與地鬥，與人鬥。他把自己喻爲：馬克思加秦始皇。晚年更加霸道、多疑，出爾反爾。那些在政治上與毛澤東合作的人，尤如在刺刀尖上跳舞，面對的是“血雨腥風”，“高處不勝寒”。

文化大革命，葉群伴隨著林彪經歷了人生中最苦難的日子，最後甚至葬送了生命。林彪、葉群是聰明人，他們看出了毛澤東爲政治目的所做的一切。建國以後，反復無常的政治運動，不僅傷害了大批善良的人們，而且還阻礙了國家的經濟發展。軍人最講務實，戰爭是需要用實力去取勝的，玩不得半點虛假。國家沒有實力，在國際上就沒有地位！但毛澤東是不允許任何人不聽話的。否則，會毫不猶豫的將其一腳踢開，甚至斬盡殺絕。爲了與毛澤東避免正面衝突，林彪推擋、回避，葉群左右爲難。被動，被動，再被動(林彪語)，在是非的漩渦中苦苦掙紮。下面講幾個我所瞭解的事情。

1966年8月黨的八屆十一中全會在北京召開，把鬥爭矛頭指向劉少奇、鄧小平。會議開始時，林彪在大連養病，毛澤東通知他回京開會，並派出專機去大連接他，林彪藉口生病不登飛機，毛澤東不高興，說林彪不配合。江青則四處散佈林彪不聽毛主席的話，主席發脾氣了。全會爲此休會。此間，周恩來給林彪打電話：“我現在處境艱難，你不回來我就更困難了。”林彪不得已才回北京。會議結束林彪回到毛家灣，當著家人和工作人員的面說，這樣整劉少奇、鄧小平沒道理，人家會對共產黨幾十年怎麼看！

文化大革命開始，全國一片混亂，各級政權癱瘓。毛澤東讓林彪調動軍隊，配合毛澤東維持局面。在此期間，爲了防止軍隊混亂，林彪主持起草並發布了軍委《八條命令》，明確規定所有軍人必須堅守崗位；不允許用對待敵人的方法來處理人民內部矛盾，堅決反對武鬥；軍以下單位堅持正面教育，一切外出串聯人員要迅速返回本單位；不准衝擊軍事機關；各級幹部管好自己的子女等等。但是軍隊完全不搞文化大革命，毛澤東和江青是不會答應的。為此中央軍委連續發布了《關於軍以上單位領導機關文化大革命的幾項規定》、《關於軍隊奪權範圍的規定》以及《關於執行中央軍委〈關於軍以上領導機關文化大革命的幾項規定〉的補充規定》，對軍隊的運動進行限制。隨後部隊的"三支、兩軍"工作，均是為了穩定局勢所做的努力。

1967年初"上海一月風暴"後，軍隊老帥們和國務院的幾個副總理對江青一夥支持的造反派行為深惡痛絕，葉帥等人常來毛家灣匯報軍隊的情況，常常發泄對中央文革的不滿，林彪從不反對，甚至默許。老帥們的憤怒最終化為行動，以致引發了著名的"二月逆流"事件。毛澤東為此大發雷霆之怒，甚至對葉群聲言說要與林彪一起到南方打遊擊。毛澤東心裡清楚林彪對這些老帥們是包庇縱容的，毛如此說就是要求林彪站在自己一邊對此表明態度。葉群後來曾對家人提及，林彪在那一段時期裡心情極為煩躁，一方面不得不維護毛澤東和文化革命，另一方面還要設法保護這批老幹部。事態過後林彪曾在1967年9月特別指示軍委辦事組要正確對待這些老同志，要像過去一樣尊敬他們，搞好他們的生活待遇。

"二月逆流"後，毛澤東曾讓空政文工團的演員劉素媛打電話給葉群，要林彪、葉群派七機部部長王秉璋到西山和老帥們及幾位副總理多接觸，暗中瞭解他們幹些什麼，說些什麼，有沒有串聯，要及時向毛作匯報，這實際上是要王監視老帥們有沒有拉幫結派和不滿情緒。葉群對王秉璋特別交待，向毛主席匯報時一定要有利於平息此事，多說些老帥們的好話，多匯報生活起居一類的情況。老帥們過激的言論一概不准寫。如引起毛主席不滿，會對老帥們打擊報複的。王秉璋照此辦理，從客觀上保護了這些老帥們。林彪和葉群在文革中出面保護老同志的事例還有很多，有對中央、軍委和各總部的領導，還有許多省、大軍區的領導，在這裡無法一一列舉了。

1967年初，葉群的侄子從廣州串聯到北京。葉群問侄子，參加群眾組織沒有？侄子說，參加了廣州的毛澤東主義紅衛兵。葉群說，你不要參加群眾組織，現在社會上很複雜，文化大革命是上層的事情，跟你們沒關係。回去後告訴你的同學，不要參加群眾組織，更不要參加武鬥，被打死了怎麼向父母交待，趕快離開學校回家呆著去。聽了她的話，侄子回到廣州便脫離了紅衛兵組織，離開學校回家了。

林彪與前妻張梅的女兒林小琳在哈軍工參加一派造反組織，林彪、葉群去信勸阻，小琳不聽。林彪怕小琳惹事，寫信與小琳"脫離"父女關係，並將小琳送到邊遠的軍事基地，林彪實在不願自己的兒女也捲進政治鬥爭的漩渦。這件事後來竟然被作爲葉群迫害林彪前妻之女的罪狀。

葉群嚴格要求自己的親屬，不讓弟妹參加群眾組織。她的一個妹妹文化大革命初期參加了七機部的一個組織，葉群將其調到湖南偏遠的一個研究所，至今未回北京。她的一個弟弟在國防工辦，文革中機關開展"四大"，葉群勸他調到下面部隊(只搞正面教育)，不介入兩派鬥爭。

據林彪身邊的工作人員說，1970年春天，中國第一顆人造衛星上天，毛澤東曾經去蘇州看望在那裡養病的林彪。見林彪身體不錯，毛澤東興致勃勃地要林彪當年也上廬山參加九屆二中全會。林表示同意。當毛澤東征詢林彪認爲有什麼問題要解決時，林彪說：文革搞了三年多了，一些老帥、副總理還沒解放，是否請主席把這個問題解決一下。過去他們跟隨主席南征北戰，今後搞社會主義建設還需要他們。毛當時說好，上山后我們一起辦這件事。葉群很興奮，很快將這次談話整理出來，先在林辦傳達，隨後又向軍隊部分高級幹部做了傳達。

現在市面上不少書刊將葉群描繪成一心向上爬的壞女人，這顯然是不瞭解中國政治的核心內幕。葉群原本僅僅是林辦的主任，並未介入高層的政治生活。“二月逆流”發生時，由於林彪以身體不好爲由堅決置身事外，不參與中央文革碰頭會的會議，毛澤東就指定葉群參加會議，並負責向林彪匯報。葉群身不由己地開始參與高層活動，但是葉群並未負責中央任何一項具體工作，只是負責向林彪傳達開會的所見所聞。九大選舉時，作爲文革旗手的江青是一定要進入中央政治局的，爲了順利達到目的以杜天下悠悠之口，葉群就成了江青的陪襯。林彪對此曾堅決反對，多次將葉群的名字從政治局名單上劃去，但是在周恩來等人以全黨大局和毛澤東的態度爲由一再勸說下，林彪不得不勉強同意。葉群雖然在九大上進了政治局，但是不分管任何黨政軍方面的工作，軍委辦事組也僅僅是掛名而已，沒有任何實權。

最後我還想說說嚴慰冰的匿名信問題和“選美”一事。

嚴慰冰是陸定一的夫人，陸定一在延安時曾經追求過葉群，這是人所共知的。嚴慰冰對此一直耿耿於懷，便在幾年間寫了幾十封匿名信給林家，主要是給豆豆。林家到哪，信就跟到哪。嚴信的內容低級下流不堪入目，充滿惡毒的人身攻擊和誹謗，尤其可惡的是她在信中挑撥林彪與豆豆的關係，說豆豆像劉少奇家的人。更可氣的是，匿名信的署名叫“王光X”“黃玫”，寄信的地址故意寫作“按院胡同，而該地址恰恰是王光美母親辦的潔如托兒所的地址。信中還說：“咱們是同學，誰不知道誰！”把大家的注意力往劉少奇、王光美身上引，搞得烏煙瘴氣。前兩年，市面上出現一本自稱是陸定一外孫的荒某人寫的

《我的外公陸定一》，其信口雌黃、顛倒黑白的本事超過了姚文元。荒某人信奉的是謊言重複千遍就是真理。荒某人竟然將林彪的前妻張梅說成劉氏，信口開河地說什麼林彪“拋棄”了劉氏，還煞有介事地宣稱嚴慰冰在延安時就洞察葉群“隱瞞歷史，隱瞞年齡，虛報黨齡，是一個無人介紹的冒牌黨員”，殊不知葉群的底細連中共中央千審查萬審查都沒發現破綻，她嚴慰冰一個馬列研究院的學生竟然能查個一清二楚，比康生領導的社會部還能幹。荒某人說不出葉群的“劣跡”，就子虛烏有地編造出葉群“在家裡塗脂抹粉，戴貴重耳環，穿絲絨旗袍，蹬高跟鞋”，在三年困難時期“用牛奶洗臉”，編謊的水平連造謠專家戈培爾都要瞠乎其後了。更離譜的是荒某人還東抄西抄，演義出極富小說情節1966年春葉群與嚴慰冰王府井商場狹路相逢和林彪因此而破嚴慰冰匿名信案的故事，可是小說演義畢竟不是歷史，因爲它遠離事實本身。那段時間裡，林彪一直在蘇州療養，葉群則在江蘇的太倉參加四清工作，直到1966年5月份才陪同林彪回到北京，葉群絕無可能那時在王府井某商店裡“巧遇”嚴慰冰。嚴慰冰寫匿名信對林彪一家的惡意誹謗和精神迫害給林彪的家庭造成極大的傷害，本身就屬於犯罪活動，放到今天與恐怖活動沒什麼區別。荒某人以嚴慰冰有精神病爲由，再給嚴慰冰冠上所謂“崇高” 的目的，依然無法抹殺嚴慰冰的犯罪事實，當年連劉少奇、彭真等人都無法替嚴遮蓋，周恩來在政治局會議上亦爲此大罵陸定一。如此惡劣行徑無論在什麼國家都屬違法犯罪活動，無法逃脫法律的制裁，嚴慰冰的鋃鐺入獄乃咎由自取，怪不了任何人。至於陸定一的受牽連乃是毛澤東發動文革打倒劉少奇所採取的必然措施，即使沒有林彪一家的因素在內，陸定一也同樣逃不脫倒臺的命運。將陸的倒臺歸罪到林彪頭上不過就是荒某人爲尊者諱，將“偉大領袖”的罪責轉嫁他人而已。文革過去多年，荒某人這個連陸家子女都不承認的"外孫"不從嚴慰冰和體制上尋找原因，卻還不斷重複這些垃圾式的謊言，真不知道世間還有羞恥二字。

關於葉群組織"選美"一事，葉群弟弟曾問過林辦秘書張雲生是怎麼回事，想和葉群談談，加以勸阻。當時張雲生異常緊張，臉都嚇白了，說你千萬別和主任提這件事，這是"上面"佈置的。豆豆曾對葉群張羅"選美"不滿，葉群很緊張，還打了豆豆一下。據筆者對當時林辦一位主管的知情人採訪，葉群受了江青的委託到各地"選美"，所有材料集中起來送給林辦，再由葉群轉交給江青。"選美"其實在很大程度上是爲毛家做的。當然，林葉的子女也到了談婚論嫁的年齡，摟草打兔子的事也不奇怪。此事長期以來都被說成葉群一人所爲，筆者有責任將其披露出來以正視聽。

在文化大革命中，林彪、葉群也說過錯話，辦過錯事，他們應當對此負相當的責任，但是我們同時也要考慮當時那種非正常的環境。林彪與葉群被動的捲進這場"史無前例"的文革運動，不得不在保持與毛澤東一致的同時，盡力完成本職工作，減少文革運動對社會的衝擊，當時大多數堅守在崗位上的領導，誰又何嘗不是如此呢？儘管林彪、葉群恪守被動、被動、再被動的處事原則，最後還是因爲反對了毛澤東鍾愛的極左派張春橋一夥而被毛逼上了不歸之路。他們用自己脆弱的反抗，在蒙古茫茫荒漠中，實現了"髮不同青心同熱，生少同衾死同穴"的願望。

在下筆拙，無可詳述一切，此文雖短，亦可表達我的懷念之情。我相信歷史會記錄下那真實的一頁，謊言雖然可以得逞於一時，但卻無法永久！

後記

2007年12月7日是林彪元帥的百年誕辰，我們有幸編輯出版這本《百年林彪》一書。在此我要特別感謝明鏡出版社何頻先生對我們的大力支持，沒有何先生的慧眼識珠，就不會有此書的順利問世。2004年7月也是明鏡出版社出版了《重審林彪罪案》，該書在海內外引起強烈的關注和反響，對進一步推動林彪事件和文革史的研究起了重要的作用。今天我們推出《百年林彪》，此書既可視爲《重審林彪罪案》的延續，又是對它的補充和推進。可以說本書就是《重審林彪罪案》的姊妹篇。

《重審林彪罪案》一書出版後，一些朋友強烈建議在林彪元帥百年誕辰之際，再出新書以誌紀念，的確這是一個非常好的建議，也是非常值得做的一件事。我徵求了一下友人們的意見，獲得了廣泛的回應和支持，於是我們從2005年就開始著手此事的進行。既然是紀念林彪元帥的百年誕辰，我們的目光就不能僅僅局限在"九一三事件"上，而是擴展到林彪的一生，對林彪一生中的主要經歷予以研究，這裡涉及到抗日戰爭、國共內戰、朝鮮戰爭以及文革時期的若干重要事件等等，同時我們還進一步發掘"九一三事件"的史實，澄清被中共官方所歪曲的和掩蓋的真相，推倒那些強加在林彪頭上的不實罪名，我相信凡是認真讀過此書的人們都會得出自己的結論。

本書的作者群來自方方面面，他們對林彪以及文革史頗有獨到、精闢的分析和研究，此書的出版傾注了他們大量的心血和辛勤的勞動。在此，本人要向余汝信先生、遲澤厚先生、舒雲女士、陳昭先生、蔣健先生、夏繼波先生、歐陽龍門先生、程光先生、令狐淵先生、袁策祥先生、何海先生、羅浮山先生致以最崇高的敬意。沒有這些作者的共同努力，就不會有此書的順利問世。本人還要感謝金秋教授、何蜀先生、邱路光先生以及國內一批關注林彪事件的朋友們，他們對此書的出版不僅出謀劃策，還提供了許多有價值的資料和信息，對本書的問世貢獻良多。還需說明的是，由於篇幅的原因，不少作者的精彩文章無法一一收錄，在此，本人還要向作者們表示深深的歉意。此外，本人還願強調一點，即本書的作者們全憑自己的良知以還原這段被遺忘乃至被扭曲的歷史，他們不僅不是爲了名和利，甚至還要應付隨時可能來自官方的打擊和報復，他們是史學界的脊樑！

爲本書作序的王年一教授，不幸於2007年9月13日病逝，未能最終見到本書的問世。然而，此書的出版也是完成了王老多年來的一個心愿，即追尋歷史真相，還原林彪事件的本來面目。此書的問世是對王老最好的紀念。

重新評價林彪的一生，特別是重新評價林彪在文革中的作用，我們知道這是一個會引起某些爭議的話題，這就需要發掘更多的史料，作更深入細致的分析和研究。自《重審林彪罪案》一書問世以來，我們就受到來自兩個方面的責難，一方面是官位學者和受官方正統思想影響的人，他們站在官方的立場上極力爲毛澤東的文革作辯護，將文革的責任全部推諉到林彪和“四人幫”身上，並極力醜化、妖魔化林彪，這類所謂的“研究”在國內並不少見，也充斥在各類黨史研究刊物上，但是人們也都很清楚他們的“研究”不過就是替當權者說話，充當好官方的喉舌罷了；另一方面則是一些以激進的批判毛澤東和中共政權面孔出現的人，他們有些甚至還是有一定學者身份和影響的研究學人，這類人在批毛一事上不遺餘力，但是在評林方面卻是一葉障目，有些人不在史實和史料上下功夫，卻以坊間野史充當正史，人云亦云，情緒加偏見使他們缺乏理性思維和實事求是的精神，有史家之名卻乏史家之實；還有些人則完全不搞學問，而以當年文革時期慣用的抹黑手法，專以攻擊研究者本身爲能事，妄圖打擊和封殺我們對歷史的研究，其原因僅僅是我們的研究和某些觀點不合他們的口味，這不僅僅是背離了作人的基本準則，已然流於市井宵小無賴，起了官方喉舌起不到的作用。對於嚴肅認真的理性討論和學術交流，我們當然期待和歡迎，對於那些人身攻擊者，我們無所畏懼，在必要的時候也會予以適當的回應和反擊。事實早已證明，無論以什麼面目出現的打壓和抹黑，都無法封殺人們對歷史的研究和對真相的揭示。

正如王年一教授在本書序言中所指出的，林彪的確是一個最經得住研究的人，隨著時間的推移和重要史料的不斷出現，本人相信人們對林彪的研究會越來越深入下去，一個真實的、有血有肉的林彪也會被越來越多的人們所認識。值此林彪元帥百年誕辰之際，願以此書告慰林彪元帥的在天之靈，願林帥英靈永生!

丁凱文

2007 年 10 月於紐約

《真相》系列(42)

書　　名：百年林彪
主　　編：丁凱文
發 行 人：何　頻
責任編輯：費　彰
封面設計：一　劃
校　　對：林小貴 丁凱文
出　　版：明鏡出版社
網　　址：www.mirrorbooks.com
電子郵件：mirrorpublishing@yahoo.com
通訊地址：P. O. Box 366, Carle Place, NY11514-0366, USA.
電話：(516)338-6976　傳真：(516)338-6982
國際統一書號：978-1-932138-54-2
定　價：HK$ 129
版　次：2007年11月第一版
2008年 1月 第二版

明鏡出版社　書目

（一）中國局勢系列

序號	書　名	作者 /編者	香港平郵 HKD	海外平郵 USD	海外空郵 USD
1.	鹿死誰手	何頻 高新	80	15	18
2.	解放軍武器裝備	林長盛	110	19	22
3.	解放軍攻打台灣	何頻	120	19	22
4.	解除中國危機	陳子明 王軍濤	111	19	22
5.	中共“太子黨”（上下冊）	何頻 高新	168	27	30
6.	中國第一家族	高新 何頻	99	17	20
7.	江澤民面臨的挑戰	王紹光 何頻 吳國光 高新	105	17	21
8.	鄧小平之後的中國	何頻	110	19	22
9.	江澤民的幕僚	高新	96	17	20
10	致中南海密劄	何新	128	21	24
11	中國復興的動力	楊雪野	105	17	21
12.	中國導彈及其戰略	趙雲山	128	22	25
13.	北京地下「萬言書」（售完）	石柳子	95	17	20
14.	中國跨世紀大方略	陳子明 王軍濤	83	16	19
15.	新三國演義：中港臺政局	吳國光	75	14	17
16.	趙紫陽最後的機會	袁會章	98	18	21
17.	關鍵問題	唐逸鴻	96	18	21
18.	中國的陷阱	何清漣	107	18	21
19.	鄧小平的遺產 江澤民的困境	麥傑思(著) 袁希正(譯)	98	18	21
20.	中國下一步怎樣走	黎萍	87	16	19
21.	靜悄悄的革命 -- 中國當代市民社會	李凡	107	18	21
22.	憲政中國	諸葛慕群	65	13	16
23.	江澤民的權謀	石沙	99	18	21
24.	溶解權力—逐層遞選制	王力雄	93	17	20
25.	降伏「廣東幫」	高新	99	18	21
26.	中國老百姓的權利	諸葛慕群	98	18	21
27.	中國需要什麼權的政府	諸葛慕群	118	19	22
28.	中國二等公民—當代農民考察報告	白沙洲	108	18	21
29.	朱鎔基在1999	宗海仁	88	16	19
30.	中國之毀滅—中國生態崩潰緊急報告	鄭義	129	21	24
31.	角力十六大—中國未來控制權	吳稼祥	88	16	19
32.	中共「第四代」權力部署	伊銘	98	20	23
33.	中南海日記	吳稼祥	95	18	21
34.	曖昧的權力交接	宗海仁	95	18	21

35.	胡溫新政	伊　銘	110	19	22
36.	聯邦化：中華第三共和國之路	吳稼祥	88	16	19
37.	俞梅蓀與中國新民權運動 —中南海秘書為何成了民間代言人	張耀傑	98	19	21
38.	趙紫陽與中國改革	陳一諮等	98	19	21
39.	中國上訪村	廖亦武／高氏兄弟	108	18	21
40.	達賴喇嘛的處境—西藏問題的解決之道	Melvyn C. Goldstein 著　楊和晉 譯	90	17	20
41.	中國工人階級狀況	於建嶸	125	19	22
42.	中國貪官在海外	洪　雷	96	17	20
43.	中共十七大幕前戲	陳曉銘 楊韻 謝冠平	98	19	22
44.	我們向誰控訴？—鍾祥航運公司維權紀實	華梁興	88	16	19
45.	胡溫之劍——打賈掃黃誰是最後贏家？	歐陽詮　白曉雲	118	18	21
46.	中共十七大佈局	陳曉銘 楊　韻方延鴻 謝冠平	118	18	21
47.	中國軍事決策機制及台海衝突	約翰W·劉易斯　薛理泰 著　薛理泰 譯	120	20	23
48.	十七大之變	夏飛　楊韻　白曉雲	90	17	20
49.	太子黨和共青團—習近平ＰＫ李克強	夏飛　楊韻　白曉雲	125	21	24

(二) 掌權者系列

序號	書　名	作者 /編者	香港平郵 HKD	海外平郵 USD	海外空郵 USD
1.	中國新諸侯	何頻	98	17	20
2.	中國政府領導者	何頻	115	19	22
3.	解放軍現役將領名錄	何頻	89	16	19
4.	中共最高決策層	何頻	95	17	20
5.	江澤民的權力之路	高新	105	20	23
6.	跨世紀接班人胡錦濤	任知初	97	17	20
7.	中共最高決策層(修訂版)	中國局勢分析中心	98	18	21
8.	中南海七巨頭	伊銘	99	18	21
9.	誰領導中國	高新 何頻	125	21	24
10.	朱鎔基的內閣	寧鄉漢 文思詠	108	20	23
11.	鐵面宰相朱鎔基大傳	高新 何頻	106	20	23
12.	中國情報系統	艾夫提麥爾德(著)　李豔(譯)	77	15	18
13.	江澤民傳	杜林(著) 楊鳴鏑(譯)	105	20	23
14.	中國黨政軍中央領導層	高新	95	17	20
15.	第四代	宗海仁	125	21	24
16.	胡錦濤傳	文思詠 任知初	118	19	22
17.	領導中國的新人物	高新	158	39	42
18.	溫家寶傳	高新	88	17	20
19.	胡錦濤傳(修訂版)	文思詠 任知初	128	22	25
20.	胡錦濤團隊 (原名：團徽照耀中國——中共政壇的明星和黑馬)	艾仰樺　陳曉銘	98	18	21

(三) 真相系列

序號	書　名	作者 /編者	香港平郵 HKD	海外平郵 USD	海外空郵 USD
1.	真假毛澤東	趙無眠	100	17	20

2.	文革大字報精選	譚放 趙無眠	145	23	26
3.	紅衛兵與嬉皮士	任知初	83	15	18
4.	文革大年表	趙無眠	113	19	22
5.	中國大逆轉	華民	125	21	24
6.	天安門	卡瑪 高富貴	100	17	20
7.	胡耀邦下臺的背景	王若水	115	20	23
8.	真假周恩來	趙無眠	96	17	20
9.	從華國鋒下臺到胡耀邦下臺	胡績偉	99	17	20
10.	天葬：西藏的命運	王力雄	123	21	24
11.	天安門之爭	封從德	107	19	22
12.	許家屯回憶與隨想錄	許家屯	100	18	21
13.	789集中營	曉涵 米雅	101	18	21
14.	陰謀與虔誠：西藏騷亂的來龍去脈	徐明旭	109	19	22
15.	中國勞改營紀實(新鬼，舊鬼)	司馬晉 安徒生(著) 梁至正 奚 蒙(譯)	93	17	20
16.	美國間諜在中國	餘茂春(著) 李豔波(譯)	105	19	22
17.	百年功罪	趙無眠	99	17	20
18.	毛澤東與康生：鬥爭哲學大師與整人專家	巴彥泰	75	14	17
19.	毛澤東執政春秋	單少傑	135	22	26
20.	中國「六四」真相	張良	180	42	45
21.	「遠華案」黑幕	盛雪	111	19	22
22.	張學良世紀傳奇	王書君	188	43	46
23.	中共壯大之謎—被掩蓋的中共抗日真相	謝幼田	98	17	21
24.	晚年周恩來	高文謙	129	22	25
25.	證詞	廖亦武	115	19	22
26.	民權保障同盟的暗箱黑幕	張耀傑	88	17	20
27.	浴火重生—「天安門黑手」備忘錄	陳子華等	125	21	24
28.	「六四」參加者回憶錄	《"六四"十五周年紀念文集》編輯委員會	90	17	20
29.	重審林彪罪案	丁凱文主編	180	40	43
30.	中共歷史的見證——司馬璐回憶錄	司馬璐	125	21	24
31.	餓鬼—毛時代大饑荒揭秘	賈斯柏·貝克 著 姜和平 譯	118	20	23
32.	中國牛仔—毛澤東的公案、行為及心理分析 (上下)	陳小雅	168	36	39
33.	人民心中的胡耀邦	蘇紹智 陳一諮 高文謙 主編	125	21	24
34.	林彪與文化大革命	吳潤生	96	17	20
35.	中國「廢片」——毛澤東的命案	陳小雅	95	17	20
36.	百年之冤——替袁世凱翻案	張永年	125	21	24
37.	林彪事件完整調查(上下冊)	舒雲	172	37	40
38.	歷史塵埃——袁世凱、汪精衛、林彪後人訪談錄	高伐林	116	20	23
39.	極端十年	柯雲路	110	19	22
40.	林彪畫傳	舒 雲	168	27	30
41.	內蒙文革風雷	高樹華 程鐵軍	125	21	24
42.	百年林彪	丁凱文	129	22	25

(四)世界觀系列

序號	書 名	作者 /編者	香港平郵 HKD	海外平郵 USD	海外空郵 USD
1.	中國如何面對西方	蕭旁	79	15	18

2.	日本如何面對中國	夏冰	95	17	20
3.	日本新陰謀	天元	107	19	22
4.	美國重新發現的中國	謝翔	80	15	18
5.	江澤民西遊記	時鑒 胡楠	95	17	20
6.	菲德爾·卡斯特羅：二十世紀最後的革命家	程映虹	109	19	22
7.	俄國新總統普京傳—從克格勃到葉利欽的接班人	何亮亮	80	15	18
8.	世界憲政潮流—中外憲法比較	曹思源	90	17	20

(五)浮華世界系列

序號	書　名	作者 /編者	香港平郵 HKD	海外平郵 USD	海外空郵 USD
1.	推動美國二十五雙手	柳食野 季思聰	80	15	18
2.	糊塗學	李夢悟	92	17	20
3.	美國商務法律引導	張辛欣(譯)	88	17	20
4.	情義無價	劉丹紅	105	20	23
5.	中國怪狀	伊銘	85	17	20
6.	古玩談舊聞	陳重遠	129	21	24
7.	文物話春秋	陳重遠	125	21	24
8.	不朽的謊言	賈鴻彬	109	20	23
9.	摧毀亞洲：索羅斯風暴	季思聰 丁中柱	88	17	20
10.	美加簽證移民引導	奚蒙	96	18	21
11.	「鐵達尼號」的漂浮與沈沒	季思聰 季思亮	77	15	18
12.	中國當代民謠	陸非琅	76	15	18
13.	總統情色報告	理察德·泰格	77	15	18
14.	婦女解放的神話	安·休利特(著) 馬莉 張昌耀(譯)	99	17	20
15.	葛林斯潘傳	季思聰 季思亮	84	16	19
16.	法輪功創始人李洪志評傳	張微晴 喬公	95	17	20
17.	投資理財高招	林平	98	18	21
18.	偷渡美國	陳國霖 著 李艷波 譯	89	17	20
19.	網上股票之喜悅	趙璽德 湯詩墨	88	17	20
20.	西藏是我家—紮西次仁自傳	楊和晉(譯)	95	17	20
21.	911人性輝煌	施雨等	91	17	20
22.	離開商學院—MBA離巨富有多遠	楊鳴鏑	95	18	21

(六)超級女人系列

序號	書　名	作者 /編者	香港平郵 HKD	海外平郵 USD	海外空郵 USD
1.	白宮武則天希拉蕊	史敏 梁芬	69	13	16
2.	黛安娜走出童話	陳越	75	14	17
3.	黃金時段的無冕女王	季思聰	78	15	18
4.	尋找梅娘	張泉	113	19	22

(七) 金牌系列

序號	書　名	作者 /編者	香港平郵 HKD	海外平郵 USD	海外空郵 USD
1.	NBA十大好漢	王遊宇	70	13	16

2.	世界網壇十大風流	王遊宇	78	14	17
3.	拳王，拳王—從阿裏到泰森	王遊宇	78	14	17

（八）大家小說系列

序號	書　名	作者 /編者	香港平郵 HKD	海外平郵 USD	海外空郵 USD
1.	白雪紅塵	閻真	108	18	21
2.	黃禍(修訂版)	保密	140	23	26
3.	務虛筆記	史鐵生	115	19	22
4.	上海小姐	張翎	96	17	20
5.	天誅	利蘭錦	79	14	17
6.	塵埃落定	阿來	105	18	21
7.	嫁得西風	李彥	97	17	20
8.	中南海最後的鬥爭	李劼	99	17	20
9.	西元二０二０：兩岸大統一	北方劍	98	17	20
10.	遺囑	沙士	88	17	20
11.	中國地圖	汪建輝	108	18	21
12.	紅色漩渦	餘良	108	19	22

（九）文化情理系列

序號	書　名	作者 /編者	香港平郵 HKD	海外平郵 USD	海外空郵 USD
1.	沈默的大多數	王小波	109	18	21
2.	公平報復	馬悲鳴 賀文	94	17	20
3.	廢話的力量	趙無眠	94	17	20
4.	一面之詞	胡平	55	11	14
5.	鋼絲上的中國	鄢烈山	96	17	20
6.	中國當代學者散文選	周國平	108	18	21
7.	黃翔禁毀詩選	黃翔	65	13	16
8.	中國人看中國人	高伐林	84	15	18
9.	王丹獄中家書	王丹	76	14	17
10.	王丹觀點	王丹	80	15	18
11.	中國西部孤旅	鄒藍	94	17	20
12.	網上筆戰	不平	75	14	17
13.	歷史潮流—社會民主主義	劉國凱	75	14	17
14.	高行健評說	伊沙	90	17	20
15.	科學．民主．理性	許良英	99	18	21
16.	王若望紀念文集	羊子 黃河清 鄭義等	84	15	18
17.	中國向何處去？—追思楊小凱	陳一諮	98	18	21
18.	和解的智慧	馮崇義 丘嶽首	88	17	20
19.	太陽的開關在我枕邊	漢人漢語			
20.	文革詩詞鉤沈	梅振才	98	17	20
21.	評馬克思主義毛澤東思想	趙世緒	48	8	11
22.	劉賓雁紀念文集	黃河清、一平、北明	138	23	26
23.	唐達成文壇風雨五十年	陳為人	138	23	26

(十) 發現香港系列

序號	書　名	作者 /編者	香港平郵 HKD	海外平郵 USD	海外空郵 USD
1.	董建華的特別顧問	李曉莊	78	14	17
2.	北京如何控制香港	何頻 高新	97	17	20
3.	危城	馮木清 魏開星 關毅	88	17	20

(十一)新聞背景系列

序號	書　名	作者 /編者	香港平郵 HKD	海外平郵 USD	海外空郵 USD
1.	北京政治突圍	中國局勢分析中心	60	12	15
2.	放逐魏京生	中國局勢分析中心	60	12	15
3.	朱鎔基面臨的風險	中國局勢分析中心	60	12	15
4.	北京早春的交鋒	中國局勢分析中心	60	12	15
5.	朱鎔基化解危機之道	季思聰 季思亮	60	12	15
6.	測試江澤民	中國局勢分析中心	80	14	17
7.	審判陳希同	季偉	60	12	15
8.	中國能否守住最後的堤壩？	中國局勢分析中心	60	12	15
9.	重返西藏	時鑒 縱月森	60	12	15
10.	江澤民變法	白沙洲	89	16	19

(十二)新鮮人類系列

序號	書　名	作者 /編者	香港平郵 HKD	海外平郵 USD	海外空郵 USD
1.	美國頂尖大學	高歌	98	18	21
2.	東邊日出西邊雨—美國讀書紀實	高歌	100	18	22

(十三) 特別推薦

序號	書　名	作者 /編者	香港平郵 HKD	海外平郵 USD	海外空郵 USD
1.	中共“太子黨”(英譯本)	何頻　高新	90	16	19
2.	亞特蘭大百年奧運	王游宇	85	14	17

(十四) 多維系列

序號	書　名	作者 /編者	香港平郵 HKD	海外平郵 USD	海外空郵 USD
1.	我在美國當老闆	多維媒體公司	98	18	21